KB002922

# 밤은 깊었다

나림 이병주
문학 연구서 2

# 밤은 깊었다

# 차례

# 『밤은 깊었다』

[서문] 필사 문학과 작품 제목에 관하여

도저한 법학 연찬의 길목에서 운명적으로 해후한 한 문인의 작품세계를 발견하고 그곳에서 한껏 사유의 유영을 즐기며 남다른 혜안과 필력으로 새로운 지평을 펼쳐 보인 놀라운 성취와 이에 대한 보답을 진심으로 경하하여 마지않습니다. 가히 생의 빛나는 한순간입니다. 시간의 흙 속에 묻혀 잊혀져 가는 모국어의 보석을 찾아낸 경사라고 할 것입니다. 법학과 문학의 가교를 통한 이토록 즐겁고 아름다운 대화의 장을 마련한 노력에 감사의 말씀을 전합니다.

**고종주 변호사** (전 부산지방법원 부장판사)

# 필사 문학과 작품 제목에 관하여

## 읽기

중편은 100면이다. 처음과 끝을 생각하며 책장을 넘긴다. 대충 의미를 파악한다. 소설을 정독精讀한다. 각 단락마다 중심어를 찾아 기자수첩에 번호를 매겨 기록한다. 어떤 단락은 나림 이병주 선생께 질문을 한다. 어떤 단락은 내 생각을 그대로 적는다. 이렇게 작품을 숙독熟讀한다. 주인공의 말로末路를 생각한다. 시대 배경을 공부한다. 일관성을 유지하며 작품을 분석한다. 그러면 3~4시간이 그냥 지나간다.

## 줄거리

작품 구도와 의미를 사색한다. 왜 이 소설을 발표하는가? 왜 이 주제를 다루는가? 왜 이 사람을 주인공으로 데려오는가? 왜 이 장면을 묘사하는가? 왜 이 문장을 표현하는가? 왜 이 여운을 남기는가? 이 이야기·이 사실·이 장면·이 문장이 역사에서 어떤 평가를 받는가? 기록인가? 분노인가? 반성인가?

문학이란 무엇인가? 나림 이병주 선생은 천재인가? 장면·문장·대화에서 역사와 시대와 인간과 사회를 생각한다. 나를 찾고, 상대를 발견하고, 용서를 구하고, 소통 방법을 궁리한다. 내가 나림 이병주 선생이 되고, 나림 이병주 선생이 내가 되어 깊은 사색에 빠진다. 이 과정을 통해 나림 이병주 선생을 더 깊이 이해한다.

작품 제목·첫 문장·마지막 문장·어록을 생각한다. 어떻게 하면 3-5면으로 줄거리를 요약할 수 있는가? 해설 15면·줄거리 5면·어록 20면으로 균형을 잡는다. A4 1면이면 책으로 3면이다. 숙고가 30분 지속된다. 줄거리는 완성된다.

## 어록

제1권 『밤이 깔렸다』는 직접 타자했다. 구글 목소리로 타자도 했다. 발음이 정확하지 않아서 오탈자가 많았다. 지금은 좋은 프로그램을 이용한다. 그냥 사진을 찍고 문장을<sup>텍스트를</sup> 만든다. 카톡으로 보내면 거의 원문이 복원된다. 30분이면 끝난다. 이 문장을<sup>텍스트를</sup> 읽으면서 소제목을 붙인다. 주제어는 전체 줄거리에서 뽑는다. 중심어를 찾는다. 집중할 수 있는 날이 있다. 이 작업은 1-2시간 이내에 끝난다. 작품이 해체되어 선명하다.

## 사색

제2차 휴식까지 전체 5시간을 한 작품에 집중한다. 정독과 필사이다. 작품 개요·주인공·오늘 의미를 나누어 생각한다. 줄거리를 5면·10면·20면으로 줄이려면 어떤 사건과 배경과 문장을 가져올지 숙고해야 한다. 이 작업은 나림 이병주 선생이 되지 않으면 불가능하다. 나림 이병주 선생 문장으로 작은 소설을 다시 만드는 작업이기 때문이다. 내가 그 당시 현장 조교가 되어야 한다.

제2차 휴식은 줄거리 작업과 해설을 준비하는 귀중한 시간이다. 몰입해서 퍼내야 한다. 시험 전 30분처럼 초긴장한다. 문장은 시험답안처럼 육필이다. 흐름을 끊지 않는다. 나림 이병주 선생의 작업 방법이다.

## 해설

어록집 전체를 복사하여 끌고 와서 붙인다. 중심어와 내용을 읽어가며 과감히 줄인다. 어록집 반이 날아간다. 다시 읽어 반으로 줄인다. 10면이 남는다. 다시 정독하며 반으로 줄인다. 조각가가 된다. 깎고 또 깎는다. 최종 5면 정도 남는다. 내가 만든 작은 소설이다. 이 소설은 나림 이병주 선생의 문장으로 만든 다른 작품이다. 보통 30분 이내로 마친다. 줄일 때 과감해야 하고, 직관이 있어야 하고, 내공이 있어야 한다. 나림 이병주 선생이 되어야 한다.

줄거리 작업이 끝나면 보통 밤 11시 경이다. 이때부터 시험답안작성 1시간 전이 된다. 조용히 아파트 놀이터를 산책한다. 무념 상태로 순수가 된다. 아무 생각 없이 작품만 생각한다.

이제 방에 들어가면 일필휘지一筆揮之해야 한다. 목차를 정한다. (1) 작품 개요－주제·주인공·특징·출전이다. (2) 작품 인물－주인공·조연·성격·특징이다. (3) 작품 속 법－사건·조문·설명·평석이다. (4) 오늘 의미메시지－현재성이다. 가능한 새로운 시각으로 찾는다. 나림 이병주 문학의 핵심은 근대近代와 인간人間이다. 「자유·독립·외로움·인간성」. 이 주제를 더 깊이 오늘로 데려와야 한다. 내가 나림 이병주 문학을 읽는 이유이다.

## 명상

해설 작업은 1시간 한다. 60분 동안 시험답안을 작성하는 일과 비슷하다. 기자 수첩에 만년필로 쓴다. 요약한 내용·줄거리·어록을 참고한다. 대부분 그냥 머리에서 줄줄 나온다. 가슴 속에서 퍼내야 내 이야기가 된다. 이 작업을 마치면 캄캄한 밤이다.

제3차 휴식은 밤과 달과 별을 보는 시간이다. 나림 이병주 선생처럼 담배를 물고 하늘을 본다. 내 책은 모두 『밤夜』 연속물시리즈이다. 이 시간은 보통 밤 1시경이다. 새벽이 오기까지 한 참 멀었다. 모두 자고 있다. 나림 이병주 선생의 시간이다. 그리고 내 작업 시간이다. 명상 시간은 우리가 간절하게 만나는 시간이다.

### 초고

『밤은 깊었다』. 보통 새벽 2시에서 4시 사이이다. 이 시간에 작업 하는 이유는 나림 이병주 선생의 작업 시간과 맞춘 것이다. 학기 중에 이런 작업을 할 수 없다. 집중해서 마무리해야 일이 끝난다. 내 습관 을 안다.

기자 수첩 1장은 원고지 3장 분량이다. 기자 수첩 20장이면 원고지 60매이다. 필사를 통해 소설 작품이 내 작품이 된다. 내용도 의견도 정립한다. A4 용지로 15매 정도가 완성된다. 새벽 4시이다.

첫 원고를 읽는다. 기쁨은 이루 말할 수 없다. 출력원고를 침대에서 1회독 하고 잠을 청한다. 태산泰山에 있는 작은 방이다. '짐승처럼' 잔 다. 나림 이병주 선생의 표현이다. 『관부연락선』(1권, 한길사, 2006, 108면. "너 희들 원대로 실컷 짐승의 잠을 자라.")

### 교정

완성 원고가 법문사 출판사로 가려면 30일이 남았다. 다른 원고 작 업 전에 다시 읽는다. 아침에 한 번, 점심에 한 번, 저녁에 한 번, 또 밤에 한 번이다. 독자는 읽는 시간이 다르다. 내 감성을 아침·점심· 저녁·밤에 모두 맞추고, 이성을 균형 잡아 문장을 손질한다.

그동안 이 작업을 생략하였다. '시간을 두고 원고를 재운다'는 말이 있다. 내 경우 이 과정이 부족하였다. 늘 아쉬웠다. 이번 작품은 숙성

기간을 두었다. 『나림 이병주 문학 연구서』는 잠을 자고 나와야 했다. 내가 제1권 『밤이 깔렸다』를 출판하고 반성한 대목이다.

## 독자

이 책은 해설·줄거리·어록으로 구성되어 있다. 소설 내용이 세 영역에서 반복된다. 그렇게 작업을 했다. 독자는 호불호$^{好 \cdot 不好}$가 있을 것이다. 염두에 두었다. 그러나 작품 해설만으로 부족하다. 또 작품 줄거리만으로 부족하다. 그리고 작품 어록만으로 부족하다. 한 작품을 다양한 각도에서 읽을 수 없기 때문이다. 그래서 이렇게 3번 읽기로 작품을 완상$^{玩賞}$한 것이다.

작품 해설은 독후감이고, 작품 줄거리는 요약이며, 작품 어록은 문장이다. 이런 유형의 필사문학$^{筆寫文學}$ 요약집$^{노트}$은 여태껏 없었다. 그러나 『나림 이병주 문학』은 필요하다. 문장이 너무 좋기 때문이다. 나림 이병주 선생님께 보여드리고 싶고, 독자께 선물을 하고 싶었다. 이러한 의도가 이 책에 숨어 있다.

## 제목

『밤은 깊었다』. 나림 이병주 선생의 수필 「지적 생활의 즐거움」에서 찾았다. 제목이 탄생한 문장이다. 인용한다.

내 지적 생활, 즉 독서의 기쁨을 적어 본다.

중학교 4학년$^{당시 학제}$ 때가 아니었던가 한다.

서점에 들어가 영어 책이 눈에 뜨이기에 그것을 집어 들었다. 펄 벅이 쓴 『어머니$^{The\ Mother}$』라는 책이었다. 첫 장을 읽어 보니 수월하게 이해가 되었다. 그 책을 사 가지고 집으로 돌아와선 밤을 새워 다 읽어 버렸다. 몇 번인가 사전을 찾는 정도로 원서를 하룻밤 사이에 독파했다는 것은 한없는 기쁨이었다. 어둠 속에서 터널을 팠는데 어느 순간 그 터널이 관통되어 돌연 눈앞에 광활한 천지가 전개된 것 같은 느낌이었다. 『지적 생활의 즐거움』, 6면

밤夜은 책 읽는 시간時間이다. 『밤이 깊은 이유』를 사색하는 순간瞬間이다. 이번 겨울 독서 여행도 밤이 깊었다. 비록 짧은 시간이었지만 즐거웠고 소중했고 강렬했다. 의지와 습관을 주신 하나님께 감사드린다.

## 주제

『밤은 깊었다』. 이 책 주제는 「이병주의 법사상과 교육사상」이다. 나림 이병주 선생은 법률·법률가·법학교육·고시제도를 신랄하게 비판한다. 특히 법과대학 교육내용과 교육 방법의 문제점을 구구절절 씹는다. 문文·사史·철哲 교육 없이 법조문을 가르쳐서는 안 된다고 질타한다.

인문학 소양이 없는 무지無知한 법률가를 거의 '벌레'로 본다. 법대생·고시생의 의식구조를 철저하게 해부한다. 야망野望과 허상虛想의 본질이다. 이 책은 나림 이병주 선생의 작품을 분석한 「법학과 문학이 만난 연구서」이다. 나는 나림 이병주 선생의 쓴소리를 가슴 아프게 경청했다.

## 현재

나림 이병주 문학은 현재성現在性이 탁월하다. 예리한 시대 정신으로 현대 문학의 수준과 지평을 넓혔다.

2022년 5월부터 사법고시 출신 법대생·법조인의 세상이 되었다. 결국 대한민국 권력에 올 것이 온 것이다. 법을 아는 사람이 여·야 정치판을 휘젓고 있다. 나림 이병주 작품 속에서 법률가 모습을 다시

읽는다. 이 책『밤은 깊었다』의 대주제이다.

　나림 이병주 선생의 교육사상은 인간학이다. 선생·교수·대학생·대학교·교육기관에 탁월한 의미<sup>메시지</sup>가 있다. 혁신 발상이 많다.

　정부는 2024년부터 글로컬대학을 추진한다. 교육공무원이 새길 내용이 나림 이병주 문학에 상당수 있다. 우리나라 대학이 배울 내용이 풍성하다.

　"대학은 지혜로운 인간을 양성하는 장소이다. 국민 혈세를 여기에 투자해야 한다."

　나림 이병주 선생의 법철학·교육철학을 문학 작품에서 찾아 음미<sup>吟味</sup>한다. 인간을 철학<sup>哲學</sup>한다.


## 예낭

　나림 이병주 선생이 사랑한 도시는 예낭이다. 예낭은 어머니 도시이다. 나림 선생은 어머니 생일잔치를 예낭에서 열었다. 나림 선생 작품에 자갈치·남포동·광복동·부민동·해운대가 자주 등장한다. 예낭은 나림 문학의 본거지<sup>本據地</sup>이다.

　나림 선생은 "위대한 교육사상은 어머니 사랑이다"라고 강조한다. 나림 문학의 정신적 고향은 하동<sup>故鄕</sup>·지리산<sup>山</sup>·진주<sup>文</sup>·부산<sup>人</sup>·항구<sup>哀歡</sup>·바다<sup>海</sup> 그리고 어머니<sup>母</sup>이다. 작품「세우지 않은 비명」에 어머니 유언<sup>遺言</sup>이 있다.

　"인자 됐다. 느그들 모두 잘 지내라"『세우지 않은 비명』·129면

　나림 선생의 교육철학은 위대한 '한 문장'에 모두 담겨 있다.

　인간이 된다는 것, 그것이 예술이다.『별이 차가운 밤이면』·9면

　여기서 '된다는 것'이 바로 교육<sup>敎育</sup>이다. 인간<sup>人間</sup>·인성<sup>人性</sup>·인격<sup>人格</sup>·

인품$^{人品}$을 말한다. 죽음$^{死}$·천명$^{天命}$·소통$^{疏通}$·예술$^{藝術}$을 공부$^{工夫}$해야 이룰 수 있다. 나림 선생이 남긴 법사상·교육사상이다.

나림 선생은 문학을 통해 법철학과 교육철학을 세상에 뿌려 놓았다. 나림 선생에게 문학$^{文學}$은 인간학$^{人間學}$이다. 나림 문학을 관통하는 이념$^{理念}$은 반성$^{反省}$과 각성$^{覺醒}$이다.

## 문학

문학은 사랑을 배우기 위한 인간의 노력이다. 『악녀$^{惡女}$를 위하여』·서문

## 인간

인간$^{人間}$은 죄$^{罪}$와 벌$^{罰}$이다. 『용서합시다』·12면

## 만남

天命之謂性, 率性之謂道, 修道之謂敎. 『中庸』第一章

내가 2024년 독서여행에서 만나$^{性(＝心＋生)}$ 깊이 새긴 문장이다.

2024년 5월 15일
「예낭」 도시·어머니 도시
부산에서
仁德 하태영 올림

# 지적 생활의 즐거움

지적 생활의 즐거움, 시사영어사, 1981

이병주, 「지적 생활의 즐거움」, 『문학을 위한 변명』, 바이북스, 2010.
이병주 지음/김종회 엮음, 『이병주 수필선집』, 지식을만드는지식, 2017, 3-20면.

지적인 생활이란 언제나
최고를 선택하는 생활이다.
사상의 최고,
행동의 최고,
취미의 최고.
불행의 시궁창 속에 빠져 있어도
인간의 위신을 지킬 줄 알고
보다 아름다운 것,
보다 착한 것을
지향할 줄 아는
생활을 뜻한다.
비록 철인이 될 수는 없어도
철학의 은총 속에 살고,
비록 예술가가 될 수는 없어도
예술의 향기 속에 살 수 있는 비리<sup>秘理</sup>가
지적 생활에 있는 것이다.

- 나림 이병주 -

# 지적 생활의 즐거움

## 1. 작품 개요

「지적 생활의 즐거움」은 교육 수필이다. 이 작품은 독서 철학·독서 가치·독서 방법·독서 즐거움·독서 기쁨을 다루고 있다. 나림 이병주 선생은 지적 생활이란 전쟁이고 훈련이며 강인함을 키우는 노력이라고 말한다. 43년 전에 쓴 이 글을 읽고 나는 '죽비소리'를 들었다.

### 인간다운 생활

인간다운 생활은 지적 생활로 가능하다. 『지적 생활의 즐거움』·3면

이 수필은 나림 이병주 선생이 어떻게 박학다식博學多識한 사람이 되었는지 설명한다. 그 이유를 보니 중학교·고등학교·대학교·교도소에서 꾸준히 책을 읽었다.

책을 읽으려고 작심한 사람에게 이 수필을 추천한다. '독서란 무엇인가'를 정확히 알려주기 때문이다.

독서를 포기하였다면, 이 수필로 마음을 다지시길 바란다. 치유할 수 있는 처방책이 실려 있다. 초·중·고·대학생 자녀가 있다면, 생일날 맛있는 빵케이크 하나 사 놓고 이 수필을 가족이 한 단락씩 읽기 놀이를 하길 바란다. 놀람과 감격이 있을 것이다. 가정의 행복이 나오고, 시간 절약을 결심하고, 지성이 샘물처럼 솟아 오르고, 통찰력이 흘러넘치며 가정의 지적 재산이 축적되기 때문이다.

오늘날은 중독사회이다. 사람을 망친다. 중독을 예방하는 최선의 길은 뇌腦를 다스리는 일이다. 가장 즐거운 방법이 독서讀書이다. 나림 이병주 선생의 수필을 읽으면, 게임 중독·스마트폰 중독·마약 중독·술 중독·주식 중독·아파트 중독·연애 중독이 치유될 수 있다. 나림 선생의 수필과 소설이 재미있기 때문이다. 나림 이병주 선생은 푸른 고등어 등처럼 선명하게 삶의 의미를 제시한다.

나림 선생은 독서 범위·독서 방법·독서 효과를 간단명료簡單明瞭하게 설명한다. 선생의 독서 체험이 녹아 있다. 선생은 대학생에게 독서를 적극적으로 권장한다. 이 수필에 필사筆寫할 명문이 많다. 이 수필에 귀한 도서 목록이 있다. 선생이 깨우친 독서 순서이다. 이 지적知的 보석寶石을 우리가 공유하지 못하니 안타깝다. 그래서 『밤은 깊었다』를 이 책에서 첫 주제로 다루게 되었다.

이 수필은 「교육철학·교육사상」을 담고 있다. 독서방법론 입문서로 생각한다. 나림 선생은 '인생에서 최고 기쁨은 지적 생활이다'고 강조한다. 깊이 공감한다. 독서와 사색, 그 강렬한 나림 이병주 선생의 정신세계를 한 번은 만나라. 내가 이 수필을 읽고 추천하는 이유이다. 나를 위한 고품격 지적知的 궁전宮殿이 탄생할 것이다. 60세가 되어 깨달았다. 1981년 시사영어사. 60세. 『문학을 위한 변명』 바이북스. 2010. 이병주 수필선집. 지식을만드는지식. 2017. 17면.

## 2. 작품 주인공

「지적 생활의 즐거움」에서 주인공은 나림 이병주 선생이다. 나림 선생이 어떻게 대문호가 되었는지 이 수필을 통해서 알 수 있다. 선생은 스스로 자신을 '대문호'라 말하지 않는다. 그러나 이 수필을 읽다 보면 대문호임을 느낄 수 있다. 선생의 소년少年 시절 이야기가 있다. 이 수필에 담긴 문장이다.

> 어머니The Mother
> 나의 지적 생활, 즉 독서의 기쁨을 적어 본다.
> 중학교 4학년당시 학제 때가 아니었던가 한다.
> 서점에 들어가 영어 책이 눈에 뜨이기에 그것을 집어 들었다. 펄 벅이 쓴 『어머니The Mother』라는 책이었다. 첫 장을 읽어 보니 수월하게 이해가 되었다. 그 책을 사 가지고 집으로 돌아와선 밤을 새워 다 읽어 버렸다. 몇 번인가 사전을 찾는 정도로 원서를 하룻밤 사이에 독파했다는 것은 한없는 기쁨이었다. 어둠 속에서 터널을 팠는데 어느 순간 그 터널이 관통되어 돌연 눈앞에 광활한 천지가 전개된 것 같은 느낌이었다. 『지적 생활의 즐거움』·6면

나림 선생은 독서를 통해 천지개벽天地開闢을 체험했다. "밤을 새워 다 읽어 버렸다. 하룻밤 사이에 독파했다." 이 책 제목은 여기서 나왔다.

나림 이병주 선생이 살아온 시대를 살펴볼 필요가 있다. 1921년 경남 하동 북천면에서 출생했다. 식민지 시대였다. 1919년 3월 1일 3·1운동이 일어난 지 2년 후이다. 1931년 10살 때 만주사변이 터진다. 1938년 중일전쟁이 발발한다. 17살 때이다. 암울한 시대였다. 집에서 한국어, 학교에서 일본어를 사용한다. 언어의 암흑기이다. 국어문법을 제대로 배우기 힘든 시기이다. 국어를 잃어버린 민족이 된다. 이 시기에 나림 선생은 영어로 된 『어머니The Mother』를 읽는다. 독서가 기쁨이 되고, 교훈이 되고, 깨우침을 준다. 이때 선생은 "학문의 길은

갈수록 험하다. 그러나 정복할 수 있다"고 다짐한다. 이 수필에 자세히 나온다.

현재 50대·60대<sup>1960년대~1970년대 출생</sup> 부모 세대를 보면, 그 어머니·아버지는 거의 초등학교를 마쳤다. 식민지 교육정책<sup>教育政策</sup> 때문이었다. 전국 곳곳에 중학교가 없었다. 소수만 중학교를 다닐 수 있었다.

나림 선생은 독서를 통해 자신의 길을 모색했다. 부모님 열정과 자신 노력으로 힘든 과정을 극복했다. 나림 선생은 주로 밤<sup>夜</sup>에 독서를 했다. 역사는 밤에 이루어지는가 보다.

## 3. 작품 속 법·교육

### (1) 법률가<sup>法律家</sup>

소련의 법률가이며 외교인이 이 수필에 나온다. 비신스키<sup>Yanuarevich Vyshinsky·1883~1954</sup>이다. 나림 이병주 선생은 이 사람을 박식인<sup>博識人</sup>이라고 평가했다. 지적 인물로 보지 않았다. 그 까닭은 '보다 옳게, 보다 아름답게 생각하려는 심성을 결해<sup>缺解</sup>하였다'고 생각했기 때문이다.

지적 생활의 근본은 책을 읽는 삶이다. 이러한 통찰<sup>洞察</sup>은 대단히 중요하다. 법률가 출신 정치인에게 '보다 옳게, 보다 아름답게 생각하려는 심성을 갖추라'라고 읽을 수 있다. 말과 행동의 일치이다. 우리가 보는 많은 법률가·정치인이 그러한가. 어떻게 양성되고 있는가. 의구심<sup>疑懼心</sup>이 든다.

어떤 판사는 법원에서 재판을 하다 선고도 내리지 못하고 사직한다. 이러한 처신이 옳은가? 검찰에서 수사를 하다 정치인이 된다. 정당 공천을 신청하는 행동이 과연 옳은가? 경찰에서 행정을 하다 정당에 가입한다. 공천 신청이 옳은가?

### 유엔 결의

어떤 분은 2016년 12월 31일 유엔 사무총장직에서 퇴임하였다. 2027년 1월 귀국하여 대선 출마를 준비하였다. 귀국 20일 만에 포기하였다. 씁쓸한 기억이다. 유엔은 1946년 1월 유엔 결의에서 「사무총장 임명조건」(Terms of Appointment of the Secretary General)을 명문화 하였다. 퇴임 직후 정부직책을 맡지 않도록 권고한다. "사무총장이 재임 중 취득한 비밀 정보가 다른 회원국들에게 곤혹을 줄 수 있기 때문이다. 사무총장은 스스로 그런 직책을 삼가야 한다"는 내용이다.

### 공직선거법

우리나라 공직선거법 제53조 제1항에 따르면 공직후보자가 되려는 사람은 선거일 전 90일까지 그 직을 그만 두면 된다. 불과 얼마 전까지 재판을 하고 수사를 하던 공직자가 정치를 하겠다고 출마를 하여도 막을 수가 없다. 처음에 선거일 전 60일 전까지 그만 두도록 했다. 그러나 2010년 공직선거법 개정으로 90일 전까지로 강화되었다. 한 때 감사원·검찰청·경찰청·국가정보원 등 중요 사정기관<sup>司正機關</sup>의 장<sup>長</sup>에 대해서 퇴임 후 공직 취임 제한이 엄격했다. 업무 특성상 유엔 사무총장이 퇴임 직후 정부직책을 맡아서는 안 될 것을 권고한 유엔결의와 같은 취지이다.

### 검찰청법

구<sup>舊</sup>검찰청법 제12조 제4항은 "검찰총장은 퇴직일부터 2년 이내에 공직에 임명될 수 없다"며 일체의 공직 취임을 금지했다. 헌법재판소는 1997년 이 규정을 위헌으로 결정했다(헌법재판소 1999. 6. 24. 선고 97헌마265 전원재판부 〔기각〕[불기소처분취소]). 모든 공직 취임을 금지하는 과도한 제한은 직업선택 자유와 공무담임권을 침해한다. 헌법상 허용될 수 없다. 결정이유이다.

### 경찰법

"경찰청장은 퇴직일부터 2년 이내에는 정당의 발기인이 되거나 당원이 될 수 없다." 경찰법 제11조 제4항은 헌법재판소에서 1999년 위헌으로 결정되었다(헌법재판소 1999. 12. 23. 선고 99헌마135 전원재판부

[경찰법 제11조 제4항 등 위헌확인]). 헌법상 보장된 정당설립과 정당 가입의 자유 침해, 다른 공무원과 차별을 두어 평등권을 침해한다. 결정이유이다.

수사기관의 장이 퇴직을 한다. 그 후 불과 몇 달 만에 정치를 하겠다며 공직선거에 나선다. 실정법 위반은 아니다. 그러나 나림 선생의 독서법에 따르면 '지적 생활'로 볼 수 없다. 말과 행동이 다르다. 선출직 공인의 자격을 갖추지 못하였다. 법률가에게 독서는 중요하다. 정의<sup>正義</sup>를 실천하는 힘이기 때문이다.

나림 선생은 지능이 부족한 사람도 지적 생활을 한다고 말한다. 아름답게 생각하는 심성을 키운다는 말이다. 아름답다<sup>美</sup>는 말은 공익<sup>公益</sup>을 먼저 생각하고, 그 후 노력하여 사익<sup>私益</sup>을 찾는다는 말이다. 한자<sup>漢字</sup>가 그렇다. 미<sup>美</sup>란 양<sup>羊</sup>과 대<sup>大</sup>가 합성한 글자이다. 양<sup>羊</sup>을 위로 올려놓은 것은 공익<sup>公益</sup>이다. 대<sup>大</sup>가 밑에 있는 것은 사익<sup>私益</sup>이다. 공동체 이익을 위해 양보하는 사람을 우리가 대인<sup>大人·大仁</sup>이라고 한다. 법률가는 자신이 쌓은 지적 생활을 돌아볼 이유가 있다. 각성<sup>覺醒</sup>이다.

문학에 대한 개안<sup>開眼</sup>은 인생에 대한 개안<sup>開眼</sup>이다. 인생이란 지<sup>知</sup>와 부지<sup>不知</sup>의 방황이다. 나림 선생의 문학관과 철학이다. 방황하지 않으려면, 책을 읽고 인생 좌표를 확고하게 세워야 한다. 인생은 유한하다. 잘못하여 원점으로 다시 돌아가면 인생의 반은 지나간다.

2024년 4월 10일 22대 국회의원 선거가 실시되었다. 많은 법률가의 행보를 여러 형태로 본다. 공직 사퇴 후 바로 국회에 진출한 분도 있다.

### (2) 철학<sup>哲學</sup> · 법철학<sup>法哲學</sup>

나림 이병주 선생은 뛰어난 수필가이다. 이 수필에서 철학자를 몇명 소개한다. 인생항로<sup>人生航路</sup>에 큰 도움을 준 철학자이다. 철학이란 복잡한 일을 간단명료<sup>簡單明瞭</sup>하게 판단하는 힘을 배우는 학문이다. 철학자와 함께 철학 이론을 배우는 철학 시간이다.

칸트·헤겔·쇼펜하우어·니체·스피노자를 설명한다. 독일과 네덜란드 철학자이다. 나림 선생은 젊은 시절에 유럽 철학을 공부한다. 동서양 철학이 만나는 시간이다. 독서로 가능하다고 한다.

### 칸트

이마누엘 칸트(Immanuel Kant, 1724~1804)는 근대 계몽주의를 정점에 올려놓는다. 독일 관념철학의 기반을 확립한 프로이센 철학자이다. 칸트는 위대한 생활인이다. 인고와 절제와 목표의식은 칸트에게 배울 최고의 인생철학이다. 지적 생활을 동경하고, 자신만의 규칙을 세워 실천한 사람이다. 육체와 정신을 훌륭하게 조화하는데 성공한다.

지적 생활은 절대적 고요함에서 나온다. 칸트는 평생 여행을 해 본적이 없다. 결혼마저 거부하며 자신의 삶을 지킨다. 전쟁·결혼·출산·경제 압박에서 해방된다.

새벽 5시에 기상·차와 담배 한 대로 아침식사·강의준비와 집필을 시작한다. 8시간 동안 쉬지 않고 일한다. 저녁 18시부터 22시 15분까지 책을 읽는다. 잠들기 15분 전에 독서·사색·집필·고민을 끝낸다. 언제나 혼자 산책한다. 맥주를 혐오한다. 점심은 정각 오후 1시 가볍게 그리고 저녁은 먹지 않는다.

칸트는 법학에도 위대한 업적을 남긴다. 현대 신칸트학파(Neo-Kantianismus)는 법철학을 형성하여 많은 법학자에게 영향을 준다. 법개념은 태생적 불완전하다. 그래서 법은 정당해야 한다. 정당한 법은 공동선<sup>共同善</sup>을 지향한다. 공동선에 부합해야 한다. 그것이 합목적성<sup>合目的性</sup>이다. 여기서 "극도로 정의롭지 못한 법은 법이 아니다"는 선언이 나온다. 모두 칸트 철학을 계승한 법사상이다.

형법은 정언명령이다. 정언명령(定言命令, Kategorischer Imperativ, Categorical Imperative)은 정언적 명령 또는 단언적(斷言的) 명령, 무상(無上) 명령이라고 한다. 어떤 목적과 관계없이 정의<sup>正義</sup>의 명령<sup>命令</sup>(Gebot der Gerechtigkeit)이다. 형벌도 정의의 명령이다. 형벌은 응보

應報<sup>應報</sup>이다. 동해동복<sup>同害同復</sup>이다. 「하늘이 무너져도 정의를 세워라」.

인간은 다른 목적을 위해 수단으로서 객체가 될 수 없다. 인간은 존엄하기 때문이다. 일벌백계사상은 인간 존엄 사상과 배치된다. 나림 선생은 칸트 철학으로 형벌을 생각한다. 「법률과 알레르기」(신동아, 1967)에서 일반예방사상·일벌백계사상을 신랄하게 비판한다. 책임주의에 벗어난 형벌은 국가폭력이라고 생각한다. 일제 강점기와 나치 시대를 경험한 철학자의 사유로 본다.

### 헤겔

게오르크 빌헬름 프리드리히 헤겔(Georg Wilhelm Friedrich Hegel, 1770~1831)은 독일 관념론을 완성한다. 프로이센의 철학자이다. 헤겔은 페스트에 감염된 도시 베를린(Berlin)을 떠나지 않고, 자살과 같은 죽음을 맞이한다. 1831년 11월 14일이다.

헤겔은 정반합<sup>正反合</sup>을 주장한다. 변증법 논리이다. 범죄는 침해이다. 형벌은 그 침해에 대한 등가적 침해이다. 무너진 침해가 회복된다. 헤겔은 형벌을 정반합 철학으로 설명한다. 칸트 철학을 계승한다. 칸트처럼 정의의 회복이라 말하지 않고, 등가적 응보론·원상회복론이라고 말한다. 가치에 상응한 제재를 형벌로 본다.

칸트와 헤겔의 응보주의<sup>應報主義</sup>는 1871년 독일 제국 형법과 형사정책에 기초가 된다. 1918년 독일 제국은 붕괴한다. 1919년 바이마르 헌법이 등장한다. 1933년 독일 제3제국이 등장한다. 특별예방을 거쳐 일반예방이 날개를 단다. 전후 다시 칸트와 헤겔의 응보사상으로 돌아온다. 인간 존엄과 책임주의가 이 사상에서 나온다. 1949년 독일 본 기본법이 탄생한다. 신<sup>新</sup>칸트학파가 주류로 등장한다.

칸트와 헤겔 사상은 전후 독일 재건에 영향을 준다. 법학과 형법학계에도 미친다. 모두 칸트 철학을 계승한 법사상이다. 이 법사상이 나림 문학 전반에 흐르고 있다. 「철학적 살인」(한국문학, 1976)은 형벌소설이다. 자연법과 실정법의 충돌문제를 다루고 있다. 정의 문제이다. '칸트와 헤겔의 법철학'은 2022학년도 법학적성시험시험<sup>LEET</sup>에 출제된다.

그렇다면 철학<sup>哲學</sup>이란 무엇인가? 철학은 철학자의 고뇌이다. 어렵게 생각할 이유가 없다. 한 인간의 세계가 철학이다. 철학은 어떤 사람의 세계관이다. 인간은 누구나 철학자이다.

자기 자신을 생각해 본적이 있으면 철학자이다. 플라톤의 이데아론은 플라톤에게 필요한 사상이다. 헤겔의 정신현상학은 헤겔의 정신구조만 설명할 수 있다. 쇼펜하우어의 의지론은 쇼펜하우어의 개인적 의지에 국한한다.

인간은 누구나 자신의 눈으로 세상을 바라보고, 자신의 의지로 인생을 산다. P. G. 헤머튼/김욱 편역. 「지적 생활의 즐거움」· 234-238면

헤머튼의 철학론은 나림 선생 세계관과 비슷하다.

인간은 누구나 자신의 삶을 훌륭하게 창조할 수 있다. 인간이 자유롭고 고상해지려면 자기만의 사상이 있어야 한다. 남들이 가르쳐 준 세상을 보고, 남들이 원하는 나를 만들면 자유로울 수도 없고, 고상할 수도 없다.

자유롭고 고상한 영혼으로 인생을 산다. 이것이 우리들 인생이 품을 수 있는 최선의 목적이다. 명예·권력·부·사랑은 잠시 위안이다. 죽음·소멸 후에는 아무 것도 필요 없다. 명예·권력·부·사랑도 필요 없다. 육체적 목적은 육체 소멸로 함께 모든 것이 끝난다. P. G. 헤머튼/김욱 편역. 「지적 생활의 즐거움」· 239면

나림 선생 인생관과 비슷하다. "인생은 제국의 건설이다. 죽음은 제국의 함몰이다." 선생의 작품 속 문장이다.

인생을 사랑한다면, 자기만을 축복으로 왜곡했던<sup>이기심·허영</sup> 지난날부터 반성해야 한다. 지적 생활은 내 안의 음성을 기다리는 행위이다. 삶의 은혜와 사랑을 내 자신에게 베풀어주는 도구다. 내 눈으로 내 자신을 바라보는 일이다. 내 뜻에 따라 합당하게 살아왔는지 스스로 점검해 보는 일이다.

남은 인생이라도 정직하고 성실하게 살고 싶다면, 우선 무지<sup>無知</sup>를 피해야 한다. 정직한 삶은 거짓말을 하지 않는 데서 시작한다. 지적인

삶은 나태와 방종이 죄라는 점을 자각함으로써 시작된다. P. G. 헤머튼/ 김욱 편역, 「지적 생활의 즐거움」·239면·242면·243면

나림 선생 인생관과 비슷하다. "인생은 죄와 벌이다." 선생의 작품 속 문장이다.

위대한 사상이 위대한 철학자를 만들지 않는다. 위대한 생애가 그를 위대한 철학자로 만든다. 칸트는 인간으로 위대하게 살았다. 헤겔은 철학적 죽음을 맞이했다. 쇼펜하우어는 평생 독신을 고수하며 인간의 야박한 의지를 몸소 실천했다. P. G. 헤머튼/김욱 편역, 「지적 생활의 즐거움」·238면

위대한 삶이 위대한 철학자를 만든다. 이를 전설<sup>레전드</sup>이라 말한다. 법조계 전설·축구계 전설·야구계 전설이라 한다. 각 분야를 보면, 전설은 인문과 전문성을 겸비한 인생전문가<sup>人生專門家</sup>이다.

우리 사회는 전설 교육을 하지 않는다. 박지성 선수와 손흥민 선수를 주목한다. 손흥민 선수 부친 손웅정 선생은 좋은 아버지이며, 훌륭한 스승이며, 진정한 교육자이다. "연봉 없이도 살고 싶은 도시에서 행복하게 공 차다 은퇴하길"(서울신문, 2024년 6월 7일). 이러한 명문장을 남긴다.

나림 선생은 좋은 독서 습관을 갖고 있다. 젊은 시절에 배양한다. '행복하고 기쁘다'고 말한다. 인생의 큰 자산이다. 나림 선생 문장을 읽어보자.

**독서습관**
지금의 나는 이뤄 놓은 게 아무것도 없고 남 앞에 내놓을 아무것도 가지고 있지 않지만 책을 읽는 버릇만은 야무지게 가꾸어 놓았다고 자부한다. 그리고 나에게 행복의 가능이 있다면 책을 읽는 기쁨을 통해서일 것이라고 믿는다. 『지적 생활의 즐거움』·9면

## (3) 독서<sup>讀書</sup>

나림 선생을 오늘의 대문호<sup>大文豪</sup>로 만든 것은 독서<sup>讀書</sup>이다. 고뇌<sup>苦惱</sup> 시간도 있다.

### 그릇 크기

대양에 물이 많아도 자기가 들고 있는 그릇의 양 이상의 물을 담을 순 없다. 결국 나는 천박한 딜레탕트<sup>dilettante</sup>로서 끝날지 모른다. 『지적 생활의 즐거움』· 9면

독서 없이는 대인<sup>大人</sup>이 될 수가 없다. 그릇이 작기 때문이다. 독서 없이는 큰 작가가 될 수가 없다. 사색한 내용이 적기 때문이다. 나림 선생의 고백을 한 단락 들어보자. 큰 도자기가 용광로에 입장하기 전이다. 선생은 딜레탕트를 각오하고 독서를 시작한다. 딜레탕트<sup>dilettant</sup>란 백수<sup>백수건달 · 白手乾達</sup> · 호사가<sup>好事家</sup> · 예술애호가<sup>藝術愛好家</sup>를 말한다. 즐기는 사람<sup>樂之者</sup>이다. 전문가가 아니면서 취미로 예술을 하는 사람이다. 좋아서 흉내만 낸다. 젊은 시절 자신의 미숙함을 나림 선생은 이렇게 표현한다.

### 고백<sup>告白</sup>

학생 시절 어느 선생이 내게 충고했다.

"자네 그런 식으로 나가다간 딜레탕트가 되고 말걸세. 빨리 전문 분야를 정해 학위 논문이라도 쓰도록 하게."

그 당시 나는 상당히 건방졌던 모양이다. 이렇게 답했다.

"읽고 싶은 게 너무나 많아서 한 가지만 하고 있을 시간이 없습니다."

"그러니까 그게 딜레탕트가 될 위험성을 내포하고 있다는 말이다."

"전 딜레탕트로서 족합니다."

이건 정직한 나의 고백이기도 했다. 『지적 생활의 즐거움』· 9면

바뤼흐 스피노자(Baruch Spinoza, 1632~1677)는 네덜란드 암스테르

담에서 태어난 포르투갈계 유대인 혈통의 철학자이다. "내일 지구 종말이 온다고 하더라도 나는 오늘 한그루 사과나무를 심겠다."(독일 아이제나흐<sup>Eisenach</sup> 루터 하우스 비석 문구 · Martin Luther). 젊은 시절 많이 들었던 스피노자의 말이다.

스피노자는 환상인 허구<sup>虛構</sup> 자유(상상 자유)와 달성<sup>達成</sup>할 수 있는 자유(이성 자유)를 구별한다. 인간의 자유의지는 이성적 힘이다. 하지만 때로 환상도 필요하다. 나림 선생은 이성적 자유 · 상상적 자유 · 모든 자유 의지로 살았다.

### 스피노자

당시의 나는 스피노자처럼 렌즈 닦이를 하고 살아도 좋으니 책만 읽을 수 있는 형편이면 족하다는 생각으로 있었던 것이다. 『지적 생활의 즐거움』 · 9면

눈<sup>目</sup>이 작다는 말은 '눈을 빛으로<sup>레이저로</sup> 쏘아 보는 직관력이 약하다'는 말이다. 독서는 안목<sup>眼目</sup>을 열어 준다. 미래를 보는 눈이다. 통찰력<sup>洞察力</sup>이다.

## (4) 자유<sup>自由</sup>

나림 이병주 선생은 1960년 5월 19일 오전 9시부터 1963년 12월 16일 오전 10시 10분까지 교도소에서 수형생활을 했다. 2년 7개월이다. 소급입법으로 처벌되었다. 죄명은 특수범죄처벌법에 관한 법률 제6조 특수반국가행위 위반죄였다.

나림 선생은 수형생활 동안 독서삼매경에 빠졌다. 사마천의 『사기<sup>史記</sup>』를 숙독했다. 소년 시절부터 이어온 독서 습관이 없었다면, 그의 두뇌는 망가졌을 것이다. 선생은 여러 작품에서 수감자들의 수형생활 태도를 묘사한다. 대부분 뇌가 무너진다고 말한다. 나림 선생이 독서를 통해 자유를 갈구한 장면이다. 이 수필에서 생생하게 밝혀 놓았다.

### 감옥

나는 감옥살이를 한 적이 있었다.

어느 날이었다.

나는 팔짱을 끼고 감옥 담벼락 밑을 왔다 갔다 하고 있으면서 담벼락 너머로 산을 보고 있었다. 그때 마침 그 산으로 서너 사람이 올라가고 있었다.

'아아, 저기에 자유가 산을 오르고 있구나.'

하는 한숨이 저절로 나왔다.

이어,

'저 자유가 부러우냐?'

하는 물음이 가슴속에 솟았다.

'부럽다.'

라는 답이 있었다.

'그럼 지금 저 자유가 비자유인 너와 맞바꾸라고 하면 바꿔줄 텐가?'

하는 물음이 잇따랐다.

'아니다.'

하고 내 가슴은 말했다. 『지적 생활의 즐거움』·10면

### 자유

내가 내 스스로 한 대답이었지만 나는 이 대답에 놀랐다. 자유에 대한 갈망으로 몸과 마음이 타고 있는 지경인데 이런 대답은 정말 뜻밖이었던 것이다. 니는 그 까닭을 살펴보는 마음으로 되었다.

'나는 비록 비자유일망정 지금 저 산을 오르고 있는 자유로운 사람이 가지고 있지 않은 무엇인가를 가지고 있다. 그 무언가가 저 사람들이 가지고 있는 것보다 훌륭한 것이라곤 말하지 않는다. 그러나 그것은 내게 대단히 소중한 것이다. 그런 까닭에 나는 저 자유와 나의 비자유를 바꿔 줄 수가 없다.'『지적 생활의 즐거움』·11면

### 지적 씨앗

그 무엇이란 내 속에 자라고 있는 지적인 씨앗이다. 그 씨앗은 순전히 독서와 사색을 통해 얻은 것이다. 남이 볼 땐 보잘것없는 것, 거의 무의미한 것인지 몰라도 그것이 나에겐 눈물겹도록 아까운 것으로 느껴

졌다. 구체적으로 말하면 내겐 읽을 책이 있고, 읽어야 할 책이 있다는 인식이었다. 『지적 생활의 즐거움』·11면

### 책 읽는 재미

'저 사람들도 책을 읽을 수 있고 책을 읽는 재미를 가지고 있을지 모르지 않는가. 그래도 바꿔주기 싫은가?'

하는 물음이 있었다.

'그렇다.'

라고 나는 힘주어 대답했다. 『지적 생활의 즐거움』·11면

### 책 읽는 시간

'네 형기는 10년, 이제 겨우 2년을 넘겼을 뿐이다. 순조롭더라도 넌 앞으로 8년간을 이곳에서 견디어야 한다. 잘못되면 넌 이곳에서 살아나가지 못하게 될지도 모른다. 그런데도 바꾸고 싶은 생각이 없는가?'

'없다'

그 이유로선,

'저 사람들도 책을 읽고, 더러는 책 읽는 데 재미를 느끼기도 하겠지만 아마 내가 읽는 방식으로 읽지 못할 것이다.'

하는 자부가 있었다.

이것은 또한 책을 읽을 수 없는 바깥세상이면 책을 읽을 수 있는 감옥 생활을 택하겠다는 심정의 표명이기도 했다. 『지적 생활의 즐거움』·12면

나림 선생은 독서 할 자유가 없는 사회보다, 독서 할 자유가 있는 교도소를 택하겠다고 말한다. 선생의 지적 세계에 대한 갈망이다. 교도소에 있더라도 책을 읽을 수 있는 자유만 있다면, 책을 읽을 수 없는 세상보다 낫다고 스스로 위로한다. 독서는 선생에게 밤을 견디는 힘이다. 독서<sup>讀書</sup>에 인<sup>忍</sup>이 박힌다. 작가<sup>作家</sup>가 될 운명<sup>運命</sup>이다. 나는 이렇게 읽는다.

나림 선생은 다산 정약용<sup>丁若鏞 · 1762~1836</sup> 선생이 유배지에서 18년을 견딘 이야기도 책<sup>冊</sup>을 통해 읽는다. 독서를 통해 180년 전으로 돌아간

다. 교도소생활을 다산 선생 유배 생활에 비해 하찮다고 생각한다. 집필을 위한 준비기간으로 삼는다. 삶이 살아서 꿈틀거리며 깨어 있다. 수필「지적 생활의 즐거움」을 읽으면서 독서의 힘을 깊이 생각한다.

## (5) 선현들 학술토론회<sup>세미나</sup>

이 수필을 읽으면서 내가 놀란 것은 '선현들의 세미나<sup>Seminar</sup>'이다. 방대한 독서 목록을 소개한다. 책의 핵심 내용을 간파하고, 자기 서재에서 가상 토론회를 연다. 이 장면은 나림 이병주 선생의 천재성<sup>天才性</sup>을 선명하게 부각한다.

### 서재 토론

드골이 신경질을 부리는 경우도 있다.

그런 호소를 나는 생존자의 특권적 태도로써 검토를 하곤 거룩한 은총을 베푸는 것처럼 한 권의 책을 빼 들고 책상 앞으로 간다.

어떤 때는 사마천, 헤로도토스, 마키아벨리, 마르크스, 제퍼슨, 링컨 등을 한꺼번에 꺼내 놓고 토론을 시킨다. 『지적 생활의 즐거움』· 14면

술 취해 돌아온 저녁, 사마천·헤로도토스·마키아벨리·마르크스·제퍼슨·링컨 모아 열병식을 거행하고, 이들에게 헌법 토론을 유도한다. '술·문·나'의 장면은 압권이다. 상상만 해도 감탄사가 나온다. 도대체 어느 정도 자신이 있으면 선생은 이렇게 표현할 수 있는가! 이런 장엄발랄<sup>莊嚴潑剌</sup>한 문장을 쓴 작가를 만나볼 수 없다. 문학평론가들은 '박람강기<sup>博覽强記</sup>'라고 표현한다.

나림 선생은 철학자 니체(Friedrich Wilhelm Nietzsche · 1844~1900)를 나무란다. 77년 선배이다.

### 니체

우울할 땐 니체를 읽는다.

그 음성이 낭랑할수록 더욱더욱 우울해지는 니체의 교설<sup>敎說</sup>. 결국 니

체는 생의 찬가를 부르는 척하면서 인생의 파멸을 원했던 것이 아닌지. 그러니 부득이 나와 니체는 한바탕 토론을 벌인다. 그때마다 내가 승리하는 것은 내가 생존자로서의 특권을 가지고 있기 때문이다. 어느 때는 내가 니체를 크게 나무라 주었다. 『지적 생활의 즐거움』 · 15면

### 질 들뢰즈
'당신은 사르트르를 모르고, 푸코도 모르고, 롤랑 바르트도 모르면서 무슨 큰소리냐. 질 들뢰즈 따위에 해부당하고도 꿈쩍도 못하면서.' 『지적 생활의 즐거움』 · 14면

사르트르 · 푸코 · 롤랑 바르트 · 질 들뢰즈 모두 니체 사후 태어난 작가이다. 그러니 모를 수밖에. 생존자의 특권으로 이미 고전<sup>古典</sup>이 되어 버린 사람들을 여지없이 질책할 수 있는 것도 독서의 기쁨이 아니겠는가. 나림 필법이다. 독서의 매력은 정독과 비판이다. 토론하면서 정리한다. 정통<sup>正統</sup> · 精通 독서법<sup>讀書法</sup>이다.

니체는 법제도의 교육적 기능 강화를 주장한다. 그래서 '형벌 없는 사회'를 구상한다. 위험한 일이지만, 그 의미는 형벌이 필요 없는 세상을 꿈꾸는 것이다. '지불능력 없는 개인'이 '지불능력 있는 개인'으로 변화되어 '주권적 개인'이 전제되면, 해소되는 구도이다.

나림 선생은 그런 본질적으로 불가능한 세상을 꿈꾼 니체를 질타하는지 모른다. 나도 '형법이 필요 없는 세상'을 꿈꾼 적이 있다. 형법의 목표는 범죄 없는 세상이다(하태영, 『하마의 하품』, 법문사, 2009, 214면 2009).

사르트르(Jean-Paul Sartre, 1905~1980)는 "실존이 본질에 앞선다"는 명제를 제시한다. 스스로를 규정해야 하는 그 실존은 각양각색이다. 그러므로 니체의 구상은 불가능하다.

푸코(Michel Foucault, 1926~1984)는 법을 권력과 관계에서 도구로

본다. 롤랑 바르트(Roland Barthes, 1915~1980)에 따르면 문장<sup>텍스트 · text</sup>에 수많은 입구와 출구가 있다. 그 글들 사이에 끝을 알 수 없는 연관성이 계속해서 추론된다. 새로운 생명을 가진다. 작가는 문장<sup>텍스트 · text</sup>의 최초 의미를 생산한 사람일뿐이다.

니체가 『즐거운 학문』(Die fröhliche Wissenschaft)에서 말한 "신은 죽었다"는, 롤랑 바르트에 따르면 죽음(입구)을 통해 새로운 신의 탄생(출구)을 알릴 수도 있겠다. "롤랑 바르트도 모르면서 무슨 큰소리냐"는 그래서 나온 것일까.

질 들뢰즈(Gilles Deleuze, 1925~1995)는 푸코와 함께 니체 철학을 프랑스로 번역하여 소개한 학자이다. 니체를 재해석하며 제대로 소개하고, 니체 철학에 대한 애정이 깊은 것으로 평가받는다. "그 따위에 해부당하고도 꿈쩍도 못 한다"는 말은 천재 니체를 제대로 이해하고 소개했겠냐는 역설로 들린다. 술에 취한 채 그들과 대화하는 선생의 모습이 그려진다.

나림 선생의 법사상은 이들 철학이 머리와 마음속 지적 즐거움으로 녹아 형성되었다.


## 4. 작품 현대 의미

이 수필의 현재성은 여섯 가지이다. 대학생의 독서 습관 · 진정한 대학의 의미 · 지적 생활의 힘 · 책 읽는 사회 · 책 읽는 사람 · 헌법 개정 논쟁이다. 나림 선생 지적은 오늘날에도 교훈을 준다. 수필의 강한 생명력이다. 특히 대학생에게 주는 충언과 진정한 대학의 의미는 귀중한 조언이다. 독서의 결과는 지혜로운 사람이다. 나림 선생 문장을 읽어보자.

### 독서 지혜

나는 언제이건 체호프에겐 다정하게 대한다.

원래 큰소리를 하지 않은 사람에겐 난폭하게 대할 수 없는 것이다.

이것도 하나의 지혜이다. 책을 읽고 있으면 이런 지혜도 얻게 된다.
『지적 생활의 즐거움』· 16면

### 책 읽는 기쁨

말하자면 책을 읽는 기쁨이란 한량이 없다. 『지적 생활의 즐거움』· 16면

### 최량最良 유산

책을 읽을 줄만 알면 우리는 인류가 5,000년 동안 만들어 놓은 유산
가운데의 최량最良의 부분을 차지할 수가 있다. 『지적 생활의 즐거움』· 16면

### 지적 생활 기쁨

지적 생활의 기쁨이란 최량의 유산을 차지한 자의 기쁨이다. 『지적 생
활의 즐거움』· 16면

## (1) 대학생 독서 습관

나림 선생은 대학생에게 간곡히 호소한다. 내 충고에 귀를 기울여
달라. 독서 습관을 졸업장으로 생각하라. 나는 이렇게 읽는다. 나림
선생 문장을 읽어보자.

### 대학생

대학 시절에 할 일도 많겠지만 만사 제쳐 놓고
책 읽는 버릇과 책 읽는 재미를 익혀 두도록 하라.

### 세상

그렇게만 되면 이 세상에 태어난
최저한도의 보람은 찾은 셈이 된다.
잘만 하면 최대한의 보람이 될지도 모른다.

### 인간

책을 읽는 재미만 익혀 두면

어떤 궁지에 빠지더라도
결정적으로 불행하게는 안 된다.
최악의 인간이 될 까닭도 없다.

### 허먼 멜빌의 『모비 딕』
동해로 고래 잡으러 갈 때도
허먼 멜빌의 『모비 딕』을 읽고 있으면
고래 잡는 흥미와 재미는
세 배, 아니 서른 배나 더 될지 모른다. 『지적 생활의 즐거움』· 16-17면

나림 선생은 '책을 읽으면 발자크와 함께 19세기 파리를 산책할 수 있다'고 한다. '아테네 거리에서 소크라테스를 만날 수 있다'고 조언한다. '호메로스와 트로이 전쟁에 참여할 수 있다'고 설명한다.

지금 이 시간 전국 어느 곳에 있더라도 가능하다고 한다. 독서라는 행위를 통해서 산책과 만남과 참여가 가능하다고 강조한다.

책을 읽기만 하면 나폴레옹의 인생을 겪을 수 있고, 근엄한 철인哲人의 인생을 추체험할 수 있고, 비련의 주인공이 될 수 있고, 승리한 인간으로 화려해질 수도 있다고 말한다. 인생을 복수로 살 수 있다고 한다. 나림 선생의 독서 체험기이다.

이 수필의 현재성은 책 읽는 사람·책 읽는 사회·책 읽는 국가·지적 생활을 하는 사람들이 꽉 찬 대한민국이다. 그러나 우리의 현실은 암울하다.

젊은이부터 노인까지 책을 읽지 않는다. 책 읽는 시간을 만들지 않는다. 젊은이는 '공무원 시험 준비·취업 준비·자격증 취득 준비'를 한다. 노인은 독서 습관이 부족하다. 건강도 독서를 막는다. 건강한 사회는 지적 생활을 하는 사람이 가득 찬 사회이다. 중독과 치매를 예방할 수 있다.

## (2) 진정한 대학의 의미

나림 선생은 진정한 대학의 의미를 강조한다. 선생의 대학 철학·교육철학이 선명하다. 대학은 지혜로운 사람을 만드는 곳이다. 직장을 잡기 위해 머무는 장소가 아니다. 나림 선생은 대학교수로 활동한 분이다. 교육기관의 역할을 정확히 아시는 분이다. 나림 선생 문장을 읽어보자.

### 교육教育

나는 진정한 대학의 의미를 다음과 같이 생각한다.

만일 직장을 얻지 못할 때 그 때문에 1만 사람이 고민하고 비관해도 대학을 졸업한 사람은 늠름할 수 있도록 하는 그런 교육기관이라야 한다는 것이다. 『지적 생활의 즐거움』·18면

### 지성知性

막노동을 해도 늠름하고, 행상을 해도 늠름하여 기죽지 않는 당당한 인간이면 곧 지적인 인간이라고 할 수 있는데 그런 인간을 만들어 내는 첩경이 책을 읽는 노력이다. 『지적 생활의 즐거움』·18면

### 지혜知慧

물론 책을 읽지 않아도 천성적으로 지혜롭게 되어 있는 사람이 없는 것은 아니다. 그러나 우리는 그런 천성을 기다리고 있을 순 없다. 『지적 생활의 즐거움』·18면

## (3) 지적 생활의 힘

나림 선생은 수필의 마지막에 조르다노 브루노Giordano Bruno, 1548~1600의 말을 인용한다. 수필의 핵심이다. 선생은 발상전환發想轉換을 강조한다.

### 내공內功

무슨 까닭으로 나는 노동, 고뇌, 추방된 신세를 한탄하지 않는가.
그 까닭은 노동을 통해 세상에 보탬이 되고,
유형流刑을 당하고 있는 동안에 많은 것을 배웠기 때문이다.

뿐만 아니라 짧은 노동 가운데 영원한 휴식을,

가벼운 슬픔 대신 커다란 기쁨을,

좁은 감옥에 광대한 조국을 발견한 것이니라. 『지적 생활의 즐거움』·

19면

독서의 힘을 느낄 수 있는 문장이다. 뇌<sup>腦</sup>가 의식<sup>意識</sup>을 지배한다. 강력한 뇌 운동이 독서<sup>讀書</sup>이다. 내공<sup>內功</sup>이 강화<sup>强化</sup>한다. 사소한 일에 흔들리지 않는다. 왜냐하면 항상 배우고 발전하기 때문이다. 삶의 자세는 늠름하고 당당하다. 절대 기죽지 않는다. 신앙인<sup>道人</sup>과 비슷하다. 자신을 성찰하고 자기를 발견한다. 항상 새롭다. 지적 생활의 힘은 새로움과 유쾌함이다. 꿈과 희망과 이성이 있다.

## (4) 책 읽는 사회

나림 선생은 한국 사회를 위계 사회·종속사회·갑질 사회로 진단한다. 봉건사회가 특징이다. 전<sup>前</sup> 근대 사회의 지배구조이다. 근대 사회는 인간 존엄 사회·평등사회·자유 사회를 염원한다. 나림 선생 문장을 읽어보자.

**봉건사회**<sup>封建社會</sup>

자신의 천국을 만들기 위해 무수한 지옥을 만들어야 한다. 『망명의 늪』·259면

봉건사회를 바꾸기 위해서는 독서밖에 없다. 각성사회<sup>覺醒社會</sup>이다. 전 국민이 깨어 있어야 사회가 바뀐다. 정치인과 학자들이 주장하는 이야기이다. 우리 사회를 보자. 국민은 코로나에 지친다. 그 여파가 사회를 덮친다. 삶이 어렵게 변한다. 부동산으로 흥청망청 소비한 사회는 끝난다.

우리 역사를 보자. 한국 사회는 중앙지배로 사회를 운영한다. 소수 인원 선발과 보직 순환 운영이다. 대한민국은 중앙중심 소용돌이 속에

서 벗어나지 못한다. 국정 방향을 잃어가고 있다.

전국에 살기 좋은 지역이 많다. 그럼에도 계속 중앙만 개발한다. 그 폐해를 안다. 종착역을 안다. 그러나 기득권 때문에 모두 침묵한다. 내 세대까지만 이대로 간다. 이런 생각이다. 소소한 일에 분노하고 남의 일에 욕하며 산다. 지적 생활이 아니다.

지적 생활의 즐거움을 누리면 삶이 바뀐다. 많은 사람이 행복하다. 독서뿐이다. 나림 선생 문장을 읽어보자.

**지성**智性·知性
지적인 생활이란 언제나 최고를 선택하는 생활이다.
사상의 최고, 행동의 최고, 취미의 최고.
불행의 시궁창 속에 빠져 있어도
인간의 위신을 지킬 줄 알고
보다 아름다운 것,
보다 착한 것을
지향할 줄 아는 생활을 뜻한다.

**철학**哲學
비록 철인이 될 수는 없어도
철학의 은총 속에 살고,
비록 예술가가 될 수는 없어도
예술의 향기 속에 살 수 있는 비리秘理가
지적 생활에 있는 것이다. 『지적 생활의 즐거움』·19면

제4차 산업혁명 시대이다. 지적 생활의 즐거움은 현대인의 덕목이다. 시대가 엄중하고 변화가 빠르다. 강한 정신력이 필요하다. 방심하면 방향을 잃는다. 책 읽는 사회가 미래를 만든다. 출생에서 사망까지 삶을 살펴보라. 우리는 얼마나 많은 사람을 만나는가. 또 얼마나 많은 운명에 직면하는가. 살벌한 경쟁사회이다. 초·중·고등학교·교내시험·대학입시·직장·가정·가족·부양·슬픔·아픔·이별·성

공·실패를 수 천 가지 경험한다. 책 읽지 않고 헤쳐 갈 수 없는 시간이다. 책 읽지 않고 헤쳐 온 지난 세월은 마지막 행운이다. 이젠 불가능하다. 한 행보로 인생을 전부 바쳐야 한다. 이런 사회에 산다.

책을 읽고 세계관을 찾아서 자기 길道德을 가야 한다. 나림 선생의 조언이다. 책 읽는 사회가 인간답게 살 수 있는 사회이다.

### (5) 책 읽는 사람

나는 수필 「지적 생활의 즐거움」을 매일 낭독한다. 인용한 문장은 매일 암송한다. 보약으로 생각한다. 치매癡呆 예방약이다. 80세 어르신을 모셔본 체험담이다. 책 읽는 사람은 인지 능력이 뛰어나다.

지적 생활의 즐거움을 아는 사람은 노년老年에 초인超人이 된다. 초인道人은 인생의 마지막 시간을 경건하게 보낸다. 주변에 민폐를 끼치지 않는다. 책 읽는 사람의 힘이다. 우리 사회가 활력을 얻으려면, 책 읽는 사람이 더 많아야 한다. 사회가 성숙해진다.

수필의 마지막 부분이다. 나림 선생 문장을 읽어보자.

**독서권학문**讀書勸學文
시간이 있으면,
아니 시간을 애써 만들어 책을 펴라.
그리고 읽으라고 권할 뿐이다. 「지적 생활의 즐거움」 마지막 문장

### (6) 헌법 개정 논쟁

나림 선생은 정통 법률소설가이다. 「지적 생활의 즐거움」에서 헌법 논쟁을 발견한다. 동양과 서양의 유명한 정치가와 역사가의 주장이다. 수필에서 권력구조와 기본권 논쟁을 듣는다.

사마천은 헌법 전문·헤로도토스는 평화통일·마키아벨리는 국방의무·마르크스는 자유민주주의·제퍼슨은 대한민국 헌법·내각책임제·링컨은 자유와 책임을 설파한다. 발상發想이 기상천외奇想天外하다.

나림 선생 문장을 읽어보자.

### 서재 토론

어떤 때는 사마천, 헤로도토스, 마키아벨리, 마르크스, 제퍼슨, 링컨 등을 한꺼번에 꺼내 놓고 토론을 시킨다. 「지적 생활의 즐거움」·13-14면

### 헌법 개정 토론회

헌법 개정의 논의가 한창 진행되고 있을 때 해 본 일인데 퍽이나 흥미가 있었다. 그때 나는 속기록을 담당하고 있었는데 그것을 발췌해 보면-. 「지적 생활의 즐거움」·14면

**사마천**  진시황이 돌에 새겨 놓은 칙문勅問을 헌법의 전문前文에 갖다 놓는 게 좋을걸. 헌법 전문·14면

**헤로도토스**  전쟁엔 이겨 놓고 봐야 해. 북한을 정복할 수 있는 방법이 곧 헌법으로 되어야 한다…. 평화통일·14면

**마키아벨리**  국민 하나하나가 요새가 되어야 해. 국민 하나하나를 요새화하는 법률이 곧 헌법이 아니겠는가. 국방의무·14면

**마르크스**  내가 쓴 공산당선언은 실패한 문장이다. 만국의 노동자 농민들에게 미안하기 짝이 없어. 내가 쓴 공산당 선언의 반대가 되도록만 만들면 훌륭한 헌법이 될 걸세. 자유민주주의·14면

**제퍼슨**  미합중국의 헌법은 미합중국에서만 합당한 헌법이니 아예 그걸 본뜰 생각은 말아야 하느니…. 대한민국 헌법·내각책임제·14면

**링컨**  네 팔을 네가 휘두르는 것은 자유다. 그러나 그 손끝이 남의 코에 닿지 않도록 해야 하네. 헌법이란 건 그렇고 그런 것 아닌가. 미합중국의 헌법이 좋지 않아서 남북 전쟁이 발생한 건 아닐세. 자유와 책임·14면

나림 선생은 대통령제에 대해 부정적이다. 정치인이 대통령이 되는 것을 못마땅하게 생각한다. 나림 선생은 내각책임제를 선호한다.

　나림 이병주 선생 「지적 생활의 즐거움」을 더 작은 수필로 만든 '미니' 수필이다. 수필 속 모든 문장은 모두 나림 이병주 선생의 문장이다. 「지적 생활의 즐거움」 작품의 전체 윤곽과 핵심을 뽑아 만든 새로운 수필이다. 아주 바쁜 학생·직장인·부모님을 위한 선물이다. 나림 이병주 선생님의 원작 수필 「지적 생활의 즐거움」을 정독하는 시간이 오길 바란다. 수필 속 제목은 나림 선생 수필 제목을 그대로 붙였다. 작품을 필사하는 독서법이다. 나림 이병주 선생을 사랑하는 애독자를 기다린다. 전국에 10만 여명의 나림 애독자가 있다고 들었다.

## 지적 생활이란 말의 뜻

　지적 생활! 필립 해머턴의 저서에 『지적 생활』이란 것이 있는데 거긴 다음과 같은 문장이 빛나고 있다.

　지적 생활이란 언제나 일종의 전쟁이며 훈련이다. 지성을 풍부하게 하고 강인하게 하는 노력이다.

　사람을 지적으로 만드는 것은 학식이 아니고 활달하게 아름답게 생각하는 데 기쁨을 느끼는 심덕 $^{心德}$ 이라고 할 수 있다.

　인간다운 생활의 보람은 지적 생활에서만이 가능한 것이다.

## 독서를 통한 지적 생활의 발견

　지적 생활이란 책을 읽을 줄 알고, 책을 읽는 데서 깊은 의미와 기쁨을 느낄 수 있는 생활이 아닌가 한다. 독서의 기쁨밖에 없는 것이다.

　중학교 4학년 때가 아니었던가 한다. 펄 벅이 쓴 『어머니 $^{The\ Mother}$ 』라는 책이었다. 어둠 속에서 터널을 팠는데 어느 순간 그 터널이 관통되어 돌연 눈앞에 광활한 천지가 전개된 것 같은 느낌이었다. 그 후 나는 닥치는 대로 영서英書를 구입해서 읽기 시작했다.

## 지와 무지 사이의 방황

그다음의 놀람을 곁들인 기쁨은 도스토옙스키의 『죄와 벌』에 있었다. 주정꾼에게도 나름대로의 애환이 있다는 것을 알았고, 매춘부 가운데 소녀가 있다는 것을 발견했다. 나는 어느덧 라스콜리니코프의 공범이 되어 있었는데 나는 비로소 인생의 대문제를 안 것 같은 환각에 사로잡히기도 했다.

문학에 대한 개안開眼이 인생에 대한 개안이 된 것이다. 철학에 대한 심취는 게오르크 지멜을 읽음으로써 비롯되었다. 지멜의 『생의 철학』에서 다음과 같은 뜻의 문장을 접하게 된 것이다.

인생이란 것은 이처럼 지와 무지 사이의 방황이다.

나는 이어 그의 「쇼펜하우어와 니체」를 읽게 되어 이윽고 니체를 만나게 되었다. 칸트도 헤겔도 지멜의 촉발을 받고 방황하는 여로에서 만난 인물들이다. 독서 범위는 경제학을 비롯하여 정치학, 사회학 등 사회 과학의 방향으로 확대됐다. 사상의 원류를 캐기 위해 한때 그리스 철학에 몰두하기도 했다.

대양에 물이 많아도 자기가 들고 있는 그릇의 양 이상의 물을 담을 순 없다. 나는 스피노자처럼 렌즈 닦이를 하고 살아도 좋으니 책만 읽을 수 있는 형편이면 족하다는 생각으로 있었던 것이다. 책을 읽는 버릇만은 야무지게 가꾸어 놓았다고 자부한다.

## 자유와도 바꿀 수 없는 독서 삼매경

나는 감옥살이를 한 적이 있었다.

'아아, 저기에 자유가 산을 오르고 있구나.'

'나는 비록 비자유일망정 지금 저 산을 오르고 있는 자유로운 사람이 가지고 있지 않은 무엇인가를 가지고 있다.'

내겐 읽을 책이 있고, 읽어야 할 책이 있다는 인식이었다. 책을 읽을 수 없는 바깥세상이면 책을 읽을 수 있는 감옥 생활을 택하겠다는 심정의 표명이기도 했다.

## 선현들 세미나

나는 대강 독서를 다음 세 종류로 나누고 있다. 하나는 목적의식에 의한 계통적인 독서, 하나는 기분 내키는 대로 하는 독서, 다른 하나는 자동차 안에서 또는 다방 같은 데서 하는 독서.

어쩌다 술에 취해 집으로 돌아갈 때 생각한다.

'이제 돌아가면 사르트르를 만나 봐야겠다. 카뮈와의 논쟁을 한 번더 읽어 보고 심판을 내려야지.'

또는,

'사로얀의 『인간희극』을 읽고 내 마음을 보다 인간적으로 만들어야겠다.'

또는,

'옳지, 톨스토이의 『전쟁과 평화』 가운데 나폴레옹이 목욕하는 장면을 챙겨 봐야겠다.'

또는,

'메를로퐁티의 테러리즘에 관한 에세이를 읽어야지.'

서재에 들어서면 전등이란 전등을 죄다 켜 놓고 장군이

열병閱兵하듯 서가를 둘러본다.

한 권의 책을 빼 들고 책상 앞으로 간다.

어떤 때는 사마천, 헤로도토스, 마키아벨리, 마르크스, 제퍼슨, 링컨 등을 한꺼번에 꺼내 놓고 토론을 시킨다.

헌법 개정의 논의가 한창 진행되고 있을 때 해 본 일인데 퍽이나 흥미가 있었다. 그때 나는 속기록을 담당하고 있었는데 그것을 발췌해 보면—.

> **사마천** 진시황이 돌에 새겨 놓은 칙문勅問을 헌법의 전문前文에 갖다 놓는 게 좋을걸.
> **마르크스** 내가 쓴 공산당선언은 실패한 문장이다. 만국의 노동자 농민들에게 미안하기 짝이 없어. 내가 쓴 공산당 선언의 반대가 되도록만 만들면 훌륭한 헌법이 될 걸세.
> **링컨** 네 팔을 네가 휘두르는 것은 자유다. 그러나 그 손끝이 남의 코에 닿지 않도록 해야 하네. 헌법이란 건 그렇고 그런 것 아닌가. 미합중국의 헌법이 좋지 않아서 남북 전쟁이 발생한 건 아닐세.

우울할 땐 니체를 읽는다.

니체의 교설敎說. 결국 니체는 생의 찬가를 부르는 척하면서 인생의 파멸을 원했던 것이 아닌지. 그러니 부득이 나와 니체는 한바탕 토론을 벌인다. 어느 때는 내가 니체를 크게 나무라 주었다.

'당신은 사르트르를 모르고, 푸코도 모르고, 롤랑 바르트도 모르면서 무슨 큰소리냐. 질 들뢰즈 따위에 해부당하고도 꿈쩍도 못하면서.'

나는 언제이건 체호프에겐 다정하게 대한다. 원래 큰소리를 하지 않은 사람에겐 난폭하게 대할 수 없는 것이다. 이것도 하나의 지혜이다. 책을 읽고 있으면 이런 지혜도 얻게 된다.

말하자면 책을 읽는 기쁨이란 한량이 없다. 책을 읽을 줄만 알면 우리는 인류가 5,000년 동안 만들어 놓은 유산 가운데의 최량最良의 부분을 차지할 수가 있다. 지적 생활의 기쁨이란 최량의 유산을 차지한 자의 기쁨이다.

만일 내 충고에 귀를 기울이는 대학생이 있다면 나는 다음과 같이 말하고 싶다.

"대학 시절에 할 일도 많겠지만 만사 제쳐 놓고 책 읽는 버릇과 책 읽는 재미를 익혀 두도록 하라."

2천 수백 년을 거슬러 올라 아테네의 거리에서 소크라테스를 만날 수가 있고, 호메로스와 더불어 트로이 전쟁에 참가할 수도 있다.

인생이란 물리적·생리적으로 보면 유일회唯一回의 생명이며 하나의 선線으로서 표기될 수밖에 없다. 책을 통하기만 하면 나폴레옹의 일생을 겪을 수도 있고, 근엄한 철인哲人의 일생을 추체험할 수가 있고, 비련의 주인공이 될 수도 있으며, 승리한 인간으로서 화려할 수도 있다. 말하자면 갖가지의 인생을 복수적으로 살 수가 있다는 얘기다.

좋은 직장을 얻고, 입신출세를 해선 곤충처럼 산다면 말이 아니지 않는가. 입신출세를 보다 빛나는 것으로 하기 위해서도 책을 읽는 흥미를 익힐 필요가 있는 것이다. 공간적으론 전 세계를 차지하고, 시간적으론 수천 년에 걸쳐서 살 수가 있다면 인생 50년 내지 100년도 그다지 허무한 것이 아니다.

나는 진정한 대학의 의미를 다음과 같이 생각한다. 만일 직장을 얻지 못할 때 그 때문에 1만 사람이 고민하고 비관해도 대학을 졸업한 사람은 늠름할 수 있도록 하는 그런 교육기관이라야 한다는 것이다. 막노동을 해도 늠름하고, 행상을 해도 늠름하여 기죽지 않는 당당한 인간이면 곧 지적인 인간이라고 할 수 있는데 그런 인간을 만들어 내는 첩경이 책을 읽는 노력이다. 물론 책을 읽지 않아도 천성적으로 지혜롭게 되어 있는 사람이 없는 것은 아니다. 그러나 우리는 그런 천성을 기다리고 있을 순 없다.

지적인 생활이란 언제나 최고를 선택하는 생활이다. 사상의 최고, 행동의 최고, 취미의 최고. 불행의 시궁창 속에 빠져 있어도 인간의 위신을 지킬 줄 알고 보다 아름다운 것, 보다 착한 것을 지향할 줄 아는 생활을 뜻한다. 비록 철인이 될 수는 없어도 철학의 은총 속에 살고, 비록 예술가가 될 수는 없어도 예술의 향기 속에 살 수 있는 비리 秘理가 지적 생활에 있는 것이다.

그 핵심이 곧 책 읽기에 있다.
시간이 있으면, 아니 시간을 애써 만들어 책을 펴라. 그리고 읽으라고 권할 뿐이다.

## 문장과 낭독

나림 이병주 작품 「지적 생활의 즐거움」을 정독하였다. 작품 속 문장으로 「지적생활의 즐거움」 어록집을 만들었다. 좋은 문장을 찾아 단락마다 제목을 붙였다. 제목은 내가 쓴 작품 해설이다. 문장과 해설의 만남이다. 나림의 문장을 느끼며 수필의 의미를 찾아보시길 바란다.

### 지적 생활이란 말의 뜻 지적 생활 · 3면

지적이 아닌 생활이란 것이 있을까. 사람은 스스로의 지혜에 따라 얼마만큼의 지식을 이용하며 살아가고 있다. 어느 때인가 정박아들의 생활을 관찰해 본 적이 있는데 그들의 지능이 모자라는 그만큼 안간힘을 쓰고 그들의 지혜를 짜내려고 노력하는 모습이 역연했다. 정박아들도 나름대로 지적 생활을 하고 있었던 것이다. 정박아들 지적 생활 · 3면

그러나 우리가 특별히 지적 생활이란 명사를 들먹일 때 그런 뜻의, 이른바 생리학적인 개념을 말하는 건 아니다. 지성적인 생활이란 말로 바꿔 부를 수 있는, 그런 개념으로 지적 생활이란 말을 쓰고 있는 것이 아닐까. 지적 생활 · 지성적 생활 · 3면

지적 생활! 아무튼 일률적으로 정의하긴 곤란한 말이다. 필립 해머턴의 저서에 『지적 생활』이란 것이 있는데 거긴 다음과 같은 문장이 빛나고 있다. 필립 해머턴 · 3면

**인물 해설** 필립 해머턴(Philip Gilbert Hamerton, 1834~1894) 영국의 예술가, 예술평론가, 작가. '지적 생활'이란 말을 처음으로 사용한 빅토리아 시대의 지성인이다.

지적 생활이란 언제나 일종의 전쟁이며 훈련이다. 지적으로 생활하는 기술이란 것은 자기의 신변을 유리한 환경으로 정비하는 노력이라기보다 일상생활에 따라오는 모든 제약과 난점을 극복함으로써 지성을 풍부하게 하고 강인하게 하는 노력이다. 지성 훈련 · 3-4면

나이가 많아짐에 따라 지적인 사람들의 마음을 지배하는 감회는 남보다 행운이 덜했다는 사실을 안타깝게 여기는 것이 아니라, 좀 더 노력했더라면 활용할 수 있는 행운을 노력이 부족한 탓으로 놓쳐 버렸다는 데 대한 후회이다. 후회 · 4면

현대에 있어서 낮은 계층에 있는 직공이라도 솔로몬이나 아리스토텔레스보다 체계적인 학문에 접근할 수가 있다. 그러나 솔로몬이나 아리스토텔레스가 보다 지적으로 살았다. 오늘날 우리는 누구이건 플라톤보다는 교양을 얻는 데 있어서 유리한 조건을 갖추고 있다. 그러나 플라톤이 더욱 지적으로 생각했다. 사람을 지적으로 만드는 것은 학식이 아니고 활달하게 아름답게 생각하는 데 기쁨을 느끼는 심덕心德이라고 할 수 있는 것이다. 사람 지적 심덕心德 · 4면

이처럼 해머턴은 지적 생활을 명쾌하게 정의하진 않았지만 그것이 대강 어떤 것인가를 설명해 주고 있다.

내 의견을 덧붙이면 한마디로 말해 인간다운 생활의 보람은 지적 생활에서만이 가능한 것이다. 생활 보람 · 4면

### 독서를 통한 지적 생활의 발견 독서 · 4면

어려운 논의를 피하고 내 기분대로 구체적으로 말한다면 지적 생활이란 제일의적第一義的으로 책을 읽을 줄 알고, 책을 읽는 데서 깊은 의미와 기쁨을 느낄 수 있는 생활이 아닌가 한다. 책 · 5면

물론 책을 읽지 않아도 지적인 사람이 있고, 많은 책을 읽고 많은 지식을 가지고 있는데도 지적이라고 할 수 없는 경우도 있다. 소련의 법률가이며 외교관인 비신스키는 드물게 보는 박식인博識人이었다고 한

다. 그러나 그는 고대의 그리스인, 디오게네스보다 지적이라고 할 순 없다. 그 까닭은 비신스키는 보다 옳게, 보다 아름답게 생각하려는 심성을 결해 있었기 때문이다. 보다 옳게, 보다 아름답게 생각하려는 심성 · 5면

그러나 이렇게 따지고 들면 문제를 더욱 복잡하게 할 뿐이니 책을 읽는 것이 지적 생활의 근본이라고 일단 전제해두기로 한다. 사실 내가 지적 생활의 기쁨에 관해 무언가를 쓸 수 있다고 하면 그건 독서의 기쁨밖에 없는 것이다. 독서 기쁨 · 5면

다음에 나의 지적 생활, 즉 독서의 기쁨을 적어 본다.

중학교 4학년<sup>당시 학제</sup> 때가 아니었던가 한다.

서점에 들어가 영어책이 눈에 뜨이기에 그것을 집어 들었다. 펄 벅이 쓴 『어머니<sup>The Mother</sup>』라는 책이었다. 첫 장을 읽어 보니 수월하게 이해가 되었다. 그 책을 사 가지고 집으로 돌아와선 밤을 새워 다 읽어 버렸다. 몇 번인가 사전을 찾는 정도로 원서를 하룻밤 사이에 독파했다는 것은 한없는 기쁨이었다. 어둠 속에서 터널을 팠는데 어느 순간 그 터널이 관통되어 돌연 눈앞에 광활한 천지가 전개된 것 같은 느낌이었다. 펄 벅 『어머니(The Mother)』 · 6면

지금 생각하면 우스운 일이다. 원래 펄 벅 여사의 문장은 쉬운 데다 그『어머니』란 책은 더욱 쉬운 영문으로 쓰인 책이니 4년 동안 영어 공부를 한 사람이면 누구이건 수월하게 읽을 수 있는 것이었지만 그때의 감격은 대단했다. 그 후 나는 닥치는 대로 영서<sup>英書</sup>를 구입해서 읽기 시작했다. 그러나 곧 난관에 부닥치고 말았다. 무엄하게도 칼라일의 『의상철학<sup>衣裳哲學</sup>』에 도전을 했다가 참패를 당했다. 하지만 그게 또한 유익한 교훈이 되었다. 어떤 책이건 영어로 된 책을 읽을 수 있었다는 기쁨과 동시에 학문의 길은 갈수록 험하다는 것을 깨닫고, 그게 아무리 험하기로서니 드디어는 정복될 수 있으리란 자신을 가지게

된 것이다. 칼라일 『의상철학衣裳哲學』· 6면

### 지와 무지 사이의 방황 방황 · 6면

그다음의 놀람을 곁들인 기쁨은 도스토옙스키의 『죄와 벌』에 있었
다. 이 책을 읽고 나니 세상이 달리 보이게 되었다. 전엔 주정꾼이 주
정꾼으로밖엔 보이지 않았던 것이 주정꾼에게도 나름대로의 애환이
있다는 것을 알았고, 매춘부 가운데 소녀가 있다는 것을 발견했다. 라
스콜리니코프의 산술적 논리가 좌절하는 것을 보자 나는 어느덧 라스
콜리니코프의 공범이 되어 있었는데 공범으로서 그를 동정하고 그의
우유부단에 분격을 느끼기까지 하며 나는 비로소 인생의 대문제를 안
것 같은 환각에 사로잡히기도 했다. 도스토옙스키의 『죄와 벌』· 7면

문학에 대한 개안開眼이 인생에 대한 개안이 된 것이다. 아무튼 책을
읽을 때마다 새로운 발견이 있다는 것은 신선한 놀람이며 감격이 아
닐 수 없었다. 새로운 발견 · 7면

나의 철학에 대한 심취는 엉뚱하게도 게오르크 지멜을 읽음으로써
비롯되었다. 지멜의 『생의 철학』에서 다음과 같은 뜻의 문장을 접하
게 된 것이다. 지멜 『생의 철학』· 7면

인생이라는 것은 장기를 두는 행위와 비슷하다. 이렇게 두면 저렇게
될 것이란 대강의 짐작이 있어야만 장기라는 유희는 성립된다. 그러나
이렇게 두면 꼭 저렇게 된다고 짐작한 대로 되어서는 장기란 유희는 성
립될 수가 없다. 인생이란 것은 이처럼 지와 무지 사이의 방황이다. 인
생 · 지와 무지 방황 · 8면

지금 생각하면 진부하다고도 할 수 있는 대목인데 (지멜의 철학이
진부하다는 뜻은 아니다) 소년의 감수성은 이런 대목에서도 불이 붙는
다. 감수성 · 8면

일단 불이 붙으면 끝 간 데를 모른다. 나는 이어 그의 「쇼펜하우어와 니체」를 읽게 되어 이윽고 니체를 만나게 되었다. 칸트도 헤겔도 지멜의 촉발을 받고 방황하는 여로에서 만난 인물들이다. 칸트 · 헤겔 · 쇼펜하우어 · 니체 · 8면

이렇게 방황하다가 보니 저절로 정리 작업이 필요하다는 것을 느꼈다. 여태껏 내가 심취한 사람들과 반대편에 서 있는 사람들의 책을 의식적으로 선택해서 읽게 되었다. 독서 범위는 경제학을 비롯하여 정치학, 사회학 등 사회 과학의 방향으로 확대됐다. 사상의 원류를 캐기 위해 한때 그리스 철학에 몰두하기도 했다. 사상 원류 · 8면

쓰다가 보니 내가 대단한 공부를 한 것처럼 되어 버렸는데 그렇지는 못하다. 대양에 물이 많아도 자기가 들고 있는 그릇의 양 이상의 물을 담을 순 없다. 결국 나는 천박한 딜레탕트dilettante로서 끝날지 모른다. 딜레탕트(dilettante) · 8-9면

학생 시절 어느 선생이 내게 충고했다.
"자네 그런 식으로 나가다간 딜레탕트가 되고 말걸세. 빨리 전문 분야를 정해 학위 논문이라도 쓰도록 하게."
그 당시 나는 상당히 건방졌던 모양이다. 이렇게 답했다.
"읽고 싶은 게 너무나 많아서 한 가지만 하고 있을 시간이 없습니다."
"그러니까 그게 딜레탕트가 될 위험성을 내포하고 있다는 말이다."
"전 딜레탕트로서 족합니다."
이건 정직한 나의 고백이기도 했다. 고백 · 9면

당시의 나는 스피노자처럼 렌즈 닦이를 하고 살아도 좋으니 책만 읽을 수 있는 형편이면 족하다는 생각으로 있었던 것이다. 스피노자 · 9면

지금의 나는 이뤄 놓은 게 아무것도 없고 남 앞에 내놓을 아무것도 가지고 있지 않지만 책을 읽는 버릇만은 야무지게 가꾸어 놓았다고 자부한다. 그리고 나에게 행복의 가능이 있다면 책을 읽는 기쁨을 통해서일 것이라고 믿는다. 독서 습관 · 독서 기쁨 · 9면

### 자유와도 바꿀 수 없는 독서 삼매경 독서 삼매경 · 10면

벌써 20년 전의 일이 되었다. 나는 감옥살이를 한 적이 있었다. 감옥 생활엔 하루 두 번씩 약 10분가량 옥외 운동을 하는 시간이 허용되어 있었다. 교도소생활 · 10면

어느 날이었다.

나는 팔짱을 끼고 감옥 담벼락 밑을 왔다 갔다 하고 있으면서 담벼락 너머로 산을 보고 있었다. 그때 마침 그 산으로 서너 사람이 올라가고 있었다.

'아아, 저기에 자유가 산을 오르고 있구나.'

하는 한숨이 저절로 나왔다.

이어,

'저 자유가 부러우냐?'

하는 물음이 가슴속에 솟았다.

'부럽다.'

라는 답이 있었다.

'그럼 지금 저 자유가 비자유인 너와 맞바꾸라고 하면 바꿔줄 텐가?'

하는 물음이 잇따랐다.

'아니다.'

하고 내 가슴은 말했다. 저 자유가 부러우냐? · 10면

내가 내 스스로 한 대답이었지만 나는 이 대답에 놀랐다. 자유에

대한 갈망으로 몸과 마음이 타고 있는 지경인데 이런 대답은 정말 뜻밖이었던 것이다. 나는 그 까닭을 살펴보는 마음으로 되었다.

'나는 비록 비자유일망정 지금 저 산을 오르고 있는 자유로운 사람이 가지고 있지 않은 무엇인가를 가지고 있다. 그 무언가가 저 사람들이 가지고 있는 것보다 훌륭한 것이라곤 말하지 않는다. 그러나 그것은 내게 대단히 소중한 것이다. 그런 까닭에 나는 저 자유와 나의 비자유를 바꿔 줄 수가 없다.'

그 무엇이란 내 속에 자라고 있는 지적인 씨앗이다. 그 씨앗은 순전히 독서와 사색을 통해 얻은 것이다. 남이 볼 땐 보잘것없는 것, 거의 무의미한 것인지 몰라도 그것이 나에겐 눈물겹도록 아까운 것으로 느껴졌다. 구체적으로 말하면 내겐 읽을 책이 있고, 읽어야 할 책이 있다는 인식이었다. 지적 씨앗·11면

'저 사람들도 책을 읽을 수 있고 책을 읽는 재미를 가지고 있을지 모르지 않는가. 그래도 바꿔주기 싫은가?'

하는 물음이 있었다.

'그렇다.'

라고 나는 힘주어 대답했다. 책 읽는 재미·11면

'네 형기는 10년, 이제 겨우 2년을 넘겼을 뿐이다. 순조롭더라도 넌 앞으로 8년간을 이곳에서 견디어야 한다. 잘못되면 넌 이곳에서 살아나가지 못하게 될지도 모른다. 그런데도 바꾸고 싶은 생각이 없는가?'

'없다'

그 이유로선,

'저 사람들도 책을 읽고, 더러는 책 읽는 데 재미를 느끼기도 하겠지만 아마 내가 읽는 방식으로 읽지 못할 것이다.'

하는 자부가 있었다.

이것은 또한 책을 읽을 수 없는 바깥세상이면 책을 읽을 수 있는 감옥 생활을 택하겠다는 심정의 표명이기도 했다. 책과 감옥·12면

### 선현들 세미나 선현·12면

다행히 나는 지금 얼마든지 책을 읽을 수 있는 환경과 조건을 갖추고 있다. 그리고 내가 책을 읽는 매너엔 약간 별난 데가 있다.

나는 대강 독서를 다음 세 종류로 나누고 있다. 하나는 목적의식에 의한 계통적인 독서, 하나는 기분 내키는 대로 하는 독서, 다른 하나는 자동차 안에서 또는 다방 같은 데서 하는 독서.

계통적으로 하는 독서는 들먹일 필요가 없고, 자동차 안에서 읽는 책은 대강 국내외의 신간본이다.

기분적인 독서는ㅡ. 독서 방법·12-13면

어쩌다 술에 취해 집으로 돌아갈 때 생각한다.

'이제 돌아가면 사르트르를 만나 봐야겠다. 카뮈와의 논쟁을 한 번 더 읽어 보고 심판을 내려야지.'

또는,

'사로얀의 『인간희극』을 읽고 내 마음을 보다 인간적으로 만들어야겠다.'

또는,

'옳지, 톨스토이의 『전쟁과 평화』 가운데 나폴레옹이 목욕하는 장면을 챙겨 봐야겠다.'

또는,

'메를로퐁티의 테러리즘에 관한 에세이를 읽어야지.' 박학다식博學多識·12-13면

서재에 들어서면 전등이란 전등을 죄다 켜 놓고 장군이
열병閱兵하듯 서가를 둘러본다.

그러면 반드시 어느 책이 말을 한다.

"너 요즘 날 괄시하는구나."

하고 입센이 말할 때도 있고,

"너 날 퇴색된 작가라고 생각하면 그게 잘못이야."

하고 발자크가 투덜댈 때도 있고,

"내가 쓴 책을 죄다 읽고 나서 나에 관해 무슨 말을 하든지 말든지 해야 할 것 아니냐."

라며 드골이 신경질을 부리는 경우도 있다.

그런 호소를 나는 생존자의 특권적 태도로써 검토를 하곤 거룩한 은총을 베푸는 것처럼 한 권의 책을 빼 들고 책상 앞으로 간다.

어떤 때는 사마천, 헤로도토스, 마키아벨리, 마르크스, 제퍼슨, 링컨 등을 한꺼번에 꺼내 놓고 토론을 시킨다. 서재 토론 · 13-14면

헌법 개정의 논의가 한창 진행되고 있을 때 해 본 일인데 퍽이나 흥미가 있었다. 그때 나는 속기록을 담당하고 있었는데 그것을 발췌해 보면—. 헌법 개정 토론회 · 14면

**사마천** 진시황이 돌에 새겨 놓은 칙문勅問을 헌법의 전문前文에 갖다 놓는 게 좋을걸. 헌법 전문 · 14면

**헤로도토스** 전쟁엔 이겨 놓고 봐야 해. 북한을 정복할 수 있는 방법이 곧 헌법으로 되어야 한다…. 평화통일 · 14면

**마키아벨리** 국민 하나하나가 요새가 되어야 해. 국민 하나하나를 요새화하는 법률이 곧 헌법이 아니겠는가. 국방의무 · 14면

**마르크스** 내가 쓴 공산당선언은 실패한 문장이다. 만국의 노농자 농민들에게 미안하기 짝이 없어. 내가 쓴 공산당 선언의 반대가 되도록만 만들면 훌륭한 헌법이 될 걸세. 자유민주주의 · 14면

**제퍼슨** 미합중국의 헌법은 미합중국에서만 합당한 헌법이니 아예 그걸 본뜰 생각은 말아야 하느니…. 대한민국 헌법 · 내각책임제 · 14면

**링컨**  네 팔을 네가 휘두르는 것은 자유다. 그러나 그 손끝이 남의 코에 닿지 않도록 해야 하네. 헌법이란 건 그렇고 그런 것 아닌가. 미합중국의 헌법이 좋지 않아서 남북 전쟁이 발생한 건 아닐세. 자유와 책임 · 14면

우울할 땐 니체를 읽는다.

그 음성이 낭랑할수록 더욱더욱 우울해지는 니체의 교설<sup>敎說</sup>. 결국 니체는 생의 찬가를 부르는 척하면서 인생의 파멸을 원했던 것이 아닌지. 그러니 부득이 나와 니체는 한바탕 토론을 벌인다. 그때마다 내가 승리하는 것은 내가 생존자로서의 특권을 가지고 있기 때문이다. 어느 때는 내가 니체를 크게 나무라 주었다. 니체와 토론 · 14면

'당신은 사르트르를 모르고, 푸코도 모르고, 롤랑 바르트도 모르면서 무슨 큰소리냐. 질 들뢰즈 따위에 해부당하고도 꿈쩍도 못하면서.' 질책 · 14면

생존자의 특권으로 이미 고전이 되어 버린 사람들을 여지없이 질책할 수 있는 것도 독서의 기쁨이 아니겠는가. 독서 기쁨 · 14면

한편 질책의 여지가 없어 같이 울기만 해야 하는 사람이 있다. 예컨대 안톤 체호프 같은 사람.

체호프의 인물들은 '50년, 100년 후가 되면 세상은 훨씬 살기 좋게 될 것이다'라는 꿈을 꾸고 있다. 그런데 그가 죽은 지 거의 1세기가 되려고 하지만 오늘의 소련은 어떠한가. 체호프가 만일 솔제니친의 『수용소 군도』를 읽었더라면 어떻게 될까. 체호프와 솔제니친 『수용소 군도』 · 16면

나는 언제이건 체호프에겐 다정하게 대한다. 원래 큰소리를 하지 않은 사람에겐 난폭하게 대할 수 없는 것이다. 이것도 하나의 지혜이

다. 책을 읽고 있으면 이런 지혜도 얻게 된다. 독서 지혜 · 16면

말하자면 책을 읽는 기쁨이란 한량이 없다. 책을 읽을 줄만 알면 우리는 인류가 5,000년 동안 만들어 놓은 유산 가운데의 최량最良의 부분을 차지할 수가 있다. 지적 생활의 기쁨이란 최량의 유산을 차지한 자의 기쁨이다. 최량最良 유산 · 16면

만일 내 충고에 귀를 기울이는 대학생이 있다면 나는 다음과 같이 말하고 싶다.

"대학 시절에 할 일도 많겠지만 만사 제쳐 놓고 책 읽는 버릇과 책 읽는 재미를 익혀 두도록 하라. 그렇게만 되면 이 세상에 태어난 최저 한도의 보람은 찾은 셈이 된다. 잘만 하면 최대한의 보람이 될지도 모른다. 책을 읽는 재미만 익혀 두면 어떤 궁지에 빠지더라도 결정적으로 불행하게는 안 된다. 최악의 인간이 될 까닭도 없다. 동해로 고래 잡으러 갈 때도 허먼 멜빌의 『모비 딕』을 읽고 있으면 고래 잡는 흥미와 재미는 세 배, 아니 서른 배나 더 될지 모른다." 내 충고에 귀를 기울이는 대학생이 있다면… · 16-17면

인간은 절대적인 모순율 속에 살고 있다. 즉 오늘 이 시간에 서울의 어느 집에 있으면, 같은 시각 프랑스의 파리에 있을 순 없다는 얘기다. 그런데 지적인 생활, 아니 독서라고 하는 행위를 통해서 그 절대적인 모순율을 넘어설 수가 있다. 발자크와 더불어 19세기의 파리를 산책할 수가 있고, 글뤽스만과 더불어 바스티유의 광장에서 서성거릴 수가 있고, 뮈세와 더불어 센 강의 관광선을 타고 랭보의 시를 읊을 수도 있는 것이다. 발자크 · 글뤽스만 · 뮈세 · 17면

공간적으로 모순율을 극복할 수 있는 것만이 아니다. 2천 수백 년을 거슬러 올라 아테네의 거리에서 소크라테스를 만날 수가 있고, 호메로스와 더불어 트로이 전쟁에 참가할 수도 있다. 소크라테스 · 호메로스 ·

　인생이란 물리적·생리적으로 보면 유일회唯一回의 생명이며 하나의 선線으로서 표기될 수밖에 없다. 너는 결단코 어느 회사의 사원이면서 나폴레옹이 될 수는 없다. 그러나 책을 통하기만 하면 나폴레옹의 일생을 겪을 수도 있고, 근엄한 철인哲人의 일생을 추체험할 수가 있고, 비련의 주인공이 될 수도 있으며, 승리한 인간으로서 화려할 수도 있다. 말하자면 갖가지의 인생을 복수적으로 살 수가 있다는 얘기다. 인생 경험·17-18면

　좋은 직장을 얻는다는 것, 입신출세한다는 것, 물론 중요한 일이다. 그러나 모처럼 좋은 직장을 얻고, 입신출세를 해선 곤충처럼 산다면 말이 아니지 않는가. 직장인으로서 보다 충실하기 위해서도, 입신출세를 보다 빛나는 것으로 하기 위해서도 책을 읽는 흥미를 익힐 필요가 있는 것이다. 책을 읽는 흥미·18면

　공간적으론 전 세계를 차지하고, 시간적으론 수천 년에 걸쳐서 살 수가 있다면 인생 50년 내지 100년도 그다지 허무한 것이 아니다. 인생사·18면

　나는 진정한 대학의 의미를 다음과 같이 생각한다. 만일 직장을 얻지 못할 때 그 때문에 1만 사람이 고민하고 비관해도 대학을 졸업한 사람은 늠름할 수 있도록 하는 그런 교육기관이라야 한다는 것이다. 막노동을 해도 늠름하고, 행상을 해도 늠름하여 기죽지 않는 당당한 인간이면 곧 지적인 인간이라고 할 수 있는데 그런 인간을 만들어 내는 첩경이 책을 읽는 노력이다. 물론 책을 읽지 않아도 천성적으로 지혜롭게 되어 있는 사람이 없는 것은 아니다. 그러나 우리는 그런 천성을 기다리고 있을 순 없다. 진정한 대학의 의미·18면

지적인 생활이란 언제나 최고를 선택하는 생활이다. 사상의 최고, 행동의 최고, 취미의 최고. 불행의 시궁창 속에 빠져 있어도 인간의 위신을 지킬 줄 알고 보다 아름다운 것, 보다 착한 것을 지향할 줄 아는 생활을 뜻한다. 비록 철인이 될 수는 없어도 철학의 은총 속에 살고, 비록 예술가가 될 수는 없어도 예술의 향기 속에 살 수 있는 비리秘理가 지적 생활에 있는 것이다. 지적 생활 · 19면

그 핵심이 곧 책 읽기에 있다는 결론인데 다음에 조르다노 브루노의 말을 인용해 둔다. 책 읽기 결론 · 19면

> 무슨 까닭으로 나는 노동, 고뇌, 추방된 신세를 한탄하지 않는가. 그 까닭은 노동을 통해 세상에 보탬이 되고, 유형流刑을 당하고 있는 동안에 많은 것을 배웠기 때문이다. 뿐만 아니라 짧은 노동 가운데 영원한 휴식을, 가벼운 슬픔 대신 커다란 기쁨을, 좁은 감옥에 광대한 조국을 발견한 것이니라. 조르다노 브루노 · 19면

조르다노 브루노는 코페르니쿠스의 세계상을 인정했다고 해서 이단으로 몰려 7년간의 감옥 생활 끝에 서기 1600년 화형을 받은 철학자이다. 7년간의 유예를 주었는데도 끝끝내 주장을 굽히지 않자 극형의 보복을 받은 것이다. 코페르니쿠스 세계상 · 19면

그러나 나는 이런 엄청난 인물을 모범으로 하라고 하진 않는다. 시간이 있으면, 아니 시간을 애써 만들어 책을 펴라. 그리고 읽으라고 권할 뿐이다. 독서권학문讀書勸學文 · 시간을 만들어라. 책을 펴라. 그리고 읽으라고 권할 뿐이다 · 20면

# 목격자<sup>目擊者</sup>?

## 목격자<sup>目擊者</sup>?, 신동아 1972

목격자<sup>目擊者</sup>?, 신동아 1972년 6월호, 동아일보사, 356－374면

고국故國의 학회가 초빙할 정도로
학문을 닦은 학자가
기껏 그런 꼬락서니라면
그 학문이란 도대체 뭣일까 생각을 하니
기분이 씁쓸했다.

성유정씨는 문득 윤군수의 이지러진
새끼손가락 끝을 눈앞에 그렸다.

만일 윤군수가 도벽을 고쳤다면
그 이지러진 새끼손가락 덕택이 아니었을까
하는 짐작과 더불어
'사람은 결함이 있어야 성장한다'
는 상념에 부딪쳤다.

그렇다. 윤군수도 50세쯤 되면 달라질 것이다.
그리고 보니 나와 윤군수와의 해후는 10년이 빨랐다!

– 나림 이병주 –

# 목격자<sup>目擊者</sup>?

## 1. 작품 개요

「목격자<sup>目擊者</sup>?」는 교육소설이다. 이 소설은 과거와 현재의 목격담이다. 인간의 미성숙이다. 대주제는 '정직<sup>正直</sup>'이다. 이 작품은 소년 도벽·거짓말·중년 변명·교육철학·인간 심리를 다루고 있다. 나림 이병주 선생의 교육철학은 '정직'이다.

주인공은 윤군수<sup>尹君壽</sup>·성유정<sup>成裕正</sup>·세끼교장이다. 성유정은 나림 선생의 여러 작품에서 등장하는 이름이다. 대학교수이다. 작품 시대 배경은 일제 강점기·6·25·현대이다. 일제 강점기 우리나라 농촌 풍경이 나온다. 가난에 젖어 있다.

「목격자<sup>目擊者</sup>?」는 대학교수·정치학자·시골 초등학생 윤군수의 성장소설이다. 성유정은 일제 강점기 초등학교 임시 교사를 했다. 윤군수는 그 시절 만난 제자이다. 도벽이 있다. 초등학교 교실 도난사건이 소설 전반부에 나온다. 절도 범인은 윤군수이다. 피해 학생은 상심이

컸다. '정직'하지 못한 인간이 만든 학교 현장은 쑥대밭이 된다. 이 학생을 사회로 보내기 전 '정직한 인간'으로 만들어 보려는 선생의 노력이 묘사되어 있다. 세끼교장은 윤군수를 농기구창고로 불러 낫을 목에 걸고 도벽을 끊으라고 교육한다. 윤군수는 새끼손가락으로 혈서를 쓴다. 다음 날 전학한다. 소설의 반이 식민지 교육 현장이다.

윤군수는 6·25 동란 시절 미국 유학을 떠난다. 미군 장교가 주선한다. 미국에서 22년간 생활한다. 미국 C주립대학교 교수가 된다. 정치학자로 활동한다. 한국 국제정치학회가 윤군수를 세미나 연사로 초청한다. 윤군수는 초등학교 은사 성유정을 찾는다. 소설 후반부에 나온다. 두 번째 목격담이다. 스승과 제자는 어린 시절을 회고한다. 목격자目擊者와 정직正直이 다시 조우한다.

나림 선생은 소설 제목에 「목격자目擊者?」라고 의문부호(?)를 붙이고 있다. '혹시 과거를 알고 있지 않을까?'라는 두려움의 표시이다. 절도 기억에 대한 두려움이다. 「목격자目擊者?」는 한 젊은 학자의 과거와 현재를 소설 전반부와 후반부에 생생하게 보여준다.

소년 도벽·중년 변명·거짓말·인간·본성·학자·인생·뜬구름이 독자를 찾는다. 인간과 인생의 의미를 음미할 수 있다. 인간은 '익어가는 홍씨'이다. 이 소설에서 느낄 수 있다.

나는 일본인 세끼교장 교육철학·성유정의 임시 교사 이야기·윤군수의 아메리카니즘에 주목했다. 나림 선생은 40세 패기에 찬 젊은 학자를 '깍두기'라고 질타한다. 윤군수는 나이 40세에도 고난과 성공을 자화자찬自畵自讚한다. 나림 선생은 「목격자目擊者?」에서 1970년대 정치학자의 암담한 모습을 묘사한다. 우리나라 초창기 학자를 볼 수 있다. 젊은 학자는 이 소설을 읽어야 한다. 학자의 겸손을 배울 수 있다. 제목 「목격자目擊者?」는 '정직正直'을 관찰하는 사람이다. 성유정이고 나림 이병주 선생이다.

대한민국은 폐허에서 나라를 세운 국가이다. 독일과 비슷하다. '전쟁 경험과 '기획국가'로 성장했기 때문이다. 대한민국은 미국의 영향을 받았다. 많은 교수와 학생이 미국 유학을 다녀왔다. 미국의 전략적 지원도 있었다. 우수한 인재들이 선진 학문을 배워 왔다. 경제성장의 토대가 되었다. 당시 윤군수 유형의 인물이 많은 분야에 진출했다.

나림 선생은 소설을 통해 이런 사람에게 일침<sup>一鍼</sup>을 놓았다. 어설픈 학자가 쏟아내는 철없는 학문 분석과 인물 평론을 듣고 있자니 기<sup>氣</sup>가 막혔을 것이다. 나림 선생은 작품 말미<sup>末尾</sup>에 '피곤하다'고 말한다. 인성도 학문도 알맹이도 없었기 때문이다.

나림 선생이 생각한 껍데기 인간·인생·결함·성장·뜬구름이다. 「목격자<sup>目擊者?</sup>」는 이 다섯 가지를 '정직'이란 잣대로 합본한 단편이다. 성장소설·교육소설로 읽었다. 작품에서 여름 구름이란 '미성숙'이다. 이 문장 때문이다.

### 성장
사람의 심리란 테바이의 미로<sup>迷路</sup>처럼 얽혀 있다.
학문이란 도대체 뭣일까?
'사람은 결함이 있어야 성장한다.'
소파에 몸을 기댄 채 솜털 뭉치처럼 하얀 여름 구름을 바라본다. 「목격자<sup>目擊者?</sup>」·374면

「목격자<sup>目擊者?</sup>」 원문은 세로쓰기로 인쇄되어 있다. 당시 잡지의 특징이다. 일본 잡지에 영향을 받았다. 1972년. 신동아. 52세. 단편 18면.

1972년은 나림 이병주 선생의 작품이 번창한 시기이다. 「예냥풍물지」(세대, 1972년 5월)·「목격자<sup>目擊者?</sup>」(신동아, 1972년 6월)·장편 『지리산』(세대, 1972년 9월 연재 시작)·『여인의 백야』(부산일보, 1972년 11월 1일 연재 시작 – 1973년 10월 31일 309회)·「변명」(문학사상, 1972년 12월)이 발표되었다. 다섯 편의 대작이 나오는 시간, 유신헌법은 1972년 10월 17일 선포되었다. 그해 11월 21일 국민투표로 확정되었다. 우리나라 헌정사상 제7차 헌법 개정이다. 유신헌법은 대통령 취임일

인 12월 27일 공포·시행되었다. 제4공화국이 시작되었다. 나림 선생과 박정희 전前대통령은 모두 학병 세대이다. 두 분은 특수 관계로 여러 작품에 등장한다. 한 사람은 대문호大文豪로 또 한 사람은 대통령大統領으로 자리를 굳혀 갔다. 나림 선생은 1992년 4월 3일 세상을 떠났고, 박정희 전前대통령은 1979년 10월 26일 세상을 떠났다.

나림 선생은 천재 작가이다. 상상력과 은유가 예술이다. 1972년 6월 작품 「목격자目擊者?」는 제목부터 비상飛上·飛翔·非常하다. 도벽 사건을 다루고 있지만, 상상의 범위를 1972년 정치로 넓힐 수 있다. 주인공 이름이 윤군수尹君壽이다. 파평 윤尹·임금 군君·목숨 수壽를 쓴다. 나림 선생은 이름으로 이미 이 작품 주인공이 누구인지 암시해 놓았다. 새끼교장도日本人, 성유정 선생도目擊者, 만년필도作家, 담임 여선생 김선생 정신병도女人, 소장 정치학자 윤군수도政治軍人, 솜털뭉치 하얀 여름 구름도雲, 거짓말虛僞에 대해 묻고 싶은 것聽聞도 모두 상징성이 있다. 이것을 해독하면 작품 「목격자目擊者?」는 재평가를 받는다. 누구를 대상으로 한 작품인지 어렴풋이 알 수 있다. 지금 「목격자目擊者?」는 새로운 문학 평론을 기다리고 있다.

## 2. 작품 인물

주인공은 세 사람이다. 윤군수·성유정·새끼교장이다. 윤군수에게 소년 시절 영향을 준 사람이다. 교육자이다. 초등학교 선생이다. 해방 후 새끼교장은 일본으로 돌아갔고, 성유정은 대학교수가 되었다. 일본 동경 유학파이다. 소설 후반부에 스승과 제자의 대화가 나온다.

### (1) 윤군수

윤군수는 P초등학교를 다닌다. 도벽이 있다. 필통 절도 사건·공책 절도 사건·만년필 절도 사건·책보 절도 사건의 주인공이다. 학교를 쑥대밭으로 만든다. 담인 성유정 선생과 김 선생에게 많은 고통을 준다. 김 선생은 먼 훗날 교직 스트레스로 정신병을 얻는다.

윤기수는 윤군수의 아버지이다. 면사무소에 근무한다. 엄한 아버지이다.

### 정직

"어떤 일이 있어도 정직해야 한다고 나는 가정교육을 그렇게 시키고 있지요. 만일 잘못하는 일이 있거든 사정없이 두들겨주시오. 교육엔 매질이 제일입니다. 선생님이 못 하시겠거든 내게 일러주시오. 다리뼈를 분질러 놓든지 대가리를 묵사발로 만들든지 할 테니까."「목격자目擊者?」· 367면

윤군수는 전학을 가기 전날 일본인 새끼교장에게 충격적인 징벌을 받는다. 도벽竊盜을 끊는 약속으로 새끼손가락 혈서를 쓴다.

### 거짓말

"그런데 말입니다. 선생님이 만년필을 도난당하신 일이 있었죠?"

"선생님은 잊으셨는지 모르지만 전 생생하게 기억하고 있습니다. 헌데 딴짓은 모두 제가 한 것입니다만 선생님의 만년필만은 제가 훔치질 않았습니다."

"그까짓 별로 문제 할 건 없지 않냐. 그런 버릇을 극복하고 오늘처럼 자네가."

했지만 '훌륭한 사람으로'란 말을 이어댈 수 없었다. 「목격자目擊者?」· 373면

윤군수의 거짓말은 내면에 스스로 벽을 만드는 일이다. 성유정 교수의 생각이다. "나를 미워할지도 모른다. 윤근수는 자기가 한 거짓말 때문에…." 이처럼 사람 심리는 미로이다. 윤군수의 성장사가 소설에 담겨 있다.

나림 선생은 윤군수를 통해 한국 지식인知識人의 근대성近代性을 말한다.

## (2) 성유정

성유정은 일제 강점기 P초등학교에서 임시 교사로 근무한다. 3학년 담임이다. 윤군수의 도벽을 알고도 교정하지 못하고, 동경 유학을 떠난다. 「목격자目擊者?」 작품에 성유정 선생의 교육철학이 녹아 있다.

동경 유학 후 대학교수로 활동한다. 해방 후이다. 성유정은 한자로 成裕正으로 쓴다. 성成은 공부를 한 사람이다. 유裕은 따뜻한 사람이다. 선비儒이다. 정正은 바른 사람이다. 멈춤止·종착역을 아는 도인道人이다. 나는 성유정成裕正을 이렇게 읽었다. 나림 이병주 선생이 대학교수의 모습을 '성유정'으로 그려 놓았다. 나림 이병주 선생의 분신分身이다.

작품에서 목격자目擊者는 성유정 교수이다. 도벽盜癖 목격자·미성숙未成熟 목격자이다. 도벽을 절연하고 발전하기까지 40년이 걸렸다면, 인간이 되기까지 10년이 더 걸릴 것이다. **40대 윤군수와 만남은 10년이 빨랐다**고 말한다. 인간은 50살이 되어야 철哲이 든다. 나림 이병주 선생의 진단診斷이다. 더 깊이 읽으면 상징象徵을 볼 수 있다.

## (3) 세끼교장

세끼교장은 일본인이다. 가난한 농가의 둘째 아들로 출생한다. 사범학교를 택한다. 이왕 초등학교 교사 노릇을 할 바에야 반도半島에 스스로의 포부를 심어보자고 다짐한다. 한반도의 교육에 인생을 바치겠다고 결심한다.

세끼교장은 일제 강점기 한반도 P초등학교 교장 선생님으로 부임한다. 청년 성유정과 함께 근무한다. 작품에 일본 강점기 교육과정과 교육철학이 나온다.

"세끼교장은 훌륭한 교육자였어." 「목격자目擊者?」 · 372면
"세끼교장은 진심으로 아이들을 사랑했어." 「목격자目擊者?」 · 373면

세끼교장의 교육철학은 다섯 가지이다. ① 귀여움貴 · ② 화和 · ③

사랑<sup>愛</sup>·④ 정<sup>情</sup>·⑤ 친<sup>親</sup>이다. 어린 학생을 위한 교육철학이다. 오늘날에도 귀감<sup>龜鑑</sup>이 되는 교육철학이다.

세끼교장은 「목격자<sup>目擊者</sup>?」에서 페스탈로치의 포부를 가진 근대형 교육자로 등장한다. 세끼교장은 모든 사람은 신비하다고 생각한다.

식민지 반도의 열악한 가정 상황이 이 작품 전체에 흐른다. 세끼교장은 결석한 학생의 집을 방문한다. 가정방문 목적이 작품에 나온다. 나림 선생은 가슴 아픈 현실을 생생하게 묘사한다. 당시 우리나라 시골 집안 풍경이다. 세끼교장은 학생 할머니의 약값만 주고 가정방문을 마친다. 세끼교장의 섬세하고 사려 깊은 배려심을 자세히 읽었다.

한편 세끼교장은 윤군수에게 도벽을 끊도록 호되게 교육한다. 이 소설의 절정 부분이다. 이런 문장을 보았다. 일본인 교육자에 대한 평가이다. 나림 선생의 생각으로 읽었다. 사무친 이야기이다.

**일인교사**

"사랑하는 척했을 뿐입니다. 세끼교장이야 말로 전형적인 식민지교육자라고 할 수 있습니다. 너절한 교사보다 우리에게 끼친 해독은 훨씬 많고 큽니다."

"차별감정을 노골적으로 드러내놓은 일인교사를 나는 정직한 교육자라고 봐요. 악이 위선보다 낫다는 말이 있잖습니까. 전 '세끼'를 철저한 위선자라고 봅니다."

성유성은 윤군수의 말에 일리가 있다고 생각했다.

흉악한 일본인도 보아왔고 위선적인 일본인도 보아온 성유정씨는 세끼교장을 그런 축에 넣고 싶진 않았다. 「목격자<sup>目擊者</sup>?」·373면

당시 우리는 일본인에게 학교 교육을 받았다. 조선의 교육이 이 땅에서 사라졌다. 일본식 근대 교육이 조선에 들어왔다. 전근대 10년·근대 10년 과도기 교육 현장을 상상해 보시라. 나림 이병주 선생은 직접 이 시기를 겪은 목격자이다. 복잡한 현대사에서 학병 세대가 회상한 슬픈 교육 현장 이야기로 읽었다.

## 3. 작품 속 법·교육

「목격자目擊者?」는 단편 소설이며 18면이다. 그러나 작품에 많은 내용이 담겨 있다. 윤군수의 내면 심리를 샅샅이 해부한다. 나림 선생특유의 필법이다. 교육·범죄·형벌·인간·심리를 중심으로 간략히살펴본다.

### (1) 교육

작품 「목격자目擊者?」에 교육철학이 선명하다. 나림 이병주 선생은 진주농고1946·경상대1948·해인대1952~1958에서 교수 생활을 했다. 그 외에도 동아대·이화여대에서 강사 생활을 했다. 그래서 작가 중 교육철학을 작품소설·수필에 많이 담았다. 초등학교 교육철학이 소설 「목격자目擊者?」에 정확하게 묘사되어 있다. "귀엽게 만들고 사랑하라." 나림이병주 선생 교육사상教育思想이다.

#### 사랑
"가르치기에 앞서 먼저 귀엽게 만들어야 한다"고 말은 하지 않았지만, 이것이 세끼교장의 신념인 것 같았다.
성유정이 맡은 학년은 3학년이었다.
"아이들은 잘 가르치기 위한 요령 같은 것은 없을까요."
하고 물었을 때 세끼교장의 답은 다음과 같았다.
"아이들을 사랑하면 됩니다. 무조건 사랑해야 합니다. 선생님에게 정이 들면 선생님 말씀을 잘 듣게 되니까요. 학과의 진도 같은덴 마음을 쓰지 말고 아이들과 친해지도록 하시오." 「목격자目擊者?」·358면

과거 초·중·고등학교 시절 새 학년이 되면 가정환경 조사를 위해 담임선생님이 가정방문을 하였다. 가정방문을 대신하는 가정환경조사는 학생이 사는 집이 자택인지 전세인지 월세인지 확인하고 집에보유하고 있는 세간살이까지 확인했다. 과거 70~80년대 학교에서 교

사가 학생을 학대하는 경우도 많았다. 학생은 일부 폭력교사 앞에서 순응하며 맞기만 했다. 그런 교사는 이제 학교 현장에서 사라졌다.

「초등·중등교육법」은 2007년 「헌법」과 「국제인권조약」에 명시된 학생의 인권 보장을 학교 측의 의무로 규정하였다(「초등·중등교육법」 제18조4). 그 영향으로 2010년부터 전국적으로 「학생인권조례」가 제정되었다. 조례는 넓은 의미의 법이지만, 법률이 아니다. 그러므로 그 제정과 폐지는 지방의회 권한에 속한다. 서울시의회를 비롯한 몇 곳이 최근 「학생인권조례」를 폐지했다. 폐지 사유는 두 가지이다. 학생 인권을 과도하게 강조하여 교권이 추락한다. 성적 지향·성별 정체성 등 사회적으로 합의되지 않은 내용을 차별받지 않을 학생 권리에 포함하여 잘못된 성 개념을 갖게 한다.

"법은 최소한의 도덕"이라 한다. 교육에서 법은 최소한 수단이다. 「학생인권조례」가 최소한 수단인지, 과잉인지 알 수 없다.

나림 선생은 가정방문의 목적과 의미를 소설 「목격자目擊者?」에서 설명한다. **"자기를 소중히 생각해주는 사람이 이 세상에 있다는 걸 아는 것만 해도 좋은 일이 아닐까 해서죠."** 나림 선생의 교육철학이다. 가정방문은 학교와 가정이 만나는 교육 현장이다. 오늘날 우리 학교와 교사가 깊이 살펴야 할 장면이다.

**가정방문**
"가정방문이란 게 교육상 꼭 필요한 겁니까."
"누구에게나 필요한 건 아니겠죠."
"부모가 없거나 편친片親이거나, 가난하거나 병이 있는 아이, 대강 그런 아이에겐 필요하다고 봐요."
"자기를 소중히 생각해주는 사람이 이 세상에 있다는 걸 아는 것만 해도 좋은 일이 아닐까 해서죠."
"지금 찾아가는 아이는 할머니와 형과 셋이서 살고 있는데 그 형은 이웃 마을에서 머슴살이 하고 있다는 얘깁니다."

쓰러질 듯한 초가집이 산비탈에 엉겨 붙어 있었다.

"저 소년이구나"하는 생각을 가졌을 때와 그 아이가 그들을 알아본 것과 거의 동시였다.

교장의 품에 안긴 소년은 얼굴로 교장의 가슴을 부벼대며 흐느끼기 시작했다.

"왜 학교에 안 왔지?" 교장이 물었다.

"할머니가 아프고 방이 춥고" 소년은 서투나마 명료한 일본말로 말했다.

교장은 미리 준비해온 봉투를 꺼내 유정의 손에 쥐어주며 말했다.

"이걸 그 애의 할머니에게 갖다주시오. 나는 집안엔 들어가지 않겠소. 누추하게 누워있는 할머니를 그 애는 내게 보이고 싶지 않을 테니까요."

"교장선생님은 지금 밖에 계십니다. 이걸루 약이나 사 자시고 동리 사람들에게 돌봐달라는 부탁도 하시구요. 아이는 학교에 보내도록 해달라는 교장선생님의 말씀입니다. 그래서 모처럼 오신 겁니다."

"참 무겁구나. 이렇게 무거운 걸 질 수 있다니 넌 어른이 다 됐다" 하고 소년의 머리를 만졌다. 「목격자目擊者?」·361-364면

가족과 선생과 친구가 있으면 절대 가출을 안한다. 사랑하는 사람이 기다리고 있기 때문이다.

### (2) 범죄

작품 「목격자目擊者?」에 소년 도벽이 등장한다. 나림 선생은 필통 도난사건·연필 도난사건·공책 도난사건·만년필 도난사건을 재미있게 묘사한다. 대처방안으로 '침묵 교육'을 조언한다. 나쁜 아이도 계속 교육 기회를 주면 착한 아이가 된다. 나림 선생 생각이다.

나림 선생은 이 소설에서 법과 도덕의 관계를 보여준다. 성유정 선생은 소년 윤군수를 도덕적 교육방식으로 지도한다. 반면 세기 교장은 소년 윤군수에게 규범적 교육방식으로 지도한다. 새끼손가락 혈서방

식은 자발적 의무감이 아니다. 훗날 소년은 성공한 학자가 되어 성유정 선생을 방문한다. 윤군수의 성공 자양분은 법과 도덕 중 어느 방식이 유효하였는지 알 수 없다. 다만 만일 윤군수가 도벽을 고쳤다면, 그 이지러진 새끼손가락 덕택이 아니었을까 하는 짐작과 더불어 '사람은 결함이 있어야 성장한다'는 상념으로 마무리한다.

### 도난사건

넷째 시간이 체조였는데 체조를 하고 돌아오니 필통이 없어졌다면서 A는 엉엉 울었다.

그랬는데 1주일 후에 또 사고가 났다.

"괜찮습니더. 연필동가리가 있응께 우선은 그걸 갖고 쓰면 됩니더."

그런데 C라는 아이가 순백색의 공책을 처음으로 사가지고 와서 바로 그날 도둑을 맞았다.

유정의 만년필이 없어졌다. 「목격자目擊者?」 · 358-360면

### 침묵교육

"변명의 여지가 없을 정도로 결정적인 나쁜 짓을 한 아이는 당분간 가만두어야 합니다. 변명의 여지가 없으니까 그 아이는 면목을 잃게 되어 선생님을 멀리하려고 합니다."

착한 사람으로 크느냐 나쁜 사람으로 크느냐가 문젭니다.

나쁜 아이도 계속 교육을 받을 기회를 가지면 착한 어른이 됩니다. 「목격자目擊者?」 · 361면

소년 도벽은 여러 가지 원인이 있다. '섣불리 찾아내지 말라'고 조언한다. 도벽 원인을 잘 분석하고 예방을 권유한다. 간접으로 훈시하고 학생에게 더 관심을 가지라고 충언한다. **'어린이를 다루는 것은 인생의 가장 소중한 부분을 다루는 일이다'**고 제언한다. **우리나라 초등학교에서 교정에 새겨야 할 명문장이다.** 나림 이병주 선생의 교육사상을 정확히 들어보자. 만년필 도난사건 · 책보 도난사건 · 소년 도벽 · 담임교사 이야기이다.

### 만년필

"좋은 만년필이 있는데 안 사실렵니까?"

"만년필?"하고 유정은 발을 멈췄다.

유정은 깜짝 놀랐다. 그건 분명 어제 없어진 자기의 만년필이었기 때문이다. 유정은 아무렇지도 않게 꾸미면서 물었다.

"이거 어디서 난 거죠?"

"윤기수<sup>尹技手</sup>, 면사무소에 있는 윤기수의 아들이 가지고 온 겁니다. 엿과 바꾸자면서요."

유정은 윤기수의 아들이면 '윤군수'라고 생각했다. 유정의 학급에 있는 아이였다.

"윤기수의 아들이 언제 이걸 가지고 왔습니까?"

"어제 저녁때였습니다."

"얼마에 팔겠소."

"1원은 받아야 하지 않겠습니까?"

유정은 1원을 주고 그 만년필을 받아 호주머니에 넣었다. 「목격자<sup>目擊者</sup>?」· 366면

### 도시락

그리고 한 열흘이 지났다.

유정은 1주일만 더 고생하면 해방이 되는 것이었다. 가벼운 마음으로 조회에 나갔는데 어떤 그림자가 학교 뒤에서 뛰어나오더니 거의 정렬을 끝낸 열 가운데로 끼어드는 것을 유정은 보았다. 윤군수였다.

아니나 다를까 첫째 교시에 들어가 보니 어느 아이의 책보가 책과 도시락을 싼 그대로 없어졌다는 사고가 유정을 기다리고 있었다. 「목격자<sup>目擊者</sup>?」· 367-368면

### 도벽

"교장선생님 도벽<sup>盜癖</sup>이 있는 아이는 어떻게 하면 좋겠습니까."

"도벽?"

"그건 참으로 어려운 문젠데."

"그런 버릇은 철저하게 고쳐야죠. 그러나 아이들의 개성을 보아가면서 해야 합니다. 성격이 활달한 아이, 음울한 아이, 집이 부유한 아이,

가난한 아이, 각각 다를 테죠. 하여간 어려운 문젭니다."

"누군진 모르는데 학급 안에 도벽이 있는 아이가 있다는 짐작이 들었을 땐 어떻게 합니까."

"섣불리 찾아내고 해선 안 됩니다. 다신 그런 일이 없도록 최선은 다해야죠. 간접적으로 훈시도 해야겠지만 신경을 써야 합니다. 어린이를 다룬다는 건 인생의 가장 소중한 부분을 다루는 거니까요."「목격자<sup>目擊者</sup>?」·365-366면

### 편지

유정의 동경 주소로 김선생으로부터 한 통의 편지가 보내왔다. 윤군수에 관한 소식이 있었다. 윤군수 때문에 운 적이 한두 번이 아니었고 윤기수가 다른 곳으로 전근하는 바람에 군수도 딴 학교로 가버려 무거운 짐을 벗어버린 듯한 기분이라는 것이었다.

이 모두가 30년 전에 있었던 일이다.

그 여교사가 해방 직전엔가 직후에 정신이상에 걸렸다는 소식을 유정은 들은 적이 있다. 아마 지금까지 살아있진 못할 것이다……. 「목격자<sup>目擊者</sup>?」·369면

나림 선생은 30년 전 시골 P초등학교 이야기를 회고한다. 여교사의 근황도 자세히 언급하고 있다. 나림 선생은 기록소설가이다. 소설 속 슬픈 사연도 누군가의 인생사이다. 학생과 선생의 인연은 모질고 길다. 이 작품을 읽으면서 학창시절 우리 은사님들을 생각했다.

## (3) 형벌

작품 「목격자<sup>目擊者</sup>?」에 세끼교장선생의 윤군수 징벌 장면이 생생히 묘사되어 있다. 이 대목을 읽으면서 나림 선생의 체험으로 착각했다. 나림 선생의 상상력이 발휘된 장면이다. '세끼'라는 말에 '욕'과 '손가락'이 동시에 생각났다.

### 사랑

'엄하게 그러나 따뜻하게!' 교육정책

소년 도벽 사건에 적용하는 형사정책이다. 나림 이병주 선생은 작품에 교육철학을 담은 소중한 문장을 남겼다. 이 소설의 핵심이다. 몇 단락 인용한다. 윤군수의 혈서 장면이 나온다. 「목격자目擊者?」· 372면

### 전학

아버지에게 전근 명령이 내린 며칠 후, 그는 학교에 전학 수속에 필요한 서류를 받으러 갔다. 김이라는 여선생이 서류를 만들어 교장의 도장을 받으러 갔다. 세끼교장은 그 서류를 보더니 윤군수를 불러 방과후에 와서 가지고 가라고 일렀다. 「목격자目擊者?」· 372면

### 교장

교장과 윤군수가 간 곳은 농구창고農具倉庫였다. 교장은 윤군수가 들어가자 창고의 문을 닫아버렸다. 창고 안은 캄캄했다. 캄캄해진 창고 안에서 어리둥절하고 있는데 돌연 교장의 고함소리가 벽력처럼 울렸다.

"윤군수! 오늘 나는 너를 죽이고 나도 죽을 작정이다."

세찬 주먹이 날아와 군수의 뺨을 쳤다.

잇따라 교장의 고함이 울렸다.

"나는 네가 한 짓을 다 알고 있다. 세상은 그처럼 호락호락한 게 아니다. 너 때문에 성成선생이 얼마나 고민을 한지 아느냐. 너 같은 놈은 당장 죽여버려야 한다. 나는 너를 그 못된 버릇을 가진 채 딴 학교로 보낼 수 없다. 그냥 학교에 보냈다간 그 학교의 선생님을 괴롭히고 그 학교의 생도를 괴롭히고 너의 부모를 괴롭히고 나중엔 사회를 괴롭히고 그리고 결국 넌 감옥살이를 하다가 죽을 놈이니까. 그 꼴이 되지 않도록 나는 너를 오늘 죽여버려야겠다." 「목격자目擊者?」· 372면

### 윤군수

교장은 낫을 윤군수의 목에 걸었다.

윤군수는 겁에 질려 "교장선생님 살려주십시오. 다신 그런 짓을 안 하겠습니다" 하고 빌었다. 교장은 "어떻게 네 말을 믿겠느냐"고 따졌다. "무어든 시키는대로 하겠습니다" 했더니, "새끼손가락을 입으로 깨물어 피를 내라, 그걸 가지고 이 손수건 위에 다시는 그런 짓 안 하겠다고 쓰라"고 명령했다. 「목격자目擊者?」· 372면

### 새끼손가락

차가운 칼날이 목덜미를 걸고 있었다. 교장은 손수건을 군수 앞에 놓고 왼손으로 회중전등을 켰다. 군수가 망설이자 낮의 칼날이 목덜미의 피부에 파고들었다. 군수는 저도 모르게 새끼손가락을 깨물었다. 그리고 그 피로써 혈서를 썼다. "다시는 안 하겠습니다"하고 교장이 부르는 대로 썼다. 교장은 창고 문을 열어 젖혀놓곤 주머니 속에 준비해 놓았던 약을 군수의 손가락에 바르고 붕대로 감았다. 그리고는 전학서류를 주며 나직이 "가거라" 하더라는 것이다. 「목격자目擊者?」· 372면

## (4) 인간

성유정교수는 신문사 K기자에게 전화를 받았다. 한 시간쯤 지나서 윤군수가 나타났다. 나림 선생 문장을 읽어보자.

### 미국

키는 중간 키, 온몸에 패기가 넘쳐 있었다.

윤군수는 미국으로 가게 된 동기를 설명했다. 6·25 동란 중에 어떤 미국 장교를 알게 되어 그 주선으로 미국으로 건너갔다고 했다.

"열여덟 살에 미국으로 가서 지금까지 꼬박 22년입니다."

"대성을 한 자네를 만나니 참으로 반갑다."

옛날의 문제아가 대학교수하고도 박사가 되어 지금 눈앞에 앉아 있다고 생각하니 감회가 깊었다. 「목격자目擊者?」· 369-370면

작품에 젊은 학자 모습이 씁쓸하게 묘사되어 있다. '자화자찬自畵自讚' 장면이다. 신분사회가 만든 잔재殘滓들이다. 우리 사회에 만연하다. 성공은 자신의 현재 모습이다. 그러나 자찬은 다른 사람과 차별하는 영웅주의 사고이다. 주변에서 자주 만난다. 전근대형 '미성숙' 사고방식이다. 나림 이병주 선생은 '자만과 오만'의 의식구조를 경멸한다. 피곤한 인물이다.

### 아메리카니즘

"내가 아는 정치학자래야 해롤드 라스키 정도일까."

"라스키는 벌써 낡았습니다."

"마르쿠제는?"

"인기만을 노리는 학자라는 평이 있죠. 미국의 상류사회에선 통하진 않습니다."

"리스맨은 어떨까."

"별로 인기 있는 사람은 아닙니다."

"이건 작가지만 노만 메일러는 어때."

"그 사람, 미국의 상류사회에선 좋지 않은 존재로 취급되어 있죠."

유정씨는 윤군수의 사상이나 정서의 방향이 자기완 전연 다르다는 것을 깨달았다. 하지만 그것도 좋았다. 각기 다른 의견을 가질 수 있는 것이 인간의 사회고 학자의 사회다.

윤군수는 이른바 아메리카니즘이란 것을 설명했다. 「목격자目擊者?」·370면

### 미국생활

윤군수는 계속해서 미국의 보수주의는 미국의 땅덩어리와 꼭 같은 웨이트를 가지고 있는 것이라고 역설하고 민주정치의 모범, 문화의 모범인 미국에서의 생활은 낙원과 같고 그곳에 살고 있는 사람의 눈으로서 한국에 살고 있는 사람을 보니 불쌍해서 목불인견이라고 했다. 「목격자目擊者?」·370면

### 감사

"오늘 선생님을 찾아뵌 것은 깊은 감사의 뜻을 표할까 해서입니다."

"선생님은 소년 시절의 저의 못된 버릇을 너그럽게 봐주셨습니다. 만일 그때 선생님이 저를 너그럽게 봐주시지 않았더라면 저의 오늘은 없었을 겁니다."

"무슨 말인지 알 수가 없는데."

"선생님이 P국민학교에 임시로 나와계실 때, 빈번히 도난사건이 있지 않았습니까."

"그랬던가?"

"그리고 또 선생님은 제가 범인이란 걸 알고 계셨습니다. 그런데도 선생님은 제게 아무 말도 없었습니다."

"그게 사실이라면 내가 직무유기를 한 셈이구먼."

유정씨는 가벼운 웃음을 띠우며 말했다.

"그때 문제가 표면화되었더라면 전 학교에 다닐 수 있게 되었을 겁니다. 저의 자존심 때문으로도 그렇구, 아버지의 성격 때문으로도 그랬을 겁니다." 「목격자目擊者?」·370면-371면

나림 선생은 참을 수 없는 장면을 그려 놓았다. 근대형 인물이 뱉어내는 소리다. 인성이 무너진 젊은 학자를 조롱한다.

### 아버지

"헌데 자네 아버지는 지금도 건재하신가?"

"벌써 죽었습니다. 빨리 죽어버린 덕분에 겨우 면목을 세운 그런 인간이었죠."

"아버지에 대해 그런 말을 하면 쓰나!"

"하여간 선생님의 깊은 배려를 고맙게 생각합니다."

"이제 그런 말은 그만하지. 설혹 그런 일이 있었다손 치더라도 지나간 일이고, 지금 자네는 이처럼 훌륭하게 돼 있지 않나." 「목격자目擊者?」·371면

나림 선생은 윤군수의 무례한 답변과 자화자찬에 무너진다. 특히 아버지에 대한 경멸적 표현을 거친 문장으로 질타한다. "아버지에 대해 그런 말을 하면 쓰나!" '뜬구름 인생'을 인식認識하지 못하는 젊은 학자·제자를 처연凄然하게 바라본다. 소설의 마지막 문장이다. "이렇게 생각하고 성유정씨는 소파에 몸을 기댄 채 솜털뭉치처럼 하얀 여름 구름을 바라보기로 했다." 나림 선생이 왜 소파에 쓰러졌는지 문장을 읽어 보면 이해가 된다.

### 인간

"선생님이야말로 저의 은사입니다. 선생님처럼 제 일생에 큰 영향을 주신 분은 없습니다"

하며 아까 성유정씨에게 내놓은 명함을 다시 한 장 꺼내 부인 앞에 놓았다.

"미국에 오시면 꼭 찾아주셔야 합니다."

그동안 그는 미국에서 사는 자랑, 자기의 지위 자랑, 마누라 자랑, 아이들 자랑을 유정씨의 부인을 상대로 실컷 늘어 놓았던 것이다.

윤군수가 떠난 뒤 성유정씨는 벌렁 소파 위에 드러누워 버렸다.

피로가 전신을 덮쳤다.

유정씨는 눈을 감았다. 고마운 선생을 찾아온 고마운 제자라고 생각하고 우쭐한 마음을 순간적이나마 가졌던 자기 자신이 메스꺼워 견딜 수가 없었다. 「목격자目擊者?」· 373-374면

### 성장

고국故國의 학회가 초빙할 정도로 학문을 닦은 학자가 기껏 그런 꼬락서니라면 그 학문이란 도대체 뭣일까 생각을 하니 기분이 씁쓸했다. 성유정씨는 문득 윤군수의 이지러진 새끼손가락 끝을 눈앞에 그렸다.

만일 윤군수가 도벽을 고쳤다면 그 이지러진 새끼손가락 덕택이 아니었을까 하는 짐작과 더불어 '사람은 결함이 있어야 성장한다'는 상념에 부딪쳤다.

(윤군수도 50세쯤 되면 달라질 것이다. 그리고 보니 나와 윤군수와의 해후는 10년이 빨랐다!)

이렇게 생각하고 성유정씨는 소파에 몸을 기댄 채 솜털뭉치처럼 하얀 여름 구름을 바라보기로 했다. 「목격자目擊者?」· 374면

## (5) 심리

작품 「목격자目擊者?」에 인간의 심리가 선명하게 묘사되어 있다. 나림 선생의 분석이다. 반성反省과 변명辨明의 의미意味이다. 두 행위는 모두 자신自身을 위한 길道이다. 거짓말은 새로운 벽壁을 만든다.

그래서 선인先人들은 거짓말을 경계한다. 소통疏通을 할 수가 없기 때문이다. 나림 선생 문장을 읽어보자.

### 변명

"그런데 말입니다. 선생님이 만년필을 도난당하신 일이 있었죠?"

"선생님은 잊으셨는지 모르지만 전 생생하게 기억하고 있습니다. 헌

데 딴짓은 모두 제가 한 것입니다만 선생님의 만년필만은 제가 훔치질 않았습니다."

"그까짓 별로 문제 할 건 없지 않냐. 그런 버릇을 극복하고 오늘처럼 자네가"

했지만 '훌륭한 사람으로'란 말을 이어댈 수 없었다. 「목격자<sup>目擊者</sup>?」·373면

나림 선생은 윤군수의 방문을 분석한다. 과거는 덮을 수가 없다. 과거는 반성의 역사이다. 역사<sup>歷史</sup>에 목격자<sup>目擊者</sup>가 있다. 나림 선생이 남긴 교훈이다.

### 목격자<sup>目擊者</sup>

윤군수는 고마운 선생을 찾아온 것이 아니라 자기 범행<sup>犯行</sup>의 유일한 목격자인 사람의 동태를 살피러 온 것이란 생각이 들었다.

범인이 가장 미워하는 건 목격자다. 윤군수는 그 목격자가 교묘하게 꾸민 자기의 연극에 넘어갔을 것이라고 믿어 만족하고 돌아갔다.

윤군수는 자기가 한 거짓말 때문에 끝내 나를 미워할지 모른다고 성유정씨는 생각했다. 「목격자<sup>目擊者</sup>?」·374면

나림 이병주 선생은 사람 심리<sup>心理</sup>의 미로<sup>迷路</sup>를 말한다. 복잡하고 미묘<sup>微妙</sup>하다. 테바이 미로로 표현한다. 나림 이병주 선생은 '거짓말'에 '철학이 있느냐'고 윤군수에게 묻는다.

### 테바이의 미로<sup>迷路</sup>

"무엇 때문에 이제 와서 거짓말을 하겠습니까"하던 윤군수의 말이 아직도 귓전에 남아있었다.

(그렇다! 묻고 싶은 것은 바로 그거다. 무엇 때문에 이제 와서까지 거짓말을 해야 하느냐 말이다.)

성유정씨는 사람의 심리란 테바이의 미로<sup>迷路</sup>처럼 얽혀 있다는 어느 철학자의 말을 상기했다. 「목격자<sup>目擊者</sup>?」·374면

테바이<sup>Θήβαι</sup>는 그리스 보이오티아<sup>Boiotia</sup> 지방의 도시국가폴리스 중 하나이다. 많은 신화와 전설이 숨어 있다. 현재 중앙 그리스 주<sup>州</sup> 보이

오티아Boiotia 현nomos의 수도이다. 보이오티아와 아티케Attike 지방을 가르는 키타이론 산맥Kitheronas의 북쪽에 있다. 보이오티아 평원의 남쪽 끝을 이룬 곳이다. 그리스 신화에서 중요한 배경으로 카드모스 · 오이디푸스 · 디오뉘소스 이야기가 전해진다. 나림 선생의 문화지리학이 작품에 해박該博하게 녹아 있다.

## 4. 작품 현대 의미

작품의 현재성은 교육철학 · 형사철학 · 학문철학 · 심리철학이다. 소년범죄 · 학문연구 · 내면 성숙 · 인간 심리를 이 작품을 통해서 공부工夫할 수 있다. 나림 선생은 성유정 선생의 대학 학비를 소설에 언급한다. 당시 면사무소 공무원 봉급 3개월 합산 금액을 훨씬 넘는다고 말한다. **"성선생은 좋은 아버지를 만나 행복하오."** 식민지 시대 대학생은 교육 특권층임을 짐작할 수 있다. 100년 전 이야기이다. 이 소설은 일제 강점기와 해방 후 현대 한국을 관통한다. 그래서 귀한 단편 소설이다.

### (1) 교육철학

작품 「목격자目擊者?」에 교육정책이 선명하다. ① 귀여움貴 · ② 화和 · ③ 사랑愛 · ④ 정情 · ⑤ 친親이다. 어린 학생들을 위한 교육철학이다. 현재 아동 소설 · 청소년 소설의 대주제이다. 오늘날에도 경청해 볼만하다. 이 작품에 '거짓말'에 대한 체벌 가정교육이 나온다. 그러면서도 나림 이병주 선생은 훌륭한 가정 교육자라면, 잔인한 방법보다 인도적 교육 방법을 찾아야 한다고 조언한다.

나림 선생이 마지막까지 혐오한 장면은 '거짓말 · 비정직성'이다. 나림 선생은 교활함을 증오한다. 나림 선생의 교육철학 핵심은 '정직正直'이다. 이 작품의 대주제이다. 아픔이 있지 않고는 '목격자'를 쓸 수 없다. 나림 선생이 남긴 문장이다.

### 귀여움

가르치기에 앞서 먼저 귀엽게 만들어야 한다. 「목격자<sup>目擊者</sup>?」· 358면

### 사랑

아이들을 사랑하면 됩니다. 무조건 사랑해야 합니다. 선생님에게 정이 들면 선생님 말씀을 잘 듣게 되니까요. 학과의 진도 같은덴 마음을 쓰지 말고 아이들과 친해지도록 하시오. 「목격자<sup>目擊者</sup>?」· 358면

### 숙려

변명의 여지가 없을 정도로 결정적인 나쁜 짓을 한 아이는 당분간 가만두어야 합니다. 변명의 여지가 없으니까 그 아이는 면목을 잃게 되어 선생님을 멀리하려고 합니다. 「목격자<sup>目擊者</sup>?」· 361면

### 착한 사람

착한 사람으로 크느냐 나쁜 사람으로 크느냐가 문젭니다. 「목격자<sup>目擊者</sup>?」· 361면

### 교육 기회

나쁜 아이도 계속 교육을 받을 기회를 가지면 착한 어른이 됩니다. 「목격자<sup>目擊者</sup>?」· 361면

### 가정방문

가정방문은 부모가 없거나 편친<sup>片親</sup>이거나, 가난하거나 병이 있는 아이, 대강 그런 아이에게 필요하다. 「목격자<sup>目擊者</sup>?」· 361면

### 소중한 사람

자기를 소중히 생각해주는 사람이 이 세상에 있다는 걸 아는 것만 해도 좋은 일이 아닐까. 「목격자<sup>目擊者</sup>?」· 362면

### 인간 신비

달은 신비하다. 달뿐이 아니라 하늘도 땅도 산도 들도 우리 사람도 모두 신비하지. 자, 저 하늘의 별을 봐. 깜박거리고 있지. 「목격자<sup>目擊</sup>

### 어린이

그런 버릇은 철저하게 고쳐야죠. 그러나 아이들의 개성을 보아가면서 해야 합니다. 성격이 활달한 아이, 음울한 아이, 집이 부유한 아이, 가난한 아이, 각각 다를 테죠. 하여간 어려운 문젭니다. 누군진 모르는데 학급 안에 도벽이 있는 아이가 있다는 짐작이 들었을 땐 섣불리 찾아내고 해선 안 됩니다. 다신 그런 일이 없도록 최선은 다해야죠. 간접적으로 훈시도 해야겠지만 신경을 써야 합니다. 어린이를 다룬다는 건 인생의 가장 소중한 부분을 다루는 거니까요. 「목격자<sup>目擊者</sup>?」· 365-366면

### 정직교육 · 가정교육

어떤 일이 있어도 정직해야 한다고 나는 가정교육을 그렇게 시키고 있지요. 만일 잘못하는 일이 있거든 사정없이 두들겨주시오. 교육엔 매질이 제일입니다. 선생님이 못 하시겠거든 내게 일러주시오. 다리뼈를 분질러 놓든지 대가리를 묵사발로 만들든지 할 테니까. 「목격자<sup>目擊者</sup>?」· 367면

나림 이병주 선생은 가정교육과 학교 교육은 '정직 교육'이라고 말한다. 그러나 체벌<sup>體罰</sup>은 반대한다. 뇌<sup>腦</sup>를 움직이는 힘<sup>力</sup>은 잔인함이 아니다.

### 인도적 교육방법

훌륭한 교육자가, 방법이 얼마라도 있을 건데 그런 잔인한 짓을 해요? 「목격자<sup>目擊者</sup>?」· 372면

## (2) 형사철학

작품 「목격자<sup>目擊者</sup>?」에 형사철학이 선명하다. 소년 도벽은 수양<sup>修養</sup>을 통해서 극복할 수 있다. 나림 선생은 소년범죄 대책 방안을 제시하였다. '의지<sup>意志</sup>와 노력<sup>努力</sup>'이다.

인간은 한평생 많은 사람을 만나고, 많은 물건에 현혹되고, 많은 습관에 중독된다. 인간의 운명이다.

어떤 사람이 되고 어떤 삶을 살 것인지는 모두 자신이 결정한다. 소년 시절의 과오는 '나쁜 습관'인데, 교육<sup>敎育</sup>을 통해 교정<sup>矯正</sup>할 수 있다. 그래서 청소년 형사정책은 교육정책이 핵심이다.

현재 중한 형벌을 생각하지만, 사람을 버리는 정책이다. 소년범죄는 중벌정책<sup>重罰政策</sup>이 해결방안이 아니다. 나림 선생 문장을 몇 단락 읽어 보자.

### 소년 도벽

"도벽을 고치느라고 무척 애를 썼습니다. 미국에 가서 책을 읽어 보니 소년의 도벽은 보통 사람이 생각하는 것보다 훨씬 많습니다. 장자크 루소도 도벽을 가졌더군요. 그 밖의 위인들도 소년 시절에 도둑질을 한 예가 많았습니다."「목격자<sup>目擊者</sup>?」· 371면

### 수양

"나쁜 버릇이 문제가 아니고 그걸 고치느냐 못 고치느냐가 문제겠지. 그런 점에 있어서도 윤교수는 훌륭해. 어린 날의 과오가 윤군의 수련장이 된 거고 그 수양을 통해서 훌륭하게 되었다고도 말할 수 있으니까." 「목격자<sup>目擊者</sup>?」· 371면

### 극복

"그렇습니다. 저라는 인간을 단련시킨, 비길 데 없는 시련이었으니까요. 만일 그 버릇과 그것을 극복하려는 노력이 없었더라면 아마 오늘의 윤군수는 없었을는지 모르니까요."「목격자<sup>目擊者</sup>?」· 371면

윤군수는 어렸을 적의 자기 도벽을 다음과 같이 심리적으로 분석했다.

### 도벽 심리와 변명

"저의 도벽은 비뚤어진 정의감 같은 것과 연결시켜 있었던 것이 아닌가 합니다. 남은 헌 필통도 갖지 못하는데 새 필통을 가지고 와서 자랑을 한다든가, 남은 백노지를 잘라 만든 공책을 가졌을까 말까 한데 흰 종이의 공책을 갖고 와서 뽐낸다든가…… 말하자면 학급 전체가 느끼

는 반발심을 대표해서 응징해야겠다는 그런 정의감, 그런 영웅심리 같은 것, 물론 비뚤어진 것이긴 했지만 그런 심리가 작용한 것이었구나 하는 반성을 해본 적이 있습니다."

"타당한 해석일는지 모르지."

하고 유정씨는 일단 동의하면서도 그 해석을 그냥 받아들일 수는 없는 심정이었다. 「목격자目擊者?」· 371면

### (3) 학문철학

작품 「목격자目擊者?」에 학문철학이 선명하다. 윤군수와 성유정이 나누는 대화이다. 해방 후 급속도로 미국화美國化하는 학문 경향을 다루고 있다. 나림 선생 문장을 읽어보자. 독서 대가 나림 이병주 선생의 진면목眞面目을 볼 수 있다.

#### 미국

"열여덟 살에 미국으로 가서 지금까지 꼬박 22년입니다."

"대성을 한 자네를 만나니 참으로 반갑다."

옛날의 문제아가 대학교수하고도 박사가 되어 지금 눈앞에 앉아 있다고 생각하니 감회가 깊었다. 「목격자目擊者?」· 369-370면

#### 아메리카니즘

"내가 아는 정치학자래야 해롤드 라스키 정도일까."

"라스키는 벌써 낡았습니다."

"마르쿠제는?"

"인기만을 노리는 학자라는 평이 있죠. 미국의 상류사회에선 통하진 않습니다."

"리스맨은 어떨까."

"별로 인기 있는 사람은 아닙니다."

"이건 작가지만 노만 메일러는 어때."

"그 사람, 미국의 상류사회에선 좋지 않은 존재로 취급되어 있죠."

유정씨는 윤군수의 사상이나 정서의 방향이 자기와 전연 다르다는 것을 깨달았다. 하지만 그것도 좋았다. 각기 다른 의견을 가질 수 있는

것이 인간의 사회고 학자의 사회다.

윤군수는 이른바 아메리카니즘이란 것을 설명했다. 「목격자目擊者?」·아메리카니즘·370면

나림 선생은 한국인의 전통적인 사대주의 세계관을 이 작품에 묘사한다. 조선 말기 한 러시아 관찰자가 쓴 글이다. "조선시대 상류사회는 모두 중국을 모방하려고 했으나 평민들은 민족적이었다." 사회학자 김동춘 교수가 쓴 『대한민국은 왜? 1945~2020』(사계절, 2020, 192–196면)을 몇 단락 인용한다. 이 작품을 이해하는 데 도움이 된다.

### 미국

8·15광복 이후 미국이 천하제일이라는 사실이 분명해지자 예전에 중국을 바라보던 것처럼 미국을 바라보게 됐고, 중국 대신 미국에 사대하는 쪽으로 온 신경을 집중했다. 『대한민국은 왜? 1945~2020』·192면

### 지식인

1950년대 이후 미국의 동아시아 연구자나 지식인들은 한국과 일본을 수시로 들락거리면서 냉전 혹은 미국의 국익을 전파하느라 분주했고, 그들이 올 때마다 한국은 융숭하게 대접했다. 『대한민국은 왜? 1945~2020』·193면

### 리영희

동북아세아연구소는 스칼라피노라는 늙은 교수가 왕좌에 앉은 듯이 만세일계로 몇십 년 동안 지배하고 있는 연구소입니다. <중략> 그의 한마디 진단이 '신앙'처럼 숭상되고 있는 것이 한국의 언론기관, 정부, 지식인 사회의 실정이 아닙니까. 한심한 일이지요. 『대한민국은 왜? 1945~2020』·193면

### 교수진

2010년 교수신문 보도에 따르면 서울대, 연세대, 고려대의 사회과학 분야 교수 633명 중 국내 학위자는 30명에 불과하다. 『대한민국은 왜? 1945~2020』·194면

### 영어

영어는 영국 제국주의가 미국에게 남긴 가장 큰 선물이다. 미국의 직접적인 영향을 받는 한국에서 영어는 출세를 위한 필수요소가 됐다. 영어는 세계어이기 이전에 미국의 언어. <중략> 한문 공부와 사서삼경을 달달 외우는 일에 평생을 쏟아부은 것처럼, 이제는 출세를 하려면 영어를 잘해야 하고 영어를 잘하기 위해 돈을 쏟아부어야 하며 미국으로 유학을 가야 한다. 한국에서 영어는 곧 계급이다. <중략> 미국 관리들과의 만남에서 마치 모국어처럼 미국말로 지껄이는 것을 자랑으로 착각하는 한국 지식인들을 경멸하는 심정에서 그렇게 제안했다고 말했다. 『대한민국은 왜? 1945~2020』· 194-195면

나림 이병주 선생은 윤군수를 통해 이러한 학문 세계를 비판한 것이다. 나림 이병주 선생과 리영희 선생은 영어를 잘하시는 분이다. 두 분은 친분이 있다. 나림 이병주 선생이 남긴 문장이다. 교훈은 학자의 겸손이다.

### 미국 생활

윤군수는 계속해서 미국의 보수주의는 미국의 땅덩어리와 꼭 같은 웨이트를 가지고 있는 것이라고 역설하고 민주정치의 모범, 문화의 모범인 미국에서의 생활은 낙원과 같고 그곳에 살고 있는 사람의 눈으로서 한국에 살고 있는 사람을 보니 불쌍해서 목불인견이라고 했다. 「목격자目擊者?」· 370면

### 인간

"선생님이야말로 저의 은사입니다. 선생님처럼 제 일생에 큰 영향을 주신 분은 없습니다."
하며 아까 성유정씨에게 내놓은 명함을 다시 한 장 꺼내 부인 앞에 놓았다.
"미국에 오시면 꼭 찾아주셔야 합니다."
그동안 그는 미국에서 사는 자랑, 자기의 지위 자랑, 마누라 자랑, 아이들 자랑을 유정씨의 부인을 상대로 실컷 늘어 놓았던 것이다.
윤군수가 떠난 뒤 성유정씨는 벌렁 소파 위에 드러누워 버렸다.

피로가 전신을 덮쳤다. 「목격자目擊者?」 · 373-374면

## (4) 심리철학

작품 「목격자目擊者?」에 인간의 심리철학이 선명하다. 윤군수는 마지막까지 진실을 말하지 않는다. 성유정은 잃은 버린 만년필을 엿장수에게 1원을 주고 돌려 받은 목격자이다. 나림 선생은 윤군수의 인간 심리를 묘사한다.

### 감사

"선생님은 소년 시절의 저의 못된 버릇을 너그럽게 봐주셨습니다. 만일 그때 선생님이 저를 너그럽게 봐주시지 않았더라면 저의 오늘은 없었을 겁니다."

"선생님이 P국민학교에 임시로 나와계실 때, 빈번히 도난사건이 있지 않았습니까."

"그리고 또 선생님은 제가 범인이란 걸 알고 계셨습니다. 그런데도 선생님은 제게 아무 말도 없었습니다."

"그때 문제가 표면화되었더라면 전 학교에 다닐 수 있게 되었을 겁니다. 저의 자존심 때문으로도 그렇구, 아버지의 성격 때문으로도 그랬을 겁니다." 「목격자目擊者?」 · 370-371면

### 아버지

"헌데 지네 이비지는 지금도 건새하신가?"

"벌써 죽었습니다. 빨리 죽어버린 덕분에 겨우 면목을 세운 그런 인간이었죠."

"아버지에 대해 그런 말을 하면 쓰나!"

"하여간 선생님의 깊은 배려를 고맙게 생각합니다."

"이제 그런 말은 그만하지. 설혹 그런 일이 있었다손 치더라도 지나간 일이고, 지금 자네는 이처럼 훌륭하게 돼 있지 않나." 「목격자目擊者?」 · 371면

### 도벽

"도벽을 고치느라고 무척 애를 썼습니다. 미국에 가서 책을 읽어 보니 소년의 도벽은 보통 사람이 생각하는 것보다 훨씬 많습니다. 장자크 루소도 도벽을 가졌더군요. 그 밖의 위인들도 소년 시절에 도둑질을 한 예가 많았습니다."「목격자目擊者?」·371면

### 버릇

"나쁜 버릇이 문제가 아니고 그걸 고치느냐 못 고치느냐가 문제겠지. 그런 점에 있어서도 윤교수는 훌륭해. 어린 날의 과오가 윤군의 수련장이 된 거고 그 수양을 통해서 훌륭하게 되었다고도 말할 수 있으니까." 「목격자目擊者?」·371면

### 극복

"그렇습니다. 저라는 인간을 단련시킨, 비길 데 없는 시련이었으니까요. 만일 그 버릇과 그것을 극복하려는 노력이 없었더라면 아마 오늘의 윤군수는 없었을는지 모르니까요."「목격자目擊者?」·371면

나림 선생이 분석한 윤군수의 도벽 변명이다. '인간은 죄와 벌이다.' 나림 선생이 수필 『용서합시다』(집현전, 1982, 18면)에서 강조하는 말이다. 나림 선생 문장을 읽어보자.

### 변명 1

윤군수는 어렸을 적의 자기 도벽을 다음과 같이 심리적으로 분석했다.

"저의 도벽은 비뚤어진 정의감 같은 것과 연결시켜 있었던 것이 아닌가 합니다. 남은 헌 필통도 갖지 못하는데 새 필통을 가지고 와서 자랑을 한다든가, 남은 백노지를 잘라 만든 공책을 가졌을까 말까 한데 흰 종이의 공책을 갖고 와서 뽐낸다든가⋯⋯. 말하자면 학급 전체가 느끼는 반발심을 대표해서 응징해야겠다는 그런 정의감, 그런 영웅심리 같은 것, 물론 비뚤어진 것이긴 했지만 그런 심리가 작용한 것이었구나 하는 반성을 해본 적이 있습니다."

"타당한 해석일는지 모르지."

하고 유정씨는 일단 동의하면서도 그 해석을 그냥 받아들일 수는 없는 심정이었다. 「목격자目擊者?」·371면

나림 선생이 도저히 참을 수 없는 장면이 작품에 나온다. 소설 후반부이다. 성유정의 두 번째 목격담이다.

### 변명 2

"그런데 말입니다. 선생님이 만년필을 도난당하신 일이 있었죠?"

"선생님은 잊으셨는지 모르지만 전 생생하게 기억하고 있습니다. 헌데 딴짓은 모두 제가 한 것입니다만 선생님의 만년필만은 제가 훔치질 않았습니다."

"그까짓 별로 문제 할 건 없지 않나. 그런 버릇을 극복하고 오늘처럼 자네가"

했지만 '훌륭한 사람으로'란 말을 이어댈 수 없었다. 「목격자目擊者?」·373면

### 목격자

유정씨는 눈을 감았다. 고마운 선생을 찾아온 고마운 제자라고 생각하고 우쭐한 마음을 순간적이나마 가졌던 자기 자신이 메스꺼워 견딜 수가 없었다.

윤군수는 고마운 선생을 찾아온 것이 아니라 자기 범행犯行의 유일한 목격자인 사람의 동태를 살피러 온 것이란 생각이 들었다. 범인이 가장 미워하는 건 목격자다. 윤군수는 그 목격자가 교묘하게 꾸민 자기의 연극에 넘어갔을 것이라고 믿어 만족하고 돌아갔다. 윤군수는 자기가 한 거짓말 때문에 끝내 나를 미워할지 모른다고 성유정씨는 생각했다. 「목격자目擊者?」·374면

### 거짓말

"무엇 때문에 이제 와서 거짓말을 하겠습니까"하던 윤군수의 말이 아직도 귓전에 남아있었다.

(그렇다! 묻고 싶은 것은 바로 그거다. 무엇 때문에 이제 와서까지 거짓말을 해야 하느냐 말이다.) 「목격자目擊者?」·374면

### 사람 심리

성유정씨는 사람의 심리란 테바이의 미로迷路처럼 얽혀 있다는 어느 철학자의 말을 상기했다. 「목격자目擊者?」·374면

### 학자

고국故國의 학회가 초빙할 정도로 학문을 닦은 학자가 기껏 그런 꼬락서니라면 그 학문이란 도대체 뭣일까 생각을 하니 기분이 씁쓸했다. 성유정씨는 문득 윤군수의 이지러진 새끼손가락 끝을 눈앞에 그렸다. 「목격자目擊者?」·374면

### 성장

만일 윤군수가 도벽을 고쳤다면 그 이지러진 새끼손가락 덕택이 아니었을까 하는 짐작과 더불어 '사람은 결함이 있어야 성장한다'는 상념에 부딪쳤다.

(윤군수도 50세쯤 되면 달라질 것이다. 그리고 보니 나와 윤군수와의 해후는 10년이 빨랐다!) 「목격자目擊者?」·374면

### 뜬구름

이렇게 생각하고 성유정씨는 소파에 몸을 기댄 채 솜털뭉치처럼 하얀 여름 구름을 바라보기로 했다. 「목격자目擊者?」·374면

정직正直은 자기自己도 구원救援하고 적敵도 만들지 않는다. 나림 선생이 한평생 새긴 문장이다. 선생의 교육철학·교육사상이다. 이 작품은 청소년 일탈 문제를 다룬 형사정책刑事政策 소설이다. 나림 문학은 반성문학反省文學·용서문학容恕文學이다. 작품의 현재성現在性·현대現代 의미意味이다. 「목격자目擊者?」는 언젠가 진실을 말한다.

인간人間은 죄罪와 벌罰이다. 『용서합시다』·12면

　나림 이병주 선생 「목격자目擊者?」를 더 작은 소설('아작소')로 만들었다. '미니' 소설이다. 소설 속 모든 문장은 모두 나림 이병주 선생의 문장이다. 「목격자目擊者?」 작품의 전체 윤곽과 핵심 알맹이를 뽑아 갈아서 만든 새로운 소설이다. 아주 바쁜 학생·직장인·부모님을 위한 선물이다. 나림 이병주 선생님의 원작 소설 「목격자目擊者?」를 정독하는 시간이 오길 간절히 바란다. 소설 속 제목은 임의로 붙였다. 작품을 필사하는 독서법이다. 나림 이병주 선생을 사랑하는 애독자를 기다린다. 전국에 10만 여명의 나림 애독자가 있다고 한다.

## 사랑愛

　"……한국 IP학회는 금번 동희가 개최하는 세미나에 미국 C주립대학 교수 윤군수尹君壽씨를 초빙하기로 했다……"(바로 그 윤군수라면?) 올해 마흔 살은 넘어 있을 것이다.

　성유정이 두 달 동안 임시교원 노릇을 한데는 모교의 딱한 사정에 동정했다기보다 세끼라는 일인 교장을 숭배하고 있었기 때문이었다.
　"가르치기에 앞서 먼저 귀엽게 만들어야 한다"고 말은 하지 않았지만 이것이 세끼교장의 신념인 것 같았다.

　성유정이 맡은 학년은 3학년이었다.
　"아이들은 잘 가르치기 위한 요령같은 것은 없을까요."
하고 물었을 때 세끼교장의 답은 다음과 같았다.
　"아이들을 사랑하면 됩니다. 무조건 사랑해야 합니다. 선생님에게 정이 들면 선생님 말씀을 잘 듣게 되니까요. 학과의 진도 같은덴 마음을 쓰지 말고 아이들과 친해지도록 하시오."

넷째 시간이 체조였는데 체조를 하고 돌아오니 필통이 없어졌다면서 A는 엉엉 울었다. (누구의 소행일까? 그 반 아이의 소행일까? 딴학년 아이의 소행일까?)

그랬는데 일주일 후에 또 사고가 났다.

"변명의 여지가 없을 정도로 결정적인 나쁜 짓을 한 아이는 당분간 가만 두어야 합니다. 변명의 여지가 없으니까 그 아이는 면목을 잃게 되어 선생님을 멀리 하려고 합니다."

착한 사람으로 크느냐 나쁜 사람으로 크느냐가 문젭니다.

나쁜 아이도 계속 교육을 받을 기회를 가지면 착한 어른이 됩니다.

## 신비神祕

태평양에서, 대륙에서 진행되고 있는 전쟁의 압력이 거센 파도처럼 이 평화로운 산촌에까지 파급되고 있었다.

유정은 화제를 바꾸어야겠다고 생각하고

"선생님은 반도의 페스탈로치가 되실 포부를 가지셨죠?" 해봤다.

"그럼 선생님의 교육목적은 결코 황민화皇民化에 있다, 그겁니까?"

"황민화?"하고 세끼교장은 수줍게 웃으며 중얼거렸다.

"가능하다면! 그러나 「화化」라는 것이 그렇게 쉬운 일은 아닙니다."

"가정방문이란 게 교육상 꼭 필요한 겁니까."

"부모가 없거나 편친片親이거나, 가난하거나 병이 있는 아이, 대강 그런 아이에겐 필요하다고 봐요."

"자기를 소중히 생각해주는 사람이 이 세상에 있다는 걸 아는 것만 해도 좋은 일이 아닐까 해서죠."

"지금 찾아가는 아이는 할머니와 형과 셋이서 살고 있는데 그 형은 이웃마을에서 머슴살이 하고 있다는 얘깁니다."

쓰러질 듯한 초가집이 산비탈에 엉겨붙어 있었다.

교장의 품에 안긴 소년은 얼굴로 교장의 가슴을 부벼대며 흐느끼기 시작했다.

"왜 학교에 안 왔지?" 교장이 물었다.

"할머니가 아프고 방이 춥고." 소년은 서투나마 명료한 일본말로 말했다.

교장은 미리 준비해온 듯한 봉투를 꺼내 유정의 손에 쥐어주며 말했다.

"이걸 그 애의 할머니에게 갖다주시오. 나는 집안엔 들어가지 않겠소. 누추하게 누워있는 할머니를 그 애는 내게 보이고 싶지 않을테니까요."

"달은 신비합니다."

"신비하다? 어려운 말을 아는구나. 그렇지, 달은 신비하다. 달뿐이 아니라 하늘도 땅도 산도 들도 우리 사람도 모두 신비하지."

"자, 저 하늘의 별을 봐. 깜박거리고 있지."

## 도벽盜癖

"교장선생님 도벽盜癖이 있는 아이는 어떻게 하면 좋겠습니까."

"그런 버릇은 철저하게 고쳐야죠. 그러나 아이들의 개성을 보아가면서 해야 합니다. 성격이 활달한 아이, 음울한 아이, 집이 부유한 아이, 가난한 아이, 각각 다를테죠 하여간 어려운 문젭니다."

"누군진 모르는데 학급안에 도벽이 있는 아이가 있다는 짐작이 들었을 땐 어떻게 합니까."

"섣불리 찾아내고 해선 안 됩니다. 다신 그런 일이 없도록 최선은 다해야죠. 간접적으로 훈시도 해야겠지만 신경을 써야 합니다. 어린이를 다룬다는 건 인생의 가장 소중한 부분을 다루는 거니까요. 그러나 성선생은 그런 일에까지 마음을 쓸 필요는 없을거요. 곧 동경으로 건너가야 할 테니까."

그러자 1주일쯤 지나고 또 문제가 생겼다.
유정의 만년필이 없어졌다.
"이거 어디서 난 거죠?"
"윤기수尹技手, 면사무소에 있는 윤기수의 아들이 가지고 온 겁니다. 엿과 바꾸자면서요."
유정은 1원을 주고 그 만년필을 받아 호주머니에 넣었다.

윤군수는 4월 초 신학기, 이 학교에 전학하여 온 것이다.
"참, 우리 집 아이놈 어떻습니까."
유정은 가슴이 철석 하는 걸 느꼈다. 윤기수가 말을 이었다.
"어떤 일이 있어도 정직해야 한다고 나는 가정교육을 그렇게 시키고 있지요. 만일 잘못하는 일이 있거든 사정없이 두들겨주시오. 교육엔 매질이 제일입니다. 선생님이 못하시겠거든 내게 일러주시오. 다리뼈를 분질러 놓든지 대가리를 묵사발로 만들든지 할테니까."

그리고 한 열흘이 지났다.
유정은 1주일만 더 고생하면 해방이 되는 것이었다. 가벼운 마음으로 조회에 나갔는데 어떤 그림자가 학교 뒤에서 뛰어나오더니 거의 정렬을 끝낸 열가운데로 끼어드는 것을 유정은 보았다. 윤군수였다.
아니나 다를까 첫째 교시에 들어가 보니 어느 아이의 책보가 책과 도시락을 싼 그대로 없어졌다는 사고가 유정을 기다리고 있었다.

드디어 유정은 결심하고 아이들 쪽으로 돌아서서 말했다.
"자, 우리 책보를 찾아보자. 책보에 발이 돋혀 혼자 걸어 나간 모양이지만 아직 먼 곳까진 가지 못했을 것이다."
30분쯤 후에 책보를 찾았다. 그런데 그날 성유정은 학급일지를 보고 놀랬다. 윤군수가 그날의 당번이었던 모양으로 윤군수의 이름으로 일지에 다음과 같은 글이 적혀있었다.

"요즘 우리 학급에선 좋지 못한 일이 생깁니다. 며칠 전엔 선생님의 만년필이 없어지더니 오늘은 또 책보가 없어졌습니다. 다행히 책보는 찾았습니다만, 그런 나쁜 짓을 하는 생도가 있다는 건 참으로 슬픈 일입니다."

유정은 정면에서 모욕을 당한 것 같은 느낌을 가졌다.

유정은 처음으로 윤군수에 대한 맹렬한 미움을 느꼈다.

## 담임선생 擔任先生

신임 선생이 온 것은 그 일이 있자 2, 3일 후가 아니었던가 한다. 그해 여학교를 갓 나온 김金이란 성을 가진 여선생이었다.

내일 동경으로 떠나게 된 그 날의 오후, 송별연이 끝나자 세끼교장은 교장 자신과 유정과 그리고 그 여선생 셋이만 모이는 자리를 만들었다.

유정은 윤군수 얘기를 털어놓았다.

"두 달 동안 그런 사고도 있고 해서 무척 괴로웠을 것입니다. 아이들의 뒷일, 특히 윤군수의 문제는 김선생과 내게 맡기고 홀가분한 기분으로 학업에 전념하십시오."

유정의 동경 주소로 김선생으로부터 한 통의 편지가 보내왔다. 윤군수 때문에 운 적이 한두 번이 아니었고 윤기수가 다른 곳으로 전근하는 바람에 군수도 딴 학교로 가버려 무거운 짐을 벗어버린 듯한 기분이라는 것이었다.

이 모두가 30년 전에 있었던 일이다.

그 여교사가 해방 직전엔가 직후에 정신이상에 걸렸다는 소식을 유정은 들은 적이 있다. 아마 지금까지 살아있진 못할 것이다…….

## 아메리카니즘 · 미국<sup>美國</sup>

X신문의 K기자로부터 성유정씨에게 전화가 걸려 왔다.

전화가 있은지 한 시간쯤 지나서 윤군수가 나타났다.

키는 중간 키, 온몸에 패기가 넘쳐 있었다.

윤군수는 미국으로 가게 된 동기를 설명했다. 6·25 동란 중에 어떤 미국 장교를 알게 되어 그 주선으로 미국으로 건너갔다고 했다.

"열여덟 살에 미국으로 가서 지금까지 꼬박 22년입니다."

"대성을 한 자네를 만나니 참으로 반갑다."

옛날의 문제아가 대학교수 하고도 박사가 되어 지금 눈앞에 앉아 있다고 생각하니 감회가 깊었다.

"내가 아는 정치학자래야 해롤드 래스키 정도일까."

"래스키는 벌써 낡았습니다."

"마루쿠제는?"

"인기만을 노리는 학자라는 평이 있죠. 미국의 상류사회에선 통하진 않습니다."

"리스맨은 어떨까."

"별로 인기 있는 사람은 아닙니다."

"이건 작가지만 노만 메일러는 어때."

"그 사람, 미국의 상류사회에선 좋지 않은 존재로 취급되어 있죠."

유정씨는 윤군수의 사상이나 정서의 방향이 자기완 전연 다르다는 것을 깨달았다. 하지만 그것도 좋았다. 각기 다른 의견을 가질 수 있는 것이 인간의 사회고 학자의 사회다.

윤군수는 이른바 아메리카니즘이란 것을 설명했다.

윤군수는 계속해서 미국의 보수주의는 미국의 땅덩어리와 꼭 같은 웨이트를 가지고 있는 것이라고 역설하고 민주정치의 모범, 문화의 모범인 미국에서의 생활은 낙원과 같고 그곳에 살고 있는 사람의 눈으로서 한국에 살고 있는 사람을 보니 불쌍해서 목불인견이라고 했다.

## 인간人間

"오늘 선생님을 찾아뵌 것은 깊은 감사의 뜻을 표할까 해서입니다."

"선생님은 소년 시절의 저의 못된 버릇을 너그럽게 봐주셨습니다. 만일 그때 선생님이 저를 너그럽게 봐주시지 않았더라면 저의 오늘은 없었을 겁니다."

"무슨 말인지 알 수가 없는데."

"선생님이 P국민학교에 임시로 나와 계실 때, 빈번히 도난사건이 있지 않았습니까."

"그리고 또 선생님은 제가 범인이란 걸 알고 계셨습니다. 그런데도 선생님은 제게 아무 말도 없었습니다."

"그때 문제가 표면화되었더라면 전 학교에 다닐 수 있게 되었을 겁니다. 저의 자존심 때문으로도 그렇구, 아버지의 성격 때문으로도 그랬을 겁니다."

"도벽을 고치느라고 무척 애를 썼습니다. 미국에 가서 책을 읽어보니 소년의 도벽은 보통 사람이 생각하는 것보다 훨씬 많습니다. 장 자크 루소도 도벽을 가졌더군요. 그 밖의 위인들도 소년 시절에 도둑질을 한 예가 많았습니다."

"그렇습니다. 저라는 인간을 단련시킨, 비길네 없는 시련이었으니까요. 만일 그 버릇과 그것을 극복하려는 노력이 없었더라면 아마 오늘의 윤군수는 없었을는지 모르니까요."

윤군수는 어렸을 적의 자기 도벽을 다음과 같이 심리적으로 분석했다.

"저의 도벽은 비뚤어진 정의감 같은 것과 연결시켜 있었던 것이 아닌가 합니다. 남은 헌 필통도 갖지 못하는데 새 필통을 가지고 와서 자랑을 한다든가, 남은 백노지를 잘라 만든 공책을 가졌을까 말까한데 흰 종이의 공책을 갖고 와서 뽐낸다든가……. 말하자면 학급 전체가 느끼는 반발심을 대표해서 응징해야겠다는 그런 정의감, 그런 영웅심리 같은 것, 물론 비뚤어진 것이긴 했지만 그런 심리가 작용한 것이었구나 하는 반성을 해본 적이 있습니다."

"타당한 해석일는지 모르지."

하고 유정씨는 일단 동의하면서도 그 해석을 그냥 받아들일 수는 없는 심정이었다.

유정의 머릿속을 스치는 의혹이 있었다.

"그건 그렇구, 어떻게 윤교수는 내가 자네의 도벽을 알고 있었다는 사실을 알았지?"

"그럴 일이 있었습니다."

아버지에게 전근 명령이 내린 며칠 후, 그는 학교에 전학 수속에 필요한 서류를 받으러 갔다. 김이라는 여선생이 서류를 만들어 교장의 도장을 받으러 갔다. 세끼교장은 그 서류를 보더니 윤군수를 불러 방과 후에 와서 가지고 가라고 일렀다.

## 교장<sup>敎長</sup>

교장과 윤군수가 간 곳은 농구창고<sup>農具倉庫</sup>였다. 교장은 윤군수가 들어가자 창고의 문을 닫아버렸다. 창고 안은 캄캄했다. 캄캄해진 창고 안에서 어리둥절하고 있는데 돌연 교장의 고함소리가 벽력처럼 울렸다.

"윤군수! 오늘 나는 너를 죽이고 나도 죽을 작정이다."

세찬 주먹이 날아와 군수의 뺨을 쳤다.

잇따라 교장의 고함이 울렸다.

"나는 네가 한 짓을 다 알고 있다. 세상은 그처럼 호락호락한 게 아니다. 너 때문에 성戚선생이 얼마나 고민을 한 지 아느냐. 너 같은 놈은 당장 죽여버려야 한다. 나는 너를 그 못된 버릇을 가진 채 딴 학교로 보낼 수 없다. 그냥 학교에 보냈다간 그 학교의 선생님을 괴롭히고 그 학교의 생도를 괴롭히고 너의 부모를 괴롭히고 나중엔 사회를 괴롭히고 그리고 결국 넌 감옥살이를 하다가 죽을 놈이니까. 그 꼴이 되지 않도록 나는 너를 오늘 죽여버려야겠다." 그러면서 교장은 낫을 윤군수의 목에 걸었다. 윤군수는 겁에 질려 "교장 선생님 살려주십시오. 다신 그런 짓을 안 하겠습니다"하고 빌었다. 교장은 "어떻게 네 말을 믿겠느냐"고 따졌다. "무어든 시키는대로 하겠습니다" 했더니, "새끼손가락을 입으로 깨물어 피를 내라, 그걸 가지고 이 손수건 위에 다시는 그런 짓 안 하겠다고 쓰라"고 명령했다.

차가운 칼날이 목덜미를 걸고 있었다. 교장은 손수건을 군수 앞에 놓고 왼손으로 회중전등을 켰다. 군수가 망설이자 낫의 칼날이 목덜미의 피부에 파고들었다. 군수는 저도 모르게 새끼손가락을 깨물었다. 그리고 그 피로써 혈서를 썼다. "다시는 안하겠습니다"하고 교장이 부르는대로 썼다. 교장은 창고문을 열어 젖혀놓곤 주머니 속에 준비해놓았던 약을 군수의 손가락에 바르고 붕대로 감았다. 그리고는 전학서류를 주며 나직이 "가거라" 하더라는 것이다.

"그래서 선생님이 알고 계셨고 교장에게 보고했다는 사실을 안겁니다."

---

## 교육자教育者

"일본놈은 그처럼 잔인한 인종이란걸 알았습니다."

윤군수의 볼멘 듯한 말이었다.

"세끼교장은 훌륭한 교육자였어."

"훌륭한 교육자가, 방법이 얼마라도 있을 건데 그런 잔인한 짓을 해요?"

내일부턴 영영 접촉할 기회가 없어지는 아이의 도벽을 두고 진지한 고민을 한 끝에 그와 같은 비상 수단을 썼으리란 짐작만은 할 수가 있었다.

"세끼교장은 진심으로 아이들을 사랑했어."

유정씨는 윤군수에게 들려주기 위해서가 아니라 추억의 실마리를 찾는 마음의 상태로서 중얼거렸다.

"사랑하는 척했을 뿐입니다. 세끼교장이야 말로 전형적인 식민지교 육자라고 할 수 있습니다. 너절한 교사보다 우리에게 끼친 해독은 훨 씬 많고 큽니다."

"차별 감정을 노골적으로 드러내놓은 일인교사를 나는 정직한 교육 자라고 봐요. 악이 위선보다 낫다는 말이 있잖습니까 전 '세끼'를 철저 한 위선자라고 봅니다."

성유정은 윤군수의 말에 일리가 있다고 생각했다.

흉악한 일본인도 보아왔고 위선적인 일본인도 보아온 성유정씨는 세끼교장을 그런 축에 넣고 싶진 않았다.

## 명함名銜

"그런데 말입니다. 선생님이 만년필을 도난당하신 일이 있었죠?"

"선생님은 잊으셨는지 모르지만 전 생생하게 기억하고 있습니다. 헌데 딴짓은 모두 제가 한 것입니다만 선생님의 만년필만은 제가 훔 치질 않았습니다."

"그까짓 별로 문제 할 건 없지 않냐. 그런 버릇을 극복하고 오늘처럼 자네가"
했지만 '훌륭한 사람으로'란 말을 이어댈 수 없었다.

"선생님이야말로 저의 은사입니다. 선생님처럼 제 일생에 큰 영향을 주신 분은 없습니다"
하며 아까 성유정씨에게 내놓은 명함을 다시 한 장 꺼내 부인 앞에 놓았다.

"미국에 오시면 꼭 찾아주셔야 합니다."
그동안 그는 미국에서 사는 자랑, 자기의 지위 자랑, 마누라 자랑, 아이들 자랑을 유정씨의 부인을 상대로 실컷 늘어 놓았던 것이다.
윤군수가 떠난 뒤 성유정씨는 벌렁 소파 위에 드러누워 버렸다.
피로가 전신을 덮쳤다.

유정씨는 눈을 감았다. 고마운 선생을 찾아온 고마운 제자라고 생각하고 우쭐한 마음을 순간적이나마 가졌던 자기 자신이 메스꺼워 견딜 수가 없었다.
윤군수는 고마운 선생을 찾아온 것이 아니라 자기 범행<sup>犯行</sup>의 유일한 목격자인 사람의 동태를 살피러 온 것이란 생각이 들었다.

## 목격자<sup>目擊者</sup>

범인이 가장 미워하는 건 목격자다. 윤군수는 그 목격자가 교묘하게 꾸민 자기의 연극에 넘어갔을 것이라고 믿어 만족하고 돌아갔다. 그런데 윤군수는 자기가 한 거짓말 때문에 끝내 나를 미워할지 모른다고 성유정씨는 생각했다.
"무엇 때문에 이제 와서 거짓말을 하겠습니까"하던 윤군수의 말이 아직도 귓전에 남아있었다.

(그렇다! 묻고 싶은 것은 바로 그거다. 무엇 때문에 이제 와서까지 거짓말을 해야 하느냐 말이다.)

성유정씨는 사람의 심리란 테바이의 미로迷路처럼 얽혀 있다는 어느 철학자의 말을 상기했다. 고국故國의 학회가 초빙할 정도로 학문을 닦은 학자가 기껏 그런 꼬락서니라면 그 학문이란 도대체 뭣일까 생각을 하니 기분이 씁쓸했다. 성유정씨는 문득 윤군수의 이지러진 새끼손가락 끝을 눈앞에 그렸다. 만일 윤군수가 도벽을 고쳤다면 그 이지러진 새끼손가락 덕택이 아니었을까 하는 짐작과 더불어 '사람은 결함이 있어야 성장한다'는 상념에 부딪쳤다.

(그렇다. 윤군수도 50세쯤 되면 달라질 것이다. 그리고 보니 나와 윤군수와의 해후는 10년이 빨랐다!)

이렇게 생각하고 성유정씨는 소파에 몸을 기댄 채 솜털뭉치처럼 하얀 여름 구름을 바라보기로 했다.

## 문장과 낭독

나림 이병주 작품 「목격자目擊者?」를 정독하였다. 작품 속 문장으로 「목격자目擊者?」 어록집을 만들었다. 좋은 문장을 찾아 단락마다 제목을 붙였다. 제목은 내가 쓴 작품 해설이다. 문장과 해설의 만남이다. 나림의 문장을 느끼며 소설의 의미를 찾아보시길 바란다.

"……한국 IP학회는 금번 동희가 개최하는 세미나에 미국 C주립대학 교수 윤군수尹君壽씨를 초빙하기로 했다……."
'윤군수'란 이름이 마음에 걸렸다. 윤군수尹君壽 · 356면

자기가 알고 있는 윤군수란 그 소년이 오늘 미국 대학의 교수로서 나타나 주었으면 하는 바램이 마음의 한구석에 일기조차 했다.
(바로 그 윤군수라면?)
하고 성유정씨는 손을 꼽아보았다.
올해 마흔 살은 넘어있을 것이다. 소년 · 대학교수 · 356면

"대학 시절 어느 해던가, 고향의 초등학교에서 두 달 동안 선생 노릇을 한 일이 있어, 그때 가르친 애들 가운데 윤군수가 있었어." 선생 · 357면

성유정이 두 달 동안 임시 교원 노릇을 한데는 모교의 딱한 사정에 동정했다기보다 세끼라는 일인 교장을 숭배하고 있었기 때문이었다.
세끼교장 · 358면

"가르치기에 앞서 먼저 귀엽게 만들어야 한다"고 말은 하지 않았지만, 이것이 세끼교장의 신념인 것 같았다. 교육철학 · 358면

목격자 · **101**

성유정이 맡은 학년은 3학년이었다.

"아이들은 잘 가르치기 위한 요령 같은 것은 없을까요."

하고 물었을 때 세끼교장의 답은 다음과 같았다.

"아이들을 사랑하면 됩니다. 무조건 사랑해야 합니다. 선생님에게 정이 들면 선생님 말씀을 잘 듣게 되니까요. 학과의 진도 같은덴 마음을 쓰지 말고 아이들과 친해지도록 하시오." 사랑 · 358면

넷째 시간이 체조였는데 체조를 하고 돌아오니 필통이 없어졌다면서 A는 엉엉 울었다.

"돈 벌러 일본 간 삼촌이 사온건디, 그걸 잃어버렸다면 난, 난 울아부지한테 두드려맞아 죽어요." 필통 도난사건 · 358면

소사를 시켜 건너마을 학용품점에서 필통 세 개, 연필 한 타, 지우개, 삼각자, 나이프 등을 사오도록 했다.

"선생님의 잘못으로 잃어버리게 된 거니까 이 필통 가운데서 네 것과 비슷한 것을 골라 가져라."

"연필은 몇 자루나 있었지?"

"그럼 두 자루를 가져라. 지우개는?"

"이건 새거다. 이걸 가져라. 그리고 칼은?"

"그럼 이 칼을 가져라. 삼각자는?"

"그래도 이걸 가져라. 곧 삼각자가 필요하게 될 테니까."

"그럼 됐다. 그런데 너, 오늘 필통을 잃어버렸다는 소리, 누구에게도 하면 못 쓴다아."

"가거라. 그럼 빨리 곧바로 집으로 가야한다아."

(누구의 소행일까? 그 반 아이의 소행일까? 딴 학년 아이의 소행일까?) 도난 수습 · 359면

그랬는데 1주일 후에 또 사고가 났다.

"아닙니더. 전 그 연필을 산술책에다 꼽아놨거등요."

"괜찮습니더. 연필동가리가 있응께 우선은 그걸 갖고 쓰면 됩니더."

연필 도난사건 · 360면

그런데 C라는 아이가 순백색의 공책을 처음으로 사가지고 와서 바로 그날 도둑을 맞았다. 공책 도난사건 · 360면

"변명의 여지가 없을 정도로 결정적인 나쁜 짓을 한 아이는 당분간 가만두어야 합니다. 변명의 여지가 없으니까 그 아이는 면목을 잃게 되어 선생님을 멀리하려고 합니다."

착한 사람으로 크느냐 나쁜 사람으로 크느냐가 문젭니다.

나쁜 아이도 계속 교육을 받을 기회를 가지면 착한 어른이 됩니다.

침묵 교육 · 361면

태평양에서, 대륙에서 진행되고 있는 전쟁의 압력이 거센 파도처럼 이 평화로운 산촌에까지 파급되고 있었다. 전쟁 · 362면

유정은 또 물었다.

"선생님은 반도의 페스탈로치가 되실 포부를 가지셨죠?" 해봤다.

유정은 "그럼 선생님의 교육목적은 결코 황민화皇民化에 있다, 그겁니까?"

"황민화?"하고 세끼교장은 수줍게 웃으며 중얼거렸다.

"가능하다면! 그러나 「화化」라는 것이 그렇게 쉬운 일은 아닙니다."

"가정방문이란 게 교육상 꼭 필요한 겁니까."

"누구에게나 필요한 건 이니겠죠."

"부모가 없거나 편친片親이거나, 가난하거나 병이 있는 아이, 대강 그런 아이에겐 필요하다고 봐요."

"자기를 소중히 생각해주는 사람이 이 세상에 있다는 걸 아는 것만 해도 좋은 일이 아닐까 해서죠."

"지금 찾아가는 아이는 할머니와 형과 셋이서 살고 있는데 그 형은 이웃 마을에서 머슴살이 하고 있다는 애깁니다."

쓰러질 듯한 초가집이 산비탈에 엉겨 붙어 있었다.

여월대로 여윈, 앙상하게 뼈가 드러나고 듬성듬성 긴 털이 볼품이 없는 돼지였다.

"소크라테스가 된 돼지"란 터무니없는 발상을 하고 내심으로 웃었다. 가정방문 · 362면

"저 소년이구나"하는 생각을 가졌을 때와 그 아이가 그들을 알아본 것과 거의 동시였다.

교장의 품에 안긴 소년은 얼굴로 교장의 가슴을 부벼대며 흐느끼기 시작했다.

"왜 학교에 안 왔지?" 교장이 물었다.

"할머니가 아프고 방이 춥고" 소년은 서투나마 명료한 일본말로 말했다.

교장은 미리 준비해온 듯한 봉투를 꺼내 유정의 손에 쥐어주며 말했다.

"이걸 그 애의 할머니에게 갖다주시오. 나는 집안엔 들어가지 않겠소. 누추하게 누워있는 할머니를 그 애의 내게 보이고 싶지 않을 테니까요."

"교장선생님은 지금 밖에 계십니다. 이걸루 약이나 사 자시고 동리 사람들에게 돌봐달라는 부탁도 하시구요. 아이는 학교에 보내도록 해달라는 교장선생님의 말씀입니다. 그래서 모처럼 오신 겁니다."

"참 무겁구나. 이렇게 무거운 걸 질 수 있다니 넌 어른이 다 됐다" 하고 소년의 머리를 만졌다. 할머니 · 363-364면

"달은 신비합니다."

"신비하다? 어려운 말을 아는구나. 그렇지, 달은 신비하다. 달뿐이

아니라 하늘도 땅도 산도 들도 우리 사람도 모두 신비하지.”

“자, 저 하늘의 별을 봐. 깜박거리고 있지.”자연의 신비 · 365면

교장은 조용하게 얘기를 시작했다.

“저 별들과 우리 지구 사이에는 여러 층의 대기大氣가 있어. 그러니까 바로 지구 위의 공기는 동에서 서로 움직이는데 그 위층의 대기는 반대로 서에서 동으로 움직일 경우가 있지. 그렇게 해서 각층마다 바람의 방향이 다를 때 그 대기의 층층을 지나는 광선이 지그재그를 긋는단 말야. 그게 우리 눈엔 깜박거리는 것처럼 보이지. 알겠나?”우주 · 365면

“교장선생님 도벽盜癖이 있는 아이는 어떻게 하면 좋겠습니까.”

“도벽?”

“그건 참으로 어려운 문젠데.”

“그런 버릇은 철저하게 고쳐야죠. 그러나 아이들의 개성을 보아가면서 해야 합니다. 성격이 활달한 아이, 음울한 아이, 집이 부유한 아이, 가난한 아이, 각각 다를테죠. 하여간 어려운 문젭니다.”

“누군진 모르는데 학급 안에 도벽이 있는 아이가 있다는 짐작이 들었을 땐 어떻게 합니까.”

“설불리 찾아내고 해선 안 됩니다. 다신 그런 일이 없도록 최선은 다해야죠. 간접적으로 훈시도 해야겠지만 신경을 써야 합니다. 어린이를 다룬다는 건 인생의 가장 소중한 부분을 다루는 거니까요. 그러나 성선생은 그런 일에까지 마음을 쓸 필요는 없을 거요. 곧 동경으로 건너가야 할 테니까.”도벽盜癖 아이 · 365-366면

세끼교장이 반도의 교육에 인생을 바치겠다고 마음먹은 동기 얘기가 그날 밤 있었을 것 같지만 그것도 확실하지가 않다. 다만 가난한 농가의 둘째 아들로 태어나 사범학교를 택했고, 이왕 초등학교 교사

노릇을 할 바에야 반도<sup>半島</sup>에 스스로의 포부를 심어보자고 다짐했다는 얘기만 기억하고 있다. 사범학교 · 366면

그러자 1주일쯤 지나고 또 문제가 생겼다.

유정의 만년필이 없어졌다.

"좋은 만년필이 있는데 안 사실렵니까?"

"만년필?" 하고 유정은 발을 멈췄다.

유정은 깜짝 놀랐다. 그건 분명 어제 없어진 자기의 만년필이었기 때문이다. 유정은 아무렇지도 않게 꾸미면서 물었다.

"이거 어디서 난 거죠?"

"윤기수<sup>尹技手</sup>, 면사무소에 있는 윤기수의 아들이 가지고 온 겁니다. 엿과 바꾸자면서요."

유정은 윤기수의 아들이면 '윤군수'라고 생각했다. 유정의 학급에 있는 아이였다.

"윤기수의 아들이 언제 이걸 가지고 왔습니까?"

"어제 저녁때였습니다."

"얼마에 팔겠소."

"1원은 받아야 하지 않겠습니까?"

유정은 1원을 주고 그 만년필을 받아 호주머니에 넣었다. 만년필 도난 · 366면

윤군수는 4월 초 신학기, 이 학교에 전학하여 온 것이다. 윤군수 · 367면

"대학 생활은 재미있죠? 나도 웬만한 했으면 상급학교를 가는 건디 집안 사정이 어디. 그런데 한 달에 학비가 얼마나 듭니까."

"돈 백 원 들죠."

"백 원이면 우리 월급 석달치가 훨씬 넘는 돈인데, 꿈도 못 꿀 얘

기구만. 성선생은 좋은 아버지를 모셔서 행복하오." <small>대학 학비 · 367면</small>

"참, 우리 집 아이놈 어떻습니까."

유정은 가슴이 철석 하는 걸 느꼈다. 윤기수가 말을 이었다.

"어떤 일이 있어도 정직해야 한다고 나는 가정교육을 그렇게 시키고 있지요. 만일 잘못하는 일이 있거든 사정없이 두들겨주시오. 교육엔 매질이 제일입니다. 선생님이 못 하시겠거든 내게 일러주시오. 다리뼈를 분질러 놓든지 대가리를 묵사발로 만들든지 할 테니까." <small>정직교육 · 가정교육 · 367면</small>

그리고 한 열흘이 지났다.

유정은 1주일만 더 고생하면 해방이 되는 것이었다. 가벼운 마음으로 조회에 나갔는데 어떤 그림자가 학교 뒤에서 뛰어나오더니 거의 정렬을 끝낸 열 가운데로 끼어드는 것을 유정은 보았다. 윤군수였다.

아니나 다를까 첫째 교시에 들어가 보니 어느 아이의 책보가 책과 도시락을 싼 그대로 없어졌다는 사고가 유정을 기다리고 있었다. <small>책보 도난 · 367-368면</small>

드디어 유정은 결심하고 아이들 쪽으로 돌아서서 말했다.

"자, 우리 책보를 찾아보자. 책보에 발이 돋혀 혼자 걸어 나간 모양이지만 아직 먼 곳까진 가지 못했을 것이다."

30분쯤 후에 책보를 찾았다. 유정이 판단한 대로 후문밖의 돌다리 밑, 마른 개울에 수북이 나 있는 풀 속에 책보는 던져져 있었다. '선생님은 탐정이다' 하고 누군가가 소리를 지르자 모두들 '와' 하고 환성을 올렸다. 그런데 그날 성유정은 학급일지를 보고 놀랐다. 윤군수가 그날의 당번이었던 모양으로 윤군수의 이름으로 일지에 다음과 같은 글이 적혀있었다.

"요즘 우리 학급에선 좋지 못한 일이 생깁니다. 며칠 전엔 선생님의 만년필이 없어지더니 오늘은 또 책보가 없어졌습니다. 다행히 책보는 찾았습니다만, 그런 나쁜 짓을 하는 생도가 있다는 건 참으로 슬픈 일입니다."

유정은 정면에서 모욕을 당한 것 같은 느낌을 가졌다. 일지 · 368면

유정은 처음으로 윤군수에 대한 맹렬한 미움을 느꼈다.

1주일만 있으면 나는 이곳을 떠난다!는 생각으로 겨우 스스로를 안정시킬 수 있었다.

신임 선생이 온 것은 그 일이 있자 2, 3일 후가 아니었던가 한다. 그해 여학교를 갓 나온 김金이란 성을 가진 여선생이었다. 신임 선생 · 368면

내일 동경으로 떠나게 된 그 날의 오후, 간단한 다과를 놓고 유정을 송별하는 모임이 직원실에서 있었다.

그 송별연이 끝나자 세끼교장은 교장 자신과 유정과 그리고 그 여선생 셋이만 모이는 자리를 만들었다.

유정은 윤군수 얘기를 털어놓았다.

"두 달 동안 그런 사고도 있고 해서 무척 괴로웠을 것입니다. 아이들의 뒷일, 특히 윤군수의 문제는 김선생과 내게 맡기고 홀가분한 기분으로 학업에 전념하십시오."

교장은 정중하게 말했다. 송별회 · 369면

유정의 동경 주소로 김선생으로부터 한 통의 편지가 보내왔다. 윤군수에 관한 소식이 있었다. 윤군수 때문에 운 적이 한두 번이 아니었고 윤기수가 다른 곳으로 전근하는 바람에 군수도 딴 학교로 가버려 무거운 짐을 벗어버린 듯한 기분이라는 것이었다.

이 모두가 30년 전에 있었던 일이다.

그 여교사가 해방 직전엔가 직후에 정신이상에 걸렸다는 소식을 유

정은 들은 적이 있다. 아마 지금까지 살아있진 못할 것이다……. 김선생 · 369면

X신문의 K기자로부터 성유정씨에게 전화가 걸려왔다.

전화가 있은지 한 시간쯤 지나서 윤군수가 나타났다.

키는 중간 키, 온몸에 패기가 넘쳐 있었다.

윤군수는 미국으로 가게 된 동기를 설명했다. 6·25 동란 중에 어떤 미국 장교를 알게 되어 그 주선으로 미국으로 건너갔다고 했다.

"열여덟 살에 미국으로 가서 지금까지 꼬박 22년입니다."

"대성을 한 자네를 만나니 참으로 반갑다."

옛날의 문제아가 대학교수하고도 박사가 되어 지금 눈앞에 앉아 있다고 생각하니 감회가 깊었다. 윤군수 · 369-370면

"내가 아는 정치학자래야 해롤드 라스키 정도일까."

"라스키는 벌써 낡았습니다."

"마르쿠제는?"

"인기만을 노리는 학자라는 평이 있죠. 미국의 상류사회에선 통하진 않습니다."

"리스맨은 어떨까."

"별로 인기 있는 사람은 아닙니다."

"이건 작가지만 노만 메일러는 어때."

"그 사람, 미국의 상류사회에선 좋지 않은 존재로 취급되어 있죠."

유정씨는 윤군수의 사상이나 정서의 방향이 자기와 전연 다르다는 것을 깨달았다. 하지만 그것도 좋았다. 각기 다른 의견을 가질 수 있는 것이 인간의 사회고 학자의 사회다.

윤군수는 이른바 아메리카니즘이란 것을 설명했다. 아메리카니즘 · 370면

1. 해롤드 조셉 라스키(Harold Joseph Laski, 1893~1950)는 영국의 정치 이론가·경제학자이다. 1945년부터 1946년까지 영국 노동당 의장을 지냈고 1926년부터 1950년까지 런던 정경대 교수를 지냈다. 그는 먼저 노동조합과 같은 지역의 자발적 공동체의 중요성을 강조함으로써 다원주의를 장려했다.

2. 헤르베르트 마르쿠제(Herbert Marcuse, 1898~1979)는 독일과 미국의 사회철학자이며, 프랑크푸르트학파의 사회주의 사회학자로 분류된다. 1922년 프라이부르크 대학교에서 박사 논문을 썼고, 1929년부터 마르틴 하이데거와 함께 교수 자격 논문 작업을 시작했다. 하지만 나치 치하에서 작업을 끝내지 못하게 되자 1933년 프랑크푸르트 사회 연구소로 옮겼고, 나치 독일의 지속적인 사회주의 탄압 때문에 제2차 세계 대전 중 미국으로 건너가 1940년 시민권을 얻었다.

에리히 프롬과 함께 정신분석과 사회학의 공동연구서 『권위와 가족』을 저술하였다. 그 밖의 다수의 저서가 있다. 마르크스주의를 사회적 변화에 맞게 재해석한 사회학자라는 평가를 받는다. 신좌파 사상의 핵심 이론을 제공하여 신좌파의 아버지라 불린다. 이후 강단에서만 활동하는 프랑크푸르트학파를 비판하면서 갈라져나와, 사회주의 운동 노선을 적극적으로 지지하고 68운동의 정신적 지주가 되었다. 위키백과

3. 노먼 메일러(Norman Mailer, 1923년 1월 30일~2007년 11월 10일)는 미국의 소설가·평론가이다. 유대계 미국인이다. 뉴저지주 롱브랜치에서 태어나 하버드 대학을 졸업한 후 1944년 제2차 대전으로 레이테와 루손섬의 전투에 참가했다. ≪나자裸者와 사자死者≫에서 군대란 조직의 악惡을 통렬히 묘파하고, 반전사상反戰思想을 표명하여 세계적인 베스트셀러가 되었다.

≪바바리의 기슭≫(1951)으로 혁명가를 탄압하는 미국정부를 야유하고, ≪녹원鹿園≫(1955)으로 할리우드의 상업주의적 메커니즘을 추구하였으며, ≪아메리카의 꿈≫(1965)으로 애증愛憎을 넘어 권력을 갈망하는 사나이를 그려 베스트셀러가 되었다. 스스로 네오마르크스주의를 제창하고, 정치·경제·문화 활동을 모두 이 속에 결합시키려 하고 있는 것은 ≪나 자신을 위한 광고≫(1959)에 들어 있는 평론 ≪하얀 흑인≫이 증명하고 있다.

처녀작 이래 철저한 평화주의자로서 ≪대통령을 위한 백서≫(1963)나 ≪식인종과 크리스찬≫(1966)으로 대통령이나 우익을 공격하고, 또 월남전쟁 반대운동을 국내에서 추진하였다. ≪우리들은 무엇 때문에 월남에 있는가?≫(1967)는 메일러의 휴머니즘을 보여주는 작품이다. 위키백과

윤군수는 계속해서 미국의 보수주의는 미국의 땅덩어리와 꼭 같은 웨이트를 가지고 있는 것이라고 역설하고 민주정치의 모범, 문화의 모범인 미국에서의 생활은 낙원과 같고 그곳에 살고 있는 사람의 눈으로서 한국에 살고 있는 사람을 보니 불쌍해서 목불인견이라고 했다.
미국 생활 · 370면

"오늘 선생님을 찾아뵌 것은 깊은 감사의 뜻을 표할까 해서입니다."

"선생님은 소년 시절의 저의 못된 버릇을 너그럽게 봐주셨습니다. 만일 그때 선생님이 저를 너그럽게 봐주시지 않았더라면 저의 오늘은 없었을 겁니다."

"무슨 말인지 알 수가 없는데."

"선생님이 P국민학교에 임시로 나와 계실 때, 빈번히 도난사건이 있지 않았습니까."

"그랬던가?"

"그리고 또 선생님은 제가 범인이란 걸 알고 계셨습니다. 그런데도 선생님은 제게 아무 말도 없었습니다."

"그게 사실이라면 내가 직무유기를 한 셈이구먼."

유정씨는 가벼운 웃음을 띠우며 말했다.

"그때 문제가 표변화되었더라면 전 학교에 다닐 수 있게 되었을 겁니다. 저의 자존심 때문으로도 그렇구, 아버지의 성격 때문으로도 그랬을 겁니다." 감사 · 370-371면

"헌데 자네 아버지는 지금도 건재하신가?"

"벌써 죽었습니다. 빨리 죽어버린 덕분에 겨우 면목을 세운 그런 인간이었죠."

"아버지에 대해 그런 말을 하면 쓰나!"

"하여간 선생님의 깊은 배려를 고맙게 생각합니다."

"이제 그런 말은 그만하지. 설혹 그런 일이 있었다손 치더라도 지나간 일이고, 지금 자네는 이처럼 훌륭하게 돼 있지 않나." 아버지 · 371면

"도벽을 고치느라고 무척 애를 썼습니다. 미국에 가서 책을 읽어보니 소년의 도벽은 보통 사람이 생각하는 것보다 훨씬 많습니다. 장자크 루소도 도벽을 가졌더군요. 그 밖의 위인들도 소년 시절에 도둑질을 한 예가 많았습니다." 루소 · 371면

"나쁜 버릇이 문제가 아니고 그걸 고치느냐 못 고치느냐가 문제겠지. 그런 점에 있어서도 윤교수는 훌륭해. 어린 날의 과오가 윤군의 수련장이 된 거고 그 수양을 통해서 훌륭하게 되었다고도 말할 수 있으니까." 버릇 · 371면

"그렇습니다. 저라는 인간을 단련시킨, 비길 데 없는 시련이었으니까요. 만일 그 버릇과 그것을 극복하려는 노력이 없었더라면 아마 오늘의 윤군수는 없었을는지 모르니까요." 극복 · 修道之敎 · 371면

윤군수는 어렸을 적의 자기 도벽을 다음과 같이 심리적으로 분석했다.

"저의 도벽은 비뚤어진 정의감 같은 것과 연결시켜 있었던 것이 아닌가 합니다. 남은 헌 필통도 갖지 못하는데 새 필통을 가지고 와서 자랑을 한다든가, 남은 백노지를 잘라 만든 공책을 가졌을까 말까 한데 흰 종이의 공책을 갖고 와서 뽐낸다든가……. 말하자면 학급 전체가 느끼는 반발심을 대표해서 응징해야겠다는 그런 정의감, 그런 영웅심리 같은 것, 물론 비뚤어진 것이긴 했지만 그런 심리가 작용한 것이었구나 하는 반성을 해본 적이 있습니다."

"타당한 해석일는지 모르지."

하고 유정씨는 일단 동의하면서도 그 해석을 그냥 받아들일 수는 없는 심정이었다. 변명 · 371면

유정의 머릿속을 스치는 의혹이 있었다.

"그건 그렇구, 어떻게 윤교수는 내가 자네의 도벽을 알고 있었다는 사실을 알았지?"

"그럴 일이 있었습니다."

아버지에게 전근 명령이 내린 며칠 후, 그는 학교에 전학 수속에 필요한 서류를 받으러 갔다. 김이라는 여선생이 서류를 만들어 교장의 도장을 받으러 갔다. 세끼교장은 그 서류를 보더니 윤군수를 불러 방과 후에 와서 가지고 가라고 일렀다. 전학수속 · 372면

교장과 윤군수가 간 곳은 농구창고農具倉庫였다. 교장은 윤군수가 들어가자 창고의 문을 닫아버렸다. 창고 안은 캄캄했다. 캄캄해진 창고 안에서 어리둥절하고 있는데 돌연 교장의 고함소리가 벽력처럼 울렸다.

"윤군수! 오늘 나는 너를 죽이고 나도 죽을 작정이다."

세찬 주먹이 날아와 군수의 뺨을 쳤다.

잇따라 교장의 고함이 울렸다.

"나는 네가 한 짓을 다 알고 있다. 세상은 그처럼 호락호락한 게 아니다. 너 때문에 성成선생이 얼마나 고민을 한 지 아느냐. 너 같은 놈은 당장 죽여버려야 한다. 나는 너를 그 못된 버릇을 가진 채 딴 학교로 보낼 수 없다. 그냥 학교에 보냈다간 그 학교의 선생님을 괴롭히고 그 학교의 생도를 괴롭히고 너의 부모를 괴롭히고 나중엔 사회를 괴롭히고 그리고 결국 넌 감옥살이를 하다가 죽을 놈이니까. 그 꼴이 되지 않도록 나는 너를 오늘 죽여버려야겠다." 교장 · 372면

교장은 낫을 윤군수의 목에 걸었다.

윤군수는 겁에 질려 "교장선생님 살려주십시오. 다신 그런 짓을 안 하겠습니다" 하고 빌었다. 교장은 "어떻게 네 말을 믿겠느냐"고 따졌다. "무어든 시키는대로 하겠습니다" 했더니, "새끼손가락을 입으로

깨물어 피를 내라, 그걸 가지고 이 손수건 위에 다시는 그런 짓 안 하겠다고 쓰라"고 명령했다.

차가운 칼날이 목덜미를 걸고 있었다. 교장은 손수건을 군수 앞에 놓고 왼손으로 회중전등을 켰다. 군수가 망설이자 낮의 칼날이 목덜미의 피부에 파고들었다. 군수는 저도 모르게 새끼손가락을 깨물었다. 그리고 그 피로써 혈서를 썼다. "다시는 안 하겠습니다"하고 교장이 부르는 대로 썼다. 교장은 창고 문을 열어 젖혀놓곤 주머니 속에 준비해 놓았던 약을 군수의 손가락에 바르고 붕대로 감았다. 그리고는 전학서류를 주며 나직이 "가거라" 하더라는 것이다.

"그래서 선생님이 알고 계셨고 교장에게 보고했다는 사실을 안겁니다." 새끼손가락 · 372면

"일본 놈은 그처럼 잔인한 인종이란걸 알았습니다."

윤군수의 볼멘 듯한 말이었다.

"세끼교장은 훌륭한 교육자였어."

"훌륭한 교육자가, 방법이 얼마라도 있을 건데 그런 잔인한 짓을 해요?" 교육자 · 인도적 교육방법 · 372면

내일부턴 영영 접촉할 기회가 없어지는 아이의 도벽을 두고 진지한 고민을 한 끝에 그와 같은 비상수단을 썼으리란 짐작만은 할 수가 있었다.

"세끼교장은 진심으로 아이들을 사랑했어."

유정씨는 윤군수에게 들려주기 위해서가 아니라 추억의 실마리를 찾는 마음의 상태로서 중얼거렸다.

"사랑하는 척했을 뿐입니다. 세끼교장이야 말로 전형적인 식민지교육자라고 할 수 있습니다. 너절한 교사보다 우리에게 끼친 해독은 훨씬 많고 큽니다."

"차별감정을 노골적으로 드러내놓은 일인교사를 나는 정직한 교육

자라고 봐요. 악이 위선보다 낮다는 말이 있잖습니까. 전 '세끼'를 철저한 위선자라고 봅니다."

성유정은 윤군수의 말에 일리가 있다고 생각했다. 위선·373면

흉악한 일본인도 보아왔고 위선적인 일본인도 보아온 성유정씨는 세끼교장을 그런 축에 넣고 싶진 않았다. 세끼교장·373면

"그런데 말입니다. 선생님이 만년필을 도난당하신 일이 있었죠?"
"선생님은 잊으셨는지 모르지만 전 생생하게 기억하고 있습니다. 헌데 딴짓은 모두 제가 한 것입니다만 선생님의 만년필만은 제가 훔치질 않았습니다."
"그까짓 별로 문제 할 건 없지 않냐. 그런 버릇을 극복하고 오늘처럼 자네가"
했지만 '훌륭한 사람으로'란 말을 이어댈 수 없었다. 변명·373면

"선생님이야말로 저의 은사입니다. 선생님처럼 제 일생에 큰 영향을 주신 분은 없습니다"
하며 아까 성유정씨에게 내놓은 명함을 다시 한 장 꺼내 부인 앞에 놓았다.
"미국에 오시면 꼭 찾아주셔야 합니다."
그동안 그는 미국에서 사는 자랑, 자기의 지위 자랑, 마누라 자랑, 아이들 자랑을 유정씨의 부인을 상대로 실컷 늘어 놓았던 것이다.
윤군수가 떠난 뒤 성유정씨는 벌렁 소파 위에 드러누워 버렸다.
피로가 전신을 덮쳤다. 인간·373-374면

유정씨는 눈을 감았다. 고마운 선생을 찾아온 고마운 제자라고 생각하고 우쭐한 마음을 순간적이나마 가졌던 자기 자신이 메스꺼워 견딜 수가 없었다.
윤군수는 고마운 선생을 찾아온 것이 아니라 자기 범행<sup>犯行</sup>의 유일

한 목격자인 사람의 동태를 살피러 온 것이란 생각이 들었다. 범인이 가장 미워하는 건 목격자다. 윤군수는 그 목격자가 교묘하게 꾸민 자기의 연극에 넘어갔을 것이라고 믿어 만족하고 돌아갔다. 윤군수는 자기가 한 거짓말 때문에 끝내 나를 미워할지 모른다고 성유정씨는 생각했다. 목격자 · 374면

"무엇 때문에 이제 와서 거짓말을 하겠습니까"하던 윤군수의 말이 아직도 귓전에 남아있었다.
(그렇다! 묻고 싶은 것은 바로 그거다. 무엇 때문에 이제 와서까지 거짓말을 해야 하느냐 말이다.) 거짓말 · 374면

성유정씨는 사람의 심리란 테바이의 미로迷路처럼 얽혀 있다는 어느 철학자의 말을 상기했다. 사람 심리 · 374면

고국故國의 학회가 초빙할 정도로 학문을 닦은 학자가 기껏 그런 꼬락서니라면 그 학문이란 도대체 뭣일까 생각을 하니 기분이 씁쓸했다. 성유정씨는 문득 윤군수의 이지러진 새끼손가락 끝을 눈앞에 그렸다. 학자 · 374면

만일 윤군수가 도벽을 고쳤다면 그 이지러진 새끼손가락 덕택이 아니었을까 하는 짐작과 더불어 '사람은 결함이 있어야 성장한다'는 상념에 부딪쳤다.
(윤군수도 50세쯤 되면 달라질 것이다. 그리고 보니 나와 윤군수와의 해후는 10년이 빨랐다!) 성장 · 374면

이렇게 생각하고 성유정씨는 소파에 몸을 기댄 채 솜털뭉치처럼 하얀 여름 구름을 바라보기로 했다. 뜬구름 · 374면

# 운명의 덫

운명의 덫, 별과 꽃들의 향연, 영남일보, 1979

이병주, 『운명의 덫』, 나남, 2018.

아아, 저것이 내 발톱 밑으로 들어갈 대바늘이로구나.
형사는 내 엄지발톱 위에 대바늘을 갖다 대더니
망치로 쾅, 쳤다.
바위덩어리 같은 격심한 동통<sup>疼痛</sup>이
뇌천<sup>腦天</sup>을 부수는 듯했다.
나는 죽기로 결심하고 굴복하지 않기로 했다.

– 나림 이병주 –

# 운명의 덫

## 1. 작품 개요

『운명의 덫』은 대중소설의 백미<sup>白眉</sup>이다. 운명과 결투하는 인간의 의지와 어머니의 사랑이 담겨 있다. 1979년 <영남일보>에 ≪별과 꽃들의 향연≫으로 1년간 총 294회 연재되었다. 그해 10월 26일 궁정동에서 총소리가 들렸다. 당대 최고의 스타 소설가가 왜 대구에서 이 글을 연재했는지 의미심장하다. 구미가 고향인 그에게 보낸 항의서로 보였다. 1981년 ≪풍설≫로, 1987년 『운명의 덫』으로 제목을 바꾸었다. 1989년 10월 9일부터 1990년 3월 27일까지 KBS 대하드라마로 50회 방영되었다. 1979년. 59세, 장편 355면.

이 작품은 살인죄 누명을 쓴 남상두<sup>南相斗</sup>가 억울한 옥살이를 20년간 하고 나서 출옥 이후 진범을 찾아가는 치열한 과정을 그리고 있다. 전개가 빠르고 추리소설 같은 법률·재판소설이다. 『운명의 덫』은 세 개의 주제를 담고 있다. 법률·인생·용서이다. 45년이 지난 오늘의 시각에서 보면 당연한 현실이지만, 당시 시각에서 보면 혁명적 고발 소설이다. 나림 이병주 선생의 법사상을 잘 읽을 수 있다. 수사·고문·묵비권·자백·감정·재판·사형폐지·함정·혁명·대구 10월 폭동사건·증거능력·증명력·재심·위증죄·용서가 나온다. 형사소송법 전반을 다루고 있다. 나림 선생의 체험이 담긴 소설이다.

수사 과정에서 고문하는 장면은 너무 생생하여 나림 선생이 직접 겪은 고문 현장을 옮겨 놓은 것이 아닌가 생각했다. 『운명의 덫』을 읽으면서 헌법과 형사소송법 수사절차 조문이 떠올랐다. 하동 이병주 문학관에서 유심히 본 출옥 때 찍은 나림 선생과 어머니 김수조 여사의 사진이 생각났다. 얼굴·수염·한복·어머니 모습이다. 황제 문학·교도소문학의 탄생 장면이 담겨 있다.

## 2. 작품 인물

### (1) 남상두

『운명의 덫』은 소제목 '나그네'로 시작한다. 주인공은 남상두이다. 살인죄로 20년을 복역하고 출옥한다. 남상두는 젊은 시절을 폐허로 만든 S읍을 찾는다. 인구 7~8천의 산간 소읍이다.

> **국어교사**
> 'S읍에 가면 남상두南相斗를 알아볼 사람이 있을까? 살인자가 돌아왔다고 해서 모두들 길을 피할까?'
> 23년 전 그날 처음으로 S읍을 찾아갈 때를 회상했다. 청년 남상두는 S읍에 신설된 여고 국어교사로 부임하는 중이었다. 교사로서 인생을 출발하는 포부, 이에 따른 흥분 같은 게 있었으리라.
> 착한 교사가 되자. 누구보다도 부지런하고, 인정 많고, 땀을 많이 흘리는 교육자가 되자고 다짐했을 터이다. 『운명의 덫』·10면

『운명의 덫』 중반부에 남상두가 왜 S읍 여고 국어교사로 갔는지 설

명하고 있다. 남상두는 원래 고고학을 중심으로 한 언어학을 공부할 포부를 가졌다. 그러다가 짬이 있으면 역사와 문학에도 발을 뻗칠 작정이었다.

남상두 인생은 순탄하게 시작되었다. 서울의 명문 초등학교를 나와 중·고교 대학도 KS마크 학교를 나왔다. KS가 반드시 좋은 것은 아니지만 그런 순탄한 경로를 밟았다는 얘기다. 그런데 대학과 대학원에 중간 단계에서 세속을 경험할까 하고 잠시 직장을 가졌다. 그곳이 S읍 여고이다. 사고는 그 직장에서 생겼다. 억울한 누명을 쓰게 되고 청춘 인생을 망치게 된다. 그에게 아무런 희망도 없고 굴욕을 견디는 나날만이 계속되었다.

### 읽어버린 시간

"잊어버린 시간의 의미를 찾을 수 있을까요?"『운명의 덫』·55면

### 실체적 진실발견

"김 형사! 나를 믿어 주시오. 10억이 모자란다면 20억이라도 쓰겠습니다. 나는 어떤 일이 있더라도 진범을 찾아내야만 하겠습니다."『운명의 덫』·70면

출옥 후 남상두는 당시 같은 학교 체육 교사 선창수와 담당 형사였던 변동식을 찾아 나선다. 그리고 새로운 증거를 수집하기 위해 옛 제자들을 만난다. 제자들의 다양한 삶과 인생사가 이 작품에 자세히 소개되어 있다.

20여 년 전에 이영애·우선경·김봉덕은 아름다운 그림 같은 삼총사트리오였다. 이후 펼쳐진 인생사는 파란만장波瀾萬丈하다. 제자 임숙희는 남상두가 정성 들여 가르친 제자였다.

변 형사는 남상두를 혹독하게 다룬 인간이었다. 임숙희는 변 형사와 결혼했다. 우선경은 남상두를 위해 출가했다. 이 장편 소설은 복잡한 인간관계와 인물상이 등장한다. 사망한 윤신애의 아버지는 공산주

의자로 남파되어 사망한 것으로 작품에서 묘사되어 있다. 나림 선생의 작품 구성력을 만끽할 수 있다.

### 진실

이런 대화가 오갈 때 서종희로부터 전화가 왔다.

"선창수는 순순히 자수하겠다고 제게 맹세했습니다. 그 점은 걱정 마시고 일을 추진하십시오."

진실이 보람을 다하기 위해서는 아픔을 필요로 하는 경우가 있다는 감회가 솟았다. 『운명의 덫』·348면

### 자술서

나는 변호사가 선창수와 변동식의 자술서를 갖추어 재심청구서를 법원에 제출했다는 소식을 들었을 때 안도의 숨을 내쉬는 한편 깊은 허탈감에 사로잡혔다. 모든 것이 헛되다는 허무감이 다시금 내 마음을 사로잡았다. 『운명의 덫』·348-349면

### 대구교도소

"어디로 모실까요?"

"대구교도소 주위를 한 바퀴 돌아봅시다."

벌써 어둠이 짙은 교도소 담장 위의 불빛이 선명하게 윤곽을 그려낼 뿐 보이는 것은 없었다. 그러나 나는 교도소의 덩치를 알고 그 내부를 안다. 그 속엔 나처럼 억울하게 징역살이를 한 사람들도 있으리라. 『운명의 덫』·349면

### 뉴욕

나는 시카고에서 뉴욕으로 날았다. 꿈속에 그리던 뉴욕 거리….

나는 자유의 여신상을 바라보며 눈물을 흘렸다. 그 쓰라린 감옥 생활을 어느 밤, 나는 문득 자유의 여신상을 꿈속에서 본 적이 있다. 그림 엽서에서 봤을 뿐인데 어쩌면 세부의 조각까지 선명하게 보였는지 모른다. 그리고는 가끔 자유의 여신상을 자유에의 갈망과 더불어 생각했는데 지금 그곳에 올 줄이야! 닦아도 멎지 않는 내 눈물을 보자 김순애가 까닭을 물었다. 나는 비로소 그 비화悲話를 얘기했다.

"짐을 풀지도 않고 여기로 오자고 서둔 남 군의 심정을 이제야 알았어요."

김순애도 함께 울어 주었다. 『운명의 덫』·326면

### 인간

나는 뉴욕에서 비로소 20년 감옥생활에서 밴 암울한 마음을 청소할 수 있었다. 나는 진정으로 새로운 인간이 되었다. 이 모든 은총이 김순애를 광원光源·발광체으로 한 것임을 깨달았다. 『운명의 덫』·327면

재심청구가 성공할 것이라는 확신이 들자 남상두는 김순애와 결혼한다. S읍 S여고 강당에서 11월 3일 결혼식을 올린다. 남상두는 젊음을 잃어버린 그곳에서 다시 새로운 인생을 시작한다.

남상두는 결혼식장에서 하객들에게 앞으로 사형폐지운동을 벌일 작정이라고 발표한다. 소설 마지막 부분이다. 나림 선생이 「소설·알렉산드리아」(세대, 1965)에서 선언한 이후 계속해서 사형폐지를 주장한 문장이다. 나림 선생은 한국 문단에서 대표적인 사형폐지론자이다.

### 사형폐지운동

"저는 앞으로 사형폐지운동을 벌일 작정입니다. 저는 1심에서 사형선고를 받았습니다. 2심에서도 마찬가지로 사형선고였습니다. 그러다가 대법원 3심에서 무기징역으로 바뀌었고 그 후 20년으로 감형된 것입니다. 만일 1, 2심 판결대로 사형당했다면 오늘처럼 여기에 서 있지도 못했을 것 아닙니까? 저는 속절없이 살인범으로서 시신에 낙인이 찍힌 채 영원히 고혼孤魂이 되는 것입니다. 그럴 경우 어머니는 어떻게 되겠습니까? 사형은 어떤 조건에서도 회복 불능이라는 이유만으로도 폐지돼야 할 것입니다. 법률은 그 존엄성을 위해서라도 회복 불능의 과오를 범해서는 안 됩니다. 흉악범 가운데 만에 하나라도 억울한 자가 있을지 모른다는 배려가 있어야 합니다. 이 모든 이유를 차치하고서라도 여기에서 발언하는 제 자신이 사형폐지를 정당화하는 증거가 되지 않겠습니까?" 『운명의 덫』·355면

## (2) 어머니

남상두는 대구교도소에서 20년 징역살이를 하고, 어머니는 밖에서 아들을 기다리면서 20년 징역살이를 한다. 합하면 40년이다. 나림 선생은 근대 교정학 이론에 정통하다. 인도적 교정이론이다. 가석방이 왜 필요한지 알 수 있다. '합하면 40년이다'는 표현은 강력한 논거이다.

『운명의 덫』은 모자母子의 기다림과 정의 회복을 치열하게 애잔하게 설명한다. 나림 문학은 어머니 무한헌신無限獻身이 특징이다. 「예낭풍물지」(세대, 1972)도 어머니 문학이다. 어머니는 항상 지혜로운 분이다. 낳아서 키웠으면 지도하고 보내야 하는 게 어머니 마음이다. 남상두 어머니는 이 역할을 완벽하게 수행한다. 어머니 삶은 '수행修行·遂行한다'가 옳은 표현이다. 결혼식 장소·결혼식 날짜·장학재단·며느리에게 아들 전달이다. 우리나라 많은 어머니가 『운명의 덫』을 읽고 위로를 받았으면 한다. 나림 선생 문장을 읽어보자.

#### 결혼식

나의 재심청구가 성공할 것이란 확신이 섰을 때 김순애와 나는 결혼을 서둘렀다. 어머니가 제안했다.

"결혼식은 그곳에서 해라. 네가 누명을 쓴 곳에서. 누명을 벗었다는 증거를 보일 겸 새 인생을 그곳에서 시작해라."

S읍에서의 결혼식, 어머니의 배려와 아이디어에 탄복했다. 『운명의 덫』·349-350면

#### 11월 3일 S읍 S여고 강당

날짜는 11월 3일, 장소는 S여고 강당을 빌리기로 했다.

"남상두 선생에게 누명을 씌운 건 다름 아닌 우리 읍입니더."

한편에서는 축사가 진행되고 있었다. 사회생활과를 맡은 분이었다.

『운명의 덫』·350-351면

### 사필귀정事必歸正

다음 축사자는 박우형이었다.

"사필귀정이라는 게 저절로 이뤄지는 게 아니라는 점을 강조하렵니다. 자칫 잘못하면 뱀이 우물로 들어가는 꼴인 사필귀정蛇必歸井이 될 수도 있습니다. 정의가 실현되려면 치열한 노력이 있어야 합니다."『운명의 덫』·352면

### 신의 섭리

제자들은 서로 권하고 사양하더니 마이크를 잡은 사람은 하경자였다.

"선생님은 우리들의 별이었습니다. 우리들의 손이 닿을 수 없는 아득히 높은 곳에서 빛나는 별…. 한때 그 별은 먹구름 속에 가려 우리는 볼 수 없었습니다. 그러나 이제 그 먹구름을 헤치고 다시 찬란히 우리 앞에서 빛나고 있습니다. 동반자인 김순애라는 또 하나의 별을 동반하고서…. 신의 섭리는 과연 심오합니다. 우리는 두 분이 엮어 내는 행복을 부러워할 뿐입니다. 축복할 뿐입니다."『운명의 덫』·352-353면

### 장학재단

"남상두 신랑의 모당母堂이신 채 여사님께서 S읍의 발전을 위해 10억 원을 기금으로 하는 장학재단을 설립하시겠다고 하십니다."

"S여고 합창단이 <어머니의 노래>를 합창하기 시작했다.『운명의 덫』·353-354면

## (3) 김순애

김순애는 25세 젊은 여성이다. 마음의 여유를 주지 않는 흡인력을 지녔다. 동양의 향기와 서구의 세련을 모두 겸비한 매혹적인 현대 여성이다. 아름답고 지혜롭다.

아버지는 외교관이다. 대구 출신이다. 고등학교를 마치고 영국으로 떠난다. 아버지가 살아 계실 때 유복하게 산다. 그러나 부모님이 돌아가시고 대구에서 발레교습소 강사로 활동한다. 나림 선생은 김순애를 운명運命으로 묘사한다. 선생의 여성관이다.

### 김순애

최정주는 25세가량의 젊은 여성을 데리고 나타났다. 그녀의 이름은 김순애. 평범한 이름이었는데 나는 그쪽을 예사로 바라볼 수 없었다. 눈부시다고 하면 좀 과장된 표현이겠으나 아무튼 김순애는 마음의 여유를 주지 않는 흡인력을 지닌 여성이었다. 『운명의 덫』·239면

### 첫인상

마닐라 삼 비슷한 천으로 된 하얀 투피스를 입었고 가슴엔 인조진주로 만든 큼직한 포도송이 브로치가 걸렸을 뿐, 팔에도 손에도 아무런 장신구가 없었다. 화장기라곤 전혀 없는 얼굴의 피부 빛은 월광색月光色이라고나 할까, 보통의 흰 빛깔과는 다른 밝은 빛으로 그윽한 광택을 띤 것이었다. 눈은 크지도 작지도 않았다. 얼마간의 수줍음을 담아 응시하는 버릇의 눈엔 아름다운 물상에만 관심이 있다는 듯한 귀족적인 풍모가 어른거렸다. 입은 영리하게 다물어져 있었다. 극히 말수가 적은 성품인 듯했다. 『운명의 덫』·239면

### 운명

'이런 여성이 어떻게 대구에….'
내 심상에 오가는 상념이란 오직 이것뿐이었다.
나라고 하는 인간은 어디까지 경박한 놈인지 모르겠다. 김순애를 만나자마자 내 운명이 결정지어진 것 같은 기분이 들었다. 『운명의 덫』·239-241면

### 사랑

순애는 좋은 아이입니다. 그 애의 사랑을 받는다면 선생님의 과거가 얼마나 불행했든 간에 일시에 보상받을 겁니다. 『운명의 덫』·242면

「운명의 덫』 후반부에 남상두와 김순애가 포항 어느 작은 어촌 마을 해변가로 여행한다. 두 사람의 대화 장면이 나온다. 여기서 두 사람은 서로의 과거를 묻고 답한다. 46세 남상두와 25세 김순애의 대화는 진솔하고 깊다. 김순애의 질문은 집요하다. "어떤 불행인지 알고 싶어요." 남상두는 20여 년 전의 사건을 설명한다.

## 고백

"영국에서는 선거 낙선과 사랑, 고백 퇴짜는 결코 수치가 아니라는 말이 있어요. 선거도 사랑도 남의 마음을 얻는 것이 아니겠어요? 자기 마음도 맘대로 할 수 없는데 남의 마음을 못 얻었다고 해서 어떻게 수치일 수 있겠어요?" 『운명의 덫』·249면

남상두는 김순애를 보니 포기한 보석이 다시 손에 잡힌 듯한 느낌이 든다. 남상두는 살인 사건의 진실을 찾아 미국으로 떠난다. 남상두는 통역으로 김순애가 동행하기를 원한다. 두 사람이 비행기 안에서 나누는 대화는 아름답고 눈부시다.

우리 젊은이가 『운명의 덫』<여로> 장면을 한번 읽어 보았으면 한다. 여기에 진정한 고백<sup>告白·프러포즈</sup>이 있다. 진정한 사랑이 무엇인지 알 수 있다. 나림 선생 문장을 읽어보자.

## 맹세

창문이 부옇게 떠올라 있었다.

"해가 뜨는 거예요. 태평양 상공에서 해돋이 광경을 본다는 건 대단한 일이에요."

"저 태양을 향해 맹세하세요!"

"뭘? 사랑을?"

"이 광경을 잊지 않겠다는 맹세죠. 순애와 함께 이 광경을 보았다는 사실을 기억하겠다고 맹세하란 말이에요."

"맹세하겠소."

"눈을 뜨시고요."

"저도 맹세했어요." 『운명의 덫』·293-294면

로스앤젤레스에 도착했다. 남상두와 김순애는 힐튼 호텔에 각자 방을 잡았다. 노크 소리에 이어 김순애가 나타났다. 저녁 식사는 힐튼 호텔 1층에 있는 한국 식당에서 한다. 식사 후 두 사람은 바깥으로 나와 인근을 산책한다. 호텔로 돌아와서 스낵바로 간다. 남상두는 스

카치를, 순애는 슬로 진을 마신다. 스낵바에서 나올 때 김순애는 지나가는 말로 입을 연다. "오늘 밤쯤 프러포즈를 하시면 혹시…." 남상두는 김순애에게 우선 로비로 가서 앉자고 제안한다. 각양각색 인종 틈에 끼어 프러포즈의 격식을 고안한다. 그러자 이 혼잡한 틈바구니에서 프러포즈하는 게 국제적인 격식이라는 생각이 든다.

### 진심

"김순애 씨!"
"나와 결혼 주시겠어요?"
"당신이 원하신다면…."
"진심으로 원합니다."
"저도 원합니다!" 『운명의 덫』· 296면

### 마음

"순애의 육체는 예뻐."
"마음은 이 육체의 백 배쯤 아름다워요." 『운명의 덫』· 298면

남상두는 무엇보다도 순애의 활달함이 마음에 든다. 사랑할 수 있으리란 자신을 얻는다. 하나님은 순애 같은 천사를 보내주기 위해 미리 혹독한 시련을 겪게 하지 않았을까. 이런 상념도 든다.

### 신혼여행

신혼여행은 소박하게 경주로 가기로 했다. 석굴암 앞에서 동해의 해돋이를 보자고 김순애가 제의했다. 순애는 어머니를 모시고 가자고 했다. 어머니는 쾌히 승낙했다. 어머니는 과거 하숙집 아주머니, 윤학로 읍장의 부인에게 동행을 청했다.
"사람은 오래 살고 볼 일이오. 오래 살지 못했더라면 내가 어찌 이런 며느리를 만나겠소?" 『운명의 덫』· 355면

### 춤

경주 K호텔에 도착했다. 김순애는 한복 무용복으로 갈아입고 고전무용을 선보였다. 어머니는 눈물을 글썽이며 기뻐했다.

무용을 마치고 자리로 돌아와 어머니께 술잔을 올리면서 순애는 이렇게 말했다.

"어머니! 이제야 제가 춤을 배운 까닭을 알았어요. 어머니 앞에서 이렇게 춤추려고 배운 거예요. 이제 제 무용은 보람을 다한 거예요."『운명의 덫』·356면

### 용서

이런 광경이 감격스럽지 않을 수 없었다. 남상두는 중얼거렸다.

"이와 같은 행복을 마련하는데 원인이 되었다 싶으니 선창수니, 변동식이니 하는 자들을 용서하고 싶네요."『운명의 덫』·356면

### 어머니 눈물

김순애가 발끈했다.

"남 군은 그게 탈이에요. 놈들은 절대로 용서할 수 없어요. 놈들을 용서할 수 없다는 뱃만은 가져야 해요. 어머니 그렇죠?"

어머니는 고개를 끄덕끄덕했다. 그 눈엔 이슬처럼 맺힌 눈물이 있었다. 『운명의 덫』·356-357면

나림 선생은 억울한 운명에 함께 눈물 흘리며 재생再生의 기록을 소설에 담았다. 남상두·어머니·김순애가 이룬 인간의 의지력이다. 운명을 바꾸는 처절한 노력이 너무 아름답게 마무리되어 다행이다.

## 3. 작품 속 법·교육

### (1) 교육철학

『운명의 덫』에 남상두의 부임 장면과 교육관이 나온다. 나림 이병주 선생의 교육철학이라고 생각한다. 기차 앞자리에 앉은 노인과 대화다. 전직 교육자이다. 이 소설 전반부에 실려 있다.

#### 교육자

"교육이란 어려운 일이요. 젊은이는 힘든 사업을 시작하는군."

말이 오가는 동안 남상두는 노인이 전직 교육자임을 알았다.

"40년 교사 생활에 남은 것은 후회뿐이오."

노인은 교육에 관한 몇 마디 충고를 했다.

첫째는 정치적 의견을 너무 강하게 내세우지 말라는 것이었다. 그 이유로 일제 때의 예를 들었다. 조선총독부 시키는 대로 충실히 했더라면 자기는 해방 후에 교단에 설 수 없었을 것이란다.

둘째 충고는 교칙의 범위를 너그럽게 잡고 가능한 한 학생들을 관대하게 대하라는 것이었다.

"학생이 결정적으로 나쁜 짓을 하는 현상을 보아도 본척만척해야 하우."

나는 둘째 충고를 가장 좋은 교훈으로 받아들였다. 학생이 결정적으로 나쁜 짓을 하는 현상을 보아 버리면 응분을 조치를 취해야 하는데 그러면 사제師弟 사이가 단절된다는 그의 설명에 감복했기 때문이다.

"섣불리 나쁜 버릇을 고치려다간 교육의 기회를 잃을 위험이 있다오. 좋은 학생을 만드는 게 목적이 아니라 훌륭한 인간으로 키우는 데 목적이 있지 않겠소?"

나는 그 노인을 만난 것을 다행으로 여겼다. 지금도 그 노인의 의견을 존중하는 신념에는 변함이 없다. 그런데 운명은 참으로 이상한 작용을 한다. S읍이 나를 파멸시킨 동기에 그 노인의 말이 있었던 것이다. 그 노인이야 말로 나를 운명의 덫에 걸리게 한, 내겐 운명적 존재였다.

『운명의 덫』· 12-13면

『운명의 덫』교육철학도 「목격자目擊者?」교육철학과 같다. 『운명의 덫』은 남상두와 노인의 대화를 통해 교육철학을 더 구체적으로 표현한다. 「학생인권조례」는 당시에 상상도 할 수 없는 시절이다.

### (2) 고문금지

나림 이병주 선생은 『운명의 덫』에서 고문의 야만성을 고발한다. 『운명의 덫』의 압권은 고문 장면이다. 고문 금지는 헌법과 형사소송법의 원칙이다. 형사소송법은 1954년 제정 당시부터 고문 금지를 명시하였다. 우리 헌법은 1962년 5차 개정을 통해서 비로소 명시되었다. 하지만 고문은 1980년대까지도 존재했다.

### 법의 정신

'의심스런 것은 벌하지 않는다.'

그때만 해도 나는 이런 법의 정신을 알았고 법관들의 양식을 믿었다.

내가 고문을 받은 취조실은?

피투성이의 광경. 다리뼈가 산산이 부서지는 고통과 영혼이 분쇄되는 절망이 엄습했다. 그 고문이 삼십 분쯤 계속되었을까?

변 형사의 고문은 혹독했다."『운명의 덫』·20면·40면·42면

### 대바늘

나는 눈을 감았다. 고문이란 어떤 단계를 넘어 쓰면 일종의 관성이 붙는가 보았다.

'아아, 저것이 내 발톱 밑으로 들어갈 대바늘이로구나.'

나는 죽기로 결심하고 굴복하지 않기로 결심했다."『운명의 덫』·45면· 46면·47면

### 인간 존엄

'검사 지철호'

변 형사처럼 혹독한 고문은 하지 않았지만, 논리적, 귀납적으로 몰아 세우는 지 검사의 추궁도 육체적 고문 못지않은 고통이었다.

"남상두! 너는 철저한 비인간이다. 냉혈동물이다. 너는 사람을 살해 한 죄, 그리고도 뉘우칠 줄을 모르는 죄, 이중의 죄를 지은 놈이다. 너 같은 놈은 도저히 용서할 수 없다."『운명의 덫』·49면·53면

나림 선생 유언서이다. "인간은 존엄하다. 인간 존엄은 불가침이다. 인간 존엄을 보호하고 존중하는 일은 모든 국가권력의 의무이다. 그렇다면 국가권력과 국가기관은 인간을 절대로 고문하지 마라. 고문보다 증거를 찾아라. 이것이 헌법 제10조 정신이다. 이것이 형사소송법 전체를 관통하는 정신이다. 적법절차를 준수하는 일은 모든 수사기관과 사법기관의 의무이다. 사건을 조작하지 마라. 인생은 죄와 벌이다. 인

생은 제국의 건설이다. 죽음은 제국의 함몰이다. 인간 존엄은 헌법이 선언한 우리 사회 근본가치이다. 누구도 이 가치를 훼손할 수 없다."

나림 선생 유언이 가슴에 다가온다. 선생 유언은 형사소송법 전부이기 때문이다. 나는 『운명의 덫』을 인간 존엄 소설로 읽는다. 덫에 걸린 짐승의 울음을 듣는다. 나림 선생 문장을 읽어보자.

### 재판
"재판 판결이란 무서운 거데요. 판결 전에는 선생님의 무죄를 믿던 친구들이 판결 후에는 대부분이 유죄를 믿더군요." 『운명의 덫』·56-57면

### 비극
"나의 비극적인 운명은 나 하나만 망친 것이 아니었다. 내 주변에 '비극의 바다'를 만든 꼴이었다." 『운명의 덫』·94면

### 진범
"그 밧줄의 출처만 철저히 추궁해도 진범을 잡을 수 있지 않았을까." 『운명의 덫』·103면

## (3) 사형폐지

나림 선생은 사형제도에 외상<sup>트라우마</sup>을 갖고 있다. 『운명의 덫』에서 남상두의 표현을 통해 사형제도를 비판한다. 1965년 「소설·알렉산드리아」(세대, 1965)에서부터 1979년 『운명의 덫』(영남일보, 1979)까지 소설 곳곳에서 사형제도 문제점을 지적하였다. 생명 존중·헌법 제10조 인간 존엄·오판 가능성·피해자 보상이 나림 선생의 사형폐지 논거이다. 형법학자 100명이 담당할 몫을 소설에 뿌려 놓았다. 나림 선생 문장을 읽어보자.

### 사형폐지운동
"저는 앞으로 사형폐지운동을 벌일 작정입니다. 저는 1심에서 사형선고를 받았습니다. 2심에서도 마찬가지로 사형선고였습니다. 그러다가

대법원 3심에서 무기징역으로 바뀌었고 그 후 20년으로 감형된 것입니다. 만일 1, 2심 판결대로 사형당했다면 오늘처럼 여기에 서 있지도 못했을 것 아닙니까? 저는 속절없이 살인범으로서 시신에 낙인이 찍힌 채 영원히 고혼孤魂이 되는 것입니다. 그럴 경우 어머니는 어떻게 되겠습니까? 사형은 어떤 조건에서도 회복 불능이라는 이유만으로도 폐지되어야 할 것입니다. 법률은 그 존엄성을 위해서라도 회복 불능의 과오를 범해서는 안 됩니다. 흉악범 가운데 만에 하나라도 억울한 자가 있을지 모른다는 배려가 있어야 합니다. 이 모든 이유를 차치하고서라도 여기에 서서 발언하는 제 자신이 사형폐지를 정당화하는 증거가 되지 않습니까?"「운명의 덫」· 355면

나림 이병주 선생은 소설 「칸나·X·타나토스」(문학사상, 1974)에서 조봉암 사형집행을 다룬다. <국제신보> 편집회의와 부친 사망 소식을 함께 다룬 작품이다. 「칸나·X·타나토스」 마지막 문장이다.

### 1959년 7월 31

"1959년 7월 31일의 기록만은 얼음장처럼 차가운 말로써 새겨져야 한다는 생각을 버릴 수가 없다."「칸나·X·타나토스」· 86면

나림 이병주 선생의 소설은 논문보다 생동감이 있고, 강력하다. 가슴에 박힌다. 나림 선생은 1965년부터 사형폐지론자이다. 후배 작가는 지금 그 열매를 따먹고 있다.

그런데 나림 선생은 왜 이 소설을 1979년 대구 <영남일보>에 『별과 꽃들의 향연』으로 발표했을까? 별은 남상두 선생이고, 꽃들은 제자이다. 그들이 펼친 기막힌 향연을 왜 기록했을까? 살아남은 자의 복수일까? 그해 10월 26일 궁정동에서 총격 사태가 발생한다. 하늘은 1979년 한 소설가를 대구로 내려 보낸다. 그렇지 않으면 이 작품이 탄생할 수가 없다. 잔혹한 운명에 도전한 남상두이병주 · 어머니김수조 · 김순애이점휘의 의지력에 하늘이 감응한 일이다. 복수는 제3자가 한다.

## (4) 재심신청

나림 선생은 『운명의 덫』에서 남상두의 재심청구 준비과정을 자세히 설명한다. 이 소설의 핵심 부분이다. 나림 선생이 왜 최고의 법률 소설가인지 명확하게 보여준다. 재심 문제를 다룰 수 있는 작가는 많지 않다. 나림 선생의 혜안이 놀랍다. 요즘처럼 재심 관련 뉴스가 있는 시절도 아니다.

재심은 형사소송법·군사법원법에 규정되어 있다. 피고인에게 유죄판결이 확정된 후, 피고인의 무죄를 입증할 만한 새로운 증거를 제시하여 다시 재판해 줄 것을 법원에 청구하는 제도이다. 이미 확정된 판결을 뒤집는 재판이다. 줄여서 재심<sup>再審</sup>이라 한다.

재판 과정이 잘못되었거나 또는 새로운 증거가 발견되어야 한다. 무죄를 증명할 만한 새로운 근거가 요구된다.

실무에서 재심신청은 대부분 기각된다. 재심 결정만 내려져도 죄가 없는 사람으로 취급된다.

과거 독재 시절 선고된 불법 수사·불법 재판 피해자에게 재심신청이 인용된다. 나림 선생 문장을 읽어보자.

### 누명

세상에 완전범죄가 있게 해서는 안 된다. 그런 완전범죄가 수사 실수 때문에 빚어졌다면, 또 전혀 엉뚱한 사람에게 누명을 씌워 벌을 준다면 도저히 용서할 수 없는 일 아닌가. 『운명의 덫』·95면

### 오판

놀라운 것은 지금 선창수와 윤신애의 관계, 변동식과 성정애의 관계를 목격한 사람들의 증언이었다. 이 밖에도 내 무죄를 증명할 만한 증언이 더러 있었다. 그런데 내가 재판을 받을 때는 이런 증언이 하나도 없었다. 증인으로 채택조차 안 되었던 것이다. 『운명의 덫』·334면

### 재심청구

"걱정입니다. 수집한 증거로는 심증을 줄 수는 있어도 결정적인 판결을 얻어내는 데 부족합니다."

"생생히 녹음테이프가 있는데요?"

"유력한 증거는 되겠지요. 그러나 그 증언에 나타난 사람들이 부인하면 증거능력을 잃을 염려가 있습니다. 게다가 경찰이나 검찰이 호락호락 승복하지 않을 테니 난관이 있겠지요. 일관성 있는 명백한 반증 자료가 없는 한 기존 판결을 뒤엎기는 매우 어렵습니다." 『운명의 덫』 · 336면

### 증거

"우리 심정으로는 애매하지 않아도 법률적으로는 모두 애매한 증거뿐입니다. 선창수가 범인이라 돼 있는데 선창수가 범인이란 증거는 이 테이프뿐입니다. 그런데 어떤 사람의 고백만으로 특정인에게 유죄판결을 내릴 수는 없습니다." 『운명의 덫』 · 336면

### 선창수 자백

"그럼 선창수를 법정에 끌어내면요?"

"선창수를 법정에 끌어낼 수단이 법률엔 없습니다. 더욱이 애매한 정보로는 시효가 지난 사건의 재심을 위한 강제 출두가 어렵습니다."

"무슨 방법이 없겠습니까?"

"가장 수월한 방법은 진범 선창수의 자백을 받는 것이지요."

"그자가 순순히 자백을 하겠소?"

"자백을 시켜 보겠습니다." 『운명의 덫』 · 336-337면

문학과 법학이 만나기 위해서 법학자 역할이 있다. 문학 속에 나타난 법학에 대한 해설이다. 놀라운 일은 나림 선생이 법학을 전공으로 하지 않았음에도 형사소송법 지식이 해박하다는 점이다.

소설 『운명의 덫』에서 남상두가 살인 누명에서 벗어나려면, 형사소송법 재심제도를 활용할 수밖에 없다. 그래서 형사소송법 재심제도 특강을 지면으로 소개한다. 형사소송법학을 공부하지 않은 애독자를 위한 필자의 작은 배려이다.

나림 선생은 재심제도를 정확히 이해하고 소설을 집필한다. 독자도 재심제도를 정확히 이해하고 소설을 읽는다. 그러면 이 소설이 얼마나 대단한 소설인지 안다.

문학평론가는 운명을 다룬다. 법학자는 재심을 다룬다. 운명과 재심이 만나면 인간학이다. 찢어진 인간·회복되는 인간이다. 대구교도소를 한 바퀴 돌면서 "그 속엔 나처럼 억울하게 징역살이를 한 사람들도 있으리라"고 말한다. 이런 사람을 구제해야 한다고 읽는다.

자, 이제 재심제도를 설명한다. 주요내용이다. 약간 어려울 수도 있다. 『운명의 덫』을 더 깊이 읽을 수 있다.

### 재심 개념

재심<sup>再審</sup>은 유죄 확정판결에 중대한 사실인정 오류가 있는 경우 다시 재판한다. 비상구제절차이다. 판결을 받는 사람의 이익을 위하여 시정하는 형사절차이다. 사실오인이다. 이익재심만 허용한다. 재심은 적법절차의 구체적 표현이다. 실질적 정의를 실현하는 절차이다. 헌법적 근거가 있다. 진실에 기초한 정의실현이 재심제도 목적이다.

### 재심 대상

재심 대상은 유죄 확정판결·상소 기각 판결이다. 확정된 약식명령·즉결심판·특별사면·일반사면을 받은 유죄 확정판결도 재심 대상이 된다. 항소기각판결과 상소기각판결 자체도 재심 대상이 된다.

반면 무죄판결·면소·공소기각판결·관할위반 판결·환송판결·결정·명령·파기 판결·효력을 잃은 약식명령·효력을 상실한 유죄판결은 재심 대상이 아니다. 유죄판결에 상고가 제기되어 상고심 재판 중 피고인이 사망한 경우 공소기각 결정이 확정된다. 항소심 유죄판결은 당연히 효력을 상실한다. 재심절차의 전제가 되는 '유죄 확정판결'이 존재하지 않는다.

### 재심 구조

재심 구조는 2단계 구조이다. 재심개시절차와 재심심판절차이다. 재심개시절차가 중심이다. 재심사유가 있는지 여부만 판단한다.

## 재심 사유

재심사유는 2가지이다. 신규증거(노바·nova)형과 허위증거(팔사·falsa)형이다.

(1) 형사소송법 제420조 제5호가 신규증거형이고, 제1호·제2호·제3호·제4호·제6호·제7호가 허위증거형이다. 제5호는 무죄 등을 선고할 명백한 새로운 증거의 발견이다. 사실인정 오류가 있는 경우이다. 무죄·면소를 인정할 증거·형의 면제·경한 죄를 인정할 증거이다. 형의 면제는 필요적 면제를 말한다. 경한 죄는 별개의 경한 죄이다. 양형 자료 변동·감경 사유·형법 제37조 후단 경합범의 임의적 감경·면제·공소기각을 선고할 수 있는 경우는 포함되지 않는다. 새로운 증거 자격에 증거능력은 불문한다. 확정판결 후 법령의 개폐나 대법원 판례변경은 제5호 재심사유가 되지 않는다.

법원에서 위헌·무효라고 선언한 경우 '증거가 새로 발견된 때'에 해당한다. 제출할 수 없었던 증거를 비로소 제출한 경우도 포함된다. 과실로 증거를 제출할 수 없었던 경우는 포함되지 않는다. 심사 대상 증거 범위는 신구 증거 모두 포함된다는 종합평가설이 다수설이다. 그러나 판례는 제한평가설이다. 최종 판단이기에 종합평가설이 타당하다. 공범자 간의 모순된 판결의 경우 명백성이 인정되면 재심사유가 된다.

(2) 허위증거형 재심사유는 6개이다. 모두 확정판결에 의해 증명될 것을 요구한다. 증거서류·증거물 위조·변조, 무고로 인한 사실오인, 원판결의 증거된 재판 변경, 침해한 권리의 무효 확정, 관여 법관 등의 직무범죄, 증인의 허위증언이다.

(3) 상소기각 확정판결에 대한 재심사유는 유죄 확정판결에 대한 재심사유보다 제한적이다. 증거서류·증거물 위조·변조·증인의 허위증언·관여 법관 등의 직무범죄이다. 피고인 이익을 위한 재심도 청구할 수 있다. 하급심 판결에 대한 재심청구사건의 판결이 있은 후 상급심의 상소기각판결에 대하여 다시 재심을 청구하지 못한다. 재심청구 목적이 이미 달성되었기 때문이다.

## 재심개시절차

재심청구는 원판결의 법원이 관할한다. 원판결은 재심청구 대상 판결이다. 제1심 판결이면 제1심법원이, 상소기각판결이면 상소법원이 관할

한다.

청구권자는 검사, 유죄 선고를 받은 사람·그 법정대리인, 사망한 경우 배우자·직계친족·형제자매, 변호인이다. 사망자라도 명예회복 이익이 있다.

방식은 서면주의이다. 재심청구는 형의 집행을 정지하는 효력이 없다. 재심청구는 취하할 수 있다. 다시 재심을 청구하지 못한다.

재심개시절차는 판결절차가 아니다. 결정절차이다. 구두변론을 요하지 않고 심문 절차를 공개할 필요가 없다. 재심청구사건에서 증거보전 절차가 허용되지 않는다. 증거보전은 제1회 공판기일 전에 가능한 절차이다. 청구한 사람과 상대방의 의견을 들어야 한다.

결정은 2가지이다. 청구기각 결정·재심개시 결정이다.

경합범 일부에 대한 재심사유와 재심법원의 심판 범위는 일부재심설·전부재심설·절충설이 있다. 대법원 판례는 절충설이다. 전부 개시·일부 심판이다.

### 재심심판절차

재심공판절차는 심급에 따른 심판이다. 피고사건을 처음부터 다시 심판한다. 재심판결 당시 법령이다. 절차법과 실체법이 변경된 경우 변경된 절차법과 실체법에 따라 심판한다. 폐지된 경우 면소 판결을 선고한다. 법원에서 위헌·무효가 선언된 경우 형사소송법 제325조에 근거하여 무죄를 선고한다. 법령 해석도 재심판결 당시를 기준으로 한다.

피고인 출석 없이 심판할 수 있다. 다만 변호인이 출석하지 않으면 개정하지 못한다. 공소 취소는 금지한다. 공소장 변경은 제한적 범위에서 허용된다. 재심피고인이 사망한 경우에도 실체재판을 해야 한다.

무죄 판결은 공시해야 한다. 명예회복을 위한 것이다. 재심판결이 확정되면 원판결은 효력을 잃는다. 그때까지 재심대상판결에 의하여 이루어진 형의 집행은 적법하게 이루어진 것이다. 그러므로 그 효력을 잃지 않는다. 원판결에 의한 자유형 집행은 재심 판결에 의한 자유형 집행에 통산된다.

[출전] 하태영, 낭독 형사소송법판례, 법문사, 2024, 269-272면

✎참조 조문

형사소송법 제435조(재심개시결정)

① 법원은 재심청구가 이유 있다고 인정하는 경우 재심개시를 결정한다.
② 법원은 재심개시결정을 하면서 형집행을 정지할 수 있다. [개정 95·12·29]

형사소송법 제438조(재심심판)

① 법원은 재심개시결정이 확정된 사건에 대해 제436조를 제외하고 심급에 따라 다시 심판을 한다.
② 다음 각 호 경우 제306조 제1항·제328조 제1항 제2호는 제438조 제1항 심판에 적용되지 않는다. [개정 2014.12.30.]
　　1. 사망자 또는 회복할 수 없는 심신장애인을 위하여 재심 청구가 있는 경우
　　2. 유죄선고를 받은 사람이 재심판결 전에 사망하거나 또는 회복할 수 없는 심신장애인이 된 경우
③ 제1항 경우 법원은 피고인이 공판정에 출석하지 않아도 심판할 수 있다. 다만 변호인이 공판정에 출석하지 않으면 개정하지 못한다.
④ 제2항 경우 재판장은 재심청구권자가 변호인을 선임하지 않은 경우 직권 으로 변호인을 선임한다.

[출처] 형사소송법 일부개정 2024. 2. 13. [법률 제20265호, 시행 2024. 2. 13.] 법무부.

## (5) 새로운 증거

　나림 선생은 남상두 무죄를 위해 새로운 증거를 찾는다. 선창수와 변동식의 자술서이다. 재심청구를 위한 요건이다. 『운명의 덫』은 재심청구를 다루고 있지만, 재심개시결정이 나면 재심심판이 열린다. 실체적 진실발견은 이토록 절차가 복잡하고 어렵다. 재판을 얼마나 신중하게 해야 되겠는가. 나림 선생 문장을 읽어보자.

### 자수

　이튿날 선창수와 변동식을 만나고 온 정한기 변호사의 보고는 다음과 같다.

"두 사람에게 이렇게 자수를 권했습니다. '자수하면 그 사건은 이미 시효가 지났으니 형사책임을 면할 수 있지만 이편에서 재심을 청구하면 증인으로 출정해야 하는데 그때 바른대로 말하지 않으면 위증죄에 걸립니다. 현재의 위증은 바로 범죄가 되므로 위증으로 해서 옛날에 범죄가 법적으로 살아나게 됩니다. 아시겠습니까? 20년 전의 범죄가 시효라고 하지만 현재의 위증죄를 다스릴 때에는 정상 재량에서 시효에 걸리지 않을 때와 똑같은 중량으로 양형量刑에 작용합니다. 이 점을 잘 아시고 행동하십시오. 자수하면 최소한의 체면은 유지하지만 자수하지 않으면 법정에서 다투게 됩니다. 이편에서는 소상한 증거를 가지고 있습니다. 끝끝내 당신들이 버티면 당신들은 위증죄를 범할 수밖에 없습니다. 순수히 자수하시는 게 좋을 겁니다.' 그랬더니…." 『운명의 덫』·347-348면

### 자술서

"자수서를 쓰겠다고 한 선창수의 말이 녹음되어 있습니다. 그러니 선창수가 자수서 작성을 거절하면 이 녹음을 법정에 제출할 겁니다. 그러면 판사가 무슨 자수서를 쓸 작정이냐고 묻겠지요? 그들에겐 빠져나갈 길이 없습니다."

진실이 보람을 다하기 위해서는 아픔을 필요로 하는 경우가 있다는 감회가 솟았다.

남상두는 변호사가 선창수와 변동식의 자술서를 갖추어 재심청구서를 법원에 제출했다는 소식을 들었을 때 안도의 숨을 내쉬는 한편 깊은 허탈감에 사로잡혔다. 모든 것이 헛되다는 허무감이 다시금 내 마음을 사로잡았다. 『운명의 덫』·348-349면

## 4. 작품 현대 의미

### (1) 인생人生과 사랑愛의 의미

『운명의 덫』에 주옥같은 문장이 많다. 인생과 사랑에 관한 문장이다. 나림 이병주 선생의 인간학人間學이다.

"참고 견뎌라. 불행도 인생이다." – 인생 『운명의 덫』·27면

"잃어버린 시간의 의미를 찾을 수 있을까요?" – 감옥살이 『운명의 덫』·55면

"1년도 못 가 이혼했어요." – 이혼 『운명의 덫』·114면

"사람마다 마음속에 지옥地獄을 갖고 있지 않을까요?" – 지옥 『운명의 덫』·184면

"세상은 무서워요. 어디에 함정이 있을지 모르지요. 제가 단정하게 보인다면 무장武裝한게 그렇게 보일 뿐입니다." – 세상 『운명의 덫』·197면

"운명? 그럼 내가 운명을 만들어야지." – 내 운명 『운명의 덫』·199면

"하루 동안 가장 좋은 시간이 황혼이라고요." – 황혼 『운명의 덫』·200면

"초로初老의 여성이 눈가의 잔주름을 겁내지 않아도 된다고 하고요." – 초로 『운명의 덫』·200면

"인생에 한 번쯤 혁명 일이 닥칠지 모릅니다. 남이 뭐라고 해도 신경을 쓰지 않아도 될 날이, 아니 그럴 겨를이 없이 결단해야 할 순간이 있을지 모릅니다." – 혁명과 결단 『운명의 덫』·203면

"그 애의 사랑을 받는다면 선생님의 과거가 얼마나 불행했든 간에 일시에 보상받을 겁니다." – 사랑과 사람 『운명의 덫』·242면

"영국에서는 선거 낙선과 사랑, 고백 퇴짜는 결코 수치가 아니라는 말이 있어요. 선거도 사랑도 남의 마음을 얻는 것이 아니겠어요? 자기 마음도 맘대로 할 수 없는데 남의 마음을 못 얻었다고 해서 어떻게 수치일 수 있겠어요?" – 고백 『운명의 덫』·249면

"세상에 주의主義도 얼마나 많은데 하필이면 그 패배주의를 골라 잡으시느라고 수고하셨습니다." – 패배주의 『운명의 덫』·259면

"울긴 왜 울어?" – 울지마 『운명의 덫』·260면

"저는 선생님이 제 아버지가 아니란 걸 다행으로 생각해예."

나는 얼떨떨했다.

"저는 선생님을…."

"……."

"사모하고 있어예."

나는 아찔했다. - 사모『운명의 덫』·260-261면

"사람은 과거에 사로잡혀선 안 된다고…, 과거가 어두울수록…."
- 해방『운명의 덫』·277면

"인간의 의지란 보잘것없기도 하죠?"

"어떤 우연이 작동하기만 하면 천년을 쌓아놓은 인간 의지의 흔적도 유리조각처럼 산산이 부서지는걸요. 그런 우연 속에 살면서 인간의 의지를 뽐내 봤자 아녜요?" - 인간 의지『운명의 덫』·292-293면

"마음은 이 육체의 백 배쯤 아름다워요." - 마음의 미$^{心美}$『운명의 덫』·298면

"허니문은 이틀째 밤이 가장 중요한 거예요." - 신혼여행『운명의 덫』·302면

"어머니 뱃속에 있을 때의 사람은 식물적 존재라나요. 이성$^{異性}$을 알기까지의 사람은 동물적 존재이고, 이성을 아는 그 순간이 인생의 첫날밤이란 거예요." - 첫날밤『운명의 덫』·303면

"당신 부인을 소중히 여기시오." - 소중한 사람$^{婦人}$『운명의 덫』·325면

"어머니! 저를 딸처럼 생각해 주세요. 저는 며느리로서는 자신이 없어요." - 며느리『운명의 덫』·330면

"선생님은 우리들의 별이었습니다." - 별★『운명의 덫』·352면

"동반자인 김순애라는 또 하나의 별을 동반하고서…." - 별둘★★『운명의 덫』·353면

"신의 섭리는 과연 심오합니다." - 심오$^{深奧}$『운명의 덫』·353면

## (2) 어머니 눈물<sup>母親淚</sup>의 의미

『운명의 덫』 마지막 문장을 읽으면서 '역시 이병주다!' 감탄했다. 남상두 어머니는 사실상 20년을 아들과 함께 교도소 안과 밖에서 생활한 분이다. 이슬처럼 맺힌 눈물은 어머니 아픔이다.

나림 작품은 모성애를 따뜻하게 그린다. 가슴에 어머니를 묻고 산다. 순애는 젊은 어머니의 옛 모습이다. 이 두 사람이 대한민국 이끈 주체이다. 시어머니와 며느리<sup>姑婦</sup>의 바람직한 관계로 본다. 우리 젊은이들이 이 대목을 어떻게 읽을지 궁금하다. 나림 선생 문장을 읽어보자.

### 신혼여행

신혼여행은 소박하게 경주로 가기로 했다. 석굴암 앞에서 동해의 해돋이를 보자고 김순애가 제의했다. 순애는 어머니를 모시고 가자고 했다. 어머니는 쾌히 승낙했다. 어머니는 과거 하숙집 아주머니, 윤학로 읍장의 부인에게 동행을 청했다.

"사람은 오래 살고 볼 일이오. 오래 살지 못했더라면 내가 어찌 이런 며느리를 만나겠소?"『운명의 덫』·356면

### 춤

경주 K호텔에 도착했다. 김순애는 한복 무용복으로 갈아입고 고전무용을 선보였다. 어머니는 눈물을 글썽이며 기뻐했다.

무용을 마치고 자리로 돌아와 어머니께 술잔을 올리면서 순애는 이렇게 말했다.

"어머니! 이제야 제가 춤을 배운 까닭을 알았어요. 어머니 앞에서 이렇게 춤추려고 배운 거예요. 이제 제 무용은 보람을 다한 거예요."

이런 광경이 감격스럽지 않을 수 없었다. 나는 중얼거렸다.『운명의 덫』· 356면

### 용서

"이와 같은 행복을 마련하는 데 원인이 되었다 싶으니 선창수니, 변동식이니 하는 자들을 용서하고 싶네요."『운명의 덫』·356면

### 어머니 눈물

김순애가 발끈했다.

"남 군은 그게 탈이에요. 놈들은 절대로 용서할 수 없어요. 놈들을 용서할 수 없다는 뱃만은 가져야 해요. 어머니 그렇죠?"

어머니는 고개를 끄덕끄덕했다. 그 눈엔 이슬처럼 맺힌 눈물이 있었다. 『운명의 덫』· 356-357면

나림 선생의 어머니<sup>母親</sup> 눈물로 읽는다. 회한의 눈물방울이다. 고여 있다.

### (3) 운명<sup>運命</sup>의 의미

『운명의 덫』에 대한 작가의 말이 소설 책 앞에 실려 있다. 아주 귀중한 나림 선생의 육성이다. 나림 작품 전체 이해에 도움이 된다. 인생·함정·어머니 사랑·운명을 정확히 말해 준다. 인생은 함정의 밭이다. 사람이 유혹하고, 중독이 부르며, 시대가 반주하며, 사회가 춤추기 때문이다. 나림 선생은 이 작품을 통해 의지로 운명을 치밀하게 밟고 극복하라고 조언한다. 이 작품의 현재성이다.

### 함정

어디에 함정이 있는지 모르는 것이 인생이다. 이렇게 말하면 운명론자가 될 수밖에 없는 사람의 설명이 되겠지만 일제의 탄압, 해방 후에 혼란, 그리고 4·19, 5·16, 10·26, 6·29를 겪는 동안에 우리는 많은 운명적 사건을 목격하고 자칫 만사를 운명적, 숙명적으로 보아 넘기고 싶은 심성의 위험에 놓였다. 『운명의 덫』· 작가 말 5면

### 비명

사실 얼마나 많은 사람이 스스로는 책임질 아무 짓도 하지 않으면서도 운명의 작희<sup>作戲</sup>라고밖엔 할 수 없는 함정에 빠져들어 유위<sup>有為</sup>한 장래를 마치고 심지어는 비명이 쓰러졌던가. 『운명의 덫』· 작가 말 5면

재생

　나는 이러한 사람 가운데 하나를 골라 그 억울한 운명에 함께 눈물을 흘리며 그 재생再生의 기록을 이 소설에서 시도해 보았다. 모델이 없지는 않은 원래의 주인공은 정치와 관련이 있었던 인물인데, 나는 뜻한 바 있어 그 정치성을 완전히 배제하는 바람에 90%의 픽션fiction, 戲劇이 되었다. 『운명의 덫』·작가 말 5면

　작가의 말에서 언급된 주인공 남상두 모델은 나림 선생 자신이다. 10% 진실은 나림 이병주 선생과 어머니의 눈물과 기다림이다.

## (4) 어머니 사랑母性愛의 의미

　『운명의 덫』에서 어머니가 버티고 있다. 이 작품의 현재성은 '어머니의 위대한 사랑'이다. 인간의 재생은 정신적이건 물질적이건 모성애를 바탕으로 이루어진다. 어머니 눈물은 세상에서 가장 장엄莊嚴한 교육敎育이다.

　요즘 우리 사회는 생활고生活苦로 너무 힘들다. 국민 모두가 하나의 지옥地獄을 안고 산다. 어떤 부모는 생활고에 지쳐 너무 쉽게 가정과 아이를 버린다. 그렇게 떠나면 그 아이는 험한 세상을 혼자서 살 수가 없다. 나림 선생은 어머니母性 학學을 설파한다.

　"물론 말 못 할 이유가 있을 것이다. 극복할 수 없다는 사정도 안다. 그러나 제발 아이들을 버리지 마라. 남상두와 나나림 이병주를 어머니가 만약 버렸다면, 나는 지금 같은 존재가 되지 못했을 것이다. 가정을 버린다는 말은 가정에서 받은 사형선고와 같다. 특히 어린이에게는 창살 없는 감옥에서 새로운 삶을 사는 일이다."

　『운명의 덫』 서문에서 나림 선생은 '제발 그러지 마세요!'라고 말한다. 나림 선생의 유언으로 읽었다.

　나림 선생은 질곡의 현대사를 거쳐 살아 온 분이다. 나림 선생 문장을 읽어보자. 나림 선생 인생사이다. 어머니의 의미가 담겨 있다.

이 작품은 이렇게 읽고 새겨도 좋은 어머니 문학이다.

### 어머니 사랑母性愛

나는 이 작품에서 절망의 낭떠러지에 굴러떨어진 주인공을 살리기 위한 힘으로서 어머니의 절대적인 도움을 그렸는데, 여기엔 다분히 상징적인 의미가 포함됐다. 대체로 인간의 재생은 정신적이건 물질적이건 모성애를 바탕으로 이루어진다.

아무튼 이 작품의 주제는 운명과 결투하는 인간의 의지이며 그 의지의 승리가 있기 위해서는 어머니의 사랑을 비롯한 주위의 사랑이 결정적인 도움이 된다는, 그 언저리에 있다.

읽어 한 가닥 다소곳한 즐거움과 위안이 되리라고 나는 믿는다. 『운명의 덫』·작가 말 6면 나림 이병주 작품 『운명의 덫』으로 아주 작은 소설('아작소')을 만들었다. '미니' 소설이다. 모든 문장이 나림 이병주 선생의 문장이다. 『운명의 덫』 작품의 윤곽과 알맹이를 함께 넣어 10분의 1로 갈아 만든 초미니 소설이다. 부모님·직장인·학생을 위한 선물로 생각한다. 더 많은 나림 이병주 선생님의 애독자를 기다린다.

## 고문

'의심스러운 것은 벌하지 않는다.'

그때만 해도 나는 이런 법의 정신을 알았고 법관들의 양식을 믿었다.

내가 고문을 받은 취조실은? 피투성이의 광경….

변 형사는 자백하라고 윽박지르는데도 내가 버티자 독기가 바짝 오른 모양이었다. 그는 나를 의자에서 떠밀어 내렸다. 내가 마룻바닥에 뒹굴자 오금 사이에 박달나무 몽둥이를 끼우곤 다리를 묶어 앉혀 무릎을 짓밟았다. 다리뼈가 산산이 부서지는 고통과 영혼이 분쇄되는 절망이 엄습했다. 나는 하지 않은 짓을 했다고 자백할 수 없었다. 그 고문이 삼십 분쯤 계속되었을까?

변 형사의 고문은 혹독했다. 그래도 나는 하지 않은 짓을 했다고 허위자백할 수는 없었다. 그런 어느 날 변 형사는 가사假死상태로 유치장에 누운 나를 끌어내더니 노트 한 권을 내밀며 읽어보라고 했다. 윤신애의 일기장이었다.

"무엇 때문에 읽어라 하는 거요?"

"잔말 말고 그 빨간 밑줄 쳐진 곳을 읽어봐."

나는 입을 다물었다. 묵비권黙秘權 행사 외에는 달리 방도가 없었다.

변 형사는 다시 몽둥이를 휘둘렀다. 이번에 왼쪽 어깨를 때렸다. 이어 등을 치고 정강이를 걷어찼다. 나는 눈을 감았다. 고문이란 어떤 단계를 넘어 쓰면 일종의 관성이 붙는가 보았다. 고통은 가중되고 있지만 이에 비례해서 견딜 힘도 보태진다.

"마지막 기회다. 순순히 자백해!"

나는 이미 말라버린 눈물을 가슴 속에 흘렸다. 어떤 고문이 새로 시작될까? 공포에 가슴이 떨렸다.

"자백하기만 하면 정상 참작이 돼 줄잡아 사형은 면한다. 이 자식아, 나는 내 손으로 잡은 네놈을 사형장으로까진 보내기가 싫어서 이렇게 마음을 쓰는 거야."

변 형사는 몽둥이로 마룻바닥을 쿵, 울렸다. 묵비권을 쓰기로 한 나는 눈을 감은 채 몸을 떨고만 있었다.

"이 녀석, 눈 떠!"

벼락같은 고함과 함께 두개골이 터질 듯 아팠다. 몽둥이로 내 머리를 내리친 것이다. 나는 의자로부터 떨어져 마룻바닥에 나뒹굴었다. 변 형사는 내 머리칼을 덥석 쥐고 나를 일으켜 앉혔다.

"안 되겠어. 이놈의 손톱을 죄다 빼버리겠다. 그리고 교사 주제에 제자와 놀아난 이놈의 물건을 잘라 버려야겠다."

중얼거리는 변 형사의 말을 들으며 나는 드디어 마지막 순간이 다가왔다고 느꼈다. 그는 나를 일으켜 세워 취조실 가운데 돌출된 기둥으로 끌고 갔다. 나를 의자에 앉힌 채 그 기둥에 의자째 밧줄로 묶었다.

"이놈 발톱부터 뽑아야겠다."

"그는 내 오른쪽 다리를 벤치 위에 고정시켜 묶었다. 나는 눈을 감았다. 공포의 현장을 보기가 끔찍해 있기 때문이다. 그때 대뜸 주먹이 내 뺨으로 날아왔다.

"자식아 눈 떠! 과학적 수사를 어떻게 하는지 똑똑히 봐둬야지."

변 형사는 자기 책상에 가서 서랍을 열고 온갖 기구 가운데 한 줌의 대바늘 꺼냈다. 끝을 날카롭게 깎아 놓은 대바늘은 뜨개질용보다는 작고 이쑤시개보다는 큰 것이었다.

"아아, 저것이 내 발톱 밑으로 들어갈 대바늘이로구나."

내 심장이 송곳으로 찔리는 듯 아프기 시작했다. 숨이 멎을 정도로 가슴이 뒤틀렸다. 변 형사가 다음에 집어 든 것은 망치였다.

"순순히 자백만 하면 이런 절차가 필요 없다. 어때, 내 말 알아듣겠나?"

나는 일순 허위자백이라도 할까 하는 유혹을 느꼈다.

'검찰청이나 법정에서 부인할 수 있겠지? 그러나….'

안 될 일이었다. 비록 거짓말이라 하나 나는 내 입으로 윤신애를 죽였다고 말하지는 못한다. 자백하면 윤신애가 밴 아이의 애비라는 사실도 받아들여야 한다.

"나는 죽어도 그런 거짓을 꾸밀 수는 없다."

변 형사는 내 발톱 위에 대바늘을 갖다 대더니 망치로 쾅, 쳤다. 바위덩어리 같은 격심한 동통疼痛이 뇌천腦天을 부수는 듯했다. 뇌 속이 폭발 직전으로 팽창했다. 그런데도 기절은 면했다. 변 형사는 숨을 몰아쉬며 고함을 쳤다.

"이놈아! 내가 잔인하다 싶으냐? 사람을 죽인 네놈의 잔인에 비하면 새 발의 피鳥足之血야."

변 형사는 다시 망치를 들더니 다른 대바늘을 갖다 놓곤 내리쳤다. 검은 피가 발가락에서 퐁퐁 솟아 내렸다. 세 번째 대바늘이 꽂혔을 때 나는 비명을 질렀다. 아마 생명체가 내지를 수 있는 극한적인 비명이 있으리라.

"이 자식아! 이건 아직 시작에 불과해!"

'애라, 자백을 꾸밀까?'

유혹이 뭉클한 눈물로 솟았다. 그러나 곧 아니라는 결심이 잇따랐다. 나는 죽기로 결심하고 굴복하지 않기로 했다. 변 형사는 다시 벼락같은 고함을 질렀다.

"눈을 떠!"

아마 그때가 아니었을까. 어깨에 무궁화를 단 경찰관이 쑥 들어왔다. 변 형사가 동작을 멈추었다.

"누구야? 누가 이놈에게 머큐로크롬을 발라 주었어?"

그 후 나는 1주일 동안 아무 일 없이 유치장에서 지냈다.

## 무죄추정

"객관적인 증거가 네 유죄를 증명하고 있어. 아무리 부인해도 소용없어. 그러니 순순히 뉘우치면 그만큼 정상 참작의 폭이 넓어질 것 아닌가!"

"나는 사실 규명을 바랄 뿐 정상 참작을 원하지 않습니다."

검사의 눈이 얼음장처럼 빛났다. 그러나 감정을 억누른 투로 말했다.

"아무리 흉악한 짓을 해도 뉘우치면 용서를 받을 수 있어. 하물며 전도양양한 청년이 아닌가. 법률은 죄를 미워하되 사람을 미워하지는 않아. 개과천선改過遷善할 의사만 뚜렷하면, 그것이 증명되기만 하면 우리도 죄인을 구하는 방도를 연구하는 거야, 알았어?"

"추호도 반성하지 않는다 할 땐 네가 저지른 죄는 극형에까지 가고만다. 나는 그런 불행을 피하고 싶어. 전도양양한 청년을 죽이고 싶진 않아. 어때? 피차 불행을 피해 보지 않겠는가? 사람이면 뉘우칠 줄 알아야 해!"

검사는 유죄를 단정적으로 믿는 듯했다. 검사의 말은 계속됐다.

"순간의 잘못으로 죄를 지을 수 있어. 누구에게나 있을 수 있는 일이야. 그러나 사람이 짐승과 다른 점은 뉘우칠 줄 안다는 거야. 물론 너도 마음속으론 뉘우치고 있겠지. 하지만 마음속으로 뉘우치는 것만으론 어떻게 할수 없어. 자백하지 못하는 것은 용기가 없는 탓이겠지? 용기를 내봐요, 용기를!"

"······."

"검사 입장을 떠나서 하는 말인데, 자네 자백 없이도 이 증거만 갖고도 얼마든지 법정에 내놓을 수 있어. 그게 되레 수월해. 그런데도 자네 자백을 요구하는 것은 네 인생이 가련해서다. 반성의 흔적 없이 법정에 가면 결과는 뻔하다. 극형이야 극형! 그걸 뻔히 알면서 나는 그럴 수 없다. 나는 검사 이전에 인간이니까."

"그렇다면 왜 내가 무죄라는 상상은 못 하고 유죄란 전제만 이야기하고 있소?"

"이 녀석이 감히 누구 앞에서 말대꾸야?"

"네가 범인이라는 증거는 조리정연한데 범인이 아니라는 증거는 하나도 없어. 그런데도 무죄를 추정하란 말인가?"

"어쨌건 나는 그 사건과 아무런 관련이 없으니까요."

변 형사처럼 혹독한 고문은 하지 않았지만, 논리적, 귀납적으로 몰아세우는 지 검사의 추궁도 육체적 고문 못지않은 고통이었다.

## 실체 진실

"남상두! 너는 철저한 비인간이다. 냉혈동물이다. 너는 사람을 살해한 죄, 그러고도 뉘우칠 줄을 모르는 죄, 이중의 죄를 지은 놈이다. 너 같은 놈은 도저히 용서할 수 없다."

"재판 판결이란 무서운 거데요. 판결 전에는 선생님의 부죄를 믿던 친구들이 판결 후에는 대부분이 유죄를 믿더군요."

"박 형! 나를 좀 도와주슈. 나는 어떤 일이 있어도, 앞으로 내 생애를 허송하는 일이 있더라도 윤신애를 죽인 자를 찾아내야 하겠소. 뿌려진 윤신애의 뼛가루 하나하나가 원령(怨靈)이 되어 공기 속에 가득 찬 것 같소. 내 원수를 찾을 것이 아니라 윤신애의 원수를 찾아내야만 하겠소."

"남 선생님 심정은 알겠습니다만… 그때 못 밝힌 일을 지금 어떻게 밝히겠습니까?"

"그땐 밝히지 못한 게 아니라 밝히지 않은 것입니다."

"설령 밝힌다 해도 시효가 지나지 않았습니까?"

"물론이죠. 그러나 그런 것 상관하시 않습니다. 진범을 알아내면 그만입니다."

"그 사건에 애매한 점이 많기는 했지요. 그러나…."

"그렇지요. 하지만 내 진술은 채택되지 않았고 필적 감정조차 하지 않았습니다."

나는 상념에 잠겼다. 세상에 완전범죄가 있게 해서는 안 된다. 그런 완전범죄가 수사 실수 때문에 빚어졌다면, 또 전혀 엉뚱한 사람에게 누명을 씌워 벌을 준다면 도저히 용서할 수 없는 일 아닌가.

"그런 사고방식이야말로 위험천만입니다. 수사관이나 재판관의 편의주의를 따름입니다. 9개 증거를 찾았다면 나머지 1개를 찾도록 노력해야지요. 아무 죄도 없는 사람이 누명을 쓰고 사형당하는 경우를 생각해 보세요."

그 밧줄의 출처만 철저히 추궁해도 진범을 잡을 수 있지 않았을까. 나는 경찰에게도, 검찰에게도 윤신애를 교살할 때 쓴 밧줄에 관해서는 일언반구 질문도 받지 않았다.

"선생님의 문제는 법원에서 판결이 난 것 아닙니까?"

"신애를 죽인 진범을 찾아내야지요. 살해당했으니 죽인 놈이 있을 것 아닙니까? 나는 꼭 찾아내고야 말겠습니다."

## 형사재판

"본인은 지금까지도 억울한 기분인 모양입니다."

"억울하면 또 어쩔 건데? 결판이 나버린 사건을…."

"애매하건 어쨌건 유죄로 판결이 났잖소."

"판결이야 그렇지만 본인으로서는 억울했을 거다, 그거요."

"법치국가에서는 판결이 제일 아닌가. 유죄, 무죄를 판단하는 건 판사니까."

"경찰관이 검거한 사건 가운데 60%를 공소유지할 수 있으면 성적이 좋은 편 이라고 하던데요."

"웬걸, 작년도 통계를 보니 경찰관 검거 건수 가운데 유죄 판결은 30%밖에 안 되더라고."

"내 가끔 생각하지만, 윤신애 살해사건 말입니다. 그것도 변 형이 아니었더라면 아마 공소유지를 할 수 없었을 겁니다."

"그야 그렇지. 사실 남상두라는 놈은… 본인으로서는 억울할 거요."

"수사는 이런저런 증거를 모아, 제기랄, 증거가 모자라면 날조라도 해갖고 공소 유지할 수 있지만……"

"유능한 수사관 치고 증거 날조 안 해본 사람 없을걸요."

## 교도소

"대구교도소를 한 바퀴 돌고 호텔로 갑시다."

나는 이곳에서 3년을 지낸 후 안양교도소 등 7~8군데를 전전했다. 그중 가장 인상 깊은 곳이 대구교도소였다. 징역 초년생인 탓도 있었겠지만 대구교도소생활은 내 피부와 혈관에 깊은 흔적을 남겼다."

나는 전과자란 낙인 때문에 교도소 지배권에서 벗어나지 못함을 절감했다. 저 속에서 억울한 누명을 쓰고 복역하는 사람이 있는 한 나에게 진정한 해방은 없다는 심경이었다.

## 새로운 증거

"증거를 밝혀 억울한 사람을 도와야지요. 그게 시민의 의무이자 인간으로서의 모럴입니다."

"증인이 되었다간 자기의 과거가 탄로 나고, 그 때문에 당신의 사랑을 잃을지 모른다는 불안감이 있답니다. 정의로운 템플러 씨, 당신은 과거 일 때문에 부인을 사랑할 수 없게 될 경우를 상상할 수 있습니까?"

"그럼 오늘 저녁, 귀가하시거든 부인께 용기내라고 말하세요. 부인은 당신의 사랑을 잃을까 입을 열지 않았습니다."

## 진실 고백

거기서 체육 선생님과 친한 사내와 저는 관계를 가졌습니다.

윤신애와 체육 선생은 이미 도착해서 그 안에서 육체관계를 맺는 것 같습니다.

체육 선생은 제가 윤신애를 죽인 게 아니냐고 엉뚱하게 죄를 덮어씌우려 하더군요.

'남 선생은 억울하다!'

이렇게 외치고 싶었으나 용기가 나지 않았다. 그 경찰관이 가끔 찾아와서 잠자코 있으라고 협박했다. 어느 날 체육 선생이 성정애를 찾아왔다. 그는 상의 안주머니에서 조그만 노트를 꺼내놓았다.

"그게 뭡니까?"

"이건 윤신애의 일기다."

성정애는 끔찍한 것을 본 기본으로 몸을 떨었다.

"정애야! 남상두가 범인이 되어야 우리가 사는 기라. 이 바보야!"

"눈 딱 감고 잠자코 있는 거야."

"그럴 수는 없어요."

"그럴 수 없으면 네가 사형장으로 갈 테야?" 네 아버지, 네 어머니와 동생은 어떻게 될 거고?"

"이 일기장만 갖곤 남상두가 약간 불리하다는 것뿐이지 결정적으로 남상두를 범인으로 만들 수가 없어."

"조그마한 노력만 하면 된다. 이 일기 중간에 비어 있는 곳이 많아. 여기에다 윤신애 글씨를 닮게 몇 마디만 써넣으면 되는 거다."

"울긴 왜 울어? 내가 있는데…."

"명심할 것은 평생 침묵을 지켜야 한다는 점이야. 네가 일기장에 글을 썼다는 사실이 밝혀지면 너는 그야말로 마지막이다. 증거날조죄, 위증죄에 걸릴 뿐 아니라 윤신애 살해죄를 몽땅 뒤집어써야 한다. 알겠나?"

정애는 이중으로 배신을 당했다.

"대부분 감옥에서 내가 상상한 그대로야."

"글쎄, 그 녹음테이프를 재심을 청구하는 자료로 삼아야겠지만 체육 선생이니, 형사니 하는 보통명사가 있을 뿐 누구를 지칭하는 고유명사는 한마디도 없잖은가."

## 재심

재심청구 준비가 됐다는 통지를 받고 그날 나는 대구로 내려갔다. 대구에서 내가 할 첫 번째 일은 재심청구를 위해 수집한 기록을 일람하는 것이었다. 훑어보니 조사사업이 헛되지 않음을 알았다.

명목은 S읍을 중심으로 한 씨족관계 조사라 했지만 그 사건에 관한 인물들의 행적 등이 광범위하게 조사되어 있었다. 놀라운 것은 선창수와 윤신애의 관계, 변동식과 성정애의 관계를 목격한 사람들의 증언이었다.

이 밖에도 내 무죄를 증명할 만한 증언이 더러 있었다. 그런데 내가 재판을 받을 때는 이런 증언이 하나도 없었다. 증인으로 채택조차 안 되었던 것이다.

법원에 재심청구를 하기에 앞서 나, 계 사장, 김영욱, 그리고 정한기 변호사 등이 한자리에 모여 회의를 했다. 먼저 계 사장이 변호사에게 물었다.

"정 변호사님, 자신이 있습니까?"

"걱정입니다. 수집한 증거로는 심증을 줄 수는 있어도 결정적인 판결을 얻어내는 덴 부족합니다."

"성정애의 녹음테이프가 있는데도요?"

"유력한 증거는 되겠지요. 그러나 그 증언에 나타난 사람들이 부인하면 증거능력을 잃을 염려가 있습니다. 게다가 경찰이나 검찰이 호락호락 승복하지 않을 테니 난관이 있겠지요. 일관성 있는 명백한 반증 자료가 없는 한 기존 판결을 뒤엎기는 매우 어렵습니다."

"변호사님께서는 자신이 없다는 말씀입니까?"

"이 정도로는 어렵습니다. 마음은 뻔한데 마음대로 안 되는 것이 법률 문제입니다. 99개 증거를 모았는데 1개 증거가 부족해서 목적을 달성하지 못하는 경우도 있습니다. '의심스러운 것은 처벌하지 않는다'는 원칙이 있는데, 이 원칙이 피의자에게 적용되는 경우는 드물고 확정판결을 유지하는 데는 결정적입니다. 즉, 애매한 증거로는 원심을 깰 수 없다는 뜻이지요."

"지금 우리가 제출한 증거는 애매한 것이 아니잖습니까?"

"우리 심증으로는 애매하지 않아도 법률적으로는 모두 애매한 증거뿐입니다. 선창수가 범인이라 돼 있는데 선창수가 범인이란 증거는 이 테이프뿐입니다. 그런데 어떤 사람의 고백만으로 특정인에게 유죄판결을 내릴 수는 없습니다."

## 집념

"그럼 선창수를 법정에 끌어내면요?"

"선창수를 법정에 끌어낼 수단이 법률엔 없습니다. 더욱이 애매한 정보로는 시효가 지난 사건의 재심을 위한 강제 출두가 어렵습니다."

"무슨 방법이 없겠습니까?"

"가장 수월한 방법은 진범 선창수의 자백을 받는 것이지요."

"그자가 순순히 자백을 하겠소?"

"자백을 시켜 보겠습니다."

"어떻게?"

"그 방법과 수단은 제게 맡겨 주십시오."

"선창수의 자백을 받아내신다면 저도 협력하지요. 범죄 사실은 이미 시효가 지났지만 위증은 현재의 범죄가 될 수 있으니 그런 사정을 묘하게 이용하면 혹시…."

서종희는 고개를 번쩍 들었다.

"자수를 시키겠습니다. 자백도 시키겠습니다. 자기가 지은 죄에 대한 책임을 져야죠. 지금 별거 중입니다만 상관없습니다. 그는 자수 않고는 배길 수 없을 거예요."

"이 테이프는 남상두 씨가 직접 미국에 가서 녹음해 온 겁니다. 재심 재판이 열리면 성정애도 귀국할 예정입니다."

그때 변동식이 소리를 질렀다.

"거짓말이다! 이건 전부 조작이다. 이따위 테이프를 믿을 사람이 어디 있겠어? 괜히 헛고생 말라고 하시오!"

"거짓인지 진실인지 본인이 곧 한국에 나타날 테니까 그때 판가름 날 것 아니겠소?"

"매수당해서 이따위 거짓말을 하는 년은 찢어 죽여야 해. 나타나기만 해봐라. 당장!"

"남상두 씨가 미국에까지 가서 이런 녹음을 한 것은 사건의 전모가 거의 밝혀진 연후입니다. 반년 넘게 걸려 수십 명의 조사원이 S읍을 샅샅이 뒤져 성정애라는 이름이 나온 겁니다. 난데없이 성정애가 불쑥 튀어나온 게 아닙니다."

"20년 전의 일을 조사했으면 얼마나 했겠소? 하나같이 증거능력은 없을 것이니 헛수고만 했구만."

"남상두란 분은 보통이 아닙니다. 20년을 억울하게 감옥살이를 한 사람의 집념이란 대단합니다."

"집념만 갖고 일이 되는 줄 아시오?"

변동식은 콧방귀를 뀌었다. 그러나 그건 허세가 섞인 말이었다.

"변 형! 억울한 사람을 20년이나 징역살이를 시켰으면 미안하게 여길 줄도 알아야 할 것 아뇨?"

"나는 미안할 게 없소."

"나쁜 짓을 하고도 일말의 양심의 가책도 없는 거요?"

"돈에 매수돼 남의 뒷구멍이나 캐는 인간의 입에서도 양심 소리가 나올까?"

이처럼 변동식은 어디까지나 뻔뻔스러웠다.

## 자수

"20년 전의 일을 갖고 평지풍파를 일으켜 어쩔 작정입니까?"

"200년 전의 일이라도 억울한 누명은 벗어나야 하지 않습니까?"

"평지에 풍파만 일으킬 뿐 쉽사리 누명은 벗지 못할걸요?"

"한 조각의 양심도 없다는 얘기입니다그려."

"설혹 일이 그렇게 된 거라도 이미 시효가 끝났소. 어떤 형사적 책임도 우리에게 지울 수 없소."

"이 나라의 법률은 당신들을 그냥 둘지 모르지만 사회는 당신들을 용납하지 않을 것이요. 설혹 평지에 풍파만을 일으킨 결과가 되어 법률적으로 남상두 씨가 누명을 벗지 못한다 하더라도 사회적으로는 누명을 벗을 것이오. 그렇게 하기 위한 증거엔 궁하지 않소."

이 말을 끝으로 김영욱은 그 자리에서 나왔다.

이튿날 선창수와 변동식을 만나고 온 정한기 변호사의 보고는 다음과 같다.

"두 사람에게 이렇게 자수를 권했습니다. '자수하면 그 사건은 이미 시효가 지났으니 형사책임을 면할 수 있지만 이편에서 재심을 청구하며 증인으로 출정해야 하는데 그때 바른대로 말하지 않으면 위증죄에 걸립니다. 현재의 위증은 바로 범죄가 되므로 위증으로 해서 옛날의 범죄가 법적으로 살아나게 됩니다. 아시겠습니까? 20년 전의 범죄가 시효라고 하지만 현재의 위증죄를 다스릴 때에는 정상 재량에서 시효에 걸리지 않았을 때와 똑같은 중량으로 양형<sup>量刑</sup>에 작용합니다. 이 점을 잘 아시고 행동하십시오. 자수하면 최소한의 체면은 유지하지만 자수하지 않으면 법정에서 다투게 됩니다. 이편에서는 소상한 증거를 가지고 있습니다. 끝끝내 당신들이 버티면 당신들은 위증죄를 범할 수밖에 없습니다. 순수히 자수하시는 게 좋을 겁니다.' 그랬더니…."

선창수는 응하겠다고 하더란다. 변동식은 다른 반응이었다 한다.

"선창수에게 덤벼들었습니다. 뭣 때문에 자수하느냐? 그럼 우리 신세는 망친다고 떠들더군요. 선창수는 이러나저러나 신세는 망친 게 아니냐고 타이르더군요. 그래 저는 1주일 시한을 주고 자리를 떠났습니다."

"순순히 자수서를 쓸까요?"

"자수서를 쓰겠다고 한 선창수의 말이 녹음되어 있습니다. 그러니 선창수가 자수서 작성을 거절하면 이 녹음을 법정에 제출할 겁니다. 그러면 판사가 무슨 자수서를 쓸 작정이냐고 묻겠지요? 그들에겐 빠져나갈 길이 없습니다."

이런 대화가 오갈 때 서종희로부터 전화가 왔다.

"선창수는 순순히 자수하겠다고 제게 맹세했습니다. 그 점은 걱정 마시고 일을 추진하십시오."

나는 변호사가 선창수와 변동식의 자술서를 갖추어 재심청구서를 법원에 제출했다는 소식을 들었을 때 안도의 숨을 내쉬는 한편 깊은 허탈감에 사로잡혔다.

"어디로 모실까요?"

"대구교도소 주위를 한 바퀴 돌아봅시다."

벌써 어둠이 짙은 교도소 담장 위의 불빛이 선명하게 윤곽을 그려낼 뿐 보이는 것은 없었다. 그러나 나는 교도소의 덩치를 알고 그 내부를 안다. 그 속엔 나처럼 억울하게 징역살이를 한 사람들도 있으리라.

## 결혼

나의 재심청구가 성공할 것이란 확신이 섰을 때 김순애와 나는 결혼을 서둘렀다. 어머니가 제안했다.

"결혼식은 그곳에서 해라. 네가 누명을 쓴 곳에서. 누명을 벗었다는 증거를 보일 겸 새 인생을 그곳에서 시작해라."

S읍에서의 결혼식, 어머니의 배려와 아이디어에 탄복했다.

날짜는 11월 3일, 장소는 S여고 강당을 빌리기로 했다.

"남상두 선생에게 누명을 씌운 건 다름 아닌 우리 읍입니다."

한편에서는 축사가 진행되고 있었다. 사회생활과를 맡은 분이었다.

다음 축사자는 박우형이었다.

"사필귀정이라는 게 저절로 이뤄지는 게 아니라는 점을 강조하렵니다. 자칫 잘못하면 뱀이 우물로 들어가는 꼴인 사필귀정<sup>蛇必歸井</sup>이 될 수도 있습니다. 정의가 실현되려면 치열한 노력이 있어야 합니다."

제자들은 서로 권하고 사양하더니 마이크를 잡은 사람은 하경자였다.

"선생님은 우리들의 별이었습니다. 우리들의 손이 닿을 수 없는 아득히 높은 곳에서 빛나는 별…. 한때 그 별은 먹구름 속에 가려 우리는 볼 수 없었습니다. 그러나 이제 그 먹구름을 헤치고 다시 찬란히 우리 앞에서 빛나고 있습니다. 동반자인 김순애라는 또 하나의 별을 동반하고서…. 신의 섭리는 과연 심오합니다. 우리는 두 분이 엮어 내는 행복을 부러워할 뿐입니다. 축복할 뿐입니다."

"남상두 신랑의 모당母堂이신 채 여사님께서 S읍의 발전을 위해 10억 원을 기금으로 하는 장학재단을 설립하시겠다고 하십니다."

"S여고 합창단이 <어머니의 노래>를 합창하기 시작했다.

## 사형폐지운동

"신랑 이야기를 들어봅시다!"

"저는 앞으로 사형폐지운동을 벌일 작정입니다. 저는 1심에서 사형선고를 받았습니다. 2심에서도 마찬가지로 사형선고였습니다. 그러다가 대법원 3심에서 무기징역으로 바뀌었고 그 후 20년으로 감형된 것입니다. 만일 1, 2심 판결대로 사형당했다면 오늘처럼 여기에 서 있지도 못했을 것 아닙니까? 저는 속절없이 살인범으로서 시신에 낙인이 찍힌 채 영원히 고혼孤魂이 되는 것입니다. 그럴 경우 어머니는 어떻게 되겠습니까? 사형은 어떤 조건에서도 회복 불능이란 이유만으로도 폐지되어야 할 것입니다. 법률은 그 존엄성을 위해서라도 회복 불능의 과오를 범해서는 안 됩니다. 흉악범 가운데 만에 하나라도 억울한 자가 있을지 모른다는 배려가 있어야 합니다. 이 모든 이유를 차치하고서라도 여기에 서서 발언하는 제 자신이 사형폐지를 정당화하는 증거가 되지 않습니까?"

## 결혼식

신혼여행은 소박하게 경주로 가기로 했다. 석굴암 앞에서 동해의 해돋이를 보자고 김순애가 제의했다. 순애는 어머니를 모시고 가자고 했다. 어머니는 쾌히 승낙했다. 어머니는 과거 하숙집 아주머니, 윤학로 읍장의 부인에게 동행을 청했다.

"사람은 오래 살고 볼 일이오. 오래 살지 못했더라면 내가 어찌 이런 며느리를 만나겠소?"

경주 K호텔에 도착했다. 김순애는 한복 무용복으로 갈아입고 고전무용을 선보였다. 어머니는 눈물을 글썽이며 기뻐했다.

무용을 마치고 자리로 돌아와 어머니께 술잔을 올리면서 순애는 이렇게 말했다.

"어머니! 이제야 제가 춤을 배운 까닭을 알았어요. 어머니 앞에서 이렇게 춤추려고 배운 거예요. 이제 제 무용은 보람을 다한 거예요. 이제 원도 한도 없어요."

## 용서

이런 광경이 감격스럽지 않을 수 없었다. 나는 중얼거렸다.

"이와 같은 행복을 마련하는 데 원인이 되었다 싶으니 선창수니, 변동식이니 하는 자들을 용서하고 싶네요."

그러자 김순애가 발끈했다.

"남 군은 그게 탈이에요. 놈들은 절대로 용서할 수 없어요. 놈들을 용서할 수 없다는 뱃심만은 가져야 해요. 어머니, 그렇죠?"

어머니는 고개를 끄덕끄덕했다. 그 눈엔 이슬처럼 맺힌 눈물이 있었다.

　나림 이병주 작품 『운명의 덫』을 정독하였다. 작품 속 문장으로 어록집을 만들었다. 좋은 문장을 찾아 단락마다 제목을 붙였다. 소제목은 내가 한 줄로 쓴 작품 설명이다. 문장과 설명이 만나 소설 『운명의 덫』을 더 깊이 완상玩賞한다. 나림 이병주 선생의 문장을 즐기고 『운명의 덫』을 깊이 만난다. 이것이 필사독서법이다

'의심스러운 것은 벌하지 않는다.'
　그때만 해도 나는 이런 법의 정신을 알았고 법관들의 양식을 믿었다. 법의 정신 · 무죄추정원칙 · 20면

　내가 고문을 받은 취조실은? 피투성이의 광경….
　변 형사는 자백하라고 윽박지르는데도 내가 버티자 독기가 바짝 오른 모양이었다. 그는 나를 의자에서 떠밀어 내렸다. 내가 마룻바닥에 뒹굴자 오금 사이에 박달나무 몽둥이를 끼우곤 다리를 묶어 앉혀 무릎을 짓밟았다. 다리뼈가 산산이 부서지는 고통과 영혼이 분쇄되는 절망이 엄습했다. 나는 하지 않은 짓을 했다고 자백할 수 없었다. 그 고문이 삼십 분쯤 계속되었을까? 누군가 변 형사를 타일렀다. 고문 · 40면

　"명색의 교육자인데 양심이 있지 않겠나? 육체적으로 괴롭히는 건 그만하고 정신적으로 타일러 봐!"
　"이게 교육자라고요? 지독한 놈입니다. 파리도 못 잡을 듯한 꼴을 한 이런 놈에게 흉악범 소질이 있는 겁니다. 그러니 이런 놈들은 말로는 어림도 없습니다."
　"더 타일러 봐. 그래도 안 듣거든. 변 형사 요량대로 하고.…"

오금에서 나무 방망이가 빠져 나갔는데도 나는 설 수 없었다. 의자에 끌어 앉히는데 겨우 책상에 양팔을 짚고서 견뎌 낼 수 있었다. 아픔은 머리의 중추에서 욱신거렸다.

"그러니까 바른대로 말해!"

"나는 죽이지 않았소!"

나는 악을 썼다. 변 형사 · 40-41면

변 형사의 고문은 혹독했다. 그래도 나는 하지 않은 짓을 했다고 허위자백할 수는 없었다. 그런 어느 날 변 형사는 가사假死상태로 유치장에 누운 나를 끌어내더니 노트 한 권을 내밀며 읽어 보라고 했다. 윤신애의 일기장이었다. 쓰다가 말다가 한 듯 날짜가 열을 건너뛰기도 하고, 하루치가 두세 페이지 되는 것이 있는가 하면, 대여섯 줄로 끝난 대목도 있었다.

"뭣 때문에 읽으라 하는 거요?"

"잔말 말고 그 빨간 밑줄 쳐진 곳만 읽어봐."

변 형사는 유들유들하게 웃으며 말했다. 패배자를 내려다보는 승리자의 오만 같았다. 내겐 그럴 기력이 없었지만 윤신애의 죽음에 관한 무슨 단서라도 있을까 하여 기를 쓰고 읽기 시작했다. 대뜸 이런 대목이 있었다. 일기장 · 42-43면

나는 입을 다물었다. 묵비권默秘權 행사 외에는 달리 방도가 없었다. 변 형사는 다시 몽둥이를 휘둘렀다. 이번에 왼쪽 어깨를 때렸다. 이어 등을 치고 정강이를 걷어찼다. 나는 눈을 감았다. 고문이란 어떤 단계를 넘어 쓰면 일종의 관성慣性이 붙는가 보았다. 고통은 가중되고 있지만 이에 비례해서 견딜 힘도 보태진다. 묵비권默秘權 · 45면

"마지막 기회다. 순순히 자백해!"

나는 이미 말라버린 눈물을 가슴 속에 흘렸다. 어떤 고문이 새로

시작될까? 공포에 가슴이 떨렸다.

"자백하기만 하면 정상 참작이 돼 줄잡아 사형은 면한다. 이 자식아, 나는 내 손으로 잡은 네놈을 사형장으로까진 보내기가 싫어서 이렇게 마음을 쓰는 거야." 자백 · 45면

변 형사는 몽둥이로 마룻바닥을 쿵, 울렸다. 묵비권을 쓰기로 한 나는 눈을 감은 채 몸을 떨고만 있었다.

"이 녀석, 눈 떠!"

벼락같은 고함과 함께 두개골이 터질 듯 아팠다. 몽둥이로 내 머리를 내리친 것이다. 나는 의자로부터 떨어져 마룻바닥에 나뒹굴었다. 변 형사는 내 머리칼을 덥석 쥐고 나를 일으켜 앉혔다.

"안 되겠어. 이놈의 손톱을 죄다 빼버리겠다. 그리고 교사 주제에 제자와 놀아난 이놈의 물건을 잘라 버려야겠다." 몽둥이 · 45면

중얼거리는 변 형사의 말을 들으며 나는 드디어 마지막 순간이 다가왔다고 느꼈다. 그는 나를 일으켜 세워 취조실 가운데 돌출된 기둥으로 끌고 갔다. 나를 의자에 앉힌 채 그 기둥에 의자째 밧줄로 묶었다.

"이놈 발톱부터 뽑아야겠다."

"그는 내 오른쪽 다리를 벤치 위에 고정시켜 묶었다. 나는 눈을 감았다. 공포의 현장을 보기가 끔찍했기 때문이다. 그때 대뜸 주먹이 내 뺨으로 날아왔다.

"자식아 눈 떠! 과학적 수사를 어떻게 하는지 똑똑히 봐둬야지."

변 형사는 자기 책상에 가서 서랍을 열고 온갖 기구 가운데 한 줌의 대바늘 꺼냈다. 끝을 날카롭게 깎아 놓은 대바늘은 뜨개질용보다는 작고 이쑤시개보다는 큰 것이었다.

"아아, 저것이 내 발톱 밑으로 들어갈 대바늘이로구나." 대바늘 · 45-46면

내 심장이 송곳으로 찔리는 듯 아프기 시작했다. 숨이 멎을 정도로 가슴이 뒤틀렸다. 변 형사가 다음에 집어 든 것은 망치였다.

"순순히 자백만 하면 이런 절차가 필요 없다. 어때, 내 말 알아듣겠나?"

나는 일순 허위자백이라도 할까 하는 유혹을 느꼈다.

'검찰청이나 법정에서 부인할 수 있겠지? 그러나….'

안 될 일이었다. 비록 거짓말이라 하나 나는 내 입으로 윤신애를 죽였다고 말하지는 못한다. 자백하면 윤신애가 밴 아이의 애비라는 사실도 받아들여야 한다.

"나는 죽어도 그런 거짓을 꾸밀 수는 없다." 허위자백 · 46면

변 형사는 내 발톱 위에 대바늘을 갖다 대더니 망치로 쾅, 쳤다. 바위덩어리 같은 격심한 동통疼痛이 뇌천腦天을 부수는 듯했다. 뇌 속이 폭발 직전으로 팽창했다. 그런데도 기절은 면했다. 변 형사는 숨을 몰아쉬며 고함을 쳤다.

"이놈아! 내가 잔인하다 싶으냐? 사람을 죽인 네놈의 잔인에 비하면 새 발의 피鳥足之血야." 동통疼痛 · 46면

변 형사는 다시 망치를 들더니 다른 대바늘을 갖다 놓곤 내리쳤다. 검은 피가 발가락에서 퐁퐁 솟아 내렸다. 세 번째 대바늘이 꽂혔을 때 나는 비명을 질렀다. 아마 생명체가 내지를 수 있는 극한적인 비명이었으리라.

"이 자식아! 이건 아직 시작에 불과해!"

'애라, 자백을 꾸밀까?'

유혹이 뭉클한 눈물로 솟았다. 그러나 곧 아니라는 결심이 잇따랐다. 나는 죽기로 결심하고 굴복하지 않기로 했다. 변 형사는 다시 벼락같은 고함을 질렀다.

"눈을 떠!" 비명 · 47면

아마 그때가 아니었을까. 어깨에 무궁화를 단 경찰관이 쓱 들어왔다. 변 형사가 동작을 멈추었다.

"변 형사 나 좀 보세."

무궁화를 단 경찰관이 돌아서 나가고 변 행사가 뒤를 따랐다. 그러자 '정 형사'라고 불리던 형사가 내 옆으로 왔다. 손수건을 꺼내 내 발톱에서 솟는 피를 닦으며 사환을 보고 소리를 질렀다.

"거기, 머큐로크롬 좀 찾아봐."

사환이 약병을 갖고 오자 정 형사는 머큐로크롬 병을 내 발가락 위에 부으며 중얼거렸다. 발톱·47면

"누구야? 누가 이놈에게 머큐로크롬을 발라 주었어?"

아무 대답이 없었다. 그러나 더 이상 추궁하지 않고 내 결박을 풀었다. 짐작으로 알았지만 변 형사의 고문은 경찰서 내부에서도 문제가 된 모양이다.

그 후 나는 1주일 동안 아무 일 없이 유치장에서 지냈다. 유치장·48면

"객관적인 증거가 네 유죄를 증명하고 있어. 아무리 부인해도 소용 없어. 그러니 순순히 뉘우치면 그만큼 정상 참작의 폭이 넓어질 것 아닌가!"

"나는 사실 규명을 바랄 뿐 정상 참작을 원하지 않습니다."

검사의 눈이 얼음장처럼 빛났다. 그러나 감정을 억누른 투로 말했다.

"아무리 흉악한 짓을 해도 뉘우치면 용서를 받을 수 있어. 하물며 전도양양한 청년이 아닌가. 법률은 죄를 미워하되 사람을 미워하지는 않아. 개과천선改過遷善할 의사만 뚜렷하면, 그것이 증명되기만 하면 우리도 죄인을 구하는 방도를 연구하는 거야, 알았어?"

"추호도 반성하지 않는다 할 땐 네가 저지른 죄는 극형에까지 가고 만다. 나는 그런 불행을 피하고 싶어. 전도양양한 청년을 죽이고 싶진 않아. 어때? 피차 불행을 피해 보지 않겠는가? 사람이면 뉘우칠 줄 알

아야 해!" <sub>유죄추정 · 50면</sub>

검사는 유죄를 단정적으로 믿는 듯했다. 검사의 말은 계속됐다.

"순간의 잘못으로 죄를 지을 수 있어 누구에게나 있을 수 있는 일이야. 그러나 사람이 짐승과 다른 점은 뉘우칠 줄 안다는 거야. 물론 너도 마음속으론 뉘우치고 있겠지. 하지만 마음속으로 뉘우치는 것만으론 어떻게 할 수 없어. 자백하지 못하는 것은 용기가 없는 탓이겠지? 용기를 내봐요, 용기를!"

"……."

"검사 입장을 떠나서 하는 말인데, 자네 자백 없이도 이 증거만 갖고도 얼마든지 법정에 내놓을 수 있어. 그게 되레 수월해. 그런데도 자네 자백을 요구하는 것은 네 인생이 가련해서다. 반성의 흔적 없이 법정에 가면 결과는 뻔하다. 극형이야 극형! 그걸 뻔히 알면서 나는 그럴 수 없다. 나는 검사 이전에 인간이니까." <sub>검사 · 50-51면</sub>

"그렇다면 왜 내가 무죄라는 상상은 못 하고 유죄란 전제만 이야기하고 있소?"

"이 녀석이 감히 누구 앞에서 말대꾸야?"

"네가 범인이라는 증거는 조리정연한데 범인이 아니라는 증거는 하나도 없어. 그런데도 무죄를 추정하란 말인가?"

"어쨌건 나는 그 사건과 아무런 관련이 없으니까요." <sub>무죄추정 · 51면</sub>

변 형사처럼 혹독한 고문은 하지 않았지만, 논리적, 귀납적으로 몰아세우는 지 검사의 추궁도 육체적 고문 못지않은 고통이었다.

"남상두! 너는 철저한 비인간이다. 냉혈동물이다. 너는 사람을 살해한 죄, 그리고도 뉘우칠 줄을 모르는 죄, 이중의 죄를 지은 놈이다. 너 같은 놈은 도저히 용서할 수 없다." <sub>추궁 · 53면</sub>

"재판 판결이란 무서운 거데요. 판결 전에는 선생님의 무죄를 믿던

친구들이 판결 후에는 대부분이 유죄를 믿더군요." 판결 · 56면

"박 형! 나를 좀 도와주슈. 나는 어떤 일이 있어도, 앞으로 내 생애를 허송하는 일이 있더라도 윤신애를 죽인 자를 찾아내야 하겠소. 뿌려진 윤신애의 뼛가루 하나하나가 원령怨靈이 되어 공기 속에 가득 찬 것 같소. 내 원수를 찾을 것이 아니라 윤신애의 원수를 찾아내야만 하겠소."

"남 선생님 심정은 알겠습니다만… 그때 못 밝힌 일을 지금 어떻게 밝히겠습니까?"

"그땐 밝히지 못한 게 아니라 밝히지 않은 것입니다."

"설령 밝힌다 해도 시효가 지나지 않았습니까?"

"물론이죠. 그러나 그런 것 상관하지 않습니다. 진범을 알아내면 그만입니다." 진범 · 64-65면

"그 사건에 애매한 점이 많기는 했지요. 그러나…."

"김 형사! 나를 믿어 주시오. 10억이 모자란다면 20억이라도 쓰겠습니다. 나는 어떤 일이 있더라도 진범을 찾아내야만 하겠습니다." 실체적 진실발견 · 70면

"그렇지요. 하지만 내 진술은 채택되지 않았고 필적 감정조차 하지 않았습니다." 감정 · 72면

나는 불을 끄고 누워 외등이 유리창 틈으로 스며들어 와 천장에 이룬 무늬를 바라보며 언제나 해보는 상념에 잠겼다. 세상에 완전범죄가 있게 해서는 안 된다. 그런 완전범죄가 수사 실수 때문에 빚어졌다면, 또 전혀 엉뚱한 사람에게 누명을 씌워 벌을 준다면 도저히 용서할 수 없는 일 아닌가. 완전범죄 · 95면

"하여간 심증心證만으로 처벌하지 않는다는 원칙이 관철되지 않는

이상 우리나라 재판을 건전하다고 할 수 없지요."

그리고 나는 영국의 사례를 들었다. 영국의 재판에서는 진범이 아닐 가능성이 조금이라도 있으면 벌하지 않는다는 원칙이 철두철미하다. 영국 재판·99면

"우리나라 재판에서도 그런 원칙은 서 있지요."

김영욱은 최근 몇 가지 판결을 예로 들었다.

"그 정도 갖고는 안 됩니다. 영국에서는 범죄 전모에 관한 확실한 진상을 파악하지 않는 한 유죄판결을 내리지 않습니다. 100명의 진범을 놓치더라도 1명의 억울한 피고인을 만들어서는 안 된다는 원칙이 철저하지요." 유죄판결·99면

"그건 이상론이지요. 범죄의 전모를 어떻게 파악할 수 있습니까? 10개의 증거가 있어야 확실한데 9개만 나타났을 경우 어떻게 피의자를 석방하겠습니까? 100명의 진범을 놓쳐도 좋다고 하지만 현실로선 불가능합니다. 극소수 억울한 피의자를 내는 한이 있더라도 진범을 놓쳐서는 안 된다는 게 수사관의 입장입니다. 흉악범이 증거 불충분으로 석방되면 피해자의 억울함을 어떻게 풀어줍니까? 이게 정의입니까? 그 흉악범이 활개 치며 또 다른 범죄를 저지르면 누가 책임집니까?" 흉악범·99-100면

김영욱의 주장은 일리가 있지만 나는 불만이었다.

"그런 사고방식이야말로 위험천만입니다. 수사관이나 재판관의 편의주의를 따름입니다. 9개 증거를 찾았다면 나머지 1개를 찾도록 노력해야지요. 아무 죄도 없는 사람이 누명을 쓰고 사형당하는 경우를 생각해 보세요." 누명·100면

"남 선생님과 제 의견이 평행선을 이루네요. 나는 수사기관에 몸을 담았던 사람이고 남 선생님은 그 기관 때문에 손해를 입은 분이니 자

연히 관점이 다르지 않겠습니까?" 관점 · 100면

그 밧줄의 출처만 철저히 추궁해도 진범을 잡을 수 있지 않았을까. 나는 경찰에게도, 검찰에게도 윤신애를 교살할 때 쓴 밧줄에 관해서는 일언반구 질문도 받지 않았다. 밧줄 · 103면

"형을 받은 것이 억울하다고 생각하시는 모양이죠?"
"그렇소."
하 형사는 억지웃음을 지으며 물었다.
"자기가 받은 형을 두고 억울하다, 무죄다 하는 말을 퍼뜨리면 민심에 어떤 영향을 미치는지 생각해 보셨습니까?"
"억울하니까 억울하다는 거요. 그러나 나는 그런 소리를 떠벌리고 다니지는 않았소."
"남 선생께서 억울한지 안 한지는 자신이 잘 알고 있겠죠. 그러나 세상이 그렇게 인정할지 안 할지는 별도 문제 아니겠습니까?"
"그렇겠지요."
"선생님의 문제는 법원에서 판결이 난 것 아닙니까?"
"……"
나는 귀찮아 답을 하지 않을 심산이었다. 확정판결 · 105면

"아닙니다. 사람은 죽어도 원한은 살아 있을 겁니다. 죽어 없다고 해서 원한까지 잊어서는 안 됩니다. 저는 윤신애의 원한을 잊지 않을 작정입니다."
"그래서 어떻게 하시겠습니까?"
"신애를 죽인 진범을 찾아내야지요. 살해당했으니 죽인 놈이 있을 것 아닙니까? 나는 꼭 찾아내고야 말겠습니다." 진범 · 141면

나는 구체적인 작전계획을 세우기로 했다. 우선 자료를 수집해야 했다. 자료 수집에 앞서 어떤 자료를 모아야 할지 따졌다. 나는 김영

욱과 의논하여 다음과 같이 하기로 했다.

첫째, 선창수, 윤신애, 서종희, 변동식, 윤신애 모친, 서종희 아버지 등 관련인들의 가정 배경을 조사한다. 동시에 그들의 교우관계, 연관 관계 등도 살핀다.

둘째, 사건 당시 S고등학교 교직원들의 환경과 내가 담임한 반 학생들의 배후를 조사한다.

셋째, 사건 당시 살던 사람들의 명부와 동태를 파악한다.

넷째, 사건 당시 S경찰서 간부들의 현재 동태를 조사한다.

이를 조사하려면 비용과 인력이 꽤 들 터였다. 나는 김영욱에게 얼마든지 청구하라고 했다. 편의상 무슨 연구소 간판을 붙이면 좋을 듯했다. 역시 계창식 사장이 좋은 아이디어를 냈다. '씨족문제연구소'를 만들라는 의견이었다. 연구원을 합법적으로 채용하고 조사 대상은 미리 책정해 놓은 대로 연구원에게 분담시키면 될 터였다. 연구소의 설립과 인가 절차는 계 사장이 당국과 접촉해서 해결하기로 했다. 자료수집 · 214-215면

계창식 사장은 사업가로서도, 연구소 소장으로서도 성실하고 근면했다. 그러면서도 가능한 한 경비를 절약하려고 애썼다. 작은 거래처에도 고개를 숙이며 접근했다. 예비역 장성이라고 거만하게 행세하는 점이 추호도 없었다. 관청에서 부를 때는 언제이건 본인이 나가서 기업인으로서의 본분을 지켰다. 종업원 사이에 무슨 트러블이 생기면 솔선해서 해결했다. 계창식 사장 · 217면

그러더니 잡음이 한동안 들린다. 이윽고 대화는 이어졌다.

"남상두란 인물, 기억합니까?"

"…그자를 사형시켜야 했는데,…그자가 살아 나왔구나. 그런데 그자 몰골이 어떻다고 합니까? 한 20년 썩었으면 형편없을 건데."

"형편없기는 커녕 멋진 신사였다고 하던데."

"아마 본인은 지금까지도 억울한 기분인 모양입니다."

"억울하면 또 어쩔 건데? 결판이 나버린 사건을….."

"애매하건 어쨌건 유죄로 판결이 났잖소."

"판결이야 그렇지만 본인으로서는 억울했을 거다, 그거요."

"법치국가에서는 판결이 제일 아닌가. 유죄, 무죄를 판단하는 건 판사니까."

"그야 그렇지. 그러나 죄 없는 사람을 죄인으로 몰아붙인다는 건 못 할 짓 아니요."

"직무수행을 하다 보면 그런 경우도 있지 않겠소? 김 형! 우수한 수사관은 사건 진상과 관계없이 자기가 작정한 방향으로 밀고 나가 공소를 유지하고 유죄판결을 받으면 되는 능력자 아니겠소?"

"그렇다고 해서 죄가 없는 줄 뻔히 알면서 그렇게 하는 건….."

"그럼 변 형은 그 사람이 무죄인 줄 알고 덮어씌웠소? 그렇다면 변 형의 수단과 기술이 월등한 셈이오."

"월등할 것까지야….. 그리고 그 사람에게 불리한 증거를 완벽하게 모을 수 있었거든."

"죄인이 아닌데도?"

"죄인이 아니라는 소리는 아니오. 혹시 그가 죄인일지도 모르지."

"변 형! 무슨 소리를 하는 거요?"

"그렇다는 얘기지 뭐? 이런 얘기는 그만둡시다. 그자가 나타나 봤자 내겐 가렵지도 아프지도 않은 일이니까. 술맛 떨어지겠소."

녹음은 여기서 끝났다. 녹음을 정리하며 김영욱이 말했다. 변동식·220-221면

"변 형사는 이만저만한 수사관이 아니네요. 변 형이 대공對共수사관으로 나섰다면 거물 간첩들도 꼼짝 못 했겠지요?"

"수사관으로서는 자신이 있지. 있고말고! 나는 진범으로 만들겠다

고 마음만 먹으면 실수 없이 공소유지를 했을 뿐만 아니라 유죄판결로까지 끌고 갔으니까."

"경찰관이 검거한 사건 가운데 60%를 공소유지할 수 있으면 성적이 좋은 편이라고 하던데요."

"웬걸, 작년도 통계를 보니 경찰관 검거 건수 가운데 유죄판결은 30%밖에 안 되더라고." 공소유지 · 235-236면

"내 가끔 생각하지만, 윤신애 살해사건 말입니다. 그것도 변 형이 아니었더라면 아마 공소유지를 할 수 없었을 겁니다."

"그야 그렇지. 사실 남상두라는 놈은… 본인으로서는 억울할 거요."

"수사는 이런저런 증거를 모아, 제기랄, 증거가 모자라면 날조라도 해갖고 공소유지할 수 있지만……"

"유능한 수사관 치고 증거 날조 안 해본 사람 없을걸요." 증거 날조 · 236-237면

"대구교도소를 한 바퀴 돌고 호텔로 갑시다."

곳곳의 망루에서 강렬한 서치라이트가 뿜어져 나왔다. 교도소는 두꺼운 벽 너머로 침묵했다. 수천 명의 호흡이 무더운 열기를 더욱 무겁게 할 터였다. 나는 이곳에서 3년을 지낸 후 안양교도소 등 7~8군데를 전전했다. 그중 가장 인상 깊은 곳이 대구교도소였다. 징역 초년생인 탓도 있었겠지만 대구교도소생활은 내 피부와 혈관에 깊은 흔적을 남겼다." 대구교도소 · 279면

나는 전과자란 낙인 때문에 교도소 지배권에서 벗어나지 못함을 절감했다. 저 속에서 억울한 누명을 쓰고 복역하는 사람이 있는 한 나에게 진정한 해방은 없다는 심경이었다. 전과자 · 279면

날짜변경선을 지날 때였다. 김순애가 말을 걸어왔다.

"선생님, 인간의 의지라는 건 참 대단하죠?"

"수백 명의 승객을 싣고 하늘을 날도록 만든 인간의 의지….”

"위대하지요!”

"인간의 의지란 보잘것없기도 하죠?”

"……?”

"어떤 우연이 작동하기만 하면 천년을 쌓아놓은 인간 의지의 흔적도 유리조각처럼 산산이 부서지는걸요. 그런 우연 속에 살면서 인간의 의지를 뽐내 봤자 아녜요?”

"그렇다고 해서 의지를 포기할 수야 없잖소.” 인간 의지·292-293면

창문이 부옇게 떠올라 있었다.

"해가 뜨는 거예요. 태평양 상공에서 해돋이 광경을 본다는 건 대단한 일이에요.”

시계를 보았더니 오전 2시다.

"밤 2시에 해가 뜨나?”

엉겁결에 한 소리였다.

"지구가 자전하는 속도를 앞질러 비행기가 날기 때문에 일출시간을 일찍 맞이하는 겁니다. 지구는 둥글어요.”

김순애는 장난꾸러기처럼 웃었다. 김순애·293면

그리고 다시 포옹했다. 아까보다도 긴 키스가 이어졌다.

시키지도 않았는데 3인조 바이올리니스트들까지 들어왔다.

"여로에서 맞이하시는 두 분의 약혼식을 충심으로 축하합니다.”

악사들과 룸서비스 맨들이 나가고 방안이 조용해지자 순애가 속삭였다. 약혼식·297-298면

"우리 같이 목욕을 해야죠.”

대담한 제안이었지만 응하지 않을 수 없었다.

"순애의 육체는 예뻐.”

"마음은 이 육체의 백배쯤 아름다워요."

내가 샤워하는 동안 순애는 탕 안에 들어갔다. 재스민 가루를 뿌려 탕을 채운 거품이 그지없이 향기로웠다.

"서양 사람들은 멋있어요. 이 거품은 화장품용으로도 유익하지만 바다 거품에서 탄생한 아프로디테 신화를 모방한 것이기도 해요."

"순애는 아는 것도 많아."

"천사가 알아야 할 것은 죄다 알고 있는걸요."

"하나님은 순애 같은 천사를 내게 보내주기 위해 미리 혹독한 시련을 겪게 하지 않았을까, 이런 상념이 드네."

"그래요, 바로 그거예요!"

"남 군, 영시를 줄줄 암송하다니 다시 봐야겠어!"

김순애는 익살 섞인 애교를 부렸다. 천사 · 298-301면

"증거를 밝혀 억울한 사람을 도와야지요. 그게 시민의 의무이자 인간으로서의 모럴입니다."

"그 억울한 사람이 바로 저 남편입니다. 남편이 교사로 일할 때 여학생을 살해했다는 누명을 썼는데요. 당신 부인 성정애가 내 남편이 범인이 아니라는 사실을 확실히 아는 세 사람 가운데 하나예요. 그런데 부인은 그 문제에 대해서는 언급하지 않으려고 합니다. 그 이유는 당신을 사랑하기 때문입니다. 증인이 되었다간 자기의 과거가 탄로 나고, 그 때문에 당신의 사랑을 잃을지 모른다는 불안감이 있답니다. 정의로운 템플러 씨, 당신은 과거 일 때문에 부인을 사랑할 수 없게 될 경우를 상상할 수 있습니까?"

"오, 노우! 나는 과거를 묻지 않습니다. 아내와 나는 길거리에서 만나 사랑을 맹세했습니다. 과거를 묻지 않지요."

"그러면 당신 부인이 내 남편을 위해 증언해도, 그 증언의 내용이 어떻든지 사랑이 파괴되는 경우는 없으리라고 확신합니까?"

"확신합니다. 뿐만 아니라 나는 그런 용기 있는 아내를 가졌다는 사실을 자랑으로 여기겠습니다."

"그럼 오늘 저녁, 귀가하시거든 부인께 용기내라고 말하세요. 부인은 당신의 사랑을 잃을까 입을 열지 않았습니다."

"해보겠습니다. 미세스 남." 증언 · 310-311면

녹음기를 틀었다.

"들어보세요. 남 군!"

김순애는 그렇게 말하고 눈물을 훔치며 고개를 숙였다.

성정애의 고백이 흘러나왔다.

저는 불쌍한 여자예요. 죄가 많은 여자예요.

제 아버지는 공산주의자였습니다. 흔히 말하는 빨갱이로, 쫓기는 처지였습니다. 붙들리면 총살당한다 했습니다. 저는 친척 집에서 자랐습니다. 그러다 고3 어느 날 한 거지꼴을 한 사람이 나를 찾아와 이런 말을 하더군요.

"내 아버지가 소엽산 대추나무골 용바위 근처의 동굴에 숨어 있으니 우선 먹을 것과 돈을 갖다주어라." 성정애 고백 · 아버지 · 316면

"오늘 밤 일은 못 본 것으로 할 테니 순순히 말을 들을 거냐?"

저는 저항할 의지를 잃고 고개를 끄덕였습니다. 아버지를 살리려면 심청이처럼 돼야지요.

며칠 후 저는 우연이 윤신애가 체육 선생과 방과 후 체육용구 창고에서 나오는 모습을 목격했습니다. 윤신애의 얼굴이 벌겋게 달아오른 것을 보고 두 사람 사이에 무슨 일이 있었음을 눈치채고 얼른 그 자리를 피했습니다. 바로 그날 저녁 체육 선생이 제 하숙집을 찾아와서 밖에서 불러냈습니다.

"나는 소엽산에서 있었던 네 아버지 일을 죄다 알고 있다. 그러니 오늘 낮 네가 본일을 누구에게도 말했다간 큰코다칠 거다. 앞으로 윤

신애와 각별히 지내라."

거기서 체육 선생과 친한 사내와 저는 관계를 가졌습니다.

윤신애와 체육 선생은 이미 도착해서 그 안에서 육체관계를 맺는 것 같았습니다.

체육 선생은 제가 윤신애를 죽인 게 아니냐고 엉뚱하게 죄를 덮어 씌우려 하더군요. 체육 선생 · 316-317면

'남 선생은 억울하다!'

이렇게 외치고 싶었으나 용기가 나지 않았다. 그 경찰관이 가끔 찾아와서 잠자코 있으라고 협박했다. 어느 날 체육 선생이 성정애를 찾아왔다. 그는 상의 안주머니에서 조그만 노트를 꺼내놓았다.

"그게 뭡니까?"

"이건 윤신애의 일기다."

성정애는 끔찍한 것을 본 기본으로 몸을 떨었다.

"윤신애는 나쁜 년이다!"

체육 선생은 증오에 찬 소리를 뱉었다. 성정애는 왜 그런가 하고 체육 선생의 얼굴을 봤다.

'그 불쌍한 윤신애를… 자기가 죽여 놓고는….'

성정애는 체육 선생에 대한 미움이 끓었다. 분노 · 319-320면

"정애야! 남상두가 범인이 되어야 우리가 사는 기라. 이 바보야!"

"눈 딱 감고 잠자코 있는 거야."

"그럴 수는 없어요."

"그럴 수 없으면 네가 사형장으로 갈 테야? 네 아버지, 네 어머니와 동생은 어떻게 될 거고?"

"……."

"이 일기장만 갖곤 남상두가 약간 불리하다는 것뿐이지 결정적으로 남상두를 범인으로 만들 수 없어."

"……."

"조그마한 노력만 하면 된다. 이 일기 중간에 비어 있는 곳이 많아. 여기에다 윤신애 글씨를 닮게 몇 마디만 써넣으면 되는 거다."

성정애는 괴로워하며 고개를 벽 쪽으로 돌렸다. 체육 선생은 정애의 어깨를 잡고 자기에게 돌렸다.

"남상두와 윤신애 사이에 육체관계가 있다는 것을 암시하는 글 몇 줄이면 돼. 그렇게 하면 너와 나는 안전지대에서 살 수 있어. 어때? 내가 시키는 대로 할 테야?"

"나는 못 해요. 절대로 그렇겐 못 해요!"

체육 선생은 얼른 손바닥으로 성정애의 입을 막았다. 이윽고 후다닥 나갔다. 일기장 조작 · 320-321면

그 형사는 자기 신발을 들고 정애 방으로 들어왔다.

"울긴 왜 울어? 내가 있는데…."

"정애는 집으로 돌아가 있어. 졸업장은 내가 대신 받아줄 거야. 명심할 것은 평생 침묵을 지켜야 한다는 점이야. 네가 일기장에 글을 썼다는 사실이 밝혀지면 너는 그야말로 마지막이다. 증거날조죄, 위증죄에 걸릴 뿐 아니라 윤신애 살해죄를 몽땅 뒤집어써야 한다. 알겠나?" 협박 · 321-323면

정애는 이중으로 배신을 당했다.

"대부분 감옥에서 내가 상상한 그대로야."

"글쎄, 그 녹음테이프를 재심을 청구하는 자료로 삼아야겠지만 체육 선생이니, 형사니 하는 보통명사가 있을 뿐 누구를 지칭하는 고유명사는 한마디도 없잖은가."

"참 그렇군요!"

김순애는 놀란 표정이 되었다. 녹음테이프 · 323-324면

나는 시카고에서 뉴욕으로 날았다. 꿈속에 그리던 뉴욕 거리….

나는 자유의 여신상을 바라보며 눈물을 흘렸다. 그 쓰라린 감옥 생활을 어느 밤, 나는 문득 자유의 여신상을 꿈속에서 본 적이 있다. 그림엽서에서 봤을 뿐인데 어쩌면 세부의 조각까지 선명하게 보였는지 모른다. 그리고는 가끔 자유의 여신상을 자유에의 갈망과 더불어 생각했는데 지금 그곳에 올 줄이야! 닦아도 닦아도 멎지 않는 내 눈물을 보자 김순애가 까닭을 물었다. 자유 여신상 · 326면

조국의 산하는 벌써 추색秋色에 물들어 있었다. 두 달 남짓한 여행에서 돌아왔는데도 조국의 땅은 한량없이 반가웠다.

"어머니 저를 딸처럼 생각해 주세요. 저는 며느리로서는 자신이 없어요."

"며느리 노릇을 잘해야 이 다음에 시어머니 노릇을 잘하는 거야. 알겠니?"

"발레리나 훈련은 제 예술을 위한 것, 며느리 훈련은 제 사랑을 위한 것. 후자後者가 더 의미가 있기에 흔쾌히 감수하겠어요."

"어머님은 정말로 훌륭하시고 현명하시기에 며느리 편이 되어야만 며느리가 자기 아들에게 잘해 줄 거라고 하시거든요." 며느리 · 329-331면

재심청구 준비가 됐다는 통지를 받고 그날 나는 대구로 내려갔다. 순애는 서울의 집에 남았다. 대구에서 내가 할 첫 번째 일은 재심청구를 위해 수집한 기록을 일람하는 것이었다. 훑어보니 조사사업이 헛되지 않음을 알았다.

명목은 S읍을 중심으로 한 씨족관계 조사라 했지만 그 사건에 관한 인물들의 행적 등이 광범위하게 조사되어 있었다. 놀라운 것은 선창수와 윤신애의 관계, 변동식과 성정애의 관계를 목격한 사람들의 증언이었다.

이 밖에도 내 무죄를 증명할 만한 증언이 더러 있었다. 그런데 내

가 재판을 받을 때는 이런 증언이 하나도 없었다. 증인으로 채택조차 안 되었던 것이다. 무죄를 증명할 만한 증언 · 334-335면

법원에 재심청구를 하기에 앞서 나, 계 사장, 김영욱, 그리고 정한기 변호사 등이 한자리에 모여 회의를 했다. 먼저 계 사장이 변호사에게 물었다.

"정 변호사님, 자신이 있습니까?"

"걱정입니다. 수집한 증거로는 심증을 줄 수는 있어도 결정적인 판결을 얻어내는 덴 부족합니다."

"성정애의 녹음테이프가 있는데도요?"

"유력한 증거는 되겠지요. 그러나 그 증언에 나타난 사람들이 부인하면 증거능력을 잃을 염려가 있습니다. 게다가 경찰이나 검찰이 호락호락 승복하지 않을 테니 난관이 있겠지요. 일관성 있는 명백한 반증자료가 없는 한 기존 판결을 뒤엎기는 매우 어렵습니다." 재심청구 · 335-336면

"변호사님께서는 자신이 없다는 말씀입니까?"

"이 정도로는 어렵습니다. 마음은 뻔한데 마음대로 안 되는 것이 법률 문제입니다. 99개 증거를 모았는데 1개 증거가 부족해서 목적을 달성하지 못하는 경우도 있습니다. '의심스러운 것은 처벌하지 않는다'는 원칙이 있는데, 이 원칙이 피의자에게 적용되는 경우는 드물고 확정판결을 유지하는 데는 결정적입니다. 즉, 애매한 증거로는 원심을 깰 수 없다는 뜻이지요."

"지금 우리가 제출한 증거는 애매한 것이 아니잖습니까?"

"우리 심증으로는 애매하지 않아도 법률적으로는 모두 애매한 증거뿐입니다. 선창수가 범인이라 돼 있는데 선창수가 범인이란 증거는 이 테이프뿐입니다. 그런데 어떤 사람의 고백만으로 특정인에게 유죄판결을 내릴 수는 없습니다." 증거 · 336면

"그럼 선창수를 법정에 끌어내면요?"

김영욱이 물었더니 변호사는 사무적인 말투로 대답했다.

"선창수를 법정에 끌어낼 수단이 법률엔 없습니다. 더욱이 애매한 정보로는 시효가 지난 사건의 재심을 위한 강제 출두가 어렵습니다."

"무슨 방법이 없겠습니까?"

"가장 수월한 방법은 진범 선창수의 자백을 받는 것이지요."

계 사장이 난처하다는 표정으로 말했다.

"그자가 순순히 자백을 하겠소?"

"자백을 시켜 보겠습니다."

여러 사람들이 이구동성으로 김영욱에게 물었다.

"어떻게?"

"그 방법과 수단은 제게 맡겨 주십시오."

"선창수의 자백을 받아내신다면 저도 협력하지요. 범죄 사실은 이미 시효가 지났지만 위증은 현재의 범죄가 될 수 있으니 그런 사정을 묘하게 이용하면 혹시…." 선창수 자백·337면

서종희는 고개를 번쩍 들었다.

"자수를 시키겠습니다. 자백도 시키겠습니다. 자기가 지은 죄에 대한 책임을 져야죠. 지금 별거 중입니다만 상관없습니다. 그는 자수 않고는 배길 수 없을 거예요."

"이 테이프는 남상두 씨가 직접 미국에 가서 녹음해 온 겁니다. 재심 재판이 열리면 성정애도 귀국할 예정입니다." 서종희·342면

그때 변동식이 소리를 질렀다.

"거짓말이다! 이건 전부 조작이다. 이따위 테이프를 믿을 사람이 어디 있겠어? 괜히 헛고생 말라고 하시오!"

"거짓인지 진실인지 본인이 곧 한국에 나타날 테니까 그때 판가름 날 것 아니겠소?"

"매수당해서 이따위 거짓말을 하는 년은 찢어 죽여야 해. 나타나기만 해봐라. 당장!"

"남상두 씨가 미국에까지 가서 이런 녹음을 한 것은 사건의 전모가 거의 밝혀진 연후입니다. 반년 넘게 걸려 수십 명의 조사원이 S읍을 샅샅이 뒤져 성정애라는 이름이 나온 겁니다. 난데없이 성정애가 불쑥 튀어나온 게 아닙니다."

"20년 전의 일을 조사했으면 얼마나 했겠소? 하나같이 증거능력은 없을 것이니 헛수고만 했구만." 변동식 · 343면

"남상두란 분은 보통이 아닙니다. 20년을 억울하게 감옥살이를 한 사람의 집념이란 대단합니다."

"집념만 갖고 일이 되는 줄 아시오?"

변동식은 콧방귀를 뀌었다. 그러나 그건 허세가 섞인 말이었다.

"변 형! 억울한 사람을 20년이나 징역살이를 시켰으면 미안하게 여길 줄도 알아야 할 것 아뇨?"

"나는 미안할 게 없소."

"나쁜 짓을 하고도 일말의 양심의 가책도 없는 거요?"

"돈에 매수돼 남의 뒷구멍이나 캐는 인간의 입에서도 양심 소리가 나올까?"

이처럼 변동식은 어디까지나 뻔뻔스러웠다. 20년 감옥살이 · 343-345면

"나는 남상두 씨를 알게 되자 그의 억울한 사정을 듣게 됐소. 그 사정을 해명하는 데 일조하는 게 정의에 부합한다고 판단했소. 당신처럼 나쁜 짓을 한 전직 경찰관의 잘못을 바꿔 주는 게 역시 경찰관이었던 내가 할 몫이라고 믿었소." 정의 · 345면

"20년 전의 일을 갖고 평지풍파를 일으켜 어쩔 작정입니까?"

"200년 전의 일이라도 억울한 누명은 벗어나야 하지 않습니까?"

"평지에 풍파를 일으킬 뿐 쉽사리 누명은 벗지 못할걸요?"

"한 조각의 양심도 없다는 얘기입니다그려."

"설혹 일이 그렇게 된 거라도 이미 시효가 끝났소. 어떤 형사적 책임도 우리에게 지울 수 없소."

"당연히 그렇게 나올 줄 알았소. 당신은 말마따나 형사적 책임은 면할지 모르지만 양심적 책임, 도의적 책임, 인간의 탈을 쓰고 그런 짓을 할 수 없다는, 말하자면 인간으로서의 책임을 모면할 수 없다는 것이오. 그러니 나라의 법률은 당신들을 그냥 둘지 모르지만 사회는 당신들을 용납하지 않을 것이오. 설혹 평지에 풍파만을 일으킨 결과가 되어 법률적으로 남상두 씨가 누명을 벗지 못한다 하더라도 사회적으로는 누명을 벗을 것이오. 그렇게 하기 위한 증거엔 궁하지 않소."

이 말을 끝으로 김영욱은 그 자리에서 나왔다. 도의적 책임 · 346-347면

이튿날 선창수와 변동식을 만나고 온 정한기 변호사의 보고는 다음과 같다.

"두 사람에게 이렇게 자수를 권했습니다. '자수하면 그 사건은 이미 시효가 지났으니 형사책임을 면할 수 있지만 이편에서 재심을 청구하며 증인으로 출정해야 하는데 그때 바른대로 말하지 않으면 위증죄에 걸립니다. 현재의 위증은 바로 범죄가 되므로 위증으로 해서 옛날의 범죄가 법적으로 살아나게 됩니다. 아시겠습니까? 20년 전의 범죄가 시효라고 하지만 현재의 위증죄를 다스릴 때에는 정상 재량에서 시효에 걸리지 않았을 때와 똑같은 중량으로 양형量刑에 작용합니다. 이 점을 잘 아시고 행동하십시오. 자수하면 최소한의 체면은 유지하지만 자수하지 않으면 법정에서 다투게 됩니다. 이편에서는 소상한 증거를 가지고 있습니다. 끝끝내 당신들이 버티면 당신들은 위증죄를 범할 수밖에 없습니다. 순수히 자수하시는 게 좋을 겁니다.' 그랬더니….." 자수 · 347-348면

선창수는 응하겠다고 하더란다. 변동식은 다른 반응이었다 한다.

"선창수에게 덤벼들었습니다. 뭣 때문에 자수하느냐? 그럼 우리 신세는 망친다고 떠들더군요. 선창수는 이러나저러나 신세는 망친 게 아니냐고 타이르더군요. 그래 저는 1주일 시한을 주고 자리를 떠났습니다."

"순순히 자수서를 쓸까요?"

"자수서를 쓰겠다고 한 선창수의 말이 녹음되어 있습니다. 그러니 선창수가 자수서 작성을 거절하면 이 녹음을 법정에 제출할 겁니다. 그러면 판사가 무슨 자수서를 쓸 작정이냐고 묻겠지요? 그들에겐 빠져나갈 길이 없습니다." 자수서 · 348면

이런 대화가 오갈 때 서종희로부터 전화가 왔다.

"선창수는 순순히 자수하겠다고 제게 맹세했습니다. 그 점은 걱정마시고 일을 추진하십시오."

진실이 보람을 다하기 위해서는 아픔을 필요로 하는 경우가 있다는 감회가 솟았다. 진실 · 348면

나는 변호사가 선창수와 변동식의 자술서를 갖추어 재심청구서를 법원에 제출했다는 소식을 들었을 때 안도의 숨을 내쉬는 한편 깊은 허탈감에 사로잡혔다. 모든 것이 헛되다는 허부감이 다시금 내 마음을 사로잡았다. 자술서 · 348-349면

"어디로 모실까요?"

"대구교도소 주위를 한 바퀴 돌아봅시다."

벌써 어둠이 짙은 교도소 담장 위의 불빛이 선명하게 윤곽을 그려낼 뿐 보이는 것은 없었다. 그러나 나는 교도소의 덩치를 알고 그 내부를 안다. 그 속엔 나처럼 억울하게 징역살이를 한 사람들도 있으리라. 대구교도소 · 349면

나의 재심청구가 성공할 것이란 확신이 섰을 때 김순애와 나는 결혼을 서둘렀다. 어머니가 제안했다.

"결혼식은 그곳에서 해라. 네가 누명을 쓴 곳에서. 누명을 벗었다는 증거를 보일 겸 새 인생을 그곳에서 시작해라." 결혼식 · 349면

S읍에서의 결혼식, 어머니의 배려와 아이디어에 탄복했다.

날짜는 11월 3일, 장소는 S여고 강당을 빌리기로 했다.

"남상두 선생에게 누명을 씌운 건 다름 아닌 우리 읍입니더."

한편에서는 축사가 진행되고 있었다. 사회생활과를 맡은 분이었다.

다음 축사자는 박우형이었다.

"사필귀정이라는 게 저절로 이뤄지는 게 아니라는 점을 강조하렵니다. 자칫 잘못하면 뱀이 우물로 들어가는 꼴인 사필귀정<sup>蛇必歸井</sup>이 될 수도 있습니다. 정의가 실현되려면 치열한 노력이 있어야 합니다." 사필귀정<sup>事必歸正</sup> · 350-352면

제자들은 서로 권하고 사양하더니 마이크를 잡은 사람은 하경자였다.

"선생님은 우리들의 별이었습니다. 우리들의 손이 닿을 수 없는 아득히 높은 곳에서 빛나는 별···. 한때 그 별은 먹구름 속에 가려 우리는 볼 수 없었습니다. 그러나 이제 그 먹구름을 헤치고 다시 찬란히 우리 앞에서 빛나고 있습니다. 동반자인 김순애라는 또 하나의 별을 동반하고서···. 신의 섭리는 과연 심오합니다. 우리는 두 분이 엮어 내는 행복을 부러워할 뿐입니다. 축복할 뿐입니다."

"남상두 신랑의 모당<sup>母堂</sup>이신 채 여사님께서 S읍의 발전을 위해 10억 원을 기금으로 하는 장학재단을 설립하시겠다고 하십니다."

"S여고 합창단이 <어머니의 노래>를 합창하기 시작했다. 장학재단 · 353-354면

"신랑 이야기를 들어 봅시다!"

"저는 앞으로 사형폐지운동을 벌일 작정입니다. 저는 1심에서 사형 선고를 받았습니다. 2심에서도 마찬가지로 사형선고였습니다. 그러다 가 대법원 3심에서 무기징역으로 바뀌었고 그 후 20년으로 감형된 것 입니다. 만일 1, 2심 판결대로 사형당했다면 오늘처럼 여기에 서 있지 도 못했을 것 아닙니까? 저는 속절없이 살인범으로서 시신에 낙인이 찍힌 채 영원히 고혼孤魂이 되는 것입니다. 그럴 경우 어머니는 어떻게 되겠습니까? 사형은 어떤 조건에서도 회복 불능이란 이유만으로도 폐 지되어야 할 것입니다. 법률은 그 존엄성을 위해서라도 회복 불능의 과오를 범해서는 안 됩니다. 흉악범 가운데 만에 하나라도 억울한 자 가 있을지 모른다는 배려가 있어야 합니다. 이 모든 이유를 차치하고 서라도 여기에 서서 발언하는 제 자신이 사형폐지를 정당화하는 증거 가 되지 않겠습니까?" 사형폐지운동·355면

신혼여행은 소박하게 경주로 가기로 했다. 석굴암 앞에서 동해의 해돋이를 보자고 김순애가 제의했다. 순애는 어머니를 모시고 가자고 했다. 어머니는 쾌히 승낙했다. 어머니는 과거 하숙집 아주머니, 윤학 로 읍장의 부인에게 동행을 청했다.
"사람은 오래 살고 볼 일이오. 오래 살지 못했더라면 내가 어찌 이 런 며느리를 만나겠소?" 신혼여행·356면

경주 K호텔에 도착했다. 김순애는 한복 무용복으로 갈아입고 고전 무용을 선보였다. 어머니는 눈물을 글썽이며 기뻐했다.
무용을 마치고 자리로 돌아와 어머니께 술잔을 올리면서 순애는 이 렇게 말했다.
"어머니! 이제야 제가 춤을 배운 까닭을 알았어요. 어머니 앞에서 이렇게 춤추려고 배운 거예요. 이제 제 무용은 보람을 다한 거예요." 이제 원도 한도 없어요. 춤·356면

이런 광경이 감격스럽지 않을 수 없었다. 나는 중얼거렸다.

"이와 같은 행복을 마련하는 데 원인이 되었다 싶으니 선창수니, 변동식이니 하는 자들을 용서하고 싶네요." 용서·356면

김순애가 발끈했다.

"남 군은 그게 탈이에요. 놈들은 절대로 용서할 수 없어요. 놈들을 용서할 수 없다는 밸만은 가져야 해요. 어머니, 그렇죠?"

어머니는 고개를 끄덕끄덕했다. 그 눈엔 이슬처럼 맺힌 눈물이 있었다. 어머니 눈물·356-357면

# 去年의 曲

### 잃어버린 청춘의 노래, 월간조선, 1981

이병주, 「거년去年의 곡曲」, 『우아한 집념執念』,
바이북스, 2023, 7-74면.

진옥희를 겨우 일으켜 세운 것은
호롱불의 사상이었다.
그러나 만일 내가 진옥희를 만나는 날이 있다면
다음과 같이 말할 참이다.
"호롱불의 사상? 그것은 거년去年의 곡曲일 뿐이다."

– 나림 이병주 –

# 거년去年의 곡曲 – 잃어버린 청춘의 노래

## 1. 작품 개요

「거년去年의 곡曲 – 잃어버린 청춘의 노래」는 법학도의 세 가지 유형을 다룬 작품이다. 주인공은 현실제·이상형·진옥희이다. 나림 이병주 선생은 호롱불 사상을 히망한 노래라고 말한다. 이 작품은 법률소설·교육소설이다.

현실제는 사법 시험 합격 후 청평호에서 익사한다. 현장에 진옥희가 있다. 작위에 의한 살인죄 또는 부작위에 의한 살인죄 혐의로 진옥희는 피의자 신분으로 검사 조사를 받는다. 무혐의로 불기소처분을 받는다. 이 소설에 자세히 담겨 있다.

이상형은 사상범으로 재판을 받고 교도소에 수감된다. 나림 선생은 보수와 진보를 현실제와 이상형으로 작명한다. 진옥희는 이 두 사람 사이에서 방황하는 총명한 법대생이다.

나림 선생은 우리나라 사법 시험 제도와 법학교육을 신랄하게 비판한다. 그리고 당시 법학도의 의식 세계를 정확히 일갈한다. 근대화가 만든 직업 선택의 자유가 일신영달<sup>一身榮達</sup>로 변질된 것을 개탄한다. 특권화와 특권층을 위한 교육이다. 이 작품은 시대소설·사상소설·정치소설·법대생소설·연애소설이다.

「거년<sup>去年</sup>의 곡<sup>曲</sup> ─ 잃어버린 청춘의 노래」는 학병 세대가 민주화 세대에게 전하는 '아름다운 노래'이다. 이상주의<sup>理想主義</sup>와 현실주의<sup>現實主義</sup>에 방황하는 진옥희의 영혼을 뽑아 아름답게 표현<sup>表現</sup>한 수작<sup>秀作</sup>이다. 나림 선생만이 전할 수 있는 문제작으로 본다.

이 작품은 43년 전 소설이다. 1980년대는 혼돈의 시대였다. 1981년 절박한 시대에서 이 작품을 읽었다면, 보수·체제 수용 작품으로 받아들일 수도 있겠다. 그러나 유한한 삶에서 현실에 발을 디딘 현실제의 외침은 나림 선생의 육성이 아니었을까 생각한다.

> "이 체제에서도 정의롭게 행복하게 살 수 있다."
> "현실을 이기는 자만이 이상을 설<sup>說</sup>할 수 있다."
> 「거년<sup>去年</sup>의 곡<sup>曲</sup> ─ 잃어버린 청춘의 노래」·412-413면·71-72면

이 작품 말미는 철학이며 명문이다. 몇 단락을 옮겨 본다.

### 현실주의

"나는 어떻게 하건 이 현실 사회에서 승자가 되고 말 테다. 승자가 되고 난 후에 나는 이상을 찾을 테다. 현실에 이긴 사람이 아니고선 이상을 설할 자격이 없다."
고 자신만만하던 현실제!

그 아들에게 꿈을 위탁하고 무슨 굴욕이라도 참아왔을 늙은 아버지!
청평호의 그 수려수발한 풍광도 그 속에 몸부림치며 통곡하는 늙은 아버지의 뒤통수에 헝클어진 머리칼이 점경<sup>點景</sup>으로 끼었을 때 돌연 회색으로 바래진 황량한 사막으로 변했다. 진옥희를 겨우 일으켜 세운 것은 호롱불의 사상이었다.

"호롱불의 사상! 나쁘지 않군, 좋은데 좋아."

그 호롱불의 사상이 아니었더라면 진옥희는 곧바로 청평호의 물속으로 걸어 들어갔을지 모른다.

그러나 만일 내가 진옥희를 만나는 날이 있다면 다음과 같이 말할 참이다.

"호롱불의 사상? 그것은 거년<sup>去年</sup>의 곡<sup>曲</sup>일 뿐이다."

「거년<sup>去年</sup>의 곡<sup>曲</sup> – 잃어버린 청춘의 노래」· 412-413면 · 73-74면

나림 선생이 60세에 쓴 글을 나이 60세에 읽으니 작가의 숨은 의도가 이해된다. '호롱불 사상은 허망한 청춘의 노래이다.' 현실 – 통곡 – 호롱불 – '그년(?)'의 노래이다. 원문은 세로로 인쇄되어 있다. 1981년. 월간조선. 60세. 중편 30면. 2023년. 바이북스. 66면.


## 2. 작품 인물

「거년<sup>去年</sup>의 곡<sup>曲</sup> – 잃어버린 청춘의 노래」 주인공은 세 사람이다. S대 법대생 현실제·이상형·진옥희이다. 모두 복잡한 내면세계를 갖고 있다. 근대<sup>近代</sup>란 누구나 고시를 볼 수 있고, 누구나 법조인이 될 수 있는 세상을 말한다. 신분제도와 다르다. 그러나 현실제는 새로운 신분사회를 꿈꾼다. 진옥희도 왔다 갔다 하지만 마찬가지다. 이상형은 신분사회를 경멸한다. 인생은 고달프다. 그러나 교묘하게 변신한 '이상형' 유형이 또 다른 신분사회를 꿈꾼다. 오늘의 현실이다. 역사는 돌고 돈다.

### (1) 현실제

「거년<sup>去年</sup>의 곡<sup>曲</sup> – 잃어버린 청춘의 노래」는 <계곡 살인사건>(가평, 2019)과 유사하다. 청평호 익사<sup>溺死</sup> 사건을 다룬다. 동행자에게 살인 혐의를 추궁하고 있다.

한 척의 보트에 청춘남녀가 탑승했고, 그 보트가 전복되었다. 남자

는 죽고 여자만 살아남았다. 계획된 살인사건이 아닌지 검사는 의심할
만하다.

특히 사망자가 사법 시험에 합격한 예비 법조인이고 동승자도 S대
법과대학생이다. 주목받을 만하다.

이 작품은 살인죄 또는 부작위 살인죄를 다룬다. 다양한 이야기가
있다.

담당검사 허문수의 집요한 심문과정이 소설 전체를 관통한다. 소설
속 주인공들은 허문수 검사의 S대 법과대학 후배들이다. 현실주의자
현실제·이상주의자 이상형·중도주의자 진옥희이다.

이 작품의 재미는 세 사람이 펼치는 젊은 법대생의 의식구조와 인간
욕망이다. 현실제는 전형적인 법대생이다. 고시 합격·재벌과 혼담·
별장·부와 명예를 모두 꿈꾸는 '입신출세주의자'이다.

이 작품에서 현실제는 이 과정을 밟아 나간다. 그러나 재벌과 혼담
이 이루어지는 과정에 법대 동기 진옥희와 이루어질 수 없는 사랑에
빠진다. 단 한 번의 육체적 결합이 있었다. 그러나 현실제는 불장난으
로 생각한다. '용서해 달라'고 말하고 '잊어 달라'고 애원한다.

그러나 사랑의 심판자는 진옥희가 아니고, '청평호'가 맡는다. 청평
호에서 보트를 타고 '과거'를 이야기하다 두 사람은 갈등을 겪는다. 현
실제가 노를 휘두르는 바람에 보트는 중심을 잡지 못하고 뒤집힌다.
목격자는 없다. 허망한 죽음이다.

나림 선생은 "법률이 생명을 보호해 주지 못 한다"고 말한다. 현실
제의 아버지는 초등학교 교장 선생님이다. 아들 시체가 들어 있는 관
앞에서 통곡한다. 진옥희도 이 모습을 보고 실신한다. 현실제와 관련
된 작품의 맥락이다.

## (2) 이상형

이상형은 현실제의 대학 동기이다. 완전히 다른 유형의 인물이다.

입신출세와 거리가 멀다. 이상주의자이다. 사회발전을 꿈꾸는 자유주의자·아나키스트$^{Anarchist}$로 볼 수 있다. 학교를 떠나 교도소로 간다. 당시 운동권 학생의 인생행로$^{人生行路}$이다. 나림 이병주 선생은 이상형 유형을 작품에서 잘 녹여 묘사한다. 철학적 문장이 있다. 나림 이병주 선생은 현실제의 입을 통해 이상형을 '영웅주의자'라고 비판한다.

### 영웅주의

"그자는 단번에 영웅이 되고 싶은 거야. 그자의 정의감이란 건 결국 영웅 의식일 따름이야. 순서를 밟아 출세한다는 것이 그에게 있어선 너무 지루한 거야. 한데 세상은 그런 풋내 나는 영웅주의를 용납할 만큼 호락호락하지 않았다 이거야." 「거년$^{去年}$의 곡$^{曲}$ – 잃어버린 청춘의 노래」·403면·50-51면

### 이상주의

"상형은 이상주의자도 아냐. 스탈린처럼, 김일성처럼 권력을 휘두르고 싶은 거야. 호사를 하고 싶은 거야. 건전한 사상의 소유자도 출세의 계단을 한 칸 한 칸씩 걸어 올라가는데 그자는 한꺼번에 정상에 뛰어오르려고 덤비는 놈이야. 그자가 말하는 정의니 이상이니 하는 건 수단일 뿐이야. 말짱 헛거야. 거짓이야." 「거년$^{去年}$의 곡$^{曲}$ – 잃어버린 청춘의 노래」·404면·52-53면

## (3) 진옥희

나림 이병주 선생의 성명학$^{姓名學}$은 예술이다. 현실제$^{玄實濟}$·이상형$^{李相亨}$·두 남자 사이에서 갈팡질팡하는 법대생 진옥희$^{秦玉姬}$이다. 성$^{秦}$과 이름$^{玉姬}$ 또한 절묘하다. '진짜$^{秦}$ 옥$^{玉}$ 같은 계집애$^{姬}$.' S대 법과대학 수석 재학생이다. 그러나 운명의 장난은 심하다. 삼각관계를 만들어 놓는다. 나림 필법이다.

이상형이 재판받는 날 현실제와 진옥희는 법정 참관을 하고 저녁에 무교동에서 술을 마신다. 현실제는 만취하고 통행금지로 두 사람은 한 여관에서 밤을 새운다. 운명은 이 밤을 그냥 두지 않는다. 육체의 인

연이 삶을 방해한다. 혼담과 이별이 현실제에게 놓인 장애물이다. 선택은 뻔하다. 만약 토론이 진행된다면, 여성 토론자는 이런 주장을 펼칠 것이다.

### 현실주의

"진옥희는 현실제를 선택할 듯. 연애 때는 이상형 스타일이 매력일 수 있어요. 절대 잡히지 않는 남자. 하지만 결혼을 생각하면 현실적일 수밖에 없어요. 가정의 안정이 우선이니까요. 가족의 단란이 중요하니까요.

어차피 인간은 속물입니다. 속물성을 떨치기 위해 공부를 하고 학업을 쌓고 책을 읽는 거죠.

개인적 생각입니다만 일반적으로 남성은 단순합니다.

그러나 여성의 뇌 구조는 다릅니다. 복잡 · 미묘 · 이중적입니다. 남성이 이런 글 쓰면 당장 공격이 들어오겠지만 여성이라 이런 글 당당하게 쓸 수 있습니다."

작품에서 진옥희는 오랜 수사 끝에 무혐의 불기소처분을 받는다. 아마도 S대 형법 교수 T의 영향과 법대생 진옥희의 영리함, 물증이 없는 상황에서 허문수 검사가 내린 고뇌의 판단이었다.

작품 후반부에 나온다. 진옥희는 이상형을 기다리며 새로운 삶을 살기로 결심한다. 진옥희가 남긴 일기 문장은 압권이다. '호롱불 사상'이다. 세상을 밝히는 가치에 삶을 투신하기로 결심하는 사상이다. 이로써 남녀 관계는 작품에서 끝난다.

나림 이병주 선생은 이 사랑을 이렇게 말한다. '거년去年의 곡'. 오래된 노래이다. 나는 오독하여 '그년의 곡'으로 잘못 읽었다. '흘러간 옛날의 노래'로 나림 철학을 바탕으로 바로 읽었다. 중의법重義法은 나림 필법이다.

## 3. 작품 속 법

### (1) 사형폐지

「거년去年의 곡曲 – 잃어버린 청춘의 노래」는 나림 이병주 선생의 대표적 법률소설이다. 허문수許文洙 검사와 진옥희의 조사과정이 대화체로 자세히 설명되어 있다. 나림 선생이 법을 알고 조사를 받아 보았기 때문에 쓸 수 있는 문장이다. 재벌가 조서를 참고인조서라고 한다. 사형폐지론을 언급하면서, 진옥희 형사정책 기말고사 답안지를 소개한다. 사형집행 대안을 제시하면서, 사형선고 신중론을 펼친 내용이다. 법관의 양심을 강조한다. 사형선고 신중론은 대법원의 확고한 입장이다. 소설은 1981년이고, 대법원 선고는 2006년·2013년·2016년이다.

사형은 인간의 생명을 박탈하는 냉엄한 궁극의 형벌로서 사법제도가 상정할 수 있는 극히 예외적인 형벌이라는 점을 감안할 때, 사형의 선고는 범행에 대한 책임의 정도와 형벌의 목적에 비추어 누구라도 그것이 정당하다고 인정할 수 있는 특별한 사정이 있는 경우에만 허용되어야 한다. 따라서 사형의 선고 여부를 결정함에 있어서는 형법 제51조가 규정한 사항을 중심으로 범인의 연령, 직업과 경력, 성행, 지능, 교육정도, 성장과정, 가족관계, 전과의 유무, 피해자와의 관계, 범행의 동기, 사전계획의 유무, 준비의 정도, 수단과 방법, 잔인하고 포악한 정도, 결과의 중대성, 피해자의 수와 피해감정, 범행 후의 심정과 태도, 반성과 가책의 유무, 피해회복의 정도, 재범의 우려 등 양형의 조건이 되는 모든 사항을 철저히 심리하여야 하고, 그러한 심리를 거쳐 사형의 선고가 정당화될 수 있는 사정이 있음이 밝혀진 경우에 한하여 비로소 사형을 선고할 수 있다(대법원 2006. 3. 24. 선고 2006도354 판결, 대법원 2013. 1. 24. 선고 2012도8980 판결 등 참조).

우리 헌법은 제110조 제4항에서 법률에 의하여 사형이 형벌로서 선고될 수 있음을 전제로 하여 사형제도를 인정하고 있고 현행 법제상 다수의 범죄에 관하여 사형이 법정형으로 규정되어 있기는 하지만, 법관이 사형을 선고함에 있어서는 앞서 든 사항 등 고려할 수 있는 모든 양형의 조건들을 엄격하고도 철저히 심리하여 의문의 여지가 없을 정도로 사형의 선고가 정당화될 수 있을 때에만 비로소 그 사형의 선고가 허용된다는 것이 대법원의 확고한 입장임은 누차 확인된 바 있다.

【출처】대법원 2016. 2. 19. 선고 2015도12980 전원합의체 판결 [상관살해 · 상관살해미수 · 살인 · 살인미수 · 군용물절도 · 군용물손괴 · 군무이탈] 〈고성 군부대 총기난사 사건〉

사형폐지론은 「소설 · 알렉산드리아」(세대, 1965), 「겨울밤 − 어느 황제의 회상」(문학사상, 1974), 「칸나 · X · 타나토스」(문학사상, 1974)에서 지속적으로 다룬 주제다. 나림 선생의 공헌은 지대하다. 사형선고 신중론자 · 사형집행 유예론자 · 사형폐지론자이기 때문이다. 한 작가가 1965년부터 이 작품 출판 시점인 1981년까지 16년 동안 이렇게 줄기차게 집요하게 외치고 있기 때문이다. 공지영 작가도 나림 이병주 선생에게 깊이 영향을 받은 소설가이다. 『우리들의 행복한 시간』(해냄, 2005)이 그렇다.

## (2) 법학교육

나림 선생은 당시 법학교육을 신랄하게 비판한다. 인문학 · 역사 · 철학을 공부하지 않고는 법조문을 가르쳐서는 안 된다. 입신출세주의자들이 고시 공부로 청춘을 탈진脫盡 · 소진消盡하는 현실을 개탄한다.

자본주의 병폐 · 소크라테스와 돼지 · 재벌가 별세계 사람들 · 호롱불 사상 등 묵직한 주제들을 이 작품에 잔뜩 그려 놓았다. 나림 이병주 선생은 박학다식博學多識하다. 나림 이병주 선생만이 구사할 수 있는 필법이다. 진보사상과 보수사상을 관통하기 때문이다. 나림 선생은 '회색인'이 아니다. 이 점은 지적해 둔다.

## (3) 부작위 살인죄

작품 속 청평호 익사 사건의 재구성을 법률문제로 다루고 있다. 놀랍다. 이 사건 범죄혐의는 살인죄이다.

> 형법 제250조(살인, 존속살해)
>
> ① 사람을 살해한 자는 사형, 무기 또는 5년 이상의 징역에 처한다.
>
> ② 자기 또는 배우자의 직계존속을 살해한 자는 사형, 무기 또는 7년 이상의 징역에 처한다. 〈개정 1995.12.29〉
>
> **【출처】** 형법 일부개정 2023. 8. 8. [법률 제19582호, 시행 2023. 8. 8.] 법무부.

형법 제250조 제1항 살인죄가 성립하려면 살인 고의가 있어야 한다. 진옥희는 교묘하게 이 지점을 피해 간다. 살인 고의를 입증할 수 있는 단서들이다. 청평호 여행 동기·음주 정도·보트 탑승에서 절묘하게 답한다. 허문수 검사의 심문 과정에서 명확히 드러난다. 재벌가 혼담 관련 경찰 수사보고서이다. 법을 알고 쓴 소설이다. 경찰 수사보고서가 등장한다.

### R재벌의 딸과 혼담

경찰의 보고에 의하면 호반의 식당에서 두 남녀 사이에 언쟁 비슷한 일이 있었다는 것이고, 수사관의 보고에 의하면 현실제와 R재벌의 딸과의 혼담은 상당히 진척되어 있었고, 그 혼담의 당사자인 여자와 진옥희가 서로 만난 일조차 있다는 것이었다. 「거년去年의 곡曲 – 잃어버린 청춘의 노래」·402면·48면

부작위 살인죄 부분은 흥미롭다. 호수에 빠진 사람을 구하지 않은 장면이다. 형법 제18조 따르면 "위험 발생을 방지할 의무가 있거나 자기의 행위로 인하여 위험발생 원인을 야기한 자가 그 위험 발생을 방지하지 아니한 때"에는 그 발생된 결과에 의하여 처벌한다. 여기서 위험 발생을 방지할 의무가 보증인 의무이며, 보증인 의무를 발생시키는 지위가 보증인 지위이다.

부작위 살인죄가 성립하려면 보증인 지위가 있어야 한다. 이 경우 동승자에게 법적 의무가 있다. 사회상규에 의한 구조 의무이다. 진옥희가 수영을 할 수 있다는 점을 소설에서 언급한다.

실제 사건에서는 몇 가지를 더 확인해야 한다. 익사 직전·직후 사

람을 구조할 수 있을 정도의 '수영 실력자 또는 수영 구조 자격자인 가?'이다. 핵심은 구조가능성이다. 작품 속 사건에서 진옥희 경우 스스로 수영을 할 수 있을 정도이다. 따라서 진옥희에게 법적 구조 의무를 물을 수 없다. 이러한 내용들이 이 작품에 자세하게 묘사되어 있다. 나림 선생은 부작위범을 정확히 알고 보증인 지위와 보증인 의무를 꿰뚫고 있다. 부작위범 범죄체계를 아는 작가이다.

「거년去年의 곡曲 - 잃어버린 청춘의 노래」에 고의·과실·인과관계 문제도 나온다. 나림 선생은 부작위범에 대한 법이론을 제대로 이해하며 작품을 집필했다. 부작위범은 법률가에게도 어려운 분야이다.

> **형법 제18조(부작위범)**
> 위험의 발생을 방지할 의무가 있거나 자기의 행위로 인하여 위험발생의 원인을 야기한 자가 그 위험발생을 방지하지 아니한 때에는 그 발생된 결과에 의하여 처벌한다.

> **형법 제17조(인과관계)**
> 어떤 행위라도 죄의 요소되는 위험발생에 연결되지 아니한 때에는 그 결과로 인하여 벌하지 아니한다.

> **형법 제13조(고의)**
> 죄의 성립요소인 사실을 인식하지 못한 행위는 벌하지 아니한다. 다만, 법률에 특별한 규정이 있는 경우에는 예외로 한다. [전문개정 2020.12.8]

> **형법 제14조(과실)**
> 정상적으로 기울여야 할 주의(주의)를 게을리하여 죄의 성립요소인 사실을 인식하지 못한 행위는 법률에 특별한 규정이 있는 경우에만 처벌한다. [전문개정 2020.12.8]
> 【출처】 형법 일부개정 2023. 8. 8. [법률 제19582호, 시행 2023. 8. 8.] 법무부.

「거년去年의 곡曲 - 잃어버린 청춘의 노래」은 1981년 작품이다. 38년 후 동일한 법리의 유사 사건이 실제 발생한다.

2019년 6월 30일 경기도 가평 용소계곡에서 벌어진 '계곡 살인사건'이다. 경기도 가평군 계곡의 용소폭포에서 아내가 다른 남자 친구와 공모하여 남편을 익사하게 만든다. 처음에 경찰도 단순 물놀이 중 사망한 사건으로 내사 종결한다.

그러나 유족의 호소로 지능범죄수사팀에서 재수사하여 사건 전모를 밝혀낸다. 법원은 부작위에 의한 살인죄로 판결한다. 부작위지만 작위 살인과 다름없는 행위의 동가치성이 있다고 판단한다. 2023년 9월 21일 대법원에서 최종적으로 무기징역이 확정된다(대법원 2023. 9. 21. 선고 2023도6086 판결).

고인의 유족이 제기한 이들 부부의 혼인무효확인소송에서 인천가정법원은 2024년 4월 21일 혼인무효 판결을 선고한다.

「거년去年의 곡曲 – 잃어버린 청춘의 노래」는 사건 정황과 종결처분이 다르다. 그러나 오랜 세월이 지난 후 특이한 유형의 동종 법리 사건이 실제 발생한 일은 대단히 흥미롭다.

## (4) 세월호 사건

나림 이병주 선생이 지금 생존해 계신다면, '세월호'사건[2014]을 틀림없이 작품으로 다루었을 것이다. 세월호 사건은 부작위 살인죄가 쟁점이 되었다. 구호 조치를 해야 할 선장이 구호 조치를 하지 않고, 보트를 타고 현장을 이탈했기 때문이다. 대법원은 보증인 지위·보증인 의무·부작위·인과관계·고의를 인정하였다. 대법원 판결문을 읽어보자. 정치한 판결문이라 그대로 옮긴다. 긴 문장만 끊었다.

### 부작위범

[1] 범죄는 보통 적극적인 행위에 의하여 실행된다. 하지만 때로는 결과의 발생을 방지하지 아니한 부작위에 의하여도 실현될 수 있다. **형법 제18조**는 "위험의 발생을 방지할 의무가 있거나 자기의 행위로 인하여 위험발생의 원인을 야기한 자가 그 위험발생을 방지하지 아니한 때에는 그 발생된 결과에 의하여 처벌한다."라고 하여 부작위범의 성립 요건을 별도로 규정하고 있다.

### 작위와 부작위

자연적 의미에서의 부작위는 거동성이 있는 작위와 본질적으로 구별되는 무無에 지나지 않는다. 하지만 위 규정에서 말하는 부작위는 법적 기대라는 규범적 가치판단 요소에 의하여 사회적 중요성을 가지는 사람의 행태가 되어 법적 의미에서 작위와 함께 **행위의 기본 형태**를 이루게 된다.

### 구조행위가능성

그러므로 특정한 행위를 하지 아니하는 부작위가 형법적으로 부작위로서의 의미를 가지기 위해서는, 보호법익의 주체에게 해당 구성요건적 결과발생의 위험이 있는 상황에서 행위자가 구성요건의 실현을 회피하기 위하여 요구되는 행위를 현실적·물리적으로 **행할 수 있었음**에도 하지 아니하였다고 평가될 수 있어야 한다.

### 행위자의 법적 지위와 보증인 의무

나아가 살인죄와 같이 일반적으로 작위를 내용으로 하는 범죄를 부작위에 의하여 범하는 이른바 부진정 부작위범의 경우에는 보호법익의 주체가 법익에 대한 침해위협에 대처할 보호능력이 없고, 부작위행위자에게 침해위협으로부터 법익을 보호해 주어야 할 **법적 작위의무**가 있을 뿐 아니라, 부작위행위자가 그러한 보호적 지위에서 법익침해를 일으키는 사태를 지배하고 있어 작위의무의 이행으로 결과발생을 쉽게 방지할수 있어야 부작위로 인한 법익침해가 작위에 의한 법익침해와 동등한 형법적 가치가 있는 것으로서 범죄의 실행행위로 평가될 수 있다. 다만 여기서의 작위의무는 **법령, 법률행위, 선행행위**로 인한 경우는 물론, **신의성실의 원칙**이나 **사회상규** 혹은 **조리상 작위의무**가 기대되는 경우에도 인정된다.

### 고의

또한 부진정 부작위범의 고의는 반드시 구성요건적 결과발생에 대한 목적이나 계획적인 범행 의도가 있어야 하는 것은 아니고 법익침해의 결과발생을 방지할 법적 작위의무를 가지고 있는 사람이 의무를 이행함으로써 결과발생을 쉽게 방지할 수 있었음을 예견하고도 결과발생을 용인하고 이를 방관한 채 의무를 이행하지 아니한다는 인식을 하면 족하다. 이러한 작위의무자의 **예견** 또는 **인식** 등은 확정적인 경우는 물론 불확정적인 경우이더라도 **미필적 고의**로 인정될 수 있다. 이때 작위의무자에게 이러한 고의가 있었는지는 작위의무자의 진술에만 의존할 것이 아니라, 작위의무의 발생근거, 법익침해의 태양과 위험성, 작위의무자의 법익침해에 대한 사태지배의 정도, 요구되는 작위의무의 내용과 이행의 용이성, 부작위에 이르게 된 동기와 경위, 부작위의 형태와 결과발생 사이의 상관관계 등을 종합적으로 고려하여 작위의무자의 심리상태를 추인하여야 한다.

[2] 선장의 권한이나 의무, 해원의 상명하복체계 등에 관한 해사안전법 제45조, 구 선원법(2015. 1. 6. 법률 제13000호로 개정되기 전의 것) 제6조, 제10조, 제11조, 제22조, 제23조 제2항, 제3항은 모두 선박의 안전과 선원 관리에 관한 포괄적이고 절대적인 권한을 가진 선장을 수장으로 하는 효율적인 지휘명령체계를 갖추어 항해 중인 선박의 위험을 신속하고 안전하게 극복할 수 있도록 하기 위한 것이다.

### 선장 법률상 의무

그러므로 선장은 승객 등 선박공동체의 안전에 대한 총책임자로서 선박공동체가 위험에 직면할 경우 그 사실을 당국에 신고하거나 구조세력의 도움을 요청하는 등의 기본적인 조치뿐만 아니라 위기상황의 태양, 구조세력의 지원 가능성과 규모, 시기 등을 종합적으로 고려하여 실현가능한 구체적인 구조계획을 신속히 수립하고 선장의 포괄적이고 절대적인 권한을 적절히 행사하여 **선박공동체 전원의 안전**이 종국적으로 확보될 때까지 적극적·지속적으로 **구조조치를 취할 법률상 의무**가 있다.

### 승무원 구조 의무

또한 선장이나 승무원은 수난구호법 제18조 제1항 단서에 의하여 조난된 사람에 대한 구조조치의무를 부담하고, 선박의 해상여객운송사업자와 승객 사이의 여객운송계약에 따라 승객의 안전에 대하여 **계약상 보호의무**를 부담하므로, 모든 승무원은 선박 위험 시 서로 협력하여 조난된 승객이나 다른 승무원을 적극적으로 구조할 의무가 있다.

### 부작위와 가설적 인과관계

따라서 선박침몰 등과 같은 조난사고로 승객이나 다른 승무원들이 스스로 생명에 대한 위협에 대처할 수 없는 급박한 상황이 발생한 경우에는 선박의 운항을 지배하고 있는 선장이나 갑판 또는 선내에서 구체적인 구조행위를 지배하고 있는 선원들은 적극적인 구호활동을 통해 보호능력이 없는 승객이나 다른 승무원의 사망 결과를 방지하여야 할 작위의무가 있다. 그러므로 법익침해의 태양과 정도 등에 따라 요구되는 개별적·구체적인 구호의무를 **이행**함으로써 사망의 **결과**를 쉽게 **방지**할 수 있음에도 그에 이르는 사태의 핵심적 경과를 그대로 방관하여 사망의 결과를 초래하였다면, 부작위는 작위에 의한 살인행위와 동등한 형법적 가치를 가지고, **작위의무를 이행하였다면 결과가 발생하지 않았을 것이라는 관계가 인정될 경우에는 작위를 하지 않은 부작위와 사망의 결과 사이에 인과관계가 있다.**

【출처】대법원 2015. 11. 12. 선고 2015도6809 전원합의체 판결〈세월호 사건〉

내가 '틀림없이 작품으로 다루었을 것이다'라고 표현한 이유가 있다. 나림 이병주 선생은 '관부연락선'을 자주 탑승하였다. 바다와 배를 잘 알고 있다. 여러 작품에 해상 사고가 나온다. 그래서 틀림없이 이 비극을 작품으로 승화하였을 것이다. 나림 선생은 역사의 비극을 참지 못했다. 선생은 기록소설가이다.

대문호의 필력이 그립다. 현재『세월호』소설은 한국 문단에 몇 편 등장했다. 「세월호」 문제는 정치·경제·사회·문화·교육·인간·바다·법이 모두 연결되어 있다. 아픔과 후유증이 너무 크다. 문학은 아픈 자의 상처와 눈물을 닦아 주는 예술이다. 곧 대형작가가 등장할 것이다. 현장에서 아픔을 겪은 사람이다. 소설은 치유학·용서학이다.

### (5) 불기소처분

어쨌든 청평호 보트 전복 익사 사건은 이 작품에서 무혐의 불기소 처분이 내려졌다.

진옥희는 무사히 석방된다. 소설에 이렇게 표현되어 있다. '양심의 감옥에서 속죄하시오!' 나림 선생 문장을 읽어보자.

### 양심 감옥

총명한 두뇌와 차가운 심성을 그냥 그대로 조각彫刻해 놓은 것 같은 진옥희를 한참 동안 바라보고 있다가 허 검사는 이윽고 단斷을 내렸다.

"돌아가시오. 마지막으로 후배에게 선배로서 한마디 하겠소. 형벌은 꼭 감옥에서만 받아야 하는 것이 아니요. 양심의 감옥이란 것도 있소. 이 사건엔 반드시 당신이 책임져야 할 죄罪의 부분이 있소. 다만 그걸 법률로썬 다루지 않겠다는 것뿐이오. 그건 미스 진의 양심에 맡기겠소."

검찰청의 뜰엔 벌써 가을의 빛이 있었다. 여학생을 섞어 5, 6명의 친구 학생들이 저편 벤치에 앉았다가 일어서서 달려오는 것이 보였다.

「거년去年의 곡曲 – 잃어버린 청춘의 노래」·411면·70-71면

현실제의 아버지가 관棺 앞에서 통곡한다. 이 장면에서 우리나라 아버지들이 생각났다. 오늘의 50~60대는 부모의 삶을 연료로 탄생한 도자기陶瓷器들이다. 나림 선생의 문장을 정독했다. 이 작품은 패자敗者의 슬픈 가족사로 끝난다. 아버지의 오열嗚咽이다.

아들의 시체가 들어 있는 초라한 관棺 앞에 엎드려 몸부림치며 우는 늙은 국민학교 교장의 뒤통수에 헝클어져 있던 머리칼이 눈앞에 선하게 떠오르자 진옥희는 호반의 풀밭에 쓰러져 버렸다. 흘러내리는 눈물을 감당할 수가 없었다. 「거년去年의 곡曲 – 잃어버린 청춘의 노래」·413면·73면

그러나 2019년 실제 발생한 <계곡 살인사건>처럼 보험 문제가 연결되어 있고, 치정癡情이 관련되어 있다면, 수사기관은 정밀하게 검토할 것이다. 피해자 가족이 검사의 종결처분에 불복하면, 사건은 복잡해진다.

불복방법은 검찰항고檢察抗告 또는 재정신청裁定申請이다. 검찰항고는 검사의 처분에 불만이 있는 경우, 고소·고발인이 결과 통지를 받은 날로부터 30일 이내에 상급기관인 관할 고등검찰청장抗告 또는 검찰총장

<sup>재항고</sup>에게 재수사를 요구하는 것이다(검찰청법 제10조). 요구가 받아들여지면 재수사가 가능하다.

이 경우 검사는 사건을 기소하고 법정에서 법리를 다툰다. 억울한 피해자가 있기 때문이다. 그럼에도 검사가 기소하지 않으면, 피해자 가족은 관할 고등법원에 재정신청을 할 수 있다(형사소송법 제260조). 검사의 불기소처분에 대한 항의 표시다. 피해자 구제제도이다. 물론 이 소설 「거년<sup>去年</sup>의 곡<sup>曲</sup> – 잃어버린 청춘의 노래」속 등장 인물<sup>진옥희</sup>은 기소되지 않았고 여기까지 나아가지 않았다.

> **형사소송법 제260조(재정신청)**
> ① 고소권자로서 고소를 한 자(「형법」 제123조부터 제126조까지의 죄에 대하여는 고발을 한 자를 포함한다. 이하 이 조에서 같다)는 **검사로부터 공소를 제기하지 아니한다는 통지를 받은 때에는 그 검사 소속의 지방검찰청 소재지를 관할하는 고등법원(이하 "관할 고등법원"이라 한다)에 그 당부에 관한 재정을 신청할 수 있다.** 다만, 「형법」 제126조의 죄에 대하여는 피공표자의 명시한 의사에 반하여 재정을 신청할 수 없다. 〈개정 2011.7.18〉
> ② 제1항에 따른 재정신청을 하려면 「검찰청법」 제10조에 따른 항고를 거쳐야 한다. 다만, 다음 각 호의 어느 하나에 해당하는 경우에는 그러하지 아니하다.
> 　1. 항고 이후 재기수사가 이루어진 다음에 다시 공소를 제기하지 아니한다는 통지를 받은 경우
> 　2. 항고 신청 후 항고에 대한 처분이 행하여지지 아니하고 3개월이 경과한 경우
> 　3. 검사가 공소시효 만료일 30일 전까지 공소를 제기하지 아니하는 경우
> ③ 제1항에 따른 재정신청을 하려는 자는 항고기각 결정을 통지받은 날 또는 제2항 각 호의 사유가 발생한 날부터 10일 이내에 지방검찰청검사장 또는 지청장에게 재정신청서를 제출하여야 한다. 다만, 제2항 제3호의 경우에는 공소시효 만료일 전날까지 재정신청서를 제출할 수 있다.
> ④ 재정신청서에는 재정신청의 대상이 되는 사건의 범죄사실 및 증거 등 재정신청을 이유있게 하는 사유를 기재하여야 한다.
> [전문개정 2007.6.1]
> **【출처】형사소송법 일부개정 2022. 5. 9. [법률 제18862호, 시행 2022. 9. 10.]** 법무부.

회상해 보면, 1981년은 내가 대학에 입학한 해이다. 사회 혼란기였다. 이 시대 대중문학에서 높은 수준의 법률소설이 나타났다. 이병주 소설이 법대생에게 관심을 받은 이유이다. 그 당시 이병주 소설을 읽은 법대생과 읽지 않은 법대생으로 구분했다고 한다. 나림 선생은 문학을 통해 법을 통찰한 작가이다.

## (6) 계곡 살인사건

2019년 실제 발생한 가평 <계곡 살인사건>은 가평경찰서에서 수사를 종결하고, 무혐의 처분으로 종결되었다. 그러나 피해자 가족의 제보가 다시 들어왔다. 일산경찰서가 재수사에 착수했다. 범죄혐의를 밝혀내고 검사는 피해자 부인을 살인죄로 기소하였다. 법원은 피고인에게 살인죄를 적용하여 무기징역을 선고하였다.

수사 당시 수사관들이 「거년去年의 곡曲 – 잃어버린 청춘의 노래」(월간조선, 1981)를 읽었다면, 많은 도움을 받았을 것이다. 그러나 아무도 이 소설을 언급하지 않았다. 언론도 마찬가지다. 문학도 마찬가지다. 법학도 마찬가지다.

허문수 검사의 심문방식은 치밀하고, 논리적이다. 불기소처분을 하면서 진옥희에게 전해준 수사 종결은 압권이다. 나는 '수사가 저렇게 진행될 수도 있겠구나'하고 생각했다.

### 사건 재구성

허 검사는 담배를 비벼 끄고 일어서서 창밖을 보며
"나는 이렇게 이야기를 꾸몄으면 좋겠어."
라고 전제하곤,
"진옥희와 현실제는 법과대학 한 반 학생으로 친숙한 사이로서 어느덧 연애 관계가 맺어졌다. 그런데 현실제가 고등고시 사법시험에 합격하자 모 부호의 딸과의 사이에 혼담이 진행되었다. 진옥희는 불쾌한 마음이 되었다. 어느 날 진옥희는 가능하다면 현실제의 마음을 돌이켜 볼 작정으로 청평에 놀러 가자고 현실제를 꾀었다. 현실제도 얼마간의 마음의 부담이 있는 것이어서 그 권유마저 물리칠 수 없었다. 진옥희는 호반의 식당에서 식사를 하는 도중 현실제에게 애원도 해보고 추근거려 보기도 했다. 현실제는 진옥회의 끈덕진 태도에 화를 내어 맥주에 소주를 섞어 마셨다. 그 후 진옥희는 싫어하는 현실제를 강제로 보트에 태웠다. 그러고는 되도록이면 사람의 눈에 보이지 않는 후미진 곳으로 저어 갔다. 배 위에서도 진옥희의 호소가 있었다. 끝끝내 말을 들어 주지 않자 진옥희는 돌연 살의를 느꼈다. 진옥희는 현실제가 수영할 줄 모른다는 사실을 잘 알고 있었다. 주변에 보는 눈이 없다는 것을 확인하자 진옥희는 뱃전을 강하게 밟아 보트를 전복시켰다. 수영을 잘하는 진옥희는 살려 달라는 현실제의 아우성을 못 들은 척하고 헤엄쳐 나오다가 지금 건져 내어도 끝장이 나 있으리라고 짐작이 되는 시간, 지나가는 모터보트를 향해 구원을 청했다. 어때 이 스토리는?" 「거년去年의 곡曲 – 잃어버린 청춘의 노래」·411면·68-69면

검사와 경찰이 「거년去年의 곡曲 – 잃어버린 청춘의 노래」를 교육교 재로 삼아 시사점을 얻었으면 좋겠다. 형사사건은 사건 발생 초기에 여러 각도로 수사하면, 거의 수사 과정에서 정의를 찾을 수 있다.

허문수 검사의 분석과 질문은 경청할만하다. 작품을 읽으면서 허문수 검사의 심문방식에 공감하였다. 나림 선생의 수사 '체험'이 녹아난 듯하다. 소설 문장은 간결하고 명료하다. 나림 선생의 문장文章 특징이다.

## (7) 근대 여성

「거년去年의 곡曲 – 잃어버린 청춘의 노래」는 그 외에도 진옥희의 법과대학 지원 동기를 재미있게 다루고 있다. 우리나라 법과대학 여학생들의 초창기 역사로 흥미롭게 읽었다. 그 당시 여학생이 법대로 진학하는 일은 흔하지 않았다. 진옥희의 '여성해방'·'아나키즘' 사상이 대화체로 나온다. 나림 문학이 추구하는 근대 여성이다.

나림 선생은 여성을 존중한다. 진옥희도 그런 인물이다. 총명한 근대형 여성상이다. 이병주 소설의 특징은 근대와 자유다. 근대란 계층

이동과 신분 변동이다. 여기에 자유의지를 담았다. 이병주 문학은 학병·분단·근대화·민주화를 기록하고 있다. 진옥희가 S대 법대생이면 근대 여성의 모든 요건을 갖춘 것이다.

현실제와 진옥희의 첫 경험도 등장한다. 무교동 장면은 소설에서 중요한 부분이다. 남녀의 정신세계와 심리변화가 정밀하게 묘사되어 있다. 현실제의 사고방식을 진옥희는 경멸한다. 남성 마초와 근대 여성의 충돌이다. 벌레와 나무의 충돌이다. 진옥희의 대사가 압권이다.

> "결코 승리자인 척하지 말어." 현실제와 진옥희
> 「거년去年의 곡曲 – 잃어버린 청춘의 노래」·407면·60면

근대 여성이 수구 남성에게 뱉을 수 있는 최고 경멸이다. 나림 선생은 근대 여성의 자아自我를 자극한다. 소설 마지막에 혼돈을 겪는 진옥희에게 이 한 문장으로 조언한다. 여성을 존경하며 성숙한 여성이 되길 기원한다. 나림 선생 문장을 읽어보자.

> **호롱불 사상**
> 만일 내가 진옥희를 만나는 날이 있다면 다음과 같이 말할 참이다.
> "호롱불의 사상? 그것은 거년去年의 곡曲일 뿐이다."
> 「거년去年의 곡曲 – 잃어버린 청춘의 노래」·413면·73면

## 4. 작품 현대 의미

「거년去年의 곡曲 – 잃어버린 청춘의 노래」가 남긴 오늘의 의미는 무엇일까. 과연 어떠한 의미를 뽑을 수 있을까? 깊이 생각했다. 이 소설의 현재성이다. 내가 이 책을 집필한 이유이다. 나는 작가·기록자집념·현대 여성·젊음의 가치·청춘의 의미·제목去年의 의미·법률가에 대한 평가·익사溺死의 의미·특권화·신귀족·법학교육의 문제점·법률가 정치의 한계·국회의원 선거를 현재의 관점에서 평석했다.

## (1) 기록자 집념

소설에서 현실現實은 죽고, 이상理想만 남는다. 현실제는 익사하고, 이상형은 교도소에 갇혀 있다. 진옥희는 이상형을 기다린다. 자살과 사상을 교환한다. 1981년 한국의 사회 문화와 애정관이다. 나림 선생은 슬픈 현실을 기록하여 문학으로 남겨 두었다. 작가의 집념執念이다. 『우아한 집념』(바이북스, 2023)이다. 근대 사회 자화상이다. 푸른 고등어가 몸부림치는 모습이다. 세상은 이렇게 흘러왔다. 작가가 남긴 말이다.

## (2) 현대 여성

진옥희는 나림 선생이 작품에서 아끼는 인물이다. 총애하는 여성상이다. 나림 선생의 여성상은 시대별로 변신한다. 『관부연락선』(월간중앙, 1968. 장편) 서경애, 「쥘부채」(세대, 1969. 중편) 신명숙, 『허상과 장미』(경향신문, 1970. 장편) 최경애 등의 인물이다. 물론 최경애는 지성적 순종형으로 약간 철학적 결潔이 다르다. 그러나 모두 시대에 저항하는 여성이다. 나림 선생은 현대 여성의 가시밭길을 작품에 새겼다.

## (3) 젊음의 가치

근대 여성의 공통점은 진보 가치·호롱불 가치에 목숨을 바친 사람이다. 영혼이 순수하다. 책을 덮으면 가슴이 아린다.

근대에서 청춘은 도전을 말한다. 벽이 무너지고 들판이 나타난다. 청춘은 들판을 달린다. 전통은 가고 근대가 온다. 해방 세대가 민주화 세대의 젊음을 목격한다. 도전은 힘에 겨운 무언가를 시도하는 몸부림이다. 나림 선생이 진옥희에게 전하는 말이다.

> **젊다**
> '초롱불 사상'은 허망한 노래다.
> 잃어버린 청춘의 노래다.
> 「거년去年의 곡曲 – 잃어버린 청춘의 노래」는 내 과거와 같은 노래이다.

진옥희에게 내 삶을 들려주고 싶다.

왜냐하면 '너는 아직 젊기 때문이다.'

「거년去年의 곡曲 – 잃어버린 청춘의 노래」·413면·73면

나는 이렇게 해석했다. 이 작품의 대주제이다. 젊음을 아껴라. 청춘을 아껴라. 소중한 목숨이다.

### (4) 제목 의미

나림 선생은 한학漢學에 정통한 작가이다. 제목이 비상하다. 「거년去年의 곡曲 – 잃어버린 청춘의 노래」. 여기서 「거년去年의 곡曲」은 동양고전에 나오는 표현이다. 거년去年은 올해의 바로 앞의 해年이다. "민주화시대 바로 그 이전 시대, 내가 살았던 그 혼돈의 전쟁 시대와 독재 시대"를 말한 듯하다. "잃어버린 청춘의 노래를 다시 부른다. 들리는가. 내 충언이⋯." 나는 이렇게 읽었다.

나림 선생은 '나에게 청춘은 없었다'고 회고한다. 60세 회갑回甲에 안타까운 그 청춘을 말한다. 60대가 되자 세상을 보다 유연하고 폭넓게 바라보는 시각을 얻는다. 1981년 <월간조선>에 실린 소설이 남긴 의미다. 60세가 되어 소설을 읽으니 어렴풋이 '진언眞言'을 알 듯하다.

"너희들은 소중하다."

나림 이병주 선생은 청춘을 소중하게 생각했다.

### (5) 법률가 평가

「거년去年의 곡曲 – 잃어버린 청춘의 노래」는 법률가에게 무엇을 남겼을까. 법과대학·사법 시험·법률가를 어떻게 평가할 수 있을까.

이 작품을 읽으면서 느낀 솔직한 심정은 정말 우울하다. 나라와 사회와 사람을 모두 멍들게 했기 때문이다.

2009년까지 법과대학은 오로지 '고시'였다. 거의 학생들 전부가 고시에 매달렸다. 0.4% 합격률이다. 수도권 몇몇 대학이 합격률 대부분

을 점령했다. 대학은 피폐했고, 학생들은 법조문과 법서를 읽었다. 몇 년을 해도 합격이 어려운 시험이었다. 천재와 시험기술자들이 계속 이 대열에 합류했다. 근대가 와도 신분 상승의 욕망은 사라지지 않았다.

정부는 큰 손해가 없었다. 매년 필요한 소수 인재만 충원하면 되기 때문이다. 합격자는 특권자·신귀족이 되었다. 중앙집권은 가속화하였다. 극소수를 제외하고 법률가는 권력의 부속품이 되었고, 권력을 휘둘렀으며, 권력에 취했고, 권력을 남용했다. 오늘날도 반복되고 있다. 한국 근대사회 발전사이다. 일부 법률가들은 정치를 혁신한다며 의회 권력을 장악했다. 이제 법률가가 지배하는 세상이 되었다.

### (6) 익사溺死 의미

나림 선생은 '이것을·이 괴물을' 신랄하게 비판하였다. 작품에서 현실제를 '청평호'에 빠뜨려 익사시켰다. 아버지의 통한은 고시생과 애독자를 돌아보게 한다.

나림 선생의 관점에서 보면, 특권화는 '오래된 곡哭'이다. 옛날 왕조 시대 과거제도를 '익사'시킨 것이다. 현실제의 죽음의 의미이다. 내 독서법이다. "세상은 마음대로 안 된다." 운명이라는 이름 아래서만 죽을 수 있다. 나림 선생 문장을 몇 단락 인용한다. 패자의 모습이다.

**죽음**
그러나 나와 현실제의 죽음과엔 아무런 관련도 없다. 그는 그가 좋아하고 믿었던 법률이 절대로 보호할 수 없는 인생의 국면이 있다는 것을 스스로 증명하기 위해서 죽은 것이다. 「거년去年의 곡哭 – 잃어버린 청춘의 노래」·413면·73면

**세상**
아무리 능숙한 계산의 능력을 가졌더라도 세상은 마음대로 안 된다는 것을 증명하기 위해 죽은 것이다. 「거년去年의 곡哭 – 잃어버린 청춘의 노래」·413면·73면

관

그런데 아들의 시체가 들어 있는 초라한 관棺 앞에 엎드려 몸부림치며 우는 늙은 국민학교 교장의 뒤통수에 헝클어져 있던 머리칼이 눈앞에 선하게 떠오르자 진옥희는 호반의 풀밭에 쓰러져 버렸다. 흘러내리는 눈물을 감당할 수가 없었다. 「거년去年의 곡曲 − 잃어버린 청춘의 노래」·413면·73면

나림 선생은 작품에서 아들과 아버지의 삶을 잔인하게 찢어놓았다. 많은 사람이 이런 운명의 장난을 경험했다. 운명이라는 이름으로 설명할 수밖에 없다. 天命之謂性. 천명運命은 만남性이다. 일과 사람이다.道

## (7) 법학교육

나림 이병주 선생은 영국 법학교육을 소개한다. 문사철文史哲 교양을 갖춘 법학교육을 강조한다. 나림 선생이 생각하기에 사법 시험은 특권을 위한 시험이 아니고, 직업으로서 자격시험이다. 다양한 사고를 함양하고, 사람과 세상을 이해하는 가운데 교육을 통해 양성되고 활동하는 상식을 갖춘 전문직업인이다. 나림 선생은 1981년에 법학교육과 고시 제도의 폐해를 알고, 교양 잡지 <월간조선>에 중편 소설로서 분노를 표출한 것이다.

이 문제의 심각성은 60년 동안 지속되었다. 법학교육 정상화 노력은 많은 논란 끝에 급변했다. 기득권을 부수는 일은 암벽을 부수는 일이었다. 2009년 법학전문대학원로스쿨 체제로 법학교육 혁명이 발생했다. '판板'을 갈았기 때문이다. 그러나 로스쿨 제도도 방향을 잃으면 옛날로 회귀할 수 있다. 합격률 제한과 수도권 중심 사고 구조 때문이다. 지방을 경시하는 풍조가 높다. 지방으로 내려오면 재수하고, 합격하면 서울로 간다. 사람·돈·기업·경제가 수도권에 집중되어 있기 때문이다. 특권을 유지하려는 사람이 그 암벽을 절대 허물지 않는다. 젊은 법조인도 결혼을 위해, 자식을 위해, 성공을 위해 서울로 간다.

나림 이병주 선생이 왜 영국 법학교육을 소개하면서 문사철<sup>文史哲</sup> 교양을 갖춘 법학교육을 갈망하였는지 알 듯하다. 사회구조가 바뀌고, 교육 방법이 바뀌고, 사람의 뇌가 바뀌어야 정상화된다. 지방균형발전·인간학·상식이다. 법학교육은 특권화·귀족화 교육이 아니다.

### (8) 법률가 정치

더 심각한 것은 법조인 정치 진출이다. 사직 후 정상적인 시민으로 활동하다 정당인이 된다면 무슨 문제가 있겠는가. 그러나 재임하다 사직하고 바로 정당인으로 변신해 정치인이 되는 것이다. 정보를 안고 정치인이 되는 행태는 정치문화·정치발전에 도움이 되지 않는다. 공직 사회를 멍들게 한다.

현재 보수당·진보당에서 많은 법조인이 활동하고 있다. 정치의 벽이 높아 잘 들어갈 수 없었던 직역이다. 정치 초년생은 대부분 중견 정치인에게 추천을 받는다. 이 소설에서 이상형 유형의 인물이다.

세상은 민주화 운동으로 많이 바뀌었다. 진보 법대생이 격동의 젊은 시절을 무사히 보내면, 고시 합격 후 정상 괘도에서 정치권에 수혈된다. 운동권에서 제도권으로, 혁명가에서 혁신가로, 교도소에서 국회로 이동한다. 현재 우리가 만나는 정치인이다. 정치 현장은 70년 동안 변했다. 지금 정치권은 이 두 세력이 충돌하고 있다. '뿌리' 논쟁이다. 쉽게 말하면 운동권과 제도권의 '족보' 투쟁이다. 치열한 인간 본성이 정치권에 투영된 것이다.

나림 작품은 이상형이 가야 할 길을 제시한다. 그러나 그들도 본질상 영웅주의에 몰입되어 있다. 「거년<sup>去年</sup>의 곡<sup>曲</sup>─잃어버린 청춘의 노래」에 명문이 있다.

> "자본주의 사회에서도 얼마든지 훌륭하게 살 수가 있어. 자기 자신만을 위하지 않고 대중과 더불어 잘사는 길이 얼마든지 있어. 정당한 수단으로 행복을 구축할 방법도 있어. <중략> 그 녀석은 돈키호테도 아

냐.”「거년去年의 곡曲 ─ 잃어버린 청춘의 노래」·404면·51-52면

나림 이병주 선생이 S대 법대생들이 펼치는 오늘의 정치 세상을 보면서 어떤 말을 남길지 궁금하다. 나림 작품에서 '청평호'는 말한다. 여기서 청평호란 '우주 섭리가 집결된 곳'이다. 젓가락으로 집어 올린 '현실제'의 모습이다. 인간은 자연 앞에 먼지이다. '이상형'과 '진옥희'를 '이 년 놈'들이라고 부른다. 이들의 아버지와 어머니 모습은 슬픈 우리 부모님들의 자화상이다.

나림 선생은 모두 죽어야 자연의 위대함을 안다고 설파한다. 우주는 사상이고 예술이고 치밀하다. 우주의 섭리에 슬퍼하지 마라. 이 소설 마지막 장면이다.

**청평호**

하나의 젊은 생명을 삼키고도
청평호는 가을의 태양을
그 거창한 규모 가득히 안고,
초가을의 정취에 물들어
그날도 수려수발秀麗秀拔하기만 했다.
청평호는 웅대한 사상이었다.
청평호는 웅대한 예술이었다.
웅대하면서도 치밀한 풍광.
이 풍광 속에서라면
죽어 아까울 것이란 없을 것이 아닌가.

진옥희의 죄의식이
그 풍광을 배경으로 선명하게 나타났지만
고통으로까진 번지지 않았다.
「거년去年의 곡曲 ─ 잃어버린 청춘의 노래」·413면·73면

나림 필법이다. 문학적 분노다. 한 편의 시詩다. 형법학자가 「거년去年의 곡曲 ─ 잃어버린 청춘의 노래」를 읽고 새긴 교훈이다. 현실제의 말

로<sup>末路</sup>가 떠올랐다.

### (9) 국회의원 선거

2024년 1월 초 많은 정치인이 부산을 방문하였다. 그러나 당신은 왜 도대체 부산에 왔는가. 그 대답이 「거년<sup>去年</sup>의 곡<sup>曲</sup>」이다. 나림 선생의 필법이다.

> "똑똑히 하란 말이다." 법률가에게 고함

「거년<sup>去年</sup>의 곡<sup>曲</sup> − 잃어버린 청춘의 노래」 마지막 문장이다.

> 그러나 만일 내가 진옥희를 만나는 날이 있다면 다음과 같이 말할 참이다.
> "호롱불의 사상? 그것은 거년<sup>去年</sup>의 곡<sup>曲</sup>일 뿐이다."
> 「거년<sup>去年</sup>의 곡<sup>曲</sup> − 잃어버린 청춘의 노래」·413면·74면

2024년 4월 11일 제22대 국회의원 선거에서 이상형<sup>李相亨</sup> 유형의 정당<sup>政黨</sup>은 압승했다. 현실제<sup>玄實濟</sup> 유형의 정당<sup>政黨</sup>은 참패했다. 진옥희<sup>秦玉姬</sup> 유형의 정치인은 여의도로 귀환<sup>歸還</sup>했다.

몇몇 이상형<sup>李相亨</sup> 유형의 정치인은 감옥에서 투쟁 중이다. 자기<sup>自己</sup>와 권력<sup>權力</sup>과 싸우고 있다. 1981년에 발표된 소설 「거년<sup>去年</sup>의 곡<sup>曲</sup> − 잃어버린 청춘의 노래」가 여전히 재미있는 이유이다. 나림 선생은 권력 본질<sup>本質</sup>을 알고 있는 분이다. 나는 캄캄한 밤에 달빛을 보며 생각한다. 4년 후 이런 유형의 정치인들은 어떤 모습일까.

나림 이병주 선생의 「거년去年의 곡曲 – 잃어버린 청춘의 노래」를 더 작은 소설로 만들었다. '미니' 소설이다. 소설 속 모든 문장은 모두 나림 이병주 선생의 문장이다. 작품의 전체 윤곽과 핵심 알맹이를 뽑아 갈아서 만들었다. 아주 바쁜 학생·직장인·부모님을 위한 선물이다. 나림 이병주 선생님의 원작 소설 「거년去年의 곡曲 – 잃어버린 청춘의 노래」를 정독하는 시간이 오길 바란다. 소설 속 제목은 내가 임의로 붙였다. 작품을 필사하는 독서법이다. 나림 이병주 선생을 사랑하는 애독자를 기다린다. 전국에 10만 여명의 나림 애독자가 있다고 들었다.

## 청평호

청평에 인조호人造湖가 있다.

인간의 승리는 그가 창조한 미美로써만 비로소 완성되는 것이다. 물! 도대체 어디에 이처럼 거창한 수량이 잉태되어 있었단 말인가. 물론 그 부피와 깊이와 너비로 해서 만고萬古의 침묵을 노래할 수가 있다.

197×년 늦은 여름의 어느 날.

청평호에서 한 척의 보트가 전복된 사고가 있었다.

남자는 죽고 여자만 살아남았다.

죽은 남자의 이름은 현실제玄實濟 S대 법과대학 4학년 재학 중 23세. 작년도 고등고시 사법과司法科에 합격하고 있었다. 본적지는 K도 H군. 아버지는 본적지 인근에 있는 초등학교의 교장이었다.

살아남은 여자의 이름은 진옥희秦玉姬 22세. 역시 S대 법과대학의 4학년이었다. 본적지는 J도 S군. 아버지는 본적지에서 양조업을 하는 사람이다.

둘 다 드물게 보는 수재였다.

한 가지 미묘한 점이 있다면 현실제와 R재벌의 딸과의 사이에 최근 혼담婚談이 진행되고 있었다는 사실이다.

사건은 허문수許文洙 검사의 담당으로 되었다. 허문수는 5년 전에 S대의 법과대학을 졸업한 젊은 검사이다.

허 검사는 '이 사건엔 뭔가가 있다'는 육감 같은 것을 느꼈다.

허 검사는 때론 노도처럼 파도치기도 하는 청평호를 상기해 보았다.

허 검사는 법과대학의 교수 T씨를 만나보기로 했다.

T씨는 형법 담당의 교수이며 허 검사의 은사이기도 했다.

"현 군은 아까운 인재야. 인물을 하나 잃었어."

"진옥희는 활달하면서도 신중한 학생이야. 학생 아니 처녀의 절도를 넘을 그런 사람은 아냐."

"형사적刑事的 문제問題로서 추궁해볼 만한 건덕지는 없을 걸세."

"진옥희의 학과 성적이 쭈욱 수석이었다지요?"

"수석일 뿐 아니라 타의 추수追隨를 불허하는 월등한 학생이지."

"현 군은 법률공부에만 집중하고 있는 학생이었지만 진 군은 그렇지가 않아. 다방면의 독서를 하고 그것을 잘 소화하고는 학생이야. 바로 그 점이 진 군과 현 군의 격차를 만들고 있어. 지식의 폭과 깊이가 달라……."

"진옥희가 남의 추수를 불허할 만큼 수석을 차지해 온 것은 탁월한 기억력을 비롯해 근본 실력이 우수한 탓도 있었지만 그녀의 완벽하다고도 할 수 있는 답안 작성의 요령에 있었다고 할 수 있거든. 진옥희보다도 나은 아니 진옥희와 겨룰 만한 기억력과 강인한 사고력을 가진 학생이 있었는데 시험성적에 있어선 언제나 뒤졌어. 요컨대 답안 작성의 요령에서 뒤진 거라. 진옥희가 만일 고시에 응했더라면 수석합격을 할 뻔했어. 고시위원으로서 고시 답안지를 채점하면서 느낀 거지만."

"방금 말씀하신, 시험성적에선 뒤진다는 학생이 현실제가 아닙니까?"

"현 군이 아냐. 그런 학생이 있었어."

"지난 4월에 그만뒀어."

"문제학생이었지. 이를테면 트러블 메이커. 지금 서대문에 있어."

"현실제보다는 그 학생이 우수했지."

"1, 2학년 때는 그 학생이 진옥희 다음이었어. 3학년 때부터 그 학생은 학교의 궤도에서 벗어나 버렸어."

"그 학생의 이름이 뭡니까?"

"이상형李相亨."

"진옥희의 답안 가운데 뭐든지 하나만 보았으면 합니다만."

"진 군이 쓴 형사정책刑事政策의 시험 답안을 모범답안용模範答案用으로 타이프 라이팅해 놓은 것이 있지."

## 197×년도 제1학기 기말고사

**형사정책**刑事政策

문제 : 사형폐지론死刑廢止論의 타당성 여부를 논하라.

### I. 서론序論

국가가 그 권력에 의해 인간을 죽일 수 있느냐 하는 문제이다. 비록 그것이 흉악범죄를 이유로 했다고 치더라도 생명을 말살할 수 있을까 하는 의혹은 쉽사리 지워 버릴 수가 없다. 사형폐지론은 법률학이 지니고 있는 가장 중요한 문제에 관한 논의라고 하지 않을 수 없다.

### II. 본론本論

■ **사형폐지론의 논거**論據

사형폐지를 주장하는 논거는 대강 다음 네 가지의 태도로 나눌 수 있다.

① 인도적 견지에서의 폐지론

② 오판<sup>誤判</sup>을 이유로 한 폐지론

③ 변상을 전제로 한 폐지론

④ 법률이념에 비춘 폐지론

■ **사형존치론의 논거**<sup>論據</sup>

① 사형은 일종의 법적확신이라고 하는 듯에서의 존치론<sup>存置論</sup>

② 위협적 효과<sup>威脅的 效果</sup>

③ 완전격리<sup>完全隔離</sup>란 뜻으로서의 존치론

■ **존폐론**<sup>存廢論</sup>**의 득실**

① 폐지론의 득실

② 존치론의 득실

## III. 결론<sup>結論</sup>

사회의 이상으로선 당연히 사형제도는 폐지되어야 한다. 사회 일반이 윤리적으로 진보하고 개인의 도의의식이 높아진 연후에 사형은 폐지되어야 한다.

■ **답안외적**<sup>答案外的</sup>**인 나의 의견**

우리나라의 어느 소설가가 쓰고 있듯이 정 사형을 폐지하지 못할 경우라면 집행의 시일을 그 범죄인의 어머니가 죽은 뒤로 미룰 수 있었으면 좋겠다. 아들이 극악범이라고 해도 그 이유로써 모성<sup>母性</sup>에 결정적인 충격을 주어선 안 되기 때문이다.

경계해야 할 것은 집권자<sup>執權者</sup>가 법<sup>法</sup>을 편리주의적으로 운영하는 태도이다. 이런 폐단을 막는 요새가 바로 법관<sup>法官</sup>의 양심이다. 법의 정의를 체현<sup>體現</sup>할 수 있는 용기 있고 투철한 견식을 가진 법관의 존재는 제도의 폐지에 선행해서 사형을 실질적으로 없게 하는 보람을 갖게 할 것이다. (끝)

"헌법교수<sup>憲法敎授</sup>의 얘기를 들으면 진옥희의 사족적 부분이 특히 빛
난다고 하더만."

"학생은 왜 하필이면 법과대학에 다닐 생각을 했죠?"

진옥희는 쓸쓸한 미소를 지었다.

"무슨 이유가 있었을 것 아뇨? 여자가 법과대학에 다니려고 했을
땐."

허 검사는 너그럽게 진옥희의 대답을 재촉했다.

"그저 그렇게 되어 버린 겁니다."

"법률에 흥미를 잃은 겁니다."

## 이상형

옥희의 뇌리를 갖가지의 장면이 스쳤다.

1학년 2학기 때였다. 교양 과정의 영어를 맡은 젊은 영어 교수와
우연히 자리를 같이한 적이 있었는데 진옥희가 법과대학의 학생인 줄
을 알자 그 영어 교수의 얼굴이 대뜸 불쾌하다는 빛으로 바뀌었다. 마
음의 탓만이 아니라 지나치게 노골적인 경멸이었다.

옥희는

'자기의 전공만을 최고로 아는 편협한 인간이면 나도 그를 경멸해
주리라!'

하는 사고방식으로 마음을 달랠 수가 있었다.

2학년에 올라갔을 때이다.

이상형이 따라와서 어깨를 나란히 했다.

"여자가 법률을 공부해서 뭣할 거야?"

"입신 출세주의자라야만 법률을 공부하나?"

"순수한 학문적 의욕이란 것도 있어."

"순수한 학문 좋아하네."

이상형은 사뭇 경멸한다는 듯이 입을 비쭉했다.

"궤변? 천만의 말씀. 법률을 학문적으로 연구하려면 먼저 철학을 해야 해. 문학을 해야 하고, 경제학도 해야 하고, 역사를 철학적으로 연구해야 하고⋯⋯."

"전기電氣, 전신電信에 관한 깊은 원리를 몰라도 전선을 가설하고 전화기를 고칠 수 있지? 우리는 그런 전기 수리공처럼 법률을 배우고 있는 거야. 겨우 문자를 해독할 수 있을까 말까 한 브레인으로 법률을 다루고 있는 거야."

"영국의 옥스퍼드나 케임브리지에선 법과대학생 시절엔 법률에 관한 강의를 받지 못할 뿐 아니라 절대로 법률에 관한 책도 읽히지 않는데."

"그럼 그동안엔 뭣을 공부해?"

"철학, 문학, 역사, 사회학, 경제학⋯⋯"

"법률은 언제 공부하나?"

"대학원에 가서 또는 전문적인 연수원에 가서. 요컨대 인생과 사회와 역사에 관한 깊은 견식 없이 법률의 조문부터 배운다는 건, 전기 수리공이 전선을 가설하고 전기 기계를 고치는 것을 배우는 거나 마찬가지다 이 말이야."

"그래도 나는 학문으로서 법률을 공부하고 있는걸."

이상형이 이런 말을 했다.

"사실을 말하면 난 혁명가가 되고 싶은 거라. 그런데 어머니의 소원이 내가 판사나 검사가 되었으면 하는 거야. 우리 아버지는 내가 여섯 살 때 죽었어. 어머닌 나를 키우면서 무척 고생했지. 어머니의 소원을 무시할 수가 없잖아. 부득이 나는 입신 출세주의자가 된 거야."

이상형과 사귀는 동안 진옥희는 점점 법률에 흥미를 잃어 갔는데 바로 그때 그 대화가 이상형과 얘기를 주고받은 처음이었다.

## 현실제

"현실제와 청평엘 갈 때 누가 먼저 가자고 한 겁니까?"

"제가 가자고 했습니다."

"조용한 데 가서 얘기나 하며 늘고 싶은데 어디가 좋을까 한 것은 현실제 군이었는데. 청평엘 가 본 적이 있느냐고 물으니 없다는 거예요."

"청평에 도착한 후의 경과를 대강 말해 봐요."

"호숫가 식당에서 점심을 먹었습니다."

"맥주를 한 병씩 마셨어요."

"소주를 작은 병으로 한 병."

"현 군은 술이 강합니다."

"보트를 탄 것이 몇 신데요?"

"아마 두 시 반쯤이 아니었던가 해요."

이윽고 다음과 같이 진옥희는 시작했다.

"졸업한 후의 계획이었어요. 군에 입대하면 법무관으로서 근무하게 될 것이란 얘기도 있었구요. 제대하면 검사나 판사로 임명되기에 앞서 미국에나 가서 학위를 받았으면 좋겠다는 얘기도 있었구요……"

"이런 데 별장이나 하나 지어 놓고 살았으면 좋겠다."

"사법시험에 합격했다고 벌써 별장 지을 생각을 하나?"

하며 진옥희는 째려보는 눈이 되었다.

## 진옥희

"이상형이 생각나는구나."

아닌 게 아니라 진옥희도 지금 감옥에 있는 이상형을 현실제와 대조시켜 생각하고 있었던 터였다.

"상형은 그 영웅주의 때문에 망할 거야."

"세상에서 가장 추한 것은 입신출세주의다. 이런 소시민 근성이 사회를 망쳐 놓았다. 통일이 안 되는 까닭이 바로 여기에 있다. 아첨 근성을 조장하는 병폐도 여기에 원인이 있다. 이른바 엘리트들은 대중과 더불어 향상해야 한다는 사명을 망각하고 자기만 잘 살면 그만이라고 설쳐대고 있으니 될 턱이 있는가. 청년이 부정에 둔감하면 그 사회는 망한다."

하며 대변혁이 있어야 한다고 흥분 섞인 말을 할 정도였던 것이다.

이상형이

"특정 계층의 이익에 봉사하는 것이 법률이다. 그런 법률을 부정해야만 사회의 발전이 있다."

라고 하면 현실제는

"법률은 통치의 기준이며 사회의 질서이다. 법률 없이 어떻게 민중의 통치가 가능할 것인가. 법률은 특정 계층의 이익에 봉사하는 것이 아니라 가시덤불을 치우고 지상에 만들어진 탄탄한 대로이다."

하고 맞섰다.

토론이 끝난 뒤 어쩌다 진옥희가 이상형과 단둘이 남게 되면

"현실제란 놈 영리하기도 하고 좋은 놈인데 그 속물근성엔 딱 질색이란 말야. 철저한 현실주의자, 타협주의자다. 청년이 벌써 저런 모양으로 되어 갖고 장차 어떻게 할 거란 말인가"

하고 개탄하는 이상형의 말을 듣게 되었다.

현실제는 현실제대로 진옥희에게 말했다.

"나를 현실주의자라고 비난하지만 현실을 무시하고 어디에 생활이 있겠어. 현실을 잘 이용할 수 있는 자만이 이상을 운운할 수 있는 거야. 현실을 무시한 이상주의자는 결국 패배할 수밖에 없어. 현실주의자는 법률을 자기편으로 할 줄 아는 자다."

법률을 자기편에 할 수 있는 자가 인생의 승리자가 된다. 이상형은

혁명을 꿈꾸고 있다. 즉 현행법에 적대하려고 하고 있다. 그러나 법률이 그를 용서할 까닭이 없다. 국가는 내란에 관한 죄, 공무집행에 관한 죄, 반공에 관한 죄, 도주의 죄, 폭발물에 관한 죄, 불법 집회에 관한 죄 등, 모든 필요한 그 물을 쳐 놓고 불온한 사상을 가진 놈을 탄압한다. 그러니 이상형은 그의 뜻을 포기하지 않는 한 평생 일정한 주거를 갖지 못하고, 안정된 직업도 갖지 못하고, 엉뚱한 음모만 꾸미다가 도망쳐야 하며, 언제나 가난하여 가족의 단란도 모르고, 사람에게 배신당하고, 사람을 배신하며, 드디어는 교수대에서 죽든지 감옥에서 죽어야 할 운명에 있다.

이런 틈바구니에 끼여 진옥희는 어느 편도 두둔할 수가 없었다. 이상형의 의견도 일리가 있고, 현실제의 의견에도 일리가 있었기 때문이다.

하나 이상형의 사상은 처절한 빛은 있었으나, 실현 가능성이 희박하고, 현실제의 사상은 진실했으나 그 법률만능의 사상엔 반발을 느꼈다. 말하자면 진옥희는 이상형의 법률부정의 논리에 동조할 수 없었고, 현실제의 법률만능에도 동조할 수가 없었다.

이상형은

'진옥희처럼 총명한 여자가 현실제 따위의 속물근성이 가득 찬 사나이를 좋아할 까닭이 없다'고 믿었고, 현실제는

'진옥희처럼 총명한 여자가 이상형과 같은 위험천만하고 불행해질 말로가 훤한 사나이를 좋아할 까닭이 없다.'

고 믿고 있었던 것이다. 물론 이것은 진옥희의 짐작이다.

## 인생

경찰의 보고에 의하면 호반의 식당에서 두 남녀 사이에 언쟁 비슷한 일이 있었다는 것이고, 수사관의 보고에 의하면 현실제와 R재벌의

딸과의 혼담은 상당히 진척되어 있었고, 그 혼담의 당사자인 여자와 진옥희가 서로 만난 일조차 있다는 것이었다.

허 검사는

"실례가 될지 모르겠습니다만 당신은 혹시 현실제 군을 사랑하고 있었던 것 아닙니까?"

진옥희와 현실제 사이에 꼭 한 번 육체관계가 있었다.

이상형의 선고 공판이 있었던 날이다. 진옥희는 몇몇 학우들과 그 공판을 방청하러 갔었다. 그 가운데 현실제가 끼어 있었다.

재판이 끝난 시각이 오후 5시, 진옥희나 현실제는 무교동으로 나갔다.

현실제로부터 술을 마시자는 제안이 있었다.

그때 현실제가 이렇게 말을 이었다.

"그자와 나완 영원히 다른 길을 걸어야 해. 그게 쓸쓸해."

"그자는 단번에 영웅이 되고 싶은 거야. 그자의 정의감이란 건 결국 영웅 의식일 따름이야. 순서를 밟아 출세한다는 것이 그에게 있어선 너무 지루한 거야. 한데 세상은 그린 풋내 나는 영웅주의를 용납할 만큼 호락호락하지 않았다. 이거야.

"당신은 공리적으로만 해석하려고 드는데 그렇지 않은 일면도 있다는 것을 잊어선 안 돼. 살찐 돼지가 되기보다 여윈 소크라테스가 되길 원하는 사람도 있는 거야. 도대체 살찐 돼지가 여윈 소크라테스를 비판할 수가 있어?"

"아냐. 이상형은 여윈 소크라테스가 되려는 것도 아냐. 그자도 결국 다른 방법으로써 살찐 돼지가 되고 싶은 거야. 아니면 살찐 돼지를 잡아먹고 사는 지배자가 되고 싶은 거야."

"자기 척도로 남을 재선 안 돼. 상형에겐 자기 자신만이 아닌 대중을 위하려는 정의감이 있어. 정열도 있고. 그건 순수한 거야. 순수한 건 순수한 대로 보아줘야지. 그의 비판 정신은 그를 추종할 순 없을망정 인정해 줘야 할 것 아냐."

"자본주의 사회에서도 얼마든지 훌륭하게 살 수가 있어. 자기 자신만을 위하지 않고 대중과 더불어 잘사는 길이 얼마든지 있어. 정당한 수단으로 행복을 구축할 방법도 있어. 그런데 왜 그래. 난 앞으로 이상형을 동정하지 않을 거야. 오늘 그 꼴이 뭐야. 판사나 검사 앞에서 제법 같이 떠들어 댄다고 철벽같은 나라가 끄덕이라도 할 것 같아? 그 녀석은 돈키호테도 아냐."

진옥희는 법정에서 이상형의 초라한 모습을 보며 평생을 저 사람의 옥바라지를 하며 살아도 좋겠다는 순간적인 감상感傷을 가지기도 했던 것이다.

현실제는 돌연 흥분했다.

"상형은 이상주의자도 아냐. 스탈린처럼, 김일성처럼 권력을 휘두르고 싶은 거야. 호사를 하고 싶은 거야. 건전한 사상의 소유자도 출세의 계단을 한 칸 한 칸씩 걸어 올라가는데 그자는 한꺼번에 정상에 뛰어오르려고 덤비는 놈야. 그자가 말하는 정의니 이상이니 하는 건 수단일 뿐이야. 말짱 헛거야. 거짓이야."

"그는 출세주의완 멀어. 사람의 힘으로써 시정할 수 있는 불행이 이 세상에 존재하는 것을 그는 견딜 수가 없다고 했어. 그는 빈곤도, 감옥도, 겁내질 않아. 그는 자기의 이상을 위해 순절할 각오도 돼 있어."

하고 진옥희는 이상형이 기회 있을 때마다 들려준 말 가운데 가상 상력한 것을 골라 들먹였다.

"당신은 오늘 승리자로서 회심의 웃음을 웃었을 테지. 그러나 성급한 승리감은 갖지 말아요. 인생은 끝까지 살아 봐야 알아요. 죽었다고 해도 그만이 아녜요. 역사의 증언이란 것도 있으니까."

## 혼담

진옥희는 현실제가 정체불명할 만큼 취해 있었다는 것과, 깨었을 때의 그의 이성을 믿고 입은 옷 그대로 한방에서 쓰러져 갔다. 그런데 돌연 새벽녘에 습격을 받았다. 진옥희는 물론 완강하게 저항했다.

하나 그 저항의 범위는 이웃방의 손님을 깨우지 않을 정도라야만 했다. 드디어 항복하고 말았는데 항복할 때 진옥희의 의식에 떠오른 상념은……

부득이하다면 현실제와 결혼해도 무방하다는 것과, 이상형은 자기의 손이 이르지 못하는 딴 곳으로 가 버렸다는 마음이었다. 그렇게 해서 진옥희는 아무런 감동도 없이 현실제에게 순결을 바쳐 버린 것이다.

진옥희는 여자의 순결에 대단한 의미를 부여하고 있었던 것은 아니지만, 거의 억지를 써서 순결을 뺏은 남자로선 응분의 책임을 져야 할 것이란 생각만은 있었다. 그 행위의 전후 "사랑한다"는 말과 더불어 "널 이상형에게 줄 순 없다"고 지껄이기도 했으니까.

그런데 그 후 현실제는 그날 밤의 일을 어쩌다 저지른 불장난으로 취급해 버리려는 태도를 취했다.

임신의 징조가 없었던 것은 다행이었다. 차츰 진옥희의 가슴에 현실제를 경멸하는 마음이 괴기 시작했다. 반대로 이상형을 그리는 마음이 가꾸어져 갔다. 이러던 차에 R재벌의 딸과 현실제와의 사이에 혼담이 진행되고 있다는 얘기를 들었다. 그때의 반응을 질투라고 하는 원색적인 것이 아닌, 복잡한 마음의 굴절이라고 한 것은 이와 같은 경위가 있었기 때문이다.

## 미움

진옥희는 화려하게 꾸민 어느 모로 보나 부잣집의 귀염둥이로 자란 듯싶은 얼굴과 맵시를 가진 R재벌의 딸을 상기했다. 한마디로 말해 별세계의 사람들이었다. 의상이나 화장에 전력투구<sup>全力投球</sup>하고 있는 것 같은 그런 생활방식이나 마음가짐은 진옥희완 전혀 무연<sup>無緣</sup>한 것이다.

"이런 여자도 세상에 살고 있구나 하는 기분 이상도 이하도 아니었어요."

"용서해 줘, 진 군."

"잊어줘."

"그렇게 쉽게?"

진옥희는 그때 현실제에 대해 맹렬한 미움을 느꼈다.

그 미움이 이글거리는 가슴 속에 이상형의 모습이 떠올랐다.

"현 군은 사람을 잘 못 보고 있는 것 같다."
고 했다.

"그래서 나더러 그날 밤의 일을 잊어 달라는 거야?"

"난 잊지 못해. 더러운 기억으로서 잊지 못하겠어."

"용서해 줘. 용서해 주면 더러운 기억도 씻어 버릴 수가 있지 않겠어?"

"내가 무슨 질투나 하고 있는 것 같아?"

"그렇다면 내 말을 똑똑히 들어요. 나는 그날 밤 일을 잊지도 않을 거고, 용서하지도 않을 거고, 당신의 결혼을 반대한다거나 방해하지도 않을 거야. 다만 부탁이 하나 있어. 결코 승리자인 척하지 말어."

"내가 언제……"

"당신은 인생이 당신 마음대로 다 될 것처럼 생각하고 있겠지만……"

"난 그렇게 까진 생각하지 않아."

"마음대로 다 되진 않아도 3분의 2쯤 되리라고 믿고 있지? 나는 그 자신<sup>自信</sup>을 부셔 놓고 싶어."

진옥희는 현실제에 대해 살의<sup>殺意</sup>에 가까울 만큼 미움을 느꼈다.

'형편없는 겁쟁이군.'

진옥희는 속으로 웃었다.

"안심하고 노나 저어요. 내가 너한테 죽지도 않을 거고 나도 죽일 생각은 없으니까."

## 검사

"그 밖에 한 얘기가 뭐였는지 좀 더 말해 봐요."

허 검사의 말이 귓전에 울렸다.

"아마 친구들 얘기도 했을 겁니다."

"학생 가운덴 철저한 현실주의자가 있어요. 맹렬한 출세주의자도 있구요. 그런가 하면 소수이긴 하지만 열렬한 이상주의자가 있죠. 정의감에 불타는…… 조그마한 부정도 용인하지 않으려고 하는…… 패배자로서의 숙명을 짊어지고 있는 사람들이죠."

"미스 진은 어느 축에 속한다고 생각하는가?"

"이상주의자가 되기엔 정열이 모자라고 현실주의자가 되기엔 계산計算이 부족한 것 같아요. 정의감이 없진 않지만 용기가 없구요. 앞으로 인생을 어떻게 살아갈까 그것이 걱정입니다."

"이상한 일이지만 그의 죽음으로 인한 충격은 그다지 크질 않아요. 허망하다는 기분 밖에요."

"양심의 가책도 없구?"

허 검사의 싸늘한 말에 진옥희는 등골이 오싹하는 것을 느꼈다. 그러나

"양심하고 무슨 관계가 있겠어요."

진옥희는 가까스로 감정을 진정하고 허 검사에게 되물었다.

"따지고 보면 현실제의 죽음은 미스 진에게 책임이 있는 것 아냐? 청평에 가자는 권유, 상대방을 흥분시켜 술을 과음케 한 권유, 술 취

한 사람을 억지로 보트에 태운 권유, 모두가 결과론으론 그의 죽음에 대한 권유가 아니었던가? 그래도 양심과 관계가 없어?"

"말해 두지만 당신은 피의자로서 거기 앉아 있는 거야."

"……"

법과대학생인 만큼 진옥희는 상황으로 봐서 자기가 피의자일 수밖에 없다는 것과 심리적으로도 피의자일 수 있다는 자기의 위치를 깨달았다.

## 죽음

"짧은 동안이었지만 너와 결혼해도 무방하다는 생각을 했었지. 그런 생각을 해 본 나 자신을 나는 용서할 수 없는 기분이 되어 있어."

"그렇게 날 미워하나?"

"지금은 미워하기조차도 안 해. 오직 경멸할 뿐야."

"내가 그날 밤 한 짓이 그처럼 비위에 거슬려?"

"그 말은 하지도 마. 흉악범에게 강간당했다고 치고 있으니까."

"내가 강간당했다는 사실을 상형에게 솔직히 고백하고, 평생 그의 옥바라지나 시켜 달라고 엎드려 빌 거야."

"믿건 말건 이상형은 적어도 인격을 가지고 있어. 세상에 무엇이 가장 중요한 것인가는 알고 있어. 그런데 넌 형편없는 속물이야, 돼지야."

"참고 참고 있으니까 이게."

하고 보트를 젓고 있던 노 한쪽을 현실제가 빼 들고 옥희에게 덤볐다.

그때 보트가 한쪽으로 기울었는데 내리치려는 노를 피해 진옥희가 급격하게 몸을 젖힌 곳이 같은 방향이었다. 동작과 함께 보트는 뒤집어졌다.

진옥희는 "악" 하는 현실제의 소리를 들은 것 같았지만 뒤돌아보지 않고 허겁지겁 헤엄을 쳤다.

'그는 헤엄을 못 친다'

는 생각이 선뜻 났다.

그때 진옥희는 고함을 질렀다. 손을 흔들었다. 마침 근처로 지나가던 모터보트가 있었다. 옥희는 방향을 가리키고

"저기 떠내려가는 사람이 있어요."

하고 외쳤다.

다행히도 모터보트가 현실제를 끌어올렸다. 인공호흡을 했으나 허사였다. 그의 죽음이 확인되었는데도 옥희의 가슴엔 아무런 감정도 얻지 않았다. 허탈한 기분이었을 뿐이다. 허탈한 눈을 한 채 중얼거리고 있었다.

"법률이 보호해 줄 것이라더니……"

이렇게 그 장면을 상상해 보니 진옥희는 자기 마음속의 어느 곳에 살의殺意가 있었던 것이 아니었던가 싶었다. 설혹 살의가 없었다고 해도 현실제의 죽은 원인과 동기는 자기에게 있다는 짐작이 들기도 했다.

아슴푸레 마음의 은밀한 곳에서 이상형을 제쳐 놓고 현실제가 승리자일 수 없다는 속삭임이 있었다는 기억이 스멀거렸다. 참으로 법률이 널 보호해 주는가 한번 봐 보자는 빈정거림도 있었을지 모른다……

## 소설

허 검사는 담배를 비벼 끄고 일어서서 창밖을 보며

"나는 이렇게 이야기를 꾸몄으면 좋겠어."

라고 전제하곤,

"진옥희와 현실제는 법과대학 한 반 학생으로 친숙한 사이로서 어느덧 연애 관계가 맺어졌다. 그런데 현실제가 고등고시 사법시험에 합격하자 모 부호의 딸과의 사이에 혼담이 진행되었다. 진옥희는 불쾌한

마음이 되었다. 어느 날 진옥희는 가능하다면 현실제의 마음을 돌이켜 볼 작정으로 청평에 놀러 가자고 현실제를 꾀었다. 현실제도 얼마간의 마음의 부담이 있는 것이어서 그 권유마저 물리칠 수 없었다. 진옥희는 호반의 식당에서 식사를 하는 도중 현실제에게 애원도 해보고 추근거려 보기도 했다. 현실제는 진옥회의 끈덕진 태도에 화를 내어 맥주에 소주를 섞어 마셨다. 그 후 진옥희는 싫어하는 현실제를 강제로 보트에 태웠다. 그리고는 되도록이면 사람의 눈에 보이지 않는 후미진 곳으로 갔다. 배 위에서도 진옥희의 호소가 있었다. 끝끝내 말을 들어주지 않자 진옥희는 돌연 살의를 느꼈다. 진옥희는 현실제가 수영할 줄 모른다는 사실을 잘 알고 있었다. 주변에 보는 눈이 없다는 것을 확인하자 진옥희는 뱃전을 강하게 밟아 보트를 전복시켰다. 수영을 잘하는 진옥희는 살려 달라는 현실제의 아우성을 못 들은 척하고 헤엄쳐 나오다가 지금 건져 내어도 끝장이 나 있으리라고 짐작이 되는 시간 지나가는 모터보트를 향해 구원을 청했다. 어때 이 스토리는?"

## 일기

"그렇게 하는 것이 현실제의 진혼절차가 된다고 믿으신다면 협력해 드리겠어요."

그리고 마음속으로 계산해 보았다.

'내가 죄의식을 갖는다면 어떻게 현실제를 살릴 수도 있었을 것을 그러지 않았다는 부분밖에 없다. 그것도 좀 더 침착했더라면 하는 단서를 붙여서. 그로 인해 유죄 판결을 받는다면 길어서 5년? 또는 3년? 실형을 받는 이상형의 출옥과 거의 동시일 수가 있다……'

총명한 두뇌와 차가운 심성을 그냥 그대로 조각彫刻해 놓은 것 같은 진옥희를 한참 동안 바라보고 있다가 허 검사는 이윽고 단斷을 내렸다.

"돌아가시오. 마지막으로 후배에게 선배로서 한마디 하겠소. 형벌은 꼭 감옥에서만 받아야 하는 것이 아니오. 양심의 감옥이란 것도 있소. 이 사건엔 반드시 당신이 책임져야 할 죄罪의 부분이 있소. 다만 그걸 법률로썬 다루지 않겠다는 것뿐이오. 그건 미스 진의 양심에 맡기겠소."

검찰청의 뜰엔 벌써 가을의 빛이 있었다. 여학생을 섞어 5, 6명의 친구 학생들이 저편 벤치에 앉았다가 일어서서 달려오는 것이 보였다.

그날 밤, 진옥희는 일기에 다음과 같이 썼다.

진리는 먼 곳에 있는 것도 아니고, 우리 바깥에 있는 것도 아니다. 우리가 우리의 생활을 깨끗하게 건설해 나가는 데 있다. 엄청난 걸 바라지 말자. 일시에 인류를 행복하게 할 어떠한 사상도 어떠한 방법도 없는 것이 아닌가.

저마다 스스로를 행복하게 해 나가되 남에게 손해주지 않도록 경계하면 그만큼 인류를 위하는 것이 된다는 겸손한 사상을 익히자. 잠잠한 밤에 산속을 지날 때 호롱불로 창을 밝혀 놓은 작은 집을 본다. 그 호롱불은 작고, 비치는 범위는 얼마 되지 않지만 그 존재만으로 사람이 살아 있음을 증명하고, 때문에 보는 사람의 마음을 따스하게 하고, 방향을 찾지 못하는 사람에게 용기를 준다. 우리는 그 한 개의 호롱불이면 되지 않을까. 인류의 밤에 있어서의 한 개의 호롱불! 그 이상을 원하는 것은 월권越權이다. 그리고 현실제가 두고 쓰는 문자 가운데 꼭 하나 버리지 못할 말이 있다. 현실을 이기는 자만이 이상理想을 설設할 수 있다는 게 그것이다. 이렇게 말하면 상형은 나의 말을 들어 줄 뿐 아니라 마음으로 동의하겠지.

그때부터 우리 둘의 인생이 시작된다. 3년 후 그가 출옥하면 리어카를 한 대 사지 뭐. 그는 끌고 나는 밀고 그렇게 해서 하루하루를 주옥珠玉을 엮듯 살면 되지 않겠는가. 매일 상형을 만나보고……

까지 써 놓고 한참을 있다가

‘모레는 청평에 가야지’
하고 펜을 놓았다.

## 호롱불 사상

하나의 젊은 생명을 삼키고도 청평호는 가을의 태양을 그 거창한 규모 가득히 안고, 초가을의 정취에 물들어 그날도 수려수발秀麗秀拔하기만 했다.

청평호는 웅대한 사상이었다.

청평호는 웅대한 예술이었다.

웅대하면서도 치밀한 풍광.

이 풍광 속에서라면 죽어 아까울 것이란 없을 것이 아닌가. 진옥희의 죄의식이 그 풍광을 배경으로 선명하게 나타났지만 고통으로까진 번지지 않았다.

내가 만일 살인자면 이 청평호는 나의 공범共犯이 아닌가, 하는 짓궂은 상념이 떠오르기조차 했다.

‘그러나 나와 현실제의 죽음과엔 아무런 관련도 없다. 그는 그가 좋아하고 믿었던 법률이 절대로 보호할 수 없는 인생의 국면이 있다는 것을 스스로 증명하기 위해서 죽은 것이다. 아무리 능숙한 계산의 능력을 가졌더라도 세상은 마음대로 안 된다는 것을 증명하기 위해 죽은 것이다.’

그런데 아들의 시체가 들어 있는 초라한 관棺 앞에 엎드려 몸부림치며 우는 늙은 국민학교 교장의 뒤통수에 헝클어져 있던 머리칼이 눈앞에 선하게 떠오르자 진옥희는 호반의 풀밭에 쓰러져 버렸다. 흘러내리는 눈물을 감당할 수가 없었다.

“나는 어떻게 하건 이 현실 사회에서 승자가 되고 말 테다. 승자가 되고 난 후에 나는 이상을 찾을 테다. 현실에 이긴 사람이 아니고선 이상을 설할 자격이 없다."

고 자신만만하던 현실제!

그 아들에게 꿈을 위탁하고 무슨 굴욕이라도 참아왔을 늙은 아버지!

청평호의 그 수려수발한 풍광도 그 속에 몸부림치며 통곡하는 늙은 아버지의 뒤통수에 헝클어진 머리칼이 점경點景으로 끼었을 때 돌연 회색으로 바래진 황량한 사막으로 변했다. 진옥희를 겨우 일으켜 세운 것은 호롱불의 사상이었다.

"호롱불의 사상! 나쁘지 않군, 좋은데 좋아."

그 호롱불의 사상이 아니었더라면 진옥희는 곧바로 청평호의 물속으로 걸어 들어갔을지 모른다.

그러나 만일 내가 진옥희를 만나는 날이 있다면 다음과 같이 말할 참이다.

"호롱불의 사상? 그것은 거년去年의 곡曲일 뿐이다."

**문장과 낭독**

　나림 이병주 작품 「거년去年의 곡曲 – 잃어버린 청춘의 노래」를 정독하였다. 작품 속 문장으로 어록집을 만들었다. 좋은 문장을 찾아 단락마다 제목을 붙였다. 제목은 내가 쓴 작품 해설이다. 문장과 해설의 만남이다. 나림의 문장을 느끼며 소설의 의미를 찾아보시기 바란다.


청평에 인조호人造湖가 있다.

인간의 승리는 그가 창조한 미美로써만 비로소 완성되는 것이다.

물! 도대체 어디에 이처럼 거창한 수량이 잉태되어 있었단 말인가.

물론 그 부피와 깊이와 너비로 해서 만고萬古의 침묵을 노래할 수가

있다. 청평호 · 청평댐 · 384-385면 · 8-9면

　【출전 1】 이병주, 「거년의 곡」, 월간조선 1981년 11월호, 384-413면
　【출전 2】 이병주, 「거년의 곡」, 『우아한 집념』, 바이북스, 2023, 8-74면

197×년 늦은 여름의 어느 날.

청평호에서 한 척의 보트가 전복된 사고가 있었다.

남자는 죽고 여자만 살아남았다. 보트 전복사고 · 385면 · 10면


죽은 남자의 이름은 현실제玄實濟 S대 법과대학 4학년 재학 중 23세.

작년도 고등고시 사법과司法科에 합격하고 있었다. 본적지는 K도 H

군. 아버지는 본적지 인근에 있는 초등학교의 교장이었다. 현실제玄實濟 ·

385-386면 · 10면

　살아남은 여자의 이름은 진옥희秦玉姬 22세. 역시 S대 법과대학의 4학

년이었다. 본적지는 J도 S군. 아버지는 본적지에서 양조업을 하는 사

람이다.

둘 다 드물게 보는 수재였다. 진옥희秦玉姬 · 386면 · 10면

한 가지 미묘한 점이 있다면 현실제와 R재벌의 딸과의 사이에 최근 혼담婚談이 진행되고 있었다는 사실이다. 혼담婚談 · 386면 · 11면

사건은 허문수許文洙 검사의 담당으로 되었다. 허문수는 5년 전에 S대의 법과대학을 졸업한 젊은 검사이다.

허 검사는 '이 사건엔 뭔가가 있다'는 육감 같은 것을 느꼈다. 허문수 (許文洙) · 386면 · 11-12면

허 검사는 때론 노도처럼 파도치기도 하는 청평호를 상기해 보았다.

'문제의 키는 여기에 있다.'

허 검사는 먼저 현실제와의 사이에 혼담이 있었다는 R재벌의 딸을 참고인으로 불러 보기로 했다.

비서라는 사람이 대신 나타나서 다음과 같은 진술을 했다.

"어떤 중매인이 그런 말을 가지고 온 적은 있지만, 정식으로 혼담을 진행시킨 일은 없으니 그 문제는 거론하시지 않는 것이 좋겠습니다." 참고인 · 386-387면 · 12면

'진옥희가 현실제에게 애착을 느끼고 있었다면, 질투를 느꼈을지 모르는 일 아닌가…….' 질투 · 387면 · 12면

허 검사는 법과대학의 교수 T씨를 만나보기로 했다.

T씨는 형법 담당의 교수이며 허 검사의 은사이기도 했다.

T교수는 언제나 현직 판검사로 있는 제자들의 방문을 환영했다. 형법 교수 T · 387면 · 13면

"현 군은 아까운 인재야. 인물을 하나 잃었어."

"그 학생과 R재벌의 딸 사이에 혼담이 있었다는데 선생님 혹시 아

시는 게 없습니까?"

"고등고시 특히 사법과에 합격한 총각에겐 으레 그런 혼담이 모여 드는 것 아닌가? 허 군도 경험이 있을 걸?" 고등고시·387면·14면

"청평까지 단둘이 간다는 것은……."

"그러나 연애관계에 있었을 가능성을 배제할 순 없잖을까요?" 연애· 388면·15면

"진옥희는 활달하면서도 신중한 학생이야. 학생 아니 처녀의 절도 를 넘을 그런 사람은 아냐."

"그런데 선생님 실무에 종사하고 있는 경험으로 말씀드리는 겁니다 만 간통姦通이 소설이나 영화에 있는 것처럼 흔하진 않지만 우리가 얼 핏 상상하는 것보단 월등하게 많다는 사실에 전 놀랐습니다."

"허 군."

"형사적刑事的 문제問題로서 추궁해볼 만한 건덕지는 없을 걸세." 형사 문제·388면·17면

"진옥희의 학과 성적이 쭈욱 수석이었다지요?"

"수석일 뿐 아니라 타의 추수追隨를 불허하는 월등한 학생이지."

"현 군은 법률공부에만 집중하고 있는 학생이었지만 진 군은 그렇 지가 않아. 다방면의 독서를 하고 그것을 잘 소화하고는 학생이야. 바 로 그 점이 진 군과 현 군의 격차를 만들고 있어. 지식의 폭과 깊이가 달라……." 법률 공부·389면·17-18면

"진옥희가 남의 추수를 불허할 만큼 수석을 차지해 온 것은 탁월한 기억력을 비롯해 근본 실력이 우수한 탓도 있었지만 그녀의 완벽하다 고도 할 수 있는 답안 작성의 요령에 있었다고 할 수 있거든. 진옥희 보다도 나은 아니 진옥희와 겨룰 만한 기억력과 강인한 사고력을 가 진 학생이 있었는데 시험성적에 있어선 언제나 뒤졌어. 요컨대 답안

작성의 요령에서 뒤진 거라. 진옥희가 만일 고시에 응했더라면 수석합격을 할 뻔했어. 고시위원으로서 고시 답안지를 채점하면서 느낀 거지만." 답안 작성 · 389면 · 18면

"방금 말씀하신, 시험성적에선 뒤진다는 학생이 현실제가 아닙니까?"

"현 군이 아냐. 그런 학생이 있었어."

"그럼 그 학생은 지금 학교에 다니지 않는단 말씀입니까?"

"지난 4월에 그만뒀어."

"왜 그만두었습니까."

"문제학생이었지. 이를테면 트러블 메이커. 지금 서대문에 있어."

"현실제보다는 그 학생이 우수했지."

"1, 2학년 때는 그 학생이 진옥희 다음이었어. 3학년 때부터 그 학생은 학교의 궤도에서 벗어나 버렸어."

"그 학생의 이름이 뭡니까?"

"이상형李相亨."

"아, 이상형이 현실제와 같은 학년에 있었구면요."

"이상형을 자네가 담당했나?"

"아닙니다. 서 검사, 서영호 검사가 담당했습니다. 서 검사가 골치를 앓았죠. 이상형李相亨 · 389면 · 18-19면

"진옥희의 답안 가운데 뭐든지 하나만 보았으면 합니다만."

"진 군이 쓴 형사정책刑事政策의 시험 답안을 모범답안용模範答案用으로 타이프라이팅해 놓은 것이 있지."

"별로 길지 않은 것이니 이 자리에서 읽어 보게."

허 검사는 타이프라이팅이 되어 있는 진옥희의 답안을 집어 들었다. 시험 답안 · 390면 · 19면

## 197×년도 제1학기 기말고사

형사정책<sup>刑事政策</sup>

문제: 사형폐지론<sup>死刑廢止論</sup>의 타당성 여부를 논하라. 기말고사 · 390면 · 20면

### I. 서론<sup>序論</sup>

<중략> 종교적 철학적 입장 사람이 사람을 재판하는 것이 있을 수 있는 일인가 하는 의문을 제기하고 있다. 하나 이러한 의문에도 불구하고 사회의 요구는 당연한 것으로 치고 재판제도를 유지하여 오늘에 이르고 있다. 이와 같은, 아니 이보다 더 중요한 의문은 국가가 그 권력에 의해 인간을 죽일 수 있느냐 하는 문제이다. <중략> 비록 그것이 흉악범죄를 이유로 했다고 치더라도 생명을 말살할 수 있을까 하는 의혹은 쉽사리 지워 버릴 수가 없다. <중략> 형사법<sup>刑事法</sup>에 있어 법률의 해석과 학설의 대립이 아무리 격렬하더라도 그것이 죽음과 결부되어 있지 않는 한 그다지 중요한 문제가 아니지만 사형과 유관하다고 할 땐 심각한 문제가 되지 않을 수 없다. 그런 까닭에 사형폐지론은 법률학이 지니고 있는 가장 중요한 문제에 관한 논의라고 하지 않을 수 없다. 그런 까닭에 사형폐지론은 법률학이 지니고 있는 가장 중요한 문제에 관한 논의라고 할 수 있는 것이다. 사형폐지론 · 389-390면 · 21면

### II. 본론<sup>本論</sup>

#### ■ 사형폐지론의 논거<sup>論據</sup>

사형폐지를 주장하는 논거는 대강 다음 네 가지의 태도로 나눌 수 있다.

① 인도적 견지에서의 폐지론
② 오판<sup>誤判</sup>을 이유로 한 폐지론
③ 변상을 전제로 한 폐지론
④ 법률이념에 비춘 폐지론

- **사형존치론의 논거**[論據]

① 사형은 일종의 법적확신이라고 하는 뜻에서의 존치론[存置論]

② 위협적[威脅的] 효과[效果]

③ 완전격리[完全隔離]란 뜻으로서의 존치론

- **존폐론**[存廢論]**의 득실**

① 폐지론의 득실

② 존치론의 득실

## III. 결론[結論]

사회의 이상으로선 당연히 사형제도는 폐지되어야 한다. <중략> 사회 일반이 윤리적으로 진보하고 개인의 도의의식이 높아진 연후에 사형은 폐지되어야 한다. 그런 뜻에서 사형제도의 완전폐지는 논리적으로 시간의 문제라고 할 밖에 없지만 실제적으론 요원한 문제인 것이다. 사형폐지·392면·22-26면

- **답안외적**[答案外的]**인 나의 의견**

그러나 흉행[兇行]을 동반하지 않은 사상범·정치범에 대해서만은 사형이 집행되지 않았으면 하는 마음 간절하다. 우리나라의 어느 소설가가 쓰고 있듯이 정 사형을 폐지하지 못할 경우라면 집행의 시일을 그 범죄인의 어머니가 죽은 뒤로 미룰 수 있었으면 좋겠다. 아들이 극악범이라고 해도 그 이유로써 모성[母性]에 결정적인 충격을 주어선 안 되기 때문이다. 사형집행 시기·389-390면·26면

경계해야 할 것은 집권자[執權者]가 법[法]을 편리주의적으로 운영하는 태도이다. 이런 폐단을 막는 요새가 바로 법관[法官]의 양심이다. 법의 정의를 체현[體現]할 수 있는 용기 있고 투철한 견식을 가진 법관의 존재는 제도의 폐지에 선행해서 사형을 실질적으로 없게 하는 보람을 갖게 할 것이다. (끝) 사형선고 신중론·393면·26면

"헌법교수憲法教授의 얘기를 들으면 진옥희의 사족적 부분이 특히 빛난다고 하더만."

"현실제와 이상형의 사이는 어떠했습니까?"

"진옥희를 의심하는 것은 저 뭐라 할까…… 아무튼 그런 생각은 안 하는 것이 좋을 거야. 되도록 강하게 자극하지 않도록……."

"걱정 마십시오. 선생님"

하는 말을 남기고 사냥하게 웃었다. 현실제·이상형·진옥희·393-394면·27-28면

"학생은 왜 하필이면 법과대학에 다닐 생각을 했죠?"법과대학·394면·30면

진옥희는 쓸쓸한 미소를 지었다.

법과대학에 원서를 낼 때 아버지의 질문도 이러했다. 그때 아버지에겐

"판사나 검사가 되어 갖고 여자에게 못되게 구는 사내들을 징역 보낼라구요."

어머니에 대해선

"신랑을 지배하며 살기 위해서라도 판사나 검사가 되어야겠어요."

담임 선생의 질문엔

"그저 법률을 공부해 보고 싶어서요."

가장 친한 친구 향숙에겐

"법률은 중요한 것 아니니? 그런 중요한 것을 남자들에게만 맡겨둬서야 되겠니?"여성해방·394-395면·30-31면

"무슨 이유가 있었을 것 아뇨? 여자가 법과대학에 다니려고 했을 땐."

허 검사는 너그럽게 진옥희의 대답을 재촉했다.

"그저 그렇게 되어 버린 겁니다."

"앞으로 여판사나 여검사가 될 생각은 없소?"

"판사면 판사 검사면 검사지 여판사 여검사란 것이 달리 있나요?"
하고 애매하게 웃음을 띠었다.

"그래서 고시에 응시하지 않은 거로군요. 그럼 학자로 나설 작정입
니까?"

"그것도 포기할까 합니다."

"법률에 흥미를 잃은 겁니다."

"어째서요?" 여자 · 395면 · 31-32면

옥희의 뇌리를 갖가지의 장면이 스쳤다.

1학년 2학기 때였다. 교양 과정의 영어를 맡은 젊은 영어 교수와 우
연히 자리를 같이한 적이 있었는데 진옥희가 법과대학의 학생인 줄을
알자 그 영어 교수의 얼굴이 대뜸 불쾌하다는 빛으로 바뀌었다. 마음
의 탓만이 아니라 지나치게 노골적인 경멸이었다. 영어 교수 · 395면 · 33면

옥희는

'자기의 전공만을 최고로 아는 편협한 인간이면 나도 그를 경멸해
주리라!'
하는 사고방식으로 마음을 달랠 수가 있었다. 편협한 인간 · 95면 · 34면

2학년에 올라갔을 때이다.

이상형이 따라와서 어깨를 나란히 했다.

"여자가 법률을 공부해서 뭣할 거야?"

"여자가 법률을 공부하면 안 되나?"

"남자의 입신 출세주의도 악취가 분분한데 여자의 입신 출세주의를
어떻게 견뎌."

"입신 출세주의자라야만 법률을 공부하나?"

"순수한 학문적 의욕이란 것도 있어."

"순수한 학문 좋아하네."

이상형은 사뭇 경멸한다는 듯이 입을 비쭉했다. 경멸·396면·34-35면

"궤변? 천만의 말씀. 법률을 학문적으로 연구하려면 먼저 철학을 해
야 해. 문학을 해야 하고, 경제학도 해야 하고, 역사를 철학적으로 연
구해야 하고……." 학문·397면·35면

"전기電氣, 전신電信에 관한 깊은 원리를 몰라도 전선을 가설하고 전
화기를 고칠 수 있지? 우리는 그런 전기 수리공처럼 법률을 배우고 있
는 거야. 겨우 문자를 해독할 수 있을까 말까 한 브레인으로 법률을
다루고 있는 거야." 한국 법학 공부·397면·35면

"영국의 옥스퍼드나 케임브리지에선 법과대학생 시절엔 법률에 관
한 강의를 받지 못할 뿐 아니라 절대로 법률에 관한 책도 읽히지 않
는데."

"그럼 그동안엔 뭣을 공부해?"

"철학, 문학, 역사, 사회학, 경제학……"

"법률은 언제 공부하나?"

"대학원에 가서 또는 전문적인 연수원에 가서. 요컨대 인생과 사회
와 역사에 관한 깊은 견식 없이 법률의 조문부터 배운다는 건, 전기
수리공이 전선을 가설하고 전기 기계를 고치는 것을 배우는 거나 마
찬가지다 이 말이야." 영국 법학 공부·397면·36면

"그래도 나는 학문으로서 법률을 공부하고 있는걸."

"판사, 검사가 되려고 하는 건 아니구?"

"판사나 검사가 되면 또 어때?"

"그러니까 그 출세주의, 더욱이 여자의 출세주의를 견딜 수 없단
말이다." 출세주의·397면·36면

"당신은 남의 출세주의는 그처럼 혐오하면서 당신의 출세주의는 어떻게 처리하고 있죠?"

"남자에겐 능력에 알맞은 직업이 있어야 해. 이왕에 택하려면 출세 길이 환한 직업이 좋지 않겠어?"

"뭣 때문에 여자가 하필이면 법관이라고 하는 생산성이란 조금도 없는 불모의 직업을 택하려고 하느냐 이 말야. 그러니까 더욱 그 출세주의가 악취를 풍긴다. 이 말야." 악취 · 397면 · 37면

"당신과는 더 얘기 않겠어. 남자의 독선을 어느 정도까지 인정할 아량이 있지만 당신 같은 그런 독선은 절대로 용납하지 못해. 당신 같은 남자가 있으니까 나는 기어이 판사나 검사를 해야 하겠어. 국회의원이라도 되어 갖고 남자독선금지법男子獨善禁止法을 만들어야 하겠어. 당신은 저 길로 가요." 남자독선금지법男子獨善禁止法 · 397면 · 37면

"기분이 나쁘대서 삐쳐 돌아선다면 유치원 계집애 와 뭐 다를 게 있어. 그래 가지고 법과대학생?"

이상형이 이런 말을 했다.

"사실을 말하면 난 혁명가가 되고 싶은 거라. 그런데 어머니의 소원이 내가 판사나 검사가 되었으면 하는 거야. 우리 아버지는 내가 여섯 살 때 죽었어. 어머닌 나를 키우면서 무척 고생했지. 어머니의 소원을 무시할 수가 없잖아. 부득이 나는 입신 출세주의자가 된 거야." 혁명가와 입신출세자 · 398면 · 38면

이상형과 사귀는 동안 진옥희는 점점 법률에 흥미를 잃어 갔는데 바로 그때 그 대화가 이상형과 얘기를 주고받은 처음이었다. 이상형과 진옥희 · 398면 · 38면

"현실제와 청평엘 갈 때 누가 먼저 가자고 한 겁니까?"

"제가 가자고 했습니다."

"조용한 데 가서 얘기나 하며 놀고 싶은데 어디가 좋을까 한 것은 현실제 군이었는데. 청평엘 가 본 적이 있느냐고 물으니 없다는 거예요." 청평·398면·39면

"부모님으로부터의 보조는 없었소?"
"세 군데서 장학금을 받고 있어서 부모님이 보조할 필요가 없었습니다."
"청평에 도착한 후의 경과를 대강 말해 봐요."
"호숫가 식당에서 점심을 먹었습니다."
"맥주를 한 병씩 마셨어요."
"소주를 작은 병으로 한 병."
"현 군은 술이 강합니다."
"보트를 탄 것이 몇 신데요?"
"아마 두 시 반쯤이 아니었던가 해요." 참고인신문·399면·40면

이윽고 다음과 같이 진옥희는 시작했다.
"졸업한 후의 계획이었어요. 군에 입대하면 법무관으로서 근무하게 될 것이란 얘기도 있었구요. 제대하면 검사나 판사로 임명되기에 앞서 미국에나 가서 학위를 받았으면 좋겠다는 얘기도 있었구요……" 계획·399면·41면

"이런 데 별장이나 하나 지어 놓고 살았으면 좋겠다."
"사법시험에 합격했다고 벌써 별장 지을 생각을 하나?"
하며 진옥희는 째려보는 눈이 되었다.
"아냐. 언젠가는 잘 살아봐야 할 게 아닌가. 그때 얘기를 하고 있는 거야."
"언젠가가 아니라 현 군은 곧 별장을 갖게 될 걸 뭐. 했을 때 R재벌 딸과의 혼담 얘기가 입 밖으로 미끄러져 나오려는 것을 가까스로

참았다." 별장·399면·42면

"이상형이 생각나는구나."

아닌 게 아니라 진옥희도 지금 감옥에 있는 이상형을 현실제와 대조시켜 생각하고 있었던 터였다.

"상형은 그 영웅주의 때문에 망할 거야." 감옥·399면·42면

"세상에서 가장 추한 것은 입신출세주의다. 이런 소시민 근성이 사회를 망쳐 놓았다. 통일이 안 되는 까닭이 바로 여기에 있다. 아첨 근성을 조장하는 병폐도 여기에 원인이 있다. 이른바 엘리트들은 대중과 더불어 향상해야 한다는 사명을 망각하고 자기만 잘 살면 그만이라고 설쳐대고 있으니 될 턱이 있는가. 청년이 부정에 둔감하면 그 사회는 망한다."

며 대변혁이 있어야 한다고 흥분 섞인 말을 할 정도였던 것이다. 엘리트·400면·43면

이상형이

"특정 계층의 이익에 봉사하는 것이 법률이다. 그런 법률을 부정해야만 사회의 발전이 있다."

고 하면 현실제는

"법률은 통치의 기준이며 사회의 질서이다. 법률 없이 어떻게 민중의 통치가 가능할 것인가. 법률은 특정 계층의 이익에 봉사하는 것이 아니라 가시덤불을 치우고 지상에 만들어진 탄탄한 대로이다."

하고 맞섰다. 논쟁·400면·43-44면

토론이 끝난 뒤 어쩌다 진옥희가 이상형과 단둘이 남게 되면

"현실제란 놈 영리하기도 하고 좋은 놈인데 그 속물근성엔 딱 질색이란 말야. 철저한 현실주의자, 타협주의자다. 청년이 벌써 저런 모양으로 되어 갖고 장차 어떻게 할 거란 말인가."

하고 개탄하는 이상형의 말을 듣게 되었다. 현실주의자·400면·44면

현실제는 현실제대로 진옥희에게 말했다.

"나를 현실주의자라고 비난하지만 현실을 무시하고 어디에 생활이 있겠어. 현실을 잘 이용할 수 있는 자만이 이상을 운운할 수 있는 거야. 현실을 무시한 이상주의자는 결국 패배할 수밖에 없어. 현실주의자는 법률을 자기편으로 할 줄 아는 자다." 이상주의자·400면·44면

법률을 자기 편에 할 수 있는 자가 인생의 승리자가 된다. 이상형은 혁명을 꿈꾸고 있다. 즉 현행법에 적대하려고 하고 있다. 그러나 법률이 그를 용서할 까닭이 없다. 국가는 내란에 관한 죄, 공무집행에 관한 죄, 반공에 관한 죄, 도주의 죄, 폭발물에 관한 죄, 불법 집회에 관한 죄 등, 모든 필요한 그물을 쳐 놓고 불온한 사상을 가진 놈을 탄압한다. 그러니 이상형은 그의 뜻을 포기하지 않는 한 평생 일정한 주거를 갖지 못하고, 안정된 직업도 갖지 못하고, 엉뚱한 음모만 꾸미다가 도망쳐야 하며, 언제나 가난하여 가족의 단란도 모르고, 사람에게 배신당하고, 사람을 배신하며, 드디어는 교수대에서 죽든지 감옥에서 죽어야 할 운명에 있다. 혁명가·401면·44-45면

이런 틈바구니에 끼여 진옥희는 어느 편도 두둔할 수가 없었다. 이상형의 의견도 일리가 있고, 현실제의 의견에도 일리가 있었기 때문이다.
하나 이상형의 사상은 처절한 빛은 있었으나, 실현 가능성이 희박하고, 현실제의 사상은 건실했으나 그 법률만능의 사상엔 반발을 느꼈다. 말하자면 진옥희는 이상형의 법률부정의 논리에도 동조할 수 없었고, 현실제의 법률만능론에도 동조할 수가 없었다. 진옥희·401면·45면

이상형은
'진옥희처럼 총명한 여자가 현실제 따위의 속물근성이 가득 찬 사나이를 좋아할 까닭이 없다'고 믿었고, 현실제는

'진옥희처럼 총명한 여자가 이상형과 같은 위험천만하고 불행해질 말로가 훤한 사나이를 좋아할 까닭이 없다.'
고 믿고 있었던 것이다. 물론 이것은 진옥희의 짐작이다. 진옥희·401면·45면

"내일 하루 쉬고 모레 하기로 합시다. 아침 일찍 나오시죠. 빨리 끝내야 하니까요."

경찰의 보고에 의하면 호반의 식당에서 두 남녀 사이에 언쟁 비슷한 일이 있었다는 것이고, 수사관의 보고에 의하면 현실제와 R재벌의 딸과의 혼담은 상당히 진척되어 있었고, 그 혼담의 당사자인 여자와 진옥희가 서로 만난 일조차 있다는 것이었다. 경찰 수사보고서·402면·47-48면

허 검사는
"실례가 될지 모르겠습니다만 당신은 혹시 현실제 군을 사랑하고 있었던 것 아닙니까?"
"현실제 군에게 혼담이 있다고 들었지요?"
"들었습니다." 혼담·402-403면·49면

사실은 현실제의 혼담이 진행되고 있다는 얘기를 들었을 때 진옥희는 태연하지 못했다. 그러나 그것은 질투라고 하는 원색적인 것이 아닌 복잡한 마음의 굴절이라고 말할 밖에 없는, 그런 것이었다. 마음 굴절·403면·50면

진옥희와 현실제 사이에 꼭 한 번 육체관계가 있었다.
이상형의 선고 공판이 있었던 날이다. 진옥희는 몇몇 학우들과 그 공판을 방청하러 갔었다. 그 가운데 현실제가 끼어 있었다.
재판이 끝난 시각이 오후 5시, 진옥희와 현실제는 무교동으로 나갔다.

현실제로부터 술을 마시자는 제안이 있었다.

그때 현실제가 이렇게 말을 이었다.

"그자와 나와 영원히 다른 길을 걸어야 해. 그게 쓸쓸해."

"그자는 단번에 영웅이 되고 싶은 거야. 그자의 정의감이란 건 결국 영웅 의식일 따름이야. 순서를 밟아 출세한다는 것이 그에게 있어선 너무 지루한 거야. 한데 세상은 그린 풋내 나는 영웅주의를 용납할 만큼 호락호락하지 않았다. 이거야."세상 · 403면 · 50-51면

"당신은 공리적으로만 해석하려고 드는데 그렇지 않은 일면도 있다는 것을 잊어선 안 돼. 살찐 돼지가 되기보다 여윈 소크라테스가 되길 원하는 사람도 있는 거야. 도대체 살찐 돼지가 여윈 소크라테스를 비판할 수가 있어?"살찐 돼지 · 403면 · 51면

"아냐. 이상형은 여윈 소크라테스가 되려는 것도 아냐. 그자도 결국 다른 방법으로써 살찐 돼지가 되고 싶은 거야. 아니면 살찐 돼지를 잡아먹고 사는 지배자가 되고 싶은 거야."지배자 · 403면 · 51면

"자기 척도로 남을 재선 안 돼. 상형에겐 자기 자신만이 아닌 대중을 위하려는 정의감이 있어. 정열도 있고. 그건 순수한 거야. 순수한 건 순수한 대로 보아줘야지. 그의 비판 정신은 그를 추종할 순 없을망정 인정해 줘야 할 것 아냐."정의 · 403-404면 · 51면

"자본주의 사회에서도 얼마든지 훌륭하게 살 수가 있어. 자기 자신만을 위하지 않고 대중과 더불어 잘사는 길이 얼마든지 있어. 정당한 수단으로 행복을 구축할 방법도 있어. 그런데 왜 그래. 난 앞으로 이상형을 동정하지 않을 거야. 오늘 그 꼴이 뭐야. 판사나 검사 앞에서 제법 같이 떠들어 댄다고 철벽같은 나라가 끄덕이라도 할 것 같아? 그녀석은 돈키호테도 아냐."돈키호테 · 철벽 나라 · 404면 · 51-52면

진옥희는 법정에서 이상형의 초라한 모습을 보며 평생을 저 사람의 옥바라지를 하며 살아도 좋겠다는 순간적인 감상感傷을 가지기도 했던 것이다. 감상感傷 · 404면 · 52면

현실제는 돌연 흥분했다.

"상형은 이상주의자도 아냐. 스탈린처럼, 김일성처럼 권력을 휘두르고 싶은 거야. 호사를 하고 싶은 거야. 건전한 사상의 소유자도 출세의 계단을 한 칸 한 칸씩 걸어 올라가는데 그자는 한꺼번에 정상에 뛰어오르려고 덤비는 놈야. 그자가 말하는 정의니 이상이니 하는 건 수단일 뿐이야. 말짱 헛거야. 거짓이야." 출세 계단 · 404면 · 52-53면

"그는 출세주의완 멀어. 사람의 힘으로써 시정할 수 있는 불행이 이 세상에 존재하는 것을 그는 견딜 수가 없다고 했어. 그는 빈곤도, 감옥도, 겁내질 않아. 그는 자기의 이상을 위해 순절할 각오도 돼 있어."

하고 진옥희는 이상형이 기회 있을 때마다 들려준 말 가운데 가장 강력한 것을 골라 들먹였다. 이상理想 · 호롱불 사상 · 404면 · 53면

"당신은 오늘 승리자로서 회심의 웃음을 웃었을 테지. 그러나 성급한 승리감은 갖지 말아요. 인생은 끝까지 살아 봐야 알아요. 죽었다고 해도 그만이 아녜요. 역사의 증언이란 것도 있으니까." 역사의 증언 · 404면 · 53면

진옥희는 현실제가 정체 불명할 만큼 취해 있었다는 것과, 깨었을 때의 그의 이성을 믿고 입은 옷 그대로 한방에서 쓰러져 잤다. 그런데 돌연 새벽녘에 습격을 받았다. 진옥희는 물론 완강하게 저항했다.

하나 그 저항의 범위는 이웃방의 손님을 깨우지 않을 정도라야만 했다. 드디어 항복하고 말았는데 항복할 때 진옥희의 의식에 떠오른 상념은……

부득이하다면 현실제와 결혼해도 무방하다는 것과, 이상형은 자기의 손이 이르지 못하는 딴 곳으로 가 버렸다는 마음이었다. 그렇게 해서 진옥희는 아무런 감동도 없이 현실제에게 순결을 바쳐 버린 것이다.

진옥희는 여자의 순결에 대단한 의미를 부여하고 있었던 것은 아니지만, 거의 억지를 써서 순결을 뺏은 남자로선 응분의 책임을 져야 할 것이란 생각만은 있었다. 그 행위의 전후 "사랑한다"는 말과 더불어 "널 이상형에게 줄 순 없다"고 지껄이기도 했으니까.

그런데 그 후 현실제는 그날 밤의 일을 어쩌다 저지른 불장난으로 취급해 버리려는 태도를 취했다. 순결과 불장난 · 405면 · 54면

임신의 징조가 없었던 것은 다행이었다. 차츰 진옥희의 가슴에 현실제를 경멸하는 마음이 괴기 시작했다. 반대로 이상형을 그리는 마음이 가꾸어져 갔다. 이러던 차에 R재벌의 딸과 현실제와의 사이에 혼담이 진행되고 있다는 얘기를 들었다. 그때의 반응을 질투라고 하는 원색적인 것이 아닌, 복잡한 마음의 굴절이라고 한 것은 이와 같은 경위가 있었기 때문이다. 마음 굴절 · 405면 · 54-55면

진옥희는 화려하게 꾸민 어느 모로 보나 부잣집의 귀염둥이로 자란 듯싶은 얼굴과 맵시를 가진 R재벌의 딸을 상기했다. 한마디로 말해 별세계의 사람들이었다. 의상이나 화장에 전력투구全力投球하고 있는 것 같은 그런 생활방식이나 마음가짐은 진옥희완 전혀 무연無緣한 것이다.

"이런 여자도 세상에 살고 있구나 하는 기분 이상도 이하도 아니었어요." 별세계 사람들 · 404면 · 55-56면

"용서해 줘, 진 군."
"뭣을?"
"사실은 오늘 그 일에 결말을 지으려고 놀러 가자고 한 거야."
하는 말을 보냈다.

그 일이란 무교동 어느 여관에서의 일일 것이었다.

"그래 어떻게 결말을 내련?"

"잊어줘."

"그렇게 쉽게?" 잊어줘·405면·57-58면

진옥희는 그때 현실제에 대해 맹렬한 미움을 느꼈다.

그 미움이 이글거리는 가슴 속에 이상형의 모습이 떠올랐다.

'우리는 지금 보트놀이를 하고 있는데 그는 지금 무엇을 하고 있을까, 이 화창한 날씨에⋯⋯' 맹렬한 미움·405-406면·58면

"현 군은 사람을 잘 못 보고 있는 것 같다."

고 했다.

"그래서 나더러 그날 밤의 일을 잊어 달라는 거야?"

"난 잊지 못해. 더러운 기억으로서 잊지 못하겠어."

"용서해 줘. 용서해 주면 더러운 기억도 씻어 버릴 수가 있지 않겠어?"

"내가 무슨 질투나 하고 있는 것 같아?"

"그렇다면 내 말을 똑똑히 들어요. 나는 그날 밤 일을 잊지도 않을 거고, 용서하지도 않을 거고, 당신의 결혼을 반대한다거나 방해하지도 않을 거야. 다만 부탁이 하나 있어. 결코 승리자인 척하지 말어."

"내가 언제⋯⋯"

"당신은 인생이 당신 마음대로 다 될 것처럼 생각하고 있겠지만⋯⋯"

"난 그렇게까진 생각하지 않아."

"마음대로 다 되진 않아도 3분의 2쯤 되리라고 믿고 있지? 나는 그 자신自信을 부숴 놓고 싶어."

진옥희는 현실제에 대해 살의殺意에 가까울 만큼 미움을 느꼈다. 살의殺意에 가까운 미움·407면·59-60면

'형편없는 겁쟁이군.'

진옥희는 속으로 웃었다.

"안심하고 노나 저어요. 내가 너한테 죽지도 않을 거고 나도 죽일 생각은 없으니까." 겁쟁이·408면·60-61면

"그 밖에 한 얘기가 뭐였는지 좀 더 말해 봐요."

허 검사의 말이 귓전에 울렸다.

"아마 친구들 얘기도 했을 겁니다."

"학생 가운덴 철저한 현실주의자가 있어요. 맹렬한 출세주의자도 있구요. 그런가 하면 소수이긴 하지만 열렬한 이상주의자가 있죠. 정의감에 불타는…… 조그마한 부정도 용인하지 않으려고 하는…… 패배자로서의 숙명을 짊어지고 있는 사람들이죠."

"미스 진은 어느 축에 속한다고 생각하는가?"

"이상주의자가 되기엔 정열이 모자라고 현실주의자가 되기엔 계산計算이 부족한 것 같아요. 정의감이 없진 않지만 용기가 없구요. 앞으로 인생을 어떻게 살아갈까 그것이 걱정입니다." 정열과 계산·408면·61-62면

"이상한 일이지만 그의 죽음으로 인한 충격은 그다지 크질 않아요. 허망하다는 기분 밖에요."

"양심의 가책도 없구?"

허 검사의 싸늘한 말에 진옥희는 등골이 오싹하는 것을 느꼈다. 그러나

"양심하고 무슨 관계가 있겠어요."

진옥희는 가까스로 감정을 진정하고 허 검사에게 되물었다.

"따지고 보면 현실제의 죽음은 미스 진에게 책임이 있는 것 아냐? 청평에 가자는 권유, 상대방을 흥분시켜 술을 과음케 한 권유, 술 취한 사람을 억지로 보트에 태운 권유, 모두가 결과론으론 그의 죽음에 대한 권유가 아니었던가? 그래도 양심과 관계가 없어?"

"말해 두지만 당신은 피의자로서 거기 앉아 있는 거야."

"……" 책임 · 408-409면 · 62-63면

"청평 와서 보트 안 타는 건 영화관에 가서 영화 안 보고 나오는 거나 마찬가지라고 했습니다."

"말은 그렇게 했지만, 타기 싫으면 그만두자고 했어요. 그런데도 그가 먼저 보트에 올랐습니다."

법과대학생인 만큼 진옥희는 상황으로 봐서 자기가 피의자일 수밖에 없다는 것과 심리적으로도 피의자일 수 있다는 자기의 위치를 깨달았다. 피의자 · 409면 · 63-64면

"짧은 동안이었지만 너와 결혼해도 무방하다는 생각을 했었지. 그런 생각을 해 본 나 자신을 나는 용서할 수 없는 기분이 되어 있어."

"그렇게 날 미워하나?"

"지금은 미워하기조차도 안 해. 오직 경멸할 뿐야."

"내가 그날 밤 한 짓이 그처럼 비위에 거슬려?"

"그 말은 하지도 마. 흉악범에게 강간당했다고 치고 있으니까."

"내가 강간당했다는 사실을 상형에게 솔직히 고백하고, 평생 그의 옥바라지나 시켜 달라고 엎드려 빌 거야."

"믿건 말건 이상형은 적어도 인격을 가지고 있어. 세상에 무엇이 가장 중요한 것인가는 알고 있어. 그런데 넌 형편없는 속물이야, 돼지야." 돼지야 · 409-410면 · 65-66면

"참고 참고 있으니까 이게."

하고 보트를 젓고 있던 노 한쪽을 현실제가 빼 들고 옥희에게 덤볐다.

그때 보트가 한쪽으로 기울었는데 내리치려는 노를 피해 진옥희가 급격하게 몸을 젖힌 곳이 같은 방향이었다. 동작과 함께 보트는 뒤집어졌다. 전복사고 · 410면 · 66면

진옥희는 "악"하는 현실제의 소리를 들은 것 같았지만 뒤돌아보지 않고 허겁지겁 헤엄을 쳤다.

'그는 헤엄을 못 친다'

는 생각이 선뜻 났다.

그때 진옥희는 고함을 질렀다. 손을 흔들었다. 마침 근처로 지나가던 모터보트가 있었다. 옥희는 방향을 가리키고

"저기 떠내려가는 사람이 있어요."

하고 외쳤다.

다행히도 모터보트가 현실제를 끌어올렸다. 인공호흡을 했으나 허사였다. 그의 죽음이 확인되었는데도 옥희의 가슴엔 아무런 감정도 얻지 않았다. 허탈한 기분이었을 뿐이다. 허탈한 눈을 한 채 중얼거리고 있었다. 현실제 익사 · 410-411면 · 67면

"법률이 보호해 줄 것이라더니……"

이렇게 그 장면을 상상해 보니 진옥희는 자기 마음속의 어느 곳에 살의殺意가 있었던 것이 아니었던가 싶었다. 설혹 살의가 없었다고 해도 현실제의 죽은 원인과 동기는 자기에게 있다는 짐작이 들기도 했다.

아슴푸레 마음의 은밀한 곳에서 이상형을 제쳐 놓고 현실제가 승리자일 수 없다는 속삭임이 있었다는 기억이 스멀거렸다. 참으로 법률이 널 보호해 주는가 한번 봐 보자는 빈정거림도 있었을지 모른다……
법률 · 411면 · 68면

허 검사는 담배를 비벼 끄고 일어서서 창밖을 보며

"나는 이렇게 이야기를 꾸몄으면 좋겠어."

라고 전제하곤,

"진옥희와 현실제는 법과대학 한 반 학생으로 친숙한 사이로서 어느덧 연애 관계가 맺어졌다. 그런데 현실제가 고등고시 사법시험에 합격하자 모 부호의 딸과의 사이에 혼담이 진행되었다. 진옥희는 불쾌한

마음이 되었다. 어느 날 진옥희는 가능하다면 현실제의 마음을 돌이켜 볼 작정으로 청평에 놀러 가자고 현실제를 꾀었다. 현실제도 얼마간의 마음의 부담이 있는 것이어서 그 권유마저 물리칠 수 없었다. 진옥희는 호반의 식당에서 식사를 하는 도중 현실제에게 애원도 해보고 추근거려 보기도 했다. 현실제는 진옥희의 끈덕진 태도에 화를 내어 맥주에 소주를 섞어 마셨다. 그 후 진옥희는 싫어하는 현실제를 강제로 보트에 태웠다. 그리고는 되도록이면 사람의 눈에 보이지 않는 후미진 곳으로 갔다. 배 위에서도 진옥희의 호소가 있었다. 끝끝내 말을 들어주지 않자 진옥희는 돌연 살의를 느꼈다. 진옥희는 현실제가 수영할 줄 모른다는 사실을 잘 알고 있었다. 주변에 보는 눈이 없다는 것을 확인하자 진옥희는 뱃전을 강하게 밟아 보트를 전복시켰다. 수영을 잘하는 진옥희는 살려 달라는 현실제의 아우성을 못 들은 척하고 헤엄쳐 나오다가 지금 건져 내어도 끝장이 나 있으리라고 짐작이 되는 시간 지나가는 모터보트를 향해 구원을 청했다. 어때 이 스토리는?" 허검사 가설假說 · 부작위 살인죄殺人罪 · 고의故意 · 411면 · 68-69면

 "그렇게 하는 것이 현실제의 진혼절차가 된다고 믿으신다면 협력해 드리겠어요."
 그리고 마음속으로 계산해 보았다.
 '내가 죄의식을 갖는다면 어떻게 현실제를 살릴 수도 있었을 것을 그러지 않았다는 부분밖에 없다. 그것도 좀 더 침착했더라면 하는 단서를 붙여서다. 그로 인해 유죄 판결을 받는다면 길어서 5년? 또는 3년? 실형을 받는 이상형의 출옥과 거의 동시일 수가 있다……' 부작위 살인죄 · 411면 · 69-70면

 총명한 두뇌와 차가운 심성을 그냥 그대로 조각彫刻해 놓은 것 같은 진옥희를 한참 동안 바라보고 있다가 허 검사는 이윽고 단斷을 내렸다.
 "돌아가시오. 마지막으로 후배에게 선배로서 한마디 하겠소. 형벌은

꼭 감옥에서만 받아야 하는 것이 아니오. 양심의 감옥이란 것도 있소. 이 사건엔 반드시 당신이 책임져야 할 죄<sup>罪</sup>의 부분이 있소. 다만 그걸 법률로썬 다루지 않겠다는 것뿐이오. 그건 미스 진의 양심에 맡기겠소."

검찰청의 뜰엔 벌써 가을의 빛이 있었다. 여학생을 섞어 5, 6명의 친구 학생들이 저편 벤치에 앉았다가 일어서서 달려오는 것이 보였다.

양심의 감옥 · 411면 · 70-71면

그날 밤, 진옥희는 일기에 다음과 같이 썼다.

― 이래저래 내 무구했던 인생에 하나의 흑점이 적혔다. 그러나 나는 참되게 진실하게 살아갈 것이다.

내일 나는 이상형을 면회하러 가야겠다. 가서 다음과 같이 말하리라, 내 사랑을 원하지 않느냐고. 그는 대답하리라. 절실하게 원한다고. 그럼 나는 다음과 같이 그에게 간청할 것이다. 인생 활동할 수 있는 시간의 스팬을 20년으로 잡으면 3년간을 희생한다는 것은 생명의 10분의 1을 희생하는 셈이다.

얼마든지 정의롭게 행복하게 살 수 있다는 것을 우리의 노력을 통해 증명해 보자꾸나.

진리는 먼 곳에 있는 것도 아니고, 우리 바깥에 있는 것도 아니다. 우리가 우리의 생활을 깨끗하게 건설해 나가는 데 있다. 엄청난 걸 바라지 말자. 일시에 인류를 행복하게 할 어떠한 사상도 어떠한 방법도 없는 것이 아닌가.

저마다 스스로를 행복하게 해 나가되 남에게 손해주지 않도록 경계하면 그만큼 인류를 위하는 것이 된다는 겸손한 사상을 익히자. 잠잠한 밤에 산속을 지날 때 호롱불로 창을 밝혀 놓은 작은 집을 본다. 그 호롱불은 작고, 비치는 범위는 얼마 되지 않지만 그 존재만으로 사람이 살아 있음을 증명하고, 때문에 보는 사람의 마음을 따스하게 하고, 방향을 찾지 못하는 사람에게 용기를 준다. 우리는 그 한 개의 호롱불이면 되지 않을까. 인류의 밤에 있어서의 한 개의 호롱불! 그 이상을 원하는 것은 월권<sup>越權</sup>이다. 그리고 현실제가 두고 쓰는 문자 가운데 꼭 하나 버리지 못할 말이 있다. 현실을 이기는 자만이 이상理想을 설說할 수 있다는 게 그것이다. 이렇게 말하면 상형은 나의 말을 들어 줄 뿐 아니라 마음으로 동의하겠지.

　　그때부터 우리 둘의 인생이 시작된다. 3년 후 그가 출옥하면 리어카를 한 대 사지 뭐. 그는 끌고 나는 밀고 그렇게 해서 하루하루를 주옥珠玉을 엮듯 살면 되지 않겠는가. 매일 상형을 만나보고······

까지 써 놓고 한참을 있다가

'모레는 청평에 가야지'

하고 펜을 놓았다. 진옥희 일기 · 412-413면 · 71-72면

　하나의 젊은 생명을 삼키고도 청평호는 가을의 태양을 그 거창한 규모 가득히 안고, 초가을의 정취에 물들어 그날도 수려수발秀麗秀拔하기만 했다.

　청평호는 웅대한 사상이었다.

　청평호는 웅대한 예술이었다.

　웅대하면서도 치밀한 풍광.

　이 풍광 속에서라면 죽어 아까울 것이란 없을 것이 아닌가. 진옥희의 죄의식이 그 풍광을 배경으로 선명하게 나타났지만 고통으로까진 번지지 않았다.

　내가 만일 살인자면 이 청평호는 나의 공범共犯이 아닌가, 하는 짓궂은 상념이 떠오르기조차 했다. 청평호 · 413면 · 73면

　'그러나 나와 현실제의 죽음과엔 아무런 관련도 없다. 그는 그가 좋아하고 믿었던 법률이 절대로 보호할 수 없는 인생의 국면이 있다는 것을 스스로 증명하기 위해서 죽은 것이다. 아무리 능숙한 계산의 능력을 가졌더라도 세상은 마음대로 안 된다는 것을 증명하기 위해 죽은 것이다.' 세상 · 413면 · 73면

그런데 아들의 시체가 들어 있는 초라한 관棺 앞에 엎드려 몸부림 치며 우는 늙은 초등학교 교장의 뒤통수에 헝클어져 있던 머리칼이 눈앞에 선하게 떠오르자 진옥희는 호반의 풀밭에 쓰러져 버렸다. 흘러 내리는 눈물을 감당할 수가 없었다. 눈물 · 413면 · 73면

"나는 어떻게 하건 이 현실 사회에서 승자가 되고 말 테다. 승자가 되고 난 후에 나는 이상을 찾을 테다. 현실에 이긴 사람이 아니고선 이상을 설할 자격이 없다."
고 자신만만하던 현실제!

그 아들에게 꿈을 위탁하고 무슨 굴욕이라도 참아왔을 늙은 아버지!

청평호의 그 수려수발한 풍광도 그 속에 몸부림치며 통곡하는 늙은 아버지의 뒤통수에 헝클어진 머리칼이 점경點景으로 끼었을 때 돌연 회색으로 바래진 황량한 사막으로 변했다. 진옥희를 겨우 일으켜 세운 것은 호롱불의 사상이었다. 통곡 · 413면 · 73-74면

"호롱불의 사상! 나쁘지 않군, 좋은데 좋아."

그 호롱불의 사상이 아니었더라면 진옥희는 곧바로 청평호의 물속 으로 걸어 들어갔을지 모른다. 호롱불 사상 · 413면 · 74면

그러나 만일 내가 진옥희를 만나는 날이 있다면 다음과 같이 말할 참이다.

"호롱불의 사상? 그것은 거년去年의 곡曲일 뿐이다." 흘러간 옛 노래 · 413 면 · 73면

# 망명의 늪

망명의 늪, 한국문학, 1976

이병주, 「망명의 늪」, 『마술사』, 한길사, 2006, 207-286면.

인간에게 있어서 가장 소중한 것을
짓밟지 않는 한, 돈을 벌지 못한다는 걸 알았어요.
자기의 천국을 만들기 위해
무수한 지옥을 만들어야 한다는 것도 알았어요.
그렇게 해서 돈을 벌어 뭣하겠습니까.
나는 히피처럼 살아가렵니다.

제가 어디 사람입니까?

바보는 바보라는 그 죄명으로
광화문네거리에서 찢겨 죽어야 한다.
호인은 호인이란 그 죄명으로
사지를 찢어 개의 창자를 채워야 한다.

그렇다, 나폴레옹도 죽었다.
하물며 네놈들이사!

장엄은 하늘에 별들과 더불어 있었다.

— 나림 이병주 —

# 망명의 늪

## 1. 작품 개요

「망명의 늪」은 인간 욕망을 다룬 기업소설이다. 사람 목숨을 앗아 가는 잔인한 사회를 묘사한 작품이다. 짐승처럼 기어 다니지 않으면 죽을 수밖에 없는 약육강식弱肉強食 사회를 철저하게 고발한다. 사업 실패를 경험한 사람이 아니면 이런 시대소설을 쓸 수가 없다. 나림 이병주 선생의 사업 체험이 녹아난 파산소설이다.

한 가정을 파멸로 몰아넣은 부도 과정이 자세히 묘사되어 있다. 재벌이 어떻게 성장했고, 중소기업이 어떻게 몰락했는지 이 소설은 적나라하게 밝히고 있다. 나림 이병주 선생은 "수탈과 착취 위에 서서?"라고 표현한다.

한편 이 작품에서 하인립이 사기죄로 구속되는 장면이 등장한다. 김장길 변호사의 도움으로 선고유예를 받고 석방된다. 법률소설이다. 하인립 석방을 위해 나<sup>菜</sup>와 성유정은 필사적으로 노력한다. 나<sup>菜</sup>와 성유정 그리고 하인립은 바로 나림 이병주 선생 자신이다.

이 과정에서 부패 중개인<sup>브로커</sup> C전무, 언론인 N씨, 기업인 T씨, Y대 P교수의 본성이 드러나고, 가면을 쓰고 사는 사람들에게 '장엄한 아침'을 말한다. 최후 심판이다. 더러운 인간의 향연은 언젠가 끝이 난다고 경고한다. 나림 이병주 선생은 이 짐승들의 향연을 '장엄한 밤'이라고 표현했다. 밤은 장엄했다.

### 최후 심판

프랑스의 황제와 세인트헬레나의 거리는? 아무도 모른다. 왕관이 너무나 눈부시기 때문이다. 왕들은 식탁에 앉았고 왕비들은 일어서서 춤춘다. 맑은 날씨 다음엔 눈보라가 있게 마련이다.

"그렇다. 나폴레옹도 죽었다.

하물며 네놈들이사!"

장엄은 하늘에 별들과 더불어 있었다. 「망명의 늪」 마지막 문장 · 286면

「망명의 늪」은 기업소설 · 사회소설 · 법률소설 · 기록소설로 1976년 「한국문학」에 발표되었다. 87면 중편이다. 이 해에 중편 「여사록」(현대문학, 1976)과 단편 「철학적 살인」(한국문학, 1976)이 한국 문단에 등장했다.

나림 이병주 선생은 1977년 두 개의 문학상을 받는다. 작가 생활 12년 만이다. 장편 『낙엽』(한국문학, 1974)으로 한국문학작가상을 받았다. 그리고 「망명의 늪」(한국문학, 1976)으로 한국창작문학상을 수상하였다. 너무 늦었다. 그러나 한국 문단은 작가 나림 이병주 선생을 인정했다. 그해 창작집 『삐에로와 국화』와 수필집 『성-그 빛과 그늘』이 출판되었다. 천만다행<sup>千萬多幸</sup>이다.

## (1) 인간

「망명의 늪」은 유신시대 경제 상황을 그대로 보여 준다. 1963년 12월 16일 출옥 후, 이 천재 작가에게 생활고는 이루 말할 수 없었다. 지적 생활과 풍류를 겸비한 대문호에게 시련의 시간이었다. 나림 선생이 생활고를 헤쳐 나가기 위해 고군분투孤軍奮鬪한 13년의 한 많은 삶이 이 작품에 담겨 있다. 나림 선생은 사업 실패담을 생생하게 묘사했다. 자전소설로 보아도 된다.

이 작품에 깜짝 놀랄 인물과 내용이 등장한다. Y대학의 P교수이다. 서울 연세대학이나 대구 영남대학으로 볼 수 있다. 일본 도쿄에서 유학한 사람이다. 백만장자의 아들이다. 하인립과 술친구라고 한다. 『별이 차가운 밤이면』에서 박달세와 많이 겹친다. 대충 누군인지 짐작이 가지만 지금은 공개할 수 없다. 더 많은 검증이 필요하기 때문이다.

어쨌든 하인립과 도쿄에서 학생 시절 당구장을 경영했다는 이야기는 흥미롭다. 어느 선배가 경영하던 당구장을 인수했다고 한다. 박달세도 도쿄에서 당구장을 경영했다. 더 깊은 연구가 필요한 내용이다. 이 부분은 이 정도로 짚고 넘어간다.

또 하나 중요한 것은 성유정成裕正이다. 완전무결 인격주의를 지향한다. 일제 때 '천황 폐하'에게 금시계를 받았다고 하고, 혼란기에 살아남아 대학교수를 하였다고 설명한다. 박달세도 '천황 폐하'에게 금시계를 받은 인물이다. 소설 속 인물 연구가 더 깊어지면 작품 속 인물 지리도地理圖가 나올 수 있을 것이다.

나림 이병주 선생은 「망명의 늪」과 『별이 차가운 밤』에 역사의 진실을 꽁꽁 묻어 두었다. 나림 선생 연구자들은 묶어 놓은 이 두 사람을 정밀하게 분리하여 진실을 꼭 밝혀야 한다. 그러나 많은 시간이 필요할 것이다. Y대학 P교수와 성유정은 완전히 다른 인물이다. 그러나 나李와 하인립과 성유정은 동일 인물이다. 작가는 상상력으로 한 사람을 세 사람으로 분리하여 묘사하였다. 한 사람나림이 작품에서 세 사람의 인물로 역할을 분담하여 재탄생한다. 나림 선생이 펼치는 작가의 역량이다. 나ㅼ는 사업에 실패했고, 하인립처럼 호인好人 성격을 갖추었으며, 성유정처럼 인간人間에게 최선을 다했다. 나ㅼ는 세 얼굴과 세 가지 성품을 갖춘 사람이다. 나ㅼ는 3인 얼굴로 독특한 삶을 살았다. 「망명의 늪」을 이렇게 읽었다.

## (2) 향연

「망명의 늪」을 여러 관점에서 읽을 수 있다. 나는 <기업 파산소설>·<사기詐欺 소설>로 본다. 죽음 늪地獄·인간 탈을 쓴 짐승들 향연世上·심판 철학最後을 담은 작품이다. 뛰어난 작품秀作이다.

늪에 빠진 '나ㅼ'는 파멸하는 인간의 모습이다. 「망명의 늪」을 관통하는 명문장名文章을 소개한다. 슬픈 삶을 살다 세상을 떠난 영혼을 위로한다.

### 세상
이 세상엔 궁한 것 이상으로 큰 죄는 없어. 「망명의 늪」·225면

### 사람
'사람은 사람에 대해서 이리.' 「망명의 늪」·232면

### 동물
"인간에게 있어서 가장 소중한 것을 짓밟지 않는 한, 돈을 벌지 못한다는 걸 알았어요. 자기의 천국을 만들기 위해 무수한 지옥을 만들어야 한다는 것도 알았어요. 그렇게 해서 돈을 벌어 뭣하겠습니까. 나는 히피처럼 살아가렵니다." 「망명의 늪」·259면

### 재벌
재벌들의 부는 무서울 정도로 불어간다. 「망명의 늪」·269면

### 존재
인간들의 향연을 지척에서 보며 나무 그늘에 웅크리고 앉아 있는 나

의 몰골이 그냥 나의 존재의 의미라고 생각했을 때 두상에 찬란한 별들이 빛을 잃었다. 「망명의 늪」· 283면

### 짐승

샛문을 열고는 가희동 골목을 내려오는데 '짐승처럼 기어야 한다.'는 명령 같은 소리가 몇 번이고 내 뇌리에 메아리를 남겼다. 「망명의 늪」· 284면

## (3) 심판審判

나림 선생의 분노이다. 「망명의 늪」 마지막 문장이다. 박람강기博覽強記의 필법이다. 이런 문장이 애독자를 만든다. 나림 선생은 종말終末·죽음死·심판審判을 웅장하게 묘사한다.

### 종말

나폴레옹처럼 워털루에서 역사에 의해 패배한 것이 아니고 쓰레기통에 버려야 할 휴지만도 못한 돈에 의해 패배했기 때문이다. 「망명의 늪」· 286면

### 심판

프랑스의 황제와 세인트헬레나의 거리는? 아무도 모른다. 왕관이 너무나 눈부시기 때문이다. 왕들은 식탁에 앉았고 왕비들은 일어서서 춤춘다. 맑은 날씨 다음엔 눈보라가 있게 마련이다.

"그렇다. 나폴레옹도 죽었다.

하물며 네놈들이사!"

장엄은 하늘에 별들과 더불어 있었다.

「망명의 늪」은 재벌財閥들의 부富가 왜 무서울 정도로 불어나는지, 중소기업들이 수지가 맞을 때 왜 파산하는지 생생하게 묘사하고 있다.

결국 종착점은 죽음이다. 최후 심판은 장엄莊嚴한 밤夜·하늘天·별星이 함께 한다. 나림 선생이 「망명의 늪」에 남긴 마지막 문장이다. "장엄은 하늘에 별들과 더불어 있었다." 우리는 밤이 창작한 극적 장면을

역사에서 많이 만났다. 이 소설이 제시한 현재성이다.

## 2. 작품 인물

### (1) 나 · 이$^{羍}$ · 향숙 · 은이 · 숙이

「망명의 늪」에서 나 · 이$^{羍}$는 동일인이다. 사업 실패로 가정은 공중 분해 된다. 부인 향숙과 아들 은이와 딸 숙이는 가스 자살 사건의 희생자이다. 나림 선생 문장을 읽어보자.

**절규**
"당신만 죽게 할 수 없어요."
"당신만 죽게 할 수 없어요."
아아, 그 처량한 소리! 「망명의 늪」 · 271면

**사기꾼**
"사기꾼의 아들이 어떻게 급장 노릇을 하겠느냐는 거지 뭐."
숙이는 초등학교 4학년이었다.
"뭐라구? 선생이 그런 소릴 했어?"
"좋다, 내일 모두 해결할게. 오늘 밤은 자자." 「망명의 늪」 · 271면

**자살**
자기 방으로 가려는 아이들을 오늘 밤은 같이 자자면서 요를 두 개 깔았다. 나는 숙이를 안고 자고 마누라는 은이를 안고 잤다. 아이들이 잠든 것을 확인하곤 나는 문이란 문, 창이란 창을 단단히 잠갔다. 그리고 부엌에 있는 가스레인지의 꼭대기를 떼와선 방 한구석에 놓고 가스를 틀었다……. 「망명의 늪」 · 272면

**죄책감**
만일 아내가 내게 다정스럽게 굴어 내가 아내에게 애착할 수 있었더라면 나는 죽은 향숙과 아이들에 대한 죄책감이 훨씬 더해서 아마 성공했을지 모르는 제3차의 자살을 기도했을지 모를 일이다. 「망명의 늪」 · 277면

사업에 실패해서 아내와 자식을 잃는다.<sup>罪人</sup> 자살의 의미조차도 잃는다.<sup>自暴自棄</sup> 미아리 여인과 만나 가정을 꾸린다. 매일 거친 말들을 새기며 살아간다.

### 인생

"하 선생이 구속되었다는 소식만 읽지 않았더라도 전 나타나지 않았을 겁니다."

성유정 씨는 묵묵히 한동안 앉아 있다가,

"이군, 다시 인생을 시작해볼 생각은 없나." 「망명의 늪」· 249면

「망명의 늪」에서 나<sup>我</sup>는 하인립이 구속되었다는 소식을 접하고 세상에 다시 나타난다. 하인립 석방을 위해 노력한다. 나<sup>我</sup>는 세상과 사건의 관찰자이다. 나림 선생 분신이다.

## (2) 하인립

하인립은 「망명의 늪」에서 주인공이다. 호인<sup>好人</sup>이다. 주변을 챙기며 사는 사람<sup>善人·愚人·바보</sup>이다. 나<sup>我</sup>를 살린 사람이다. 나<sup>我</sup>에게 사업 자금도 빌려준다. 사업 실패 후 자살 사건이 발생했을 때 나<sup>我</sup>를 구한 생명 은인<sup>恩人</sup>이다. 나림 선생의 두 번째 분신이다.

하인립은 「망명의 늪」에서 주변 청탁을 거절하지 못하는 인물이다. 시집 출판비로 30만 원을 받는다. 부패 중개인에게<sup>브로커</sup>에게 휘말려 사기죄로 구속된다. 나림 선생은 하인립을 바보<sup>愚人</sup>라고 평가한다. 그렇다면 하인립과 나<sup>我</sup>는 모두 바보이다. 나림 선생 문장이다.

### 분노

그 많았던 하인립 씨의 친구들은 모두 어디로 갔을까. 거의 매일 밤 더불어 흥청거리던 하인립 씨의 술친구들은 어디로 사라졌단 말인가.

'이런 살벌한 황무지에 서서 시를 쓴다고? 어림없는 소리!'

철망 저편에 서서 그래도 태연한 척하고 있던 하인립 씨에 대해서 나는 비로소 맹렬한 증오를 느꼈다.

바보는 바보라는 그 죄명으로 광화문네거리에서 찢겨 죽어야 한다. 호인은 호인이란 그 죄명으로 사지를 찢어 개의 창자를 채워야 한다. 「망명의 늪」·232-233면

### 자살自殺

"자네가 두 번째 일을 저질렀을 때 솔직한 심정으로 우리는 그냥 자넬 내 버려두려고 했다. 자네만 살아 있기가 얼마나 고통스럽기에 또 그런 짓을 했겠느냐 해서다. 그런데 하인립씨가 서둘렀어. 절대로 자넬 죽여선 안 된다는 거야." 「망명의 늪」·248면

나림 선생은 「망명의 늪」에서 하인립과 나耊를 맹비난한다. 자책과 분노로 읽는다. 세상을 향한 절규絶叫로 해석한다.

### 인간人間

**"제가 어디 사람입니까?"** 「망명의 늪」·239면

## (3) 성유정

성유정은 「망명의 늪」에서 하인립의 어릴 적 친구이다. 성유정은 대학교수이다. 나耊에게 새로운 인생을 권한다. 나림 선생의 세 번째 분신이다.

성유정은 여러 작품에 등장하는 인물이다. 균형 잡힌 선비형 지식인이다. 성유정 사유 방식은 오늘날 귀감龜鑑이 될 수 있다. 나림 선생 문장을 읽어보자.

### 성유정과 하인립

성유정 씨나림 이병주와 하인립 씨나림 이병주는 어릴 적부터의 친구일 뿐 아니라 서로 인척 관계에 있는 사이다. 그런데 하인립 씨가 사업을 시작하면서부터 소원한 사이가 되었다고 들은 적이 있다. 성유정 씨는 하인립 씨가 사업을 하려는 데 대해 맹렬한 반대를 한 것이었다.

"사업할 돈이 있으면 서울 근교에서 농장이나 하라."

는 권고를 했다고 들었다. 「망명의 늪」·237면

### 배려

"나쁜 사람 같으니라구. 그렇게 소식이 없을 수가 있어?"

"이군, 걱정 말아요. 돈을 성 교수가 준비하겠대."

대학교수 노릇을 하며 근근이 살아가는 요즘의 처지겠지만 성유정씨 같으면 능히 그렇게 하리란 짐작을 바로 아까 하고 있었던 터였다. 「망명의 늪」·238면

### 사람

성유정 씨가 이끄는 대로 걸어갔다.

내수동 골목의 '푸른 집'이란 간판을 단 술집 한구석에 선풍기를 등지고 앉아 성유정 씨는 대뜸 물었다.

"제가 어디 사람입니까?"

"사업이건 인생이건 한 번쯤의 좌절을 자네처럼 받아들여서야 어디 이 세계가 지탱하겠나."

"내가 기상천외한 사상을 가진 줄 아나? 상식 이외의 무슨 사상이 내게 있겠나."

"진짜로 용기 있는 사람은 비겁자의 충고도 들어야 하는 거다."

"전 하 선생에게 천만 원 빚을 진 놈입니다. 그런데 하 선생은 돈 40만 원 때문에 지금 감옥에 있습니다. 성 선생님에게도 삼백만 원 빚을 진 나 아닙니까. 선산이 있는 산판을 판 돈을 내가 몽땅 날려버린 것 아닙니까."

"이 사람, 그 얘긴 왜 꺼내는 거야. 모두 지난 일 아닌가?"

"아닙니다. 나는 가끔 이런 생각을 합니다. 하 선생에게 빌린 돈, 성 선생에게 빌린 돈 그걸 갚지 않고 배겨내기 위해 계집, 자식을 몽땅 죽이구, 죽는 척 해놓구 나는 살아나구……그런 연극을 꾸민 것 아닐까 하구요." 「망명의 늪」·239-241면

### 재판

"하 선생 일은 잘 되겠죠?"

"김 변호사는 안심해도 좋다고 하더라. 돈만 갚아주면 잘하면 무죄, 최악의 경우라도 집행 유예로 나올 수 있다니까 안심해도 된다는 얘기였어." 「망명의 늪」·241면

### 예술품

어느덧 성유정 씨의 표정이 굳어져 있었다.

"완전무결한 인격주의를 지향하시는 성 선생님께서는 이러한 무의미의 의미가 못마땅하실 겁니다."

나는 성유정 씨의 비위를 뒤틀어놓고 싶은 광폭한 충동에 일시 사로잡혔다.

일제 때는 '천황 폐하'로부터 금시계를 받은 최우등의 학생, 해방 후의 혼란기엔 혼자 혼란하지 않은 온건한 지식인, 6·25 땐 인민군이 그 동리에 소를 팠는데도 만석꾼인 그 집만은 대문 한 번 두드려보는 법 없이 지나쳐버린 집의 아들, 자유당 때도 민주당 때도 공화당 지금에도 티끌 하나 책잡혀보지 않은 대학교수, 내게 삼백만 원의 돈을 떼어먹혔는데도 싫은 소리 한마디 없는 관대한 선배! 삼천리 강산이 와들와들 떨고, 삼천만의 국민이 악착같은데 이러한 인간이 과연 사람인지 괴물인지 알 수 없는 일 아닌가. 여기에 돌연 깡패가 나타나 저 반들반들한 이마를 주먹으로 때리는 사태가 벌어진다면 성유정 씨는 어떻게 대응할 것인가. 「망명의 늪」·242-243면

### 인간적

"그렇습니다. 취했습니다. 그런데 어째서 성 선생이 하는 일은 모두가 옳은 겁니까. 나는 그런 완전무결주의가 싫습니다. 왜 내 뺨을 치지 않습니까. 왜 내게 노여움을 보이지도 않습니까. 나는 성 선생의 완전무결한 인격보다 하인립 씨의 주책바가지가 월등하다고 생각해요. 왜, 보다 인간적이니까요. 성 선생은 하 선생을 경멸하고 있죠? 성 선생의 생활태도를 닮지 않는다구요. 그런데도 뭣 때문에 40만 원의 돈을 물어주려는 겁니까. 나는 성 선생의 혈관엔 붉은 피가 아니고 뜨물 같은, 우유 같은 액체가 흐르고 있을 것이라고 단정합니다. 그러나 하인립 선생의 피는 붉어요. 그분은 인간이에요."

"이군 취했군." 「망명의 늪」·243-244면

### 새로운 인생

"선생님."

"성 선생은 절 끔찍한 놈이라고 생각하지 않습니까?"

"마누라를 죽이고 아이들을 죽이고 자기만 살아남은 끔찍한 놈. 그런 생각을 하고 계시죠?"

"자네가 고의로 살아남았다고는 생각하지 않아. 자네가 소생하기까지의 열흘 동안을 나는 줄곧 자네의 병실에 있었으니까. 의사는 기적이라고 하더라. 만에 하나 있을까 말까 한…… 그러나."

"사업에 실패하고 빚을 졌대서 전 가족이 죽어야 한다면 세상에 사람이 살아남겠나. 어떻게 그런 생각을 할 수 있었을까. 그게 난 납득이 안가. 도저히 납득할 수가 없어."

"나도 납득할 수가 없습니다."

"서투른 소설의 주인공 같은 말은 꾸미지 말게."

"자네가 두 번째 일을 저질렀을 때 솔직한 심정으로 우리는 그냥 자넬 내 버려두려고 했다. 자네만 살아 있기가 얼마나 고통스럽기에 또 그런 짓을 했겠느냐 해서다. 그런데 하인립 씨가 서둘렀어. 절대로 자넬 죽여선 안 된다는 거야. 그래 부랴부랴 병원으로 옮겨놓고 겨우 다시 소생을 시켜 안심을 하고 잠깐 방심을 하고 있는 동안에 자네는 없어져 버렸지. 아무리 찾아도 흔적이 있어야지. 그래 우리는 깊은 산속이나 바다에 가서 죽은 줄 알았다. 그랬는데 일 년 전인가 자네를 보았다는 사람이 나타났다. 그것도 한 사람이 아닌 두 사람이……. 그런데 어쩐 일인지 자네가 살아 있다는 확증을 잡았는데도 반갑지가 않더라. 굳이 찾고 싶은 생각도 없구……."

"하 선생이 구속되었다는 소식만 읽지 않았더라도 전 나타나지 않았을 겁니다."

"이군, 다시 인생을 시작해볼 생각은 없나."

"다시 인생을 시작해볼 생각을 해보게 과거를 씻을 수 있는 건 새로운 인생을 시작함으로써만 가능한 거야. 뭐든 좋다. 자네가 좋다고 생각하는 무슨 아이디어가 있으면 적극적으로 도울 테니까. 이대로, 아니 자네 말대로 그렇게 썩고 있으면 자네도 괴로울 테고 우리도 괴로워……. 갈 데가 없으면 당분간 우리 집에 와 있어도 좋구, 부인이 있다니까 술집 같은 데 내보내지 말도록 무슨 조그마한 장사라도 시작할 수 안 있겠나."

"전 이대로가 좋습니다. 남에게 고용살이도 안 할 거고, 장사도 안 할 겁니다. 정말 아무것도 할 생각이 없습니다. 요행이나 바랄 뿐입니다."

"T물산에 도로 가지 않겠다는 이유가 뭔가."

"긴 얘기라도 좋으니 말해보게나." 「망명의 늪」· 248-249면

## (4) 김장길 변호사

김장길 변호사는 하인립과 친교가 있다. 정의롭고 따뜻한 법조인이다. 나<sup>[吾]</sup>는 광화문에 있는 변호사 사무실을 방문한다. 김 변호사는 하인립이 사기를 할 인물이 아니라고 말한다. 김 변호사는 「망명의 늪」에서 하인립 석방을 위해 나<sup>[吾]</sup>와 성유정과 함께 노력한다. 하인립은 선고유예를 받고 석방된다. '김&장&길<sup>[遵]</sup>' 변호사 역할이 결정적이다. 성명학<sup>姓名學</sup>이 예술이다. 나림 선생 특유의 성명 기법이다.

**심성**<sup>心城</sup>
"세상에 그처럼 어리석은 사람이 어디에 있단 말인가."

"어디까지나 시집의 출판을 위해서 받고 생일 축하로 받았다고 우겨댈 일이지 결과적으로 그렇게 되었다고 자인할 필요가 어디에 있단 말인가. 그런 자인만 안 해도 사기죄가 성립될 까닭이 없는 것인데 말야. 그리고 또 관계 당국자에게 부탁을 했다는 말은 왜 하는 거야. 안 했다고 부인하면 변호사법 위반이 될 까닭도 없거든. 법률 상식이 이렇게 없어갖고야. 그보다도 그렇게 순진해서야." 「망명의 늪」· 224면

## (5) D건설 회사 전무 C씨

세상은 더러운 강물과 같다. 냉혹·각박·잔인하다. D건설 회사 전무 C는 걸핏하면 하인립 서재에 와 앉아 있던 사람이었다. K고관과 친분이 있는 하인립을 이용하려는 의도였다. C는 하인립의 난처한 사정을 들었다. 그럼에도 C는 일언지하<sup>一言之下·한마디로</sup> 거절한다. 은혜를 모르는 사람이다.

**냉혹·각박·잔인**
"하 선생은 사람이 너무나 좋아. 사람이 좋은 게 결코 이 세상에선

장점일 순 없어."

하는 동정어린 말을 했는데 신에게 갚아야 할 40만 원 얘기를 듣곤,

"돈이 썩고 있기로서니 남이 사기한 돈 뒤치다꺼리할 사람이 있겠소."

하며 유순한 웃음을 웃기까지 해 보이곤 일어서버렸다. 「망명의 늪」·227면

## (6) 언론인 N씨

N씨는 신문·잡지에 논설을 쓰는 사람이다. 신문사에 있을 때 다소 축재도 해서 여유 있게 사는 사람이다. 나<sup>牟</sup>는 우연한 기회에 하인립을 통해 그의 친지되는 사람의 승진 운동을 하는 것을 본 적이 있다.

N씨는 하인립에게 많은 부탁을 했다. 하인립도 N씨의 부탁이고 보면 싫은 빛없이 K고관에게 전달하곤 했다. N씨와 하인립은 줄곧 남달리 밀접한 관계를 지속해왔다. 그런데 N씨는 하인립 이름이 내 입에서 나오자, 다른 표현을 한다.

### 형편

"아까운 사람인데 꼭 하나의 결점이 있었지."

"개인적인 친분 관계이지 권력 지향은 아닐 텐데요. 하인립 씨의 경우, 권력에의 밀착이란 말이 안 됩니다."

"청빈하게 사는 선비에게 어디 그런 돈이 있겠소. 마음 같아선 돈 5만 원이 문제겠소만 요즘 내 형편이……."

하고 N씨는 눈길을 멀리 보냈다. 그 한 모퉁이의 화단엔 칸나의 진한 붉은 빛이 7월의 태양 아래 불타고 있었다. 에어컨디셔너로 냉방이 된 방에 앉아 유리창 너머로 호사스런 성하<sup>盛夏</sup>의 향연을 보며 나는 N씨의 '요즘 형편이 대단히 딱하다.'는 말을 뼈 마디마디에 새겨넣는 느낌으로 말없이 일어서 N씨의 집을 하직했다. 「망명의 늪」·228-230면

## (7) 기업인 T씨

T씨는 하인립의 덕택으로 S상가 일부를 차지하는 이권을 얻은 적이 있었다. 나<sup>牟</sup>는 T씨는 광화문 조선일보 근처 다방에서 만나 하인립을 도와줄 의사가 없느냐고 단도직입적으로 물었다. T씨의 대답이다.

### 부도

"내게 무슨 힘이 있다고 남을 도운단 말이오."

"T사장은 하 선생의 도움을 받은 적이 없소?"

"도움? 그 양반 때메 손해는 봤지만 도움받은 건 없고마."

"그건 그렇다치고 다만 얼마라도 하 선생을 도와주시오. 5만 원쯤이면 됩니다."

"허, 참. 남의 사정도 모르고 그러네. 요새 난 부도가 날 지경인디, 그래 갈팡질팡인디."

"찻값 내었소."

하는 T의 목소리가 카운터 쪽에서 들렸다. 「망명의 늪」· 230-232면

## (8) Y대학 P교수

Y대학 P교수는 하인립을 통해서 알게 된 사람이다. 하인립의 술친구다. P교수와 하인립은 도쿄에서 같은 시기 학교를 다녔다. P교수가 도쿄에서 운영하던 당구장을 하인립이 인수하였다. 학생 시절이다. 두 사람은 도쿄에서 가끔 술을 마셨다. P교수는 여유만만하고 능글능글하였다. P교수는 우정을 잊었다. 나림 선생은 뜨거운 커피를 P교수 얼굴에 선물하였다. 철면피에게 주는 언어<sup>言語</sup>이다.

### 커피

"괜히 까불고 돌아다니더니만 기어이 그런 꼴을 당하고 만 모양이오."

"그렇다면 친구들이 좀 도와줘야 할 게 아닙니까."

"도울 가치가 있는 놈을 도와야지."

"가치의 문제가 아니고 우정의 문제가 아닐까요?"

"그러나 오래 사귀었던 정으로도 도울 수만 있으면 도와야 하지 않겠소."

"백만장자의 아들이 돈 40만 원을 사기해 먹으려다가 쇠고랑을 차다니 한심스러운 인간이야."

"그 한심스러운 인간으로부터 얻어 마신 술을 죄다 토해놓고 싶소?"

"하인립 씨는 사기한 적이 없소. 이번 사건은 순전한 모함이오. 삼십 년 이래의 친구가 그런 꼴을 당했는데 진상을 알아볼 성의도 없는 놈은 사람이우? 그게 대학교수요?"

나는 일어서며 커피가 담뿍 담긴 커피잔을 들고 그 뜨거운 커피를 P 의 얼굴에 정면으로 쏟아놓은 채 다방을 빠져나왔다. 그리고 카운터에 두 마디 말을 남겼다.

"커피값은 저자에게 받아요. 처먹은 건 저자니까."

다방에서 나온 나는 느릿느릿 걸었다.

그러나 그 골목이 끝나도록 뒤쫓아오는 사람은 없었다. 「망명의 늪」·233-237면

## (9) 하인립 후배 권씨

권權은 하인립의 고향 후배다. 어느 날 권은 신申을 데리고 하인립을 찾아왔다. 하인립은 사업 실패로 셋방살이를 하고 있었다. 하인립은 후배 권에게 시집을 만들 돈이 없어졌다고 한탄했다. 권은 어떻게 해서라도 선배 시집을 내고 싶었다.

그래서 신씨에게 하인립 시집 출판 비용을 대주는 친절을 베풀면, 하인립 친지 가운데 높은 벼슬을 하고 있는 사람이 많으니 사업상 도움이 되지 않겠느냐는 얘길 했다. 신은 기술단 사장을 하고 있었다.

「망명의 늪」에 부패 알선자브로커들의 수법이 잘 묘사되어 있다. 하인립이 어떻게 사기죄로 고소되었는지 그 사건 진상이 선명하게 나타나 있다.

### 돈 봉투

"꼭 뭣하시면 제가 드리는 것으로 알면 될 게 아닙니까."

하고 돈이 든 봉투를 권이 집어 들고 하인립 씨 앞에 밀어놓았다. 「망명의 늪」·222면

신은 하인립을 부정 청탁 중간 다리로 생각했다. 하인립이 현직 모고관과 대단히 친한 사이라는 것을 알고 있었다. 사업이 바로 그 고관

이 관장하고 있는 부서와 밀접한 관계에 있었다. 첫 대면에서 일체 그 속셈을 드러내지 않았다.

### 시집 발간비 30만 원

"권군의 얘기를 듣고 감동한 나머지 시집을 내시는 데 도움이 되지 않을까 하고 가져왔다."

면서 30만 원을 내놓았다. 「망명의 늪」· 222면

이 주일쯤 지나서 또 신과 권이 찾아왔다. 생일 축하의 뜻이라면서 또 신은 권의 손을 통해 10만 원의 수표가 든 봉투를 꺼내놓았다. 미끼는 계속되었다.

### 생일축하금 수표 10만 원

"내가 생일 축하를 당신들로부터 받을 하등의 이유가 없다."

그러나 그들은 억지로 그 봉투를 던져놓고 가버렸다. 「망명의 늪」· 222면

## (10) 기술단 신사장

또 이 주일이 지났다. 신이 혼자 찾아왔다. 세상 돌아가는 얘기가 나온 끝에 신이 말했다. 전형적인 부정 청탁 장면이 나온다.

### K장관

"내가 하는 사업은 토지를 측량하는 용역을 주로 합니다. 금번 영남의 모 도시 근처의 그린벨트 설정을 한다는데 마침 선생께선 K장관을 잘 아시지 않습니까. 누가 해도 해야 할 일이고 우리 기술단은 우수하다고 세평이 나 있을 정도이고 하니 한마디만 거들어주시면 밑에선 다되게 돼 있습니다." 「망명의 늪」· 222면

며칠 후 하인립은 장관을 만나 이야기를 했다. 그럼에도 현지 책임자는 신의 기술단에게 용역을 줄 수 없다는 뜻을 밝혔다. 하인립은 그대로 신씨에게 알렸다. 그 자리에서 신은 전라도에도 그런 일이 있는데 어떻겠냐고 말했다. 하인립은 즉석에서 거절했다.

이 주일쯤 지나서 하인립 앞으로 내용 증명으로 된 편지가 왔다. 발신자는 신이었다. 용역을 맡아준다고 하고 받은 돈 40만 원을 즉시 갚지 않으면 고발하겠다는 내용의 편지였다.

## (11) 미아리 아내

작품 「망명의 늪」에서 나*는 사업 실패를 하고 일가족 자살을 시도한다. 자살 사건 이후 새로운 여자를 만난다. 미아리 아내이다. 2년 전이다. 매일 지옥이다. 나림 선생은 이렇게 표현한다.

### 여우 · 이리

아내는 아직도 잠결에 있었다. 여우처럼 교활하고 이리처럼 앙칼스럽다. 내게 생활을 지탱해낼 힘이 있기만 하다면 영원히 재워놓고 싶은 여자이다. 「망명의 늪」 · 210면

### 욕설

"당장 우리 헤어집시다. 귀밑머리 마주 푼 사이도 아니구, 당장요."

"모두들 나를 미친년이라고 해요. 지금이 어는 땐데 놈팽이를 기르고 있느냐는 거예요. 나이라도 젊었을 때 정신차리라는 거예요. 아아, 나도 미친년 노릇은 그만할래요."

"참말이예요. 우리 헤어집시다. 당신이 안 나간다면 내가 나갈 테니까. 아아 지긋지긋해."

"어쩔 테요. 헤어질 테야? 어쩔 테야."

아내의 욕설이 계속되었다.

### 거머리

"뭘 잘했다고 나를 째려보지? 내가 제 조강지천가? 도대체 넌 뭐란 말이냐. 내 피를 빨아먹는 거머리 같은 놈!"

드디어 최소한도의 경어도 벗겨버렸다.

"어, 더러워, 텟테테 텟테테……." 「망명의 늪」 · 211-212면

## 3. 작품 속 법

### (1) 식품범죄

1977년 한국 사회에 불량 식품 범죄가 심각하였다. 나림 선생은 이 문제를 포착하고 소설 「망명의 늪」에서 엄하게 꾸짖는다. 식품 범죄의 뿌리가 어디에서 왔으며, 그 원인은 무엇이고, 형사정책 방안을 제시했다. 소설 속에서 한 단락이지만, 묵직하다.

조선시대 사고방식·내 배만 채우면 그만·식품에 유독 물질 투입·돌가루가 든 급식용 빵·미필적 살인<sup>고의 살인</sup>·사형이 나온다. 강력한 형사정책이다. 식품 범죄는 관용이 필요 없다.

작품 「망명의 늪」이 출판된 1976년 이후에도 식품범죄가 근절되지 않았다. 현행법은 식품범죄를 엄중하게 처벌한다. 「식품위생법」·「식품안전기본법」·「건강기능식품에 관한 법률」·「축산물 위생관리법」·「수입식품안전관리특별법」·「식품표시광고법」·「제조물책임법」이 제정되어 시행되고 있다.

이 작품은 1976년 발표되었고 이 법들은 대부분 그 이후 제정되었다. 「식품위생법」(1962)은 식품으로 인한 위생상 해악을 끼치는 행위를 처벌한다. 「식품안전기본법」(2008)은 식품안전 관련 문제를 체계적으로 관리할 수 있도록 국가와 지방자치단체가 식품안전관리기본계획과 시행계획을 수립·시행하도록 하였다. 처벌규정 대신 식품안전 관련 법령 위반행위 신고자에게 포상금을 지급하도록 하였다.

「건강기능식품에 관한 법률」(2003)은 다양한 건강기능식품의 유통질서를 관리하며 위반행위를 처벌한다. 「축산물 위생관리법」(1962)은 일관된 축산물검사제도를 확립하여 위반행위를 처벌한다. 「수입식품안전관리특별법」(2016)은 수입식품의 안전 확보를 위해 수입자 및 해외제조업소를 관리하며 위반행위를 처벌한다.

「식품표시광고법」(2019)은 식품 관련 영업자가 국민들에게 정확한 상품 정보를 알리도록 허위·왜곡 광고를 금지하고 위반행위를 처벌한다. 가장 최근 제정되었다.

「제조물책임법」(2002)은 제조물로 인한 피해자의 권리구제를 위한 법이다. 제조물의 결함으로 인한 생명, 신체 또는 재산상 손해에 대하여 제조업자 등이 무과실책임 원칙에 따라 배상책임을 지도록 하였다. 이 법에는 손해배상 외에 별도의 벌칙은 없다.

국민의 불안과 분노가 이 법률에 깊이 반영되어 있다. 나림 선생 문장을 읽어보자.

### 불량 식품 범죄

불량 식품이 범람하고 있다는 것은 돈벌이에 혈안이 된 악덕 상인의 흉측한 범죄행위이기에 앞서, 뭐건 배만 채우면 된다고 해서 초근목피도 사양하지 않았던 이조 이래의 사고방식 탓이란 점을 문제 삼아볼 만한 일이 아닐까. 그러나저러나 식품에 유독 물질을 섞는 놈, 아동들의 급식용 빵에 돌가루를 섞는 놈 따위는 모조리 사형에 처해야 마땅하다. 권총을 마구 쏘아 한둘을 죽이는 살인범에겐 가혹한 법률이 돈을 벌 목적으로 수십만의 생명을 죽이려고 드는 놈들에게 관대한 것은 이해할 수가 없다……. 신문을 읽으며 그 정도로 흥분해보는 것도 오랜만의 일이다. 「망명의 늪」·208-209면

### (2) 사기죄

형법 제347조는 사기죄를 규정하고 있다. 다른 사람을 기망하여<sup>속여</sup> 다른 사람의 재물을 교부받거나 또는 다른 사람을 기망하여<sup>속여</sup> 다른 사람의 재산상의 이익을 취득하는 범죄이다. 본인 또는 제3자가 수익자이다.

나림 선생은 형법 제347조 제1항 사기죄 범죄성립요건<sup>구성요건</sup>을 정확히 알고 있다. 검찰 조사과정이 상세히 기록되어 있다.

「망명의 늪」은 하인립의 석방을 위한 주변 사람들의 이야기이다.

나[*]와 성유정 그리고 김장길 변호사는 석방을 위해 노력하는 인물이다. 반면 C씨·N씨·T씨·P씨는 석방에 전혀 관심이 없다. 수사 과정과 구속사유가 나온다. 은혜를 망각하는 사람을 예리하게 묘사한다. 나림 선생 문장을 읽어보자.

### 구속

신문을 잡으려는데 '하동욱'이란 이름이 눈에 띄었다.

'검찰은 하동욱(52세)을 사기 혐의로 입건 구속했다. 피의자 하동욱은 S기술단에 용역을 맡아준다고 40만 원을 사취했다는 혐의를 받고 있다.' 「망명의 늪」·209면

### 피의자심문조서

하인립 씨는 검찰의 소환을 받았다.

"돈 받은 일이 있느냐."

"무슨 명목으로 받았나."

"시집을 내는 데 돕겠다고 해서 받았고, 생일 축하의 뜻으로 받았다."

"시집은 냈느냐."

"안 냈다."

"그럼 결국 용역을 맡아주겠다고 받은 것이나 다름이 없지 않느냐."

"결과적으로 그렇게 되었다."

"용역 관계로 관계자들에게 부탁을 했느냐."

"했지만 거절당했다."

이런 내용의 심문 조서가 꾸며졌다. 「망명의 늪」·223-224면

### 사기죄

용역을 맡아준다고 해서 돈을 받고 용역을 맡아주지 않았으니 사기죄에 해당되고, 관청에 드나들며 업자의 이권 운동을 대신했으니 변호사법 위반죄에 걸린다는 것으로 구속영장이 발부되어 하인립 씨는 구속당하게 된 것이다. 「망명의 늪」·224면

## (3) 변호사법

「망명의 늪」에 변호사법이 나온다. 나림 선생은 법에 정통한 소설가이다. 변호사법 제110조와 제111조를 읽어보자.

변호사법 제110조는 행위 주체가 변호사 또는 변호사 사무실 직원이다. 법률가는 진정<sup>眞正</sup> 신분범<sup>身分犯</sup>이라고 말한다. 그러나 변호사법 제111조는 행위 주체가 일반인이다. '누구든지' 범죄성립요건을 충족할 경우 형사 처벌된다.

> **변호사법 제110조(벌칙)**
>
> 변호사 · 그 사무직원이 다음 각 호 어느 하나에 해당하는 행위를 한 경우 5년 이하의 징역 또는 3천만 원 이하 벌금형으로 처벌된다. 이 경우 벌금과 징역은 병과할 수 있다.
>   1. 판사 · 검사, 그 밖에 재판 · 수사기관의 공무원에게 제공하거나 또는 그 공무원과 교제한다는 명목으로 금품 · 그 밖의 이익을 받거나 받기로 한 행위
>   2. 제1호에 규정된 공무원에게 제공하거나 또는 그 공무원과 교제한다는 명목의 비용을 변호사 선임료 · 성공사례금에 명시적으로 포함시키는 행위
>
> [전문개정 2008.3.28]

> **변호사법 제111조(벌칙)**
>
> ① 공무원이 취급하는 사건 또는 사무에 관하여 청탁 또는 알선을 한다는 명목으로 금품 · 향응, 그 밖의 이익을 받거나 받을 것을 약속한 사람 또는 제3자에게 이를 공여하게 하거나 또는 공여하게 할 것을 약속한 사람은 5년 이하 징역형 또는 1천만 원 이하 벌금형으로 처벌된다. 이 경우 벌금과 징역은 병과할 수 있다.
> ② 다른 법률에 근거하여 「형법」 제129조부터 제132조까지의 규정에 따른 벌칙을 적용할 때에 공무원으로 보는 자는 제1항의 공무원으로 본다.
> [전문개정 2008.3.28]
> [출처] 변호사법 일부개정 2021. 1. 5. [법률 제17828호, 시행 2021. 1. 5.] 법무부.

「망명의 늪」에 변호사법 위반 사례가 나온다. 김장립 변호사의 표현이다. 나는 나림 선생의 법률해석으로 읽었다.

유사한 취지의 법으로 흔히 「김영란법」으로 부르는 「부정청탁 및 금품 등 수수의 금지에 관한 법률」(약칭: 청탁금지법) [시행 2022. 6. 8.] [법률 제18576호, 2021. 12. 7. 일부개정]이 있다. 변호사법보다 더 포괄적이며 적용범위가 넓다. 공무원 외에도 공직유관단체, 각급 학교와 학교법인, 언론사 종사자에게도 적용된다. 배우자도 포함된다.

이들은 직무 관련 여부 및 기부·후원·증여 등 그 명목에 관계없이 동일인으로부터 1회에 100만 원 또는 매 회계연도에 300만 원을 초과하는 금품 등을 받거나 요구 또는 약속해서는 안 된다(청탁금지법 제8조 제1항). 위반행위는 최고 3년 이하 징역형 또는 3천만 원 이하 벌금형으로 처벌된다. 상대적으로 가벼운 위반행위는 3천만 원 이하 과태료로 처벌된다. 다만 통상적인 인간관계로 이루어지는 식사·경조사비·선물 등에 대해서는 허용되는 가액 범위(3만 원−30만 원)를 정하고 있다(동법 시행령 제17조). 법의 융통성이다.

누구나 살면서 뜻하지 않은 사건·사고에 휘말리는 경우가 있다. 그럴 때 주변의 도움을 찾는다. 「변호사법」과 「청탁금지법」이 경고음을 보낸다.

### 법률 상식

"또 관계 당국자에게 부탁을 했다는 말은 왜 하는 거야. 안 했다고 부인하면 변호사법 위반이 될 까닭도 없거든. 법률 상식이 이렇게 없어 갖고야. 그보다도 그렇게 순진해서야." 「망명의 늪」·224면

### (4) 구속

「망명의 늪」에 구속拘束 장면이 나온다. 사기죄로 하인립이 구속된다. 나림 이병주 선생은 구속제도와 구속 폐해를 잘 알고 있는 작가이다. 여러 작품에서 이 문제를 언급하고 있다. 대표로 「예낭풍물지」와 『운명의 덫』이다.

구속은 국가가 하는 강제처분이다. 검사가 청구한 구속영장을 법원

이 발부해야 집행할 수 있다. 형사절차刑事節次 법정주의法定主義이다. 구속은 한 사람과 가정을 파멸할 수 있다. 그래서 구속요건은 엄격하다. 법원도 엄격하게 심사한다. 중요 사건의 경우 언론을 통해서 구속 결정 소식을 접한다.

형사소송법은 제201조(구속)·제201조2(구속영장 청구와 피의자 심문)·제202조(사법경찰관 구속기간)·제203조(검사 구속기간)·제203조의2(구속기간 산입)·제204조(영장발부와 법원에 대한 통지)·제205조(구속기간 연장)를 자세히 규정하고 있다.

소설 속 사기 사건에서 하인립이 구속 사유에 해당하는지 의문이다. 물론 현행 형사소송법에 근거한 법률해석이다. 주거 부정·증거인멸·도망 또는 도망 가능성이 없기 때문이다. 형사소송법은 불구속 수사가 원칙이다. 헌법정신이다. 형사소송법 제70조와 제201조(구속)를 자세히 읽어보자.

> 형사소송법 제70조(구속사유)
> ① 법원은 피고인이 제1호 사유에 해당하면서, 제2호·제3호·제4호·제5호 사유 중 어느 하나에 해당할 경우 구속할 수 있다. [개정 95·12·29]
>   1. 피고인이 죄를 범하였다고 의심할 만한 상당한 이유가 있는 경우
>   2. 피고인이 일정한 주거가 없는 경우
>   3. 피고인이 증거를 인멸할 가능성이 있는 경우
>   4. 피고인이 도망하거나 또는 도망할 가능성이 있는 경우 [개정 73·1·25, 95·12·29, 2007.6.1] [[시행일 2008.1.1.]]
>   5. 다만 다액 50만 원 이하의 벌금·구류·과료에 해당하는 범죄는 피고인이 일정한 주거 없는 경우
> ② 법원은 제1항 구속 사유를 심사할 때 다음 세 가지 요건을 종합적으로 고려한다.
>   1. 범죄중대성
>   2. 재범위험성
>   3. 피해자·중요 참고인 등에 대한 위해(危害) 가능성 [신설 2007.6.1] [[시행일 2008.1.1]]

**형사소송법 제201조(구속)**

① 검사는 구속요건으로 제201조 제1호 · 제2호 사유를 모두 충족하는 경우 관할 지방법원판사에게 구속영장을 청구하여 구속영장을 발부받아 피의자를 구속할 수 있다. 다만 사법경찰관은 검사에게 구속영장을 신청하여 검사 구속영장청구로 관할 지방법원판사에게 구속영장을 발부받아 피의자를 구속할 수 있다.

　1. 피의자가 **죄를 범하였다고 의심할 만한 상당한 이유가 있을 경우**
　2. 제70조 제1항 각 호에 해당하는 사유가 있을 경우
　3. 다만 다액 50만 원 이하의 벌금형 · 구류형 · 과료형에 해당하는 범죄는 피의자가 일정한 주거가 없는 경우 [개정 80 · 12 · 18, 95 · 12 · 29]

② 검사는 구속영장을 청구할 때 구속 필요를 인정할 수 있는 자료를 제출한다. [개정 80 · 12 · 18]

③ 지방법원판사는 제1항에 근거하여 구속영장청구서를 받은 경우 **신속히 구속영장발부여부를** 결정한다. [신설 95 · 12 · 29]

④ **지방법원판사는 제1항에 근거하여 구속영장청구서를 받은 경우 그 요건이 상당하다고 인정할 때 구속영장을 발부한다.** 이를 발부하지 아니할 경우 구속영장청구서에 취지와 그 이유를 기재하고 서명날인을 하여 구속영장을 청구한 검사에게 교부한다. [개정 80 · 12 · 18]

⑤ 제1항에 근거하여 구속영장을 청구하는 때 검사는 피의자에게 동일한 범죄사실에 관하여 이전에 구속영장을 청구한 경우 · 이미 발부받은 사실이 있는 경우 다시 구속영장을 청구하는 취지 · 그 이유를 기재한다. [개정 80 · 12 · 18]

[전문개정 73 · 1 · 25]

[출처] 형사소송법 일부개정 2024. 2. 13. [법률 제20265호, 시행 2024. 2. 13.] 법무부.

[참조] 형사소송법 원문 조문을 읽기 쉽게 정리하였다.

나림 이병주 선생은 직접 재판을 받았던 사람이다. 구속 · 재판 · 수감생활을 모두 체험한 작가이다. 이 과정에서 수많은 사람을 만났을 것이고, 또 수많은 사건을 들었을 것이다. 하루하루가 법학 공부 시간이었을 것이다. 그래서 나림 선생은 구속 폐해를 누구보다 잘 알고 있다고 생각한다.

### 구속

"하 선생이 구속되었다는 소식만 읽지 않았더라도 전 나타나지 않았을 겁니다." 「망명의 늪」·249면

### 면회

"하 선생 면회하시렵니까."

"안 하겠어."

"공판할 땐 나가시렵니까."

"공판에도 안 나가겠어."

"저두 안 나갈랍니다."

"그러는 게 좋을 거다." 「망명의 늪」·241면

## (5) 채권자

「망명의 늪」에 채권자 추심 장면이 나온다. 그 고통을 이루 말로 표현할 수가 없다. 가족 모두가 정신적으로 충격을 받는다. 구성원 모두 날마다 지옥이다. 사기꾼·사기꾼 마누라·채권자 호통·부도·유서·통곡·아이들·가족 자살이다. 나림 이병주 선생은 채권 추심을 직접 경험한 분이다. 나림 선생은 「망명의 늪」에서 이 장면을 너무도 생동감 있게 묘사하고 있다. 나림 선생 문장을 제목을 붙여서 자세히 읽어보자. 가족 동반 자살은 보통 이런 과정을 겪는다.

지금은 채권자에게 과도한 추심행위를 금지하고 있다. 채무자 보호가 법으로 보장되어 있다. 「채권의 공정한 추심에 관한 법률」(약칭: 채권추심법)이 2009년 제정되었다. 고리사채업자와 불법대부업자들이 채무자와 가족들을 불법 추심행위로 괴롭히는 사례는 예로부터 빈발했다. 오래된 문제였음에도 법의 보호가 미치지 못했다. 사회적 심각성이 크다는 걸 입법자들이 뒤늦게 깨달았다.

폭행·협박·체포, 반복적 또는 심야 방문 등 금지되는 채권추심행위의 유형을 구체적으로 명시하고, 위반한 사람에게 민사상·행정상

제재를 가하거나 또는 형사처벌·과태료를 부과할 수 있다. 채무자의 인간다운 삶과 평온한 생활 보호를 위한 사회적 안전장치이다. 채권추심자가 이 법을 위반하면, 최고 5년 이하 징역형 또는 5천만 원 이하 벌금형으로 처벌될 수 있다.

인간 존엄은 불가침이다. 이를 보호하고 존중하는 일은 모든 국가 권력의 의무이다. 이런 관점에서 보면 올바른 입법이다. 가혹한 채권 추심행위는 당하는 사람에게 고문拷問이다.

### 사기꾼 마누라

채권자에게 시달리는 집의 아이들이 어떻게 처참한진 겪어보지 않은 사람들에겐 알 까닭이 없다.

사기꾼이란 말이 내 이름처럼 되었다. 아이들은 사기꾼의 아이들이 되었고 마누라는 사기꾼의 마누라가 되었다.

이러한 고통을 참아가며 살 가치가 있는 것인가를 그야말로 진지하게 생각하게끔 되었다.

그래도 자살할 각오는 서지 않았다.

"오냐 죽어주마."

하고 마음속에서 울부짖었지만 그것은 관념이었지 구체적인 행동이 되기엔 좀 더 수모를 겪어야 했다. 「망명의 늪」·269~270면

### 채권자 호통號筒

그러한 어느 날이다. 은이가 풀이 죽어 학교에서 돌아왔다. 채권자의 일부가 응접실에서 호통을 치고 있었기에 초등학교 2학년짜리인 소년이 왜 풀이 죽어 있는가 묻지를 못했다. 「망명의 늪」·270면

### 부도不渡

그날은 마누라가 그 재벌의 중역으로 있는 내 선배를 찾아간 날이기도 했다. 나의 감정은 공장을 불살라버릴망정 그 재벌에 넘길 생각은 없었지만 채권자들의 사정을 조금이라도 보아주기 위해선 치욕을 참아야 했다. 그 선배와 내 마누라는 잘 아는 사이이기도 해서 마누라가 나선 것이었다.

울어 눈이 퉁퉁 부어 통금 시간 가까스로 집으로 돌아온 마누라의 갈팡질팡한 얘기를 정리하면 다음과 같이 되었다.

이왕 그 사업을 하실 요량이면 이미 시설이 되어 있는 우리 공장을 송두리째 사는 것이 어떻겠느냐고 했더니 선배의 답은 이랬다.

"모처럼 마음먹고 시작한 일이니 계속해 보시지 그래요."

"사업을 아무나 할 수 있는 것으로 알고 덤빈 것이 잘못이야."

이미 공장을 짓고 있고 기계 발주도 해버렸으니 시기가 늦었다는 말과 함께 꼭 인수해야 할 경우이면 하고, 내가 그 공장 건설을 위해 들인 돈의 20분의 1쯤 되는 액수를 들먹여보더라는 것이다.

마지막 길이 거기서 막혔다.

공장을 내놓아보아야 기계는 고철값이 될 것이어서 기껏 토지 대금이 남을 정도가 뻔했다. 「망명의 늪」· 271면

### 유서

채권자들의 성화가 지나간 깊은 밤에 나와 마누라는 의논을 했다. 살아 있어 가지곤 감당할 수 없다는 결론이 나왔다. 나는 일체의 재산 목록과 인감을 싸서 놓고, 고문 변호사 앞으로 편지를 썼다.

'이것밖엔 없습니다. 모든 채권자에게 내 사과를 전하고 이걸로 가능한 한 처리를 해주십시오.' 「망명의 늪」· 271면

### 통곡

마누라는 그 편지를 말끄러미 들여다보고 있더니 내 무릎에 엎드려 통곡을 시작했다.

"당신만 죽게 할 수 없어요."

"당신만 죽게 할 수 없어요."

아아, 그 처량한 소리! 「망명의 늪」· 271면

### 은이와 숙이

그런데 초등학교 2학년인 은이가 언제 왔는지 방 가운데 서 있었다. 나는 오후의 일을 상기했다.

"은이야, 왜 오늘 풀이 죽었지?"

"급장을 그만두랬어요."

은이가 떨리는 말로 조용히 대답했다.

"왜?"

"사기꾼의 아들이 어떻게 급장 노릇을 하겠느냐는 거지 뭐."

언제 왔는지 바로 내 등 뒤에 서 있던 숙이의 말이었다. 숙이는 초등학교 4학년이었다.

"뭐라구? 선생이 그런 소릴 했어?"

나는 그때 벌써 내 정신이 아니었다.

"선생님이야 그런 말 안 했지만……. 다 알아요."

숙이는 찔끔찔끔 눈물을 짜고 있었다.

"좋다, 내일 모두 해결할게. 오늘 밤은 자자." 「망명의 늪」·271-272면

### 가족자살

자기 방으로 가려는 아이들을 오늘 밤은 같이 자자면서 요를 두 개 깔았다. 나는 숙이를 안고 자고 마누라는 은이를 안고 잤다. 아이들이 잠든 것을 확인하곤 나는 문이란 문, 창이란 창을 단단히 잠갔다. 그리고 부엌에 있는 가스레인지의 꼭대기를 떼와선 방 한구석에 놓고 가스를 틀었다……. 「망명의 늪」·271면

## (6) 가정 해체

한국에서 사업 실패는 가정 해체와 자살 선택뿐이다. 피해자에게 고통을 준 대가이다. 그만큼 살벌하게 사업을 한다. 나림 이병주 선생은 여러 번의 사업 실패 경험을 했다. 「망명의 늪」에도 주택 사업과 복개 사업이 언급되어 있다. 나림 선생 문장을 한번 읽어보자.

### 주택 사업

하인립 씨는 주택 사업을 했을 때의 실패담을 얘기하기 시작했다. 자재부 책임자와 현장 책임자를 형제에게 맡긴 바람에 자재와 시간의 로스를 가져와 그것이 치명적인 원인이 되었는데 그런데도 자금만 넉넉했으면 커버할 수 있었던 것을 그렇게 안 됐기 때문에 실패했다는 얘기였다. 「망명의 늪」·280면

### 복개 사업

이어 하인립 씨는 복개 사업을 해서 상가를 만든 사업 얘기를 시작
했다. 그건 내겐 초문인 얘기였다. 내가 세상의 표면에서 사라지고 난
뒤의 일인 것이다. 「망명의 늪」·281면

### 사업과 가족

"사업에 실패하고 빚을 졌대서 전 가족이 죽어야 한다면 세상에 사람
이 살아남겠나. 어떻게 그런 생각을 할 수 있었을까. 그게 난 납득이
안가. 도저히 납득할 수가 없어."

"나도 납득할 수가 없습니다."

"서투른 소설의 주인공 같은 말은 꾸미지 말게." 「망명의 늪」·248면

자살 사건 후 살아남은 사람의 고통이다. 가정 해체의 상흔<sup>傷痕</sup>이다.
나림 선생은 「망명의 늪」에서 그리움을 꿈<sup>夢</sup>으로 애잔하게 묘사하고
있다. 나림 선생의 체험이 담긴 한 많은 문장이다. 그 문장을 제목을
붙여서 자세히 읽어보자. 나는 눈물방울로 엮은 반성문으로 읽었다.

### 그리움

그날 밤, 낙원동 그 목로술집의 단칸방에서 나는 오랜만에 죽은 마누
라 향숙과 아이들의 꿈을 꾸었다. 「망명의 늪」·265면

### 꿈

장소는 처갓집 사랑마루였다. 향숙은 사랑마루에 은이와 숙이를 각각
한 팔로 안은 채 걸터앉아 슬픈 표정으로 나를 바라보고 있었다. 그리
고 무슨 소린가를 했으나 알아들을 순 없었다. 「망명의 늪」·265면

### 아아 그 슬픈 눈, 은이와 숙이의 귀여운 얼굴!

그 장면은 마누라와 아이들을 처가에 맡겨놓고 어디론지 내가 떠나
는 순간으로 풀이될 수도 있었다. 아아 그 슬픈 눈, 은이와 숙이의 귀
여운 얼굴! 「망명의 늪」·265면

### 눈물

나는 흐느껴 울다가 잠을 깼다. 이미 눈물이 말라버렸다고 생각하고

있었는데 꿈길에서 흘릴 눈물은 있었던가 하는 의식이 고였다. 「망명의 늪」·265면

### 뉘우침

향숙의 꿈을 꿀 때마다 처갓집 사랑이 나타나는 것은 내 행동에의 뉘우침이 환기한 이미지일 것이었다. 「망명의 늪」·265면

### 발길·주먹·철창신세·과오와 실패 보상·후회·가슴 사무침·처갓집

그때 울컥한 광란을 진정하기만 했더라도 가족은 처갓집에 맡기고 발길에 채이고 주먹으로 맞고, 철창 신세가 되는 등, 내 과오와 실패에의 보상을 내 스스로 감당할 방편이 있었다는 훗날에야 해본 후회가 가슴에 사무쳐 처갓집 사랑에 걸터앉은 향숙의 모습이 나타나곤 하는 것일 게였다. 「망명의 늪」·265면

### 향숙

나는 향숙과의 십 년 동안의 생활을 회고해 봤다. 미아리 아내의 그 앙칼스런 저주에서 벗어나기로 한 결심이 비교적 조용한 마음으로 그때를 회고케 한지도 몰랐다. 「망명의 늪」·265면

### 북악산

나는 여태껏 그 당시의 생각을 안 하기로 마음먹고 그런 생각이 떠오를 때마다 북악산 일대를 헤매 내 숨결을 가쁘게 해선 그 영상을 쫓아냈다. 「망명의 늪」·265-266면

## (7) 선고유예

「망명의 늪」에 선고유예가 나온다. 김장립 변호사의 변론으로 하인립은 재판에서 선고유예를 받고 석방된다.

선고유예는 범죄 정황<sup>情狀</sup>이 경미한 범인에게 일정기간 동안 형선고를 유예한다. 형선고를 받은 날부터 2년 유예기간이 지나면 면소된 것으로 본다. 선고유예는 특별예방사상이 반영된 제도이다.

형법은 제59조(선고유예요건)·제59조2(보호관찰)·제60조(선고유예효과)·제61조(선고유예실효)를 자세히 규정하고 있다. 형법 제59조(선고

유예요건)와 형법 제60조(선고유예효과)를 읽어보자. 법률 상식이다.

> 형법 제59조(선고유예요건)
> ① 1년 이하 징역형 · 1년 이하 · 금고형 · 자격정지형 · 벌금형을 선고할 경
> 우 제51조 사항을 고려하여 뉘우치는 정상이 뚜렷할 때 그 형의 선고를 유
> 예할 수 있다. 다만 자격정지형 이상 선고형을 받은 전과가 있는 사람은 예
> 외로 한다.
> ② 선고형을 병과할 경우 선고형 전부 · 선고형 일부를 선고유예할 수 있다.
> [전문개정 2020.12.8.]

> 형법 제60조(선고유예효과)
> 형선고유예를 받은 날로부터 2년이 경과하면 면소로 본다.
> [출처] 형법 일부개정 2023. 8. 8. [법률 제19582호, 시행 2023. 8. 8.] 법무부.
> [참조] 형법 원문 조문을 읽기 쉽게 정리하였다.

나림 선생은 「망명의 늪」에서 선고유예를 우아하게 표현하였다. 문
장에서 간곡한 전갈傳喝이란 각별한 안부 말씀을 꼭 전해달라는 부탁
이다. 어려운 한자는 아름다운 한글로 순화해야 한다. 그러나 격조格調
있는 한자漢字는 논의를 거쳐 더욱 가꿀 필요가 있다. 간결하고 운치韻
致가 있기 때문이다. 나림 선생 문장이다.

### 선고유예

여름이 가는 어느 날 하인립 씨의 뒷일이 궁금해서 김장길 변호사에
게 전화를 걸었다.

선고유예로서 하인립 씨는 풀려 난 지가 열흘쯤 된다며 성유정 씨와
하인립 씨 두 분의 간곡한 전갈을 전한다고 했다. 「망명의 늪」 · 278면

## (8) 기업윤리

「망명의 늪」에 기업윤리가 여러 곳에 나온다. 기업윤리企業倫理의 핵
심은 상생相生이다. 인문학人文學의 핵심이다. 약육강식弱肉强食의 정글 사
회가 가슴 아프게 다가왔다. 몇 단락 소개한다. 건설회사 붕괴 장면이
다. 나림 선생 문장이다.

**약육강식**弱肉強食

"3천만 원씩 내가지고 둘이서 6천만 원으로 회사를 만들었지. 공사할 토건 회사를 선택한 것은 R였어. 그런데 공사를 오분의 일도 안 했는데 기성고旣成高에 따른 공사비를 내라는 거야. 그럴 약속이 아니었거든 완공을 하고 난 뒤에 상가의 보증금 받은 돈으로 공사비를 주게 돼 있었 거든. 그러나 자금 사정이 달려 못하겠다는 것을 어떻게 해. 공사비를 마련하기 위해서 증자를 하자는데 내겐 돈이 없었거든. 내버려 두면 이미 든 돈 3천만 원을 쓸모없이 포기해야 할 사정이 된 거야. 하는 수가 있나. 나는 증자를 승인했지. 그래 반 가지고 있던 주식이 25퍼센트로 된 거라. 그것이 또 12.5퍼센트로 되구……. 알구 보니 그 토건 회사와 R는 미리 결탁되어 있었더만. 그래 나는 빈털터리가 되었소." 「망명의 늪」·281면

**자본주의**資本主義

"결국 자본이 모자라 실패했단 얘기 아닌가."

성유정 씨의 소리였다.

"자본이 약한 사람이 자본이 강한 사람에게 지는 건 당연한 일 아닌가. 그런데 뭣 때문에 그런 새삼스러운 소릴 하고 있어."

나무라는 듯한 투로 성유정 씨가 말했다.

"자본주의에 의한 희생자다. 그 말 아닌가."

"자본주의에 의한 희생자가 아니구 자본주의를 깔보고 덤볐다가 호된 벌을 받은 거지 뭐."

이렇게 하인립 씨가 말하자 성유정 씨는

"알곤 있구나."

하고 웃었다. 「망명의 늪」·281-282면

## (9) 중대재해처벌법

「중대재해처벌법」은 2021년 1월 26일 제정되어 1월 27일부터 시행되고 있다. 중대 재해 예방과 생명·신체 보호가 입법목적이다. 기업하는 사람이 상당히 두려워하는 법률이다. 일반예방사상이 「중대재해처벌법」 특징이다. 일벌백계一罰百戒 법철학이 담겨 있다. 인간 존중과

분노 형벌이 혼합된 법률이다. 중대재해처벌법 제1조를 자세히 읽어
보자.

> ### 중대재해처벌법 제1조(목적)
> 이 법은 **사업 또는 사업장, 공중이용시설 및 공중교통수단**을 운영하거나 인
> 체에 해로운 원료나 제조물을 취급하면서 안전·보건 조치 의무를 위반하여
> **인명피해를** 발생하게 한 사업주, 경영책임자, 공무원 및 법인의 **처벌** 등을
> 규정함으로써 중대재해를 예방하고 시민과 종사자의 생명과 신체를 보호함
> 을 목적으로 한다.
> [출처] 중대재해 처벌 등에 관한 법률 제정 2021. 1. 26. [법률 제17907호, 시행
> 2022. 1. 27.] 법무부.

1976년 발표한 「망명의 늪」을 읽으면서 2024년 「중대재해처벌법」
을 생각하였다. 부富와 돈金 그리고 사람人과 생명生命 때문이다.

열악한 환경 속에서 가족의 생계와 어머니 삶을 생각하는 어느 노
동자의 목숨을 상상想像하여 보았다. 죽을 용기도 잃어버린 그 노동자
의 슬픈 영혼과 일상을 생각했다. 지금도 전국의 어느 작업장에 있다.
나림 선생이 남긴 문장이다. 지옥 그리고 『아리랑』 사회이다.

> ### 지옥地獄
> 나는 한강으로 나갔다. 깊게 물이 고인 곳을 골라 다리에 기대섰다.
>   내가 여기서 몸을 던지기만 하면 P다, C다, N이다 하는 인간들을 넘어
> 설 뿐 아니라 하늘의 별로서 복원할 수 있다는 것을 나는 알고 있었다.
>   동시에 나는 한강에 몸을 던지지 않을 것이란 내 마음을 알고도 있
> 었다. 난 이미 자살할 자격마저 상실하고 있는 것이다. 긍지 없이 사람
> 은 자살할 수가 없다. 동물이 자살을 못 하는 까닭이 여기에 있다. 나
> 는 동물과 같은 굴종을 통해서 이 세상 끝까지 남아 있어야 할 것으로
> 믿는다. 내 죄업을 보상하기 위해서가 아니다. 보상을 하려 해도 할 수
> 없는 지옥을 마련하기 위해서다. 그러기 위해선 나는 미아리와 아내 곁
> 으로 돌아가야 하는 것이다. 「망명의 늪」·285면

『아리랑』

나의 밤은 몇 해가 묵은 『아리랑』 잡지의 그 볼품 없이 피어오른 책
장의 부피와 같으면 그만이다. 「망명의 늪」・285면

## 4. 작품 현대 의미

### (1) 제목 「망명忘命의 늪」— 하늘의 명령을 잃어버린 지옥 세상

「망명의 늪」은 「하늘의 명령을 잃어버린 지옥」이라는 뜻이다. 나는
이렇게 해독했다. 명命이란 天命천명이다. 하늘의 명령이다. 망명忘命은
하늘의 명령을 잊었다는 의미다.

인간을 말한다. 늪은 지옥地獄이다. 인간이 만든 인간 세상의 지옥이
다. 나림 이병주 선생은 제목을 통해 '이 더러운 세상・이따위 짐승
세계'를 통렬하게 비판하고 있다. 작품 속 문장에서 '제목의 뜻'을 새
겨 놓았다.

1976년 서울은 "개나 고양이의 시체가 썩고 있는 늪"이다. 분노소
설이다. 나림 선생의 필력 때문에 소설은 흡인력이 있다. 독자는 내용
의 무게 때문에 '이 세상'을 소화하기 어렵다. 현실 장벽이 너무 높다.
오늘의 현실과 비슷하다. 나림 선생 문장을 읽어보자. 인간과 사회이
다. 이리 탐욕과 우정 가면이 눈에 들어왔다.

> **미아리 판자촌**
> 아가씨들이 성유정 씨를 대하는 것이
> 조카들이 외삼촌을 반기는 그런 태도라고 생각하며
> 나는 웃음을 머금고 그 장면을 지켜보았다.
> 아득바득 기를 쓰고서도
> 굶는 듯 먹는 듯하고 있는 미아리
> 그 판자촌에선 상상도 못할 장면이었다.
> 그러나 그 요염하게 치장한 아가씨들의 뿌리를 찾아들면
> 개나 고양이의 시체가 썩고 있는 늪에 이를지 몰랐다. 「망명의 늪」・
> 254면

### 인간

나는 눈을 감고 말았다.

그 이상 아무 말도 듣기 싫었다.

동시에 아무 말도 하기 싫었다.

잔인하고 음흉하고 냉혹한 얼굴들이다.

'사람은 사람에 대해서 이리'

우정은 사라지고 이리의 탐욕만 남았다.

이리의 탐욕이 필요에 따라 형편에 따라

우정의 가면을 꾸며대기도 한다.

철망 저편에 서서 그래도 태연한 척하고 있던 하인립 씨에 대해서

나는 비로소 맹렬한 증오를 느꼈다.

바보는 바보라는 그 죄명으로 광화문네거리에서 찢겨 죽어야 한다.

호인은 호인이란 그 죄명으로 사지를 찢어

개의 창자를 채워야 한다. 「망명의 늪」· 232-233면

## (2) 기업범죄

「망명의 늪」은 T물산 사례를 자세히 소개하고 있다. 족벌경영·탈세 사건·분식회계·봉건주의 경영이다. 구체적으로 갑질·구조조정·기획조정실·인화 단결 파괴·충성도 균열·인적 쇄신·장부 위조·도구道具·사직·공범자·송장 등 지금도 볼 수 있는 장면이 생생하게 묘사되어 있다. 나림 선생은 1976년에 이 문제를 심도있게 지적하였다. 이후 기업 관련 법률들이 하나씩 제정되어 기업범죄를 중대범죄로 처벌하고 있다. 그럼에도 기업범죄는 계속 발생하고 있다. 나림 선생 문장에 제목을 붙여서 자세히 읽어보자. 대기업의 윤리경영이 생각난다. 37년 동안 과연 얼마나 변했을까.

### 갑질경영

"인간에게 있어서 가장 소중한 것을 짓밟지 않는 한, 돈을 벌지 못한다는 걸 알았어요. 자기의 천국을 만들기 위해 무수한 지옥을 만들어야 한다는 것도 알았어요. 그렇게 해서 돈을 벌어 뭣하겠습니까. 나는 히

피처럼 살아가렵니다." 「망명의 늪」·259면

### 족벌경영

상과 대학을 나와 군복무까지 마치고 T물산에 들어간 것은 내가 스물다섯 살 때였다. 서른 살 때 과장이 되었으니 빠른 승진이라고 할 수가 있다.

과장이 되던 그해, 채 사장의 아들이 미국에서 돌아왔다. 채 사장의 아들은 나와 같은 또래의 나이였다. 그는 오자마자 부사장이 되어 아버지를 보좌하는 일을 맡았다. 「망명의 늪」·250면

### 구조조정

미국에서 배워온 것인진 몰라도 능력주의로 한다면서 사내의 인사쇄신을 단행하려고 했다. 자기 아버지를 도와 T물산을 오늘에 있게 한 중역들을 감사니, 고문이니 하는 한직으로 돌리고, 다른 회사에서 유능한 사람을 스카웃한다는 것이었다. 「망명의 늪」·250면

### 기획조정실

그러나 채 사장의 반대로 그 일은 실행을 보지 못하고 말았다.

그러자 그는 기획조정실이란 것을 만들어서 자기가 그 실장직을 겸해 맡았다. 기획조정실이란 T물산뿐 아니라 7, 8개나 되는 방계 업체 전부를 통할하는 참모본부와 같은 것이다. 「망명의 늪」·250면

### 인화 단결 파괴

그런 것이 만들어진 덕택으로 재벌 전체의 업태가 일목요연하게 파악될 뿐 아니라 낭비가 절약되기도 하는 효과는 있었다. 채 사장은 그런 점으로 해서 자기 아들의 능력을 자랑스럽게 여기게 된 모양이었다. 그러나 내가 보기엔 얼마간의 장점이 있는 반면, 재벌 운영에 있어선 치명적이라고도 할 수 있는 결점이 나타나기 시작했다. 간단하게 말하면 인화의 단결이 파괴되기 시작한 것이다. 「망명의 늪」·250면

### 충성도 균열

인화가 잘 되어 있다는 것이 T재벌의 특징이었는데 사장의 아들이 설치는 바람에 방계 회사의 간부는 물론 본 회사인 T물산의 간부들까

지 회사에 대한 충성심이 줄어 들어가는 것이 눈에 보이는 듯했다. 「망명의 늪」 · 250면

### 인사 쇄신

채 사장이 회장으로 물러앉고 아들인 채종택이 사장이 되면서부터 일이 터지기 시작했다. 채종택은 아버지의 만류로 보류했던 인사 쇄신을 단행했다. 그리고 방계 회사에도 그와 같은 방침을 강요했다. 방계 회사의 사장들은 모두 로봇이 되어버렸다. 채종택 사장에게 아첨하는 놈은 승진하고 아첨하지 않는 놈은 퇴직을 하든가 한직으로 쫓기든가 하는 소동이 일었다. 「망명의 늪」 · 251면

### 장부 위조

탈세 사건이 터진 것은 그 무렵의 일이다. 건설 중인 국책 회사를 둘러싸고 부정이 있었다는 사실이 폭로된 것도 같은 시기의 일이다.

채종택은 자기의 인사 쇄신책이 빚어낸 결과라고는 생각하지 않고 모든 책임을 간부 사원들에게 뒤집어 씌웠다. 그리고 심지어는 각 부서의 간부들 책임하에 회사의 장부를 위조하라는 명령을 내렸다. 내게는 회사의 부채를 가장하기 위해 10억 원 남짓한 어음을 끊어두라는 얘기가 있었다. 그런 짓뿐이 아니다. 자기의 돈을 사채 시장에다 풀어 놓곤 그 돈을 사채 형식으로 빌려 쓰도록 해서 기어이 적자를 만들었다. 그리고 갖가지 정치적 목적을 들먹여 돈을 빼내선 직공들의 공임을 올리지 못하는 이유를 꾸몄다. 「망명의 늪」 · 251면

### 도구

나는 나의 최량의 능력을 동원해서 수단을 불구하고 돈을 벌려는 재벌을 위해 봉사하는 일에 회의를 느끼게 되었다. 내 스스로 부정을 저지르며 재벌의 비대화를 도와야 할 까닭이 무엇인가 하고 생각했다. 「망명의 늪」 · 251면

### 사금고

개인이 돈을 가지고 있어도 결국 사회를 위해서 유용하게 쓰인다는 것이 자본주의의 도의적인 기초일 텐데 그 돈의 대부분이 가지고 있는 자의 호사를 위해서만 쓰인다면 이건 중대한 문제란 생각에 이르기도

했다. 「망명의 늪」·251면

### 사직

자본주의는 분명 좋은 소질을 가지고 있을 텐데 T물산은 그 선한 자본주의를 나쁘게 이용하고 있다고 결론을 내렸을 때 나는 T물산을 그만둘 생각을 했다. T물산을 그만둘 생각을 한 것은 채종택이 사장이 되었을 때 비롯된 것이기도 했다. 「망명의 늪」·251-252면

### 봉건주의

주식회사에 있어서 주식을 많이 가진 자가 마음대로 할 수 있다는 건 이미 상식이다. 그러니 대주주의 아들이 사장이 된다는 건 당연한 일이다. 그러나 평생을 평사원으로 있어야 할 사람이 있고 기껏 과장, 부장에서 끝나는 사람이 있는데 능력과 덕망엔 아랑곳없이 연령의 차를 뛰어넘어 사장의 아들이란 조건 하나만으로 사장이 되어 사규<sup>社規</sup>를 넘는 인간의 영역에까지 군림한다면 이건 자본주의 이전의 봉건주의라고 아니할 수 없다. 좋은 자본주의일 수 있자면 이득의 분배는 주식의 안분에 따르더라도 인사의 서열은 능력과 덕망에 따른 질서라야 한다. 「망명의 늪」·252면

### 공범자

"나는 자본주의까진 승복할 수 있지만 봉건주의까지 승복할 수는 없다고 생각한 겁니다. 항차<sup>況且·하물며</sup> 봉건주의에 승복하는 비굴한 자세로 자본주의를 나쁘게 이용하는 무리의 공범자가 될 순 없다고 생각한 거죠. 물론 감정적으로 불유쾌한 사건이 수반되기도 했습니다. 그래서 저는 T물산을 그만둔 겁니다. 다시 돌아가지 않겠다는 이유도 여기에 있고 다른 어떤 회사에 갈 생각이 없는 것도 이 때문입니다." 「망명의 늪」·252면

### 송장

그리고 나는 다음과 같이 덧붙였다.
"전 자살할 필요조차 없는 송장입니다. 이런 끔찍한 송장이 다시 사회의 표면에 나설 수 있겠습니까."
성유정 씨는 그건 너무나 지나친 자학이라고 했다. 「망명의 늪」·252면

### (3) 국가형벌

국가형벌은 규범침해행위에 대한 제재 수단이다. 국가의 반작용이다. 사회윤리로 그 행위를 승인하지 않는다. 국가가 개인 자유와 권리를 강제로 감소·박탈한다. 형벌 본질은 고통이다. 형벌 목적은 시민의 법익을 보호하고, 범인의 사회복귀를 돕는다.

응보·일반예방·특별예방이 있다. 기업범죄는 일반예방이 형벌 목적이다. 형사입법을 통한 형벌위협이다. 중형주의이다.

재산범죄는 특별예방이 형벌 목적이다. 특별예방은 사회학에 기반을 둔 형법 학파가 주장하였다. 신파新派이다. 선고유예도 신파 사상에서 발전하였다. 사회복귀와 형벌 집행을 함께 고려한다.

「망명의 늪」에서 하인립은 40만 원 원상회복 후 선고유예를 선고받았다. 김장립 변호사가 주장하고 법원이 깊이 고려한 형선고이다. 선고유예 2년이 지나면 하인립에 대한 기소는 면제된다. 나림 선생은 형벌 철학을 아는 작가이다. 국가형벌 발전사는 인도人道 형벌刑罰 확대사로 볼 수 있다.

인간 존엄은 국가형벌에도 반영되어야 한다. 나림 선생은 헌법과 형법에 정통한 작가로 볼 수 있다.

### (4) 경제민주화

「망명의 늪」은 경제민주화를 설명하고 있다. 이것이 중소기업에게 얼마나 중요한 문제인가를 알 수 있다. 경제민주화의 핵심도 상생相生이다. 「망명의 늪」은 중소기업 창업과 도산을 생생하게 설명한다. 구체적으로 사업구상·산업 스파이·저가 판매廉賣·재벌·계약 파기·파산·채권자이다.

지금도 흔히 볼 수 있는 장면이 절묘하게 묘사되어 있다. 나림 선생은 이미 1976년에 경제민주화 문제를 작품에서 다루었다. 1976년 이후 공정거래 관련 법률들이 하나씩 제정되어 기업 범죄를 처리하고 있다. 그럼에도 기업 범죄는 계속 발생하고 있다. 교육 문제와 깊은 관련이 있다. 인문학·역사·철학·인간 존중·상생 문화는 기업윤리로 발전한다. 나림 선생 문장에 제목을 붙여서 정밀하게 읽어보자. 경제민주화의 필요성을 절감한다.

### 사업구상

샐러리맨으로서 오 년 동안은 그림에 그린 것 같은 단란한 가정생활이었다. T물산을 그만두었을 무렵에 가졌던 아이디어로써 사업에 착수했을 때만 해도 순조로웠다. 퇴직금이 있었고 저축도 있었다. 계획을 설명하고 부탁만 하면 자금도 모여들었다. 「망명의 늪」·266면

### 전열기 사업

내가 착안한 것은 모종의 전열기였다. 전기로도 밧데리로도 쓸 수 있고 밧데리는 언제든 가정에서 충전할 수 있는 규격에 따라 용도가 광범한 전열기였는데 나는 그것을 미국의 잡지를 읽으면서 착안했다.

국내에선 아무 데도 그것을 만드는 곳이 없었으며 그걸 만들 계획조차 하고 있지 않다는 것을 확인하고 나는 미국의 상사와 계약을 맺었다. 다행히 친한 미국의 실업가가 있어 보증금도 싸고 로열티도 비싸지 않게 계약을 맺을 수 있었다. 「망명의 늪」·266면

### 무리한 투자

그러나 난관은 상당 규모의 시설이 있어야 하는 것과 주된 기계를 외국에서 도입해야 한다는 데 있었다. 자연 자금의 무리를 하지 않을 수 없었다.

각 상품의 구색도 맞추어야 하니 시작부터 공장의 규모를 크게 할 수밖에 없었다. 이렇게 해서 다소의 무리가 겹쳤다.

하지만 특수한 회로 장치가 돼 있어 전열기가 필요로 하는 전력 십분의 일쯤으로 목적을 달성할 수 있다는 게 강점이었고 그것이 시중에 나가기만 하면 시장을 석권할 수 있는 전망이 확실했다.

하인립 씨에게서도, 성유정 씨에게서도 그 밖의 여러 친구에게서도 뱃심 좋게 돈을 빌려낼 수 있었던 것은 이러한 자신 때문이었다. 「망명의 늪」·266면

### 산업 스파이

그런데 뒤에 알고 보니 기계를 발주할 때 화인禍因이 만들어지고 있었던 것이다. 대사업체들은 비상한 산업 스파이망을 가지고 있다. 난들 그것을 몰랐을 까닭이 없다. 그래 모든 일을 극비리에 진행시켰고 자금 융통을 위해 돈을 빌릴 때도 돈을 빌릴 확신이 서기까진 전열기 공장을 할 작정이란 대범한 설명 이상은 하지 않았다. 그리고 돈을 빌리고 나선 좀 더 상세한 설명을 했는데 그럴 땐 절대로 비밀을 지킬 것을 당부하고, 만일 비밀이 새기만 하면 빌린 돈을 갚지 못하게 될지도 모른다는 못을 박기까지 했다. 「망명의 늪」 · 267면

### 저가 판매덤핑

재벌들의 부는 무서울 정도로 불어간다. 그 불어가는 돈을 은행 금리를 받을 정도로 해서 사장할 순 없다. 새로운 투자 방도를 찾아 돈이 돈을 몰아오도록 하자면 이득이 있고, 경쟁이 덜한 물건을 만들어야 한다. 그 때문에 대사업체는 수많은 산업 스파이를 중소기업을 비롯한 각 업체에 침투시켜 제조 품목 또는 제조 과정의 정보를 입수하려고 서둔다.

중소기업이 수지가 맞을 만할 때 넘어지는 것은 이 때문이다. 대재벌이, 그것이 이득이 있다고 판단했을 때는 중소기업이 생각도 못 할 정도의 규모로 생산을 해선 덤핑을 해치운다. 덤핑은 경쟁 상대인 중소기업이 넘어질 때까지 계속된다. 「망명의 늪」 · 267면

### 재벌

내가 계획하고 있는 전열기 같은 것은 스파이들이 호시탐탐 노리는 부류에 속한다.

내 실수의 원인은 그 기계의 발주를 어느 재벌에 속한 무역 회사에 맡긴 데 있었다.

그 무역 회사에선 어느 원자재, 어느 기계의 발주 의뢰가 있으면 그 목록을 일단 재벌의 총본부로 올리게 되어 있었다. 재벌의 본부에 있는 분석실에선 원자재, 또는 기계의 용도를 분석해낸다. 모르는 것이 있으면 외국에 파견된 지사원을 시켜 조사케 한다. 거기에 내 기계가 걸려든 것이다. 「망명의 늪」 · 267-268면

### 계약서

이것도 역시 뒤에 안 일이지만 나의 발주 서류는 내가 의뢰한 날짜보다 한 달이나 늦게서야 발송되었다.

시설이 완비된 것은 착수한 지 일 년 만이고 시제품이 나온 것은 그로부터 2개월 후다.

그 무렵 나는 미국에 있는 친구로부터 편지를 받았다. 한국의 모 재벌에서 그 전열기의 특허를 사러 와 있는 모양이니 빨리 미국으로 건너와 다른 회사와 계약을 못 하도록 계약 갱신을 하라는 내용이었다.

나는 무슨 소린 가고 내가 가지고 있는 계약서의 원본을 읽어보았다. 다른 회사완 계약을 못 하게끔 규정한 조목이 분명히 있었다.

그러나 나는 상대방 회사에게 배신하는 일이 없도록 하라는 당부를 적은 편지를 보내긴 했다.

편지를 보낸 그 날밤에야 나는 깜짝 놀랐다. 한국 내의 다른 회사에 특허권을 팔지 못하도록 규정은 해놓았으나 위약을 했을 때의 보상 규정이 너무나 약하다는 사실을 발견한 것이다. 「망명의 늪」·268면

### 특허권

보증금 5만 불인데 위약했을 때의 보상 규정은 그 두 배인 10만 불이었다. 전열기의 장래성을 보아 재벌이면 그만한 보상금<sup>계약해지 위약보상금</sup>을 대신 물어주고도 특허권을 사려고 덤빌 것은 뻔한 일이었다. 「망명의 늪」·268면

### 계약 해지

나는 미국의 그 회사에 전보를 치는 한편 외무부에 여권 수속을 했다. 외무부에선 좀처럼 여권을 내주지 않았다. 재벌에 있어 본 나의 경험으로 같은 업종을 가지고 재벌과 경쟁해선 절대로 안 된다는 사실을 알고 있었기 때문이다.

두 달 반 만에야 손에 넣은 여권을 쥐고 나는 미국으로 날아갔다. 시카고에 있는 그 회사를 찾아갔더니 부사장이란 초로의 사나이가 쌀쌀하게 말했다.

"고소를 한다면 응소하겠소. 배상금은 귀국의 거래 은행으로 보내놨으니 곧 통지가 갈 겁니다."

만사는 끝난 것이었다. 「망명의 늪」· 269면

## 파산

가을바람이 일기 시작한 미시건 호에 몸을 던지려다가 마누라와 아이들이 눈에 어른거려 얼빠진 몰골로 서울에 돌아왔다. 돌아와 보니 그 전열기가 아주 헐값으로 백화점에 나돌고 있었다. 내 사업을 가로챈 그 재벌이 관세의 액수에 구애 없이 수입해 들여와 덤핑을 함으로써 내가 만든 상품의 시장 진출을 막아놓은 것이었다. 그렇게 해서 내가 쓰러지고 난 뒤 그들은 전열기를 양산해선 이득을 취할 참인 것이다.

그때 나는 마음을 먹었다.

'오냐, 네놈들이 죽이기 전에 내가 죽어주마. 내 가족과 더불어 몽땅 죽어주마. 내 저주를 받고 네놈들은 천만 년을 살아봐라.' 「망명의 늪」· 269면

## 채권자

채권자들이 광풍처럼 몰려왔다. 빚더미에 앉아 변명할 말도, 언제쯤 갚을 수 있겠다는 말도 할 수가 없었다. 거짓말 이외는 꾸며댈 수가 없었기 때문이다. 보상금計約解止 위약보상금을 찾았으나 빚에 비하면 구우九牛의 일모一毛격이었다. 「망명의 늪」· 269-270면

## (5) 헌법정신 · 지역균형발전 · 중대재해예방법 · 인간존엄

「망명의 늪」은 기업소설이다. 천명天命을 잊은 세상 · 하늘의 명령을 잃어버린 지옥地獄 세상을 비판하는 소설이다. 나림 선생은 헌법주의자이다. 인간 존엄 · 생명 존중 · 자유주의 · 인도주의 · 평등주의 헌법관을 갖고 있다. 나림 선생은 작가 27년 동안 이념理念과 현실現實이 다른 지점을 포착하였다. 생명 존중 사상이다. 나림 선생이 지금 계신다면 틀림없이 노동자 작업장 · 노동자 인권 · 노동자 피 · 노동자 눈물을 애틋하게 살폈을 것이다. 대문호大文豪의 요건이다.

「망명의 늪」에 '짐승처럼 기어야 한다.'는 문장이 있다. 나림 선생 특유의 표현이다. 현업 작가라면 회사 작업장에서 노동을 하다 목숨을

잃은 노동자를 소설 주인공으로 데려왔을 것이다. 나림 선생은 노예<sup>奴隸</sup>처럼 살다가 간 사람을 정말로 아파하는 작가이다. 「쥘부채」(세대, 1969)·「예낭풍물지」(세대, 1972)·『행복어사전』(문학사상사, 1982)을 읽으면서 생각했다.

「망명의 늪」은 제목처럼 「천명을 잊은 사람들이 만든 지옥」이다. 한국 사회는 아직도 계속 진행되고 있다. 그 원인은 중앙 중심 소용돌이 한국 정치이다. 모든 것을 중앙으로 빨아가는 사회 구조 때문이다. 조선시대보다 더 심각하다. 사람·돈·교육·정보·정치가 모두 중앙에서 춤춘다. 대기업 본사 90% 이상이 수도권에 자리 잡고 있다.

### (6) 장엄한 심판

「망명의 늪」에서 장엄한 밤은 최후 심판이다. 상징성<sup>象徵性</sup>이 있다. 천명<sup>天命</sup>을 잊은 사람에게 내리는 형벌<sup>刑罰</sup>이다. 역사<sup>歷史</sup>의 심판이다.
나림 선생은 장엄한 밤과 장엄한 아침을 역사로 표현한다.

장엄한 밤에 역사는 발전한다.
새로운 역사가 열리면
장엄한 아침이 온다.

중편 「망명의 늪」은 첫 문장을 '장엄한 아침'으로 시작한다. 마지막 문장은 '장엄함 밤'으로 끝난다. 삶<sup>生</sup>과 죽음<sup>死</sup>이고 부활<sup>復活</sup>과 심판<sup>審判</sup>이다. 나림 선생 문장을 읽어보자. 「망명의 늪」 종착역이다.

#### 장엄한 밤
장엄한 밤이란 것이 있다.
가령 나폴레옹의 밤과 같은 것이다.
마렝고의 밤도 장엄했다. 아우스터츠의 밤도 장엄했다. 워털루의 밤도 장엄했다. 세인트헬레나의 밤도 예외가 아니었다.
밤이 깊으면 세인트헬레나에서의 애인 아르비느가 침상을 찾는다. 아르비스는 나폴레옹의 딸을 낳았다. 나폴레오네란 이름이다. 장엄한 세인트헬레나의 밤이 만든 딸이다.

장엄은 나폴레옹에게만 귀속시킬 수밖에 없다. 「망명의 늪」· 284-285면

「망명의 늪」 마지막 단락은 박람강기博覽强記가 잘 드러난 문장이다. 나림 선생 특유의 필법이다. 웅장雄壯하면서도 강력한 시대 의미메시지가 있다. 사회철학이 담겨 있다. 나는 이렇게 읽는다.

누구에게나 죽음은 찾아온다.
그날 하늘에 별들이 함께 온다.
그날 밤은 장엄하다.
"나폴레옹도 죽었다. 하물며 네놈들이사!"
오만한 권력자·윤리 없는 기업가에게 던지는 화살이다.
1976년 나림 문장은 2024년에도 큰 울림이 있다.
대문호大文豪의 문장文章은 장엄하다.

**장엄이 별처럼 쏟아졌다!**
프랑스의 황제와 세인트헬레나의 거리는?
그건 아무도 모른다.
왕관이 너무나 눈부시기 때문이다.
왕들은 식탁에 앉았고 왕비들은 일어서서 춤춘다.
맑은 날씨 다음엔 눈보라가 있게 마련이다.
"그렇다. 나폴레옹도 죽었다.
하물며 네놈들이사!"

장엄은 하늘에 별들과 디불어 있었다. 「망명의 늪」 마지막 문장 · 286면

위계질서·종속구조가 붕괴된 자리에 「인간 존엄」이라는 이념이 들어 왔다. 헌법 제10조 인간 존엄 정신이다. "인간 존엄은 불가침이다. 인간 존엄을 보호하고 존중하는 일은 모든 국가권력의 의무이다." 나는 장엄莊嚴을 존엄尊嚴으로 읽었다.

나림 이병주 선생 「망명의 늪」을 더 작은 소설로 만들었다. '미니' 소설이다. 소설 속 모든 문장은 모두 나림 선생 문장이다. 「망명의 늪」 전체 윤곽과 핵심을 뽑아 만든 소설이다. 아주 바쁜 학생·직장인·부모님을 위한 선물이다. 나림 이병주 선생님의 원작 소설 「망명의 늪」을 정독하는 시간이 오길 바란다. 소설 속 제목은 내가 임의로 붙였다. 작품을 필사하는 독서법이다.

## 장엄한 아침

장엄한 아침이란 것이 있다.
가령 나폴레옹의 아침 같은 것이다.

불량 식품이 범람하고 있다는 것은 돈벌이에 혈안이 된 악덕 상인의 흉측한 범죄행위이기에 앞서, 뭐건 배만 채우면 된다고 해서 초근목피도 사양하지 않았던 이조 이래의 사고방식 탓이란 점을 문제 삼아볼 만한 일이 아닐까.
그러나저러나 식품에 유독 물질을 섞는 놈, 아동들의 급식용 빵에 돌가루를 섞는 놈 따위는 모조리 사형에 처해야 마땅하다.
권총을 마구 쏘아 한둘을 죽이는 살인범에겐 가혹한 법률이 돈을 벌 목적으로 수십만의 생명을 죽이려고 드는 놈들에게 관대한 것은 이해할 수가 없다.

## 하인립

검찰은 하동욱(52세)을 사기 혐의로 입건 구속했다. 피의자 하동욱은 S기술단에 용역을 맡아준다고 40만 원을 사취했다는 혐의를 받고 있다.

하동욱이라면 하인립 씨의 본명이다. 시인을 자처하는 하씨는 주로 필명인 하인립으로 행세해 왔다.

여름철의 가장 좋은 시간은 이른 아침의 이 무렵인데 이 근처 사람들은 그런 시간의 가치를 모르는 것이다.

아무리 심한 폭풍우도 끝날 때가 있는 것이다.

줄잡아 6백만의 사람을 수면 속으로 봉쇄해버린 서울의 거대한 밤은 그것이 안은 다양한 꿈으로 해서 소화불량을 일으켜 괴물의 어느 한 부분이 경련을 일으켜도 마땅한 일이 아닐까. 그래서 파열을 일으켜 피와 고름이 홍수처럼 흘러내려도 당연한 일이 아닐까.

나는 이처럼 선량하기 짝이 없는 사람이다.

몇 시나 되었을까, 마지막 술 방울을 삼켰다.

하인립 씨가 돈 40만 원을 사기할 만큼 몰락했다고는 도저히 믿어지지 않았고, 믿고 싶지도 않았다. 그런 만큼 불안하기 짝이 없었다.

나는 하인립 씨에게 이만저만한 신세를 진 처지가 아니다. 몇 차례에 걸쳐 천만 원 가까운 돈을 빌려 쓰고도 끝끝내 사업에 실패한 나는 면목이 없어서 그를 피하며 살았다. 그러니까 이 년 전에 만나 살게 된 아내는 그런 사연을 모른다.

아침부터 다투기가 싫었다. 나는 걸어서라도 신촌에 있는 하인립 씨의 집을 찾아갈 작정을 하고 옷을 주워 입고 방에서 나와 신을 신었다.

하인립 씨를 아끼고 존경하는 권은 어떻게 해서라도 선배의 시집을 내고 싶었다. 그래서 기술단의 사장을 하고 있는 신씨에게 하인립 씨의 시집을 출판할 비용을 대주는 친절을 베풀면 하인립 씨의 친지 가운데 높은 벼슬을 하고 있는 사람이 많으니 사업상 도움이 되지 않겠느냐는 얘길 했다. 그 얘길 듣고 신씨가 살펴본 결과 하인립 씨가 현직 모 고관과 대단히 친한 사이라는 것을 알았다. 신씨의 사업이 바로 그 고관이 관장하고 있는 부서와 밀접한 관계에 있기도 했다.

하인립 씨는 그대로 신씨에게 알렸다. 그 자리에서 신씨는 전라도에도 그런 일이 있는데 어떻겠느냐고 말했다. 장관과 현지 책임자의 얘기를 듣고 용역 관계의 일이 여간 델리킷한 것이 아니란 사실을 안 하인립 씨는 즉석에서 거절했다.

"시집을 내는 데 돕겠다고 해서 받았고, 생일 축하의 뜻으로 받았다."

"시집은 냈느냐."

"안 냈다."

"그럼 결국 용역을 맡아주겠다고 받은 것이나 다름이 없지 않느냐."

"결과적으로 그렇게 되었다."

"용역 관계로 관계자들에게 부탁을 했느냐."

"했지만 거절당했다."

이런 내용의 심문 조서가 꾸며졌다.

용역을 맡아준다고 해서 돈을 받고 용역을 맡아주지 않았으니 사기죄에 해당되고, 관청에 드나들며 업자의 이권 운동을 대신했으니 변호사법 위반죄에 걸린다는 것으로 구속영장이 발부되어 하인립 씨는 구속당하게 된 것이다.

## 김장길 변호사

"세상에 그처럼 어리석은 사람이 어디에 있단 말인가."

하고 김장길 변호사는 투덜댔다.

"어디까지나 시집의 출판을 위해서 받고 생일 축하로 받았다고 우겨댈 일이지 결과적으로 그렇게 되었다고 자인할 필요가 어디에 있단 말인가. 그런 자인만 안 해도 사기죄가 성립될 까닭이 없는 것인데 말야. 그리고 또 관계 당국자에게 부탁을 했다는 말은 왜 하는 거야. 안 했다고 부인하면 변호사법 위반이 될 까닭도 없거든. 법률 상식이 이렇게 없어갖고야. 그보다도 그렇게 순진해서야."

김장길 변호사의 얘길 듣고 보니 정말 어이가 없었다.

철망 저편에 하인립 씨의 수척한 얼굴이 있었다. 나는 할 말을 잃었다.

"자네의 끔찍한 불행이 있은 뒤 백방으로 찾았는데……."

위로의 말이 저편으로부터 왔다.

"무슨 그런 소릴 해. 모두 돈에 짓밟힌 것 아닌가. 돈에 짓밟혀 사람 구실을 못 한다면 그건 완전한 패배다."

"전 완전한 패배잡니다."

"선생님은 왜 서둘러 자기를 불리하게 합니까."

"돈 받은 이유가 틀리지 않습니까."

"결과적으로 그렇게 된 것을 어떻게 하나. 모두 궁한 탓이다. 이 세상엔 궁한 것 이상으로 큰 죄는 없어. 그러니 그런 말은 그만하자."

"그 신가라는 녀석, 나는 할 일도 없구, 밖에 있으나 여게 있으나 산송장인 것은 마찬가지니 그 자식을 찾아 두들겨줍니다."

"그 사람이 나쁜 것 아니다. 나쁜 건 나다, 나."

"그러나 그놈이 한 짓은……."

"아니라니까. 사업가는 모두 그런 거다. 자네나 내가 사업가로서 성가."

"그러니 너나 나나 사업가를 욕할 순 없어. 우리도 사업가가 되려고 했던 사람들이니까. 실패한 자가 성공한 자를 욕하는 건 비겁해. 우리는 입이 백 개가 있어도 성공한 사업가를 욕하지 못한다."

"그보다도 재판에선 정당하게 주장을 하십시오. 권이란 증인을 부를 모양입니다. 권은 대단히 흥분해 갖고 신을 만나기만 하면 박살을 낼 거라고 합디다."

"하여간 나는 몇 년 징역을 살망정 내 자신을 속이진 않을 참이다. 여기에 와보고서야 처음으로 세상을 알았다. 이 속엔 모두 돈에 짓밟힌 사람들만 들어 있다. 돈에 짓밟히면 사람이 어떻게 되는가를 가장 잘 보여 주는 곳이 이곳이다. 어느 작가가 이곳을 아카데미라고 했더라만 그건 비유가 아니고 바로 실상이다."

변호사 사무실로 돌아와 이 면회의 내용을 전했더니 김장길 씨는 쓸쓸하게 웃으며 이렇게 말했다.

"그 사람 아무런 이득도 없는 덴 시시껄렁한 거짓말을 제법 잘 꾸며대는 사람인데 자기의 이익을 위해선 한마디의 거짓말을 못 하니 천성 손해 보기 위해 태어난 팔자다."

---

## 40만 원

가장 긴급한 문제가 40만 원을 신가에게 갚는 문제였다. 그런데 그 일을 서두를 사람이 나밖엔 없었다. 김장길 변호사는 그것까지 자기가 맡겠다고 하지만 우정을 그렇게 부담스럽게 만들어선 안 될 일이었다.

나는 내 체험을 통해 이 세상이 각박하다는 것을 충분히 알고 있었지만, 하인립 씨의 경우는 다소 다른 점이 있을 것이라고 은근히 기대를 했던 것인데 이 세상이 내가 상상하고 짐작하고 인식한 것 이상으로 냉혹·각박·잔인하다는 것을 뼈저리게 느껴보는 결과가 되었다.

D건설 회사의 전무 C는 걸핏하면 하인립 씨의 서재에 와 앉아 있던 사람이다. K고관과 친분이 있는 하인립 씨를 이용하려는 의도였을 것이다.

C는 하인립 씨의 난처한 사정을 듣자.

"하 선생은 사람이 너무나 좋아. 사람이 좋은 게 결코 이 세상에선 장점일 순 없어."

하는 동정 어린 말을 했는데 신에게 갚아야 할 40만 원 얘기를 듣곤,

"돈이 썩고 있기로서니 남이 사기한 돈 뒤치다꺼리할 사람이 있겠소."

하며 유순한 웃음을 웃기까지 해 보이곤 일어서버렸다.

## 언론인 N씨

내가 다음 찾아간 사람은 N씨다. N씨는 가끔 신문이나 잡지에 제법 기골 있는 논설을 쓰는 사람이며 기왕 신문사에 있을 때 다소 축재도 해서 여유 있게 사는 사람이다. 나는 우연한 기회에 이 사람이 하인립 씨를 통해 그의 친지되는 사람의 승진 운동을 하는 것을 본 적이 있다. 그 밖에도 N씨는 하인립 씨에게 많은 부탁을 했고 하인립 씨도 N씨의 부탁이고 보면 싫은 빛 없이 K고관에게 전달하곤 했다. 그 모든 결과가 어떻게 되었는진 모르나 N씨와 하인립 씨는 줄곧 남달리 밀접한 관계를 지속해왔다고 알고 있다.

그런데 N씨는 하인립 씨의 이름이 내 입에서 나오자,

"아까운 사람인데 꼭 하나의 결점이 있었지."

하고 하인립 씨와 K고관과의 관계를 들먹였다. 하인립 씨가 너무나

권력에 밀착해 있었다는 얘기였고, 그 권력 지향에의 성품이 인간으로서나 시인으로서나 그를 망쳐놓았다는 것이다.

"개인적인 친분 관계이지 권력 지향은 아닐 텐데요. 하인립 씨의 경우, 권력에의 밀착이란 말이 안 됩니다."

N씨는 그 쪽지를 거들떠보지도 않고 점잖게 말했다.

"청빈하게 사는 선비에게 어디 그런 돈이 있겠소. 마음 같아선 돈 5만 원이 문제겠소만 요즘 내 형편이……."

하고 N씨는 눈길을 멀리 보냈다. 그 한 모퉁이의 화단엔 칸나의 진한 붉은 빛이 7월의 태양 아래 불타고 있었다. 에어컨디셔너로 냉방이 된 방에 앉아 유리창 너머로 호사스런 성하(盛夏)의 향연을 보며 나는 N씨의 '요즘 형편이 대단히 딱하다.'는 말을 뼈 마디마디에 새겨넣는 느낌으로 말없이 일어서 N씨의 집을 하직했다.

## 기업인 T씨

T씨와는 광화문 조선일보 근처의 다방에서 만나기로 되어 있었다. T씨는 하인립 씨의 덕택으로 S상가의 일부를 차지하는 이권을 얻은 적이 있는 사람이었다.

T씨는 내가 자리를 잡아 땀을 닦고 숨을 돌리기도 전에,

"하인립 씨가 몽땅 망했다는디 우찌 된 기고."

나는 구체적인 설명을 걷어치우고 곤경에 있는 하인립 씨를 도와줄 의사가 없느냐고 단도직입적으로 물었다.

"내게 무슨 힘이 있다고 남을 도운단 말이오."

"T사장은 하 선생의 도움을 받은 적이 없소?"

"도움? 그 양반 때메 손해는 봤지만 도움받은 건 없고마."

"뭐라구요?"

나는 가까스로 흥분을 참았다.

"그건 그렇다치고 다만 얼마라도 하 선생을 도와주시오. 5만 원쯤이면 됩니다."

"허, 참. 남의 사정도 모르고 그러네. 요새 난 부도가 날 지경인디, 그래 갈팡질팡인디."

나는 눈을 감고 말았다. 그 이상 아무 말도 듣기 싫었다. 동시에 아무 말도 하기 싫었다.

T가 사라졌다고 싶을 무렵에 눈을 떴다. 군데군데 앉아 있는 사람들의 얼굴이 한꺼번에 시야에 들어왔다. 하나같이 잔인하고 음흉하고 냉혹한 얼굴들이다. **모두들 친구끼리 앉아 있는 모양이지만, 그리고 모두들 미소 짓길 잊지 않는 모양이지만, 나의 눈은 그들의 가면을 벗기고 있었다.**

**'사람은 사람에 대해서 이리'**
**란 멋진 말이다.**

우정은 사라지고 이리의 탐욕만 남았다. 그런데 그 이리의 탐욕이 필요에 따라 형편에 따라 우정의 가면을 꾸며대기도 한다.

그 많았던 하인립 씨의 친구들은 모두 어디로 갔을까. 거의 매일 밤 더불어 흥청거리던 하인립 씨의 술친구들은 어디로 사라졌단 말인가.

'이런 살벌한 황무지에 서서 시를 쓴다고? 어림없는 소리!'

철망 저편에 서서 그래도 태연한 척하고 있던 하인립 씨에 대해서 나는 비로소 맹렬한 증오를 느꼈다. **바보는 바보라는 그 죄명으로 광화문네거리에서 찢겨 죽어야 한다. 호인은 호인이란 그 죄명으로 사지를 찢어 개의 창자를 채워야 한다.**

## Y대학 P교수

Y대학의 P교수였다. 하인립 씨를 통해서 알게 된 사람이다. 한마디

로 말해 하인립 씨의 술친구다.

"하동욱이 아니 하인립 이가 붙들려 들어갔다는 소식 들었수?"

"괜히 까불고 돌아다니더니만 기어이 그런 꼴을 당하고 만 모양이오."

"그렇다면 친구들이 좀 도와줘야 할 게 아닙니까."

"도울 가치가 있는 놈을 도와야지."

P는 아무렇지도 않게 말했다.

"가치의 문제가 아니고 우정의 문제가 아닐까요?"

"그 사람은 친구라고 하기엔 너무나 경박해요. 그렇게 생각하지 않수?"

"내겐 몇십 년 연상이니까 친구란 생각은 해보지 않았습니다."

"그럴 테죠. 그 사람 기껏 술친구죠. 돈도 잘 쓰구 유머도 잘하구. 그러나 아까도 말했듯이 너무 경박해. 대학교수가 택시도 못 타는 판인데 외제 자가용차가 다 뭐요. 제가 무슨 사업가랍시고 말요. 어쩌다 고관과 친분이 생겼다구 으스대기나 하구, 한마디로 말해 속물이야, 속물. 그런데 그런 주제에 시를 쓴다구? 하여간 웃기는 친구지. 그 사람은 어려서부터 그런 사람이었다오."

"어려서부터 하 선생을 아셨어요?"

"어려서부터라기보다 젊어서부터라고 해얄까? 같은 시절에 도쿄에 있었소. 학교는 달랐지만 가끔 어울려 놀았기 때문에 잘 알아요."

"그뿐 아닙니다. 그치는 도쿄에서 학교를 다닐 때 당구장을 경영하고 있었어요. 꽤 큰 당구장이었죠. 3만 원에 샀다든가 하던데 월 2, 3천 원의 수입은 올린 모양입니다. 당시 학생의 생활비가 한 달에 60원이면 되었을 때니까 그친 아주 호화판으로 생활할 수 있었던 거죠. 그걸 졸업할 무렵엔 4만 원에 팔았다니까, 돈에 관한 재간은 여간이 아닌 셈이었지."

하인립 씨가 학생 시절 당구장을 경영했다는 얘긴 사실이다. 그러나 그것은 자발적으로 그렇게 한 것이 아니었다. 어느 선배가 경영하던 당구장이었는데 졸업을 하고 돌아간다는 기미를 알자 주변의 업자들이 그걸 싸게 사기 위해서 계교를 꾸민 탓으로 좀처럼 팔리질 않았다. 그 곤경을 구하기 위해서 하인립 씨가 그 당구장을 넘겨받았다. 그리고 그 당구장을 고학생들에게 맡겨 많은 혜택을 고학생들에게 입혔다는 미담으로서 나는 듣고 있었다.

그래 나는 넌지시 물어보았다.

"그 당구장 덕을 교수님께서도 간혹 보신 건 아닙니까?"

"가끔 술잔이나 얻어먹었겠지."

여유만만하고 능글능글하기도 한 P교수의 태도를 바라보며 나는 어떻게 이자를 본때 있게 골탕을 먹여주나 하고 궁리를 했다.

"그러나 오래 사귀었던 정으로도 도울 수만 있으면 도와야 하지 않겠소."

최후의 기회를 주는 셈으로 나는 이렇게 말해보았다.

P는 내 말엔 들은 척도 않고 중얼거렸다.

"백만장자의 아들이 돈 40만 원을 사기해 먹으려다가 쇠고랑을 차다니 한심스러운 인간이야."

"그 한심스러운 인간으로부터 얻어 마신 술을 죄다 토해놓고 싶소?"

돌변한 나의 말투에 당황한 그의 얼굴이 굳어졌다.

"하인립 씨는 사기한 적이 없소. 이번 사건은 순전한 모함이오. 삼십 년 이래의 친구가 그런 꼴을 당했는데 진상을 알아볼 성의도 없는 놈은 사람이우? 그게 대학교수요?"

나는 일어서며 커피가 담뿍 담긴 커피잔을 들고 그 뜨거운 커피를 P의 얼굴에 정면으로 쏟아놓은 채 다방을 빠져나왔다. 그리고 카운터에 두 마디 말을 남겼다.

"커피값은 저자에게 받아요. 처먹은 건 저자니까."

## 성유정成裕正

김 변호사가 있는 방에서 웃음소리가 났다. 누가 와 있느냐고 여자 사환에게 물었다.

"성유정 씨라고 하던데요."

성유정 씨와 하인립 씨는 어릴 적부터의 친구일 뿐 아니라 서로 인척 관계에 있는 사이다. 그런데 하인립 씨가 사업을 시작하면서부터 소원한 사이가 되었다고 들은 적이 있다. 성유정 씨는 하인립 씨가 사업을 하려는 데 대해 맹렬한 반대를 한 것이었다.

"성 선생님, 35원만 빌려주십시오."

내수동 골목의 '푸른 집'이란 간판을 단 술집 한구석에 선풍기를 등지고 앉아 성유정 씨는 대뜸 물었다.

"고향에도 통 연락을 안 한다며?"

**"제가 어디 사람입니까?"**

"나는 용기가 있는 사람이 아닙니다. 용기가 있으면 이런 꼴로 선생님 앞에 나타나 있겠어요? 마누라와 아이들 다 죽여놓고 이렇게 뻔뻔스럽게 앉아 있겠어요? 그러니까, 외람됩니다만 부탁입니다. 제게 관한 얘기는 그만둡시다. 하 선생 얘기나 합시다. 전 하 선생에게 천만 원 빚을 진 놈입니다. 그런데 하 선생은 돈 40만 원 때문에 지금 감옥에 있습니다. 성 선생님에게도 삼백만 원 빚을 진 나 아닙니까. 선산이 있는 산판을 판 돈을 내가 몽땅 날려버린 것 아닙니까."

"이 사람, 그 얘긴 왜 꺼내는 거야. 모두 지난 일 아닌가?"

"아닙니다. 나는 가끔 이런 생각을 합니다. 하 선생에게 빌린 돈, 성 선생에게 빌린 돈 그걸 갚지 않고 배겨내기 위해 계집, 자식을 몽땅 죽이구, 죽는 척 해놓구 나는 살아나구……그런 연극을 꾸민 것 아닐까 하구요."

나는 성유정 씨의 비위를 뒤틀어놓고 싶은 광폭한 충동에 일시 사로잡혔다.

일제 때는 '천황 폐하'로부터 금시계를 받은 최우등의 학생, 해방 후의 혼란기엔 혼자 혼란하지 않은 온건한 지식인, 6·25 땐 인민군이 그 동리에 소를 팠는데도 만석꾼인 그 집만은 대문 한 번 두드려보는 법 없이 지나쳐버린 집의 아들, 자유당 때도 민주당 때도 공화당 지금에도 티끌 하나 책잡혀보지 않은 대학교수, 내게 삼백만 원의 돈을 떼어먹혔는데도 싫은 소리 한마디 없는 관대한 선배! 삼천리 강산이 와들와들 떨고, 삼천만의 국민이 악착같은데 이러한 인간이 과연 사람인지 괴물인지 알 수 없는 일 아닌가. 여기에 돌연 깡패가 나타나 저 반들반들한 이마를 주먹으로 때리는 사태가 벌어진다면 성유정 씨는 어떻게 대응할 것인가.

"내가 묻는 말에 정직하게 대답을 하겠다면 한잔을 더 사지."
"역시 조용한 곳이 좋겠지."
하며 성유정 씨는 H동 쪽으로 차를 달리게 했다.

택시를 타고 거리를 달리고 있으면 언제나 떠오르는 상념이 있다. **거대한 악마의 장부 속을 누비고 있는 기생충이란 상념이다.**

택시가 멈춘 곳은 '카사비앙카'란 네온사인이 음탕한 빛깔을 발산하고 있는 언저리였다.

"푸른 집에서 하얀 집으로 온 셈이구먼요."

## 나·이[李]

"사업에 실패하고 빚을 졌대서 전 가족이 죽어야 한다면 세상에 사람이 살아남겠나. 어떻게 그런 생각을 할 수 있었을까. 그게 난 납득이 안가. 도저히 납득할 수가 없어."

"나도 납득할 수가 없습니다."

"서투른 소설의 주인공 같은 말은 꾸미지 말게."

"자네가 두 번째 일을 저질렀을 때 솔직한 심정으로 우리는 그냥 자넬 내 버려두려고 했다. 자네만 살아 있기가 얼마나 고통스럽기에 또 그런 짓을 했겠느냐 해서다. 그런데 하인립 씨가 서둘렀어. 절대로 자넬 죽여선 안 된다는 거야. 그래 부랴부랴 병원으로 옮겨놓고 겨우 다시 소생을 시켜 안심을 하고 잠깐 방심을 하고 있는 동안에 자네는 없어져 버렸지. 아무리 찾아도 흔적이 있어야지. 그래 우리는 깊은 산 속이나 바다에 가서 죽은 줄 알았다.

"하 선생이 구속되었다는 소식만 읽지 않았더라도 전 나타나지 않았을 겁니다."

성유정 씨는 묵묵히 한동안 앉아 있다가,

"이군, 다시 인생을 시작해볼 생각은 없나."

하고 나를 정면으로 보며 말을 이었다.

## 재벌 T물산

상과 대학을 나와 군 복무까지 마치고 T물산에 들어간 것은 내가 스물다섯 살 때였다. 서른 살 때 과장이 되었으니 빠른 승진이라고 할 수가 있다.

과장이 되던 그해, 채 사장의 아들이 미국에서 돌아왔다. 채 사장의 아들은 나와 같은 또래의 나이였다. 그는 오자마자 부사장이 되어 아버지를 보좌하는 일을 맡았다.

나는 나의 최량의 능력을 동원해서 수단을 불구하고 돈을 벌려는 재벌을 위해 봉사하는 일에 회의를 느끼게 되었다. 내 스스로 부정을 저지르며 재벌의 비대화를 도와야 할 까닭이 무엇인가 하고 생각했다.

## 미스 심

마담이 요염한 맵시의 아가씨를 둘 거느리고 들어왔다.

아가씨들이 성유정 씨를 대하는 것이 조카들이 외삼촌을 반기는 그런 태도라고 생각하며 나는 웃음을 머금고 그 장면을 지켜보았다.

**아득바득 기를 쓰고서도 굶는 듯 먹는 듯하고 있는 미아리 그 판자촌에선 상상도 못할 장면이었다. 그러나 그 요염하게 치장한 아가씨들의 뿌리를 찾아들면 개나 고양이의 시체가 썩고 있는 늪에 이를지 몰랐다.** 망명의 늪 · 254면

그래 심이란 아가씨에게

"집이 어디오?"

하고 물어보았다.

"왕십리예요."

"시 유 아게, 카마 아게, 하니야. 에브리디 캄캄, 굿 굿, 애브리디 노오캄, 노오굿, 에브리디 캄캄 원 딸라 오케, 에브리디 노오캄, 투 딸라도 노오케, 와쓰마리유, 뒤 씽크 오케이?"

"그럼 통역을 해드릴께요. 또 만나요, 또 오세요. 여보, 매일 오면 좋구 매일 안 오면 안 좋아요. 매일 오면 원 달러라도 좋지만 매일 안 오면 투 달러라도 안 돼요. 제엔장, 당신은 어떻게 생각하죠? 알아들었수?"

"가만 보니 미스 심은 왕십리 출신이구먼, 아니 양공주 출신 아냐?"

성유정 씨가 넌지시 말했다.

"아이구 망측해, 이래봬도 난 작가가 되기 위해 관찰한 거에요."

"작가?"

하고 성유정이 놀란 척했다.

"작가라면 소설가가 되겠단 말인가?"

"그럼요. 저애는 화가가 될 거구요. 나는 소설을 쓰구, 미스 민은 삽화를 그리고 해서 언젠가는 베스트셀러를 낼 거예요. 그때 성 선생님도 출판기념회에 초대하겠어요."

"김이 새니까요. 그런데 선생님 으악새 본 적이 있나요?"

"아아, 으악새 슬피 운다는 노래 있잖아요. 그 으악새 말이예요."

"으악새가 없어?"

"없어요. 으악새란 나뭇가지와 나뭇가지가 부딪고 얽힐 때 나는 소리래요."

"미스 심이 겪은 연애 편력을 그대로 쓰면 소설이 될걸."

"어느 호스테스의 고백?"

하고 미스 민이 웃었다.

"그런 건 이미 낡았어요. 그리구 연애 편력도 없었구요."

## 지옥

하인립 씨는 실패할 줄 알았어. 그래 내가 한사코 말린 거야. 그런데 이군은 꼭 성공할 줄 알았어. 아이디어도 좋았고 계획도 치밀했구, 무엇보다 이군에게 능력이 있었으니까. 그래 내 나름대로 돕기로 한 건데……. 그러나 한 번 실수했대서 그처럼 위축할 순 없을 것 아닌가."

이에 대한 나의 답은 이러했다.

"인간에게 있어서 가장 소중한 것을 짓밟지 않는 한, 돈을 벌지 못한다는 걸 알았어요. 자기의 천국을 만들기 위해 무수한 지옥을 만들어야 한다는 것도 알았어요. 그렇게 해서 돈을 벌어 뭣하겠습니까. 나는 히피처럼 살아가렵니다."

## 여자

여자의 음성은 갈라져 있었다.

"불 꺼유."

한동안이 지났다.

터지려는 울음을 겨우 참고 열병을 앓는 듯 전신에 경련을 일으키더니 바람 빠진 풍선처럼 푹석 맥을 풀고 여자는 신음 속에 속삭였다.

"이런 거 처음이에유."

"처음으로 여자 노릇 해본 기분이랑께유."

"그래 말하지 않았소. 그저 놀려두기가 아깝다구."

"정말 아까워요."

## 향숙

그날 밤, 낙원동 그 목로술집의 단칸방에서 나는 오랜만에 죽은 마누라 향숙과 아이들의 꿈을 꾸었다.

장소는 처갓집 사랑마루였다. 향숙은 사랑마루에 은이와 숙이를 각각 한 팔로 안은 채 걸터앉아 슬픈 표정으로 나를 바라보고 있었다. 그리고 무슨 소린가를 했으나 알아들을 순 없었다.

그 장면은 마누라와 아이들을 처가에 맡겨놓고 어디론지 내가 떠나는 순간으로 풀이될 수도 있었다. 아아 그 슬픈 눈, 은이와 숙이의 귀여운 얼굴!

나는 흐느껴 울다가 잠을 깼다. 이미 눈물이 말라버렸다고 생각하고 있었는데 꿈길에서 흘릴 눈물은 있었던가 하는 의식이 고였다.

향숙의 꿈을 꿀 때마다 처갓집 사랑이 나타나는 것은 내 행동에의 뉘우침이 환기한 이미지일 것이었다.

그때 울컥한 광란을 진정하기만 했더라도 가족은 처갓집에 맡기고 발길에 채이고 주먹으로 맞고, 철창신세가 되는 등, 내 과오와 실패에의 보상을 내 스스로 감당할 방편이 있었다는 훗날에야 해본 후회가 가슴에 사무쳐 처갓집 사랑에 걸터앉은 향숙의 모습이 나타나곤 하는 것일 게였다.

나는 향숙과의 십 년 동안의 생활을 회고해 봤다. 미아리 아내의 그 앙칼스런 저주에서 벗어나기로 한 결심이 비교적 조용한 마음으로 그때를 회고케 한지도 몰랐다. 나는 여태껏 그 당시의 생각을 안 하기로 마음먹고 그런 생각이 떠오를 때마다 북악산 일대를 헤매 내 숨결을 가쁘게 해선 그 영상을 쫓아냈다.

## 중소기업

내가 착안한 것은 모종의 전열기였다. 전기로도 밧데리로도 쓸 수 있고 밧데리는 언제든 가정에서 충전할 수 있는 규격에 따라 용도가 광범한 전열기였는데 나는 그것을 미국의 잡지를 읽으면서 착안했다.

국내에선 아무 데도 그것을 만드는 곳이 없었으며 그걸 만들 계획조차 하고 있지 않다는 것을 확인하고 나는 미국의 상사와 계약을 맺었다. 다행히 친한 미국의 실업가가 있어 보증금도 싸고 로열티도 비싸지 않게 계약을 맺을 수 있었다.

재벌들의 부는 무서울 정도로 불어간다. 그 불어가는 돈을 은행 금리를 받을 정도로 해서 사장할 순 없다. 새로운 투자 방도를 찾아 돈이 돈을 몰아오도록 하자면 이득이 있고, 경쟁이 덜한 물건을 만들어야 한다. 그 때문에 대사업체는 수많은 산업 스파이를 중소기업을 비롯한 각 업체에 침투시켜 제조 품목 또는 제조 과정의 정보를 입수하려고 서둔다.

중소기업이 수지가 맞을 만할 때 넘어지는 것은 이 때문이다. 대재벌이, 그것이 이득이 있다고 판단했을 때는 중소기업이 생각도 못 할

정도의 규모로 생산을 해선 덤핑을 해치운다. 덤핑은 경쟁 상대인 중
소기업이 넘어질 때까지 계속된다.

## 채권자

가을바람이 일기 시작한 미시건 호에 몸을 던지려다가 마누라와 아
이들이 눈에 어른거려 얼빠진 몰골로 서울에 돌아왔다. 돌아와 보니
그 전열기가 아주 헐값으로 백화점에 나돌고 있었다. 내 사업을 가로
챈 그 재벌이 관세의 액수에 구애 없이 수입해 들여 와 덤핑을 함으
로써 내가 만든 상품의 시장 진출을 막아놓은 것이었다. 그렇게 해서
내가 쓰러지고 난 뒤 그들은 전열기를 양산해선 이득을 취할 참인 것
이다.

그때 나는 마음을 먹었다.

'오냐, 네놈들이 죽이기 전에 내가 죽어주마. 내 가족과 더불어 몽
땅 죽어주마. 내 저주를 받고 네놈들은 천만 년을 살아봐라.'

채권자들이 광풍처럼 몰려왔다. 빚더미에 앉아 변명할 말도, 언제쯤
갚을 수 있겠다는 말도 할 수가 없었다. 거짓말 이외는 꾸며댈 수가
없었기 때문이다. 보상금<sup>계약해지 위약보상금</sup>을 찾았으나 빚에 비하면 구우<sup>九</sup>
<sup>牛</sup>의 일모<sup>一毛</sup>격이었다.

채권자에게 시달리는 집의 주부가 어떤 상황으로 되는가는 겪어보
지 않은 사람들에겐 알 까닭이 없다.

사기꾼이란 말이 내 이름처럼 되었다. 아이들은 사기꾼의 아이들이
되었고 마누라는 사기꾼의 미누라가 되었다.

이러한 고통을 참아가며 살 가치가 있는 것인가를 그야말로 진지하
게 생각하게끔 되었다.

그래도 자살할 각오는 서지 않았다.

"오냐 죽어주마."

하고 마음속에서 울부짖었지만 그것은 관념이었지 구체적인 행동이
되기엔 좀 더 수모를 겪어야 했다.

그러한 어느 날이다. 은이가 풀이 죽어 학교에서 돌아왔다. 채권자
의 일부가 응접실에서 호통을 치고 있었기에 초등학교 2학년짜리인
소년이 왜 풀이 죽어 있는가 묻지를 못했다.

그날은 마누라가 그 재벌의 중역으로 있는 내 선배를 찾아간 날이
기도 했다. 나의 감정은 공장을 불살라버릴망정 그 재벌에 넘길 생각
은 없었지만 채권자들의 사정을 조금이라도 보아주기 위해선 치욕을
참아야 했다. 그 선배와 내 마누라는 잘 아는 사이이기도 해서 마누라
가 나선 것이었다.

울어 눈이 퉁퉁 부어 통금 시간 가까스로 집으로 돌아온 마누라의
갈팡질팡한 얘기를 정리하면 다음과 같이 되었다.

이왕 그 사업을 하실 요량이면 이미 시설이 되어 있는 우리 공장을
송두리째 사는 것이 어떻겠느냐고 했더니 선배의 답은 이랬다.

"모처럼 마음먹고 시작한 일이니 계속해 보시지 그래요."

"사업을 아무나 할 수 있는 것으로 알고 덤빈 것이 잘못이야."

이미 공장을 짓고 있고 기계 발주도 해버렸으니 시기가 늦었다는
말과 함께 꼭 인수해야 할 경우이면 하고, 내가 그 공장 건설을 위해
들인 돈의 20분의 1쯤 되는 액수를 들먹여보더라는 것이다.

마지막 길이 거기서 막혔다.

공장을 내놓아보아야 기계는 고철값이 될 것이어서 기껏 토지 대금
이 남을 정도가 뻔했다.

## 나 · 숙이 · 향숙 · 은이

채권자들의 성화가 지나간 깊은 밤에 나와 마누라는 의논을 했다.
살아 있어 가지곤 감당할 수 없다는 결론이 나왔다. 나는 일체의 재산

목록과 인감을 싸서 놓고, 고문 변호사 앞으로 편지를 썼다.

'이것밖엔 없습니다. 모든 채권자에게 내 사과를 전하고 이걸로 가능한 한 처리를 해주십시오.'

마누라는 그 편지를 말끄러미 들여다보고 있더니 내 무릎에 엎드려 통곡을 시작했다.

"당신만 죽게 할 수 없어요."

"당신만 죽게 할 수 없어요."

아아, 그 처량한 소리!

그런데 초등학교 2학년인 은이가 언제 왔는지 방 가운데 서 있었다. 나는 오후의 일을 상기했다.

"은이야, 왜 오늘 풀이 죽었지?"

"급장을 그만두랬어요."

은이가 떨리는 말로 조용히 대답했다.

"왜?"

"사기꾼의 아들이 어떻게 급장 노릇을 하겠느냐는 거지 뭐."

언제 왔는지 바로 내 등 뒤에 서 있던 숙이의 말이었다. 숙이는 초등학교 4학년이었다.

"뭐라구? 선생이 그런 소릴 했어?"

나는 그때 벌써 내 정신이 아니었다.

"선생님이야 그런 말 안 했지만……. 다 알아요."

숙이는 찔금찔금 눈물을 짜고 있었다.

"좋다, 내일 모두 해결할게. 오늘 밤은 자자."

자기 방으로 가려는 아이들을 오늘 밤은 같이 자자면서 요를 두 개 깔았다. 나는 숙이를 안고 자고 마누라는 은이를 안고 잤다. 아이들이 잠든 것을 확인하곤 나는 문이란 문, 창이란 창을 단단히 잠갔다. 그리고 부엌에 있는 가스레인지의 꼭대기를 떼와선 방 한구석에 놓고 가스를 틀었다…….

## 미아리 아내

만일 미아리 아내가 내게 다정스럽게 굴어 내가 아내에게 애착할 수 있었더라면 나는 죽은 향숙과 아이들에 대한 죄책감이 훨씬 더해서 아마 성공했을지 모르는 제3차의 자살을 기도했을지 모를 일이다.

## 인간

여름이 가는 어느 날 하인립 씨의 뒷일이 궁금해서 김장길 변호사에게 전화를 걸었다.

선고유예로서 하인립 씨는 풀려 난 지가 열흘쯤 된다며 성유정 씨와 하인립 씨 두 분의 간곡한 전갈을 전한다고 했다.

하인립 씨가 들어서자 모두 일어섰다. 저마다 말은 조금씩 달랐지만 나쁜 놈 때문에 엉뚱한 고생을 했다는 뜻만은 일치하고 있었다. 그러나 하인립 씨는,

"아닙니다. 난 그만한 고통은 치러야 할 사람입니다. 부끄럽습니다."하고 겸손해했다.

"하인립 씨는 가시 없는 장미라······."

하고 P교수가 한바탕 칭찬을 했다. N씨는

"내가 많은 사람을 겪어봤지만 하인립 씨처럼 순수한 사람은 드물어."

했고, C씨의 말 첫마디는 못 알아들었는데 뒷말은 이랬다.

"엉뚱한 사람만 나타나지 않았더라면 40만 원은 내가 조달할 수도 있었는데."

그러자 성유정 씨가 그 엉뚱한 사람이 누구냐고 묻는 모양이었다. 눈치가 빠른 C전무는 성유정 씨와 나와의 관계를 알아차렸는지,

"그 그만둡시다. 여게 없는 사람 애긴 안 하는 게 좋을 것 같소."

하고 뭉개버렸다.

하인립 씨는 그 웃음소리를 자기에 대한 찬사로 들은 모양이었다.
"사업이란 겁나는 거더만. 한번 생각해보죠 하는 따위의 말이 나오
거든요. 꼭 됩니다 하고 말해야 할 경우가 있어요. 처음엔 잠을 못 잘
정도로 후회도 하고 걱정도 했는데 시일이 가면 그게 예사가 된단 말
요. 요는 사업을 하면 사람 잡치는 거라."
"그래도 사업을 하겠다는 거야?"
성유정 씨의 목소리였다.
"그러니까 사업을 해서 성공을 해야겠다는 거요. 성공만 하면 잡친
사람을 도로 안 잡치게 하거든요. 오늘날 보시오, S·K·H 등 대재
벌의 총수들은 아마 거짓말 한마디 않고 살 수 있을 거요."
"수탈과 착취 위에 서서?"
한 것은 아마 N씨인 것 같았다.

하인립 씨는 주택 사업을 했을 때의 실패담을 얘기하기 시작했다.
이어 하인립 씨는 복개 사업을 해서 상가를 만든 사업 얘기를 시작
했다.

## 세상

화제는 국제 정세 얘기. 국내 정세 얘기로 옮아갔다.
나는 부글부글 끓는 울분을 참을 수가 없었다. C전무, P교수, N씨
를 면박해주고 싶은 충동이 일었다. 내가 그 자리에 나타나는 것만으
로도 면박의 효과가 될지 몰랐다. 그러나 그보다도 그런 따위와 좋아
라고 어울려 술을 마시고 있는 하인립 씨가 미워 못 견딜 지경이었다.
'저렇게도 주책이 없어가지구…….'
나는 드디어 결심했다. 천만 원 부채를 갚지 못하는 대신 C·P·N

의 가면을 벗겨 세상의 잔인함을 알림으로써 천만 원어치의 봉사를 하인립 씨에게 해야겠다는 결심이었다.

몸을 일으키려고 했다. 그랬는데 너무 오래 쪼그리고 앉아 있었던 탓인지 무릎이 삐걱하더니 땅바닥에 뒹굴고 말았다.

한참을 뒹군 채 있다가 가까스로 몸을 일으켜 세우는데 어떤 환상이 눈앞에 스쳤다. 그 환상이란 이제까지 보아왔던 대청마루의 연회광경이었다.

'그들은 무슨 짓을 했건 무슨 말을 했건 가정을 지키고 있는 사람들 아닌가!'

'그들은 사랑하는 마누라와 아이들을 죽인 사람들은 아니지 않는가!'

'그들은 비겁하고 간사스럴망정 인간들이 아닌가. 사람의 탈을 쓰고 있지 않은가!

'그런데 나는? 나는?'

인간들의 향연을 지척에서 보며 나무 그늘에 웅크리고 앉아 있는 나의 몰골이 그냥 나의 존재의 의미라고 생각했을 때 두상에 찬란한 별들이 빛을 잃었다.

## 짐승처럼 기어야 한다

"이십 년 전만 해도 성유정 씨의 생일잔치엔 기생 아가씨들이 사랑놀음을 왔었는데."

"기생도 보통 기생이던가. 국창들이 왔었지, 반선희, 박만월, 김초희……."

P교수는 사뭇 감개무량하게 말했다.

C전무는 내가 질세라 하는 투로 일본 노래를 불렀다. N씨는 점잖게,

"아아 목동아"

돌연 하인립 씨가 기성을 질렀다.

"쨍하고 해뜰 날 돌아온단다……."

성유정 씨 평대로 하인립 씨는 삼국 제일의 주책바가지인 것이다.

나는 설 수가 없어서도 아니고, 내가 거기 있었다는 것을 들킬까 봐 겁이 나서도 아니라, 짐승처럼 기어서 샛문 있는 데까지 왔다.

그리고 샛문을 열고는 가희동 골목을 달려 내려오는데 '짐승처럼 기어야 한다'는 명령 같은 소리가 몇 번이고 내 뇌리에 메아리를 남겼다.

## 한강

나는 한강으로 나갔다. 깊게 물이 고인 곳을 골라 다리에 기대섰다.

내가 여기서 몸을 던지기만 하면 P다, C다, N이다 하는 인간들을 넘어설 뿐 아니라 하늘의 별로서 복원할 수 있다는 것을 나는 알고 있었다.

동시에 나는 한강에 몸을 던지지 않을 것이란 내 마음을 알고도 있었다.

## 장엄한 밤

장엄한 밤이란 것이 있다.

가령 나폴레옹의 밤과 같은 것이다.

마렝고의 밤도 장엄했다. 아우스터츠의 밤도 장엄했다. 워털루의 밤도 장엄했다. 세인드헬레나의 밤도 예외가 아니었다.

정각이 되면 도어를 열고 들어와 시복 마르샹이 공손하게 최경례를 한다.

"황제 폐하 만찬의 준비가 되었습니다."

나폴레옹의 착석을 기다려 신하들이 정장을 하고 차례대로 들어와 식탁에 앉는다.

만찬이 끝나면 잠깐 동안의 잡담. 그러곤 라스 카즈에게 회상을 구술한다.

"유럽은 이성에 의해 승복시켜야 했다. 검에 의해 정복할 것이 아니었다……."

그러나 이런 잠꼬대까지도 장엄한 것이다.

밤이 깊으면 세인트헬레나에서의 애인 아르비느가 침상을 찾는다. 아르비스는 나폴레옹의 딸을 낳았다. 나폴레오네란 이름이다. 장엄한 세인트헬레나의 밤이 만든 딸이다.

그런데 나의 밤은 장엄할 까닭이 없다. 장엄할 수 있는 계기는 있었다. 한강에서 몸을 던지기만 했더라면 장엄이 별처럼 한강에 쏟아져 내렸을 것이었다.

장엄은 나폴레옹에게만 귀속시킬 수밖에 없다. 왜? 내겐 회상록을 쓸만한 회상이 없기 때문이다. **나폴레옹처럼 워털루에서 역사에 의해 패배한 것이 아니고 쓰레기통에 버려야 할 휴지만도 못한 돈에 의해 패배했기 때문이다.**

### 『아리랑』

나의 밤은 몇 해가 묵은 『아리랑』 잡지의 그 볼품없이 피어오른 책장의 부피와 같으면 그만이다.

세월과 더불어 낡아버린 기사와 기록, 생명은 사라지고 형태만 남은 무의미한 활자의 나열이라고 생각하겠지만 그 잡지는 내게 있어서 성서의 역할을 하게 한다. 내가 그 잡지에 애착하는 것은 미아리의 그 방에 있는 유일한 책이란 때문만도 아니다. 나는 거기서 동서고금에 걸친 영락의 사상을 모조리 조립할 수가 있고, 뿐만 아니라 그 옛날 나폴레옹과 더불어 무지개를 쫓아다니던 시절 내 뇌리에 새겨진 시를 발견할 수 있는 것이다.

## 밤은 장엄했다

프랑스의 황제와 세인트헬레나의 거리는? 아무도 모른다. 왕관이 너무나 눈부시기 때문이다. 왕들은 식탁에 앉았고 왕비들은 일어서서 춤춘다. 맑은 날씨 다음엔 눈보라가 있게 마련이다.

"그렇다. 나폴레옹도 죽었다.
하물며 네놈들이사!"

장엄은 하늘에 별들과 더불어 있었다.

나림 이병주 작품 「망명의 늪」을 정독하였다. 작품 속 문장으로 「망명의 늪」 어록집을 만들었다. 좋은 문장을 찾아 단락마다 제목을 붙였다. 제목은 내가 쓴 작품 해설이다. 문장과 해설의 만남이다. 나림 선생 문장을 느끼며 소설의 의미를 찾아보시길 바란다. 「망명의 늪」 전체 해설 · 줄거리 · 어록이 일부 중복된다. 그러나 어록 자체가 독자적인 작품이 되도록 노력했다. 나림 선생 문장을 음미하기 위해 가능한 많은 문장을 가져왔다. 독자마다 가슴을 흔드는 문장이 다를 것이다. 나는 필사문학을 통해 문장 공부를 하였다. 이 책을 통해 얻은 독서방법이다.

장엄한 아침이란 것이 있다. 심판 · 207면
가령 나폴레옹의 아침 같은 것이다. 죽음 · 207면

불량 식품이 범람하고 있다는 것은 돈벌이에 혈안이 된 악덕 상인의 흉측한 범죄행위이기에 앞서, 뭐건 배만 채우면 된다고 해서 초근목피도 사양하지 않았던 이조 이래의 사고방식 탓이란 점을 문제 삼아볼 만한 일이 아닐까. 그러나저러나 식품에 유독 물질을 섞는 놈, 아동들의 급식용 빵에 돌가루를 섞는 놈 따위는 모조리 사형에 처해야 마땅하다. 권총을 마구 쏘아 한둘을 죽이는 살인범에겐 가혹한 법률이 돈을 벌 목적으로 수십만의 생명을 죽이려고 드는 놈들에게 관대한 것은 이해할 수가 없다……. 신문을 읽으며 그 정도로 흥분해보는 것도 오랜만의 일이다. 불량 식품 범죄 · 208-209면

신문을 잡으려는데 '하동욱'이란 이름이 눈에 띄었다.
'검찰은 하동욱(52세)을 사기 혐의로 입건 구속했다. 피의자 하동욱

은 S기술단에 용역을 맡아준다고 40만 원을 사취했다는 혐의를 받고 있다.' 사기 혐의 구속 · 209면

하동욱이라면 하인립 씨의 본명이다. 시인을 자처하는 하씨는 주로 필명인 하인립으로 행세해 왔다. 하인립 · 209면

아내는 아직도 잠결에 있었다. 여우처럼 교활하고 이리처럼 앙칼스럽다. 내게 생활을 지탱해낼 힘이 있기만 하다면 영원히 재워놓고 싶은 여자이다. 미아리 아내 · 210면

일곱 시가 가까운데도 거리엔 사람의 그림자가 드물었다. 이 근처의 사람들은 그만큼 게으르다고 할 수가 있다. 여름철의 가장 좋은 시간은 이른 아침의 이 무렵인데 이 근처 사람들은 그런 시간의 가치를 모르는 것이다. 여름철 아침 7시 · 210면

"사람을 째려볼 밸이 있거들랑 먹여살릴 궁리나 해봐요. 계집 먹여살릴 궁리도 채 못하겠거든 이녁<sup>상대를 조금 낮추어 부르는 말</sup> 밥값이나 해봐요. 내가 외박한 게 못마땅하다 그거죠? 흥."
"당장 우리 헤어집시다. 귀밑머리 마주 푼 사이도 아니구, 당장요."
그렇게 하자고 응할 수 있는 처지라면 얼마나 좋을까. 그러나 나는 일시적인 기분을 사기 위해 위험을 범할 생각은 없다. 아무리 심한 폭풍우도 끝날 때가 있는 것이다.
"모두들 나를 미친년이라고 해요. 지금이 어느 땐데 놈팽이를 기르고 있느냐는 거예요. 나이라도 젊었을 때 정신차리라는 거예요. 아아, 나도 미친년 노릇은 그만할래요."
"참말이예요. 우리 헤어집시다. 당신이 안 나간다면 내가 나갈 테니까. 아아 지긋지긋해."
"어쩔 테요. 헤어질 테야? 어쩔 테야."
아내의 욕설이 계속되었다.

"뭘 잘했다고 나를 째려보지? 내가 제 조강지천가? 도대체 넌 뭐란 말이냐. 내 피를 빨아먹는 거머리 같은 놈!"

드디어 최소한도의 경어도 벗겨버렸다.

"나를 요모양 요꼴로 만들려고 꾀셨지? 제가 무슨 사장이라구? 하기야 속은 내가 미친년이지."

"네 X에 자신이 있다 이 말야? 천만에, 이젠 질색이다. 난 음탕에 미친년은 아녀, 절대로 아녀. 그렇게 자신이 있다면 음탕에 미친 과부년이나 찾아가면 될 것 아냐? 그런 년이 서울 장안에 우글우글하다는데 넌 그런 재간도 없냐? 어, 더러워, 더러워, 텟테테 텟테테……." 폭풍우 · 211-212면

줄잡아 6백만의 사람을 수면 속으로 봉쇄해 버린 서울의 거대한 밤은 그것이 안은 다양한 꿈으로 해서 소화불량을 일으켜 괴물의 어느 한 부분이 경련을 일으켜도 마땅한 일이 아닐까. 그래서 파열을 일으켜 피와 고름이 홍수처럼 흘러내려도 당연한 일이 아닐까. 이처럼 공중전화 박스 속에 있는 내 자신이 서울의 장부에 이상을 일으키고 있는 이질분자가 아닌가. 만일 내게 저주의 의사와 악의의 발동이 있다면 서울의 장부臟腑에 급성 맹장염을 일으킬 수도 있는 것이다. 그러나 내겐 저주할 의사도 악의를 발동시킬 생각도 없다. 서울의 밤 · 215면

설혹 호화스런 육체의 향연이 저 어두운 창 너머에서 이루어지고 있다는 짐작을 했어도 내겐 질투할 정열조차 없다. 호사스런 무수한 잠이 서울 가득히 깔려 있는데 다리 한번 만족스럽게 펼 수 없는 옹색스런 잠을 청하고 있대도 나는 어느 한 사람 원망할 생각은 없다. 서울의 향연 · 215면

나는 이처럼 선량하기 짝이 없는 사람이다.

몇 시나 되었을까, 마지막 술방울을 삼켰다. 그런데도 취할 기색은

없다. 되레 6백만 서울 시민의 고민을 도맡아 할 수 있을 정도로 머리가 명석해졌다. 술이 끊어지길 기다렸다는 듯이 추위가 엄습해 왔다. 아랫배에 힘을 넣으면 이빨이 달달 떨리고, 이빨이 떨지 않게 입을 가다듬으면 아랫도리가 떨렸다. 퍼져 앉은 궁둥이의 그 두꺼운 살을 통해서 창날처럼 예리한 한기가 등골을 찔러댔다. 추위·215면

하인립 씨가 돈 40만 원을 사기할 만큼 몰락했다고는 도저히 믿어지지 않았고, 믿고 싶지도 않았다. 그런 만큼 불안하기 짝이 없었다.
나는 하인립 씨에게 이만저만한 신세를 진 처지가 아니다. 몇 차례에 걸쳐 천만 원 가까운 돈을 빌려 쓰고도 끝끝내 사업에 실패한 나는 면목이 없어서 그를 피하며 살았다. 그러니까 이 년 전에 만나 살게 된 아내는 그런 사연을 모른다. 인정人情·219면

아침부터 다투기가 싫었다. 나는 걸어서라도 신촌에 있는 하인립 씨의 집을 찾아갈 작정을 하고 옷을 주워 입고 방에서 나와 신을 신었다. 신을 신고 있는 머리 위로 천 원짜리 한 장이 날아와 축대 위에 굴렀다. 나는 그것을 주워 호주머니에 넣었다. 비굴하다는 말이 내 사전에서 지워진 지 이미 오래된 일이다. 천 원·220면

나는 하인립 씨와 친교가 있었던 김장길이란 변호사를 상기했다. 광화문에 있는 그의 변호사 사무실로 달려갔다.
이제 막 출근했다는 김장길 변호사는 내게서 얘길 듣자 근심스러운 얼굴이 되었다. 그리고
"하군이 그럴 까닭이 없을 텐데, 아무래도 동명이인일 거요."
하면서도 사무원을 검찰청으로 보냈다.
"만일 하인립 씨가 그런 처지라면 영감님이 맡아주셔야 하지 않겠습니까."
했더니 김장길 변호사는 말했다.

"물론이죠. 설사 그게 하군이더라도 오해일 겁니다. 하군이 사기를 하다니 될 말입니까." 김장길 변호사 · 220-221면

사건의 진상은 다음과 같았다.

석 달 전 어느 날 권權이라고 하는 고향의 후배가 신申이라고 하는 사람을 데리고 하인립 씨를 찾아왔다.

사업의 실패로 셋방살이에까지 몰락한 하인립 씨는 만년을 시인으로 지낼 작정으로 시작에 전념하고 있었다. 그런데 간혹 찾아온 후배 권에게,

"시집을 낼 만한 돈이 있을 땐 시가 없었고, 시집이 될 만큼 시가 모이고 보니 시집을 만들 돈이 없어졌다."

는 한탄을 했다. 시집 · 221면

하인립 씨를 아끼고 존경하는 권은 어떻게 해서라도 선배의 시집을 내고 싶었다. 그래서 기술단의 사장을 하고 있는 신씨에게 하인립 씨의 시집을 출판할 비용을 대주는 친절을 베풀면 하인립 씨의 친지 가운덴 높은 벼슬을 하고 있는 사람이 많으니 사업상 도움이 되지 않겠느냐는 얘길 했다. 그 얘길 듣고 신씨가 살펴본 결과 하인립 씨가 현직 모 고관과 대단히 친한 사이라는 것을 알았다. 신씨의 사업이 바로 그 고관이 관장하고 있는 부서와 밀접한 관계에 있기도 했다. 기술단 사장 신씨 · 221면

신씨가 권을 데리고 하인립 씨를 방문한 건 그런 속셈이었는데 첫 대면엔 일체 그 속셈을 드러내지 않고,

"권군의 얘기를 듣고 감동한 나머지 시집을 내시는 데 도움이 되지 않을까 하고 가져왔다."

면서 30만 원을 내놓았다.

하인립 씨는 물론 사양했다. 그러자 권이 순수한 호의를 왜 받지

않으시느냐고 말을 보탰다.

"꼭 뭣하시면 제가 드리는 것으로 알면 될 게 아닙니까."

하고 돈이 든 봉투를 권이 집어 들고 하인립 씨 앞에 밀어놓았다.

이런 일이 있고 이 주일쯤 지나서 또 신과 권이 찾아왔다. 그날은 하인립 씨의 생일 하루 전이었다. 그때 생일 축하의 뜻이라면서 또 신이 권의 손을 통해 10만 원의 수표가 든 봉투를 꺼내놓았다.

"내가 생일 축하를 당신들로부터 받을 하등의 이유가 없다."

면서 이번엔 더욱 강하게 사양했다.

그러나 그들은 억지로 그 봉투를 던져놓고 가버렸다. 미끼 · 221-222면

그리고 또 이 주일쯤 지났다. 이번엔 신이 혼자 찾아왔다. 세상 돌아가는 얘기가 나온 끝에 신이 말했다.

"내가 하는 사업은 토지를 측량하는 용역을 주로 합니다. 금번 영남의 모 도시 근처의 그린벨트 설정을 한다는데 마침 선생께선 K장관을 잘 아시지 않습니까. 누가 해도 해야 할 일이고 우리 기술단은 우수하다고 세평이 나 있을 정도이고 하니 한마디만 거들어주시면 밑에선 다 되게 돼 있습니다."

전날의 호의 표시도 있었던 터라, 하인립 씨는 거절할 수가 없었다. 그만큼 마음이 약한 탓도 있었다.

"될지, 안 될지 책임을 질 수는 없는 일이니까 결과에 대해선 구애 않기로 한다면 말만은 해보죠." 부정청탁 · 221-222면

"그런 정도면 좋습니다."

"관청 일이니까 우리들로선 짐작 못 할 사정이 있을 것이니 꼭 될 거라는 기대는 하지 마십시오."

하고 하인립 씨는 못을 박기도 했다.

며칠 후 하인립 씨는 장관을 만나 얘길 했더니 그건 현지의 책임자가 알아서 할 일이란 답이 나왔다. 때마침 그 현지의 책임자가 서울에

출장 중이란 소식을 듣고 하인립 씨는 직접 그 책임자를 만나 얘길 해보았다. 현지의 책임자는 갖가지 이유를 들어 신 씨의 기술단에게 용역을 줄 수 없다는 뜻을 밝혔다.

하인립 씨는 그대로 신 씨에게 알렸다. 그 자리에서 신씨는 전라도에도 그런 일이 있는데 어떻겠느냐고 말했다. 장관과 현지 책임자의 얘기를 듣고 용역 관계의 일이 여간 델리킷한 것이 아니란 사실을 안 하인립 씨는 즉석에서 거절했다.

그런 일이 있고 이 주일쯤 지나서다. 하인립 씨 앞으로 내용 증명으로 된 편지가 날아들었다. 용역을 맡아준다고 하고 받은 돈 40만 원을 즉시 갚지 않으면 고발하겠다는 내용의 신으로부터 온 편지였다.

내용 증명 · 223면

빚투성이가 돼 있는 하인립 씨가 그 돈을 간수해두었을 리가 없었다. 당황한 그는 백방으로 돈을 모으려고 서두는 한편 권군을 찾았으나 권은 고향에 내려가고 없었다. 차일피일하는 동안에 열흘이 지났다.

하인립 씨는 검찰의 소환을 받았다.

"돈 받은 일이 있느냐."

"무슨 명목으로 받았나."

"시집을 내는 데 돕겠다고 해서 받았고, 생일 축하의 뜻으로 받았다."

"시집은 냈느냐."

"안 냈다."

"그럼 결국 용역을 맡아주겠다고 받은 것이나 다름이 없지 않느냐."

"결과적으로 그렇게 되었다."

"용역 관계로 관계자들에게 부탁을 했느냐."

"했지만 거절당했다."

이런 내용의 심문 조서가 꾸며졌다. 피의자심문조서 · 223-224면

용역을 맡아준다고 해서 돈을 받고 용역을 맡아주지 않았으니 사기 죄에 해당되고, 관청에 드나들며 업자의 이권 운동을 대신했으니 변호 사법 위반죄에 걸린다는 것으로 구속영장이 발부되어 하인립 씨는 구 속당하게 된 것이다. 사기죄 · 224면

"세상에 그처럼 어리석은 사람이 어디에 있단 말인가."
하고 김장길 변호사는 투덜댔다.

"어디까지나 시집의 출판을 위해서 받고 생일 축하로 받았다고 우 겨댈 일이지 결과적으로 그렇게 되었다고 자인할 필요가 어디에 있단 말인가. 그런 자인만 안 해도 사기죄가 성립될 까닭이 없는 것인데 말 야. 그리고 또 관계 당국자에게 부탁을 했다는 말은 왜 하는 거야. 안 했다고 부인하면 변호사법 위반이 될 까닭도 없거든. 법률 상식이 이 렇게 없어갖고야. 그보다도 그렇게 순진해서야."

김장길 변호사의 애길 듣고 보니 정말 어이가 없었다.

철망 저편에 하인립 씨의 수척한 얼굴이 있었다. 나는 할 말을 잃 었다.

"자네의 끔찍한 불행이 있은 뒤 백방으로 찾았는데……."

위로의 말이 저편으로부터 왔다. 심성心性 · 224면

"무슨 그런 소릴 해. 모두 돈에 짓밟힌 것 아닌가. 돈에 짓밟혀 사 람 구실을 못 한다면 그건 완전한 패배다."

"전 완전한 패배잡니다."

"선생님은 왜 서둘러 자기를 불리하게 합니까."

"돈 받은 이유가 틀리지 않습니까."

"결과적으로 그렇게 된 것을 어떻게 하나. 모두 궁한 탓이다. 이 세 상엔 궁한 것 이상으로 큰 죄는 없어. 그러니 그런 말은 그만하자."

"그 신가라는 녀석, 나는 할 일도 없구, 밖에 있으나 여게 있으나 산송장인 것은 마찬가지니 그 자식을 찾아 두들겨줄랍니다."

"그 사람이 나쁜 것 아니다. 나쁜 건 나다, 나."

"그러나 그놈이 한 짓은……."

"아니라니까. 사업가는 모두 그런 거다. 자네나 내가 사업가로서 성공하지 못한 까닭은 그 신가 같은 사람이 되지 못한 데 있는 것 아닌가."

"그러니 너나 나나 사업가를 욕할 순 없어. 우리도 사업가가 되려고 했던 사람들이니까. 실패한 자가 성공한 자를 욕하는 건 비겁해. 우리는 입이 백 개가 있어도 성공한 사업가를 욕하지 못한다."

"그보다도 재판에선 정당하게 주장을 하십시오. 권이란 증인을 부를 모양입니다. 권은 대단히 흥분해 갖고 신을 만나기만 하면 박살을 낼 거라고 합디다."

"하여간 나는 몇 년 징역을 살망정 내 자신을 속이진 않을 참이다. 여기에 와보고서야 처음으로 세상을 알았다. 이 속엔 모두 돈에 짓밟힌 사람들만 들어 있다. 돈에 짓밟히면 사람이 어떻게 되는가를 가장 잘 보여 주는 곳이 이곳이다. 어느 작가가<sup>나림 이병주</sup> 이곳을 아카데미라고 했더라만 그건 비유가 아니고 바로 실상이다." 구치소 · 226면

변호사 사무실로 돌아와 이 면회의 내용을 전했더니 김장길 씨는 쓸쓸하게 웃으며 이렇게 말했다.

"그 사람 아무런 이득도 없는 덴 시시껄렁한 거짓말을 제법 잘 꾸며대는 사람인데 자기의 이익을 위해선 한마디의 거짓말을 못 하니 천성 손해 보기 위해 태어난 팔자다." 천성 · 226면

하인립 씨가 말했듯 나는 '끔찍한 불행'을 겪은 사람이다. 지금도 그 불행의 연장선상에 있는 셈이다. 나는 산송장이나 다를 바가 없다. 그러니 앞으로 결코 세상의 표면에 나타나지 않을 작정을 한 것은 당

연한 일이다.

노인들에게 친절을 베풀어 얼마간의 유산을 노리는 일, 어쩌다 복권을 사선 그 당첨을 노리는 일, 현상금을 노려 간첩을 잡는 일, 이를테면 사행에 속하는 일 이외에는 절대로 기대하지도 않고 노력하지도 않을 작정을 세워 양지를 피하고 음지에서 시들어갈 참이었는데 하인립 씨의 일 때문에 그럴 작정을 일시 포기해야만 했다. 산송장·226-227면

가장 긴급한 문제가 40만 원을 신가에게 갚는 문제였다. 그런데 그 일을 서두를 사람이 나밖엔 없었다. 김장길 변호사는 그것까지 자기가 맡겠다고 하지만 우정을 그렇게 부담스럽게 만들어선 안 될 일이었다.

나는 기왕 하인립 씨로부터 다소나마 도움을 받은 사람, 또는 친교가 있었던 사람들의 명단을 만들어보았다. 내가 만든 것이니 나와 하인립 씨가 공통적으로 알고 있는 사람들에 국한할 수밖에 없었던 것이 결정적인 실수였을지 모른다. 나는 내 체험을 통해 이 세상이 각박하다는 것을 충분히 알고 있었지만, 하인립 씨의 경우는 다소 다른 점이 있을 것이라고 은근히 기대를 했던 것인데 이 세상이 내가 상상하고 짐작하고 인식한 것 이상으로 냉혹·각박·잔인하다는 것을 뼈저리게 느껴보는 결과가 되었다.

D건설 회사의 전무 C는 걸핏하면 하인립 씨의 서재에 와 앉아 있던 사람이다. K고관과 친분이 있는 하인립 씨를 이용하려는 의도였을 것이다.

C는 하인립 씨의 난처한 사정을 듣자.

"하 선생은 사람이 너무나 좋아. 사람이 좋은 게 결코 이 세상에선 장점일 순 없어."

하는 동정어린 말을 했는데 신에게 갚아야 할 40만 원 얘기를 듣곤,

"돈이 썩고 있기로서니 남이 사기한 돈 뒤치다꺼리할 사람이 있겠소."

하며 유순한 웃음을 웃기까지 해 보이곤 일어서버렸다. 냉혹 · 각박 · 잔인 · 227면

내가 다음 찾아간 사람은 N씨다. N씨는 가끔 신문이나 잡지에 제법 기골 있는 논설을 쓰는 사람이며 기왕 신문사에 있을 때 다소 축재도 해서 여유 있게 사는 사람이다. 나는 우연한 기회에 이 사람이 하인립 씨를 통해 그의 친지되는 사람의 승진 운동을 하는 것을 본 적이 있다. 그 밖에도 N씨는 하인립 씨에게 많은 부탁을 했고 하인립 씨도 N씨의 부탁이고 보면 싫은 빛 없이 K고관에게 전달하곤 했다. 그 모든 결과가 어떻게 되었는진 모르나 N씨와 하인립 씨는 줄곧 남달리 밀접한 관계를 지속해왔다고 알고 있다.

그런데 N씨는 하인립 씨의 이름이 내 입에서 나오자,

"아까운 사람인데 꼭 하나의 결점이 있었지."

하고 하인립 씨와 K고관과의 관계를 들먹였다. 하인립 씨가 너무나 권력에 밀착해 있었다는 얘기였고, 그 권력 지향에의 성품이 인간으로서나 시인으로서나 그를 망쳐놓았다는 것이다.

"개인적인 친분 관계이지 권력 지향은 아닐 텐데요. 하인립 씨의 경우, 권력에의 밀착이란 말이 안 됩니다." 성품 · 228면

"누군 고관 가운데 친분 있는 사람 한둘 가지지 않은 사람이 있는가? 그러나 지각이 있는 사람이면 하인립 씨처럼은 안 해."

나는 스르르 불쾌한 생각이 들었다. 그래 다음과 같이 물어보았다.

"하 선생을 통해 적당하게 권력을 이용해선 하 선생 이상으로 이득을 본 사람이 있다면 그런 사람은 어떻게 되는 겁니까." 이용 · 228면

"자기는 권력에 가까이하지 않으면서 하 선생 같은 호인을 통해 간접적으로 권력에 접근해서 이득을 얻어내는 그런 사람은 어떻게 되느냐고 물은 겁니다."

"직접 접근과 간접 접근은 그만한 차이가 있겠지. 그러나 나는 그런 말을 하고 있는 건 아니오. 하인립 씨는 두말 끝엔 K씨를 천재라고 숭앙하고 있었는데 누구라도 그런 자리에 앉으면 그만한 일은 할 수 있는 것을 천재라고 과찬하는 그런 태도가 권력에의 밀착이란 말요. 그런 아첨이 옳지 않다 이 말이오."

하인립 씨는 K씨를 진정 천재라고 믿고 있었다. K씨에의 애착을 그러나 그는 천재에의 당연한 존경이라고 생각하고 의심하지 않았다. 내가 알기론 하인립 씨는 K씨를 높은 벼슬아치로서가 아니라 천재로서 아끼고 있었다." K씨 · 229면

"좌우간 N선생은 하 선생과 보통의 친분은 아니지 않습니까. 지금 하 선생은 심한 곤경에 빠져 있습니다. 4, 5만 원이라도 좋으니 이리로 보내주시든지 전화를 주십시오."

N씨는 그 쪽지를 거들떠보지도 않고 점잖게 말했다.

"청빈하게 사는 선비에게 어디 그런 돈이 있겠소. 마음 같아선 돈 5만 원이 문제겠소만 요즘 내 형편이……."

하고 N씨는 눈길을 멀리 보냈다. 그 한 모퉁이의 화단엔 칸나의 진한 붉은 빛이 7월의 태양 아래 불타고 있었다. 에어컨디셔너로 냉방이 된 방에 앉아 유리창 너머로 호사스런 성하盛夏의 향연을 보며 나는 N씨의 '요즘 형편이 대단히 딱하다.'는 말을 뼈 마디마디에 새겨넣는 느낌으로 말없이 일어서 N씨의 집을 하직했다. N씨 · 229-230면

T씨와는 광화문 조선일보 근처의 다방에서 만나기로 되어 있었다. T씨는 하인립 씨의 덕택으로 S상가의 일부를 차지하는 이권을 얻은 적이 있는 사람이었다.

T씨는 내가 자리를 잡아 땀을 닦고 숨을 돌리기도 전에,

"하인립 씨가 몽땅 망했다는디 우찌 된 기고."

하고 싱글벙글했다. 보기에 따라선 하인립 씨가 망한 것이 고소해서

죽겠다는 그런 태도다.

　나는 구체적인 설명을 걷어치우고 곤경에 있는 하인립 씨를 도와줄 의사가 없느냐고 단도직입적으로 물었다.

　"내게 무슨 힘이 있다고 남을 도운단 말이오."

　"T사장은 하 선생의 도움을 받은 적이 없소?"

　"도움? 그 양반 때메 손해는 봤지만 도움받은 건 없고마."

　"뭐라구요?"

　나는 가까스로 흥분을 참았다. T씨 · 230-231면

　"그건 그렇다치고 다만 얼마라도 하 선생을 도와주시오. 5만 원쯤이면 됩니다."

　"허, 참. 남의 사정도 모르고 그러네. 요새 난 부도가 날 지경인디, 그래 갈팡질팡인디."

　나는 눈을 감고 말았다. 그 이상 아무 말도 듣기 싫었다. 동시에 아무 말도 하기 싫었다.

　"얘기가 그뿐이라면 나는 가겠소."

　나는 눈을 뜨지 않았다.

　"찻값 내었소이."

하는 T의 목소리가 카운터 쪽에서 들렸다. 인간 · 232면

　T가 사라졌다고 싶을 무렵에 눈을 떴다. 군데군데 앉아 있는 사람들의 얼굴이 한꺼번에 시야에 들어왔다. 하나같이 **잔인하고 음흉하고 냉혹한 얼굴들**이다. 모두들 친구끼리 앉아 있는 모양이지만, 그리고 모두들 미소짓길 잊지 않는 모양이지만, 나의 눈은 그들의 가면을 벗기고 있었다.

　**'사람은 사람에 대해서 이리'**

란 멋진 말이다. 이리 · 232면

우정은 사라지고 이리의 탐욕만 남았다. 그런데 그 이리의 탐욕이 필요에 따라 형편에 따라 우정의 가면을 꾸며대기도 한다. 가면 · 232면

그 많았던 하인립 씨의 친구들은 모두 어디로 갔을까. 거의 매일 밤 더불어 흥청거리던 하인립 씨의 술친구들은 어디로 사라졌단 말인가.

'이런 살벌한 황무지에 서서 시를 쓴다고? 어림없는 소리!'

철망 저편에 서서 그래도 태연한 척하고 있던 하인립 씨에 대해서 나는 비로소 맹렬한 증오를 느꼈다. **바보는 바보라는 그 죄명으로 광화문네거리에서 찢겨 죽어야 한다. 호인은 호인이란 그 죄명으로 사지를 찢어 개의 창자를 채워야 한다.** 분노 · 233면

Y대학의 P교수였다. 하인립 씨를 통해서 알게 된 사람이다. 한마디로 말해 하인립 씨의 술친구다. 그런데 그 이름을 나는 하인립 씨를 위해 만든 명단엔 적지 않았다. 까맣게 잊고 있는 탓이었다.

"하동욱이 아니 하인립 이가 붙들려 들어갔다는 소식 들었수?"

"괜히 까불고 돌아다니더니만 기어이 그런 꼴을 당하고 만 모양이오."

"그렇다면 친구들이 좀 도와줘야 할 게 아닙니까."

"도울 가치가 있는 놈을 도와야지."

P는 아무렇지도 않게 말했다. Y대 P교수 · 233면

"가치의 문제가 아니고 우정의 문제가 아닐까요?"

"그 사람은 친구라고 하기엔 너무나 경박해요. 그렇게 생각하지 않수?"

"내겐 몇십 년 연상이니까 친구란 생각은 해보지 않았습니다."

"그럴 테죠. 그 사람 기껏 술친구죠. 돈도 잘 쓰구 유머도 잘하구. 그러나 아까도 말했듯이 너무 경박해. 대학교수가 택시도 못 타는 판인데 외제 자가용차가 다 뭐요. 제가 무슨 사업가랍시고 말요. 어쩌다

고관과 친분이 생겼다구 으스대기나 하구, 한마디로 말해 속물이야, 속물. 그런데 그런 주제에 시를 쓴다구? 하여간 웃기는 친구지. 그 사람은 어려서부터 그런 사람이었다오." 술친구·234면

"어려서부터 하 선생을 아셨어요?"

"어려서부터라기보다 젊어서부터라고 해야할까? 같은 시절에 도쿄에 있었소. 학교는 달랐지만 가끔 어울려 놀았기 때문에 잘 알아요." 도쿄 유학생·234면

"그땐 어땠어요?"

"한마디로 말해 경박한 속물이었지. 우선 그 하인립이란 이름이 어떻게 된 건지 아슈? 하인리히 하이네의 이름을 딴 거라오. 그 당시 하이네가 대유행이었는데 그치도 하이네를 좋아했던가 보죠. 그래 이름을 하인립이라고 고쳤다면서 뽐내고 돌아다녔지. 하이네의 시를 잘 읽었으면 그런 경솔한 짓이 있을 수 없지. 하이네는 결코 유행가 가사를 만드는 사람 같은 얄팍한 시인이 아니거든요. 그러니까 그치는 하이네의 연애시 몇 편을 읽었을까 말까 했을 정도였을 거요." 하인립·234면

"그뿐 아닙니다. **그치는 도쿄에서 학교를 다닐 때 당구장을 경영하고 있었어요.** 꽤 큰 당구장이었죠. 3만 원에 샀다든가 하던데 월 2, 3천 원의 수입은 올린 모양입니다. 당시 학생의 생활비가 한 달에 60원이면 되었을 때니까 그친 아주 호화판으로 생활할 수 있었던 거죠. 그걸 졸업할 무렵엔 4만 원에 팔았다니까, 돈에 관한 재간은 여간이 아닌 셈이었지." 도쿄 당구장·235면

**하인립 씨가 학생 시절 당구장을 경영했다**는 얘긴 사실이다. 그러나 그것은 자발적으로 그렇게 한 것이 아니었다. 어느 선배가 경영하던 당구장이었는데 졸업을 하고 돌아간다는 기미를 알자 주변의 업자들이 그걸 싸게 사기 위해서 계교를 꾸민 탓으로 좀처럼 팔리질 않았

다. 그 곤경을 구하기 위해서 **하인립 씨가 그 당구장을 넘겨받았다.** 그리고 그 당구장을 고학생들에게 맡겨 많은 혜택을 고학생들에게 입혔다는 미담으로서 나는 듣고 있었다. 당구장·235면·『별이 차가운 밤이면』·328면

그래 나는 넌지시 물어보았다.

"그 당구장 덕을 교수님께서도 간혹 보신 건 아닙니까?"

"가끔 술잔이나 얻어 먹었겠지."

여유만만하고 능글능글하기도 한 P교수의 태도를 바라보며 나는 어떻게 이자를 본때 있게 골탕을 먹여주나 하고 궁리를 했다.

'뺨을 친다? 그건 부자연스럽다.'

'밖으로 끌고 나가 결투를 한다? 그것도 어색하다⋯⋯.'

하나의 아이디어가 떠올랐다.

레지를 불러 커피를 한 잔 주문했다.

"팔팔 끓인 따끈한 커피를 줘요."

하고 단서까지 붙였다.

커피가 왔다. 커피·235-236면

"그러나 오래 사귀었던 정으로도 도울 수만 있으면 도와야 하지 않겠소."

최후의 기회를 주는 셈으로 나는 이렇게 말해보았다.

P는 내 말엔 들은 척도 않고 중얼거렸다.

"백만장자의 아들이 돈 40만 원을 사기해 먹으려다가 쇠고랑을 차다니 한심스러운 인간이야."

"그 한심스러운 인간으로부터 얻어 마신 술을 죄다 토해놓고 싶소?"

돌변한 나의 말투에 당황한 그의 얼굴이 굳어졌다.

"하인립 씨는 사기한 적이 없소. 이번 사건은 순전한 모함이오. 삼

십 년 이래의 친구가 그런 꼴을 당했는데 진상을 알아볼 성의도 없는 놈은 사람이우? 그게 대학교수요?"

나는 일어서며 커피가 담뿍 담긴 커피잔을 들고 그 뜨거운 커피를 P의 얼굴에 정면으로 쏟아놓은 채 다방을 빠져나왔다. 그리고 카운터에 두 마디 말을 남겼다.

"커피 값은 저자에게 받아요. 처먹은 건 저자니까."

다방에서 나온 나는 느릿느릿 걸었다. 결코 도망치는 것이 아니란 마음을 다짐하기 위해서였다. 다방에서 누가 뒤쫓아 나오면 망설임 없이 다방으로 돌아가 내 감정의 경위를 설명하고 톡톡히 P를 망신시킨 뒤에 경찰이건 어디건 가자는 대로 갈 그런 각오를 했다.

그러나 그 골목이 끝나도록 뒤쫓아오는 사람은 없었다. 커피값 · 236-237면

김 변호사가 있는 방에서 웃음소리가 났다. 누가 와 있느냐고 여자 사환에게 물었다.

"성유정 씨라고 하던데요."

그 답을 듣자 나는 '아아' 하고 신음하는 애달픔과 함께 안도의 숨을 내쉬었다. 가능하다면 피해 가고 싶은 사람이어서 고의로 내 생각에서 제외하긴 했지만 속수무책인 이 마당에선 꼭 나타나 줘야 할 인물인 것이다. 성유정 · 237면

성유정 씨<sup>나림 이병주</sup>와 하인립 씨<sup>나림 이병주</sup>는 어릴 적부터의 친구일 뿐 아니라 서로 인척 관계에 있는 사이다. 그런데 하인립 씨가 사업을 시작하면서부터 소원한 사이가 되었다고 들은 적이 있다. 성유정 씨는 하인립 씨가 사업을 하려는 데 대해 맹렬한 반대를 한 것이었다.

"사업할 돈이 있으면 서울 근교에서 농장이나 하라."

는 권고를 했다고 들었다. 하인립과 성유정 · 237면

나는 노크도 하지 않고 도어를 밀어 김 변호사의 방에 들어섰다.

성유정 씨는 나를 이상한 표정으로 봤다.

성유정 씨는 일어서 내 손을 잡으며,

"나쁜 사람 같으니라구. 그렇게 소식이 없을 수가 있어?"

하고 말은 나무랐지만 눈으론 웃고 있었다.

"이군, 걱정 말아요. 돈을 성 교수가 준비하겠대."

김장길 변호사가 활달하게 말했다.

대학교수 노릇을 하며 근근이 살아가는 요즘의 처지겠지만 성유정 씨 같으면 능히 그렇게 하리란 짐작을 바로 아까 하고 있었던 터였다.

"고맙습니다."

하고 나는 고개를 숙였다.

"고맙긴, 누구 일인데."

하며 성유정 씨는 웃었다. 성유정 · 238면

성유정 씨를 따라 밖으로 나온 나는 광화문 지하도 근처에서 힘겨운 말을 한마디 했다.

"성 선생님, 35원만 빌려주십시오."

"35원? 왜 하필 35원이지?"

"버스를 타고 집으로 돌아갈까 해서요. 오늘 하루 종일 걸었더니 미아리 너머까지 도저히 걸어갈 수가 없을 것 같습니다." 35원 · 238-239면

성유정 씨가 이끄는 대로 걸어갔다.

내수동 골목의 '푸른 집'이란 간판을 단 술집 한구석에 선풍기를 등지고 앉아 성유정 씨는 대뜸 물었다.

"도대체 어떻게 된 거야."

"고향에도 통 연락을 안 한다며?"

"고향에 누가 있습니까. 어디."

"사촌이 있잖나. 지난번 신학기에 자네 사촌이 아들 대학 입학시킨다고 올라와 내 집에 들렀더라. 서울대학교의 상과 대학에 들었다는 얘기던데."

**"제가 어디 사람입니까?"** 인간 · 239면

두세 잔 오가고 나니 갑자기 술기가 올랐다. 성유정 씨의 말이 시작되었다.

"사업이건 인생이건 한 번쯤의 좌절을 자네처럼 받아들이셔야 어디 이 세계가 지탱하겠나."

"선생님답지도 않은 말씀 마세요."

"내가 기상천외한 사상을 가진 줄 아나? 상식 이외의 무슨 사상이 내게 있겠나."

"그러니까 그만두시란 것 아닙니까."

"죽음에 대해서 생물적인 공포밖엔 지니고 있지 못한 놈이 자살을 결행할 수 있는 사람에게 무슨 충고를 한다는 건 비겁자가 용사에게 하는 충고처럼 쑥스러운 것이지만 **진짜로 용기 있는 사람은 비겁자의 충고도 들어야 하는 거다.**" 충고 · 240면

"나는 용기가 있는 사람이 아닙니다. 용기가 있으면 이런 꼴로 선생님 앞에 나타나 있겠어요? 마누라와 아이들 다 죽여놓고 이렇게 뻔뻔스럽게 앉아 있겠어요? 그러니까, 외람됩니다만 부탁입니다. 제게 관한 얘기는 그만둡시다. 하 선생 얘기나 합시다. 전 하 선생에게 천만 원 빚을 진 놈입니다. 그런데 하 선생은 돈 40만 원 때문에 지금 감옥에 있습니다. 성 선생님에게도 삼백만 원 빚을 진 나 아닙니까. 선산이 있는 산판을 판 돈을 내가 몽땅 날려버린 것 아닙니까."

"이 사람, 그 얘긴 왜 꺼내는 거야. 모두 지난 일 아닌가?"

"아닙니다. 나는 가끔 이런 생각을 합니다. 하 선생에게 빌린 돈, 성 선생에게 빌린 돈 그걸 갚지 않고 배겨내기 위해 계집, 자식을 몽

땅 죽이구, 죽는 척 해놓구 나는 살아나구……그런 연극을 꾸민 것 아닐까 하구요." 사업 실패 · 240-241면

"하 선생 일은 잘 되겠죠?"

"김 변호사는 안심해도 좋다고 하더라. 돈만 갚아주면 잘하면 무죄, 최악의 경우라도 집행 유예로 나올 수 있다니까 안심해도 된다는 얘기였어."

"하 선생 면회하시렵니까."

"안 하겠어."

"공판할 땐 나가시렵니까."

"공판에도 안 나가겠어."

"저두 안 나갈랍니다."

"그러는 게 좋을 거다." 공판 · 241면

다시 묵묵한 술잔의 응수가 한동안 계속되었다. 이번엔 성유정 씨가 말을 꺼냈다.

"앞으로 어떻게 할 텐가."

"**절대로 자살은 하지 않을 겁니다.** 이것만은 확실합니다. 그리고 절대로 세상의 표면에 나타나진 않을 겁니다. **두더지로서 한평생을 살 겁니다.** 이것도 확실합니다." 두더지 · 242면

"그렇게 살아 무슨 의미가 있단 말인가. 차라리 자살하는 편이 낫지."

"의미는 기왕 어느 시점에서 모조리 말살해 버린 걸요. 그러니 자살 할 의미마저 없어져 버린 겁니다."

"의미를 찾아볼 생각은 없나?"

"무의미의 의미는 있습니다."

"무의미의 의미?"

성유정 씨는 얼굴을 찌푸렸다. 무의미의 의미 · 242면

"제가 말장난을 하고 있는 줄 아십니까. 그럼 얘길 하겠습니다. 최소한도의 노력으로 행운을 기다리겠다는 겁니다. 이를테면 노인들을 만나면 가능한 한 친절을 베풀어 하워드 휴즈 같은 사람에게 부딪히는 겁니다. 유산을 노리는 일이죠. 어떻게 돈이 생기면, 생긴댔자 아내의 돈을 훔쳐내는 거지만 그걸 갖고 복권을 삽니다. 당첨되길 노리는 기죠. 또 하나는 간첩을 잡는 일입니다. 보상금을 노리는 거죠. 이렇게 해서 현재 나를 먹여살리고 있는 아내를 얼마 동안이나마 호사를 시켜줌으로써 단 하루라도 장엄한 아침을 맞아보고 싶은 겁니다. 의미 이하의 의미, 무의미의 의미가 뭣인가를 아셨죠?"

어느덧 성유정 씨의 표정이 굳어져 있었다.

"완전무결한 인격주의를 지향하시는 성 선생님께서는 이러한 무의미의 의미가 못마땅하실 겁니다." 최소한도 노력으로 행운을 기다리겠다 · 242면

나는 성유정 씨의 비위를 뒤틀어놓고 싶은 광폭한 충동에 일시 사로잡혔다.

일제 때는 '천황 폐하'로부터 금시계를 받은 최우등의 학생, 해방 후의 혼란기엔 혼자 혼란하지 않은 온건한 지식인, 6·25 땐 인민군이 그 동리에 소를 팔는데도 만석꾼인 그 집만은 대문 한 번 두드려보는 법 없이 지나쳐버린 집의 아들, 자유당 때도 민주당 때도 공화당 지금에도 티끌 하나 책잡혀보지 않은 대학교수, 내게 삼백만 원의 돈을 떼어먹혔는데도 싫은 소리 한마디 없는 관대한 선배! 삼천리 강산이 와들와들 떨고, 삼천만의 국민이 악착같은데 이러한 인간이 과연 사람인지 괴물인지 알 수 없는 일 아닌가. 여기에 돌연 깡패가 나타나 저 반들반들한 이마를 주먹으로 때리는 사태가 벌어진다면 성유정 씨는 어떻게 대응할 것인가. 성유정 · 242-243면

"그렇습니다. 취했습니다. 그런데 어째서 성 선생이 하는 일은 모두가 옳은 겁니까. 나는 그런 완전무결주의가 싫습니다. 왜 내 뺨을 치지 않습니까. 왜 내게 노여움을 보이지도 않습니까. 나는 성 선생의 완전무결한 인격보다 하인립 씨의 주책바가지가 월등하다고 생각해요. 왜, 보다 인간적이니까요. 성 선생은 하 선생을 경멸하고 있죠? 성 선생의 생활태도를 닮지 않는다구요. 그런데도 뭣 때문에 40만 원의 돈을 물어주려는 겁니까. 나는 성 선생의 혈관엔 붉은 피가 아니고 뜨물 같은, 우유 같은 액체가 흐르고 있을 것이라고 단정합니다. 그러나 하인립 선생의 피는 붉어요. 그분은 인간이에요."

"이군 취했군."

성유정 씨는 다시 한번 이렇게 되풀이했을 뿐 그 얼굴은 예나 다름없이 조용했다. 어떻게 하면 이 사람을 성나게 할 수 있을까.

"자, 술은 이만하구 가자."

성유정 씨는 부드럽게 웃음을 지으며 일어섰다. 수양버들의 바람인 것이다. 바람·인간이 된다는 것. 그것이 예술이다·243-244면

"어디 가서 한잔 만 더 합시다."

"내가 묻는 말에 정직하게 대답을 하겠다면 한잔을 더 사지."

"역시 조용한 곳이 좋겠지."

하며 성유정 씨는 H동 쪽으로 차를 달리게 했다.

택시를 타고 거리를 달리고 있으면 언제나 떠오르는 상념이 있다. **거대한 악마의 장부 속을 누비고 있는 기생충**이란 상념이다. 기생충·245면

택시가 멈춘 곳은 '카사비앙카'란 네온사인이 음탕한 빛깔을 발산하고 있는 언저리였다.

"푸른 집에서 하얀 집으로 온 셈이구먼요."

라틴풍의 기타 소리가 어디선지 들려오고 있었다. 잘록한 허리와

원피스의 무늬로써 잠자리 같은 인상을 풍기는 여인이 앞장을 서서
방문을 열었다.

마제형馬蹄型으로 소파가 놓인 아담한 방이 나타났다.

"스카치·얼음·물 그리고 치즈를 갖다놓구, 아무도 들여보내지 말
아요. 이따가 연락할 때까지." 카사비앙카 · 245면

주문한 것들이 오고 웨이터가 퇴장하자 성유정 씨는 자세를 고쳐
앉아 정색을 했다.

'아아, 이제부터 사문査問이 시작되는구나.'

"미아리 근처에 살고 있습니다."

"지금 얹혀살고 있는 형편이라서."

"아내에게요."

"그런 여자가 있습니다."

"언제 만난 여자야."

"이 년 전쯤에요."

"술집에서요. 그 여자는 술집의 작부입니다." 사문査問 · 246면

성유정 씨는 스카치 잔을 들었다가 놓았다.

"옛날 자네가 있었던 회사의 사장을 몇 달 전에 만났어. 어떡하든
자넬 찾아달라는 부탁이더라. 이번 M단지에도 공장을 세울 모양야.
자네만 좋다면 그 M단지 공장의 관리 책임자로 보냈으면 하는 의향
이던데 아무리 찾아도 자네가 있어야지."

"그 회사엔 도로 가지 않겠습니다."

"그 회사뿐이 아니라 난 절대로 월급쟁이는 안 할 작정입니다."

"유산이나 노리구, 복권이나 사구, 간첩이나 잡구."

"빈정댄 게 아닙니다. 정직하게 말한 겁니다."

"할 수가 없군."

성유정 씨는 불쾌한 빛을 감추려 하지 않았다. 히피 · 247면

"선생님." 선생님 · 247면

"성 선생은 절 끔찍한 놈이라고 생각하지 않습니까?"

"마누라를 죽이고 아이들을 죽이고 자기만 살아남은 끔찍한 놈. 그런 생각을 하고 계시죠?"

"자네가 고의로 살아남았다고는 생각하지 않아. 자네가 소생하기까지의 열흘 동안을 나는 줄곧 자네의 병실에 있었으니까. 의사는 기적이라고 하더라. 만에 하나 있을까 말까 한…… 그러나." 성유정 · 248면

"사업에 실패하고 빚을 졌대서 전 가족이 죽어야 한다면 세상에 사람이 살아남겠나. 어떻게 그런 생각을 할 수 있었을까. 그게 난 납득이 안가. 도저히 납득할 수가 없어."

"나도 납득할 수가 없습니다."

"서투른 소설의 주인공 같은 말은 꾸미지 말게." 가족 자살 · 248면

"자네가 두 번째 일을 저질렀을 때 솔직한 심정으로 우리는 그냥 자넬 내 버려두려고 했다. 자네만 살아 있기가 얼마나 고통스럽기에 또 그런 짓을 했겠느냐 해서다. 그런데 하인립 씨가 서둘렀어. 절대로 자넬 죽여선 안 된다는 거야. 그래 부랴부랴 병원으로 옮겨놓고 겨우 다시 소생을 시켜 안심을 하고 잠깐 방심을 하고 있는 동안에 자네는 없어져 버렸지. 아무리 찾아도 흔적이 있어야지. 그래 우리는 깊은 산속이나 바다에 가서 죽은 줄 알았다. 그랬는데 일 년 전인가 자네를 보았다는 사람이 나타났다. 그것도 한 사람이 아닌 두 사람이……. 그런데 어쩐 일인지 자네가 살아 있다는 확증을 잡았는데도 반갑지가 않더라. 굳이 찾고 싶은 생각도 없구……." 행방불명 · 248면

"하 선생이 구속되었다는 소식만 읽지 않았더라도 전 나타나지 않았을 겁니다."

성유정 씨는 묵묵히 한동안 앉아 있다가,

"이군, 다시 인생을 시작해볼 생각은 없나."

하고 나를 정면으로 보며 말을 이었다.

"다시 인생을 시작해볼 생각을 해보게 과거를 씻을 수 있는 건 새로운 인생을 시작함으로써만 가능한 거야. 뭐든 좋다. 자네가 좋다고 생각하는 무슨 아이디어가 있으면 적극적으로 도울 테니까. 이대로, 아니 자네 말대로 그렇게 썩고 있으면 자네도 괴로울 테고 우리도 괴로워……. 갈 데가 없으면 당분간 우리 집에 와 있어도 좋구, 부인이 있다니까 술집 같은 데 내보내지 말도록 무슨 조그마한 장사라도 시작할 수 안 있겠나."

"전 이대로가 좋습니다. 남에게 고용살이도 안 할 거고, 장사도 안 할 겁니다. 정말 아무것도 할 생각이 없습니다. 요행이나 바랄 뿐입니다."

"T물산에 도로 가지 않겠다는 이유가 뭔가."

"긴 얘기라도 좋으니 말해보게나." 새로운 인생 · 249면

상과 대학을 나와 군 복무까지 마치고 T물산에 들어간 것은 내가 스물다섯 살 때였다. 서른 살 때 과장이 되었으니 빠른 승진이라고 할 수가 있다.

과장이 되던 그해, 채 사장의 아들이 미국에서 돌아왔다. 채 사장의 아들은 나와 같은 또래의 나이였다. 그는 오자마자 부사장이 되어 아버지를 보좌하는 일을 맡았다. T물산 · 250면

미국에서 배워온 것인진 몰라도 능력주의로 한다면서 사내의 인사 쇄신을 단행하려고 했다. 자기 아버지를 도와 T물산을 오늘에 있게 한 중역들을 감사니, 고문이니 하는 한직으로 돌리고, 다른 회사에서 유능한 사람을 스카웃한다는 것이었다. 구조조정 · 250면

그러나 채 사장의 반대로 그 일은 실행을 보지 못하고 말았다.

그러자 그는 기획조정실이란 것을 만들어서 자기가 그 실장직을 겸해 맡았다. 기획조정실이란 T물산뿐 아니라 7, 8개나 되는 방계 업체 전부를 통할하는 참모본부와 같은 것이다. 기획조정실 · 250면

그런 것이 만들어진 덕택으로 재벌 전체의 업태가 일목요연하게 파악될 뿐 아니라 낭비가 절약되기도 하는 효과는 있었다. 채 사장은 그런 점으로 해서 자기 아들의 능력을 자랑스럽게 여기게 된 모양이었다. 그러나 내가 보기엔 얼마간의 장점이 있는 반면, 재벌 운영에 있어선 치명적이라고도 할 수 있는 결점이 나타나기 시작했다. 간단하게 말하면 인화의 단결이 파괴되기 시작한 것이다. 인화 단결 파괴 · 250면

인화가 잘 되어 있다는 것이 T재벌의 특징이었는데 사장의 아들이 설치는 바람에 방계 회사의 간부는 물론 본 회사인 T물산의 간부들까지 회사에 대한 충성심이 줄어 들어가는 것이 눈에 보이는 듯했다. 충성도 균열 · 250면

채 사장이 회장으로 물러앉고 아들인 채종택이 사장이 되면서부터 일이 터지기 시작했다. 채종택은 아버지의 만류로 보류했던 인사 쇄신을 단행했다. 그리고 방계 회사에도 그와 같은 방침을 강요했다. 방계 회사의 사장들은 모두 로봇이 되어버렸다. 채종택 사장에게 아첨하는 놈은 승진하고 아첨하지 않는 놈은 퇴직을 하든가 한직으로 쫓기든가 하는 소동이 일었다. 인사 쇄신 · 251면

달세 사건이 터진 것은 그 무렵의 일이다. 건설 중인 국책 회사를 둘러싸고 부정이 있었다는 사실이 폭로된 것도 같은 시기의 일이다.

채종택은 자기의 인사 쇄신책이 빚어낸 결과라고는 생각하지 않고 모든 책임을 간부 사원들에게 뒤집어 씌웠다. 그리고 심지어는 각 부서의 간부들 책임하에 회사의 장부를 위조하라는 명령을 내렸다. 내게

는 회사의 부채를 가장하기 위해 10억 원 남짓한 어음을 끊어두라는 얘기가 있었다. 그런 짓뿐이 아니다. 자기의 돈을 사채 시장에다 풀어 놓곤 그 돈을 사채 형식으로 빌려 쓰도록 해서 기어이 적자를 만들었 다. 그리고 갖가지 정치적 목적을 들먹여 돈을 빼내선 직공들의 공임 을 올리지 못하는 이유를 꾸몄다. 장부 위조 · 251면

나는 나의 최량의 능력을 동원해서 수단을 불구하고 돈을 벌려는 재벌을 위해 봉사하는 일에 회의를 느끼게 되었다. 내 스스로 부정을 저지르며 재벌의 비대화를 도와야 할 까닭이 무엇인가 하고 생각했다. 도구 · 251면

개인이 돈을 가지고 있어도 결국 사회를 위해서 유용하게 쓰인다는 것이 자본주의의 도의적인 기초일 텐데 그 돈의 대부분이 가지고 있 는 자의 호사를 위해서만 쓰인다면 이건 중대한 문제란 생각에 이르 기도 했다. 사금고 · 251면

자본주의는 분명 좋은 소질을 가지고 있을 텐데 T물산은 그 선한 자본주의를 나쁘게 이용하고 있다고 결론을 내렸을 때 나는 T물산을 그만둘 생각을 했다. T물산을 그만둘 생각을 한 것은 채종택이 사장 이 되었을 때 비롯된 것이기도 했다. 사직 · 251-252면

주식회사에 있어서 주식을 많이 가진 자가 마음대로 할 수 있다는 건 이미 상식이다. 그러니 대주주의 아들이 사장이 된다는 건 당연한 일이다. 그러나 평생을 평사원으로 있어야 할 사람이 있고 기껏 과장, 부장에서 끝나는 사람이 있는데 능력과 덕망엔 아랑곳없이 연령의 차 를 뛰어넘어 사장의 아들이란 조건 하나만으로 사장이 되어 사규를 넘는 인간의 영역에까지 군림한다면 이건 자본주의 이전의 봉건주의 라고 아니할 수 없다. 좋은 자본주의일 수 있자면 이득의 분배는 주식 의 안분에 따르더라도 인사의 서열은 능력과 덕망에 따른 질서라야

한다. 봉건주의 · 252면

"나는 자본주의까진 승복할 수 있지만 봉건주의까지 승복할 수는 없다고 생각한 겁니다. 항차況且 · 하물며 봉건주의에 승복하는 비굴한 자세로 자본주의를 나쁘게 이용하는 무리의 공범자가 될 순 없다고 생각한 거죠. 물론 감정적으로 불유쾌한 사건이 수반되기도 했습니다. 그래서 저는 T물산을 그만둔 겁니다. 다시 돌아가지 않겠다는 이유도 여기에 있고 다른 어떤 회사에 갈 생각이 없는 것도 이 때문입니다."

그리고 나는 다음과 같이 덧붙였다.

"전 자살할 필요조차 없는 송장입니다. 이런 끔찍한 송장이 다시 사회의 표면에 나설 수 있겠습니까."

성유정 씨는 그건 너무나 지나친 자학이라고 했다. 송장 · 252면

내 옆에 앉은 아가씨는 심이라고 했다.

"심? 심청의 심?"

하며 웃는 그 아가씨의 뺨에 얼룩처럼 보조개가 피었다. 시원한 눈, 바로 선 콧날, 꽃잎같이 그려진 입술, 심은 우아하다고 할 수 있는 아가씨였다.

성유정 씨를 중심으로 얘기꽃이 만발했다.

"쥐새끼가 말예요. 술통에 빠졌거든요. 고양이가 구해줬더니요. 쥐새끼가 술에 취해 간이 커져 갖구 고양이 놈들 다 나왓! 하더라나요."

"아녜요. 다음이 있어요. 그래 고양이가 뭐랬는지 아세요?"

"찬물 먹구 정신 차려!" 쥐새끼 · 253면

아가씨들이 성유정 씨를 대하는 것이 조카들이 외삼촌을 반기는 그런 태도라고 생각하며 나는 웃음을 머금고 그 장면을 지켜보았다. **아득바득 기를 쓰고서도 굶는 듯 먹는 듯하고 있는 미아리 그 판자촌에선 상상도 못할 장면이었다. 그러나 그 요염하게 치장한 아가씨**

들의 뿌리를 찾아들면 개나 고양이의 시체가 썩고 있는 늪에 이를지 몰랐다. 망명의 늪 · 254면

"왕십리예요."

"시 유 아게, 카마 아게, 하니야. 에브리디 캄캄, 굿 굿, 애브리디 노오캄, 노오굿, 에브리디 캄캄 원 딸라 오케, 에브리디 노오캄, 투 딸라도 노오케, 와쓰마리유, 뒤 씽크 오케이?" 왕십리 영어 · 254면

"그럼 통역을 해드릴게요. 또 만나요, 또 오세요. 여보, 매일 오면 좋구 매일 안 오면 안 좋아요. 매일 오면 원 달러라도 좋지만 매일 안 오면 투 달러라도 안 돼요. 제엔장, 당신은 어떻게 생각하죠? 알아들었수?"

"가만 보니 미스 심은 왕십리 출신이구먼, 아니 양공주 출신 아냐?" 성유정 씨가 넌지시 말했다.

"아이구 망측해, 이래봬도 난 작가가 되기 위해 관찰한 거에요."

"작가?"

하고 성유정이 놀란 척했다.

"작가라면 소설가가 되겠단 말인가?"

"그럼요. 저애는 화가가 될 거구요. 나는 소설을 쓰구, 미스 민은 삽화를 그리고 해서 언젠가는 베스트셀러를 낼 거예요. 그때 성 선생님도 출판기념회에 초대하겠어요." 꿈 · 255면

"김이 새니까요. 그런데 선생님 으악새 본 적이 있나요?"

"아아, 으악새 슬피 운다는 노래 있잖아요. 그 으악새 말이에요."

"으악새가 없어?"

"없어요. 으악새란 나뭇가지와 나뭇가지가 부딪고 얽힐 때 나는 소리래요." 으악새 · 256면

"미스 심이 겪은 연애 편력을 그대로 쓰면 소설이 될걸."

"어느 호스테스의 고백?"

하고 미스 민이 웃었다.

"그런 건 이미 낡았어요. 그리구 연애 편력도 없었구요." 고백 · 257면

"너무 계산을 하다보니 그렇게 됐어요. 내 마음에 드는 사람은 진실이 없는 것 같구, 나를 좋아하는 사람은 이편이 싫구……. 사실 정신 똑바로 가진 사람이 바의 호스테스를 진정으로 사랑하겠어요?"

"그렇다고만은 할 수 없어. 내가 아는 호스테스 가운데도 좋은 신랑을 만나 사는 사람이 꽤 많아요."

"성 선생 같은 분이 나를 사랑한다면?"

하고 미스 심이 장난스러운 표정을 지었다.

"나이 많은 사람 놀리지 말어."

성유정 씨는 넌지시 말하고 미스 민의 손을 풀었다. 손手 · 257면

"미스 민도 단념해 성 선생님같이 싱거운 사람 백날 가도 애인은 안 될 테니까. 물에 물탄 듯, 장에 장탄 듯, 악센트가 있어야지 뭐. 그저 선량하기로만 애쓰는 뭐랄까? 신사? 군자? 평생 로맨스도 모르고 사실 어른이야. 안타까운 우등생! 상장이나 주렁주렁 달아놓고 손주들에게 자랑이나 하고 만년을 지내실 불쌍한 우리 선생님. 에드워드 8세를 배워요. 탕!"

"아닌 게 아니라 미스 심은 소설가가 될 수 있겠어. 그런데 어때, 미스 심 옆에 있는 그 사나이의 발동을 한번 걸어봐."

하고 성유정 씨는 웃었다.

"부인에게 혼날려구요."

미스 심이 나를 돌아보았다.

"혼낼 부인은 없소." 미스 민 · 257면

마담이 오고 기타를 든 아가씨가 들어왔다.

웃음소리에 라틴 음악의 가락이 섞였다.

카시비앙카의 밤이 꿈처럼 느껴지고 나 자신이 꿈속의 사람처럼 느껴지는 시간이 반딧불처럼 명멸했다. 카시비앙카 밤 · 258면

"간혹 집에 놀러 와요. 그리고 좋은 아이디어라도 생기거든 연락도 하구."

성유정 씨가 헤어질 때 나보고 한 마지막 말이다. 사랑 · 258면

"하인립 씨는 실패할 줄 알았어. 그래 내가 한사코 말린 거야. 그런데 이군은 꼭 성공할 줄 알았어. 아이디어도 좋았고 계획도 치밀했구, 무엇보다 이군에게 능력이 있었으니까. 그래 내 나름대로 도우기로 한 건데……. 그러나 한 번 실수했대서 그처럼 위축할 순 없을 것 아닌가." 사업실패 · 258-259면

이에 대한 나의 답은 이러했다.

"인간에게 있어서 가장 소중한 것을 짓밟지 않는 한, 돈을 벌지 못한다는 걸 알았어요. **자기의 천국을 만들기 위해 무수한 지옥을 만들어야 한다**는 것도 알았어요. 그렇게 해서 돈을 벌어 뭣하겠습니까. 나는 히피처럼 살아가렵니다." 천국과 지옥 · 259면

그때 성유정 씨는,

"그렇게 살아갈 수만 있다면야……. 히피는 해피라나? 히피엔 철학이 있지. 히피로서 살기 위해서도 아이디어는 있어야 할 것 같은데." 하고 한숨을 쉬었다. 히피와 해피 · 259면

성유정 씨와 헤어져 버스 정류소로 가려는데 집으로, 아니 아내의 곁으로 가기가 싫어졌다. 얼마간의 돈이 호주머니에 있다는 것이 마음을 그렇게 물들인 것이다.

"강원도 탄광에서 죽었어요."

나는 왠지 그 여자를 기쁘게 해주고 싶은 욕망이 슬슬 솟구침을 느꼈다.

"충청도 음성이에유."

"사소주라고 한답니다. 사이다에 소주를 탄 걸 말이오."

카사비앙카의 화려한 방이 뇌리를 스쳤다. 소설을 쓰겠다면 미스 심의 얼굴이 눈앞에서 웃었다. 그 반동으로 나는 짓궂게, 추잡하게 이 밤을 망쳐놓고 싶었다.

"어디 과부가 없을까요. 남자를 원하는 과부, 남자가 그리워 죽을 지경인 과부가 없을까요. 돈도 조금쯤은 가지고 있는…….."

술의 탓인지 내 말의 탓인지 여자의 눈 언저리에 붉은 빛이 돌았다.

"내 물건이 기가 막히거든요. 그저 놀려두긴 아무래도 아까워요. 그 거나 실컷 해주고 밥만 얻어먹고 잘 수만 있으면 돼요."

"손님도 짓궂게……"

"농담이 아닙니다. 한번 보여드릴까요? KS 마크, 아니 그것 이상이 죠. 보여드릴까요?"

"망측해유."

나는 바지 단추로 갔던 손을 떼고 다시 잔을 들었다.

여자는 수줍게 잔을 들었다. 나는 그 잔에 내 잔을 부딪혀 놓고 단숨에 술을 목으로 넘겼다. 여자도 같은 동작을 하고 있었다.

밤이 이슥해지자 기온은 내렸다. 견디기 힘든 더위는 가셨다.

"이제 술 그만하세유."

하며 바라보는 여자의 눈이 반들반들 윤이 나 있었다. 낙원동 목로술집·259-263면

나는 여자의 어깨를 안았다. 땀에 밴 옷의 감촉과 땀 냄새가 한꺼

번에 나를 자극했다.

"방으로 가유."

여자의 음성은 갈라져 있었다. 나는 방으로 들어가 옷을 벗었다. 여자는 들창을 닫곤 요를 깔고 그 위에 삼베 홑이불을 폈다.

"불 꺼유."

한동안이 지났다.

터지려는 울음을 겨우 참고 열병을 앓는 듯 전신에 경련을 일으키더니 바람 빠진 풍선처럼 푹석 맥을 풀고 여자는 신음 속에 속삭었다.

"나, 나, 이런 거 처음이에유, 이런 일 처음이에요. 애를 둘이나 났는데두 이런 거 처음이에요."

"한두 남자 겪어본 게 아닐 텐데 처음이라구?"

"백 명을 겪었으면 뭣해유. 허기사 그렇게 많은 남자를 겪어본 건 아니지만두유. 처음으로 여자 노릇 해본 기분이랑께유."

"그래 말하지 않았소. 그저 놀려두기가 아깝다구."

"정말 아까워요."

하고 여자의 손이 내 사타구니를 더듬었다. 대중소설 · 264면

"많은 건 바라지 않아요. 먹여주고 재워주기만 하면 되니까, 과부 하나 소개해요."

침묵이 흘렀다. 그 여자로선 심각한 침묵이었던 모양이다.

"먹여주는 것쯤이야……. 그러나 방이 단칸방이라서유."

"장사를 하자면 방도 필요해요."

"그럼 장사하는 동안 파고다 공원에 가서 앉아 있으면 될 것 아뇨, 아까 내가 왔을 때쯤 해서 돌아오기로 하구요."

"그래도 될까유?"

"되구말구." 인연因緣 · 264-265면

그날 밤, 낙원동 그 목로술집의 단칸방에서 나는 오랜만에 죽은 마

누라 향숙과 아이들의 꿈을 꾸었다.

장소는 처갓집 사랑마루였다. 향숙은 사랑마루에 은이와 숙이를 각각 한 팔로 안은 채 걸터앉아 슬픈 표정으로 나를 바라보고 있었다. 그리고 무슨 소린가를 했으나 알아들을 순 없었다.

그 장면은 마누라와 아이들을 처가에 맡겨놓고 어디론지 내가 떠나는 순간으로 풀이될 수도 있었다. 아아 그 슬픈 눈, 은이와 숙이의 귀여운 얼굴!

나는 흐느껴 울다가 잠을 깼다. 이미 눈물이 말라버렸다고 생각하고 있었는데 꿈길에서 흘릴 눈물은 있었던가 하는 의식이 고였다.

향숙의 꿈을 꿀 때마다 처갓집 사랑이 나타나는 것은 내 행동에의 뉘우침이 환기한 이미지일 것이었다.

그때 울컥한 광란을 진정하기만 했더라도 가족은 처갓집에 맡기고 발길에 채이고 주먹으로 맞고, 철창신세가 되는 등, 내 과오와 실패에의 보상을 내 스스로 감당할 방편이 있었다는 훗날에야 해본 후회가 가슴에 사무쳐 처갓집 사랑에 걸터앉은 향숙의 모습이 나타나곤 하는 것일 게였다. 향숙 · 은이 · 숙이 · 265면

나는 향숙과의 십 년 동안의 생활을 회고해 봤다. 미아리 아내의 그 앙칼스런 저주에서 벗어나기로 한 결심이 비교적 조용한 마음으로 그때를 회고케 한지도 몰랐다. 나는 여태껏 그 당시의 생각을 안 하기로 마음먹고 그런 생각이 떠오를 때마다 북악산 일대를 헤매 내 숨결을 가쁘게 해선 그 영상을 쫓아냈다. 북악산 · 265-266면

샐러리맨으로서 오 년 동안은 그림에 그린 것 같은 단란한 가정생활이었다.

T물산을 그만두었을 무렵에 가졌던 아이디어로써 사업에 착수했을 때만 해도 순조로웠다. 퇴직금이 있었고 저축도 있었다. 계획을 설명하고 부탁만 하면 자금도 모여들었다.

내가 착안한 것은 모종의 전열기였다. 전기로도 밧데리로도 쓸 수 있고 밧데리는 언제든 가정에서 충전할 수 있는 규격에 따라 용도가 광범한 전열기였는데 나는 그것을 미국의 잡지를 읽으면서 착안했다.

국내에선 아무 데도 그것을 만드는 곳이 없었으며 그걸 만들 계획조차 하고 있지 않다는 것을 확인하고 나는 미국의 상사와 계약을 맺었다. 다행히 친한 미국의 실업가가 있어 보증금도 싸고 로열티도 비싸지 않게 계약을 맺을 수 있었다. 전열기 사업·266면

그러나 난관은 상당 규모의 시설이 있어야 하는 것과 주된 기계를 외국에서 도입해야 한다는 데 있었다. 자연 자금의 무리를 하지 않을 수 없었다.

각 상품의 구색도 맞추어야 하니 시작부터 공장의 규모를 크게 할 수밖에 없었다. 이렇게 해서 다소의 무리가 겹쳤다.

하지만 특수한 회로 장치가 돼 있어 전열기가 필요로 하는 전력 십분의 일쯤으로 목적을 달성할 수 있다는 게 강점이었고 그것이 시중에 나가기만 하면 시장을 석권할 수 있는 전망이 확실했다.

하인립 씨에게서도, 성유정 씨에게서도 그 밖의 여러 친구에게서도 뱃심 좋게 돈을 빌려낼 수 있었던 것은 이러한 자신 때문이었다. 무리한 투자·266면

그런데 뒤에 알고 보니 기계를 발주할 때 화인禍因이 만들어지고 있었던 것이다. 대사업체들은 비상한 산업 스파이망을 가지고 있다. 난들 그것을 몰랐을 까닭이 없다. 그래 모든 일을 극비리에 진행시켰고 자금 융통을 위해 돈을 빌릴 때도 돈을 빌릴 확신이 서기까진 전열기 공장을 할 작정이란 대범한 설명 이상은 하지 않았다. 그리고 돈을 빌리고 나선 좀 더 상세한 설명을 했는데 그럴 땐 절대로 비밀을 지킬 것을 당부하고, 만일 비밀이 새기만 하면 빌린 돈을 갚지 못하게 될지도 모른다는 못을 박기까지 했다. 산업 스파이·267면

**재벌들의 부는 무서울 정도로 불어간다.** 그 불어가는 돈을 은행 금리를 받을 정도로 해서 사장할 순 없다. 새로운 투자 방도를 찾아 돈이 돈을 몰아오도록 하자면 이득이 있고, 경쟁이 덜한 물건을 만들어야 한다. 그 때문에 **대사업체는 수많은 산업 스파이를 중소기업을 비롯한 각 업체에 침투시켜 제조 품목 또는 제조 과정의 정보를 입수하려고 서둔다.**

**중소기업이 수지가 맞을 만할 때 넘어지는 것은 이 때문이다.** 대재벌이, 그것이 이득이 있다고 판단했을 때는 중소기업이 생각도 못 할 정도의 규모로 생산을 해선 덤핑을 해치운다. 덤핑은 경쟁 상대인 중소기업이 넘어질 때까지 계속된다. 덤핑 · 267면

내가 계획하고 있는 전열기 같은 것은 스파이들이 호시탐탐 노리는 부류에 속한다.

내 실수의 원인은 그 기계의 발주를 어느 재벌에 속한 무역 회사에 맡긴 데 있었다.

그 무역 회사에선 어느 원자재, 어느 기계의 발주 의뢰가 있으면 그 목록을 일단 재벌의 총본부로 올리게 되어 있었다. 재벌의 본부에 있는 분석실에선 원자재, 또는 기계의 용도를 분석해낸다. 모르는 것이 있으면 외국에 파견된 지사원을 시켜 조사케 한다. 거기에 내 기계가 걸려든 것이다. 재벌 · 267-268면

이것도 역시 뒤에 안 일이지만 나의 발주 서류는 내가 의뢰한 날짜보다 한 달이나 늦게서야 발송되었다.

시설이 완비된 것은 착수한 지 일 년 만이고 시제품이 나온 것은 그로부터 2개월 후다.

그 무렵 나는 미국에 있는 친구로부터 편지를 받았다. 한국의 모 재벌에서 그 전열기의 특허를 사러 와 있는 모양이니 빨리 미국으로 건너와 다른 회사와 계약을 못 하도록 계약 갱신을 하라는 내용이었다.

나는 무슨 소린 가고 내가 가지고 있는 계약서의 원본을 읽어보았다. 다른 회사완 계약을 못 하게끔 규정한 조목이 분명히 있었다.

그러나 나는 상대방 회사에게 배신하는 일이 없도록 하라는 당부를 적은 편지를 보내긴 했다.

편지를 보낸 그 날밤에야 나는 깜짝 놀랐다. 한국 내의 다른 회사에 특허권을 팔지 못하도록 규정은 해놓았으나 위약을 했을 때의 보상 규정이 너무나 약하다는 사실을 발견한 것이다. 계약서·268면

보증금 5만 불인데 위약했을 때의 보상 규정은 그 두 배인 10만 불이었다. 전열기의 장래성을 보아 재벌이면 그만한 보상금<sup>계약해지 위약보상</sup><sub>금</sub>을 대신 물어주고도 특허권을 사려고 덤빌 것은 뻔한 일이었다. 특허권·268면

나는 미국의 그 회사에 전보를 치는 한편 외무부에 여권 수속을 했다. 외무부에선 좀처럼 여권을 내주지 않았다. 재벌에 있어 본 나의 경험으로 같은 업종을 가지고 재벌과 경쟁해선 절대로 안 된다는 사실을 알고 있었기 때문이다.

두 달 반 만에야 손에 넣은 여권을 쥐고 나는 미국으로 날아갔다. 시카고에 있는 그 회사를 찾아갔더니 부사장이란 초로의 사나이가 쌀쌀하게 말했다.

"고소를 한다면 응소하겠소. 배상금은 귀국의 거래 은행으로 보내놨으니 곧 통지가 갈 겁니다."

만사는 끝난 것이었다. 계약 해지·269면

가을바람이 일기 시작한 미시건 호에 몸을 던지려다가 마누라와 아이들이 눈에 어른거려 얼빠진 몰골로 서울에 돌아왔다. 돌아와 보니 그 전열기가 아주 헐값으로 백화점에 나돌고 있었다. 내 사업을 가로챈 그 재벌이 관세의 액수에 구애 없이 수입해 들여와 덤핑을 함

으로써 내가 만든 상품의 시장 진출을 막아놓은 것이었다. 그렇게 해서 내가 쓰러지고 난 뒤 그들은 전열기를 양산해선 이득을 취할 참인 것이다.

그때 나는 마음을 먹었다.

'오냐, 네놈들이 죽이기 전에 내가 죽어주마. 내 가족과 더불어 몽땅 죽어주마. 내 저주를 받고 네놈들은 천만 년을 살아봐라.'

채권자들이 광풍처럼 몰려왔다. 빚더미에 앉아 변명할 말도, 언제쯤 갚을 수 있겠다는 말도 할 수가 없었다. 거짓말 이외는 꾸며댈 수가 없었기 때문이다. 보상금<sup>계약해지</sup> 위약보상금을 찾았으나 빚에 비하면 구우<sup>九牛</sup> 일모<sup>一毛</sup>이었다. 채권자 · 269-270면

채권자에게 시달리는 집의 주부가 어떤 상황으로 되는가는 겪어보지 않은 사람들에겐 알 까닭이 없다.

사기꾼이란 말이 내 이름처럼 되었다. 아이들은 사기꾼의 아이들이 되었고 마누라는 사기꾼의 마누라가 되었다.

이러한 고통을 참아가며 살 가치가 있는 것인가를 그야말로 진지하게 생각하게끔 되었다.

그래도 자살할 각오는 서지 않았다.

"오냐 죽어주마."

하고 마음속에서 울부짖었지만 그것은 관념이었지 구체적인 행동이 되기엔 좀 더 수모를 겪어야 했다. 가정 해체 · 269-270면

그러한 어느 날이다. 은이가 풀이 죽어 학교에서 돌아왔다. 채권자의 일부가 응접실에서 호통을 치고 있었기에 초등학교 2학년짜리인 소년이 왜 풀이 죽어 있는가 묻지를 못했다. 채권자 호통 · 270면

그날은 마누라가 그 재벌의 중역으로 있는 내 선배를 찾아간 날이기도 했다. 나의 감정은 공장을 불살라버릴망정 그 재벌에 넘길 생각

은 없었지만 채권자들의 사정을 조금이라도 보아주기 위해선 치욕을 참아야 했다. 그 선배와 내 마누라는 잘 아는 사이이기도 해서 마누라가 나선 것이었다.

울어 눈이 퉁퉁 부어 통금 시간 가까스로 집으로 돌아온 마누라의 갈팡질팡한 얘기를 정리하면 다음과 같이 되었다.

이왕 그 사업을 하실 요량이면 이미 시설이 되어 있는 우리 공장을 송두리째 사는 것이 어떻겠느냐고 했더니 선배의 답은 이랬다.

"모처럼 마음먹고 시작한 일이니 계속해 보시지 그래요."

"사업을 아무나 할 수 있는 것으로 알고 덤빈 것이 잘못이야."

이미 공장을 짓고 있고 기계 발주도 해버렸으니 시기가 늦었다는 말과 함께 꼭 인수해야 할 경우이면 하고, 내가 그 공장 건설을 위해 들인 돈의 20분의 1쯤 되는 액수를 들먹여보더라는 것이다.

마지막 길이 거기서 막혔다.

공장을 내놓아보아야 기계는 고철값이 될 것이어서 기껏 토지 대금이 남을 정도가 뻔했다. 파산·271면

채권자들의 성화가 지나간 깊은 밤에 나와 마누라는 의논을 했다. 살아 있어 가지곤 감당할 수 없다는 결론이 나왔다. 나는 일체의 재산 목록과 인감을 싸서 놓고, 고문 변호사 앞으로 편지를 썼다.

'이것밖엔 없습니다. 모든 채권자에게 내 사과를 전하고 이걸로 가능한 한 처리를 해주십시오.'

마누라는 그 편지를 말끄러미 들여다보고 있더니 내 무릎에 엎드려 통곡을 시작했다.

**"당신만 죽게 할 수 없어요."**

**"당신만 죽게 할 수 없어요."**

아아, 그 처량한 소리! 절규·271면

그런데 초등학교 2학년인 은이가 언제 왔는지 방 가운데 서 있었

다. 나는 오후의 일을 상기했다.

"은이야, 왜 오늘 풀이 죽었지?"

"급장을 그만두랬어요."

은이가 떨리는 말로 조용히 대답했다.

"왜?"

"사기꾼의 아들이 어떻게 급장 노릇을 하겠느냐는 거지 뭐."

언제 왔는지 바로 내 등 뒤에 서 있던 숙이의 말이었다. 숙이는 초등학교 4학년이었다.

"뭐라구? 선생이 그런 소릴 했어?"

나는 그때 벌써 내 정신이 아니었다.

"선생님이야 그런 말 안 했지만……. 다 알아요."

숙이는 찔끔찔끔 눈물을 짜고 있었다.

"좋다, 내일 모두 해결할게. 오늘 밤은 자자." 은이와 숙이·271면

자기 방으로 가려는 아이들을 오늘 밤은 같이 자자면서 요를 두 개 깔았다. 나는 숙이를 안고 자고 마누라는 은이를 안고 잤다. 아이들이 잠든 것을 확인하곤 나는 문이란 문, 창이란 창을 단단히 잠갔다. 그리고 부엌에 있는 가스레인지의 꼭대기를 떼와선 방 한구석에 놓고 가스를 틀었다……. 가족 자살·271면

미아리 아내의 집에 영영 들어가지 말까 했으나, 종결을 지음으로써 뒤를 깨끗이 할 필요가 있었다.

"과부집에 취직을 했어. 먹여주고 재워주긴 하겠데."

"당신을 처음 만난 밤……."

처음 만난 밤이란 내가 두 번째의 자살에서 실패했다는 걸 알고 허둥지둥 병원에서 빠져나온 그 날밤을 말하는 것인데 아내는 물론 그 사연을 모른다. 나는 목이 마른 바람에 병원 뒤편 거리에 늘어선 대폿집의 한 군데 기어들어가 사이다 한 병을 청해 마셨다. 아내는 그 집

의 작부로 있었던 것이다.

"만리 같은 청춘이 있는데 죽긴 왜 죽어요. 보매 인품이 좋은 어른
인데 참고 견디면 좋은 일이 있을지 누가 아우. 쥐구멍에도 별들 날이
있다는 말이 있잖수."

그런데 내가 완전 무능력자라는 것을 깨닫게 되자 아내는 여우처럼
음흉하고 불호랑이처럼 앙칼스럽게 굴기 시작했다. 그러면서도 말 그
대로 나를 내쫓지 못한 단 한 가지 이유는 남성으로서 탁월한 내 물
건에 대한 애착이었을 것이다. 미아리 아내 · 272-276면

만일 아내가 내게 다정스럽게 굴어 내가 아내에게 애착할 수 있었
더라면 나는 죽은 향숙과 아이들에 대한 죄책감이 훨씬 더해서 아마
성공했을지 모르는 제3차의 자살을 기도했을지 모를 일이다. 죄책감 ·
277면

"당신도 좋은 남편 만나 잘사시오."

"내 팔자에 좋은 남편? 웃기지 말아요. 그런데 당신 오늘 밤 꼭 송
별연은 해줘야 해요. 내 깨끗이 씻고 올게요."

"아이구 죽어, 어떤 년에게 내가 이걸 뺏겨 삼수갑산까지라도 내가
못 따라갈 줄 알아? 그년을 그냥 둘 줄 알아? 찢어 죽일 게다. 아아
죽겠다, 죽어, 어떤 년에게 내가 이걸 뺏겨, 아이구 이놈아 사람 죽는
다. 이놈이 사람 죽이네……."

결국 나는 도로아미타불이 되었다. 도로아미타불 · 277면

여름이 가는 어느 날 하인립 씨의 뒷일이 궁금해서 김장길 변호사
에게 전화를 걸었다.

선고 유예로서 하인립 씨는 풀려 난 지가 열흘쯤 된다며 성유정 씨
와 하인립 씨 두 분의 간곡한 전갈을 전한다고 했다. 선고유예 · 278면

손님의 내방을 위해 대문이 열려 있었다. 나는 누구에게 알릴 필요

없이 사랑 쪽의 뜰로 들어설 수가 있었다. 그러곤 숲과 담벼락 사이에 있는 공간에 몸을 숨겼다. 내 목적이 바로 그것이었다. 나는 연회에 참석하지 않고 연회의 모양만 구경하고 싶었던 것이다.

주위가 어둑어둑해지자 손님들이 모여들었다. 사랑 대청엔 이미 음식상이 준비되어 방장을 치고 있었다.

손님들 가운데 내가 커피 세례를 준 P교수와 '돈이 썩기로서니 남이 사기한 돈 뒤치다꺼리 할 사람이 있겠소.'하고 자리를 뜬 전무와 하인립 씨가 너무 권력에 밀착해 있대서 비난한 N씨가 섞여 있는 것이 흥미를 끌었다.

하인립 씨는 조금 늦게야 왔다. 연회 · 278-279면

하인립 씨가 들어서자 모두 일어섰다. 저마다 말은 조금씩 달랐지만 나쁜 놈 때문에 엉뚱한 고생을 했다는 뜻만은 일치하고 있었다. 그러나 하인립 씨는,

"아닙니다. 난 그만한 고통은 치러야 할 사람입니다. 부끄럽습니다."하고 겸손해했다.

"하인립 씨는 가시 없는 장미라…….."

하고 P교수가 한바탕 칭찬을 했다. N씨는

"내가 많은 사람을 겪어봤지만 하인립 씨처럼 순수한 사람은 드물어."

했고, C씨의 말 첫마디는 못 알아들었는데 뒷말은 이랬다.

"엉뚱한 사람만 나타나지 않았더라면 40만 원은 내가 조달할 수도 있었는데."

그러자 성유정 씨가 그 엉뚱한 사람이 누구냐고 묻는 모양이었다. 눈치가 빠른 전무는 성유정 씨와 나와의 관계를 알아차렸는지,

"그 그만둡시다. 여게 없는 사람 얘긴 안 하는 게 좋을 것 같소."

하고 뭉개버렸다. 인간 본성 · 279면

하인립 씨는 그 웃음소리를 자기에 대한 찬사로 들은 모양이었다.

"사업이란 겁나는 거더만. 한번 생각해보죠 하는 따위의 말이 나오거든요. 꼭 됩니다 하고 말해야 할 경우가 있어요. 처음엔 잠을 못 잘 정도로 후회도 하고 걱정도 했는데 시일이 가면 그게 예사가 된단 말요. 요는 사업을 하면 사람 잡치는 거라."

**"그래도 사업을 하겠다는 거야?"**

성유정 씨의 목소리였다.

"그러니까 사업을 해서 성공을 해야겠다는 거요. 성공만 하면 잡친 사람을 도로 안 잡치게 하거든요. 오늘날 보시오, S · K · H 등 대재벌의 총수들은 아마 거짓말 한마디 않고 살 수 있을 거요."

**"수탈과 착취 위에 서서?"**

한 것은 아마 N씨인 것 같았다. 사업 갑질 · 280면

하인립 씨는 주택 사업을 했을 때의 실패담을 얘기하기 시작했다. 자재부 책임자와 현장 책임자를 형제에게 맡긴 바람에 자재와 시간의 로스를 가져와 그것이 치명적인 원인이 되었는데 그런데도 자금만 넉넉했으면 커버할 수 있었던 것을 그렇게 안 됐기 때문에 실패했다는 얘기였다. 주택 사업 · 280면

이어 하인립 씨는 복개 사업을 해서 상가를 만든 사업 얘기를 시작했다. 그건 내겐 초문인 얘기였다. 내가 세상의 표면에서 사라지고 난 뒤의 일인 것이다. 복개 사업 · 281면

"3천만 원씩 내가지고 둘이서 6천만 원으로 회사를 만들었지. 공사할 토건 회사를 선택한 것은 R였어. 그런데 공사를 오분의 일도 안 했는데 기성고旣成高에 따른 공사비를 내라는 거야. 그럴 약속이 아니었거든 완공을 하고 난 뒤에 상가의 보증금 받은 돈으로 공사비를 주게 돼 있었거든. 그러나 자금 사정이 달려 못하겠다는 것을 어떻게 해.

공사비를 마련하기 위해서 증자를 하자는데 내겐 돈이 없었거든. 내버려 두면 이미 든 돈 3천만 원을 쓸모없이 포기해야 할 사정이 된 거야. 하는 수가 있나. 나는 증자를 승인했지. 그래 반 가지고 있던 주식이 25퍼센트로 된 거라. 그것이 또 12.5퍼센트로 되구……. 알구 보니 그 토건 회사와 R는 미리 결탁되어 있었더만. 그래 나는 빈털터리가 되었소." 약육강식弱肉强食 · 281면

"결국 자본이 모자라 실패했단 얘기 아닌가."

성유정 씨의 소리였다.

"자본이 약한 사람이 자본이 강한 사람에게 지는 건 당연한 일 아닌가. 그런데 뭣 때문에 그런 새삼스러운 소릴 하고 있어."

나무라는 듯한 투로 성유정 씨가 말했다.

"자본주의에 의한 희생자다. 그 말 아닌가."

P의 목소리였다.

"자본주의에 의한 희생자가 아니구 자본주의를 깔보고 덤볐다가 호된 벌을 받은 거지 뭐."

이렇게 하인립 씨가 말하자 성유정 씨는

"알곤 있구나."

하고 웃었다. 자본주의 · 281-282면

화제는 국제 정세 얘기. 국내 정세 얘기로 옮아갔다.

나는 부글부글 끓는 울분을 참을 수가 없었다. C전무, P교수, N씨를 면박해주고 싶은 충동이 일었다. 내가 그 자리에 나타나는 것만으로도 면박의 효과가 될지 몰랐다. 그러나 그보다도 그런 따위와 좋아라고 어울려 술을 마시고 있는 하인립 씨가 미워 못 견딜 지경이었다.

'저렇게도 주책이 없어가지구…….'

나는 드디어 결심했다. 천만 원 부채를 갚지 못하는 대신 C · P · N의 가면을 벗겨 세상의 잔인함을 알림으로써 천만 원어치의 봉사를

하인립 씨에게 해야겠다는 결심이었다. 가면·282면

　몸을 일으키려고 했다. 그랬는데 너무 오래 쪼그리고 앉아 있었던 탓인지 무릎이 삐걱하더니 땅바닥에 뒹굴고 말았다.
　한참을 뒹군 채 있다가 가까스로 몸을 일으켜 세우는데 어떤 환상이 눈앞에 스쳤다. 그 환상이란 이제까지 보아왔던 대청마루의 연회광경이었다.
　'그들은 무슨 짓을 했건 무슨 말을 했건 가정을 지키고 있는 사람들 아닌가!'
　'그들은 사랑하는 마누라와 아이들을 죽인 사람들은 아니지 않는가!'
　'그들은 비겁하고 간사스럴망정 인간들이 아닌가. 사람의 탈을 쓰고 있지 않은가!
　'그런데 나는? 나는?'
　인간들의 향연을 지척에서 보며 나무 그늘에 웅크리고 앉아 있는 나의 몰골이 그냥 나의 존재의 의미라고 생각했을 때 두상에 찬란한 별들이 빛을 잃었다. 인간·283면

　"이십 년 전만 해도 성유정 씨의 생일잔치엔 기생 아가씨들이 사랑놀음을 왔었는데."
　"기생도 보통 기생이던가. 국창들이 왔었지, 반선희, 박만월, 김초희……."
　P교수는 사뭇 감개무량하게 말했다.
　C전무는 내가 질세라 하는 투로 일본 노래를 불렀다. N씨는 점잖게,
　"아아 목동아"
돌연 하인립 씨가 기성을 질렀다.
　"쨍하고 해뜰 날 돌아온단다……."

성유정 씨 평대로 하인립 씨는 삼국 제일의 주책바가지인 것이다.
생일잔치 · 283면

나는 설 수가 없어서도 아니고, 내가 거기 있었다는 것을 들킬까 봐 겁이 나서도 아니라, 짐승처럼 기어서 샛문 있는 데까지 왔다.

그리고 샛문을 열고는 가희동 골목을 달려 내려오는데 '짐승처럼 기어야 한다'는 명령 같은 소리가 몇 번이고 내 뇌리에 메아리를 남겼다. 생존 · 284면

나는 한강으로 나갔다. 깊게 물이 고인 곳을 골라 다리에 기대섰다.

내가 여기서 몸을 던지기만 하면 P다, C다, N이다 하는 인간들을 넘어설 뿐 아니라 하늘의 별로서 복원할 수 있다는 것을 나는 알고 있었다.

동시에 나는 한강에 몸을 던지지 않을 것이란 내 마음을 알고도 있었다. 난 이미 자살할 자격마저 상실하고 있는 것이다. 긍지 없이 사람은 자살할 수가 없다. 동물이 자살을 못 하는 까닭이 여기에 있다. 나는 동물과 같은 굴종을 통해서 이 세상 끝까지 남아 있어야 할 것으로 믿는다. 내 죄업을 보상하기 위해서가 아니다. 보상을 하려 해도 할 수 없는 지옥을 마련하기 위해서다. 그러기 위해선 나는 미아리와 아내 곁으로 돌아가야 하는 것이다. 지옥 · 284면

장엄한 밤이란 것이 있다.

가령 나폴레옹의 밤과 같은 것이다.

마렝고의 밤도 장엄했다. 아우스터츠의 밤도 장엄했다. 워털루의 밤도 장엄했다. 세인트헬레나의 밤도 예외가 아니었다.

정각이 되면 도어를 열고 들어와 시복 마르샹이 공손하게 최경례를 한다.

"황제 폐하 만찬의 준비가 되었습니다."

나폴레옹의 착석을 기다려 신하들이 정장을 하고 차례대로 들어와 식탁에 앉는다.

만찬이 끝나면 잠깐 동안의 잡담. 그러곤 라스 카즈에게 회상을 구술한다.

"유럽은 이성에 의해 승복시켜야 했다. 검에 의해 정복할 것이 아니었다……."

그러나 이런 잠꼬대까지도 장엄한 것이다. 밤은 장엄했다 · 284-285면

밤이 깊으면 세인트헬레나에서의 애인 아르비느가 침상을 찾는다. 아르비스는 나폴레옹의 딸을 낳았다. 나폴레오네란 이름이다. 장엄한 세인트헬레나의 밤이 만든 딸이다.

그런데 나의 밤은 장엄할 까닭이 없다. 장엄할 수 있는 계기는 있었다. 한강에서 몸을 던지기만 했더라면 장엄이 별처럼 한강에 쏟아져 내렸을 것이었다. 장엄이 별처럼 쏟아졌다 · 285면

장엄은 나폴레옹에게만 귀속시킬 수밖에 없다. 왜? 내겐 회상록을 쓸만한 회상이 없기 때문이다. **나폴레옹처럼 워털루에서 역사에 의해 패배한 것이 아니고 쓰레기통에 버려야 할 휴지만도 못한 돈에 의해 패배했기 때문이다.** 금전 패배 · 285면

나의 밤은 몇 해가 묵은 『아리랑』 잡지의 그 볼품 없이 피어오른 책장의 부피와 같으면 그만이다.

세월과 더불어 낡아버린 기사와 기록, 생명은 사라지고 형태만 남은 무의미한 활자의 나열이라고 생각하겠지만 그 잡지는 내게 있어서 성서의 역할을 하게 한다. 내가 그 잡지에 애착하는 것은 미아리의 그 방에 있는 유일한 책이란 때문만도 아니다. 나는 거기서 동서고금에 걸친 영락의 사상을 모조리 조립할 수가 있고, 뿐만 아니라 그 옛날 나폴레옹과 더불어 무지개를 쫓아다니던 시절 내 뇌리에 새겨진 시를

발견할 수 있는 것이다. 『아리랑』 인생사 · 285-286면

프랑스의 황제와 세인트헬레나의 거리는? 아무도 모른다. 왕관이 너무나 눈부시기 때문이다. 왕들은 식탁에 앉았고 왕비들은 일어서서 춤춘다. 맑은 날씨 다음엔 눈보라가 있게 마련이다.

"그렇다. 나폴레옹도 죽었다.
하물며 네놈들이사!"

장엄은 하늘에 별들과 더불어 있었다. 최후 심판 · 286면

# 세우지 않은 비명

세우지 않은 비명 – 역성$^{歷城}$의 풍$^{風}$, 화산$^{華山}$의 월$^{月}$,
신기원사, 1980

이병주, 「세우지 않은 비명」, 김윤식 · 김종회 엮음,
바이북스, 2016, 8-113면.

성유정成裕正 어머니 유언遺言
느그들 모두 잘 지내라!

– 나림 이병주 –


성유정成裕正 묘비명墓碑銘
그의 호학好學은 가히 본받을 만했는데
다정과 다감이
이 준수俊秀의 역정歷程에 흠이 되었노라.

– 나림 이병주 –


성유정成裕正 유언서遺言書
용서해 달라, 나를 용서해달라!

– 나림 이병주 –

# 세우지 않은 비명

## 1. 작품 개요

「세우지 않은 비명」은 나림 이병주 선생의 회고문回顧文 · 반성문反省文 · 자서문自序文 · 회한사悔恨事 작품이다. 나림 이병주 선생은 "용서해달라, 나를 용서해달라!"라고 외친다.

성유정成裕正이 등장한다. 나림 선생 자신이다. "성유정의 수기는 여게서 끝나고 있다"고 표현한다. 나림 선생 필법이다.

어머니 죽음과 성유정 죽음을 축으로 성유정 삶과 어머니 삶을 잔잔하게 설명하고 있다. 나는 「세우지 않은 비명」을 죽음학臨終學으로 읽었다. 임종은 죽음을 맞이하는 시간이다.

### 제국과 함몰

"인생이란 제국의 건설이다. 죽음은 그 제국과 함께하는 함몰이다."
「세우지 않은 비명」· 13면

나림 선생 인생관·사생관이다. 모친의 위암 판정 소식을 듣고, 충격을 받은 상황을 자세히 묘사하고 있다. 아마도 많은 독자는 이 장면에 공감할 것이다. 나림 선생은 "세상의 빛깔을 송두리째 바꿔 놓았다"고 표현한다.

「세우지 않은 비명」에 세상·세월·인생·독재·만용·암·반성·회한·죽음이 녹아 있다. 한 작가의 인생이 파노라마처럼 펼쳐져 있다. 나는 「세우지 않은 비명」을 세상학<sup>世上學</sup>·세월학<sup>歲月學</sup>·인생학<sup>人生學</sup>·독재학<sup>獨裁學</sup>·만용학<sup>蠻勇學</sup>·암학<sup>癌學</sup>·반성학<sup>反省學</sup>·회한학<sup>悔恨學</sup>·죽음학<sup>臨終學</sup>으로 평가한다. 나림 선생은 중편 123면<sup>8-131면</sup>에 세상의 모든 이야기를 담았다. 빛나는 걸작이다. 특히 모자<sup>母子</sup>의 대화는 애잔하다. '느거들'이란 경상도 지역 표현이고 '잘 지내라'는 행복<sup>幸福</sup>하거라는 말이다. 행복이란 한자 의미대로 '집에서 직장에서 사람들과 어울려 살고, 침묵하고 묵상하면서 천명을 받아라'라는 뜻이다. 나림 선생은 쉽게 묘사한다.

### 느거들
"느거들 모두 잘 지내라!"
진실로 위대한 메시지이다.
"이제 나는 나의 죽음을 준비하면 그만이다." 「세우지 않은 비명」·129면

성유정은 재<sup>才</sup>도 있고 능<sup>能</sup>도 있는 인물이다. 호학<sup>好學</sup>하며 다정다감<sup>多情多感</sup>하다. 이것이 준수<sup>俊秀</sup>의 역정<sup>歷程</sup>에 흠이 된다. 나림 선생은 「세우지 않은 비명」에서 자신을 이렇게 평했다.

### 역성<sup>歷姓</sup>의 풍<sup>風</sup>, 화신<sup>華山</sup>의 월<sup>月</sup>
그는 라이프 워크라고 할 만한 것을 남기지 못하고 죽었다. 이 수기만 하더라도 병중의 것이었다고는 하나 감정의 비약이 심하고 과시도 있어 치밀하지 못한 점으로 해서 불만인 구석이 한두 군데가 아니다. 그러나 나는 그가 애착했던 제목을 무위로 남겨두기가 아쉬워 여기에

'역성歷姓의 풍風, 화산華山의 월月'이란 제목을 붙였다. 「세우지 않은 비명」·
마지막 문장 · 131면

나는 이 문장을 부끄러움을 소각하는 갈망으로 읽었다.

### 「세우지 않은 비명」 회한서悔恨書

"기이한 시대에 태어나 바람처럼 살았다. 아름다운 산 위에서 보름달
이 되어 수많은 사건을 회한悔恨한다. 죽기 전에 참회한다. 나를 용서해
달라."

「세우지 않은 비명」을 나림 선생 자서전으로 읽어도 무방하다.
1980년 작품이다. 나림 선생은 이미 '운명運命'을 알고 삶을 경영하였
다. 12년 후 1992년 4월 3일 오후 4시 폐암으로 세상을 떠났다. 향년
71세. 「세우지 않은 비명」은 1992년에 서당에서 다시 출판되었다.

경기도 여주에 「세우지 않은 비명」 작품처럼 성유정 무덤과 실제
나림 이병주 선생 무덤이 있다. 경기도 여주군 가남면 금곡리 남한강
공원묘지이다. 황용주 선생이 나림 선생 부음을 듣고 통곡한다. 황용
주黃龍珠(1919.1.3.~2011.8.25.)선생은 중국 양주 학병 동지이다. 일본 와
세다대학에서 불문학을 공부하였다. 경기도 여주에 나림 선생 묘지를
추천한 듯하다. 어쨌든 이것이 문인文人의 묘지 철학이다. 소설 「세우
지 않은 비명」 제목에서 '풍월風月'은 나림 이병주 선생의 인생이고 삶
이다. 파란만장波瀾萬丈했다. 죽음의 고비를 수차례 넘겼다. 1980년. 신
기원. 59세. 중편 93면. 2016년. 바이북스. 중편 131면.


## 2. 작품 인물

### (1) 성유정

성유정成裕正은 나림 이병주 선생이다. 나림 선생 회한사悔恨事가 「세
우지 않은 비명」이다. "나는 중국 양주에서 삶을 마쳐야 했다." 나는

작품을 죽음학으로 해석했다. 나림 선생 문장을 읽어보자.

**성유정**成裕正

성유정成裕正은 다음의 시구를 좋아했다. 「세우지 않은 비명」·8면

**인생**

人生只合死楊州

인생은 모름지기 양주에서 죽어야 하는 것이거늘! 「세우지 않은 비명」·8면

**양주**

장호張祜·당대의 시인의 시從遊淮南에 새겨진 양주양저우와 성유정이 묻혀 있는 이 양주와는 다르다. 장고의 양주는 중국의 중부, 양자강의 북안北岸에 자리 잡은 고을이고, 이곳 양주는 한국의 수도 근처의 근교에 있는 고을이다. 「세우지 않은 비명」·9면

**학도병**

성유정은 1년 남짓 중국의 양주에서 머문 적이 있었다. 일제 때 학도병으로 끌려간 성유정이 속한 부대의 주둔지가 양주였던 것이다. 「세우지 않은 비명」·9면

성유정은 무슨 큰 사건이 있을 때마다 변을 당했었다. 일제 말기엔 학병으로 끌려갔고, 6·25 때는 자칫 죽을 뻔했고, 5·16 때는 징역살이를 했다. 이를테면 역사의 고빗길마다에서 고난을 겪었다.

성유정은 59세에 간암 판정을 받았다.

## (2) 어머니

성유정 어머니는 마음이 착하신 분이다. 잘살진 못해도 어머니가 낳은 삼남 일녀는 요절하지 않고, 또 손주들이 별 탈 없이 지냈다. 1979년 10월 26일 위암 판정을 받았다. 1980년 1월 11일 오전 4시에 승천하셨다.

우리나라 어머니의 운명運命 이야기이다. 대부분 이런 삶이다. 성유정은 어머니를 위해서 다짐한다. 「세우지 않은 비명」에 어머니 유언이 있다. 나림 선생 문장을 읽어보자.

**어머니**

'어머니를 위해서!'

나는 어머니를 위해서 내 마지막 인생을 바치기로 했다.

"아무쪼록 몸조심 해라. 네 책임이 얼마나 중하노."

"이 세상에선 어머니와 같이 가장 오래 산 사람은 저죠?"

"응, 그래." 「세우지 않은 비명」· 50-51면

**유언**

방 안으로부터 염불 소리가 흘러나왔다.

어머니는 자기의 손을 내밀었다. 내가 그 손을 잡았다. 동생들도 어머니의 손을 잡았다.

"인자 됐다. 느그들 모두 잘 지내라."

마지막 힘을 모아 또박또박한 음절로 이렇게 말씀하시고는 우리가 잡고 있는 손을 풀었다.

이것이 80세를 사신 어머니의 마지막 말이었다. 그리고 뒤이은 이틀 동안 혼수상태에서 헤매다가 11일의 새벽 드디어 운명하셨다.

1980년 1월 11일 오전 4시, 라고 나는 내 가슴에 그 시각을 적어넣었다.

"느그들 모두 잘 지내라!"

진실로 위대한 메시지였다. 「세우지 않은 비명」· 128-129면

## (3) 미네야마 후미코

미네야마 후미코峰山文子는 불량 학생 성유정이 쳐놓은 덫에 걸린 아가씨이다. 관문 연락선을 타고 시모노세키에 왔다. 첫 만남이 「세우지 않은 비명」 후반부에 자세히 묘사되어 있다. 나림 문학에서 인물지도를 만들면 중요한 사람이다. 나림 선생 문장이다.

### 시모노세키 역<sup>下關驛</sup>

1943년 4월 초순의 어느 날 성 모<sup>成某</sup>란 불량 학생이 관부 연락선<sup>關釜</sup><sup>連絡船</sup>에서 내려 많은 손님들과 함께 시모노세키 역<sup>下關驛</sup>의 플랫폼 위를 걸어가고 있었다. 거긴 동경행 열차 츠바메 호<sup>燕號</sup>가 대기하고 있었다. 그 열차는 7시 10분에 출발할 예정이었다.

"여게 앉아도 될까요?"

"비어 있습니다."

기차는 이윽고 출발했다. 「세우지 않은 비명」·86-87면

### 우메다<sup>梅田</sup> 역

"어때요. 아가씨도 오사카에서 내리시지. 기후까진 전철도 있으니까 두세 시간 후에 전철을 타고 가실 수도 있을 테고⋯⋯."

아가씨는 즉각 결심을 한 모양으로 일어서서 손을 잠깐 위로 뻗었다. 불량 학생이 성큼 따라서서 아가씨의 트렁크를 거들어 내려주었다.

얼마지 않아 불량 학생은 그 아가씨를 데리고 오사카의 우메다<sup>梅田</sup> 역의 개찰구를 빠져나가고 있었다. ⋯⋯ 「세우지 않은 비명」·102면

### 나쁜 놈

최후의 심판정에서 검찰관은 이 대목에 이르러 목청을 높일 것이다. 염라대왕 각하, 이놈은 이처럼 나쁜 놈입니다. 교언영색<sup>巧言令色</sup>을 다해 순진한 처녀를 감쪽같이 유혹한 그 수법을 보십시오. 여기까지의 행동만으로도 놈을 초열지옥<sup>焦熱地獄</sup>에 집어넣어야 합니다, 하고.

그럴 때 나는 뭐라고 변명해야 할까. 초열지옥의 형은 달갑게 받겠다. 그러나 처음부터 불량 학생 취급하는 것은 너무하다. 긴 기차 여행 도중 아름다운 여자 옆에 앉고 싶어하는 것은 청년다운 로맨티시즘이라고 보아줄 수 있지 않겠는가. 그리고 유혹에의 은근한 마음이 없었다고는 말 못 하지만 처음부터 계획적으로 그런 짓을 했다고 단언하는 것은 지나친 확대 해석이 아닌가. 그러나 검찰관이 나의 변명에 호락호락 넘어갈 까닭이 없다. 검찰관의 공소장 낭독은 다음과 같이 계속될 것이다. 「세우지 않은 비명」·102-103면

## 무장해제

그런데 불량 학생은 역을 벗어나자 택시에 아가씨를 태우고 나카노시마中之島로 가서 여관을 잡았다. 그러고는 그 여관에 짐을 맡겨놓고 도톤보리의 번화가로 아가씨를 끌고 나갔다. 번화가의 어떤 술집으로 가서 방으로 들어가선 술을 마시곤 불량 학생은 인생 25년을 연거푸 들먹이며 자기의 운명을 서러워했다.

"그러나 나처럼 재능도 없고 못난 놈은 죽어봤자 아쉬워할 아무것도 없고 아껴줄 누구도 없다."

"학생처럼 총명한 사람은 죽어선 안 돼요."

불량 학생은 그의 말 주변을 최고로 발휘해선 아가씨로 하여금 이 학생을 위해선, 이 학생의 마음에 기쁨을 주기 위해선 무슨 일인들 하겠다는 기분으로 만들어버렸다. 「세우지 않은 비명」·103면

## 미네야마 후미코峰山文子

그 결과는 뻔하다.

불량 학생은 드디어 아가씨를 가지 못하게 하곤 여관에서 같이 자게 되었다. 같은 방에서 같이 자도록 상황을 만들어놓곤 우리는 깨끗하게 이 밤을 지내야 한다는 감언이설로 자리를 따로 깔고 눕게 되었는데 밤중이 지나고난 어느 시각 아가씨는 하얀 시트에 묻은 파괴된 처녀의 붉은 흔적을 물을 묻힌 탈지면으로 닦아내려고 애쓰고 있었다.

부도덕하기 짝이 없는 불량 학생도 그 광경을 보곤 비로소 죄의식을 느꼈던지 아가씨의 어깨를 가볍게 안고는 용서해달라고 빌었다. 그러자 아가씨는

"아무것도 아녜요. 젊은 청년들이 무수히 죽어가는데 이런 것쯤이 뭣이 그처럼 대단해요."하고 울먹거렸다.

그 이튿날 그들은 나라奈良로 갔다. 하루를 꼬박 와카쿠사야마若草山의 사슴들과 놀고 다시 오사카의 여관으로 돌아와선 신혼의 부부라도 된 양으로 하룻밤을 지냈다.

아가씨가 만일 기후에 미리 자기의 도착 일자를 알려놓지 않았더라면 며칠을 더 묵었을지 모른다. 그 이튿날 아침 두 사람은 도쿄행 열차를 탔다. 아가씨는 기후에서 내리고 불량 학생은 도쿄로 직행했다. 불량 학생의 수첩엔 다음과 같은 기록이 있었다.

미네야마 후미코峰山文子 19세. 후쿠오카현 미즈마 군 출신, 고등여학교 졸업. 「세우지 않은 비명」·104면

## 임신

9월 신학기에 학교엘 나갔더니 미네야마로부터 온 편지가 7, 8통 밀려 있었다. 그 가운데의 한 통은 임신했다는 사연을 알린 것이었다. 불량 학생은 크게 당황했다. 「세우지 않은 비명」·105면

## 학도 동원령

당황하고 있는 판인데 졸업이 9월 25일로 당겨졌다는 조치와 함께 학생 징병 연기, 10월 1일에 대학 전문학교 학생은 일제히 군에 입대하라는 명령이 내렸다. 이른바 학도 동원령이다. 그러나 이것은 일본인 학생에게 해당하는 일이지 불량 학생 성 모에겐 관계없는 일이었지만 간교한 불량 학생은 그 사태를 이용할 술책을 꾸몄다. 「세우지 않은 비명」·105면

## 편지

"우리들은 머잖아 전쟁터에 나가게 되었다. 그러니 결혼을 하려 해도 그럴 겨를이 없다. 어떤 수단을 쓰건 임신은 중절시켜야 한다."

는 요지의 편지를 썼다.

당장 답장이 왔다.

'아무튼 만나보고 싶어요. 아무리 바쁘시더라도 하루쯤 시간을 내어 기후로 오세요. 당신이 전쟁터로 나가더라도 난 아이를 내게 주어진 운명으로 알고, 그리고 모든 고통을 감수하고라도 키우겠어요. 당신에게 책임을 돌리는 일은 추호도 안 할 테니 한번 기후로 와서 절 만나주세요…….' 「세우지 않은 비명」·106면

## 사망

"미네야마 후미코 씨는 사망으로 되어 있습니다. 참 안됐습니다."

잠시 말할 수가 없었다.

"아닙니다. 내게 있어선 37년 전에 죽은 사람이었으니까요."

"참, 학적부도 뒤져보았는데 성적이 꽤 좋은데요. 쭈욱 우등생이었습니다."

그 말엔 웃을 수밖에 없었다. 죽어 없어진 사람이 우등생이었으면 무엇을 하느냐 싶어서였다. 「세우지 않은 비명」· 122-123면

**죽음**

미네야마 후미코의 죽음은 어떠한 죽음이었을까. 폭격으로 인한? 병으로 인한? 혹은 자살? 「세우지 않은 비명」· 124면

나림 선생은 작품을 통해 과거를 이렇게 처절하게 반성했다.


## 3. 작품 속 법

### (1) 독재자들

「세우지 않은 비명」은 1979년 독재 정권 종말을 다루고 있다. 1979년 10월 26일 박정희 전前 대통령의 서거 소식도 등장한다. 나림 선생의 역사 인식을 알 수 있다. 나림 선생 문장을 읽어보자.

**1979년 역사**
'1979년은 참으로 이상한 해라고 아니할 수 없다.'
첫째, 1979년이 시작되자마자 1월 초 캄보디아의 폴 포트 정권이 붕괴되었다.
같은 1월, 이란의 팔레비 왕이 국외로 쫓겨났다.
4월엔 아프리카 우간다의 대통령 아민이 우간다의 해방전선에 의해 타도되었다.
"내가 국가다."
"내가 곧 법률이다."
"우간다에선 정치는 나만 하면 된다."
'키신저 군, 미국의 국무장관을 그만두고 나거든 우간다로 유학하러 오게. 내가 직접 정치술과 외교술을 가르쳐줄 테니까. 내 호의에 감사할 줄 알아야 하네."
줄잡아서 아민의 의미는 그의 정직성에 있다. 그의 생경生硬하게 노출된 정직이 20세기 정치의 병리를 역조명逆照明하는 보람으로 해서 아민

의 존재 이유를 무시할 수 없는 것으로 만들고 있다…….

그러나 아민이 그의 존재 이유를 증명하기 위해서라고 해도 8년의 권좌는 너무나 길었다. 「세우지 않은 비명」· 15-22면

### 독재자 말로

4월에 우간다를 휩쓴 독재자 추출의 선풍이 7월엔 중미 니카라과의 소모사 대통령을 휩쓸었다.

9월엔 중앙 아프리카의 보카사 황제가 축출되었다.

그리고 지금 시월 중미 엘살바도르의 독재자 로메로의 위기가 전해지고 있다.

이렇게 되니 10월 10일 현재, 1979년 한 해에 여섯 명의 독재자가 권좌에서 밀려난 것으로 된다…….

'1979년은 독재자들에게 철퇴가 내린 해이다…… 안 돼.'

'1979년은 역사에서 교훈을 배울 줄 모르는 무도한 독재자들에게 역사의 엄숙함을 가르치려고 섭리가 작동한 해인 것 같다……이것도 안 돼.'

1979년은 곧 다가올 1980년대를 보다 평화롭고 청량한 시대를 만들기 위해 신의가 대청소를 감행한 해인지 모른다…….' 「세우지 않은 비명」· 22-23면

### 10·26 사건

10월 26일에야 어머니의 병명이 밝혀졌다. 위암이란 선고였다. 「세우지 않은 비명」· 31면

그날 밤 묘한 일이 생겼다. 이른바 10·26 사건이다. 「세우지 않은 비명」· 33면

1979년은 세계사·정치사에서 독재자 몰락이 많다. 역사상 최악의 독재자로 꼽히는 캄보디아의 학살자 폴 포트[Pol Pot]와 기니 공화국의 응게마[Nguema], 그리고 우간다의 이디 아민[Idi Amin]과 중앙아프리카 공화국의 보카사[Bokassa]가 모두 같은 해 1979년 실각 또는 죽음을 맞이한다. 박정희 전前대통령도 1979년 10월 총탄을 맞는다.

독재자들의 공통점이 있다. 모두 법률에 의해 권좌를 유지한다. 히

틀러도 법률로 종신 총통이 된다. 박정희 전前대통령도 1972년 10월 제7차 헌법개정일명 유신헌법으로 무한 연임이 가능한 대통령제를 구축한다. '통일주체국민회의'라는 대의기구를 통해 손쉽게 간접선거로 대통령이 된다. 7년 임기의 무제한 연임이 가능한 헌법이다.

### (2) 민주주의

「세우지 않은 비명」에 민주주의가 등장한다. 이 작품에서 나림 선생은 민주주의를 관용寬容·양보讓步·타협妥協·불굴不屈이라고 규정한다. 모든 영역에 적용된다. 선생은 정치학자와 정치 담론을 펼칠 수 있는 거의 유일한 작가이다.

민주주의民主主義 이념理念·이데올로기은 국민주권國民主權 사상·치자治者와 피치자被治者의 동일성同一性 사상에서 출발한다. 그러므로 모든 국민은 자유롭고 평등한 개개인의 총계이다.

민주주의는 국가권력 주체·국가권력 행사 방법·국가권력 정당성에 관한 원리이다. 민주주의도 정당성이 필요하다. 민주적 정당성은 선거를 통해 나온다. 민주주의는 선거와 투표 결과로 결정된다.

국가공동체에서 정치질서는 정치 지배를 받는 사람들이 형성하고 확정한다. 모든 국가권력은 국민의 자기 지배 형태로 조직된다. 민주주의는 개인의 자기결정권과 국가의 정치 지배를 조화한다. 자유와 지배의 조화이다. 인간人間과 존엄尊嚴의 통합統合이다. 존엄은 숭고한 심정의 표현이다.

민주주의는 모든 국민의 평등과 자유로운 자기결정의 이념에 기초한다. 자유와 평등의 기반 위에서 지배구조를 조직한다. 다만 민주주의는 국가조직에 국한한다. 사회 민주화는 헌법 요청이 아니다. 사회 민주화는 헌법이 허용하는 범위에서 입법자에게 정치 형성을 위해 위임한 문제이다.

다수결 원리와 평등원칙을 사회영역에 주입한다. 헌법 제1조 제1항은 「대한민국은 민주공화국이다」고 선언한다. 국가권력 기원. 국가권력 행사 방법. 대의민주제·직접민주주의를 담았다. 한수웅, 헌법학입문, 2022, 58-119면 요약; 정만희, 우리에게 헌법이란 무엇인가, 2023, 13-21면 요약.

다수결 원리는 국민의사의 표명이다. 다수·소수는 우연히 일치한 개개의 표의 사후적 집계 결과이다.

나림 선생은 「세우지 않은 비명」에서 국민주권주의·대의민주제·직접민주주의·선거제도·정당제도를 꿰뚫고 문장을 썼다. 여러 작품에서 법률문제를 다룬다. 헌법의 기본원리를 알고 있는 작가이다. 민주주의 개념과 민주주의 가치를 정확히 설명한다. 나림 선생 문장을 읽어보자.

### 관용·양보·타협·불굴

민주적인 인격의 결정적 조건은 관용이며, 양보이며, 타협이며, 이 이상의 타협은 생명에 지장이 있다고 생각할 때엔 어떠한 위협에도 굴하지 않는 정신이다. 「세우지 않은 비명」·63면

### 민주주의

"공산주의를 이기는 수단은 민주주의밖에 없어. 그러니까 민주주의의 기틀을 잡는 게 안보의 선결문제라고 생각한다."
는 의견을 내는 사람도 있었다. 「세우지 않은 비명」·65면

민주주의가 되지 않으면, 나라도 사회도 통일도 불가능하다. 이 평범한 진리를 지도자들은 아직도 잘 모른다.

## (3) 사형폐지

「세우지 않은 비명」은 사형집행 문제를 다루고 있다. 나림 선생은 사형폐지론자이다. 「소설·알렉산드리아」(세대, 1965)·「칸나·X·타나토스」(문학사상, 1974)·「겨울밤-어느 황제의 회상」(문학사상, 1974)·『운명의 덫』(영남일보, 1979, 나남, 2018)에서 줄기차게 사형폐지 운동을 다룬다. 「세우지 않은 비명」에서도 파키스탄 초대 총리 부토

<sup>Bhutto</sup> 사형집행 문제를 묘사하고 있다. 나림 선생은 '부토' 구명 탄원서를 편지로 써서, 쿠데타로 집권한 '하크<sup>Haq</sup>' 대통령에게 보냈다고 한다. 문학 상상력이 웅대<sup>雄大</sup>하다. 나림 선생 문장을 읽어보자.

### 부토 사형집행

파키스탄의 '부토'는 작년 1979년 4월 4일 쿠데타를 일으킨 '하크' 장군에 의해 사형되었다. 그가 사형된 날짜를 내가 기억하고 있는 것은 바로 그날 나는 '하크'에게 부토의 구명을 탄원하는 편지를 썼기 때문이다.

부토는 51세의 나이로 형장의 이슬이 되었다. 「세우지 않은 비명」· 60-62면

## (4) 바이마르 헌법

「세우지 않은 비명」에 바이마르 헌법<sup>Weimarer Verfassung</sup>이 등장한다. 나림 선생은 바이마르 헌법의 우수성과 바이마르 헌정 실패 원인을 정확히 알고 있다. 헌법에 해박한 지식이 있음을 알 수 있다.

바이마르 공화국은 군주제가 붕괴하고 입헌민주제가 지배한다. 이 시기 독일에서 민주주의는 찾아 왔지만, 민주주의를 할 수 있는 사람이 없었다. 그 결과 독일 나치 히틀러 국가사회주의가 등장하였다. 나림 선생은 암으로 사형 선고를 받은 사람이 민주주의를 생각하고 있다고 자신을 비웃는다. 독일 바이마르 헌법을 조금 살펴보자.

독일에서 1918년 11월 7일 혁명이 발생한다. 독일의 11월 혁명이다. 독일 제국은 11월 혁명으로 결국 붕괴한다. 제국 몰락 8개월 후 1919년 8월 11일 바이마르 헌법이 탄생한다. 바이마르 헌법은 의회민주주의를 권력구조로 채택한다. 1919년 바이마르 공화국이 탄생한다. 우리나라는 그해 3월 1일 독립운동이 일어났다.

독일 바이마르 헌법은 근대헌법에서 소유권 사회성<sup>의무성</sup>을 처음으로 입법한다. 생존권을 헌법에 명시한다. 인간다운 생존을 헌법상 권리로 보장한다.

그러나 히틀러 등장으로 바이마르 공화국은 붕괴한다. 1932년 선거에서 히틀러 나치당(독일국가사회주의노동당 · NSDAP · Nationalsozialistische Deutsche Arbeiterpartei)이 대승한다. 1933년 나치 정권이 등장한다. 바이마르 공화국은 소멸한다.

민주주의가 무너지는 형태는 단순히 쿠데타에 의한 물리적 전복만이 아니다. 합법 절차로 선출된 "민주정부"에 의해 민주주의가 후퇴하고 전복되기도 한다. 바이마르 공화국은 합헌으로 정치 지도자가 권력을 획득했다. 헌법에 기초하여 권력을 행사했다. 그러나 민주주의가 무너진 사례이다.

바이마르 헌법은 20세기 현대 헌법의 전형이다. 오늘날 많은 민주주의 국가의 헌법에 영향을 준다. 바이마르 헌법의 많은 기본권 조항은 현재 독일 기본법憲法에 남아 있다. 나림 선생 문장을 읽어보자.

### 민주 인격과 민주 의식

바이마르의 헌법이 얼마나 훌륭한 것이었던가. 그런데 그 바이마르 헌법의 틈서리를 비집고 아돌프 히틀러가 등장했다. 또한 소련의 어느 부분에 천만 가까운 시민을 강제수용소에 몰아넣어 학살해도 좋다는 조문이 있기라도 했던가. 그러나 제도에 관한 논의는 있어야 한다. 알아둬야 할 것은 법률이 민주주의를 만들어내지 못한다는 사실이다. 민주주의가 정치적으로 작용할 수 있으려면 나라를 구성하는 성원의 반쯤은, 반이 지나치면 3분의 1 정도라도 민주적인 인격과 의식을 지니고 있어야 한다. 「세우지 않은 비명」 · 62-63면

나림 선생은 1980년 헌법 논쟁을 보면서 이런 문장을 남긴 듯하다. 1980년 8월 27일 11대 대통령 선거보궐선거는 장충체육관에서 통일주체국민회의 대의원이 전두환 대통령을 선출했다. 사실상 반대표인 무효표가 그래도 100표 가까이 나왔다. 이듬해 1981년 2월 25일 실시된 제12대 대통령 선거도 당시 헌법 제39조에 따라 선출된 대통령선거인단에 의한 간접선거였다. 이때는 무효 1표 외에 99.4%의 득표율로 전

두환 후보가 당선되었다.

1987년 6월 민주항쟁으로 국민은 대통령 직선제를 쟁취했다. 6·29 선언이다. 사실상 제6공화국 헌법이 시행되어 지금까지 37년이 흘렀다.

제왕적 대통령 폐해를 많은 국민은 지켜보았다. 정치권과 학계는 헌법 개정을 논의하고 있다. 권력구조 변화도 언급한다. 여러 주장이 있다. 대통령 4년 중임제<sup>미국</sup>·내각책임제<sup>독일·일본</sup>·이원집정부제·대통령제와 의원내각 혼합정부제·분권형 대통령제 등이다. 권력 분산과 권력남용을 견제하는 제도<sup>制度</sup>가 헌법 개정에서 핵심이다.

그러나 사실은 이보다 더 중요한 내용이 인간 존엄<sup>헌법 제10조</sup>이다. 권력 견제도 국민주권<sup>國民主權</sup>과 인권보호<sup>人權保護</sup>를 위한 수단이다.

향후 헌법이 개정된다면, 인간 존엄이 헌법 제1조에 명확하게 문서로 기록<sup>明文化</sup>되어야 한다. 1947년 제정된 자유한자도시 브레맨<sup>Freie Hansestadt Bremen</sup> 주 헌법 제1조는 이미 이를 명시하였다. 민주공화국과 인간 존엄은 불가분<sup>不可分·나눌 수 없다는</sup> 논리를 배경으로 한다. 인간 존엄의 뿌리를 역사와 함께 간단히 살펴본다.

### 세계인권선언

세계인권선언 제1조는 이렇게 시작한다.

모든 인간은 태어날 때부터 자유로우며 그 존엄과 권리에 있어 동등하다. 인간은 천부적으로 이성과 양심을 부여받았으며 서로 형제애의 정신으로 행동하여야 한다.

이어지는 제2조는 이렇다.

모든 사람은 인종, 피부색, 성, 언어, 종교, 정치적 또는 기타의 견해, 민족적 또는 사회적 출신, 재산, 출생 또는 기타의 신분과 같은 어떠한 종류의 차별이 없이, 이 선언에 규정된 모든 권리와 자유를 향유할 자격이 있다. 더 나아가 개인이 속한 국가 또는 영토가 독립국, 신탁통치 지역, 비자치 지역이거나 또는 주권에 대한 여타의 제약을 받느냐에 관계없이 그 국가 또는 영토의 정치적, 법적 또는 국제적 지위에 근거하여 차별이 있어서는 아니 된다. 케랄트 휘터 지음/박여명 옮김, 『존엄하게 산다

는 것』· 80-81면

<세계인권선언>의 제정위원 가운데에는 레바논 출신의 철학자 겸 신학자인 찰스 말리크<sup>Charles Malik</sup>와 중국 정부의 외교관이자 공자의 사상을 따르는 유학자인 장평춘이 포함되어 있었다. 반대의 목소리 하나 없이 채택된 이 선언문은 인간의 신성함과 자기 자신 그리고 타인에 대한 사랑과 존중을 담은 전 세계의 모든 종교와 가르침에 대한 존경의 표현이기도 했다. 『존엄하게 산다는 것』· 81면

### 바이마르헌법

1919년 독일공화국의 헌법으로 제정된 바이마르헌법의 제1조는 "독일 제국은 공화국이다. 국가 권력은 국민으로부터 나온다"였다. 『존엄하게 산다는 것』· 81면

### 1949년 독일 기본법 제1조

그런데 제2차 세계대전의 광기를 겪은 뒤 독일인들은 1949년 독일 기본법 제1조 제1항·제2항을 이렇게 바꾸었다. "인간의 존엄성은 침해되지 아니한다. 모든 국가 권력은 이 존엄성을 존중하고 보호할 의무를 진다." 그 이후 여러 국가에서 인간의 존엄성을 헌법으로 규정하게 된다. 『존엄하게 산다는 것』· 82면

### 1947년 브레멘주헌법

그런데 독일 기본법 제정 2년 전 이미 인간의 존엄성을 헌법으로 보장하던 연방국가가 있었다. 1947년 제정된 자유한자도시 브레멘주헌법이 그랬다. 『존엄하게 산다는 것』· 81면

우리 국민은 나치즘의 독재 정권이 개인의 자유와 인간의 존엄을 모욕하며 수백 년의 역사를 가진 자유 한자도시 브레멘을 파괴한 것에 경각심을 가지고 사회의 질서를 바로 세우고자 한다. 우리는 사회적 정의와 인간성, 평화를 추구하며 경제적 약자들이 착취를 당하지 않도록 그들을 보호하며, 모든 노동자들의 존엄이 보호되는 사회를 추구한다.
1947년 제정된 자유한자도시 브레멘주헌법

### 인간 존엄

오늘날 법적인 의미에서의 존엄은 일종의 천부인권이다. 독일의 경우 헌법 제79조에 근거하여 수정될 수 없는 기본권으로 보호를 받고 있다. 이에 따르면 모든 인간은 "개인의 특성이나 신체적, 정신적 상태, 능력 혹은 사회적 지위에 관계없이" 존중받을 권리가 있다. 즉, 독일 기본법 제1조는 제3자 혹은 국가에 의한 치욕, 모욕, 박해, 추방 혹은 이와 유사한 행위로부터 국민을 보호하고 있는 것이다. 『존엄하게 산다는 것』· 81면

### 독일 연방헌법재판소

연방헌법재판소에서 이루어진 수많은 판결은 이를 뒷받침한다. 인간은 "자유 안에서 스스로 결정하고, 자신을 표출할 권리를 가지고 있다"는 사실이 강조되며, 이는 "고립되고, 독단적인 개인으로서의 권리가 아니라 사회 구성원으로서의 개인에게 주어지는 권리"이다. 이렇게 인간의 존엄은 한 사람의 평생을 이끄는 이정표이자 반드시 보호해야 할 가치가 된 것이다.

### 대한민국 헌법 제10조 인간존엄과 행복추구권

대한민국은 헌법 제2장 제10조에서 "모든 국민은 인간으로서의 존엄과 가치를 가지며, 행복을 추구할 권리를 가진다"라고 규정하며 인간의 존엄을 보장하고 있다. 1962년 헌법에서 인간의 존엄성을 처음으로 규정하였다. 1980년 소설 「세우지 않은 비명」에서 헌법 논쟁을 다루고 있어 주의하여 읽었다. 안경환 교수는 나림 선생을 우리나라 제1세대 법률소설가로 불러도 좋다고 말했다.

## (5) 대통령제

「세우지 않은 비명」에 헌법 권력구조 논쟁이 몇 단락 나온다. 나림 선생이 헌법에 해박하다는 증거이다. 「세우지 않은 비명」은 1980년 작품이다. 헌법 논쟁이 불붙은 시기이다. 이 작품에 1980년 3김씨(김영삼·김대중·김종필)가 나온다. 1980년 「서울의 봄」 김영삼·김대중·김종필 이야기이다. 나림 선생 문장을 읽어보자.

### 헌법 권력구조 토론

어느 날엔가 그들은 헌법 논의를 토론의 주제로 하고 불꽃을 튀겼다. 대통령 책임제가 어떻고, 내각책임제가 어떻고, 절충식이 어떻고 하는 의견들이 엇갈렸다. 종전 같았으면 나도 그 토론에 끼어들었을 것이지만 그들의 토론을 듣고 있는 것만으로도 심신이 지쳤다. 「세우지 않은 비명」· 59면

대통령제는 대통령이 집행부 기능을 담당하는 정부형태이다. 의회로부터 독립되고 의회에 대하여 정치적 책임을 지지 않는다. 대통령제는 미국에서 독립전쟁 결과로 탄생하였다. 자연법사상이 담겨있다.

### 권력분립

미국 연방헌법은 천부 인권 보장과 국가권력 제한 필요성을 역설한 로크의 자연법적 정치철학을 그대로 반영하고 있다. 또한 몽테스키외 권력분립원리가 적용된 최초 헌법이다. 대통령제는 권력분립원리를 강하게 실현하려는 정부형태이다. 한수웅, 헌법학입문, 507면

1948년 건국헌법이 제정되었다. 1960년 제2공화국 헌법은 의원내각제를 채택하였다. 그 외에는 대통령제를 기본으로 의원내각제 요소를 가미한 정부형태를 운영하고 있다. 헌법 교과서를 읽어보자.

### 대통령제 요소

현행 헌법 정부형태는 '의원내각제 요소가 일부 가미된 대통령제'이다. 대통령은 국가를 대표하는 국가원수이며 행정부 수반이다(집행부의 일원적 구조). 국민이 대통령을 직접 선출하며(헌법 제67조 제1항), 5년 임기 동안 국회에 대하여 책임을 지지 않는다(헌법 제70조). 국회는 대통령에 대하여 불신임결의를 할 수 없다. 대통령도 국회해산권을 가지고 있지 않다(국회와 대통령의 상호독립성). 대통령은 법률안에 이의가 있을 때 국회에 재의를 요구할 수 있다(헌법 제53조). 상호견제와 균형 장치이다. 국회는 국무총리 임명에 대한 동의권·국정감사조사권·탄핵소추권을 가진다. 한수웅, 헌법학입문, 503-507면; 정만희, 우리에게 헌법이란 무엇인가, 317-319면, 353-402면 요약

### 의원내각제 요소

의원내각제 요소는 대통령의 국법상 행위에 대한 국무총리와 관계 국무위원의 부서제도, 대통령 국회출석·발언권, 국무총리·국무위원 국회 출석·발언권, 정부의 법률안 제출권, 국무위원 의원직 겸직 허용, 국무회의제도이다. 현행 헌법은 미국형 대통령제와 달리 부통령제를 설치하고 있지 않다. 대통령이 긴급명령권을 보유한다. 현행 헌법 정부형태는 순수한 미국형 대통령제로 볼 수 없다.

현행 헌법은 국무회의·국무총리·국무위원의 제도를 두고 있다. 외형만 의원내각제 요소이다. 실질과 기능에서 의원내각제 요소라 할 수 없다. 국무회의는 의결기관이 아니다. 단지 심의기관에 불과하다. 국무총리와 국무위원은 대통령 보좌기관이다.

그러나 국무회의·국무총리 제도는 대통령 권한 행사에 대한 통제장치로서 고유한 의미가 있다. 대통령 중요정책은 국무회의의 심의를 거쳐야 한다. 대통령이 행정 각부 장을 임명하기 위하여 국무총리 제청이 필요하다. 그러므로 행정부 구성에서 국무총리 협조가 필수이다.

대통령은 의회의 동의를 얻어야만 국무총리를 임명할 수 있다. 국무총리를 임의로 임명 또는 해임할 수 없다. 국회 내 세력 분포가 여소야대의 상황에서 행정부 구성이 의회 동의에 의존할 수도 있다. 한수웅, 헌법학입문, 503-507면; 정만희, 우리에게 헌법이란 무엇인가, 317-319면, 353-402면 요약


### (6) 내각책임제

「세우지 않은 비명」에 내각책임제가 등장한다. 나림 선생은 국가권력 구조에 대해 해박하다. 소설에서 다루기 힘든 소재이다.

정부형태는 미국형 대통령제와 영국형 의원내각제가 있다. 많은 국가는 제도 변형 또는 혼합하여 헌법을 운영한다.

의원내각제·내각책임제는 민주주의 사고·의회주권 사고가 강하다. 내각이 책임정치를 한다. 의원들이 내각을 구성하고 의회에 정치 책임을 진다.

의원내각제는 영국에서 군주와 시민계급 투쟁 과정에서 발전한 역사 산물이다. 의회주의와 대의제 이념으로 책임정치 실현을 목적으로 한다. 의회와 내각은 조직과 기능에서 의존한다. 내각 성립과 존속은 의회에 의존한다. 한수웅, 헌법학입문, 503-507면 요약

### 내각불신임권과 의회해산권

각료와 의원의 겸직이 가능하고, 내각의 법률안 제출권과 각료의 자유로운 의회출석 · 발언권이 인정된다. 의회의 내각불신임권과 내각의 의회해산권을 통하여 권력의 균형이 유지된다.

집권당이 의회와 내각을 지배하기 때문에, 권력분립이 집권당과 야당의 대립관계로 나타난다.

따라서 대통령제와 비교할 때, 소수의 보호, 즉 소수에 의한 다수의 통제가 더욱 중요한 의미를 가진다. 내각의 성립과 존속이 의회에 의존하고 있기 때문에, 의회 내 세력분포가 대단히 중요하다.

의회 내 안정적 다수를 확보할 수 있는 선거제도, 즉 소수의 거대 정당이 성립될 수 있는 선거제도가 의원내각제의 현실적 전제조건이다. 한수웅, 헌법학입문, 507면

독일과 일본은 의원내각제를 채택하고 있다. 독일은 2차 세계대전 여파로 강력한 대통령제를 운영할 수 없다. 일본도 태평양 전쟁 패전으로 강력한 대통령제를 운영할 수 없다. 독일과 일본의 권력구조는 역사성이 있다.


## 4. 작품 현대 의미

### (1) 인생 · 人生

「세우지 않은 비명」은 나림 이병주 선생 참회록이다. 나림 문학을 관통하는 이념은 각성<sup>覺醒</sup>이다. 수필집 『악녀<sup>惡女</sup>를 위하여』(창작예술사, 1985) 서문에 이런 문장이 있다.

### 여성존중사상

이 책에 모은 글들은 나의 참회를 곁들인 여성에 대한 찬가이면서 러브레터 그것이다. 이 책을 통해 여성은 더욱 자각하고 남성은 여성을 존중할 줄을 익혔으면 하는 것이 나의 간절한 뜻이다. 『악녀惡女를 위하여』· 서문

나림 선생은 파란만장한 삶[1921~1992]을 살다 간 작가이다. 식민지 시대에 태어나서 일제 강점기를 관통했고, 독재 시대를 거쳐 산업화 시대를 체험했으며, 민주화 시대를 관찰하며 '살아 온' 작가이다. 아마도 수백 년의 세월을 71년에 압축하였고 수천 가지 사건을 겪고 또 가슴에 새겼을 것이다.

나림 선생 인생관은 또 다른 수필집에 정확히 담겨있다. 수필집 『용서합시다』(집현전, 1983) 「生이란 무엇인가 ― 부끄러운 삶을 돌아보며」에 기록한 문장이다.

#### 인간
인간이란 「죄와 벌」이라고 생각합니다.

#### 죽음死亡
인간은 나면서부터 죄를 짓습니다. 무언가를 살생하지 않곤 그의 생명을 지탱해 나가지 못하게 마련되어 있습니다. 그러니 그 죄엔 필연적으로 벌이 따르기 마련입니다. 그 벌이란 곧 죽음입니다. 그가 살기 위해 거듭한 살생은 결국 말하면 죽기 위한 준비인 것입니다.

#### 반성反省
남을 죽이며 자기도 죽는다 ― 어쩌면 상극의 법칙, 모순율矛盾律이 인생을 관통하는 원칙일지 모르는데, 인간의 숙명은 바로 이 원칙에 잉태되어 있다고 볼 수가 있습니다.

#### 각성覺醒
죄짓지 않고 살 수 없는 존재! 너무나 엄청난 죄인이란 걸 자각할 때 나는 벌에 대한 공포에 앞서 어쩔 수 없는 부끄러움을 느낍니다.

내게 있어서 인생이란 아직도 부끄러움의 나날입니다.

아아, 언제 이 부끄러움을 씻고 떳떳이 살아볼 수가 있을까. 『용서합시
다』·「生이란 무엇인가 — 부끄러운 삶을 돌아보며」·18-19면

나림 선생 세계관은 소설 『허상虛像과 장미』(바이북스, 2021)에 명확
하게 나온다. 세상은 겁나는 곳이다. 온갖 잡동사니가 도도하게 흐르
는 강물이다. 우리는 이렇게 살벌한 세상에서 100년을 살다 간다.

우리가 소설을 읽는 이유는 세상을 알고, 자기를 알고, 다른 사람을
알아 가기 위해서이다. 소설을 통해 자기와 타인과 사회를 발견한다.
소설은 현실과 이론이 갈등하는 장면을 기록한 참회서이다. 소설 문장
을 통해 우리는 조심하며 살아간다. 소통이 생존이며 소통 능력이 경
쟁력임을 배운다. 우리가 나림 문학을 좋아하고 정독하는 이유이다.
나림 선생이 밝힌 인생 문장을 읽어보자. 인생이란 한 인간이 세상에
서 사는 삶의 시간이다. 나림 선생은 제국의 건설이라고 말했다.

### 세상
세상이란 참으로 겁나는 것이었다. 『허상虛像과 장미 1』·284면

### 삶
"세계! 거칠고 원시적인 무서운 세계! 나는 그런 세계 속에, 아름답
게, 날카롭게 빛나는 비눗방울 속에 있는 것처럼 살아 있다. 그리고 그
비눗방울이 깨지지 않도록 숨을 죽이고 있는 것이다." 『허상虛像과 장미
1』·200면

「세우지 않은 비명」을 읽는 시간은 나림 인생을 통해 우리 자신을
돌아보는 기회가 된다. 작품 현대 의미이다. 내 비명은 어떤 문장일
까? 여러분은 비명을 준비하셨습니까? 나는 이 작품을 이렇게 읽었다.

## (2) 죽음·陷沒

죽음死은 인간학人間學의 출발점이다. 「세우지 않은 비명」은 여러 사

람의 죽음 문제를 다양한 관점에서 설명하고 있다. 작품 전체가 죽음 문제이다. 죽음학 개론서이다.

1979년 독재자 죽음·부토 죽음·전쟁 피해자 죽음·의사 외삼촌 죽음·최종식 교수 간암 죽음·미네야마 후미코 죽음·어머니 위암 죽음·성유정 간암 죽음이다. 박희영 교수 이야기는 신앙인의 마지막 삶·헌신·봉사를 말한다. 죽음 공포를 넘어서려는 독실한 가톨릭 신앙인의 신념과 자세가 묘사되어 있다.

나림 선생은 「세우지 않은 비명」을 통해 죽음 철학을 말한다. 인생은 제국의 건설이다. 죽음은 제국의 몰락이다. 성유정이 1979년 12월 도쿄 어느 호텔 방에서 죽음과 대화하는 장면은 많은 시사점을 준다. "죽음을 자각하라. 삶을 알차게 살아라. 제국은 함몰한다." 나는 이 교훈을 이 작품에서 배웠다. 나림 선생 문장을 읽어보자. 작품을 꼼꼼이 읽고 한 제국이 몰락하는 장면을 찾아보았다.

### 간암
최종식崔鍾軾 교수는 간암. 외삼촌은 의사였다. 성유정 병명은 간암.
「세우지 않은 비명」· 22면

### 폭격
B29가 나타났다.
"수평 폭격이다."
무수한 사람이 죽었다. 그 지옥 속에서 나와 정군은 살아남았다.
'그렇게 살아남아 드디어 이젠……'. 「세우지 않은 비명」· 43-44면

### 운명
'기막힌 운명!'
그 첫째의 예가 일제 말기 학병으로 나갔을 때다.
"전쟁은 곧 끝납니다."
낮과 밤을 가리지 않고 빈번히 공격해오는 비행기가 언제 그 2층 건물을 날려버릴지 몰랐기 때문이다.

"최후의 일각까지 침착해야 한다."

"이곳은 감옥이 아니고 아카데미다."

"우리는 죄수가 아니고 황제다."

"이곳에 있는 한 나는 나의 완전한 주인이다."

"자유는 마음속에 있는 것이지 조건에 있는 건 아니다. 바깥세상은 창살이 없는 감옥일 뿐이다."

"우리가 갇혀 있는 것이 아니라 우리가 달과 별을 가두어놓고 산다."
「세우지 않은 비명」· 48-53면

### 부토

파키스탄의 '부토'는 작년1979년 4월 4일 쿠데타를 일으킨 '하크' 장군에 의해 사형되었다. 그가 사형된 날짜를 내가 기억하고 있는 것은 바로 그날 나는 '하크'에게 부토의 구명을 탄원하는 편지를 썼기 때문이다.

부토는 51세의 나이로 형장의 이슬이 되었다. 「세우지 않은 비명」· 60-62면

### 종교

"죽음으로부터 인생을 역산하는 마음의 노력이 종교라고 할 수 있는데 과연 종교가 우리들의 죽음을 보람 있는 것으로 해 줄 수 있는 건지 없는 건지."

"죽음에 있어서의 최대의 문제는 죽음에 대한 공포 아니겠나. 그 공포심을 경감해 주는 효력은 있는 모양이야, 종교가." 「세우지 않은 비명」· 70면

### 통증

"사람을 찾는 겁니다. 미즈마 고등여학교를 나온 사람을 찾으려는 겁니다."

"이름이 뭔데요."

"미네야마 후미코란 이름입니다."

'아아, 이런 몸이 아니었을 때 이곳으로 와야 했던 것을!'

불각의 눈물이 고통의 사이사이를 비집고 흘러내렸다. 고함이라도 지르고 싶은, 빈사의 중상을 받은 짐승처럼 고함을 지르고 싶은 충동을

미네야마를 비롯한 많은 여인들을 농락한 죗값이라고 생각하면 당연한 고통이라고 생각함으로써 가까스로 누를 수가 있었다. 「세우지 않은 비명」·108-112면

## 죽음이란 뭐냐

나는 이 밤이야말로 죽음과 정면에서 대결해보자는 각오를 했다.

'죽음이란 뭐냐.'

'이 세상에서 없어지는 것이다.'

'언제 없어져도 없어질 운명이 아닌가.'

'그렇다.'

'그렇다면 조만<sup>早晚</sup>이 있을 뿐이지 본질적으론 다름이 없는 것이 아닌가.'

'그렇다.'

'그런데 왜 오래 살려고 발버둥치는 걸까.'

'오래 살면 죽음의 공포가 없어지는 걸까.'

'오래 살면 미련 없이 죽을 수 있는 걸까.'

'내가 가령 80세에 죽는다고 치자. 그 나이에 죽으면 지금 죽는 것보다 고통과 슬픔이 덜할까.'

'지금 80세이신 어머니는 자기의 죽음을 어떻게 생각하고 계실까.'

'Y군이 말했듯 이것이야말로 불모의 사고<sup>思考</sup>이다. 그만두자. 죽음이 다가왔을 그때 대결해도 늦지 않다.'

이런 생각을 하며 욱신거리는 동통을 견디고 있는데 돌연 어두운 창고의 일부분이 플래시에 비추인 것처럼 뇌리의 한 부분이 환하게 되었다. 「세우지 않은 비명」·117-118면

## 미네야마 후미코

"미네야마 후미코 씨는 사망으로 되어 있습니다. 참 안됐습니다."

"아닙니다. 내게 있어선 37년 전에 죽은 사람이었으니까요."

"참, 학적부도 뒤져보았는데 성적이 꽤 좋은데요. 쭈욱 우등생이었습니다."

그 말엔 웃을 수밖에 없었다. 죽어 없어진 사람이 우등생이었으면 무엇을 하느냐 싶어서였다.

미네야마 후미코의 죽음은 어떠한 죽음이었을까. 폭격으로 인한? 병으로 인한? 혹은 자살?

'운명이란 못하는 짓, 안 하는 짓이 없다. 그런 운명에 말려 들어간 것이니 난들 어떻게 하란 말인가.'「세우지 않은 비명」· 122-126면

### 어머니 유언

방 안으로부터 염불 소리가 흘러나왔다.

어머니는 자기의 손을 내밀었다. 내가 그 손을 잡았다. 동생들도 어머니의 손을 잡았다.

"인자 됐다. 느그들 모두 잘 지내라."

마지막 힘을 모아 또박또박한 음절로 이렇게 말씀하시고는 우리가 잡고 있는 손을 풀었다.

이것이 80세를 사신 어머니의 마지막 말이었다. 그리고 뒤이은 이틀 동안 혼수상태에서 헤매다가 11일의 새벽 드디어 운명하셨다.

1980년 1월 11일 오전 4시, 라고 나는 내 가슴에 그 시각을 적어넣었다.

"느그들 모두 잘 지내라!"

진실로 위대한 메시지였다. 「세우지 않은 비명」· 128-129면

## (3) 청춘 · 靑春

「세우지 않은 비명」은 나림 선생의 청춘을 설명한다. 나에게 청춘이 없었다고 회고한다. 피압박민족 콤플렉스 · 일본군 용병 신세 · 좌우충돌 회오리 · 정신 상실 · 생사지간生死之間 방황 · 무슨 청춘이 있었겠는가 · 그의 절규를 읽으면서 나는 오늘의 청년들을 생각했다.

충분한 국토와 넉넉한 국민경제, 균형발전으로 국민 모두 행복하게 살 수 있다. 전국 곳곳에 아이들 울음소리를 들을 수 있다. 그럼에도 식민지 방식의 등급문화를 만들어 전국민을 고통 속에 몰아넣고 있다. 3년 공부로 인생 등급을 매기는 방식은 식민지 정부 교육방식이다.

누구나 하고 싶은 공부를 하고, 놀고 싶을 때 놀고, 정신 들면 집중

하면 된다. 중간 정도 해도 행복하게 살 수 있는 세상이다. 전국에 유명 국립대학이 많이 있다. 언제든지 정신이 돌아올 때 공부를 하면 된다. 입시 공부가 아니고 하고 싶은 공부이다.

10% 귀족 사회와 식민지 사회와 지금 사회가 다른 점이 무엇인가. 내가 보기에 등급문화는 변함이 없다. 수도권은 점점 성역화되어 간다. 3시간 이내에 전국을 갈 수 있다면 균형발전이 정답이다. 초고층 건물·광역철도·매년 새로운 공사·인구 밀집 과잉·의료혜택 집중·법률혜택 집중·기업 본사 수도권 집중은 모두 불행한 국가경영이다. 2천만 명을 위한 정부이다. 나는 모두 교육철학 부재에서 나왔다고 생각한다.

### 나림 이병주 회고문 청춘

내겐 청춘이 없었다는 말은 노상 써오던 넋두리다. 공부하는 것처럼 공부하지 못하고 노는 것처럼 놀아보지 못하고 피압박민족으로서의 콤플렉스를 지니며 어두운 나날을 보내다가, 젊음의 절정을 일본군의 용병 신세로서 지내곤 뒤이어 좌우충돌의 회오리 속에서 정신을 차리지 못한 채 생사지간生死之間을 방황해야 했던 놈에게 무슨 청춘이 있었겠는가 말이다. 그러고 보니 내겐 청춘도 없고 노후도 없다는 얘기가 되는 것이다. 「세우지 않은 비명」·59면

### (4) 불량 학생 · 思無邪

「세우지 않은 비명」은 성유정의 과거사가 등장한다. 젊은 시절 불량 학생 행동을 깊이 반성한다. 성유정이 사람을 유혹하는 장면이다. 작품에서 심리 묘사가 뛰어나다. 유혹 단계를 시간 순서대로 계획하고 접근한다. 독자들은 대작가의 문학성에 감탄할 것이다. 나림 선생이 기차 안에서 열변하는 문학 강연 장면이 나온다. 일본 작가가 쓴 문학 작품에 대해서 펼치는 나림 문학 평론이다. 하나의 예술품이다.

나림 선생은 「세우지 않은 비명」에서 사무사思無邪 정신을 강조한다. 이 작품 현대 의미이다. 불음不飮이다. 성유정은 뉘우쳐야 할 일로만

가득하니 견딜 수가 없다. 나림 선생 문장을 읽어보자.

식민지 유학생의 현실이 묘사되어 있다. 1941년 12월 9일 일본은 진주만을 공습하여 태평양 전쟁이 시작된다. 불량 학생 이야기는 전쟁 발발 2년 5개월이 지난 1943년 4월 이야기이다.

### 심판

'37년 전을 향해 날아가고 있는 비행기가 지금 동해를 건너고 있다.'
얼마지 않아 일본에 도착하는 것이다.
'나의 심판은 가까이 왔다!'
최후의 심판이란 관념이 솟았다.
이윽고 나는 심판정에 서게 될 것이다. 그 최후의 심판정에서 검사의 눈으로서 37년 전의 사건을 점검해볼 필요를 느꼈다. 「세우지 않은 비명」·85-86면

### 1943년 4월 시모노세키

1943년 4월 초순의 어느 날 성 모<sup>成某</sup>란 불량 학생이 관부 연락선<sup>關釜</sup><sup>連絡船</sup>에서 내려 많은 손님들과 함께 시모노세키 역<sup>下關驛</sup>의 플랫폼 위를 걸어가고 있었다. 거긴 동경행 열차 츠바메 호<sup>燕號</sup>가 대기하고 있었다. 그 열차는 7시 10분에 출발할 예정이었다.
불량 학생이 쳐놓은 덫에 걸릴 아가씨는 관문 연락선을 타고 왔다.
"여게 앉아도 될까요?"
"비어 있습니다."
기차는 이윽고 출발했다.
아가씨도 백에서 문고본을 꺼내어 책을 읽기 시작했다. 그 문고본은 시가 나오야<sup>志河直哉</sup>란 작가가 쓴 ≪구니코<sup>邦子</sup>≫란 소설이었다. 불량 학생의 비상한 시력이 포착한 것이다.
시가라는 작가는 일본 문단에선 최고의 작가로서 존경받고 있는 사람이었지만 일반 대중관 먼 거리에 있었다. 그의 문학의 순도가 너무나 높기 때문이다. 「세우지 않은 비명」·86-89면

### 유혹

불량 학생은 이러한 감정 결과 80점쯤으로 채점을 해놓고 그 아가씨

를 유혹할 계획을 세웠다. <중략> 여자의 행선지는 기후<sup>岐阜</sup>였다. 열차가 기후까지 가려면 줄잡아 14시간이 걸린다. 오사카<sup>大阪</sup>까지 12시간, 도쿄까진 24시간이 걸리는 당시였다. 불량 학생은 대강의 계획을 세웠다. <중략> 시모노세키부터 도쿄로 갈 때 오사카에서나 교토에서 도중하차하여 2, 3일 쉬어가는 것이 불량 학생인 성 모의 그 당시의 버릇이었던 것이다. 「세우지 않은 비명」·89면

### 미네야마 후미코<sup>峰山文子</sup>

아가씨가 만일 기후에 미리 자기의 도착 일자를 알려놓지 않았더라면 며칠을 더 묵었을지 모른다. 그 이튿날 아침 두 사람은 도쿄행 열차를 탔다. 아가씨는 기후에서 내리고 불량 학생은 도쿄로 직행했다. 불량 학생의 수첩엔 다음과 같은 기록이 있었다.

미네야마 후미코<sup>峰山文子</sup> 19세. 후쿠오카현 미즈마 군 출신. 고등여학교 졸업. 「세우지 않은 비명」·104면

### 임신

9월 신학기에 학교엘 나갔더니 미네야마로부터 온 편지가 7, 8통 밀려 있었다. 그 가운데의 한 통은 임신했다는 사연을 알린 것이었다. 불량 학생은 크게 당황했다. 「세우지 않은 비명」·105면

### 학도 동원령

당황하고 있는 판인데 졸업이 9월 25일로 당겨졌다는 조치와 함께 학생 징병 연기, 10월 1일에 대학 전문학교 학생은 일제히 군에 입대하라는 명령이 내렸다. 이른바 학도 동원령이다. 그러나 이것은 일본인 학생에게 해당하는 일이지 불량 학생 성 모에겐 관계없는 일이었지만 간교한 불량 학생은 그 사태를 이용할 술책을 꾸몄다. 「세우지 않은 비명」·105면

### 편지

"우리들은 머잖아 전쟁터에 나가게 되었다. 그러니 결혼을 하려 해도 그럴 겨를이 없다. 어떤 수단을 쓰건 임신은 중절시켜야 한다."
는 요지의 편지를 썼다.

당장 답장이 왔다.

'아무튼 만나보고 싶어요. 아무리 바쁘시더라도 하루쯤 시간을 내어 기후로 오세요. 당신이 전쟁터로 나가더라도 난 아이를 내게 주어진 운명으로 알고, 그리고 모든 고통을 감수하고라도 키우겠어요. 당신에게 책임을 돌리는 일은 추호도 안 할 테니 한번 기후로 와서 절 만나주세요…….' 「세우지 않은 비명」·106면

### 학도병

이 편지를 받은 불량 학생은 무엇에 쫓기듯 겁을 먹고 졸업식에 참가하지도 않고 마지막 시험이 끝난 9월 10일 한국으로 돌아가 버렸다. 그가 돌아가는 열차는 기후를 통과했다. 그는 몇 번인가 기후에서 내릴까 말까 하다가 그냥 지나쳐버린 것이다. 하지만 불량 학생은 미네야마로부터 도망칠 생각으로 그런 것은 아니었다. 고향에 돌아가 부모님과 의논해서 사후책을 강구할 요량이 없진 않았다. 그러나 고향에 돌아가자마자 그를 기다리고 있었던 것은 한국 출신의 대학생과 그해 졸업생은 지원병의 형식으로 군대에 가라는 강제 명령이었다……. 「세우지 않은 비명」·106면

### 최후 심판정

사정이 이렇게 된 데는 최후의 심판도 정상의 재량이 있지 않을까 하는 희망이 솟지 않을 바는 아니지만 37년 동안이나 방치해 두었다는 사실은 아무래도 용서받을 수가 없는 것이다. 「세우지 않은 비명」·106면

### 불량 학생

불량 학생의 말소리는 바로 옆자리의 사람만 들을 수 있을 만큼 낮았다. 아가씨는 귀를 불량 학생의 입 가까이에 대놓고 전신을 긴장하고 있었다. 불량 학생은 바로 눈앞에 있는 아가씨의 귀를 보며 소연해지는 관능을 느꼈다. 아가씨의 귀는 진주모색眞珠母色으로 투명하게 보였다. 두 텁지도 얇지도 않은 귀는 모양 좋은 조개를 닮아 속발로 흘러 있는 머리칼을 가볍게 받으며 다량의 속삭임을 기다려 다소곳이 열려 있는 것이다. 「세우지 않은 비명」·99면

나림 선생의 인물화를 보면서 내 젊은 초상화를 그려 보았다.

## (5) 학병 · 學兵 · 冗兵

「세우지 않은 비명」에 학병 세대의 처절한 장면이 묘사되어 있다. 학병·전쟁터·죽음이다. 1943년 나림 선생의 의식구조와 개죽음에 대한 분노가 담겨있다. "우리들은 그 연합국 청년들을 도살하고 세계를 정복하려고 서툰 흉악한 하수인들 편에 서서, 총을 들었던 것이다."(이병주, 「변명」(문학사상, 1972·한길사, 2006, 87면)). 나는 나림 선생 절규絕叫로 읽었다.

전쟁은 사람·인생·역사를 모두 빼앗아간다. 전쟁의 참화가 현대 의미이다. 사람 목숨은 모두에게 소중하다. 전쟁을 명령하는 사람과 전쟁터로 가는 사람은 모두 하나의 목숨을 갖고 산다. 생명 존중 사상이 이 작품에 흐른다.

「세우지 않은 비명」에 나림 선생이 강제 명령을 받고 학병으로 징집되는 장면이 있다. 나림 선생은 중국 소주蘇州에서 근무했다. 일본 패망으로 상해上海에 머물다 부산釜山으로 귀국한다. 소설 「변명」(문학사상, 1972)에 자세히 나온다.

학병참전은 나림 선생에게 부끄러운 나날이었다. 여러 작품에서 언급한다. 그래서 나림 문학은 반성 문학·기록문학·용서 문학이다. 나림 선생 문장을 읽어보자.

### 학병
"왜 무궁한 장래를 가진 우리 젊은 사내들이 죽어야 하느냐 말이오."

"그렇지 않소? 우리는 지금 학교에 다니고 있으니까 망정이지 학교를 졸업하면 병정에 가야 하오. 병정으로 가면 죽게 마련이오. 그래서 우리는 인생 25년이라고 한다오. 내 나인 지금 22세요. 그러니 이 지상에 살아 있을 날이 3년밖엔 안 된다는 얘기죠." 「세우지 않은 비명」·99-100면

### 전쟁터
"아가씨의 고향에서도 많은 젊은 사람들이 전쟁터에 나갔죠? 전사한 사람도 많죠?"

"전쟁은 자꾸만 치열하게 될 거요. 젊은 사나이들은 자꾸만 죽을 거요. 젊은 남자들이 한 사람도 남지 않게 될 때, 그때 전쟁은 끝날 것이오." 「세우지 않은 비명」· 100면

### 죽음

"살아 있었으면 베토벤 이상의 음악가가 되었을 친구도 죽었소."

"살아 있었으면 괴테 이상의 문학자가 되었을 친구도 죽었소."

"그 기막힌 재능, 빛나는 젊음이 대륙의 두메, 태평양의 해저에서 죽어갔단 말이오." 「세우지 않은 비명」· 99-100면

### 학도 동원령

당황하고 있는 판인데 졸업이 9월 25일로 당겨졌다는 조치와 함께 학생 징병 연기, 10월 1일에 대학 전문학교 학생은 일제히 군에 입대하라는 명령이 내렸다. 이른바 학도 동원령이다. 그러나 이것은 일본인 학생에게 해당하는 일이지 불량 학생 성 모에겐 관계없는 일이었지만 간교한 불량 학생은 그 사태를 이용할 술책을 꾸몄다. 「세우지 않은 비명」· 105면

### 학도병

'아무튼 만나보고 싶어요. 아무리 바쁘시더라도 하루쯤 시간을 내어 기후로 오세요. 당신이 전쟁터로 나가더라도 난 아이를 내게 주어진 운명으로 알고, 그리고 모든 고통을 감수하고라도 키우겠어요. 당신에게 책임을 돌리는 일은 추호도 안 할 테니 한번 기후로 와서 절 만나주세요……'

이 편지를 받은 불량 학생은 무엇에 쫓기듯 겁을 먹고 졸업식에 참가하지도 않고 마지막 시험이 끝난 9월 10일 한국으로 돌아가 버렸다. 고향에 돌아가자마자 그를 기다리고 있었던 것은 한국 출신의 대학생과 그해 졸업생은 지원병의 형식으로 군대에 가라는 강제 명령이었다…….
「세우지 않은 비명」· 106면

## (6) 죄와 벌 · 刑罰

「세우지 않은 비명」에 청춘 시절 회한사<sup>悔恨事</sup>가 있다. 양심에 주는

형벌이다. 37년 전 1943년 4월 초순에 있었던 일을 반성하고 있다. 22세 때 발생한 오사카의 밤이다. 성유정과 일본 여고생의 사랑 이야기이다. 영혼을 뺏고 영혼을 주입한 문학청년 이야기이다. 약속을 이행하지 못한 회한이 깊다. 여고생 이름은 미네야마 후미코<sup>峰山文子</sup>이다.

나림 선생 문장을 읽어보자.

### 죄<sup>罪</sup>
"우리에겐 청춘이 없었다."

입버릇처럼 내가 하고 있는 말이지만 청춘의 단편마저 없었을 까닭이 없다. 그러나 그 청춘은 이지러진 청춘, 병든 청춘, 그러기에 결국 회한의 씨앗만을 뿌리게 된 청춘일밖에 없었다. 「세우지 않은 비명」· 80면

### 벌<sup>罰</sup>
나는 뿌린 씨앗을 거두기 위해 일본으로 건너가기로 했다. 37년 전 뿌려놓은 씨앗을 거두기 위해 가는 것이다. 설혹 그것이 바람을 심어 폭풍우를 거두는 엄청난 고역이 되더라도 나는 그것을 감당할 각오를 다짐했다.

물론 나의 회한사는 한두 가지가 아니다. 그 가운데서도 가장 강렬하게 아픔을 주고 있는 그 일부터 먼저 해결해야겠다고 믿고 나선 것이기는 하지만 구체적으로 어떻게 해야겠다는 작정이 서 있었던 것은 아니다. 「세우지 않은 비명」· 80면

나림 선생 수필집 문장이다. "인생은 죄와 벌이다. 인간은 죄짓지 않고 살 수 없는 존재이다. 나에게 있어서 인생이란 부끄러운 나날이다."(『용서합시다』 집현전, 1983, 12면 · 18면 · 19면).

## (7) 역사 · 平價

「세우지 않은 비명」에 슬픈 현대사<sup>現代史</sup>가 나온다. 나림 선생이 살았던 식민지와 전쟁 그리고 학병 이야기이다. 선조<sup>先祖</sup>가 피눈물로 되찾아 다시 세운 나라가 민주공화국 대한민국이다. 나림 선생은 이 기

막힌 시대사를 후대 독자에게 전하고 싶을 것이다. 나는 "똑똑한 대한민국·문화국가 대한민국"으로 새겼다. 나림 선생 문장을 읽어보자.

### 문화국가

"일본이 뭐라고 해도 동해에 있는 조그만 섬나라에 불과한 거요. 프랑스와 영국, 독일에 비하면 그야말로 미미한 존재이며, 오늘날 중국을 점령하고 위세를 보이고 있으나, 싸움에 강하다는 게 무슨 자랑이나 되는 줄 아시오? 자랑할 것은 문화요, 문화. 문화가 뒤떨어져 있으면 아무리 전쟁에 강해도 야만국일 밖에 없는 거요." 「세우지 않은 비명」·98-99면

### 전쟁국가

"왜 무궁한 장래를 가진 우리 젊은 사내들이 죽어야 하느냐 말이오."

"그렇지 않소? 우리는 지금 학교에 다니고 있으니까 망정이지 학교를 졸업하면 병정에 가야 하오. 병정으로 가면 죽게 마련이오. 그래서 우리는 인생 25년이라고 한다오. 내 나인 지금 22세. 그러니 이 지상에 살아 있을 날이 3년밖엔 안 된다는 얘기죠."

"아가씨의 고향에서도 많은 젊은 사람들이 전쟁터에 나갔죠? 전사한 사람도 많죠?"

아가씨는 말없이 고개만 끄덕였다. 「세우지 않은 비명」·99-100면

### 국제정세

"전쟁은 자꾸만 치열하게 될 거요. 젊은 사나이들은 자꾸만 죽을 거요. 젊은 남자들이 한 사람도 남지 않게 될 때, 그때 전쟁은 끝날 것이오."

불량 학생은 당시 전쟁에 나갈 예상을 하지 않아도 되었다. 한국인이었으니까. 병역의 의무가 없었으니까. 그런데도 이런 말을 한 것은 아가씨의 심정을 극도로 감상화感傷化해서 무저항 상태로 만들어버리기 위한 수단이긴 했다. 그러나 전연 그런 예상을 해볼 필요가 없었던 것은 아니다. 정세의 강요에 따라 언제 어떻게 전쟁터에 끌려갈지 모르는 흉조가 차츰 싹트기 시작하고 있었던 때였으니까. 「세우지 않은 비명」·100면

### 운명

불량 학생은 더욱더 그 불량을 발휘해선 스스로가 속한 세대가 얼마

나 불행한가에 대해서 나지막한 소리로 설명해나갔다.

"살아 있었으면 베토벤 이상의 음악가가 되었을 친구도 죽었소."

"살아 있었으면 괴테 이상의 문학자가 되었을 친구도 죽었소."

"그 기막힌 재능, 빛나는 젊음이 대륙의 두메, 태평양의 해저에서 죽어갔단 말이오."

"그런 사람들에게 비하면 나 같은 형편없는 존재쯤은 죽어 없어져봤자 아쉬울 것도 아까워할 사람도 없겠지만……." 「세우지 않은 비명」· 100면

나림 선생은 기록문학자이다.

## (8) 정권 · 國民

「세우지 않은 비명」에 100년 역사가 기술되어 있다. 3단락이다. 한국 근대사와 현대사 격동기이다. 1880년 정치지형도를 세 사람 인물로 명쾌하게 설명한다. 보수정치인 · 중도정치인 · 진보정치인이다.

100년 후 1980년 「서울의 봄」을 묘사하고 있다. 또 다른 삼 김 씨가 역사 무대에 등장한다. 보수정치인 · 중도정치인 · 진보정치인이다. 삼 김 씨는 나림 선생과 비슷한 연배이다. 모두 1920년대 출생이다.

나림 선생은 정치가 중에서 나라 체면 · 대표자 · 원수를 뽑아야 하는 것은 상식이 아니다고 말한다. 비극이라고 말한다. 나림 선생 관점에서 모두 부족하다고 생각한 듯하다. 다행히도 「세우지 않은 비명」은 여기까지 설명한다. 나림 선생 문장을 읽어보자.

### 1880년 3김 역사

1880년대에 김윤식金允植, 김홍집金弘集, 김옥균金玉均등 삼 김 씨三金氏가 있었다. 단순한 우연일 것이지만 1980년대에 또 다른 삼 김 씨가 나타났다. '세우지 않은 비명」· 120면

### 1980년 3김 역사

1880년대의 삼 김씨와 1980년대의 삼 김씨는 후세의 역사에 있어서 어떻게 비교되며 어떻게 그 상관관계가 규명될 것인가. 비극은 되풀이

되지 말아야……. 그러나 이건 죽어야 할 내가 관심 둘 바는 아니다. 「세우지 않은 비명」·120면

### 정치가 대통령

나라의 체면이며 대표자이며 원수를 정치가 속에서 뽑아야 한다는 것이 난센스가 아닌가. 비극이 아닌가…… 이것 또한 죽어야 할 내가 관심 둘 바가 아니다. 「세우지 않은 비명」·121면

## (9) 용서 · 悔恨 · 贖罪

「세우지 않은 비명」에 성유정成裕正 유언遺言이 나온다. 나림 선생 유언으로 읽었다. 인간의 유언은 이것밖에 없다고 본다. 더 이상 무슨 말이 필요하겠는가. 나림 소설을 읽는 이유이다. 자기 유언을 생각해 볼 수 있기 때문이다. 나림 선생 문장이다.

### 용서

부모에게 불효한 그대로, 친구들에게 폐를 끼친 그대로, 여자를 농락해서 불행하게 한 일을 그대로 두고는 안심하고 죽을 수 있을 것 같지 않다는 관념이 솟아난 것이다. 내가 잘못을 저지른 사람들에게 사과를 하고 그 용서를 빌고 용서를 받은 연후가 아니면 죽어도 눈을 감을 수가 없는 것이 아닌가. 「세우지 않은 비명」·71면

### 죽음

이제 나는 나의 죽음을 준비하면 그만이다. 그런데 나의 메시지는 뭐라고 할까. 「세우지 않은 비명」·129면

### 용서

"용서해달라, 나를 용서해달라!" 「세우지 않은 비명」·129면

### 무덤

성유정의 수기는 여기서 끝나고 있다. 그는 1월 13일 어머니의 장례를 치르고 삼우제까질 무사히 지내고 그 이튿날 죽었다. 자기의 무덤을 어머니의 무덤 바로 밑에다 지정해놓고. 「세우지 않은 비명」·129면

## (10) 소설가 헌책점 · 老後

「세우지 않은 비명」에 나림 선생의 노후 생활 계획이 담겨있다. 서울 어느 변두리 헌책점<sup>헌책방</sup> 경영이다. 아주 특이한 발상이다. 많은 분이 귀농하거나 커피집을 경영한다고 한다. 그러나 나림 선생은 책이 팔리는대로 젊은이와 소주잔을 나눠가며 담론을 풍발하며 노후를 보내고 싶다고 염원한다. 그러나 아주 겸손한 염원은 실현되지 못했다. 소설의 힘이다. 나림 선생 문장을 읽어보자.

### 노후 생활

그러한 자책도 있어 나는 내가 모아둔 책들을 두고 친구들에겐 나이가 많아 아무것도 하지 못하게 되면 헌책점을 할 작정이라고 했다. 「세우지 않은 비명」·58면

### 서울 어느 변두리에 헌책점

이것은 결코 농담이 아니었다. 친구들은 대강 전원에 집을 가지고 수석을 즐기며 노후를 지내야겠다는 꿈을 가지고 있는 모양인데 나는 그렇지가 않다. 서울 어느 변두리에 헌책점을 차려놓고 책이 팔리는 대로 쌀 한 되, 연탄 한 개 사서 끼니를 잇고 여유가 있으면 소주 한 병, 오징어 한 마리 사다간 책을 구하러 온 학생들과 책 얘기나 하며 노후를 살았으면 하는, 목가적<sup>牧歌的</sup>이라고 하기엔 너무나 거리가 먼 그러나 나로선 목가적이라고 할밖에 없는 꿈을 가지고 있었던 것이다. 「세우지 않은 비명」·58면

### 아주 겸손한 염원

백발에 주름 잡힌 몰골로 동으론 사마천<sup>司馬遷</sup> 서<sup>西</sup>에선 사포를 들먹이며 젊은 학생들과 소주잔을 나눠가며 담론 풍발<sup>談論風發</sup>하고 있으면 인생의 노후, 그로서 족한 것이 아닐까. 그런데 아주 겸손한 염원이라고 생각했던 이 염원이 지금 와선 엄청나게 호사스러운 꿈으로 되었다. 내겐 노후조차도 없는 것이다. 「세우지 않은 비명」·59면

나림 선생의 꿈은 이제 내 꿈이 되었다.

## (11) 인간의 길 · 道人

「세우지 않은 비명」은 나림 선생의 회고문<sup>回顧文</sup> · 반성문<sup>反省文</sup> · 자서문<sup>自序文</sup> · 회한사<sup>悔恨事</sup>이다. 학문을 사랑한 청년 · 나라 잃은 식민지 청년 · 건국 시대 대한민국 중년 · 투병하는 노년의 자화상이 이 소설에 흐른다.

내가 아는 어느 선생님 모습과 닮았다. 책을 읽고 외국어를 배우면서 삶을 마쳤다. 선조들은 한문 공부 · 현대인은 영어 공부였다. 원서를 독해하면서 긴 인생 전부 바쳤다. 우리 주변 삶이다. 어찌 보면 참 슬픈 일이다. 국력이 약<sup>弱</sup>하면 겪는 현상이다. 변형된 식민지 교육이다.

나림 선생은 1992년 4월 3일 오후 4시 다시 돌아올 수 없는 먼 길을 떠났다. 서울에서 여주로 가셨다. 고향<sup>故鄕</sup>의 봄<sup>靈魂</sup>은 작품 속에 묻어 두었다. 평생 모은 만권<sup>一萬卷</sup> 장서<sup>藏書</sup>는 고향 땅 진주 경상대학교에 전부 기증했다. 나림 선생 꿈인 서울 어느 변두리 헌책점 경영은 무산되었다. 나림 선생은 엄청나게 호사스러운 꿈이 되었다고 술회하였다.

패티김 <가을을 남기고 떠난 사람>(KBS, 2022년 11월 26, 3분 46초) · <사랑은 생명의 꽃>(KBS, 1999년 5월 8일, 4분)이 생각나는 밤이다. 유튜브<sup>You Tube</sup>에서 두 곡을 연속하여 들었다. 나림 선생을 추모하는 곡<sup>노래 · 曲</sup>으로 해석하였다. 나림 선생이 남긴 문장이다.

### 내 재산과 만권의 장서

재산! 정리를 해야 할 정도로 재산이 있을 까닭이 없다. 가지고 있는 것은 얼마간의 책이다. 약간의 호학심<sup>好學心</sup>에 허영심이 거들어 만 권의 장서가 된 것인데, 모아놓고 보니 장하다는 생각이 없지 않다. 언어별로 하면 그리스어, 라틴어, 영어, 프랑스어, 일어, 독일어, 한문, 우리말, 갖가지 고전을 비롯해서 현대의 사상가에 이르기까지. 어느 한 권 내 손으로 만져보지 않은 것은 없지만 아직도 읽지 못한 책이 적잖이 있다. 언젠가는 읽을 것이라고 모아둔 것이지만 시간이 없다. 읽지 못한 책을 쌓아두고 세상을 떠난다는 것도 슬픈 일이다. 「세우지 않은 비명」 · 57면

## 짧은 인생과 외국어 공부

그 책더미를 둘러보며 생각하는 것은, 나의 59년은 철이 들고 이날까지 외국어를 배우고 익히는 데 소모되었다는 아쉬움이다. 그러고도 이 정도면 되었노라고 자신을 가질 만큼 마스터한 외국어라곤 없다. 도스토옙스키가 벨린스키를 비판한 말 가운데

"평생 하나의 외국어도 마스터하지 못하고 포이어바흐를 폭이엘밧흐라고 발음한 인간."

이란 것이 있는 이 말은 나에게 가슴을 찌르는 칼날처럼 느껴지는 말이다. 도스토옙스키는 20세 이전에 거침없이 칸트를 읽을 만큼 독일어에 능했고 16세 때 발자크를 번역할 정도로 프랑스어에 능했다. 대천재와 겨루려는 불손한 생각은 아예 없지만 59년의 생애를 살고도 하나의 외국어에도 자신있게 익숙해 있지 못하다는 것이 한스러울 뿐이다. 「세우지 않은 비명」·58면


「세우지 않은 비명」은 인간의 길道을 말하고 있다. 나림 선생이 살아 온 길人生이다. 도인道人이 걸어 온 족적흔적·痕迹이다. 대한민국 문단에 이런 유형의 대형 작가가 있음을 다행으로 생각한다.

나림 이병주 선생 인생사·묘비명·자서전·회고문은 작품 후반부에 실려있다. 나림 선생 유언사遺言辭이다. 나림 선생 문장을 읽어보자.

## 나림 이병주 선생 인생사

성유정成裕正은 재才도 있고 능能도 있는 인물이었다. 그러나 그는 충전한 의미에 있어서의 문학자가 되지 못하고 일개 딜레탕트로서 끝났다. 그 딜레탕트의 늪 속에서 혹시나 연꽃이 피어날 수도 있지 않을까 하는 것이 나의 기대였고 그를 아는 모든 사람들의 기대였지만 그 기대는 그의 운명과 더불어 무로 돌아가고 말았다. 그러나 그건 성 군 스스로가 책임을 질 일이지 우리가 애석해할 까닭은 없다. 그는 넘치는 재능을 가지고 있었지만 그것을 받들어 꽃피우고 결실시킬 수 있는 강한 의지가 결여되어 있었기 때문이다. 그는 왕왕 자기의 과오를 마음이 약한 탓으로 돌리고 있었지만 마음이 약하다는 것이 변명의 재료가 될 수 없을 것이며 항차 그의 문란했다고도 말할 수 있는 사생활에 대한 비난

을 면책하는 조건도 되지 못할 것이 그래도 나는 후일 그의 묘비명을 청해오는 일이 있으면 다음과 같이 쓸 작정이다. 「세우지 않은 비명」·129-130면

### 나림 이병주 선생 묘비명
'그의 호학<sup>好學</sup>은 가히 본받을 만했는데 다정과 다감이 이 준수<sup>俊秀</sup>의 역정<sup>歷程</sup>에 흠이 되었노라'고. 「세우지 않은 비명」·129-130면

### 나림 이병주 선생 자서문
마지막으로 이 수기에 거창한 제목을 붙인 까닭을 설명해둔다. 성유 정이 언젠가 왕어양<sup>汪魚洋</sup>의 다음 시

하처고향사<sup>何處故鄕思</sup> 풍상역성수<sup>風傷歷城水</sup>
하처고향사<sup>何處故鄕思</sup> 월기화산수<sup>月倚華山樹</sup>

란 것을 내게 보이며 언젠가 자기가 라이프 워크를 쓸 땐 이 시구에서 제목을 빌리겠다고 말한 적이 있다. 그런데 그는 라이프 워크라고 할 만한 것을 남기지 못하고 죽었다. 「세우지 않은 비명」·130-131면

### 나림 이병주 선생 반성문
이 수기만 하더라도 병중의 것이었다고는 하나 감정의 비약이 심하 고 과시도 있어 치밀하지 못한 점으로 해서 불만인 구석이 한두 군데가 아니다. 「세우지 않은 비명」·131면

### 나림 이변주 선생 회한사
**역성<sup>歷城</sup>의 풍<sup>風</sup>, 화산<sup>華山</sup>의 월<sup>月</sup>**
그러나 나는 그가 애착했던 제목을 무위로 남겨두기가 아쉬워 여기 에 '역성<sup>歷城</sup>의 풍<sup>風</sup>, 화산<sup>華山</sup>의 월<sup>月</sup>'이란 제목을 붙였다. 「세우지 않은 비 명」·131면

## 줄거리

　나림 이병주 선생 「세우지 않은 비명」을 더 작은 소설로 만들었다. '미니' 소설이다. 소설 속 모든 문장은 모두 나림 이병주 선생의 문장이다. 「세우지 않은 비명」 작품의 전체 윤곽과 핵심 알맹이를 뽑아 갈아서 만든 새로운 소설이다. 아주 바쁜 학생·직장인·부모님을 위한 선물이다. 나림 이병주 선생님의 원작 소설 「세우지 않은 비명」를 정독하는 시간이 오길 바란다. 소설 속 제목은 내가 임의로 붙였다. 작품을 필사하는 독서법이다. 나림 이병주 선생을 사랑하는 애독자를 기다린다. 전국에 10만 여명의 나림 애독자가 있다고 한다.

## 죽음

　성유정成裕正은 다음의 시구를 좋아했다.

人生只合死楊州
인생은 모름지기 양주에서 죽어야 하는 것이거늘!

　장호張祜·당대의 시인의 시從遊淮南에 새겨진 양주양저우와 성유정이 묻혀 있는 이 양주와는 다르다. 장고의 양주는 중국의 중부, 양자강의 북안北岸에 자리 잡은 고을이고, 이곳 양주는 한국의 수도 근처의 근교에 있는 고을이다.

　성유정은 1년 남짓 중국의 양주에서 머문 적이 있었다. 일제 때 학도병으로 끌려간 성유정이 속한 부대의 주둔지가 양주였던 것이다.

　인생은 슬퍼하면 되는 것이니까. 문학은 인생의 슬픔을 기록하면 되는 것이니까. 문학이란 원래 필패의 역사일 따름이다….

　세상은, 또는 세월은 죽음을 슬퍼할 수 있도록 사람을 방치하지 않

세우지 않은 비명 • 427

는다. 지구는 수십만 년 동안 누적된 인류의 시체로 해서 더욱 무거운 것이다. 죽음은 신비의 베일을 벗고 일상사가 되었다. 우리는 죽음과 동거하고 있다. 살아간다는 것은 죽어간다는 의미의 표현일 뿐이다.

생명의 시작은 비록 그것이 인간의 시작이라도 곤충의 시작 이상일 것이 없다. 생명의 마지막은 그가 가꾸기 시작한 꿈의 가능이 붕괴하는 뜻만으로도 장엄한 것이 아닌가. 인간은 곤충으로서 태어나 제왕으로서 죽는다.

인생이란 제국의 건설이다. 죽음은 그 제국과 함께하는 함몰이다.

머리가 좋기로 그리스에서 이름이 높았던 에피쿠로스는 말했다.

살아 있는 동안 죽음을 알 수 없다. 죽으면 죽음을 모른다. 이래도 저래도 알 수 없는 문제를 놓고 고민할 필요가 뭐 있는가.

동양의 공자孔子는 한술을 더 떴다.

나는 아직 생生을 모른다. 그런 처지에 어찌 사死를 논하랴!.

석가는 덜 영리했던 것인지 모른다. 그는 종평생 죽음을 최대의 문제로 삼았다.


## 독재 정권 종말 1979년

'1979년은 참으로 이상한 해라고 아니할 수 없다.'

1979년이 시작되자마자 1월 초 캄보디아의 폴 포트 정권이 붕괴되었다. 프놈펜은 한자로 급변急變이라고 쓴다. 폴 포트가 학살한 4백만은 캄포디아 인구의 거의 반수에 가까운 숫자다.

같은 1월, 이란의 팔레비 왕이 국외로 쫓겨났다. 그도 역시 자기의 정권을 유지하기 위해선 수단 방법을 가리지 않고 백성을 살육한 자다.

4월엔 아프리카 우간다의 대통령 아민이 우간다의 해방전선에 의해 타도되었다.

4월에 우간다를 휩쓴 독재자 추출의 선풍이 7월엔 중미 니카라과의 소모사 대통령을 휩쓸었다. 소모사는 아버지의 대를 이어 43년 동안이나 니카라과에 군림한 자다. 산디노 영도하의 민족해방전선은 소모사를 타도했다.

9월엔 중앙 아프리카의 보카사 황제가 축출되었다. 아동의 해에 아동을 대량 학살했을 뿐만 아니라 보카사에 관한 스캔들은 그 밖에도 많다.

지금 시월 중미 엘살바도르의 독재자 로메로의 위기가 전해지고 있다. 그의 실각은 확실한 모양이다.

10월 10일 현재, 1979년 한 해에 여섯 명의 독재자가 권좌에서 밀려난 것으로 된다…….

꽤 흥미로운 칼럼이 되겠다는, 약간 들뜬 기분이 되었다.

'1979년은 독재자들에게 철퇴가 내린 해이다…… 안 돼.'

'1979년은 역사에서 교훈을 배울 줄 모르는 무도한 독재자들에게 역사의 엄숙함을 가르치려고 섭리가 작동한 해인 것 같다……이것도 안 돼.'

1979년은 곧 다가올 1980년대를 보다 평화롭고 청량한 시대를 만들기 위해 신의가 대청소를 감행한 해인지 모른다…….'

## 어머니

최종식崔鍾軾 교수는 간암에 걸려 마지막 숨을 거둔 순간까지 그의 저서 ≪농업정책론≫의 미필된 부분을 보완을 보완하고 있었다.

"어머니, 별고 없으시죠?"

"가끔 배가 아프다."

10월 26일에야 어머니의 병명이 밝혀졌다. 위암이란 선고였다.

나는 그길로 나와 변두리 어느 술집으로 갔다.

'어머니는 빈사의 병상에 있고 아들놈은 술집에서 흥청댄다.'
는 의식은 세상의 빛깔을 송두리째 바꿔놓았다. 언제 어머니의 영생을
믿기라도 했던가. 다만 한없이 어머니가 가련할 뿐이었다. 그날 밤 묘
한 일이 생겼다. 이른바 10·26 사건이다.

나는 무슨 큰 사건이 있을 때마다 변을 당했었다. 일제 말기엔 학
병으로 끌려갔고, 6·25 때는 자칫 죽을 뻔했고, 5·16 때는 징역살이
를 했다. 이를테면 역사의 고빗길마다에서 나는 고난을 겪었다.

어머니는 그러한 아들이기 때문에 무슨 변란만 있으면 가슴을 조
였다.

"조심해라, 얘야."

잘살진 못해도 어머니가 낳은 삼남 일녀가 요절하지 않고, 또 손주
들이 별 탈 없이 지내고 있는 것은 어머니가 착하신 마음의 그늘 때
문인지도 모른다.

외삼촌은 의사였다.
병명은 백혈병
내 병명은 간암.

세상을 버리고 떠날 때 세상은 얼마나 아름다운 것일까. 내가 없어
도 이 하늘과 땅은 천 년 후에도 만 년 후에도 이처럼 의젓하게 남아
있을 것이 아닌가. 천 년 전 만 년 전에 이 하늘과 땅이 고스란히 그
냥 있었듯이 말이다.

'나는 아무렇지 않게 행동해야 한다.'

"천 원쯤 더 드릴 테니 합승은 말고 갑시다."

몸을 택시에 맡기고 눈을 감았다. 6·25 동란 중 피난처에서 집으로
돌아왔을 때 수습 못 할 정도로 헝클어져 있는 서재를 들여다보고 있
던 나 자신의 모습이 염두에 떠올랐다.

부숴진 책상, 탄흔이 남아 있는 벽, 천장의 판자가 디룽디룽해 있고 책들은 산란해 있었는데, 그 위에 있고 책들은 산란해 있었는데, 그 위에 토족土足의 흔적이 요란한 서재를 보고 나는 멍청히 서 있었다. 지금의 내 머릿속이 그때의 서재를 방불케 하고 있다는 사정을 돌연 깨달았다.

　그러나 그때는 슬프지도 않았다. 당황하지도 않았다. 살아 있다는 사실만으로 충분히 고마웠던 것이었는데…….

　그리고 보니 나는 폭격으로 죽을 뻔한 일이 한두 번이 아니었다는 회상이 살아났다.

　날짜도 잊지 않는다. 1950년 8월 31일, 정오 무렵. C시의 상공에 수십 대나 되는 B29가 나타났다. 친구인 정군과 나는 한여름의 태양에 은색 날개를 번쩍거리며 폭음도 요란하게 날아오고 있는 그 비행기들을 넋을 잃고 쳐다보고 있었다. 너무나 높은 고도여서 그저 지나가 버리는 것으로만 알았던 것이다. 그런데 검은 깨알을 쏟듯 비행기의 배가 무언가를 토해내는 것을 보았다.

　"수평 폭격이다."

　정군과 나는 바로 앞 개천으로 뛰어내렸다. 그러고는 축대 아래쪽에 몸을 붙이고 눈과 귀와 코를 양손의 손가락으로 막았다. 일본 군대에서 배운 요령이었다. 다음 순간 천지가 진동하는 꽹음이 일더니 한참 동안을 계속되었다. 폭풍의 회오리였다.

　무수한 사람이 죽었다. 그 지옥 속에서 나와 정군은 살아남았다.

　'그렇게 살아남아 드디어 이젠…….

　육체의 세계는 협소하기 짝이 없다. 육체의 시간은 허무하리만큼 짧다. 한데 관념의 세계는 한없이 넓다. 그 시간도 거의 무한에 가깝다. 빈약하고 짧고 협소한 세계밖엔 가지고 있지 않은 인간이 다종 다양할 뿐아니라 중요한 관념의 세계를 가지고 있다는 것은 책벌責罰일까. 위안일까. 육체는 사로잡혀 있지만 관념은 모든 속박에서 초월할 수 있다는 것은 지혜의 말일까. 우자<sup>愚者</sup>의 넋두릴까.

어떻게 하건 어머니가 죽은 연후에 내가 죽어야 하는 것이다.

병세는 선고 후에 급속도로 진행되는 모양이었다.

'기막힌 운명!'

그 첫째의 예가 일제 말기 학병으로 나갔을 때다.

"전쟁은 곧 끝납니다."

둘째의 예는 6·25 동란 중 정치보위부에 붙들렸을 때였다. C시를 점령한 북괴군은 천주교 교회당<sup>진주 옥봉성당</sup>에 정치보위부의 본거를 차려두고 유치장으로선 2층을 사용했다. 2층 유치장에 며칠을 가둬두고 조사가 끝나면 형무소로 보내는데 그 2층 유치장에 있는 동안이 공포의 연속이었다. 낮과 밤을 가리지 않고 빈번히 공격해오는 비행기가 언제 그 2층 건물을 날려버릴지 몰랐기 때문이다.

"최후의 일각까지 침착해야 한다."

세 번째의 예는 5·16 혁명 직후 필화 사건으로 붙들렸을 때이다. 처음 Y경찰서<sup>부산 영도경찰서</sup>의 유치장에 수감되었는데, 거기엔 이미 교원 노조에 관계했다고 해서 십수 명의 교사들이 수감되어 있었다.

이런 사정은 서대문 교도소로 옮기고 나서도 바뀌질 않았다. 같은 감방에 노인도 있고 청년도 있고 보니 우울한 표정조차 할 수가 없었다.

"이곳은 감옥이 아니고 아카데미다."

"우리는 죄수가 아니고 황제다."

"이곳에 있는 한 나는 나의 완전한 주인이다."

"자유는 마음속에 있는 것이지 조건에 있는 건 아니다. 바깥세상은 창살이 없는 감옥일 뿐이다."

"우리가 갇혀 있는 것이 아니라 우리가 달과 별을 가두어놓고 산다."

이처럼 황당무계한 말을 꾸며가며 죄수가 황제 노릇을 해야 했던 것이다.

## '어머니를 위해서!'

나는 어머니를 위해서 내 마지막 인생을 바치기로 했다.

"아무쪼록 몸조심 해라. 네 책임이 얼마나 중하노."

"이 세상에선 어머니와 같이 가장 오래 산 사람은 저죠?"

"응, 그래."

"제 어릴 때 하던 짓 기억하고 계십니까?"

"난하기 짝이 없었지."

"어머니가 제일 기뻤을 땐 언제였습니까?"

"네가 중국에서 돌아왔을 때다."

"제일 슬펐을 때는요."

"글쎄. 그건 아버지가 죽었을 때라고 해야 안 되겠나."

"어머닌 시집을 사시느라고 고생하시진 않았습니까?"

"고생이 뭣고, 호강을 했지. 느그 할머니는 참으로 훌륭했더니라. 여장부였지."

"고생이 많으셨을 텐데요. 그 밖에도."

"누가 고생 않고 사는 사람이 있겠나."

"특히 마음에 걸려 있는 게 뭡니까."

"느그 작은아부지의 제사가 마음에 걸리는구나."

작은아부지란 나의 중부仲父를 말한다. 중부는 3·1운동 때 투옥된 이래 평생 절節을 굽히지 않고 불우하게 살았는데 아들이 없다. 그 때문에 제사를 걱정하고 있는 것이다.

"그 밖에 한이 되는 건 없습니까?"

"원도 한도 없다. 손주 놈 장가보내면 그 이상이 없겠구나."

"상대가 결정되어 있으니 결정할 것 없습니다."

"아무리 생각해도 어머닌 오래 살아 계셔야 할 것 같애요."

"왜?"

"제 유일한 빽인 걸요."

"나를 빽으로 말고 부처님을 빽으로 해라."

"부처님을 빽으로 한 사람은 너무 많지 않습니까. 전 여전히 어머니를 빽으로 할 겁니다."

"내 빽이 부처님이니까 네 빽도 부처님이다."

얘기는 더 많이 계속되었다. 처음으로 모기장을 산 얘기, 재봉틀을 산 얘기, 어머니의 어렸을 때의 얘기, 어머니의 잊을 수 없는 친구들의 얘기, 친정 얘기…….

이것이 어머니와 나 사이에 있었던 대화다운 긴 대화의 마지막이었다.

퇴원하는 날 나는 의사에게 물었다.

"그럼 어머니보다 먼저 죽는 일은 없습니까?"

"대강 그렇게 되겠죠."

"내 집에 가서 누워 있어야 편하다."

이 말씀에 내 가슴이 쿵했다.

그리로 가시면 나도 거기서 거처해야 할 것이지만 그렇겐 될 수가 없었다. 나는 내 죽음도 준비해야 하는 것이며 따라서 정리를 하려면 생활의 본거지에 있어야 하는 것이었으니까.

재산! 정리를 해야 할 정도로 재산이 있을 까닭이 없다. 그야말로 프랑스의 어느 익살꾼처럼 뽐낼 수가 있다.

"내가 한 유일한 선행은 후손들이 그것으로 인해 싸움질을 하게 될지 모르는 재산을 남기지 않은 데 있다."

가지고 있는 것은 얼마간의 책이다. 약간의 호학심<sup>好學心</sup>에 허영심이

거들어 만 권의 장서가 된 것인데, 모아놓고 보니 장하다는 생각이 없지 않다. 언어별로 하면 그리스어, 라틴어, 영어, 프랑스어, 일어, 독일어, 한문, 우리말, 갖가지 고전을 비롯해서 현대의 사상가에 이르기까지. 어느 한 권 내 손으로 만져보지 않은 것은 없지만 아직도 읽지 못한 책이 적잖이 있다. 언젠가는 읽을 것이라고 모아둔 것이지만 시간이 없다. 읽지 못한 책을 쌓아두고 세상을 떠난다는 것도 슬픈 일이다.

그 책 더미를 둘러보며 생각하는 것은, 나의 59년은 철이 들고 이날까지 외국어를 배우고 익히는 데 소모되었다는 아쉬움이다. 그러고도 이 정도면 되었노라고 자신을 가질 만큼 마스터한 외국어라곤 없다. 도스토옙스키가 벨린스키를 비판한 말 가운데

"평생 하나의 외국어도 마스터하지 못하고 포이어바흐를 폭이엘밧흐라고 발음한 인간."

이란 것이 있는 이 말은 나에게 가슴을 찌르는 칼날처럼 느껴지는 말이다. 도스토옙스키는 20세 이전에 거침없이 칸트를 읽을 만큼 독일어에 능했고 16세 때 발자크를 번역할 정도로 프랑스어에 능했다. 대천재와 겨루려는 불손한 생각은 아예 없지만 59년의 생애를 살고도 하나의 외국어에도 자신있게 익숙해 있지 못하다는 것이 한스러울 뿐이다.

그러한 자책도 있어 나는 내가 모아둔 책들을 두고 친구들에겐 나이가 많아 아무것도 하지 못하게 되면 헌책점을 할 작정이라고 했다. 서울 어느 변두리에 헌책점을 차려놓고 책이 팔리는 대로 쌀 한 되, 연탄 한 개 사서 끼니를 잇고 여유가 있으면 소주 한 병, 오징어 한 마리 사다간 책을 구하러 온 학생들과 책 얘기나 하며 노후를 살았으면 하는, 목가적牧歌的이라고 하기엔 너무나 거리가 먼 그러나 나로선 목가적이라고 할밖에 없는 꿈을 가지고 있었던 것이다.

백발에 주름 잡힌 몰골로 동으론 사마천司馬遷 서西에선 사포를 들먹이며 젊은 학생들과 소주잔을 나눠가며 담론 풍발談論風發하고 있으면

인생의 노후, 그로서 족한 것이 아닐까. 그런데 아주 겸손한 염원이라고 생각했던 이 염원이 지금 와선 엄청나게 호사스러운 꿈으로 되었다. 내겐 노후조차도 없는 것이다.

내겐 청춘이 없었다는 말은 노상 써오던 넋두리다. 공부하는 것처럼 공부하지 못하고 노는 것처럼 놀아보지 못하고 피압박민족으로서의 콤플렉스를 지니며 어두운 나날을 보내다가, 젊음의 절정을 일본군의 용병 신세로서 지내곤 뒤이어 좌우충돌의 회오리 속에서 정신을 차리지 못한 채 생사지간生死之間을 방황해야 했던 놈에게 무슨 청춘이 있었겠는가 말이다. 그러고 보니 내겐 청춘도 없고 노후도 없다는 얘기가 되는 것이다.

젊은 친구들은 여전히 찾아온다.
"선생님, 건강이 안 좋으신 것 아닙니까."
어느 날엔가 그들은 헌법 논의를 토론의 주제로 하고 불꽃을 튀겼다. 대통령 책임제가 어떻고, 내각책임제가 어떻고, 절충식이 어떻고 하는 의견들이 엇갈렸다. 종전 같았으면 나도 그 토론에 끼어들었을 것이지만 그들의 토론을 듣고 있는 것만으로도 심신이 지쳤다.

파키스탄의 '부토'는 작년1979년 4월 4일 쿠데타를 일으킨 '하크' 장군에 의해 사형되었다. 그가 사형된 날짜를 내가 기억하고 있는 것은 바로 그날 나는 '하크'에게 부토의 구명을 탄원하는 편지를 썼기 때문이다.
부토는 51세의 나이로 형장의 이슬이 되었다.

바이마르의 헌법이 얼마나 훌륭한 것이었던가. 그런데 그 바이마르 헌법의 틈서리를 비집고 아돌프 히틀러가 등장했다. 또한 소련의 어느 부분에 천만 가까운 시민을 강제수용소에 몰아넣어 학살해도 좋다는 조문이 있기라도 했던가. 그러나 제도에 관한 논의는 있어야 한다. 알아둬야 할 것은 법률이 민주주의를 만들어내지 못한다는 사실이다. 민주주의가 정치적으로 작용할 수 있으려면 나라를 구성하는 성원의 반쯤은, 반이 지나치면 3분의 1 정도라도 민주적인 인격과 의식을 지니고 있어야 한다.

민주적인 인격의 결정적 조건은 관용이며, 양보이며, 타협이며, 이 이상의 타협은 생명에 지장이 있다고 생각할 때엔 어떠한 위협에도 굴하지 않는 정신이다.

나는 나의 최후를 위해 최선의 준비를 해야만 하는 것이다.
"선생님도 늙어가시니까 자꾸만 약아지십니다. 그려."
"베트남이나 캄보디아가 남의 일인 줄 알아?"
"폴포트 주변엔 북한에서 간 공작원이 있대."
"공산주의를 이기는 수단은 민주주의밖에 없어. 그러니까 민주주의의 기틀을 잡는 게 안보의 선결문제라고 생각한다."
는 의견을 내는 사람도 있었다.
젊은 친구들은 두어 시간 동안 지껄이다가 돌아갔다.
동통의 발작이 심해 천장을 보고 누워 있을 수가 없었다. 배를 아래로 깔고 누웠다.

## 종교

"이 사람아, 슬픔을 어떻게 졸업하노, 잊고 있을 뿐이지."
"자네가 할 일은 아직 태산같이 남았어. 이때까지도 좋은 작품을 안 쓴 건 아니지만 자네의 라이프 워크는 장래가 있어. 아직 나타나지 않았어. 그리고 나는 자네가 가슴속에 소장하고 있는 그 많은 문제를 알고 있거든. 그게 하나 하나의 작품이 되어 나오면 빛나는 문학의 성 城이 될 거야."

"죽음으로부터 인생을 역산하는 마음의 노력이 종교라고 할 수 있는데 과연 종교가 우리들의 죽음을 보람 있는 것으로 해 줄 수 있는 건지 없는 건지."

"죽음에 있어서의 최대의 문제는 죽음에 대한 공포 아니겠나. 그 공포심을 경감해 주는 효력은 있는 모양이야, 종교가."

## 박희영

"나는 요즘 박희영 군을 생각하고 있어."

"나도 가끔 생각하지. 기막힌 인간이었으니까."

"박 군은 죽음과 친하려고 한 거야. 죽음을 일상생활 속에 집어넣어 평범한 작업의 대상으로 만들어버리려고 했던 거다. 그의 독실한 가톨릭의 신앙으로서도 넘어설 수 없었던 죽음이란 사실을 그런 작업으로 마스터하려고 하는 의지가 없고서야 무슨 까닭으로 초상을 찾아다니며 염하는 일을 도왔겠는가 말이다. 뒤에사 들은 얘기지만 친구의 집이 아니라도 자기가 살고 있는 동네에 초상난 집이 있기만 하면 찾아다녔다는 얘기더라. 그런데 우리는 박 군이 기를 쓰며 죽음의 공포를 넘어서려고 애쓰고 있을 때 그의 심중을 조금이라도 이해해주었느냐 말이다."

"자네 말을 들으니 박 군의 심정을 이해하지 못할 바는 아니다. 그러나 내 경우를 말해보면 나는 내가 한 일에 대해 회한만 없으면 비교적 안심하고 죽을 수 있을 것 같애. 공자의 말이 있지, 왜 부모를 공경하는 데 불효함이 없었나, 친구와 사귀는 데 불신함이 없었나, 하는 따위의 말 말이다. 그렇게 반성해서 과히 어긋남이 없다고 생각하면 비교적 평온하게 죽을 수 있을 것 같은데 내겐 회한이 너무나 많아."

## 용서

Y군의 그 말은 내게 결정적인 충격을 주었다. 부모에게 불효한 그대로, 친구들에게 폐를 끼친 그대로, 여자를 농락해서 불행하게 한 일을 그대로 두고는 안심하고 죽을 수 있을 것 같지 않다는 관념이 솟아난 것이다. 내가 잘못을 저지른 사람들에게 사과를 하고 그 용서를 빌고 용서를 받은 연후가 아니면 죽어도 눈을 감을 수가 없는 것이 아닌가.

어떤 사상이건 그것이 사상의 형태로 간직되어 있는 한 얼만가의 진실의 빛깔을 발하기는 하는데 정치사상으로 화하기만 하면 왜곡되고 부식되어 이익보다는 해독을 더 많이 가진다는 사실을 확인해보고 싶어서였다. 예를 들면 유교 사상이 정치적 이데올로기로서 작용한 이조의 부패, 가톨릭 사상이 정치적 이데올로기로서 작용한 서양 중세의 암흑상, 불교사상이 정치적 이데올로기로서 작용한 인도차이나 삼국의 혼란 등을 전제로 해서, 마르크스의 사상도 정치화하면 예외가 아니라는 것을 소련과 북한 등의 실증을 들어 증명해보고 싶었던 것이다.

"혼자서 서술하는 식으로 말고 세 사람이 전담하는 식으로 해나가면 그야말로 변증법적 방법으로써 동맥 경화증에 걸린 소련식 변증법을 분쇄할 수 있을 것이 아닌가."

짧은 앞 날을 나의 회한사<sup>悔恨事</sup>를 풀어나가는 데 사용해야겠다는 마음이 강력한 자리를 잡아버린 것이다.

## 일본 10일

"어머니 저 열흘 동안만 일본에 갔다 올랍니다."

"일본에?"

하며 어머니는 눈을 떴다.

"예, 일본에 꼭 갔다 와야 할 일이 있습니다."

"꼭 가야 할 일이 있다면 가거라."

"그렇다. 정말 다급하다. 지금 일본에 갔다 오지 않으면 나는 죽어도 눈을 감을 수가 없겠구나."

어머니에게 하직하고 나온 뒤 나는 곧바로 박영태란 의사를 찾아갔다. C동<sup>서울 천호동</sup>에서 큰 병원을 개업하고 있었다.

### 회한사<sup>悔恨事</sup>

"우리에겐 청춘이 없었다."

입버릇처럼 내가 하고 있는 말이지만 청춘의 단편마저 없었을 까닭이 없다. 그러나 그 청춘은 이지러진 청춘, 병든 청춘, 그러기에 결국 회한의 씨앗만을 뿌리게 된 청춘일밖에 없었다.

나는 뿌린 씨앗을 거두기 위해 일본으로 건너가기로 했다. 37년 전 뿌려놓은 씨앗을 거두기 위해 가는 것이다. 설혹 그것이 바람을 심어 폭풍우를 거두는 엄청난 고역이 되더라도 나는 그것을 감당할 각오를 다짐했다.

물론 나의 회한사는 한두 가지가 아니다. 그 가운데서도 가장 강렬하게 아픔을 주고 있는 그 일부터 먼저 해결해야겠다고 믿고 나선 것이기는 하지만 구체적으로 어떻게 해야겠다는 작정이 서 있었던 것은 아니다.

1979년 12월 25일.

흐린 하늘을 향해 날아오른 비행기 속에 내가 있었다. 문득 영혼의 비상이란 관념을 얻었다. 사람이 죽으면 영혼은 허공 위로 날아가고 육체는 흙 속에 묻힌다는…….

내 마음은 그 노래를 절창하고 있었다.

하계가 구름으로 덮이고 말았을 때 나는 의자를 뒤로 젖히고 눈을 감았다. 어젯밤 크리스마스이브를 같이 지낸 소녀의 얼굴이 떠올랐다. 나이는 30세를 넘어 있었지만 내게는 소녀로밖엔 여겨지지 않는 그 연인은 술을 마시지 않는 나에게 이렇게 말했다.

"크리스마스이브를 경건하게 지내자는 건가요?"

"그럼 왜 술을 드시지 않으려는 거죠?"

"취하기가 싫어. 깨어 있고 싶어. 일 초 일각도 소홀히 하고 싶지 않아."

"돌연 그런 생각은 왜 하셨죠?"

"언제 죽을지 모르니 살아 있는 동안만이라도 깨어 있는 마음으로 너와 같이 있고 싶어."

"죽는 얘긴 안 했으면 좋겠어요."

"나도 그러고 싶어. 백 살까지라도 살아 나는 널 지켜보고 싶어."

"백 살까지 사세요. 그럼."

"그런데 그게 마음대로 되나, 뭐."

"절 위해서도 오래오래 사셔야죠."

"나도 그럴 생각이었어."

"그럴 생각이었어가 아니고 그럴 생각으로 있어야 해요."

"나는 내 죽음은 감당할 수가 있을 것 같애. 내가 죽는 거니까. 그런데 먼 훗날 네가 죽을 거라고 생각하니 감당 못할 심정이 돼. 저게 어디서 어떻게 죽음을 당할 것인가 하고 생각하니 견딜 수가 없단 말이다."

"아냐, 어머니의 죽음은 걱정 없어. 내가 지켜 보아드릴 테니까. 걱정은 너야, 너."

"그러니까 오래 살아주셔야죠."

"아무리 오래 산대두 너의 죽음을 지켜볼 수는 없잖겠나."

"실컷 오래 사시기만 하면 나도 나의 죽음을 감당할 정도로 성숙할 거예요."

'나쁜 놈이다, 나는.'

'나 요즘 착하죠."

'사흘 동안만 이 지구를 볼 수가 있었으면!' 헬렌 켈러

'37년 전을 향해 날아가고 있는 비행기가 지금 동해를 건너고 있다.'
얼마지 않아 일본에 도착하는 것이다.

'나의 심판은 가까이 왔다!'
최후의 심판이란 관념이 솟았다.

이윽고 나는 심판정에 서게 될 것이다. 그 최후의 심판정에서 검사
의 눈으로서 37년 전의 사건을 점검해볼 필요를 느꼈다.

## 1943년 4월

1943년 4월 초순의 어느 날 성 모成某란 불량 학생이 관부關釜 연락
선連絡船에서 내려 많은 손님들과 함께 시모노세키 역下關驛의 플랫폼 위
를 걸어가고 있었다. 거긴 동경행 열차 츠바메 호燕號가 대기하고 있었
다. 그 열차는 7시 10분에 출발할 예정이었다.

불량 학생이 쳐놓은 덫에 걸릴 아가씨는 관문 연락선을 타고 왔다.
기차는 이윽고 출발했다.

## 시가 나오야志河直哉의 ≪구니코邦子≫

아가씨도 백에서 문고본을 꺼내어 책을 읽기 시작했다. 그 문고본
은 시가 나오야志河直哉란 작가가 쓴 ≪구니코邦子≫란 소설이었다.

"시가 나오야를 이해할 수 있다면 대단하시군요."

"이해하도록 노력해야지요. 시가 나오야는 일본인이 자랑할 만한
훌륭한 작가입니다."

"지금 아가씨가 읽고 있는 그 ≪구니코邦子≫란 작품만 해도 대단한 겁니다."

하고 상대방의 호기심을 끌었다.

"대단하다뿐입니까. 그런 평범한 얘기 가운데서, 드라마를 발견했다는 것도 대단하거니와 그 담담한 묘사가 기막히지 않습니까."

아가씨의 눈빛에 생기가 돌았다. 불량 학생은 천천히 설명하기 시작했다.

"그 작품에 등장하는 부부는 둘 다 호인입니다. 거짓말을 할 줄 모릅니다. 그렇죠?"

아가씨는 불량 학생의 요령 있는 분석에 감탄했다. 힘을 얻은 불량 학생은

"이 작품을 통해서 우리는 지극한 사랑이 사랑을 파괴할 수도 있다는 것을 알게 됩니다. 너무나 정직하기 때문에 행복의 성을 파괴한다는 것도 알 수가 있습니다. 남자와 여자 가운데 한 사람이라도 거짓말을 할 줄 알았다면 ≪구니코≫의 비극은 방지할 수가 있었던 겁니다. 그렇게 생각하지 않으세요?"

"듣고 보니 그러네요. 참 그러네요."

아가씨의 말엔 감격의 빛깔이 섞였다. 이때 불량 학생은 한술을 더 떴다.

"비극은 악으로 비롯된 것만은 아닙니다. 아리스토텔레스는 비극을 다음과 같이 정의했죠. 비극은 선과 악의 갈등이 아니고 선과 선, 즉 양립하는 선의 갈등이라고. 좀 어렵나요?"

"어려워요."

"시가 문학志賀 文學이 훌륭하다는 것은 이러한 평범한 생활 속에 본질적인 비극이 싹틀 수 있다는 걸 격조 높은 문체로써 표현했다는 점에 있는 겁니다. 아셨죠?"

"잘 알았어요. 정말 잘 알았어요."

그런데 아가씨로부터의 질문이 있었다.

"《구니코》를 읽은 사람은, 아니 이걸 읽고 그 뜻을 잘 이해한 사람은 그런 비극에 사로잡히지 않겠죠?"

"그럴 테죠. 그렇게 되어야 하는 거죠. 그런데 사람이란 것은 좀처럼 독서와 체험에서 얻은 교훈을 활용하지 못하는 겁니다. 그래서 꼭같은 비극을 되풀이하기도 하는 겁니다. 라 비 에 미제라블! 인생이란 그러니 비참한 겁니다. 그래서 문학이 소중하기도 한 거죠."

"전 문학이란 얘기를 꾸며놓은 거로만 알았어요. 특히 소설은요."

"얘기를 꾸며놓은 것이라고 할밖에 없는 소설도 많지요. 그러나 문학으로서의 소설은 왜 그런 얘기를 꾸미지 않을 수 없었던가 하는 정념情念과 사상思想이 표현되어 있는 얘기라야만 하는 겁니다."

하고는 물었다.

"아가씨는 읽고 가장 감동한 소설은 뭡니까?"

## 기쿠치 간菊池寬의 《은수恩讐의 저편》

"왜 대답을 안 하지?"

"기쿠치 간菊池寬의 《은수恩讐의 저편》이란 소설입니다."

"그 작품은 충분히 감동적이지."

하며 불량 학생은 아가씨의 감상력이 대단하다고 추어주었다.

"기쿠치 칸 선생하고 기가 나오야 선생, 어느 편이 더욱 훌륭할까요."

"작가로서?"

"예. 문학자로서요."

"그렇다면 비교가 안 되지. 시가 나오야가 월등해요. 시가를 금金이라고 치면 기쿠지는 구리쇠銅라고나 할까."

"시가가 아무리 훌륭한 작가라고 해도 그건 일본 내에서의 평가일 뿐 세계적인 시야에 서면 존재도 없는 작가요.”

## 불량 학생

“일본이 뭐라고 해도 동해에 있는 조그만 섬나라에 불과한 거요. 프랑스와 영국, 독일에 비하면 그야말로 미미한 존재이며, 오늘날 중국을 점령하고 위세를 보이고 있으나, 싸움에 강하다는 게 무슨 자랑이나 되는 줄 아시오? 자랑할 것은 문화요, 문화. 문화가 뒤떨어져 있으면 아무리 전쟁에 강해도 야만국일 밖에 없는 거요.”

이 대목에서의 불량 학생의 말소리는 바로 옆자리의 사람만 들을 수 있을 만큼 낮았다. 아가씨는 귀를 불량 학생의 입 가까이에 대놓고 전신을 긴장하고 있었다. 불량 학생은 바로 눈앞에 있는 아가씨의 귀를 보며 소연해지는 관능을 느꼈다. 아가씨의 귀는 진주모색眞珠母色으로 투명하게 보였다. 두텁지도 얇지도 않은 귀는 모양 좋은 조개를 닮아 속발로 흘러 있는 머리칼을 가볍게 받으며 다량의 속삭임을 기다려 다소곳이 열려 있는 것이다.

“왜 무궁한 장래를 가진 우리 젊은 사내들이 죽어야 하느냐 말이오.”
죽어야 한다는 말에 아가씨의 얼굴이 새파랗게 질렸다.
“그렇지 않소? 우리는 지금 학교에 다니고 있으니까 망정이지 학교를 졸업하면 병정에 가야 하오. 병정으로 가면 죽게 마련이오. 그래서 우리는 인생 25년이라고 한다오. 내 나인 지금 22세요. 그러니 이 지상에 살아 있을 날이 3년밖엔 안 된다는 얘기죠.”
“아가씨의 고향에서도 많은 젊은 사람들이 전쟁터에 나갔죠? 전사한 사람도 많죠?”
아가씨는 말없이 고개만 끄덕였다.
“전쟁은 자꾸만 치열하게 될 거요. 젊은 사나이들은 자꾸만 죽을 거요. 젊은 남자들이 한 사람도 남지 않게 될 때, 그때 전쟁은 끝날 것이오.”

“살아 있었으면 베토벤 이상의 음악가가 되었을 친구도 죽었소.”

“살아 있었으면 괴테 이상의 문학자가 되었을 친구도 죽었소.”

“그 기막힌 재능, 빛나는 젊음이 대륙의 두메, 태평양의 해저에서 죽어갔단 말이오.”

이때 아가씨는 소매에서 손수건을 꺼내 눈을 가렸다. 자기도 모르게 눈물이 쏟아질 뻔했던 모양이다.

## 오사카의 밤夜

드디어 열차는 고베를 지났다. 해는 지고 창밖은 전등의 바다로 변했다. 불량 학생이 돌연 입을 열었다.

“나는 오사카에서 내려야 하겠는데.”

“도쿄로 가시는 것 아녜요?”

“도쿄까지 24시간을 쭉 타고 가는 건 지루해서요. 난 언제나 오사카가 아니면 교토에서 도중하차해서 며칠 쉬었다가 가죠.”

“어때요. 아가씨도 오사카에서 내리시지. 기후까진 전철도 있으니까 두세 시간 후에 전철을 타고 가실 수도 있을 테고…….”

아가씨는 즉각 결심을 한 모양으로 일어서서 손을 잠깐 위로 뻗었다. 불량 학생이 성큼 따라서서 아가씨의 트렁크를 거들어 내려주었다.

얼마지 않아 불량 학생은 그 아가씨를 데리고 오사카의 우메다梅田 역의 개찰구를 빠져나가고 있었다. ……

최후의 심판정에서 검찰관은 이 대목에 이르러 목청을 높일 것이다. 염라대왕 각하, 이놈은 이처럼 나쁜 놈입니다. 교언영색巧言令色을 다해 순진한 처녀를 감쪽같이 유혹한 그 수법을 보십시오. 여기까지의 행동만으로도 놈을 초열지옥焦熱地獄에 집어넣어야 합니다, 하고.

그럴 때 나는 뭐라고 변명해야 할까. 초열지옥의 형은 달갑게 받겠다. 그러나 처음부터 불량 학생 취급하는 것은 너무하다. 긴 기차 여행 도중 아름다운 여자 옆에 앉고 싶어하는 것은 청년다운 로맨티시즘이라고 보아줄 수 있지 않겠는가. 그리고 유혹에의 은근한 마음이 없었다고는 말 못 하지만 처음부터 계획적으로 그런 짓을 했다고 단언하는 것은 지나친 확대 해석이 아닌가. 그러나 검찰관이 나의 변명에 호락호락 넘어갈 까닭이 없다. 검찰관의 공소장 낭독은 다음과 같이 계속될 것이다.

그런데 불량 학생은 역을 벗어나자 택시에 아가씨를 태우고 나카노시마中之島로 가서 여관을 잡았다. 그러고는 그 여관에 짐을 맡겨놓고 도톤보리의 번화가로 아가씨를 끌고 나갔다. 번화가의 어떤 술집으로 가서 방으로 들어가선 술을 마시곤 불량 학생은 인생 25년을 연거푸 들먹이며 자기의 운명을 서러워했다.
"그러나 나처럼 재능도 없고 못난 놈은 죽어봤자 아쉬워할 아무것도 없고 아껴줄 누구도 없다."고 하자 아가씨는
"학생처럼 총명한 사람은 죽어선 안 돼요."
하며 위로하기 시작했다.
불량 학생은 그의 말 주변을 최고로 발휘해선 아가씨로 하여금 이 학생을 위해선, 이 학생의 마음에 기쁨을 주기 위해선 무슨 일인들 하겠다는 기분으로 만들어버렸다.
그 결과는 뻔하다.
불량 학생은 드디어 아가씨를 가지 못하게 하곤 여관에서 같이 자게 되었다. 같은 방에서 같이 자도록 상황을 만들어놓곤 우리는 깨끗하게 이 밤을 지내야 한다는 감언이설로 자리를 따로 깔고 눕게 되었는데 밤중이 지나고난 어느 시각 아가씨는 하얀 시트에 묻은 파괴된 처녀의 붉은 흔적을 물을 묻힌 탈지면으로 닦아내려고 애쓰고 있었다.

부도덕하기 짝이 없는 불량 학생도 그 광경을 보곤 비로소 죄의식을 느꼈던지 아가씨의 어깨를 가볍게 안고는 용서해달라고 빌었다. 그러자 아가씨는

"아무것도 아녜요. 젊은 청년들이 무수히 죽어가는데 이런 것쯤이 뭣이 그처럼 대단해요."하고 울먹거렸다.

그 이튿날 아침 두 사람은 도쿄행 열차를 탔다. 아가씨는 기후에서 내리고 불량 학생은 도쿄로 직행했다. 불량 학생의 수첩엔 다음과 같은 기록이 있었다.

미네야마 후미코峰山文子 19세. 후쿠오카현 미즈마 군 출신, 고등여학교 졸업.

## 미네야마 후미코峰山文子

9월 신학기에 학교엘 나갔더니 미네야마로부터 온 편지가 7, 8통 밀려 있었다. 그 가운데의 한 통은 임신했다는 사연을 알린 것이었다. 불량 학생은 크게 당황했다.

당황하고 있는 판인데 졸업이 9월 25일로 당겨졌다는 조치와 함께 학생 징병 연기, 10월 1일에 대학 전문학교 학생은 일제히 군에 입대하라는 명령이 내렸다. 이른바 학도 동원령이다. 그러나 이것은 일본인 학생에게 해당하는 일이지 불량 학생 성 모에겐 관계없는 일이었지만 간교한 불량 학생은 그 사태를 이용할 술책을 꾸몄다.

"우리들은 머잖아 전쟁터에 나가게 되었다. 그러니 결혼을 하려 해도 그럴 겨를이 없다. 어떤 수단을 쓰건 임신은 중절시켜야 한다."는 요지의 편지를 썼다.

당장 답장이 왔다.

'아무튼 만나보고 싶어요. 아무리 바쁘시더라도 하루쯤 시간을 내어 기후로 오세요. 당신이 전쟁터로 나가더라도 난 아이를 내게 주어진

운명으로 알고, 그리고 모든 고통을 감수하고라도 키우겠어요. 당신에게 책임을 돌리는 일은 추호도 안 할 테니 한번 기후로 와서 절 만나주세요…….'

이 편지를 받은 불량 학생은 무엇에 쫓기듯 겁을 먹고 졸업식에 참가하지도 않고 마지막 시험이 끝난 9월 10일 한국으로 돌아가 버렸다. 그가 돌아가는 열차는 기후를 통과했다. 그는 몇 번인가 기후에서 내릴까 말까 하다가 그냥 지나쳐버린 것이다. 하지만 불량 학생은 미네야마로부터 도망칠 생각으로 그런 것은 아니었다. 고향에 돌아가 부모님과 의논해서 사후책을 강구할 요량이 없긴 않았다. 그러나 고향에 돌아가자마자 그를 기다리고 있었던 것은 한국 출신의 대학생과 그해 졸업생은 지원병의 형식으로 군대에 가라는 강제 명령이었다…….

사정이 이렇게 된 데는 최후의 심판도 정상의 재량이 있지 않을까 하는 희망이 솟지 않을 바는 아니지만 37년 동안이나 방치해 두었다는 사실은 아무래도 용서받을 수가 없는 것이다.

비행기는 일본 열도의 상공에 진입하고 있었다.

## 죽음이란 뭐냐

"사람을 찾는 겁니다. 미즈마 고등여학교를 나온 사람을 찾으려는 겁니다."

"이름이 뭔데요."

"미네야마 후미코란 이름입니다."

'아아, 이런 몸이 아니었을 때 이곳으로 와야 했딘 것을!'

불각의 눈물이 고통의 사이사이를 비집고 흘러내렸다. 고함이라도 지르고 싶은, 빈사의 중상을 받은 짐승처럼 고함을 지르고 싶은 충동을 미네야마를 비롯한 많은 여인들을 농락한 죗값이라고 생각하면 당연한 고통이라고 생각함으로써 가까스로 누를 수가 있었다.

드디어 단념하고 도쿄로 돌아온 것은 12월 31일. 도쿄 제국호텔의 일실에서 나는 이해 마지막일 뿐 아니라 내 생애 마지막 해의 밤을 혼자서 넘기게 되었다.

나는 비행기 내에서 사 온 스카치를 한 잔 두 잔 스트레이트로 마셨다. 아무리 술을 마셔도 아픔을 완화할 수 없을 때가 한계점인 것이며, 간장이 병든 자가 자꾸만 술을 마시면 생명을 단축시킬 뿐이란 의사의 말이지만 그 자신 암에 걸려보지 못한 의사가 환자가 느끼는 고통의 실질을 알 까닭이 없는 것이다.

나는 이 밤이야말로 죽음과 정면에서 대결해보자는 각오를 했다.

'죽음이란 뭐냐.'

'이 세상에서 없어지는 것이다.'

'언제 없어져도 없어질 운명이 아닌가.'

'그렇다.'

'그렇다면 조만<sup>早晚</sup>이 있을 뿐이지 본질적으론 다름이 없는 것이 아닌가.'

'그렇다.'

'그런데 왜 오래 살려고 발버둥치는 걸까.'

'오래 살면 죽음의 공포가 없어지는 걸까.'

'오래 살면 미련 없이 죽을 수 있는 걸까.'

'내가 가령 80세에 죽는다고 치자. 그 나이에 죽으면 지금 죽는 것보다 고통과 슬픔이 덜할까.'

'지금 80세이신 어머니는 자기의 죽음을 어떻게 생각하고 계실까.'

'Y군이 말했듯 이것이야말로 불모의 사고<sup>思考</sup>이다. 그만두자. 죽음이 다가왔을 그때 대결해도 늦지 않다.

이런 생각을 하며 욱신거리는 동통을 견디고 있는데 돌연 어두운 창고의 일부분이 플래시에 비추인 것처럼 뇌리의 한 부분이 환하게 되었다.

1880년대에 김윤식金允植, 김홍집金弘集, 김옥균金玉均 등 삼 김 씨三金氏가 있었다. 단순한 우연일 것이지만 1980년대에 또 다른 삼 김 씨가 나타났다.

1880년대의 삼 김씨와 1980년대의 삼 김씨는 후세의 역사에 있어서 어떻게 비교되며 어떻게 그 상관관계가 규명될 것인가. 비극은 되풀이 되지 말아야……. 그러나 이건 죽어야 할 내가 관심 둘 바는 아니다.

나라의 체면이며 대표자이며 원수를 정치가 속에서 뽑아야 한다는 것이 난센스가 아닌가. 비극이 아닌가…… 이것 또한 죽어야 할 내가 관심 둘 바가 아니다.

"미네야마 후미코 씨는 사망으로 되어 있습니다. 참 안됐습니다."

"아닙니다. 내게 있어선 37년 전에 죽은 사람이었으니까요."

"참, 학적부도 뒤져보았는데 성적이 꽤 좋은데요. 쭈욱 우등생이었습니다."

그 말엔 웃을 수밖에 없었다. 죽어 없어진 사람이 우등생이었으면 무엇을 하느냐 싶어서였다.

미네야마 후미코의 죽음은 어떠한 죽음이었을까. 폭격으로 인한? 병으로 인한? 혹은 자살?

'운명이란 못하는 짓, 안 하는 짓이 없다. 그런 운명에 말려 들어간 것이니 난들 어떻게 하란 말인가.'

## 어머니母親 유언遺言

1980년 1월 7일 7시.

나리타 공항을 떠난 비행기는 '屍體×日前'을 태우고 서울 향해 날고 있었다. 나는 내 체내에서 광풍 노도를 방불케 하는 고통이 옆자리에 앉은 사람이 감지하지 못하도록 입을 악물었다.

공항에서 곧바로 어머니에게 달려가려다가 나는 주춤 자동차를 나의 거처로 돌렸다. 자동차의 백미러에 비친 내 얼굴이 유귀流鬼의 형상을 하고 있었기 때문이다. 열흘이 넘는 동안을 먹는 듯 마는 듯 지나며 술만 먹고, 고통에 시달렸으니 바위인들 그 모습을 바꾸지 않았겠는가 말이다.

어머니의 방에 들어섰을 때 먼저 링거 주사를 맞지 않고 있다는 사실을 발견했다.

"링거를 맞으면 가슴이 답답하다고 해서 치웠어요."

"네가 왔느냐. 그럼 됐다."

"형술이 아저씨 보았나."

"예. 뵀습니다. 어머니에게 맛있는 것 사드리라고 일본 돈을 10만엔 주데요."

어머니는 우리 집안을 쳐서도 그렇지만 외가로서도 제일 높은 어른이었고 중심인물이었다. 어머니가 들어 해결되지 않는 집안의 트러블이란 없었다.

"링거도 안 맞으시고 아무것도 안 자시고 어떻게 하지?"

잠시 바깥으로 나와 나는 이렇게 중얼거렸다. 대꾸할 누구도 있을 까닭이 없다.

'아아, 이것이 적막이구나!'

모두들 어머니의 죽는 시간을 기다리고 있다는 것을 집안의 공기로부터 느낄 수가 있었다.

'세상에 이럴 수가.'

눈물이 하염없이 흘렀다.

방 안으로부터 염불 소리가 흘러나왔다.

어머니는 자기의 손을 내밀었다. 내가 그 손을 잡았다. 동생들도 어머니의 손을 잡았다.

"인자 됐다. 느그들 모두 잘 지내라."

마지막 힘을 모아 또박또박한 음절로 이렇게 말씀하시고는 우리가 잡고 있는 손을 풀었다.

이것이 80세를 사신 어머니의 마지막 말이었다. 그리고 뒤이은 이틀 동안 혼수상태에서 헤매다가 11일의 새벽 드디어 운명하셨다.

1980년 1월 11일 오전 4시, 라고 나는 내 가슴에 그 시각을 적어 넣었다.

"느그들 모두 잘 지내라!"

진실로 위대한 메시지였다.

### 성유정成裕正 유언遺言

이제 나는 나의 죽음을 준비하면 그만이다. 그런데 나의 메시지는 뭐라고 할까.

"용서해달라, 나를 용서해달라!"

성유정의 수기는 여기서 끝나고 있다. 그는 1월 13일 어머니의 장례를 치르고 삼우제까질 무사히 지내고 그 이튿날 죽었다. 자기의 무덤을 어머니의 무덤 바로 밑에다 지정해놓고.

### 성유정成裕正 묘비명墓碑銘 — 역성歷城의 풍風, 화산華山의 월月

나는 후기後期를 써야 할 의무를 느낀다. 그러니 다음에 기록되는 '나'는 '유정'의 '나'가 아니고 후기를 쓰고 있는 '나'라는 것을 명념하기 바란다.

성유정은 재才도 있고 능能도 있는 인물이었다. 그러나 그는 충전한 의미에 있어서의 문학자가 되지 못하고 일개 딜레탕트로서 끝났다. 그 딜레탕트의 늪 속에서 혹시나 연꽃이 피어날 수도 있지 않을까 하는 것이 나의 기대였고 그를 아는 모든 사람들의 기대였지만 그 기대는 그의 운명과 더불어 무로 돌아가고 말았다. 그러나 그건 성 군 스스로가 책임을 질 일이지 우리가 애석해할 까닭은 없다.

그는 넘치는 재능을 가지고 있었지만 그것을 받들어 꽃피우고 결실시킬 수 있는 강한 의지가 결여되어 있었기 때문이다. 그는 왕왕 자기의 과오를 마음이 약한 탓으로 돌리고 있었지만 마음이 약하다는 것이 변명의 재료가 될 수 없을 것이며 항차 그의 문란했다고도 말할 수 있는 사생활에 대한 비난을 면책하는 조건도 되지 못할 것이다.

그래도 나는 후일 그의 묘비명을 청해오는 일이 있으면 다음과 같이 쓸 작정이다.

'그의 호학好學은 가히 본받을 만했는데 다정과 다감이 이 준수俊秀의 역정歷程에 흠이 되었노라'고.

마지막으로 이 수기에 거창한 제목을 붙인 까닭을 설명해둔다. 성유정이 언젠가 왕어양汪魚洋의 다음 시

하처고향사何處故鄕思 풍상역성수風傷歷城水
하처고향사何處故鄕思 월기화산수月倚華山樹

란 것을 내게 보이며 언젠가 자기가 라이프 워크를 쓸 땐 이 시구에서 제목을 빌리겠다고 말한 적이 있다. 그런데 그는 라이프 워크라고 할 만한 것을 남기지 못하고 죽었다.

이 수기만 하더라도 병중의 것이었다고는 하나 감정의 비약이 심하고 과시도 있어 치밀하지 못한 점으로 해서 불만인 구석이 한두 군데가 아니다.

그러나 나는 그가 애착했던 제목을 무위로 남겨두기가 아쉬워 여기에 '역성歷城의 풍風, 화산華山의 월月'이란 제목을 붙였다.

　　나림 이병주 작품 「세우지 않은 비명」을 정독하였다. 작품 속 문장으로 「세우지 않은 비명」 어록집을 만들었다. 기록을 필사한 문장이다. 좋은 문장을 찾아 단락마다 제목을 붙였다. 제목은 내가 쓴 작품 해설이다. 필사 문장과 해설의 만남이다. 나림 문장을 느끼면서 소설 의미를 깊이 찾아보시길 바란다. 제목을 읽고 문장을 보는 거꾸로 독서도 문장 공부에 도움이 된다. 나림 이병주 선생은 문장을 이렇게 쓴다.


　　그럴 만한 사연은 물론 있었다.
　　성유정成裕正은 다음의 시구를 좋아했다. 성유정成裕正 · 8면

人生只合死楊州
인생은 모름지기 양주에서 죽어야 하는 것이거늘! 인생 · 8면

　　장호張祜 · 당대의 시인의 시從遊淮南에 새겨진 양주양저우와 성유정이 묻혀 있는 이 양주와는 다르다. 장고의 양주는 중국의 중부, 양자강의 북안北岸에 자리 잡은 고을이고, 이곳 양주는 한국의 수도 근처의 근교에 있는 고을이다. 양주 · 9면

　　성유정은 1년 남짓 중국의 양주에서 머문 적이 있었다. 일제 때 학도병으로 끌려간 성유정이 속한 부대의 주둔지가 양주였던 것이다. 학도병 · 9면

　　명말청초明末清初의 교대기에 명청 간의 혈전이 있었던 곳이라고 듣고 더욱 애착을 더 했다고 했다. '인생지합사양주'란 시구는 그가 어느 휴일 양주 교외를 산책하고 있다가 길가의 비각碑閣에서 주운 것이다.

"오죽했으면 양주에서 죽고 싶다고 했을까."

"나도 혹시 이 양주에서 죽고 싶어질지도 모른다."

는 생각을 했다는 것이다.

그만큼 그의 양주에 대한 애착은 강했다. 애착 · 10면

마르셀 프루스트처럼 인생을 치밀하게 슬퍼하는 것도 좋지만 한시漢 詩처럼 풍월風月적으로 인생을 슬퍼하는 것도 나쁘질 않다. 요컨대 인생 은 슬퍼하면 되는 것이니까. 문학은 인생의 슬픔을 기록하면 되는 것 이니까. 문학이란 원래 필패의 역사일 따름이다…. 문학 · 10면

술을 마셨다. <중략> 아무튼 세상은, 또는 세월은 죽음을 슬퍼할 수 있도록 사람을 방치하지 않는다. 지구는 수십만 년 동안 누적된 인 류의 시체로 해서 더욱 무거운 것이다. 언제부터인가 죽음은 신비의 베일을 벗고 일상사가 되었다. 드디어 우리는 죽음과 동거하고 있다. 살아간다는 것은 죽어간다는 의미의 표현일 뿐이다. 죽음 · 12-13면

표현 여하에 따라선 죽음 이상의 장려壯麗가 없을 것 같기도 하다. 생명의 시작은 비록 그것이 인간의 시작이라도 곤충의 시작 이상일 것이 없다. 그러나 생명의 마지막은 그가 가꾸기 시작한 꿈의 가능이 붕괴하는 뜻만으로도 장엄한 것이 아닌가. 인간은 곤충으로서 태어나 제왕으로서 죽는다. 인생이란 제국의 건설이다. 죽음은 그 제국과 함 께하는 함몰이다. 함몰 · 13면

머리가 좋기로 그리스에서 이름이 높았던 에피쿠로스는 말했다.

살아 있는 동안 죽음을 알 수 없다. 죽으면 죽음을 모른다. 이래도 저래도 알 수 없는 문제를 놓고 고민할 필요가 뭐 있는가. 에피쿠로스BC 341-271 · 14면

동양의 공자孔子는 한술을 더 떴다.

나는 아직 생生을 모른다. 그런 처지에 어찌 사死를 논하랴!. 공자BC 551-479 · 14면

이런 점으로 봐서 석가는 덜 영리했던 것인지 모른다. 그는 종평생 죽음을 최대의 문제로 삼았다. 석가BC 560 추정-480 · 14면

하여간 나는 뭔가 예조豫兆를 느꼈다.

'1979년도 얼마 남지 않았군.'

하며 죽음에 관한 생각을 떨어버리려고 했다. 동시에

'1979년의 의미란 제목으로 칼럼을 쓸까.'

하는 직업의식이 돋아났다. 나는 K신문에 1주일에 한 편 꼴로 <시사칼럼>을 쓰고 있는 터였다.

'1979년은 참으로 이상한 해라고 아니할 수 없다.'

첫째, 1979년이 시작되자마자 1월 초 캄보디아의 폴 포트 정권이 붕괴되었다. 프롬펜은 한자로 급변急變이라고 쓴다. 폴 포트가 학살한 4백만은 캄포디아 인구의 거의 반수에 가까운 숫자다.

같은 1월, 이란의 팔레비 왕이 국외로 쫓겨났다. 그도 역시 자기의 정권을 유지하기 위해선 수단 방법을 가리지 않고 백성을 살육한 자다. 그는 지금 불안한 망명 생활을 파나마에서 보내고 있다지만 그의 문명은 시간문제인 것 같다.

4월엔 아프리카 우간다의 대통령 아민이 우간다의 해방전선에 의해 타도되었다.

"내가 국가다."

"내가 곧 법률이다."

"우간다에선 정치는 나만 하면 된다."

'키신저 군, 미국의 국무장관을 그만두고 나거든 우간다로 유학하러 오게. 내가 직접 정치술과 외교술을 가르쳐줄 테니까. 내 호의에 감사할 줄 알아야 하네."

줄잡아서 아민의 의미는 그의 정직성에 있다. 그의 생경生硬하게 노출된 정직이 20세기 정치의 병리를 역조명逆照明하는 보람으로 해서 아민의 존재 이유를 무시할 수 없는 것으로 만들고 있다…….

그러나 아민이 그의 존재 이유를 증명하기 위해서라고 해도 8년의 권좌는 너무나 길었다. 1979년·15-22면

4월에 우간다를 휩쓴 독재자 추출의 선풍이 7월엔 중미 니카라과의 소모사 대통령을 휩쓸었다. 소모사는 아버지의 대를 이어 43년 동안이나 니카라과에 군림한 자다. 모두들 니카라과를 소모사의 사유 재산이라고 생각하고 있었던 것인데 그런 것이 아니었다는 사실이 밝혀진 셈이다. 산디노 영도하의 민족해방전선은 소모사를 타도했다.

9월엔 중앙 아프리카의 보카사 황제가 축출되었다. 아동의 해에 아동을 대량 학살했을 뿐만 아니라 보카사에 관한 스캔들은 그 밖에도 많다.

그리고 지금 시월 중미 엘살바도르의 독재자 로메로의 위기가 전해지고 있다. 그의 실각은 확실한 모양이다.

이렇게 되니 10월 10일 현재, 1979년 한 해에 여섯 명의 독재자가 권좌에서 밀려난 것으로 된다…….

나는 꽤 흥미로운 칼럼이 되겠다는, 약간 들뜬 기분이 되었다. 그러고 보니 칼럼의 서두를 센세이셔널하게 꾸며야겠다는 생각이 일었다.

'1979년은 독재자들에게 철퇴가 내린 해이다…… 안 돼.'

'1979년은 역사에서 교훈을 배울 줄 모르는 무도한 독재자들에게 역사의 엄숙함을 가르치려고 섭리가 작동한 해인 것 같다……이것도 안 돼.'

'1979년은 곧 다가올 1980년대를 보다 평화롭고 청량한 시대를 만들기 위해 신의가 대청소를 감행한 해인지 모른다…….' 독재자 말로·22-23면

최종식崔鍾軾 교수를 배워 보려는 것이다. 그는 간암에 걸려 마지막 숨을 거둔 순간까지 그의 저서 ≪농업정책론≫의 미필된 부분을 보완을 보완하고 있었다니 말이다. 학자·22면

"어머니, 별고 없으시죠?"
"가끔 배가 아프다."
"미안하구나, 볼일도 못 보게 먼 데 있는 널 불러서."
그런데도 나는 어머니 옆에 오래 앉아 있기가 거북했다. 만일 어머니가 말을 시작하신다면 감당 못 할 일이 한 두 가지가 아닌 것이었다. 그만큼 나는 불효를 거듭하고 있었다." 불효·24-27면

10월 26일에야 어머니의 병명이 밝혀졌다. 위암이란 선고였다. 위암·31면

나는 그길로 나와 변두리 어느 술집으로 갔다.
'어머니는 빈사의 병상에 있고 아들놈은 술집에서 흥청댄다.'
는 의식은 세상의 빛깔을 송두리째 바꿔놓았다. 언제 어머니의 영생을 믿기라도 했던가. 다만 한없이 어머니가 가련할 뿐이었다. 그날 밤 묘한 일이 생겼다. 이른바 10·26 사건이다. 10·26 사건·33면

나는 무슨 큰 사건이 있을 때마다 변을 당했었다. 일제 말기엔 학병으로 끌려갔고, 6·25 때는 자칫 죽을 뻔했고, 5·16 때는 징역살이를 했다. 이를테면 역사의 고빗길마다에서 나는 고난을 겪었다.
어머니는 그러한 아들이기 때문에 무슨 변란만 있으면 가슴을 조였다.
"조심해라, 얘야." 고난·34면

잘살진 못해도 어머니가 낳은 삼남 일녀가 요절하지 않고, 또 손주들이 별 탈 없이 지내고 있는 것은 어머니가 착하신 마음의 그늘 때

문인지도 모른다. 어머니 공덕 · 35면

외삼촌은 의사였다.

병명은 백혈병.

내 병명은 간암.

세상을 버리고 떠날 때 세상은 얼마나 아름다운 것일까. 내가 없어도 이 하늘과 땅은 천 년 후에도 만 년 후에도 이처럼 의젓하게 남아 있을 것이 아닌가. 천 년 전 만 년 전에 이 하늘과 땅이 고스란히 그냥 있었듯이 말이다.

'나는 아무렇지 않게 행동해야 한다.' 간암 · 36-42면

"천 원쯤 더 드릴 테니 합승은 말고 갑시다."

몸을 택시에 맡기고 눈을 감았다. 어디에서부터 생각을 시작하며, 무엇부터 정리를 시작해야 할까. 6·25 동란 중 피난처에서 집으로 돌아왔을 때 수습 못 할 정도로 헝클어져 있는 서재를 들여다보고 있던 나 자신의 모습이 염두에 떠올랐다.

부쉬진 책상, 탄흔이 남아 있는 벽, 천장의 판자가 디룽디룽해 있고 책들은 산란해 있었는데, 그 위에 있고 책들은 산란해 있었는데, 그 위에 토족土足의 흔적이 요란한 서재를 보고 나는 멍청히 서 있었다. 어디서부터 손을 대야 할지 엄두가 나지 않았던 것이다. 지금의 내 머릿속이 그때의 서재를 방불케 하고 있다는 사정을 돌연 깨달았다.

그러나 그때는 슬프지도 않았다. 당황하지도 않았다. 살아 있다는 사실만으로 충분히 고마웠던 것이었는데…….

그리고 보니 나는 폭격으로 죽을 뻔한 일이 한두 번이 아니었다는 회상이 살아났다. 6·25 동란 · 42-43면

날짜도 잊지 않는다. 1950년 8월 31일, 정오 무렵. C시의 상공에 수십 대나 되는 B29가 나타났다. 친구인 정군과 나는 한여름의 태양

에 은색 날개를 번쩍거리며 폭음도 요란하게 날아오고 있는 그 비행기들을 넋을 잃고 쳐다보고 있었다. 너무나 높은 고도여서 그저 지나가 버리는 것으로만 알았던 것이다. 그런데 검은 깨알을 쏟듯 비행기의 배가 무언가를 토해내는 것을 보았다.

"수평 폭격이다."

정군과 나는 바로 앞 개천으로 뛰어내렸다. 그러고는 축대 아래쪽에 몸을 붙이고 눈과 귀와 코를 양손의 손가락으로 막았다. 일본 군대에서 배운 요령이었다. 다음 순간 천지가 진동하는 꿍음이 일더니 한참 동안을 계속되었다. 꿍음이 사라진 뒤 눈을 떠보았다. 몽몽한 연기와 먼지로 지척도 분간할 수 없는데 기왓장과 돌멩이와 나무토막 같은 것이 날아와선 축대의 벽에 부딪히고 있었다. 폭풍의 회오리였다.

그 회오리가 끝나고 먼지가 가라앉았을 때 몸을 일으켰다. 근처의 집은 온 데 간 데가 없었다. 무수한 사람이 죽었다. 그 지옥 속에서 나와 정군은 살아남았다.

'폭탄이 떨어지는 자리를 몇 센티쯤 피했다는 것이 내가 생존한 조건이며, 이유다.'

하는 하나의 관념이 그때 내 가슴속에 새겨지게 된 것이다.

'그렇게 살아남아 드디어 이젠……. B29 폭격 · 43-44면

육체의 세계는 협소하기 짝이 없다. 육체의 시간은 허무하리만큼 짧다. 한데 관념의 세계는 한없이 넓다. 그 시간도 거의 무한에 가깝다. 빈약하고 짧고 협소한 세계밖엔 가지고 있지 않은 인간이 다종 다양할 뿐아니라 중요한 관념의 세계를 가지고 있다는 것은 책벌責罰일까. 위안일까. 육체는 사로잡혀 있지만 관념은 모든 속박에서 초월할수 있다는 것은 지혜의 말일까. 우자愚者의 넋두릴까. 관념 세계 · 44면

나는 아무 말 않고 서재로 들어가 한 권의 책을 찾았다. 두 달 전엔가 읽은 모리스 웨스트의 책이다. 암의 선고를 받은 메레디스란 신

부<sup>神父</sup>를 주인공으로 한 그 소설의 서두를 보고 싶었던 것이다.

첫 페이지를 폈다.

> 다른 사람들을 위해 편안한 죽음을 준비해주는 것을 직업으로 하고 있는 그가 자기의 죽음에 대해선 전혀 준비가 없었다는 사실은 충격이었다.
>
> 그는 이성적인 사람이었다. 그런 만큼 사람은 출생하는 그날, 자기의 사형 선고를 손바닥 위에 기록한다는 사실을 그는 알고 있었다. 그는 또한 냉정한 인간이었다. 감정에 치우치지 않고 어떠한 고행에도 지치지 않았다. 그런데도 암의 선고를 받았을 때의 그의 첫째의 충동은 불사의 환상에 매달리고 싶은 강렬한 욕망이었다.
>
> 얼굴을 가리고 손을 숨기고 전혀 예기치 않은 시간에 죽음이 들이닥친다는 것은 죽음이 지니고 있는 은총의 일부라고 할 수가 있다. 죽음은 그의 형제인 수면처럼 천천히 부드럽게 다가서든가, 또는 성애<sup>性</sup>의 절정처럼 빨리, 급격하게 엄습하든가 해야 한다. 그런 까닭에 최후의 순간은 영혼과 육이 분리하는 고통대신 조용하고 성스럽기조차 할 것이었다.
>
> 이와 같은 죽음의 은총은 막연하나마 모든 사람들이 바라고 있는 바이며 그것을 위해 기도한다. 그런데 그 바람과 기도가 거절당했을 때 사람들의 비통은 심각하다…. 죽음·45-46면

정도와 내용은 물론 다르지만 신부와 작가라는 것은 약간 비슷한 직업이다. 신부의 역할이 사람들에게 편안한 죽음을 준비해주는 것이라면 작가의 역할은 죽음에 대처하는 인간의 위신을 생각하게 하는 데 있다. 그는 죽음에 관해 어떤 글을 쓰건, 안 쓰건 죽음에 임하는 각오만은 마음속에 간직해 있어야 하는 것이 아닐까. 각오까지 되지 못하더라도 좋다. 그러면 어떤 기분이라도. 신부와 작가·46면

남에게 충고하는 것을 직업으로 하고 있는 나 자신이 인생에 있어서 가장 중대한 문제를 두고 당황한다는 것은 말이 되지 않지 않는가. 당황·46면

어떻게 하건 어머니가 죽은 연후에 내가 죽어야 하는 것이다.

병세는 선고 후에 급속도로 진행되는 모양이었다. 병세·47면

'기막힌 운명!'

그 첫째의 예가 일제 말기 학병으로 나갔을 때다.

"전쟁은 곧 끝납니다." 운명 1 학병·48면

둘째의 예는 6·25 동란 중 정치보위부에 붙들렸을 때였다. C시를 점령한 북괴군은 천주교 교회당에 정치보위부의 본거를 차려두고 유치장으로선 2층을 사용했다. 2층 유치장에 며칠을 가둬두고 조사가 끝나면 형무소로 보내는데 그 2층 유치장에 있는 동안이 공포의 연속이었다. 낮과 밤을 가리지 않고 빈번히 공격해오는 비행기가 언제 그 2층 건물을 날려버릴지 몰랐기 때문이다.

"최후의 일각까지 침착해야 한다." 운명 2 진주 옥봉성당·48-49면

세 번째의 예는 5·16 혁명 직후 필화 사건으로 붙들렸을 때이다. 처음 Y경찰서의 유치장에 수감되었는데, 거기엔 이미 교원노조에 관계했다고 해서 십수 명의 교사들이 수감되어 있었다. 운명 3 부산 영도경찰서·49면

이런 사정은 서대문 교도소로 옮기고 나서도 바뀌질 않았다. 같은 감방에 노인도 있고 청년도 있고 보니 우울한 표정조차 할 수가 없었다.

"이곳은 감옥이 아니고 아카데미다."

"우리는 죄수가 아니고 황제다."

"이곳에 있는 한 나는 나의 완전한 주인이다."

"자유는 마음속에 있는 것이지 조건에 있는 건 아니다. 바깥세상은 창살이 없는 감옥일 뿐이다."

"우리가 갇혀 있는 것이 아니라 우리가 달과 별을 가두어놓고 산

다.”

　이처럼 황당무계한 말을 꾸며가며 죄수가 황제 노릇을 해야 했던 것이다. 운명 4 서대문교도소 · 50면

　'어머니를 위해서!'
　나는 어머니를 위해서 내 마지막 인생을 바치기로 했다.
　“아무쪼록 몸조심 해라. 네 책임이 얼마나 중하노.”
　“이 세상에선 어머니와 같이 가장 오래 산 사람은 저죠?”
　“응, 그래.” 어머니 · 50-51면

　“제 어릴 때 하던 짓 기억하고 계십니까?”
　“난하기 짝이 없었지.”
　“그렇게 짓궂은 애를 키우려니 얼마나 수고를 했겠습니까.”
　“가을만 되면 네가 손해 뵌 곡식 물어주느라고 바빴다.”
　“어머니, 제게 하모니카 사주신 일 기억하세요?”
　“일본 갔다 온 사람의 아들이 하모니카를 가지고 있었거든요. 그것이 탐이나 죽을 지경이라서 졸랐더니 어머니가 그 집에 직접 가셔서 하모니카를 사왔어요. 그 집 어른들은 고사하고 그 집 아이를 어떻게 꼬셨는지 지금도 궁금해요.”
　“돈도 많이 주었지만 짚을 열 통이나 안 줬나. 지붕을 일 짚이 없다캐서.”
　“되게 비싸게 치었겠네요.”
　“그 집 아들도 소중한 아들인데, 그 아들 것을 가지고 오는데 비싸고 안 비싸고가 있었겠나.” 하모니카 · 52면

　“어머니가 제일 기뻤을 땐 언제였습니까?”
　“네가 중국에서 돌아왔을 때다.”
　“제일 슬펐을 때는요.”

"글쎄. 그건 아버지가 죽었을 때라고 해야 안 되겠나."

"어머닌 시집을 사시느라고 고생하시진 않았습니까?"

"고생이 뭣고, 호강을 했지. 느그 할머니는 참으로 훌륭했더니라. 여장부였지."

"고생이 많으셨을 텐데요. 그 밖에도."

"누가 고생 않고 사는 사람이 있겠나." 기쁨과 슬픔 · 52-53면

"특히 마음에 걸려 있는 게 뭡니까."

"느그 작은아부지의 제사가 마음에 걸리는구나."

작은아부지란 나의 仲父<sup>중부</sup>를 말한다. 중부는 3·1운동 때 투옥된 이래 평생 절<sup>節</sup>을 굽히지 않고 불우하게 살았는데 아들이 없다. 그 때문에 제사를 걱정하고 있는 것이다. 작은아버지 제사 · 53면

"그 밖에 한이 되는 건 없습니까?"

"원도 한도 없다. 손주 놈 장가보내면 그 이상이 없겠구나."

"상대가 결정되어 있으니 결정할 것 없습니다."

"이 해 안으론 안 될까?"

"지금 대학 4학년이니까 명년 봄 졸업하고 나면 곧 하도록 하죠 뭐. 여자는 재학 중엔 결혼할 수 없게 돼 있어요."

"모두가 남녀동권이라고 하던데 왜 그것만 남녀동권이 아니고." 소원 · 53-54면

"특히 하고 싶은 건 뭡니까."

"아무것도 없다. 전국 좋은 데란 곳은 다 가봤고. 제주도만 빼놓고 말이다. 그런데 뭐 바랄 게 있겠노."

"완쾌하시거든 제주도엘 갑시다. 제가 모시고 갈 테니까요."

"언제 나을 날이 있을까?"

"있구말구요."

"병원비가 많이 들겠재?"

"그런 게 어디 문젭니까."

"차를 없애서 불편하재?"

"요즘 휘발유 값이 비싸고 한데 없앤 건 잘한 일입니다."

"그래도 넌 옛날부터 타고 다닌긴데."

"새 차 좋은 걸 사죠, 뭐. 어머니가 나으시기만 하면요. 새 차 사가지고 전국 방방곡곡 타고 다닙시다."

"바쁜 사람이 그럴 여가나 있겠나."

"어머니만 나으시면 그때부터 전 안 바쁩랍니다. 일을 줄이죠, 뭐."

"일을 좀 줄여야 될 끼다. 밤샘을 하며 글 쓰고 있는 걸 보니 딱하더라." 나림 이병주 삶 · 54면

"버릇이니 딱할 것도 없습니다. 아무리 생각해도 어머닌 오래 살아계셔야 할 것 같애요."

"왜?"

"제 유일한 빽인 걸요."

"나를 빽으로 말고 부처님을 빽으로 해라."

"부처님을 빽으로 한 사람은 너무 많지 않습니까. 전 여전히 어머니를 빽으로 할 겁니다."

"내 빽이 부처님이니까 네 빽도 부처님이다."

얘기는 더 많이 계속되었다. 처음으로 모기장을 산 얘기, 재봉틀을 산 얘기, 어머니의 어렸을 때의 얘기, 어머니의 잊을 수 없는 친구들의 얘기, 친정 얘기……

이것이 어머니와 나 사이에 있었던 대화다운 긴 대화의 마지막이었다. 나림 이병주와 어머니 대화 · 54면

퇴원하는 날 나는 의사에게 물었다. 어머니의 생존이 얼마 동안이나 보장되겠느냐고 반년까진 갈 것이란 의사의 대답이었다.

어머니를 자동차 안에 모셔다 놓고 나는 다시 의사에게로 가서 내 문제를 물었다. 의사는 좀처럼 답을 안 하고 있더니 조심만 하면 1년은 견딜 수 있을 것이라고 했다.

"그럼 어머니보다 먼저 죽는 일은 없습니까?"

"대강 그렇게 되겠죠." 죽음 · 55면

"내 집에 가서 누워 있어야 편하다."

이 말씀에 내 가슴이 쿵했다.

그리로 가시면 나도 거기서 거쳐해야 할 것이지만 그렇겐 될 수가 없었다. 나는 내 죽음도 준비해야 하는 것이며 따라서 정리를 하려면 생활의 본거지에 있어야 하는 것이었으니까. 생애 정리 · 56면

어머니의 죽음에 대한 슬픔 속에 내 죽음에 대한 공포를 묻어버릴 수가 있고, 내 죽음에 대한 슬픔의 그늘에 어머니의 죽음에 대한 슬픔을 묻어버릴 수가 있다는 얘기다. 공포와 슬픔 · 56면

재산! 정리를 해야 할 정도로 재산이 있을 까닭이 없다. 그야말로 프랑스의 어느 익살꾼처럼 뽐낼 수가 있다.

"내가 한 유일한 선행은 후손들이 그것으로 인해 싸움질을 하게 될지 모르는 재산을 남기지 않은 데 있다."

가지고 있는 것은 얼마간의 책이다. 약간의 호학심好學心에 허영심이 거들어 만 권의 장서가 된 것인데, 모아놓고 보니 장하다는 생각이 없지 않다. 언어별로 하면 그리스어, 라틴어, 영어, 프랑스어, 일어, 독일어, 한문, 우리말, 갖가지 고전을 비롯해서 현대의 사상가에 이르기까지. 어느 한 권 내 손으로 만져보지 않은 것은 없지만 아직도 읽지 못한 책이 적잖이 있다. 언젠가는 읽을 것이라고 모아둔 것이지만 시간이 없다. 읽지 못한 책을 쌓아두고 세상을 떠난다는 것도 슬픈 일이다. 내 재산과 만권 장서 · 57면

그 책 더미를 둘러보며 생각하는 것은, 나의 59년은 철이 들고 이 날까지 외국어를 배우고 익히는 데 소모되었다는 아쉬움이다. 그러고 도 이 정도면 되었노라고 자신을 가질 만큼 마스터한 외국어라곤 없 다. 도스토옙스키가 벨린스키를 비판한 말 가운데

"평생 하나의 외국어도 마스터하지 못하고 포이어바흐를 폭이엘밧 흐라고 발음한 인간."

이란 것이 있는 이 말은 나에게 가슴을 찌르는 칼날처럼 느껴지는 말 이다. 도스토옙스키는 20세 이전에 거침없이 칸트를 읽을 만큼 독일 어에 능했고 16세 때 발자크를 번역할 정도로 프랑스어에 능했다. 대 천재와 겨누려는 불손한 생각은 아예 없지만 59년의 생애를 살고도 하나의 외국어에도 자신있게 익숙해 있지 못하다는 것이 한스러울 뿐 이다. 짧은 인생과 외국어 공부 · 58면

그러한 자책도 있어 나는 내가 모아둔 책들을 두고 친구들에겐 나 이가 많아 아무것도 하지 못하게 되면 헌책점을 할 작정이라고 했다. 노후 생활 · 58면

이것은 결코 농담이 아니었다. 친구들은 대강 전원에 집을 가지고 수석을 즐기며 노후를 지내야겠다는 꿈을 가지고 있는 모양인데 나는 그렇지가 않다. 서울 어느 변두리에 헌책점을 차려놓고 책이 팔리는 대로 쌀 한 되, 연탄 한 개 사서 끼니를 잇고 여유가 있으면 소주 한 병, 오징어 한 마리 사다간 책을 구하러 온 학생들과 책 얘기나 하며 노후를 살았으면 하는, 목가적牧歌的이라고 하기엔 너무나 거리가 먼 그 러나 나로선 목가적이라고 할밖에 없는 꿈을 가지고 있었던 것이다. 서울 어느 변두리 헌책점 · 58면

백발에 주름 잡힌 몰골로 동으론 사마천司馬遷 서西에선 사포를 들먹 이며 젊은 학생들과 소주잔을 나눠가며 담론 풍발談論風發하고 있으면 인생의 노후, 그로서 족한 것이 아닐까. 그런데 아주 겸손한 염원이라

고 생각했던 이 염원이 지금 와선 엄청나게 호사스러운 꿈으로 되었다. 내겐 노후조차도 없는 것이다. 아주 겸손한 염원 · 59면

내겐 청춘이 없었다는 말은 노상 써오던 넋두리다. 공부하는 것처럼 공부하지 못하고 노는 것처럼 놀아보지 못하고 피압박민족으로서의 콤플렉스를 지니며 어두운 나날을 보내다가, 젊음의 절정을 일본군의 용병 신세로서 지내곤 뒤이어 좌우충돌의 회오리 속에서 정신을 차리지 못한 채 생사지간生死之間을 방황해야 했던 놈에게 무슨 청춘이 있었겠는가 말이다. 그러고 보니 내겐 청춘도 없고 노후도 없다는 얘기가 되는 것이다. 나림 이병주 회고문 청춘 · 59면

젊은 친구들은 여전히 찾아온다.
"선생님, 건강이 안 좋으신 것 아닙니까."
하면서도 그들이 예나 다름없이 내 서재에서 활달한 것은 내가 빈사 상태에 있다는 사실을 알 까닭이 없기 때문이다. 나는 기를 쓰며 건강한 척 꾸미고 있었으니까.

어느 날엔가 그들은 헌법 논의를 토론의 주제로 하고 불꽃을 튀겼다. 대통령 책임제가 어떻고, 내각책임제가 어떻고, 절충식이 어떻고 하는 의견들이 엇갈렸다. 종전 같았으면 나도 그 토론에 끼어들었을 것이지만 그들의 토론을 듣고 있는 것만으로도 심신이 지쳤다. 헌법 권력구조 토론 · 59면

파키스탄의 '부토'는 작년1979년 4월 4일 쿠데타를 일으킨 '하크' 장군에 의해 사형되었다. 그가 사형된 날짜를 내가 기억하고 있는 것은 바로 그날 나는 '하크'에게 부토의 구명을 탄원하는 편지를 썼기 때문이다.
부토는 51세의 나이로 형장의 이슬이 되었다. 부토 사형집행 · 60-62면

바이마르의 헌법이 얼마나 훌륭한 것이었던가. 그런데 그 바이마르

헌법의 틈서리를 비집고 아돌프 히틀러가 등장했다. 또한 소련의 어느 부분에 천만 가까운 시민을 강제수용소에 몰아넣어 학살해도 좋다는 조문이 있기라도 했던가. 그러나 제도에 관한 논의는 있어야 한다. 알 아둬야 할 것은 법률이 민주주의를 만들어내지 못한다는 사실이다. 민 주주의가 정치적으로 작용할 수 있으려면 나라를 구성하는 성원의 반 쯤은, 반이 지나치면 3분의 1 정도라도 민주적인 인격과 의식을 지니 고 있어야 한다. 민주 인격과 민주 의식 · 62-63면

민주적인 인격의 결정적 조건은 관용이며, 양보이며, 타협이며, 이 이상의 타협은 생명에 지장이 있다고 생각할 때엔 어떠한 위협에도 굴하지 않는 정신이다. 관용 · 양보 · 타협 · 불굴 · 63면

나는 나의 최후를 위해 최선의 준비를 해야만 하는 것이다. 최후 준 비 · 63면

"선생님도 늙어가시니까 자꾸만 약아지십니다. 그려."
"베트남이나 캄보디아가 남의 일인 줄 알아?"
"폴포트 주변엔 북한에서 간 공작원이 있대."
"공산주의를 이기는 수단은 민주주의밖에 없어. 그러니까 민주주의 의 기틀을 잡는 게 안보의 선결문제라고 생각한다."
는 의견을 내는 사람도 있었다. 민주주의 · 64-65면

젊은 친구들은 두어 시간 동안 지껄이다가 돌아갔다. 여느 때 같으 면 술병을 갖다 놓고 잔치를 벌일 테지만 아무리 내가 태연한 척 꾸 미고 있다고는 하나 그럴 용기까진 나지 않았다.
동통의 발작이 심해 천장을 보고 누워 있을 수가 없었다. 배를 아 래로 깔고 누웠다. 동통 · 65면

"이 사람아, 슬픔을 어떻게 졸업하노, 잊고 있을 뿐이지."

"자네가 할 일은 아직 태산같이 남았어. 이때까지도 좋은 작품을 안 쓴 건 아니지만 자네의 라이프 워크는 장래가 있어. 아직 나타나지 않았어. 그리고 나는 자네가 가슴속에 소장하고 있는 그 많은 문제를 알고 있거든. 그게 하나 하나의 작품이 되어 나오면 빛나는 문학의 성城이 될 거야." 문학의 성城 · 68면

고백한들 결과엔 하등의 변경도 없을 것을, 고백했기 때문에 생겨나는 음습하고도 구질구질한 장면이 싫은 것이다. 고백과 수탄장修嘆場 · 69면

"죽음에의 생각을 포기하지 않는 예가 불교 아닌가."

"불교나 기독교나 모든 종교는 그 사고, 아니 신앙의 바탕엔 죽음이란 것이 있다. 이를테면 죽음이란 문제에 압도된 사람들이 종교에 향하는 것 아닐까."

"그럴 테지."

"죽음으로부터 인생을 역산하는 마음의 노력이 종교라고 할 수 있는데 과연 종교가 우리들의 죽음을 보람 있는 것으로 해 줄 수 있는 건지 없는 건지."

"죽음에 있어서의 최대의 문제는 죽음에 대한 공포 아니겠나. 그 공포심을 경감해 주는 효력은 있는 모양이야, 종교가." 종교 · 70면

"나는 요즘 박희영 군을 생각하고 있어."

"나도 가끔 생각하지. 기막힌 인간이었으니까."

"나는 박 군의 재능, 또는 인간성에 중점을 두고 생각하는 건 아냐. 암에 걸렸다는 선고를 받고, 기적적으로 살아나선 그 후 박 군은 초상이 난 친구들 집을 찾아다니며 시체의 엄을 도맡아 하다시피 했다는 얘기가 아닌가. 나는 이제사 그 까닭을 알 것 같아. 박 군은 죽음과 친하려고 한 거야. 죽음을 일상생활 속에 집어넣어 평범한 작업의 대상으로 만들어버리려고 했던 거다. 그의 독실한 가톨릭의 신앙으로서도 넘어설 수 없었던 죽음이란 사실을 그런 작업으로 마스터하려고

하는 의지가 없고서야 무슨 까닭으로 초상을 찾아다니며 염하는 일을 도왔겠는가 말이다. 뒤에사 들은 얘기지만 친구의 집이 아니라도 자기가 살고 있는 동네에 초상난 집이 있기만 하면 찾아다녔다는 얘기더라. 그런데 우리는 박 군이 기를 쓰며 죽음의 공포를 넘어서려고 애쓰고 있을 때 그의 심중을 조금이라도 이해해주었느냐 말이다." 박희영·70-71면·단편 「중랑교」주인공·중랑천에도 인생이 있고 중랑교에도 인생이 있다·101면

"자네 말을 들으니 박 군의 심정을 이해하지 못할 바는 아니다. 그러나 내 경우를 말해보면 나는 내가 한 일에 대해 회한만 없으면 비교적 안심하고 죽을 수 있을 것 같애. 공자의 말이 있지, 왜 부모를 공경하는 데 불효함이 없었나, 친구와 사귀는 데 불신함이 없었나, 하는 따위의 말 말이다. 그렇게 반성해서 과히 어긋남이 없다고 생각하면 비교적 평온하게 죽을 수 있을 것 같은데 내겐 회한이 너무나 많아." 회한·71면

Y군의 그 말은 내게 결정적인 충격을 주었다. 부모에게 불효한 그대로, 친구들에게 폐를 끼친 그대로, 여자를 농락해서 불행하게 한 일을 그대로 두고는 안심하고 죽을 수 있을 것 같지 않다는 관념이 솟아난 것이다. 내가 잘못을 저지른 사람들에게 사과를 하고 그 용서를 빌고 용서를 받은 연후가 아니면 죽어도 눈을 감을 수가 없는 것이 아닌가. 용서·71면

"아까도 말했지만 죽음에 대해 생각하는 것은 불모의 사색일 뿐이다. 박희영 군처럼 초상집을 찾아다니며 염하는 직업을 거들어줄 수도 없는 일이고, 기껏 10년을 더 살지, 20년을 더 살지, 어쩌면 내일모레 어떻게 될지도 모르는 판이니 기왕에 잘못한 일이나 반성해서 가능하다면 그 죄를 보상하는 일을 하나 둘 해나갈 수밖에 없는 게 아닌가

해. 한 달에 하나씩 마음으로부터 사과하고 행동으로 뭔가 표시해 나가면 앞으로 십 년을 사는 기간이 허용될 때 안심하고 죽을 수 있는 준비는 갖추어지는 것으로 되지 않을까?" 죽음 준비 · 71-72면

"자네 그런 일이 많은가?"

"치밀하게 반성하면 꽤 많을 거야. 그러나 자네나 나나 사람을 죽인 일이 없고, 남을 밀고한 적이 없고, 사기를 한 적이 없으니까 웬만한 노력만 하면 혹시 홀가분한 기분이 될지 모르지."

"내겐 엄청난 잘못이 너무나 많아."

"지나친 과잉 의식도 좋지 못한 거야."

"과잉 의식으로서 그러는 건 아니다." 반성 · 72면

"어머니의 병환으로 큰 충격을 받아, 그러는 모양인데 그런 걸 잊기 위해서도 일을 해야 하네. 그런데 내가 오늘 찾아온 것은 S대학의 N교수를 끼어 우리 세 사람이 마르크스주의에 관한 심포지엄을 하자는 데 있어."

"마르크스주의에 관한 심포지엄?"

"그 아이디어를 낸 것은 자네 아닌가."

어떤 사상이건 그것이 사상의 형태로 간직되어 있는 한 얼만가의 진실의 빛깔을 발하기는 하는데 정치사상으로 화하기만 하면 왜곡되고 부식되어 이익보다는 해독을 더 많이 가진다는 사실을 확인해보고 싶어서였다. 예를 들면 유교 사상이 정치적 이데올로기로서 작용한 이조의 부패, 가톨릭 사상이 정치적 이데올로기로서 작용한 서양 중세의 암흑상, 불교사상이 정치적 이데올로기로서 작용한 인도차이나 삼국의 혼란 등을 전제로 해서, 마르크스의 사상도 정치화하면 예외가 아니라는 것을 소련과 북한 등의 실증을 들어 증명해보고 싶었던 것이다.

"혼자서 서술하는 식으로 말고 세 사람이 전담하는 식으로 해나가면 그야말로 변증법적 방법으로써 동맥 경화증에 걸린 소련식 변증법

을 분쇄할 수 있을 것이 아닌가."

짧은 앞 날을 나의 **회한사**悔恨事를 풀어나가는 데 사용해야겠다는 마음이 강력한 자리를 잡아버린 것이다.

"빨리 그 위경련인가 뭔가를 치료하라구. 심포지엄이란 원래 건강한 사람들끼리의 향연이야."

하는 말을 남겨놓고 떠나버렸다. 정치사상 토론 · 72-75면

"어머니 저 열흘 동안만 일본에 갔다 올랍니다."

"일본에?"

하며 어머니는 눈을 떴다.

"예, 일본에 꼭 갔다 와야 할 일이 있습니다."

"꼭 가야 할 일이 있다면 가거라."

"의사가 어머닌 안심해도 된다고 하니까 떠납니다만 병중에 계시는 어머니를 두고 아들이 여행을 한다는 건 안 되는 일인데."

하며 나는 울먹거렸다.

"오는 날은 1월 5일이지?"

"예." 일본 여행 · 77면

"그렇다. 정말 다급하다. 지금 일본에 갔다 오지 않으면 나는 죽어도 눈을 감을 수가 없겠구나."

어머니에게 하직하고 나온 뒤 나는 곧바로 박영태란 의사를 찾아갔다. C동에서 큰 병원을 개업하고 있었다. 서울 C동 병원원장 · 박영태 · 78면

**"우리에겐 청춘이 없었다."**

입버릇처럼 내가 하고 있는 말이지만 청춘의 단편마저 없었을 까닭이 없다. 그러나 그 청춘은 이지러진 청춘, 병든 청춘, 그러기에 결국 회한의 씨앗만을 뿌리게 된 청춘일밖에 없었다. 청춘 · 80면

나는 뿌린 씨앗을 거두기 위해 일본으로 건너가기로 했다. 37년 전

뿌려놓은 씨앗을 거두기 위해 가는 것이다. 설혹 그것이 바람을 심어 폭풍우를 거두는 엄청난 고역이 되더라도 나는 그것을 감당할 각오를 다짐했다.

물론 나의 회한사는 한두 가지가 아니다. 그 가운데서도 가장 강렬하게 아픔을 주고 있는 그 일부터 먼저 해결해야겠다고 믿고 나선 것이기는 하지만 구체적으로 어떻게 해야겠다는 작정이 서 있었던 것은 아니다. 회한사 · 80면

1979년 12월 25일.

흐린 하늘을 향해 날아오른 비행기 속에 내가 있었다. 문득 영혼의 비상이란 관념을 얻었다. 사람이 죽으면 영혼은 허공 위로 날아가고 육체는 흙 속에 묻힌다……. 영혼 · 80면

내 마음은 그 노래를 절창하고 있었다.

하계가 구름으로 덮이고 말았을 때 나는 의자를 뒤로 젖히고 눈을 감았다. 어젯밤 크리스마스이브를 같이 지낸 소녀의 얼굴이 떠올랐다. 나이는 30세를 넘어 있었지만 내게는 소녀로밖엔 여겨지지 않는 그 연인은 술을 마시지 않는 나에게 이렇게 말했다.

"크리스마스이브를 경건하게 지내자는 건가요?"

"그럼 왜 술을 드시지 않으려는 거죠?"

"취하기가 싫어. 깨어 있고 싶어. 일 초 일각도 소홀히 하고 싶지 않아."

"돌연 그런 생각은 왜 하셨죠?"

"언제 죽을지 모르니 살아 있는 동안만이라도 깨어 있는 마음으로 너와 같이 있고 싶어."

"죽는 얘긴 안 했으면 좋겠어요."

"나도 그러고 싶어. 백 살까지라도 살아 나는 널 지켜보고 싶어."

"백 살까지 사세요. 그럼."

"그런데 그게 마음대로 되나, 뭐."

"절 위해서도 오래오래 사셔야죠."

"나도 그럴 생각이었어."

"그럴 생각이었어가 아니고 그럴 생각으로 있어야 해요."

"나는 내 죽음은 감당할 수가 있을 것 같애. 내가 죽는 거니까. 그런데 먼 훗날 네가 죽을 거라고 생각하니 감당 못할 심정이 돼. 저게 어디서 어떻게 죽음을 당할 것인가 하고 생각하니 견딜 수가 없단 말이다."

"아냐, 어머니의 죽음은 걱정 없어. 내가 지켜 보아드릴 테니까. 걱정은 너야, 너."

"그러니까 오래 살아주셔야죠."

"아무리 오래 산대두 너의 죽음을 지켜볼 수는 없잖겠나."

"실컷 오래 사시기만 하면 나도 나의 죽음을 감당할 정도로 성숙할 거예요."

'나쁜 놈이다, 나는.'

'나 요즘 착하죠." 애인 · 81–83면

'사흘 동안만 이 지구를 볼 수가 있었으면!" 헬렌 켈러 · 85면

'37년 전을 향해 날아가고 있는 비행기가 지금 동해를 건너고 있다.' 얼마치 않아 일본에 도착하는 것이다.

'나의 심판은 가까이 왔다!'

최후의 심판이란 관념이 솟았다.

이윽고 나는 심판정에 서게 될 것이다. 그 최후의 심판정에서 검사의 눈으로서 37년 전의 사건을 점검해볼 필요를 느꼈다. 심판 · 85–86면

1943년 4월 초순의 어느 날 성 모成某란 불량 학생이 관부 연락선關釜連絡船에서 내려 많은 손님들과 함께 시모노세키 역下關驛의 플랫폼 위

를 걸어가고 있었다. 거긴 동경행 열차 츠바메 호<sup>燕號</sup>가 대기하고 있었다. 그 열차는 7시 10분에 출발할 예정이었다.

불량 학생이 쳐놓은 덫에 걸릴 아가씨는 관문 연락선을 타고 왔다.

"여게 앉아도 될까요?"

"비어 있습니다."

기차는 이윽고 출발했다.

아가씨도 백에서 문고본을 꺼내어 책을 읽기 시작했다. 그 문고본은 시가 나오야<sup>志河直哉</sup>란 작가가 쓴 ≪구니코<sup>邦子</sup>≫란 소설이었다. 불량 학생의 비상한 시력이 포착한 것이다.

시가라는 작가는 일본 문단에선 최고의 작가로서 존경받고 있는 사람이었지만 일반 대중관 먼 거리에 있었다. 그의 문학의 순도가 너무나 높기 때문이다.

불량 학생은 이러한 감정 결과 80점쯤으로 채점을 해놓고 그 아가씨를 유혹할 계획을 세웠다. <중략> 여자의 행선지는 기후<sup>岐阜</sup>였다. 열차가 기후까지 가려면 줄잡아 14시간이 걸린다. 오사카<sup>大阪</sup>까지 12시간, 도쿄까진 24시간이 걸리는 당시였다. 불량 학생은 대강의 계획을 세웠다. <중략> 시모노세끼부터 도쿄로 갈 때 오사카에서나 쿄토에서 도중하차하여 2, 3일 쉬어가는 것이 불량 학생인 성 모의 그 당시의 버릇이었던 것이다. 1943년 4월 시모노세끼 · 86-89면

"시가 나오야를 이해할 수 있다면 대단하시군요."

"이해하도록 노력해야지요. 시가 나오야는 일본인이 자랑할 만한 훌륭한 작가입니다."

"지금 아가씨가 읽고 있는 그 ≪구니코<sup>邦子</sup>≫란 작품만 해도 대단한 겁니다."

하고 상대방의 호기심을 끌었다.

"대단하다뿐입니까. 그런 평범한 얘기 가운데서, 드라마를 발견했다

는 것도 대단하거니와 그 담담한 묘사가 기막히지 않습니까."

아가씨의 눈빛에 생기가 돌았다. 불량 학생은 천천히 설명하기 시작했다.

"그 작품에 등장하는 부부는 둘 다 호인입니다. 거짓말을 할 줄 모릅니다. 그렇죠?"

"아내는 남편을 너무나 사랑하고 있기 때문에 혹시 남편이 나와 결혼한 것을 후회하고 있지나 않을가 하는 불안을 느끼게 됩니다. <중략> 남편은 너무나 정직하거든요. <중략> 그러면 아내가 또 추궁합니다. <중략> 당신은 나와 결혼한 걸 후회하고 옛날에 사귀었던 여자 생각을 하고 있는 게 아니냐고. 또 반대로 남자는, 늙어가는 스스로에게 열등의식 같은 것을 느끼게 되어 이런 남편에게 대해 아내가 불만을 느끼지 않을까, 하는 생각을 하게 됩니다. <중략> 그래서 묻는 겁니다. 당신, 거리에서 미남자美男子를 보면 마음이 끌리지 않더냐고. <중략> 그렇게 해서 그 부부 사이는 점점 벌어져 사랑에서 시작한 싸움이 끝끝내 두 사람의 파멸로 이끌어 갑니다."

"그랬어요. 꼭 그대로였어요."

아가씨는 불량 학생의 요령 있는 분석에 감탄했다. 힘을 얻은 불량 학생은

"이 작품을 통해서 우리는 지극한 사랑이 사랑을 파괴할 수도 있다는 것을 알게 됩니다. 너무나 정직하기 때문에 행복의 성을 파괴한다는 것도 알 수가 있습니다. 남자와 여자 가운데 한 사람이라도 거짓말을 할 줄 알았다면 ≪구니코≫의 비극은 방지할 수가 있었던 겁니다. 그렇게 생각하지 않으세요?" 시가 나오야志河直哉 ≪구니코邦子≫ 소설·91-93면

"듣고 보니 그러네요. 참 그러네요."

아가씨의 말엔 감격의 빛깔이 섞였다. 이때 불량 학생은 한술을 더 떴다.

"비극은 악으로 비롯된 것만은 아닙니다. **아리스토텔레스**는 비극을

다음과 같이 정의했죠. **비극은** 선과 악의 갈등이 아니고 선과 선, 즉 **양립하는 선의 갈등이라고.** 좀 어렵나요?"

"어려워요."

"그럼 다시 설명하죠. 좋은 사람과 나쁜 사람이 있다고 칩시다. 그 두 사람이 싸운다는 건 비극이 아니다. 이 말입니다. 좋은 사람이 반 드시 이겨야 하고 나쁜 사람이 져야 하니까요. 그런데 세상엔 왕왕 나 쁜 사람이 이기고 착한 사람이 지기도 하죠. 그러나 이건 경우에 어긋 난 일이기는 해도 비극은 아니라고 아리스토텔레스는 생각하는 겁니 다. 착한 사람과 착한 사람, 즉 정의<sup>正義</sup>와 정의 싸움이란 것도 있습니 다. 이를테면 아테네와 스파르타의 싸움 같은 것이죠. 아테네 인은 자 기 나라를 위해 싸웁니다. 스파르타 인도 그렇습니다. 각기 자기 나라 를 위한다는 정의와 애국심을 갖고 역시 자기 나라를 위하는 정의와 애국심을 가진 사람들과 싸우는 겁니다. 이럴 때 국외<sup>局外</sup>에 있는 사람 들은 어느 쪽에도 편을 들 수가 없습니다. 그런 상황을 비극이라고 한 다는 겁니다. ≪구니코≫의 경우가 그렇죠. 남편도 좋은 사람이며 아 내도 좋은 사람입니다. 그런데도 갈등이 생겨나는 겁니다. 시가 문학<sup>志 賀 文學</sup>이 훌륭하다는 것은 이러한 평범한 생활 속에 본질적인 비극이 싹틀 수 있다는 걸 격조 높은 문체로써 표현했다는 점에 있는 겁니다. 아셨죠?"

"잘 알았어요. 정말 잘 알았어요." 시가 나오야<sup>志河直哉</sup> ≪구니코<sup>邦子</sup>≫ 소설 평 론 · 94-95면

불량 학생은 수줍은 웃음을 띠면서도 이 정도만이라도 아가씨를 유 혹할 수 있는 터전을 마련한 것이라고 속으론 악마적인 웃음을 웃었 다. 그리고 다음의 단계로 옮아가야 하는데 그러기 위해선 얼마 동안 의 사이를 두어야 한다는 것도 이 불량 학생은 알고 있는 것이다. 유 혹 · 95면

그런데 아가씨로부터의 질문이 있었다.

"《구니코》를 읽은 사람은, 아니 이걸 읽고 그 뜻을 잘 이해한 사람은 그런 비극에 사로잡히지 않겠죠?"

"그럴 테죠. 그렇게 되어야 하는 거죠. 그런데 **사람이란 것은 좀처럼 독서와 체험에서 얻은 교훈을 활용하지 못하는 겁니다.** 그래서 꼭 같은 비극을 되풀이하기도 하는 겁니다. 라 비 에 미제라블! 인생이란 그러니 비참한 겁니다. 그래서 문학이 소중하기도 한 거죠."

"전 문학이란 얘기를 꾸며놓은 거로만 알았어요. 특히 소설은요."

"얘기를 꾸며놓은 것이라고 할밖에 없는 소설도 많지요. 그러나 **문학으로서의 소설은 왜 그런 얘기를 꾸미지 않을 수 없었던가 하는 정념**情念**과 사상**思想**이 표현되어 있는 얘기라야만 하는 겁니다.**"

하고는 물었다.

"아가씨는 읽고 가장 감동한 소설은 뭡니까?" 문학 · 95-96면

불량 학생은 앞에 앉은 아가씨에게 시선을 돌리며 유혹의 결정적인 방법을 모색하기 시작했다. 동시에 아까 아가씨에게 한 질문이 대답을 받지 않은 채 그냥 남아 있다는 것을 상기했다.

"왜 대답을 안 하지?"

"기쿠치 간菊池寬의 《은수恩讐의 저편》이란 소설입니다."

그 줄거리는 이렇다. 원수를 만나고 보니 그 원수는 자기의 죄를 속죄할 양으로 너무나 지세가 위험해서 사람의 왕래가 곤란한, 그러나 그곳을 지나지 않곤 목적지에 갈 수가 없는 난소難所에 끌과 정으로 터널을 파고 있었다. 사람의 일념은 무서운 것이어서 침식을 잃고 암벽을 파길 십수 년, 몇 해만 더하면 굴은 관통될 상태에 있었다. 추적자는 드디어 원수에 대한 미움을 잊고 원수와 더불어 협력하여 그 터널 관통을 완수시킨다는 얘기니, 읽는 사람을 감동시키기에 충분한 것이다.

"그 작품은 충분히 감동적이지."

하며 불량 학생은 아가씨의 감상력이 대단하다고 추어주었다. 기쿠치 간

菊池寬 《은수恩讐의 저편》 소설 · 97-98면

"기쿠치 칸 선생하고 기가 나오야 선생, 어느 편이 더욱 훌륭할까
요."

"작가로서?"

"예. 문학자로서요."

"그렇다면 비교가 안 되지. 시가 나오야가 월등해요. 시가를 금金이
라고 치면 기쿠지는 구리쇠銅라고나 할까."

불량 학생은 더욱더 소상한 설명을 보태지 않을 수가 없었다. 아가
씨가 겨우 납득하는 것을 보자 불량 학생은

"시가가 아무리 훌륭한 작가라고 해도 그건 일본 내에서의 평가일
뿐 세계적인 시야에 서면 존재도 없는 작가요."

하고 아가씨의 마음에 충격을 줄 양으로 과장된 말을 썼다. 그러고는
톨스토이, 괴테, 발자크, 위고 등 작가들의 이름을 생각나는 대로 들
먹여 그들의 위대함을 설명하고 상대적으로 시가를 비롯한 일본의 작
가들을 낮춰 평가했다. 문학자 · 98면

"일본이 뭐라고 해도 동해에 있는 조그만 섬나라에 불과한 거요.
프랑스와 영국, 독일에 비하면 그야말로 미미한 존재이며, 오늘날 중
국을 점령하고 위세를 보이고 있으나, 싸움에 강하다는 게 무슨 자랑
이나 되는 줄 아시오? 자랑할 것은 문화요, 문화. 문화가 뒤떨어져 있
으면 아무리 전쟁에 강해도 야만국일 밖에 없는 거요." 문화 · 98-99면

이 대목에서의 불량 학생의 말소리는 바로 옆자리의 사람만 들을
수 있을 만큼 낮았다. 아가씨는 귀를 불량 학생의 입 가까이에 대놓고
전신을 긴장하고 있었다. 불량 학생은 바로 눈앞에 있는 아가씨의 귀

를 보며 소연해지는 관능을 느꼈다. 아가씨의 귀는 진주모색眞珠母色으로 투명하게 보였다. 두텁지도 얇지도 않은 귀는 모양 좋은 조개를 닮아 속발로 흘러 있는 머리칼을 가볍게 받으며 다량의 속삭임을 기다려 다소곳이 열려 있는 것이다. 아가씨·99면

신랄하게 일본을 욕하는 말이 일본을 신국神國이라고 믿도록 하는 교육을 받고 자랐을 아가씨를 혼란에 빠뜨리지 않을 까닭이 없다. 아가씨의 얼굴에 겁을 먹은 듯한 표정이 돌아났다. 불량 학생은 거게서 말의 방향을 바꾸고 한탄 조가 되었다.

"왜 무궁한 장래를 가진 우리 젊은 사내들이 죽어야 하느냐 말이오."

죽어야 한다는 말에 아가씨의 얼굴이 새파랗게 질렸다.

"그렇지 않소? 우리는 지금 학교에 다니고 있으니까 망정이지 학교를 졸업하면 병정에 가야 하오. 병정으로 가면 죽게 마련이오. 그래서 우리는 인생 25년이라고 한다오. 내 나인 지금 22세요. 그러니 이 지상에 살아 있을 날이 3년밖엔 안 된다는 얘기죠."

아가씨는 눈을 둥그렇게 뜨고 불량 학생을 쳐다볼 뿐이었다.

"아가씨의 고향에서도 많은 젊은 사람들이 전쟁터에 나갔죠? 전사한 사람도 많죠?"

아가씨는 말없이 고개만 끄덕였다. 전쟁·99-100면

"전쟁은 자꾸만 치열하게 될 거요. 젊은 사나이들은 자꾸만 죽을 거요. 젊은 남자들이 한 사람도 남지 않게 될 때, 그때 전쟁은 끝날 것이오."

불량 학생은 당시 전쟁에 나갈 예상을 하지 않아도 되었다. 한국인이었으니까. 병역의 의무가 없었으니까. 그런데도 이런 말을 한 것은 아가씨의 심정을 극도로 감상화感傷化해서 무저항 상태로 만들어버리기 위한 수단이긴 했다. 그러나 전연 그런 예상을 해볼 필요가 없었던 것

은 아니다. 정세의 강요에 따라 언제 어떻게 전쟁터에 끌려갈지 모르는 흉조가 차츰 싹트기 시작하고 있었던 때였으니까. 국제정세·100면

불량 학생은 더욱더 그 불량을 발휘해선 스스로가 속한 세대가 얼마나 불행한가에 대해서 나지막한 소리로 설명해나갔다.

"살아 있었으면 베토벤 이상의 음악가가 되었을 친구도 죽었소."

"살아 있었으면 괴테 이상의 문학자가 되었을 친구도 죽었소."

"그 기막힌 재능, 빛나는 젊음이 대륙의 두메, 태평양의 해저에서 죽어갔단 말이오."

"그런 사람들에게 비하면 나 같은 형편없는 존재쯤은 죽어 없어져 봤자 아쉬울 것도 아까워할 사람도 없겠지만……."

이때 아가씨는 소매에서 손수건을 꺼내 눈을 가렸다. 자기도 모르게 눈물이 쏟아질 뻔했던 모양이다. 운명·100-101면

열차는 구라시키를 지나고 있었다. 불량 학생은 그 이상의 말이 필요 없다고 느꼈다. 오사카가 가까워질 때 같이 내리자고 한마디 하면 그만일 것이라고 생각했다.

석양이 비끼기 시작한 창밖의 풍경을 슬프고 슬픈 얼굴로 눈을 허허하게 뜨고 보고만 있으면 될 것이었다.

이런 계산을 한 불량 학생은 고베에 도착할 때까지 한마디도 하지 않았다. 아가씨는 뭔가 위로의 말을 하고 싶은 기색이었지만 이편에서 그럴 계기를 주지 않으니 그 위로의 말을 미련처럼 도로 삼켜버려야 했다.

드디어 열차는 고베를 지났다. 해는 지고 창밖은 전능의 바다로 변했다. 불량 학생이 돌연 입을 열었다.

"나는 오사카에서 내려야 하겠는데."

"도쿄로 가시는 것 아녜요?"

아가씨는 당황한 투로 물었다. 불쌍한 운명을 지고 있는 학생에게

위로의 말 한마디 못 하고 헤어지게 되었다는 것이 그녀를 당황하게 한 원인일 것이었다. 오사카 · 101-102면

"도쿄까지 24시간을 쭉 타고 가는 건 지루해서요. 난 언제나 오사카가 아니면 교토에서 도중하차해서 며칠 쉬었다가 가죠."

말없이 고개만 끄덕거리는 아가씨.

그 아가씨의 귀에 불량 학생도 살큼

"이때요. 아가씨도 오사카에서 내리시지. 기후까진 전철도 있으니까 두세 시간 후에 전철을 타고 가실 수도 있을 테고……."

아가씨는 즉각 결심을 한 모양으로 일어서서 손을 잠깐 위로 뻗었다. 불량 학생이 성큼 따라서서 아가씨의 트렁크를 거들어 내려주었다.

얼마지 않아 불량 학생은 그 아가씨를 데리고 오사카의 우메다<sup>梅田</sup> 역의 개찰구를 빠져나가고 있었다. …… 우메다<sup>梅田</sup> 역 · 102면

최후의 심판정에서 검찰관은 이 대목에 이르러 목청을 높일 것이다. 염라대왕 각하, 이놈은 이처럼 나쁜 놈입니다. 교언영색<sup>巧言令色</sup>을 다해 순진한 처녀를 감쪽같이 유혹한 그 수법을 보십시오. 여기까지의 행동만으로도 놈을 초열지옥<sup>焦熱地獄. 8대 지옥의 하나. 살생殺生 · 절도 · 음행淫行 · 음주飮酒 · 망어妄語의 죄를 지은 사람이 간다는 지옥</sup>에 집어넣어야 합니다, 하고.

그럴 때 나는 뭐라고 변명해야 할까. 초열지옥의 형은 달갑게 받겠다. 그러나 처음부터 불량 학생 취급하는 것은 너무하다. 긴 기차 여행 도중 아름다운 여자 옆에 앉고 싶어하는 것은 청년다운 로맨티시즘이라고 보아줄 수 있지 않겠는가. 그리고 유혹에의 은근한 마음이 없었다고는 말 못 하지만 처음부터 계획적으로 그런 짓을 했다고 단언하는 것은 지나친 확대 해석이 아닌가. 그러나 검찰관이 나의 변명에 호락호락 넘어갈 까닭이 없다. 검찰관의 공소장 낭독은 다음과 같이 계속될 것이다. 나쁜 놈 · 102-103면

그런데 불량 학생은 역을 벗어나자 택시에 아가씨를 태우고 나카노시마中之島로 가서 여관을 잡았다. 그러고는 그 여관에 짐을 맡겨놓고 도톤보리의 번화가로 아가씨를 끌고 나갔다. 번화가의 어떤 술집으로 가서 방으로 들어가선 술을 마시곤 불량 학생은 인생 25년을 연거푸 들먹이며 자기의 운명을 서러워했다.

　"그러나 나처럼 재능도 없고 못난 놈은 죽어봤자 아쉬워할 아무것도 없고 아껴줄 누구도 없다."고 하자 아가씨는

　"학생처럼 총명한 사람은 죽어선 안 돼요."

하며 위로하기 시작했다.

　불량 학생은 그의 말 주변을 최고로 발휘해선 아가씨로 하여금 이 학생을 위해선, 이 학생의 마음에 기쁨을 주기 위해선 무슨 일인들 하겠다는 기분으로 만들어버렸다. 무장해제·103면

　그 결과는 뻔하다.

　불량 학생은 드디어 아가씨를 가지 못하게 하곤 여관에서 같이 자게 되었다. 같은 방에서 같이 자도록 상황을 만들어놓곤 우리는 깨끗하게 이 밤을 지내야 한다는 감언이설로 자리를 따로 깔고 눕게 되었는데 밤중이 지나고난 어느 시각 아가씨는 하얀 시트에 묻은 파괴된 처녀의 붉은 흔적을 물을 묻힌 탈지면으로 닦아내려고 애쓰고 있었다.

　부도덕하기 짝이 없는 불량 학생도 그 광경을 보곤 비로소 죄의식을 느꼈던지 아가씨의 어깨를 가볍게 안고는 용서해달라고 빌었다. 그러자 아가씨는

　"아무것도 아녜요. 젊은 청년들이 무수히 죽어가는데 이런 것쯤이 뭣이 그처럼 대단해요."하고 울먹거렸다.

　그 이튿날 그들은 나라奈良로 갔다. 하루를 꼬박 와카쿠사야마若草山의 사슴들과 놀고 다시 오사카의 여관으로 돌아와선 신혼의 부부라도 된 양으로 하룻밤을 지냈다.

아가씨가 만일 기후에 미리 자기의 도착 일자를 알려놓지 않았더라면 며칠을 더 묵었을지 모른다. 그 이튿날 아침 두 사람은 도쿄행 열차를 탔다. 아가씨는 기후에서 내리고 불량 학생은 도쿄로 직행했다. 불량 학생의 수첩엔 다음과 같은 기록이 있었다.

미네야마 후미코峰山文子 19세. 후쿠오카현 미즈마 군 출신, 고등여학교 졸업. 미네야마 후미코峰山文子 · 104면

9월 신학기에 학교엘 나갔더니 미네야마로부터 온 편지가 7, 8통 밀려 있었다. 그 가운데의 한 통은 임신했다는 사연을 알린 것이었다. 불량 학생은 크게 당황했다. 임신 · 105면

당황하고 있는 판인데 졸업이 9월 25일로 당겨졌다는 조치와 함께 학생 징병 연기, 10월 1일에 대학 전문학교 학생은 일제히 군에 입대하라는 명령이 내렸다. 이른바 학도 동원령이다. 그러나 이것은 일본인 학생에게 해당하는 일이지 불량 학생 성 모에겐 관계없는 일이었지만 간교한 불량 학생은 그 사태를 이용할 술책을 꾸몄다. 학도 동원령 · 105면

"우리들은 머잖아 전쟁터에 나가게 되었다. 그러니 결혼을 하려 해도 그럴 겨를이 없다. 어떤 수단을 쓰건 임신은 중절시켜야 한다."
는 요지의 편지를 썼다.

당장 답장이 왔다.

'아무튼 만나보고 싶어요. 아무리 바쁘시더라도 하루쯤 시간을 내어 기후로 오세요. 당신이 전쟁터로 나가더라도 난 아이를 내게 주어진 운명으로 알고, 그리고 모든 고통을 감수하고라도 키우겠어요. 당신에게 책임을 돌리는 일은 추호도 안 할 테니 한번 기후로 와서 절 만나주세요…….' 편지 · 106면

이 편지를 받은 불량 학생은 무엇에 쫓기듯 겁을 먹고 졸업식에 참

가하지도 않고 마지막 시험이 끝난 9월 10일 한국으로 돌아가 버렸다. 그가 돌아가는 열차는 기후를 통과했다. 그는 몇 번인가 기후에서 내릴까 말까 하다가 그냥 지나쳐버린 것이다. 하지만 불량 학생은 미네야마로부터 도망칠 생각으로 그런 것은 아니었다. 고향에 돌아가 부모님과 의논해서 사후책을 강구할 요량이 없진 않았다. 그러나 고향에 돌아가자마자 그를 기다리고 있었던 것은 한국 출신의 대학생과 그해 졸업생은 지원병의 형식으로 군대에 가라는 강제 명령이었다……. 학도병 · 106면

사정이 이렇게 된 데는 최후의 심판도 정상의 재량이 있지 않을까 하는 희망이 솟지 않을 바는 아니지만 37년 동안이나 방치해 두었다는 사실은 아무래도 용서받을 수가 없는 것이다.

비행기는 일본 열도의 상공에 진입하고 있었다. 37년 · 106-107면

"사람을 찾는 겁니다. 미즈마 고등여학교를 나온 사람을 찾으려는 겁니다."

"이름이 뭔데요."

"미네야마 후미코란 이름입니다."

전방에 전등의 바다가 나타났다.

"저기가 오카와입니다."

"이 고장 특색은 뭡니까."

"목공업입니다." 수소문 · 108-110면

'아아, 이런 몸이 아니었을 때 이곳으로 와야 했던 것을!'

불각의 눈물이 고통의 사이사이를 비집고 흘러내렸다. 고함이라도 지르고 싶은, 빈사의 중상을 받은 짐승처럼 고함을 지르고 싶은 충동을 미네야마를 비롯한 많은 여인들을 농락한 죗값이라고 생각하면 당연한 고통이라고 생각함으로써 가까스로 누를 수가 있었다. 눈물 · 112면

드디어 단념하고 도쿄로 돌아온 것은 12월 31일. 도쿄 제국호텔의 일실에서 나는 이해 마지막일 뿐 아니라 내 생애 마지막 해의 밤을 혼자서 넘기게 되었다.

룸서비스를 통해 스테이크와 빵을 가져다 놓긴 했으나 한 조각 입에 넣을 수 있는 식욕이 없었다. 나는 비행기 내에서 사 온 스카치를 한 잔 두 잔 스트레이트로 마셨다. 아무리 술을 마셔도 아픔을 완화할 수 없을 때가 한계점인 것이며, 간장이 병든 자가 자꾸만 술을 마시면 생명을 단축시킬 뿐이란 의사의 말이지만 그 자신 암에 걸려보지 못한 의사가 환자가 느끼는 고통의 실질을 알 까닭이 없는 것이다. 통증·117면

나는 이 밤이야말로 죽음과 정면에서 대결해보자는 각오를 했다.
**'죽음이란 뭐냐.'**
**'이 세상에서 없어지는 것이다.'**
**'언제 없어져도 없어질 운명이 아닌가.'**
'그렇다.'
'그렇다면 조만<sup>早晩</sup>이 있을 뿐이지 본질적으론 다름이 없는 것이 아닌가.'
'그렇다.'
'그런데 왜 오래 살려고 발버둥치는 걸까.'
'오래 살면 죽음의 공포가 없어지는 걸까.'
'오래 살면 미련 없이 죽을 수 있는 걸까.'
**'내가 가령 80세에 죽는다고 치자. 그 나이에 죽으면 지금 죽는 것보다 고통과 슬픔이 덜할까.'**
'지금 80세이신 어머니는 자기의 죽음을 어떻게 생각하고 계실까.'
'Y군이 말했듯 이것이야말로 불모의 사고<sup>思考</sup>이다. 그만두자. 죽음이 다가왔을 그때 대결해도 늦지 않다.'

이런 생각을 하며 욱신거리는 동통을 견디고 있는데 돌연 어두운 창고의 일부분이 플래시에 비추인 것처럼 뇌리의 한 부분이 환하게 되었다. 죽음 · 117-118면

1880년대에 김윤식金允植, 김홍집金弘集, 김옥균金玉均등 삼 김 씨三金氏가 있었다. 단순한 우연일 것이지만 1980년대에 또 다른 삼 김 씨가 나타났다. 1880년 3김 역사 · 120면

1880년대의 삼 김씨와 1980년대의 삼 김씨는 후세의 역사에 있어서 어떻게 비교되며 어떻게 그 상관관계가 규명될 것인가. 비극은 되풀이 되지 말아야……. 그러나 이건 죽어야 할 내가 관심 둘 바는 아니다. 1980년 3김 역사 · 120면

나라의 체면이며 대표자이며 원수를 정치가 속에서 뽑아야 한다는 것이 난센스가 아닌가. 비극이 아닌가…… 이것 또한 죽어야 할 내가 관심 둘 바가 아니다. 정치가 대통령 · 121면

"미네야마 후미코 씨는 사망으로 되어 있습니다. 참 안됐습니다."
잠시 말할 수가 없었다.
"아닙니다. 내게 있어선 37년 전에 죽은 사람이었으니까요."
"참, 학적부도 뒤져보았는데 성적이 꽤 좋은데요. 쭈욱 우등생이었습니다."
그 말엔 웃을 수밖에 없었다. 죽어 없어진 사람이 우등생이었으면 무엇을 하느냐 싶어서였다. 사망 · 122-123면

미네야마 후미코의 죽음은 어떠한 죽음이었을까. 폭격으로 인한? 병으로 인한? 혹은 자살? 죽음 · 124면

내 죄가 얼마나 크더라도 지금 당하고 있는 이 고통으로써 면책될 수 있지 않을까. 이래도 모자랄까. 나는 내 체내에서 광풍 노도를 방

불케 하는 고통이 옆자리에 앉은 사람이 감지하지 못하도록 입을 악물었다. 죄와 벌·124면

나는 순간 고통을 잊고 그 대목을 다시 한번 읽어보았다.

**'운명이란 못하는 짓, 안 하는 짓이 없다. 그런 운명에 말려 들어간 것이니 난들 어떻게 하란 말인가.'** 운명·126면

1980년 1월 7일 7시.

나리타 공항을 떠난 비행기는 '屍體×日前'을 태우고 서울 향해 날고 있었다. 나는 내 체내에서 광풍 노도를 방불케 하는 고통이 옆자리에 앉은 사람이 감지하지 못하도록 입을 악물었다. 귀국·123-124면

공항에서 곧바로 어머니에게 달려가려다가 나는 주춤 자동차를 나의 거처로 돌렸다. 자동차의 백미러에 비친 내 얼굴이 유귀流鬼의 형상을 하고 있었기 때문이다. 열흘이 넘는 동안을 먹는 듯 마는 듯 지나며 술만 먹고, 고통에 시달렸으니 바위인들 그 모습을 바꾸지 않았겠는가 말이다.

어머니의 방에 들어섰을 때 먼저 링거 주사를 맞지 않고 있다는 사실을 발견했다.

"링거를 맞으면 가슴이 답답하다고 해서 치웠어요."

어머니는 우리 집안을 쳐서도 그렇지만 외가로서도 제일 높은 어른이었고 중심인물이었다. 어머니가 들어 해결되지 않는 집안의 트러블이란 없었다.

"링거도 안 맞으시고 아무것도 안 자시고 어떻게 하지?"

잠시 바깥으로 나와 나는 이렇게 중얼거렸다. 대꾸할 누구도 있을 까닭이 없다.

'아아, 이것이 적막이구나!'

모두들 어머니의 죽는 시간을 기다리고 있다는 것을 집안의 공기로

부터 느낄 수가 있었다.

'세상에 이럴 수가.'

눈물이 하염없이 흘렀다. 죽는 시간 · 126-128면

방 안으로부터 염불 소리가 흘러나왔다. 적막 · 128면

어머니는 자기의 손을 내밀었다. 내가 그 손을 잡았다. 동생들도 어머니의 손을 잡았다.

"인자 됐다. 느그들 모두 잘 지내라."

마지막 힘을 모아 또박또박한 음절로 이렇게 말씀하시고는 우리가 잡고 있는 손을 풀었다.

이것이 80세를 사신 어머니의 마지막 말이었다. 그리고 뒤이은 이틀 동안 혼수상태에서 헤매다가 11일의 새벽 드디어 운명하셨다.

1980년 1월 11일 오전 4시, 라고 나는 내 가슴에 그 시각을 적어넣었다. 승천 · 129면

**"느그들 모두 잘 지내라"**

진실로 위대한 메시지였다.

이제 나는 나의 죽음을 준비하면 그만이다. 그런데 나의 메시지는 뭐라고 할까.

**"용서해달라, 나를 용서해달라!"** 유언 · 129면

성유정의 수기는 여기서 끝나고 있다. 그는 1월 13일 어머니의 장례를 치르고 삼우제까진 무사히 지내고 그 이튿날 죽었다. 자기의 무덤을 어머니의 무덤 바로 밑에다 지정해놓고. 무덤 · 129면

나는 후기<sup>後期</sup>를 써야 할 의무를 느낀다. 그러니 다음에 기록되는 '나'는 '유정'의 '나'가 아니고 후기를 쓰고 있는 '나'라는 것을 명념하기 바란다.

성유정은 재才도 있고 능能도 있는 인물이었다. 그러나 그는 충전한 의미에 있어서의 문학자가 되지 못하고 일개 딜레탕트로서 끝났다. 그 딜레탕트의 늪 속에서 혹시나 연꽃이 피어날 수도 있지 않을까 하는 것이 나의 기대였고 그를 아는 모든 사람들의 기대였지만 그 기대는 그의 운명과 더불어 무로 돌아가고 말았다. 그러나 그건 성 군 스스로가 책임을 질 일이지 우리가 애석해할 까닭은 없다. 그는 넘치는 재능을 가지고 있었지만 그것을 받들어 꽃피우고 결실시킬 수 있는 강한 의지가 결여되어 있었기 때문이다. 그는 왕왕 자기의 과오를 마음이 약한 탓으로 돌리고 있었지만 마음이 약하다는 것이 변명의 재료가 될 수 없을 것이며 항차 그의 문란했다고도 말할 수 있는 사생활에 대한 비난을 면책하는 조건도 되지 못할 것이 그래도 나는 후일 그의 묘비명을 청해오는 일이 있으면 다음과 같이 쓸 작정이다. 나림 이병주 선생 인생사 · 129-130면

'그의 호학好學은 가히 본받을 만했는데 다정과 다감이 이 준수俊秀의 역정歷程에 흠이 되었노라'고. 나림 이병주 선생 묘비명 · 129-130면

마지막으로 이 수기에 거창한 제목을 붙인 까닭을 설명해둔다. 성유정이 언젠가 왕어양汪魚洋의 다음 시

하처고향사何處故鄕思 풍상역성수風傷歷城水
하처고향사何處故鄕思 월기화산수月倚華山樹

란 것을 내게 보이며 언젠가 자기가 라이프 워크를 쓸 땐 이 시구에서 제목을 빌리겠다고 말한 적이 있다. 그런데 그는 라이프 워크라고 할 만한 것을 남기지 못하고 죽었다. 나림 이병주 선생 자서문 · 130-131면

이 수기만 하더라도 병중의 것이었다고는 하나 감정의 비약이 심하고 과시도 있어 치밀하지 못한 점으로 해서 불만인 구석이 한두 군데

가 아니다. 나림 이병주 선생 반성문 · 131면

　　그러나 나는 그가 애착했던 제목을 무위로 남겨두기가 아쉬워 여기
에 '역성<sup>歷城</sup>의 풍<sup>風</sup>, 화산<sup>華山</sup>의 월<sup>月</sup>'이란 제목을 붙였다. 나림 이병주 선생
회한사 · 역성<sup>歷城</sup>의 풍<sup>風</sup>, 화산<sup>華山</sup>의 월<sup>月</sup> · 131면

# [작품해제]와 [후기]

[작품해제] 나림 이병주의 법사상·교육사상
[후기] 나림 이병주 1921-1992-2024

# 나림 이병주의 법사상·교육사상

하 태 영

동아대학교 법학전문대학원 교수 · 형사법

## Ⅰ. 서 론

「밤은 깊었다」에 6편을 실었다. 「지적 생활의 즐거움」은 독서학<sup>讀書學</sup>이다. 「목격자?」는 교육학<sup>敎育學</sup>이다. 「운명의 덫」은 형사소송법학<sup>刑事訴訟法學</sup>이다. 「去年의 曲 – 잃어버린 청춘의 노래」는 고시학<sup>考試學</sup>이다. 「망명의 늪」은 기업학<sup>企業學</sup>이다. 「세우지 않은 비명」은 죽음학<sup>臨終學</sup>이다.

여섯 작품은 사회학<sup>社會學</sup>·역사학<sup>歷史學</sup>·철학<sup>哲學</sup>·문학<sup>文學</sup>으로 연결되어 있다. 모두가 뭉쳐지면 나림 이병주 선생의 「인간학<sup>人間學</sup>」이 나온다. 주인공은 선생 자신이다.

나림 문학은 역사문학·기록문학·회고문학·반성문학이다. 이번 작품을 통해 확인했다. 나림 선생의 경험과 체험 그리고 인생사가 작품이 되었다. 모두 회한사<sup>悔恨事</sup>를 반성하는 글이다. 독자도 비슷하지 않느냐고 묻는다. 자신을 찾아보라고 조언한다. 나림 선생 작품은 그렇기 때문에 흡인력이 있다. 소설을 읽는 이유이다.

나림 문학으로 역사 공부를 한다. 시대사를 관통하기에 현대사 공부에 도움이 된다. 역사책을 놓고 찾아가며 읽으면 더 생생하다. 나림 선생은 진보·보수가 나누어지는 시기에 살았다. 해방공간이다. 나림 이병주 선생은 분단되기 전에 태어났다.<sup>1921년 하동 북천면</sup> 그래서 작품 구도는 넓고 크다. 남북문제를 함께 아우른다. 문화지리학<sup>文化地理學</sup>은 전 세계를 향한다.

나림 선생 작품은 시대의 정물화이다. 시대를 고발하고, 시대를 분석하고, 시대를 교정한다. 작가가 하는 처절한 작업이다. 갈등 구조가 선명하기 때문에 재미있다. 현대사가 명확하게 그려져 있다. 이 정물화를 자세히 보면 미래가 보인다. 우리가 정물화를 그리고 보는 이유는 우주·국가·사회·가족·가정·내 주변·내가 그려져 있기 때문이다.

특히 인물화는 아픈 사람이다. 고뇌를 하든 번민을 하든 상처 받은 사람이다. 나림 문학은 법학·사회학·정치학·역사학·음악학·지리학·등반학·문학을 하는 사람에게 연구 방향을 제시한다.

어떤 교수와 어떤 언론인은 미학<sup>美學</sup>은 없다고 말했다. 2대1로 붙은 논쟁이다. 깊은 밤에 시작되었다.

"인간이 된다는 것, 그것이 예술이다." – 노발리스·이병주

나는 이 문장이 미학<sup>美學</sup>이라고 말해 주고 싶었다.

모든 학문은 미학<sup>美學</sup>이 바탕이다. 미학<sup>美學</sup>은 인간학<sup>人間學</sup>이다. 공자의 「논어<sup>論語</sup>」를 한마디로 요약하면 미학이다. 인<sup>仁</sup>은 미<sup>美</sup>이고 인간학이기 때문이다. 한국학을 하면서 미국학을 가져와 이야기 하거나 또는 유럽학을 가져와 해설하는 방법을 이해할 수 없다. 한국 사람과 한국 사회를 말해야 한다. 이것이 한국 인간학이다. 나림 선생이 27년<sup>1965~1992</sup> 한 일이다.

인간 존엄人間尊嚴은 나림 문학의 핵심이다.

근대 법정신이고 헌법정신이다.

"인간 존엄은 침범할 수 없다. 인간 존엄을 보호하고 존중하는 일은 모든 국가권력의 의무이다."

인간 존엄을 유지하고 지키는 일은 모든 국가기관의 의무이다. 나림 선생은 이 정신에 투철했다. 이 사상으로 소설 88권과 수필 40권을 썼다. 인간학의 핵심이다. 우리나라 헌법은 제10조에 명시했고, 독일 기본법Grundgestz für die Bundesrepublik은 제1조에 명문화했다. 그 이유는 간단하다.

국민주권國民主權이 근대近代를 말한다면, 1948년 7월 17일 제헌헌법은 이 선언이 더 절실했을 것이다. 독일 바이마르1919 헌법처럼. 그러나 독일은 바이마르 헌법을 경험하고 히틀러에게 제3제국을 넘겨주었다.

전후 본Bonn 기본법으로 분단되며 '인간'을 찾은 것이다.

그래서 제1조에 명문화되었다.

인간 존엄은 불가침이기 때문에 독일 기본법 제102조는 사형제도를 폐지했다. 화살觸로 바위巖를 뚫을 수 없듯이 형벌刑罰로 사람人을 죽일 수 없다. 내 형법철학이다.

만약 헌법이 개정된다면 우리 헌법 제1조도 독일 기본법처럼 인간 존엄과 국가 의무가 제1조가 되어야 할 것이다. 1919년 바이마르 헌법과 1948년 본 기본법이 다르듯, 1948년 헌법과 향후 한국 헌법은 달라야 한다. '인간학'이 헌법 제1조에 들어가는 것이 옳다.

헌법은 최상위법이다. 헌법은 '인간을 보호하고 존중하는 법률'이다. 나림 이병주 문학은 헌법 문학이다. 내 연구 결과이다. 헌법학자들도 공감할 것이다.

2023년 7월 해병대원 사건은 헌법 문제이다.

"모든 인간은 존엄하다. 인간 존엄은 침범할 수 없다. 인간 존엄을 보호하고 존중하는 일은 모든 국가권력·국가기관의 의무이다."

이 문장으로 답할 수 있다.

유능한 지휘관을 잃어버리는 것보다 '인간 존엄'을 지키는 일이 더 중요하다. 헌법정신이다.

우리는 77년<sup>1948.7.17.</sup> 전에 선언했고, 이 가치를 헌법으로 지켜왔다.

법률가는 이 정신을 지키기 위해 77년 동안 노력해 왔다.

어느 누구도 이 정신·가치를 침범할 수 없다.

### 대한민국 헌법 제69조 대통령 취임 선서

대통령은 취임에 즈음하여 다음의 선서를 한다. "나는 헌법을 준수하고 국가를 보위하며 조국의 평화적 통일과 국민의 자유와 복리의 증진 및 민족문화의 창달에 노력하여 대통령으로서의 직책을 성실히 수행할 것을 국민 앞에 엄숙히 선서합니다." [출처: 大韓民國憲法 전부개정 1987. 10. 29. [헌법 제10호, 시행 1988. 2. 25.] 국회사무처

나림 이병주 문학의 현재 의미<sup>현재성·現在性</sup>이다.

## Ⅱ. 나림 이병주 선생의 세계관

이 책에 수록한 6편의 작품에서 나림 이병주 선생 어록을 정선한다. 나림 선생 문장을 통해 나림 선생 세계관을 조명한다.

오늘의 지구촌은 난리亂離다. 코로나와 기후 위기에 시달린다. 생존 문제가 심각하다. 지금 세계·대한민국·국가·사회·가정·가족·학교·병원·개인은 참 힘들게 살고 있다.

나림 선생은 세계를 거칠고 원시적인 무서운 세계로 본다. 세상은 참으로 겁나는 것·정글·감옥·비눗방울로 규정한다. 나림 선생이 우리 독자에게 가슴을 조이며 전하는 말씀이다.

**여유**餘裕
"조심해라, 애야." 「세우지 않은 비명」· 50면

**조심**
"아무쪼록 몸 조심해라. 네 책임이 얼마나 중하노." 「세우지 않은 비명」· 51면

지구地球는 천국天國이 아니다. 세상世上은 정말 무서운恐怖 곳이다. 욕심慾心·욕망慾望으로 가득 찬 세계世界이다.

7개의 중심어로 명문장을 찾아 해설을 붙인다. 지구地·전쟁爭·정글叢·감옥獄·세상世·여행幸·운명運이다. 살벌殺伐이 오늘의 세계를 구성한다. 「나림 이병주 선생의 법사상·교육사상」을 이해하는데 기초가 된다.

앞에서 서술한 해설·줄거리·문장과 낭독을 여기에 다시 약간 소개한다. 「나림 이병주의 법사상·교육사상」 해제를 읽는 독자를 위해서 논단의 독자성을 유지한다. 독자 제현諸賢의 양해를 구한다.

## 1. 지구

지구는 인류의 무덤이다. 인간이 영면할 장소이다. 가는 시간만 차이가 있다. 우리는 스스로 세계관을 정립하며 산다. 모든 일에 세계관을 적용한다.

### 지구

"지구는 수십만 년 동안 누적된 인류의 시체로 해서 더욱 무거운 것이다." 「세우지 않은 비명」 · 12면

역사는 인간의 생활사이다. 역사는 과거와 현재 대화이다. 모든 역사는 현대사이다. 대사건大事件의 역사는 대부분 범죄사이다. 역사는 진실을 말하지 않는다. 역사는 되풀이 된다. 남희근, 「역사와 인생을 말하다」 · 3면

세상은 연극무대이다. 인생도 연극 무대이다. 역사도 연극 무대이다. 연기자는 두 사람이다. 남자와 여자이다. 현존 문헌은 인간의 천태만상을 문자로 기록한 괴상한 연애소설이다. 「역사와 인생을 말하다」 · 3면

자신에게 주어진 역할을 잘 인지한다. 나이에 맞게 연기한다. 지구에서 잠든다. 지구와 사람의 인연이다.

## 2. 전쟁

세상은 살벌한 전쟁터이다. 삶과 죽음은 운명運命이다. 1950년 8월 31일 정오 진주시 상공 B29 폭격 현장이다. 나림 선생이 체험한 장면이다.

### 지옥

"수평 폭격이다."

정군과 나는 바로 앞 개천으로 뛰어내렸다.

그 회오리가 끝나고 먼지가 가라앉았을 때 몸을 일으켰다. 근처의 집은 온 데 간 데가 없었다. 무수한 사람이 죽었다. 그 지옥 속에서 나와

정군은 살아남았다.

'폭탄이 떨어지는 자리를 몇 센티쯤 피했다는 것이 내가 생존한 조건이며, 이유다.'

'그렇게 살아남아 드디어 이젠……. 「세우지 않은 비명」 · 43-44면

세계는 무섭고 잔인한 곳이다. 동유럽 우크라이나 · 중동 가자 지구에서 전쟁이 계속되고 있다. 우리는 74년 전 전쟁 지옥을 경험한다. 1950년 6월 25일부터 1953년 7월 27일까지 한반도에서 전쟁이 발발한다. 엄청난 사상자가 발생한다. 어떤 자료는 희생자를 최대 100만 명으로 추정한다. 특히 민간인 희생자가 많다. 사망 원인은 공중 폭격 · 포격 · 격렬한 전투이다.

전쟁에서 이념 전쟁은 더 잔인하다. 74년이 지났음에도 희생자 가족들의 상처는 깊다. 치유하기 어렵다. 그냥 잊고 산다.

나림 문학은 역사문학 · 기록문학이다. 한국 현대사를 관통한다. 태평양 전쟁 · 6 · 25 전쟁 · 좌우충돌 분단 문학은 야만 세계가 얼마나 잔인한지 생생하게 묘사한다. 나림 작품 「마술사」(현대문학, 1968) · 「쥘부채」(세대, 1969) · 「지리산」(세대, 1972) · 「삐에로와 국화」(한국문학, 1977) · 「꽃의 이름을 물었더니」(심지, 1985)를 읽으면서 전쟁 비극을 절감한다. 생존자 가족과 주변 고통도 인식한다.

「세우지 않은 비명」에서 문장을 발견한다. 우크라이나 전쟁과 중동 가자 전쟁을 연상한다. 나림 작품의 현재성이다.

**운명**

"전쟁은 자꾸만 치열하게 될 거요. 젊은 사나이들은 자꾸만 죽을 거요. 젊은 남자들이 한 사람도 남지 않게 될 때, 그때 전쟁은 끝날 것이오." 「세우지 않은 비명」 · 100면

**전쟁**

정세의 강요에 따라 언제 어떻게 전쟁터에 끌려갈지 모르는 흉조가 차츰 싹트기 시작하고 있었다. 「세우지 않은 비명」 · 100면

### 죽음

"살아 있었으면 베토벤 이상의 음악가가 되었을 친구도 죽었소."

"살아 있었으면 괴테 이상의 문학자가 되었을 친구도 죽었소."

"그 기막힌 재능, 빛나는 젊음이 대륙의 두메, 태평양의 해저에서 죽어갔단 말이오." 「세우지 않은 비명」· 100-101면

전쟁은 종말이다. 6·25 전쟁으로 사망한 사람·납북된 사람 중에 훌륭한 인재가 있다. 전쟁이 나면 재현된다. 남북문제를 차분히 관리해야 하는 이유이다. 전쟁은 한 순간의 판단으로 몰락한다. 영원히 되돌릴 수 없다. 모두 죄악<sup>罪惡</sup>이다. 정의라는 이름으로 시작한다. 아리스토텔레스는 정의의 충돌을 비극<sup>非劇</sup>이라고 한다. 전쟁은 양립하는 선<sup>善</sup>의 충돌이다. 나림 선생은 "아테네와 스파르타의 싸움 같은 것이죠"라고 표현한다.

### 비극

아테네 인은 자기 나라를 위해 싸웁니다. 스파르타 인도 그렇습니다. 각기 자기 나라를 위한다는 정의와 애국심을 갖고 역시 자기 나라를 위하는 정의와 애국심을 가진 사람들과 싸우는 겁니다. 그런 상황을 비극이라고 한다는 겁니다. 「세우지 않은 비명」· 94-95면

우리는 비극을 잊고 산다. 나림 선생은 전쟁을 두 번 경험한 분이다. 한 번은 용병으로 끌려가고, 또 한 번은 6·25 전쟁으로 참극을 체험한다. 휴전은 전쟁의 일시 중단이다. 종전 71주년<sup>1953~2024</sup>이다. 세상은 여전히 전쟁 중단 상태이다. 우리가 살고 있는 세상이다.


## 3. 정글

세상은 정글이다. 더 나은 기회를 잡기 위해 서로 밟고 지나간다. 빈틈만 보이면 미끼를 던진다. 세상에 공짜가 없다. 잔인한 자본주의이다. 자본과 함께 사회가 톱니바퀴처럼 굴러간다. 깔려 죽든지 아니

면 교도소로 가든지 하나다. 나림 선생은 돈에 짓밟힌 사람들이 모인 장소가 구치소·교도소라고 한다.

### 갑甲

"S·K·H 등 대재벌의 총수들은 아마 거짓말 한마디 않고 살 수 있을 거요."

"수탈과 착취 위에 서서?" 「망명의 늪」·280면

### 을乙

"모두 돈에 짓밟힌 것 아닌가. 돈에 짓밟혀 사람 구실을 못 한다면 그건 완전한 패배다."

"너나 나나 사업가를 욕할 순 없어. 실패한 자가 성공한 자를 욕하는 건 비겁해. 우리는 입이 백 개가 있어도 성공한 사업가를 욕하지 못한다." 「망명의 늪」·225면

### 구치소·교도소

"여기에 와보고서야 처음으로 세상을 알았다. 이 속엔 모두 돈에 짓밟힌 사람들만 들어 있다. 돈에 짓밟히면 사람이 어떻게 되는가를 가장 잘 보여 주는 곳이 이곳이다. 어느 작가가 이곳을 아카데미라고 했더라만 그건 비유가 아니고 바로 실상이다." 「망명의 늪」·226면

나림 선생은 중소기업 붕괴과정을 정밀하게 설명한다. 산업스파이가 기업사냥에 나서는 현장이다. 정글사회의 한 장면이다.

### 재벌

재벌들의 부는 무서울 정도로 불어간다. 그 불어가는 돈을 은행 금리를 받을 정도로 해서 사장할 순 없다. 새로운 투자 방도를 찾아 돈이 돈을 몰아오도록 하자면 이득이 있고, 경쟁이 덜한 물건을 만들어야 한다. 그 때문에 대사업체는 수많은 산업 스파이를 중소기업을 비롯한 각 업체에 침투시켜 제조 품목 또는 제조 과정의 정보를 입수하려고 서둔다.

중소기업이 수지가 맞을 만할 때 넘어지는 것은 이 때문이다. 대재벌이, 그것이 이득이 있다고 판단했을 때는 중소기업이 생각도 못 할 정

도의 규모로 생산을 해선 덤핑을 해치운다. 덤핑은 경쟁 상대인 중소기업이 넘어질 때까지 계속된다. 「망명의 늪」·267면

나림 선생이 견뎌온 시대 71년$^{1921\sim1992}$과 오늘의 시대상은 똑같다. 중앙집중화·서울·수도권·권력·장악·지배·권모·술수·한탕주의·착취·부동산·아파트·중독사회·동상이몽$^{同床異夢}$·침묵·침묵사회$^{沈默社會}$… 등 변한 것이 없다. 사회 전 분야가 잡동사니 공연장이고 경쟁장소이다. 정치·경제·사회·문화·종교·교육·건설·사업….

품위 있는 인간·품격 있는 공간·편안한 시간이 없다. 중앙과 지방은 격차가 크고, 빈부 차이는 심하다. 세상은 바람 불어 고달프다. 조영남 노래 <모란동백> 가사이다. 정확한 표현이다.


## 4. 감옥

세상은 창살 없는 감옥이다. 이해관계로 만난다. 이런 세상에 아이들을 보낸다. 영어 공부하고, 수학 공부하고 있다. 몇 년 후면 정글사회·짐승사회를 만난다. 정상인으로 살아갈 수가 없다.

### 가면
하나같이 잔인하고 음흉하고 냉혹한 얼굴들이다. 모두들 친구끼리 앉아 있는 모양이지만, 그리고 모두들 미소짓길 잊지 않는 모양이지만, 나의 눈은 그들의 가면을 벗기고 있었다.
'사람은 사람에 대해서 이리' 「망명의 늪」·232면

### 탐욕
우정은 사라지고 이리의 탐욕만 남았다. 그런데 그 이리의 탐욕이 필요에 따라 형편에 따라 우정의 가면을 꾸며대기도 한다. 「망명의 늪」·232면

세상은 잔인한 동물 세계이다. 나림 선생은 호인$^{好人}$을 한심하다고

꾸짖는다. 바보들을 저주한다. 선량한 호인들을 경멸한다. 나림 선생 시대보다 우리는 더 살벌한 경쟁 사회에서 산다. 나림 선생은 갑질자를 '개의 창자'라는 표현한다. 천사처럼 사는 순진한 사람을 위한 안타까움을 장엄하게 강렬하게 표현한다. 나림 선생 문장을 읽어보자.

### 개의 창자

매일 밤 더불어 흥청거리던 하인립 씨의 술친구들은 어디로 사라졌단 말인가.

'이런 살벌한 황무지에 서서 시를 쓴다고? 어림없는 소리!'

철망 저편에 서서 그래도 태연한 척하고 있던 하인립 씨에 대해서 나는 비로소 맹렬한 증오를 느꼈다. 바보는 바보라는 그 죄명으로 광화문네거리에서 찢겨 죽어야 한다. 호인은 호인이란 그 죄명으로 사지를 찢어 개의 창자를 채워야 한다. 「망명의 늪」· 233면

발자크의 분노와 비슷하다. 발자크(Honoré de Balzac, 1799~1850)는 「인간극」에서 모순덩어리 인간 진열장을 신랄하게 비판한다.

그러나 선생은 그럼에도 대인大人이다. 항상 낮추며 산다. 도인道人의 삶이다. 나림 선생 문장을 읽어보자.

### 인간

"제가 어디 사람입니까?" 「망명의 늪」· 239면

### 교도소

"대구교도소를 한 바퀴 돌고 호텔로 갑시다."

곳곳의 망루에서 강렬한 서치라이트가 뿜어져 나왔다. 교도소는 두꺼운 벽 너머로 침묵했다. 수천 명의 호흡이 무더운 열기를 더욱 무겁게 할 터였다. 나는 이곳에서 3년을 지낸 후 안양교도소 등 7~8군데를 전전했다. 그중 가장 인상 깊은 곳이 대구교도소였다. 징역 초년생인 탓도 있었겠지만 대구교도소생활은 내 피부와 혈관에 깊은 흔적을 남겼다." 「운명의 덫」· 279면

### 전과자

나는 전과자란 낙인 때문에 교도소 지배권에서 벗어나지 못함을 절감했다. 저 속에서 억울한 누명을 쓰고 복역하는 사람이 있는 한 나에게 진정한 해방은 없다는 심경이었다. 「운명의 덫」· 279면

## 5. 세상

세상은 함정陷穽의 밭田이다. 「운명의 덫」에 실린 문장이다.

### 함정

세상은 무서워요. 어디에 함정이 있을지 모르지요. 「운명의 덫」· 197면

나림 선생이 자주 표현하는 문장이다. 야만 시대에 생존자 모습이 나온다. 비눗방울 속에 살아 있다. 거품 속에 숨어 사는 민초의 삶이다.

### 공포

'세계! 거칠고 원시적인 무서운 세계! 나는 그런 세계 속에, 아름답게, 날카롭게 빛나는 비눗방울 속에 있는 것처럼 살아 있다. 그리고 그 비눗방울이 깨지지 않도록 숨을 죽이고 있는 것이다."「허상虛像과 장미 1」· 200면

### 잔인

세상이란 참으로 겁나는 것이었다. 「허상虛像과 장미 1」· 284면

나림 선생은 소설 「허상虛像과 장미」에서 선생의 세계관을 명확하게 설명한다. 세상은 겁나는 것이다. 세상은 온갖 잡동사니가 도도하게 흐르는 강물이다. 우리는 살벌한 세상에서 비눗방울 속에 갇혀 숨을 죽이며 살다 간다. 언제 어떻게 비눗방울이 없어질지 알 수 없다. 나는 세상을 공포와 잔인으로 읽는다. 중편 「쥘부채」(세대, 1969)의 마지막 문장이다.

### 니체 「짜라투스트라는 이렇게 말했다」

"진실로 인간은 더러운 강물과 같다. 스스로를 더럽힘 없이 더러운 강물을 받아들이기 위해선 모름지기 바다가 되어야만 하는 것이다." 「쥘부채」· 106면

나림 선생은 세계관을 「망명의 늪」에서도 반복한다. "인간은 더러운 강물이다. 강물에 잡동사니가 가득하다. 이 더러운 강물과 우리는 100년을 함께 살아야 한다. 바다가 되어야 한다." 바다海 표현에 깊이 공감한다. 선생의 작가관이 선명하다. 나림 선생 문장을 읽어보자.

### 늪

아득바득 기를 쓰고서도 굶는 듯 먹는 듯하고 있는 미아리 그 판자촌에선 상상도 못할 장면이었다. 그러나 그 요염하게 치장한 아가씨들의 뿌리를 찾아들면 개나 고양이의 시체가 썩고 있는 늪에 이를지 몰랐다. 「망명의 늪」· 254면

### 죽음

"아무튼 세상은, 또는 세월은 죽음을 슬퍼할 수 있도록 사람을 방치하지 않는다." 「세우지 않은 비명」· 12면

세상은 정신없이 살다가 가는 곳이다. 일 하나가 끝나면 다음 순서가 찾아오고, 그 일이 끝나면 또 다음 순서가 기다린다. 일어나서·일하고·잠잔다. 일반인의 삶이다. 만남과 헤어짐을 반복한다. 인간관계학人間關係學이다. 항상 부족하고 늘 후회한다. 자기 의지대로 삶을 경영할 수가 없다. 완전하게 스스로 살지 못한다. 우리들 인생사이다.

자신의 삶을 돌아본다. 인생 전체를 기획하고 경영하지 않으면, 한 순간에 인생은 끝난다. 우리 사회 구조가 그렇다. 그럼에도 국가는 생존 길목에서 사람 목숨을 철저하게 보호를 해 주지 못한다. 법률이 인생을 보호하지 않는다. 나림 선생 표현이다. 법률이 인생을 보장하지 않는다. 정치는 무엇인가?

**불량식품**

식품에 유독 물질을 섞는 놈, 아동들의 급식용 빵에 돌가루를 섞는 놈 따위는 모조리 사형에 처해야 마땅하다. 권총을 마구 쏘아 한둘을 죽이는 살인범에겐 가혹한 법률이 돈을 벌 목적으로 수십만의 생명을 죽이려고 드는 놈들에게 관대한 것은 이해할 수가 없다……. 「망명의 늪」· 208-209면

식품범죄는 선진 사회에서 상상 할 수 없다. 정직한 사회이기 때문이다. 교육의 목표는 정직한 사람이다. 교육敎育의 핵심은 육성育成·양성養成이다. 독일은 정직한 사람들이 사회체제를 운영한다. 사회질서가 있다.

바이마르 공화국이 몰락하고, 독일은 1933년에서 1945년 동안 인간 존엄이 무너진 사회를 경험한다. 공포 사회·잔인한 사회·죽음 사회·늪 사회·왜곡 사회이다. 독일은 제2차 세계대전에서 패전한다. 동서독으로 양분한다. 서독은 1949년부터 2024년까지 75년 동안 정직한 사회를 구축한다. 역사교육과 시민 교양교육을 강화한다.

1990년 10월 3일 통일한다. 불가능한 일을 한다. 독일은 시민이 이제 주인이다. 국민주권사상이다. 정직한 사람이 독일에서 성공한다. 좌파·우파가 공존하는 사회이다. 우리는 아직도 불안한 민주주의를 운영한다.

대한민국 세상은 여전히 위험하고 겁나는 곳이다. 나림 선생은 '세상은 겁나는 것이다'고 표현한다. 나는 세상을 장소로 본다. 그러나 나림 선생은 세상을 사람으로 본다. 다시 생각해 보니 '것'은 모두를 포함한다. 나림 선생 문장이 정확하다.

## 6. 여행

인생人生은 여행旅行이다. 나그네 길이다. 잠시 머물다 간다. 나림 선

생은 유한한 삶을 지적한다. 나림 선생은 실록 소설가이다. 나림 문학은 기행 소설의 진수眞髓·중요한 본질이다. 작품에 대륙을 횡단橫斷하는 장면이 많다. 문화지리학文化地理學 관점에서 보면, 넓고 광활하다.雄大 소설 속 인물과 사건은 모두 우리의 자화상이다(김종회, 「이병주 소설의 공간 환경」).

이토록 살벌한 세상에서 그래도 인간 사회를 아름답게 가꾸는 나라가 있다. 독일이다. 독일은 제2차 세계대전으로 폐허가 된 나라다. 그럼에도 전쟁 아픔을 극복하고 위대한 나라를 건설하고 있다.

나림 선생과 내가 함께 여행하며 독일 사회를 소개하는 장면을 생각한다. 나는 나림 선생처럼 젊은 시절 외국 생활을 한 경험이 있다. 독일에서 직접 보고 정리한 내용을 소개한다. 우리 사회 근본 문제를 정확히 볼 수 있다. 대한민국은 '왜'라는 질문을 던진다. 대한민국은 '어디로'·'무엇을'·'어떻게'라는 질문을 나림 선생님께 올린다. 2024년은 독일 기본법 제정 75주년1949~2024이다.

### 독일은 어떤 나라인가?

독일은 전후 '기획국가'이다. 우리나라와 비슷하다. 라인강 기적과 한강 기적도 비슷하다.

인구는 8,200만 명이고, 우리나라는 8,000만 명이다. 남한 5,000만 명·북한 2,400만 명·해외동포 700만 명이다.

천연자원이 많지 않아 인적 자원에 의존한다. 그래서 교육 복지에 관심이 많다. 독일은 99.9%가 중소기업이다. 지역에 분산되어 있다. 대기업 하청업체가 아니다. 자녀 교육을 위해 인근에 대학·직업학교·다양한 초·중·고가 있다. 다른 지역에서 대학을 다닐 필요가 없다.

독일은 인권 국가·법치국가·자유 민주주의국가·사회 민주주의국가·지역 균형 발전 국가·연방국가이다. 우리는 독일 교육에서 네 가지를 찾아볼 수 없다. 중앙중심 회오리 사회 구조와 대학입시 전쟁·대학 등록금·사교육시장·학교 폭력이다. 모두 나치 시대 경험으로 얻은 독일 사회 자산들이다.

## 독일 역사와 정치

현대 독일 역사 절반은 공포와 전쟁·독재 시간이었다. 나머지 절반은 속죄와 안정·성숙이라는 놀라운 시간이었다. 독일 정체성은 1949년·1968년·1989년·2015년으로 나뉜다. 전후 복구復舊 시대, 1968년 혁명 시대, 베를린 장벽 붕괴와 통일 시대·난민 위기 시대이다. 독일 사람들은 민주주의 사회에서 국가 역할은 약자가 강자에게 맞설 수 있도록 도움을 주는 것이고, 부자와 가난한 사람 사이 균형을 새롭게 맞추는 것이라고 말한다.

독일 권력구조는 내각책임제이다. 하원의원과 총리가 국정 운영을 함께하는 체제이다. 베를린 장벽 붕괴는 민주주의 독일이 재탄생하는 과정이었다. 억압적인 공산주의 체제가 놀랍게도 성공적으로 해체되었다. 많은 독일 사람이 인정하는 유형의 애국심은 헌법적 애국심이다. 그들은 민주주의의 확고한 원칙을 통해 세상에 바람직한 모범 사례가 되기를 희망한다.

「독일인은 무엇을 잘합니까?」 시간 엄수·정확성·철저함이다. 「우리는 무뚝뚝하지만 솔직하고 직설적입니다. 약속을 잘 지키고요.」 빵·맥주를 언급하는 사람이 많았다.

독일 사람들은 선동가와 강성정치인이 민주주의를 노골적으로 조롱하는 세상을 바라보고 있다. 기후 위기를 매년 눈앞에서 겪고 있다. 대다수 독일 사람은 국가 미래가 어둡다고 느낀다. 물론 많은 문제가 산적해 있다.

나는 비관적으로 생각하지 않는다. 내가 희망의 끈을 놓지 않는 이유는 독일 사람들이 자기 성찰과 그들의 병적인 기억에 있다.

2019년 초 미국 평론가 조지 윌(Geroge Will)은 이렇게 썼다.

"지금 독일은 세상이 봐왔던 최고의 독일이다."

오만한 나라들은 마땅히 독일로부터 교훈을 얻어야 할 것이다.

독일은 이제 유럽 중심이 되었다. 매우 중요한 역할을 맡았다. 자유민주주의 선도국가라는 대단히 불편한 자리이다. 독일은 앞으로 힘든 의사결정을 내려야 한다. 그것은 올라프 숄츠(Olaf Scholz, 1958-) 총리와 미래의 독일 세대에게 남겨진 최대 과제이다.

## 시사점

박정희 전前 대통령은 독일에서 간호사와 광부의 임금을 담보로 3,000만 달러를 차관으로 유치하여 경제부흥을 했다. 당시 독일 루트비히 빌헬름 에르하르트(Ludwig Wilhelm Erhard, 1897~1977) 총리는 고속도로(아우토반·Autobahn) 건설·자동차·석유·조선 산업을 추천했다. 이후 한국은 독일 총리의 조언대로 독일을 배워 눈부시게 경제 발전을 이루었다.

이제 중앙집권 회오리 사회 구조는 생명력을 다했다. 모두가 불행한 사회 구조이다. 조금만 기득권을 놓으면 더 강력한 나라가 될 수 있다.

중앙중심 회오리 사회 구조를 지역 균형 발전 사회 구조로 전환하는 일이다.

제4차 산업혁명이라는 구호가 지방 균형 발전 전략과 함께 추진된다면, 역사적인 사회 변동이 될 것이다. 「'수도권 쏠림' 데이터센터…정부, 지방 분산 해법 찾는다.」 과학기술정통부가 추진하는 이 방향은 맞다. 이러한 정책 기조가 더 많은 분야로 확대되어야 한다.

전력 공급은 지방에서 하고 신산업 핵심 분야를 수도 서울에 집중한다면, 이것은 대단히 잘못된 것이다. 신산업 성장 동력이 지방으로 이전 또는 설립되면, 인근 지역 국립대학과 지역 대학이 살아난다. 인구가 정착하면 하나씩 독일 모델로 변한다. 지금 지역 대학 주변 상권은 죽어가고 있다.

## 균형 발전

독일은 연방국가이다. 철저하게 균형 발전 정책을 펴고 있다. 연방중앙은행은 프랑크푸르트, 철도청은 본, 연방헌법재판소·연방법원·연방검찰청은 칼스루헤에 있다. 국방부와 환경부는 본에 있다.

우리나라처럼 수도 서울에 밀집되어 있지 않다. 나는 우리나라 대법원과 대검찰청이 왜 서울 서초동에 있어야 하는지 의문이다. 이들 기관은 지방의 조용한 곳으로 옮겨도 아무런 문제가 없다. 대법원 제1부·제2부·제3부를 나누어 각 지방으로 분산해도 된다.

독일은 중소기업과 대기업 본사가 전국에 골고루 흩어져 있다.

화학 회사는 킬·뒤셀도르프·드레스덴·뮌헨에 분산되어 있다. 자동차 회사도 마찬가지다. 독일 핵심 중소기업 3분의 2가 본사를 지역에 두고 있다. 인구 5만에서 10만 도시이다.

기업이 앞장서 지역 균형 발전을 돕는다. 당연히 지역 대학이 살아난다. 독일은 4개 지역 국제공항이 있다. 프랑크푸르트·뮌헨·함부르크·베를린이다. 지역 주민에 대한 배려이다. 동남권 국제공항 건설은 독일 지역 균형 발전 시각에서 보면 당연하다. 중앙집권에 몰입된 시각에서 보면 혈세 낭비로 보인다.

독일의 강력함은 지역 균형 발전을 통한 강한 응집력이다. 이 길이 '한국의 길'이다. 독일 통일은 국제정치 변동이 만들었다. 그러나 독일 통일을 성공적으로 견인한 힘은 지역 균형 발전에서 나왔다. 독일 통일 초기에 동독사람들이 수도로 몰렸다면 독일은 아마도 망했을 것이다.

그래서 모두가 행복한 사회 구조로 바뀌어야 한다. 독일의 지역 균형 모델이다. 우리가 독일에서 배워야 할 첫 번째이다. 우리는 독일 모델을 가지고 경제 기적을 이룬 경험이 있다. 이제는 사회 구조 개혁을 할 차례이다. 지금부터 시작해야 한다. 인구절벽도 수도권 중심 사회가 만든 특이한 현상이다. 국가 존립을 위협한다.

오늘 학술대회 목적은 우리 사회 발전이다. 형사법 연구성과물을 공유하는 자리이다. 여러 나라 정치·사회·문화를 이해하고, 그 나라 법률·판례를 깊이 분석하는 기회이다. 비교형사법 연구는 한국 형사법 연구의 한 분야이다. 비교형사법 연구, 특히 독일 형사법 연구가 더욱 활성화되기를 기대한다.

2024년은 한국·독일 수교 70주년(1954~2024)이다. 한국 형사법이 '인간 존엄'(Würde der Menschen)을 수호하는 강력한 성벽이 되기를 기원한다. 법률·판례·정책은 함께 인간 존엄을 위해 발전해야 한다. 「인간 존엄은 불가침<sup>不可侵</sup>이다.」 헌법 제10조 정신이다. 화살<sup>犯罪와 刑罰과</sup> <sup>效率性</sup>로 암벽<sup>尊嚴</sup>을 뚫을 수 없다. 인간 존엄은 우리 사회의 근본 가치이다. 오늘 이 문제가 깊이 논의되기를 기대한다.

---

## ◯ 참고문헌

김택환, 넥스트 코리아, 메디치미디어, 2012.

그레고리 헨더슨/이종삼·박행웅 역, 소용돌이의 한국정치(KOREA:

The Politice of The Vortex), 한울아카데미, 2021.

존 캠프너/박세연 옮김, 독일은 왜 잘하는가. 성숙하고 부강한 나라의 비밀, 열린책들, 2022.

조선일보사, 마이스터(匠人)의 나라 독일, World Village 2004년 1호 (Vol.4), 2004.

## 7. 운명

천명天命은 만남性이다. 만남性은 운명運命이다. 출생出生·誕生도 만남이다. 성교性敎·聖敎·性交는 운명이 만나는 시간이다. 성생활性生活은 운명이 삶에 활기를 주는 교육시간이다. 성性과 성聖은 동일하다. 육체肉體와 정신精神은 하나다. 천명철학이 나림 문학을 관통한다. 나림 문장을 읽어 보자.

### 약혼식
"여로에서 맞이하시는 두 분의 약혼식을 충심으로 축하합니다."

악사들과 룸서비스 맨들이 나가고 방안이 조용해지자 순애가 속삭였다. 「운명의 덫」·297-298면

### 천사
"우리 같이 목욕을 해야죠."

대담한 제안이었지만 응하지 않을 수 없었다.

"순애의 육체는 예뻐."

"마음은 이 육체의 백배쯤 아름다워요."

내가 샤워하는 동안 순애는 탕 안에 들어갔다. 재스민 가루를 뿌려 탕을 채운 거품이 그지없이 향기로웠다.

"서양 사람들은 멋있어요. 이 거품은 화장품용으로도 유익하지만 바다 거품에서 탄생한 아프로디테 신화를 모방한 것이기도 해요."

"순애는 아는 것도 많아."

"천사가 알아야 할 것은 죄다 알고 있는걸요."

"하나님은 순애 같은 천사를 내게 보내주기 위해 미리 혹독한 시련을 겪게 하지 않았을까. 이런 상념이 드네."

"그래요, 바로 그거예요!"

"남 군, 영시를 줄줄 암송하다니 다시 봐야겠어!"

김순애는 익살 섞인 애교를 부렸다. 「운명의 덫」 · 298-301면

죽음死亡도 운명運命이다. 나림 선생 표현이다. 익사 장면이 나온다. 해병대 대원의 익사 장면과 겹쳐 주의 깊게 읽는다. 여러 작품에 죽음 장면이 묘사된다. 모두 운명이다. 공중 폭격 사망 · 전쟁 중 전투 사망 · 부상 후 후유증 사망이다.

최근 문제를 보자. 수해지역 대민 활동 중 군인 사망 · 신병 훈련 중 군인 사망 · 군사 작전 중 군인 사망이다. 모두 안타까운 운명이다. "운명은 법률도 보호해 줄 수 없다." 나림 선생 문장은 간결하다.

### 익사溺死

옥희는 방향을 가리키고

"저기 떠내려가는 사람이 있어요."

하고 외쳤다.

다행히도 모터보트가 현실제를 끌어올렸다. 인공호흡을 했으나 허사였다. 그의 죽음이 확인되었는데도 옥희의 가슴엔 아무런 감정도 얻지 않았다. 허탈한 기분이었을 뿐이다. 허탈한 눈을 한 채 중얼거리고 있었다.

"법률이 보호해 줄 것이라더니……" 「거년去年 의 곡曲 – 잃어버린 청춘의 노래」 · 66-67면

### 운명運命

'운명이란 못하는 짓, 안 하는 짓이 없다. 그런 운명에 말려 들어간 것이니 난들 어떻게 하란 말인가.' 「세우지 않은 비명」 · 126면

나림 선생은 어머니 운명을 애잔하게 묘사한다. 한 문장이다. 죽기 전에 할 수 있는 최고의 명언이다. 내 공상空想이다. 어떤 작은 가제가

어느 바닷가에서 태어나 살기위해 공격하고, 싸움한다. 피해자가 되고, 가해자가 되어 일생을 마친다. 가제를 낳아 준 어미 가제도 사망한다. 험한 세상에 태어나 고생 많이 한다. 운명을 다하니 떠난다. 잃어버리고 다시 찾은 모국어로 두 문장 남긴다. 한글로 쓴 유언이다. 어머니에게 훈민정음<sup>訓民正音</sup>이다. 나림 선생 문장을 읽어보자.

**느그들**<sup>모두들</sup>
"느그들 모두 잘 지내라!"「세우지 않은 비명」·129면

**용서**<sup>容恕</sup>
"용서해달라, 나를 용서해달라!"「세우지 않은 비명」·129면

나림 선생의 작품 속 자찬묘비명이다. 선생은 젊음 시절 과오가 괴로워서 항상 다정다감하다. 배려와 용서를 의지로 삼는다. 용서는 자신과 사랑한 사람에게 대한 과오<sup>過誤</sup>다. 선생은 정직<sup>正直</sup>한 분이다. 선생은 일기장을 공개하고 용서를 구한다. 일기장은 소설 「세우지 않은 비명」이다.

**다정다감**<sup>多情多感</sup>
'그의 호학<sup>好學</sup>은 가히 본받을 만했는데 다정과 다감이 이 준수<sup>俊秀</sup>의 역정<sup>歷程</sup>에 흠이 되었노라'고. 「세우지 않은 비명」·130면

## Ⅲ. 나림 이병주 선생의 인간관

이 책에 수록한 6편의 작품에서 나림 이병주 선생 어록을 정선한 다. 문장을 통해 나림 선생 인생관을 조명한다.

오늘의 지구촌은 코로나와 기후 위기로 혼돈이다. 지금 세계·대한 민국·국가·사회·가정·가족·학교·병원·개인은 생존을 고민하 고 있다. 나림 선생은 '인간을 더러운 강물'로 본다. 선생이 우리 독자 에게 전하는 말씀이다. "조심해라, 애야."

7개의 중심어로 명문장을 찾아 해설을 한다. 생명生命·인간人間·인 격人格·인품人品·자유自由·의지意志·죽음死亡이다. 출생부터 사망까지 인간이 겪는 순서이다. 자유의지를 위한 인간의 노력이 담겨있다. 「나 림 이병주 선생의 법사상·교육사상」을 이해하는데 기초가 된다.

인간은 왜소한 동물이다. 평생 교육을 받고, 법에 지배를 받으며, 살아갈 수밖에 없다. 종속관계·위계질서를 존중해야 생존할 수 있고, 갑甲과 을乙의 지위에서 한평생 침묵하며 살아야 한다. 인간 존엄은 우 리 사회에서 아직 뿌리를 내리지 못한다. 힘들다.

우리가 살고 있는 대한민국은 서울·수도권 중심 중앙집중 사회구 조이다. 시험 승리자는 서울과 수도권에 살고, 시험 패배자는 지방에 산다. 이 인식은 더 굳어간다. 조선시대와 유사한 신분사회가 형성된 다. 서울·수도권 성벽은 높다. 사람·돈·자본·직장이 서울에 집중 된다. 주말에 서울로 올라가고, 서울 학교를 다녀야 기회가 많다. 대 한민국은 말만 많지 진정한 균형발전 전략이 없다.

여기서 인용하는 문장은 앞에서 서술한 해설·줄거리·문장과 낭 독 부분과 중복되는 부분이 있다. 해제만 읽는 독자를 위해 논단의 독 자성을 유지한다. 널리 이해를 구한다.

## 1. 생명

생명 탄생은 사형선고이다. 나림 선생 표현이다. 수필 「生이란 무엇인가 ―부끄러운 삶을 돌아보며―」에서 생명 탄생과 함께 숙명적으로 만나는 죄罪와 벌罰의 문제를 언급한다. 우리는 100년을 이런 숙명 속에서 살다가 죽음을 맞는다. 이를 인식할 때 우리는 자기와 진솔眞率한 대화를 나눌 수 있다. 우리는 작품에서 운명의 공간·겸손과 관용의 지혜·성심의 행운·상극의 모순율을 만난다. 나림 선생 문장을 읽어보자.

### 출생
사람은 출생하는 그날, 자기의 사형 선고를 손바닥 위에 기록한다.
「세우지 않은 비명」·45면

### 죄와 벌
인간이란 「죄와 벌」이라고 생각합니다. 「용서합시다」·18면

### 반성反省
인간은 나면서부터 죄를 짓습니다. 무언가를 살생하지 않곤 그의 생명을 지탱해 나가지 못하게 마련되어 있습니다. 그러니 그 죄엔 필연적으로 벌이 따르기 마련입니다. 그 벌이란 곧 죽음입니다. 그가 살기 위해 거듭한 살생은 결국 말하면 죽기 위한 준비인 것입니다. 남을 죽이며 자기도 죽는다 ― 어쩌면 상극의 법칙, 모순율矛盾律이 인생을 관통하는 원칙일지 모르는데, 인간의 숙명은 바로 이 원칙에 잉태되어 있다고 볼 수가 있습니다. 「용서합시다」·18-19면

### 각성覺醒
죄짓지 않고 살 수 없는 존재! 너무나 엄청난 죄인이란 걸 자각할 때 나는 벌에 대한 공포에 앞서 어쩔 수 없는 부끄러움을 느낍니다.
내게 있어서 인생이란 아직도 부끄러움의 나날입니다.
아아, 언제 이 부끄러움을 씻고 떳떳이 살아볼 수가 있을까. 「용서합시

다」· 19면

나림 문학을 관통하는 이념은 각성<sup>覺醒</sup>이다. 선생만큼 파란만장한 삶
<sup>1921~1992</sup>을 살다 간 작가는 거의 없다. 식민지 시대에 태어나서 일제
강점기를 관통한다. 독재 시대를 거쳐 산업화 시대를 체험한다. 민주
화 시대를 관찰하며 '살아 온' 작가이다. 아마도 수백 년의 세월을 71
년에 압축한다. 수천 가지 사건을 겪고 또 가슴에 새긴다. 나림 선생
의 삶과 문학이다.

## 2. 인간

인간은 기생충이다. 봉준호 감독의 영화 「기생충」(2019, 누적관람수
1,031만명)이 생각난다. 사회고발 블랙코미디이다.

### 죽음
"인간은 곤충으로서 태어나 제왕으로서 죽는다." 「세우지 않은 비명」·
13면

인간이 도구로 이용되는 장면이다. 나림 선생은 「망명의 늪」에서
탈세 사건을 생생하게 묘사한다. 인간은 존엄한 존재가 아니다. 특정
인과 특정기업을 위한 부속품이다. 대한민국 교육과 법률의 문제점이
다. 인간 존엄 교육과 정직 교육을 제대로 실시하지 않는다. 돼지가
도살처분 현장에서 이웃돼지에게 하는 행동과 같다. "네가 먼저 나가
라." 답답한 인간상<sup>人間像</sup>이다. 결국 모두 죽음을 맞이한다. 죽음은 누
구도 피할 수 없다. 진실이다. 나림 선생 문장을 읽어보자.

### 기생충
택시를 타고 거리를 달리고 있으면 언제나 떠오르는 상념이 있다. 거
대한 악마의 장부 속을 누비고 있는 기생충이란 상념이다. 「망명의 늪」·
245면

### 구조조정

과장이 되던 그해, 채 사장의 아들이 미국에서 돌아왔다. 미국에서 배워온 것인진 몰라도 능력주의로 한다면서 사내의 인사 쇄신을 단행하려고 했다. 기획조정실이란 것을 만들어서 자기가 그 실장직을 겸해 맡았다. 인화의 단결이 파괴되기 시작한 것이다. 사장의 아들이 설치는 바람에 방계 회사의 간부는 물론 본 회사인 T물산의 간부들까지 회사에 대한 충성심이 줄어 들어가는 것이 눈에 보이는 듯했다. 「망명의 늪」· 250면

### 책임전가

채종택은 자기의 인사 쇄신책이 빚어낸 결과라고는 생각하지 않고 모든 책임을 간부 사원들에게 뒤집어 씌웠다. 그리고 심지어는 각 부서의 간부들 책임하에 회사의 장부를 위조하라는 명령을 내렸다. 내게는 회사의 부채를 가장하기 위해 10억 원 남짓한 어음을 끊어두라는 얘기가 있었다. 그런 짓뿐이 아니다. 자기의 돈을 사채 시장에다 풀어 놓곤 그 돈을 사채 형식으로 빌려 쓰도록 해서 기어이 적자를 만들었다. 그리고 갖가지 정치적 목적을 들먹여 돈을 빼내선 직공들의 공임을 올리지 못하는 이유를 꾸몄다. 「망명의 늪」· 251면

## 3. 인격

인격은 사람의 자격이다. 사람 자격증 받으려면 정직해야 한다. 정직하지 않는 사람은 아직 동물이다. 영웅주의와 이기주의는 동물 속성이다. 나림 선생은 중편 「여사록」(현대문학, 1976)에서 "지도자란 민주적 인격자이다"라고 표현한다. 인간으로서의 승리는 민주적 인격을 획득하는데 있다.

수필 「긴 밤을 어떻게 새울까」(바이북스, 2015)에서 반복한다. 나림 선생은 링컨을 언급한다. "나는 노예도 되기 싫고, 지배자가 되길 원하지 않는다. 민주주의에 대한 내 의견이다." 인간으로서의 품위·인간으로서의 정애博愛로서 일생을 관철한 사람이다. 독서와 교육의 힘이다.

### 지도자

"지도자라고 하면 어쩐지 나치스 같은 전체주의적인 색체가 있는 말인데 민주적 인격이라는 게 좋지 않을까." 「여사록」 · 38면

교육은 정직한 사람을 양성한다. 법률은 정직한 사람을 보호한다. 정직은 만물의 기본이다. 사람 · 생물 · 건축 · 수학 · 과학 · 수사 · 재판도 정직이다. 시험도 정직이다. 연구도 정직이다. 사업 · 경제 · 경영 · 의료 · 정치도 정직이다. 인간이 하는 모든 일은 정직이다. 정직이 최선이다.

그러나 대한민국은 정직을 교육목적으로 삼지 않는다. 단편 「목격자目擊者?」(신동아, 1972)는 주제가 정직이다. 우리 사회는 정직성을 잃어도, 또 민주적 인격을 잃어도 1등을 보호한다. 이러한 경향은 사람 보호가 아니고, 동물 보호이다. 나림 선생은 대한민국 엘리트를 심하게 질타한다. 정직해라.

### 입신출세주의

"세상에서 가장 추한 것은 입신출세주의다. 이런 소시민 근성이 사회를 망쳐 놓았다. 통일이 안 되는 까닭이 바로 여기에 있다. 아첨 근성을 조장하는 병폐도 여기에 원인이 있다. 이른바 엘리트들은 대중과 더불어 함께 향상해야 한다는 사명을 망각하고 자기만 잘 살면 그만이라고 설쳐대고 있으니 될 턱이 있는가. 청년이 부정에 둔감하면 그 사회는 망한다." 「거년去年의 곡曲 – 잃어버린 청춘의 노래」 · 43면

### 계창식 사장님

계창식 사장은 사업가로서도, 연구소 소장으로서도 성실하고 근면했다. 그러면서도 가능한 한 경비를 절약하려고 애썼다. 작은 거래처에도 고개를 숙이며 접근했다. 예비역 장성이라고 거만하게 행세하는 점이 추호도 없었다. 관청에서 부를 때는 언제이건 본인이 나가서 기업인으로서의 본분을 지켰다. 종업원들 사이에 무슨 트러블이 생기면 솔선해서 해결했다. 「운명의 덫」 · 217면

## 4. 인품

인품은 사람의 그릇이다. 인품은 사람이 만든 예술품이다. 「거년去年의 곡曲 – 잃어버린 청춘의 노래」에 엘리트들의 법률 논쟁이 나온다. 인품 논쟁으로 읽는다.

어떤 인품으로 한평생 세상을 사느냐는 스스로가 결정한다. 운명의 반은 스스로 결정한다. 자유의지가 만든 세 유형의 삶이 3인 3색의 인품이다. 나림 선생 문장을 읽어보자.

### 이상형

"특정 계층의 이익에 봉사하는 것이 법률이다. 그런 법률을 부정해야만 사회의 발전이 있다." 「거년去年의 곡曲 – 잃어버린 청춘의 노래」· 43면

### 현실제

"법률은 통치의 기준이며 사회의 질서이다. 법률 없이 어떻게 민중의 통치가 가능할 것인가. 법률은 특정 계층의 이익에 봉사하는 것이 아니라 가시덤불을 치우고 지상에 만들어진 탄탄한 대로이다." 「거년去年의 곡曲 – 잃어버린 청춘의 노래」· 43-44면

### 논쟁

"철저한 현실주의자, 타협주의자다."

"현실을 무시한 이상주의자는 결국 패배할 수밖에 없어. 법률을 자기편에 할 수 있는 자가 인생의 승리자가 된다. 그 뜻을 포기하지 않는 한 평생 일정한 주거를 갖지 못하고, 안정된 직업도 갖지 못하고, 엉뚱한 음모만 꾸미다가 도망쳐야 하며, 언제나 가난하여 가족의 단란도 모르고, 사람에게 배신당하고, 사람을 배신하며, 드디어는 교수대에서 죽든지 감옥에서 죽어야 할 운명에 있다." 「거년去年의 곡曲 – 잃어버린 청춘의 노래」· 44-45면

### 진옥희

이상형의 사상은 처절한 빛은 있었으나, 실현 가능성이 희박하고, 현실제의 사상은 진실했으나 그 법률만능의 사상엔 반발을 느꼈다. 「거년去年

인품은 자기의 그릇이다. 교육·독서·만남이 인품을 만든다. 어떤
그릇으로 이 세상을 살 것인지 생각해야 한다. 종착역·방향을 정하
는 과정이 교육이다. 근대 교육 80년은 인품 교육이 아니라, 강남 진
입 교육을 한다. 승진에 목숨을 거는 교육을 한다. 출세에 도움이 되
는 만남을 교육한다. 어떤 헌신과 어떤 표현이 나오겠는가.

## 5. 자유

자유는 시공<sup>時空</sup>을 스스로 결정한다. 삶에 의지를 의식한 상태이다.
자유는 희노애락미발<sup>喜怒哀樂未發</sup> 상태를 스스로 온전히 결정한다. 구속
은 자유 박탈이다.

자유를 한자로 自由로 쓴다. 하늘 一과 땅 一이 만나면 장인 공工
이다. 뚫을 곤을 두 쪽으로 나누면 입 구口가 된다. 口는 희로애락이
모여 있는 장소이다. 「중용<sup>中庸</sup>」 제1장의 표현이다.

희로애락 입 구口를 다시 둘로 나눈다. 눈목目이 된다. 그 위에 삐
침별 /을 넣으면 스스로 자自가 된다. 스스로 결정한 순간이다. 자기
결정에 인연 유由를 붙인다. 스스로가 결정한 인연이 바로 자유이다.
자아<sup>自我</sup>를 만나는 순간이 자유이다.

「중용<sup>中庸</sup>」에서 말하는 중화<sup>中和</sup>는 자유의지<sup>自由意志</sup>이다. 자유의지는
인간 존엄의 핵심이다.

나림 선생은 자유주의자이다. 인간을 존중한다. 모든 것을 스스로
결정한다. 나림 문학은 시공간<sup>時空間</sup>을 종횡한다. 작품 속 뉴욕은 자유
가 숨 쉬는 도시이다. 여행자가 스스로 결정하여 인연을 맺는 공간이
다. 나림 선생의 뉴욕 방문기로 유심히 읽는다. 자유 도시 뉴욕은 부
패와 독재가 뒤엉킨 조국과 비교된다.

자유는 나림 문학에서 핵심이다. 나림 선생 문장을 읽어보자.

### 자유 여신상

나는 시카고에서 뉴욕으로 날았다. 꿈속에 그리던 뉴욕 거리….

나는 자유의 여신상을 바라보며 눈물을 흘렸다. 그 쓰라린 감옥 생활을 어느 밤, 나는 문득 자유의 여신상을 꿈속에서 본 적이 있다. 그림엽서에서 봤을 뿐인데 어쩌면 세부의 조각까지 선명하게 보였는지 모른다. 그리고는 가끔 자유의 여신상을 자유에의 갈망과 더불어 생각했는데 지금 그곳에 올 줄이야! 닦아도 멎지 않는 내 눈물을 보자 김순애가 까닭을 물었다. 나는 비로소 그 비화悲話를 얘기했다.

"짐을 풀지도 않고 여기로 오자고 서둔 남 군의 심정을 이제야 알았어요."

김순애도 함께 울어 주었다. 「운명의 덫」 · 326면

### 자유

센트럴 파크에서 하루를 거닐었다. 그리니치 빌리지에서도 하루를 지냈다. 우범지대라고 기피하는 할렘도 나에겐 파라다이스의 한 표현이었다. 온갖 인종이 득실거리는 브로드웨이의 잡답 속을 거닌 것도 기억에 남는다. 그곳에서 순애와 어깨동무하며 거니는 기분은, 그것이야말로 자유였다. 행복이었다. 「운명의 덫」 · 326면

### 뉴욕

카네기홀에서 들은 루빈슈타인의 피아노 연주, 링컨 센터에서 관람한 러시아 볼쇼이 발레단 무용, 현대미술관에서 본 피카소의 <게르니카>, 메트로폴리탄 미술관에서의 그 황홀한 미의 향연, 나는 뉴욕에서 나의 고향을 느꼈다. 나의 도시를 느꼈다. 「운명의 덫」 · 326-327면

### 새로운 인간

나는 뉴욕에서 비로소 20년 감옥생활에서 밴 암울한 마음을 청소할 수 있었다. 나는 진정으로 새로운 인간이 되었다. 이 모든 은총이 김순애를 광원으로 한 것임을 깨달았다.

뉴욕에서 1주일을 보낸 후 버펄로로 갔다. 거기서 나이아가라 폭포를 보았다. 어릴 적에 배운 지리 지식을 30년 후에 재확인하는 재미란 기막혔다. 「운명의 덫」 · 326-327면

**활발 · 활달**

버펄로에서 워싱턴 DC로

"우리, 미국 대통령을 만나 볼까나?"

"그 사람 말고도 볼 게 수두룩한데 뭣 때문에 그런 시간낭비를 해요? 그렇잖아요, 남군?"

이런 농담이 자연스럽도록 우리는 활달, 활발했다. 「운명의 덫」· 327면

나림 선생은 미국과 한국을 비교한다. 조국의 산하는 벌써 추석에 물이 든다. 두 달 남짓한 여행에서 돌아온다. 조국의 땅은 한없이 반갑다. 인간은 누구나 관념의 세계를 갖고 산다. 그 관념은 한없이 넓고 시간은 무한대이다. 나림 선생의 자유세계이다. 선생은 서재에서 한없이 자유를 누린다. 나림 선생 문장을 읽어보자.

**관념 세계**

"관념의 세계는 한없이 넓다. 그 시간도 거의 무한에 가깝다. 빈약하고 짧고 협소한 세계밖엔 가지고 있지 않은 인간이 다종 다양할 뿐 아니라 중요한 관념의 세계를 가지고 있다는 것은 책벌責罰일까. 위안일까. 육체는 사로잡혀 있지만 관념은 모든 속박에서 초월할 수 있다는 것은 지혜의 말일까. 우자愚者의 넋두릴까." 「세우지 않은 비명」· 44면

나림 선생은 책과 여행을 사랑한다. 또 여신女神과 등산登山을 좋아한다. 책 · 여행 · 여신 · 등산을 합치면 자유세계이다. 그 정상에 항상 사람 · 담론 · 술이 있다. 나림 작품은 여기서 잉태孕胎한다.

## 6. 의지

인간의 의지意志는 천사天使와 악마惡魔 사이에 있는 짐승과 같다. 방탕한 길목에서 망가짐은 육체가 아니라 의지이다. 톨스토이 「황금률」· 의지

인간에게 소중한 것은 의지이다. 나림 선생 표현이다. 자유는 마음에서 형성된다. 천사의 말과 악마의 유혹에서 자유의지는 갈등한다.

내 귀를 어디에 두는가.

자유의지는 인간 존엄의 핵심이다. 어느 누구도 나에게 다른 의지를 강제로 이식할 수 없다. 자유의지는 무형 재산이다. 자유의지가 쌓이면, 대*자산가이다. 독서는 자유의지를 함양한다. 나림 선생 문장을 읽어보자.

### 주인

"이곳은 감옥이 아니고 아카데미다."

"우리는 죄수가 아니고 황제다."

"이곳에 있는 한 나는 나의 완전한 주인이다."

"자유는 마음속에 있는 것이지 조건에 있는 건 아니다. 바깥세상은 창살이 없는 감옥일 뿐이다."

"우리가 갇혀 있는 것이 아니라 우리가 달과 별을 가두어놓고 산다."

「세우지 않은 비명」·50면

자본주의를 유린하는 사람들의 공범자가 될 수 없다. 나림 선생은 다짐한다. 소설이 주는 강력한 힘이다.

독일 기본법 제1조이다. "인간 존엄은 불가침이다. 이를 보호하고 존중하는 일은 모든 국가권력의 의무이다." 나림 문학 핵심은 인간 존엄이다. 나림 선생 문장을 읽어보자.

### 비굴

"나는 자본주의까진 승복할 수 있지만 봉건주의까지 승복할 수는 없다고 생각한 겁니다. 항차況且·하물며 봉건주의에 승복하는 비굴한 자세로 자본주의를 나쁘게 이용하는 무리의 공범자가 될 순 없다고 생각한 거죠. 그래서 저는 T물산을 그만둔 겁니다." 「망명의 늪」·252면

### 인간

"이군은 꼭 성공할 줄 알았어. 아이디어도 좋았고 계획도 치밀했구, 무엇보다 이군에게 능력이 있었으니까. 그래 내 나름대로 돕기로 한 건데……. 그러나 한 번 실수했대서 그처럼 위축할 순 없을 것 아닌

가.”「망명의 늪」· 259면

### 존엄

이에 대한 나의 답은 이러했다.

“인간에게 있어서 가장 소중한 것을 짓밟지 않는 한, 돈을 벌지 못한 다는 걸 알았어요. 자기의 천국을 만들기 위해 무수한 지옥을 만들어야 한다는 것도 알았어요. 그렇게 해서 돈을 벌어 뭣하겠습니까. 나는 히 피처럼 살아가렵니다.”「망명의 늪」· 259면

인간의 의지는 두 가지 유형이 있다. 하나는 뽐내는 의지이고, 다른 하나는 겸손한 의지이다. 뽐내는 의지가 너무 강한 사람은 주변을 피 곤하게 만든다. 그러나 겸손한 의지가 몸에 배인 사람은 주변을 엄숙 하게 만든다. 나림 선생은 두 유형을 아름답게 표현한다. 나림 선생 문장을 읽어보자.

### 인간 의지

날짜변경선을 지날 때였다. 김순애가 말을 걸어왔다.

“선생님, 인간의 의지라는 건 참 대단하죠?”

“수백 명의 승객을 싣고 하늘을 날도록 만든 인간의 의지….”

“위대하지요!”

“인간의 의지란 보잘것없기도 하죠?”

“……?”

“어떤 우연히 작동하기만 하면 천년을 쌓아놓은 인간 의지의 흔적도 유리 조각처럼 산산이 부서지는걸요. 그런 우연 속에 살면서 인간의 의 지를 뽐내 봤자 아녜요?”

“그렇다고 해서 어디를 포기할 수야 없잖소.”「운명의 덫」· 292-293면

5·18 광주 묘역을 방문하여 묘소에 무릎을 꿇은 정치인이 있다. 어느 날 가해자 아들이 아버지를 대신하여 묘소에서 무릎을 꿇는다.

또 어느 날 가해자 손자가 할아버지를 대신하여 묘소에서 무릎을 꿇는다. 익명의 어떤 분은 묘소마다 찾아다니며 묘비를 닦았다. 민주

주의를 위한 작은 노력이다.

또 어떤 정치인은 2024년 5월 17일 광주에서 희생자 묘비를 전부 닦는다. 제22대 국회 등원 전에 한 자유의지의 표상이다. 이런 자유의지는 겸손한 의지이다. 이 정치행위를 무리하게 분석을 할 이유가 없다. 그냥 올바른 일이다. 민주주의를 향한 자유의지로 읽는다.

"인간이 된다는 것, 그것이 예술이다." 나림 선생은 자주 표현한다. 겸손한 의지는 예술품이다. 겸손한 의지가 계속 발전하면 멋진 예술품이 된다.

도자기만 예술품이 아니다. 인간도 예술품이다. 나림 선생 문장을 생각한다. "우연 속에 살면서 인간 의지를 너무 뽐내지 마시오. 그래받자 예술품이 될 수 없소. 겸손·배려·용서·조용하시오. 인간 의지는 천년을 쌓아도 유리조각에 불과하오. 어떤 우연偶然이 작동하면 산산이 부서지오. 돌아다니지 마시오. 천명을 알고 조용히 삶을 경영하소서…." 나림 선생의 조언을 눈감고 새겨 듣는다. 깨달음을 얻는다. 깨달은 내용을 실천한다.


## 7. 죽음

죽음은 제국의 함몰陷沒이다. 나림 선생의 표현이다. 선생이 살아 온 시대를 반영한다. 감히 제국 시대를 살아보지 않은 사람이라면, 죽음을 제국의 몰락과 결부할 수 있겠는가.

한 소설가가 살아온 시대를 알면, 반은 그의 문학을 이해할 수 있다. 이 말은 타당하다.

한 작가가 이룬 거대한 문학 제국이 죽음과 함께 몰락한다. 이런 의미로 제국의 함몰을 읽는다. 나림 선생은 죽음학尊嚴學에 정통한 작가이다. 나림 선생 문장을 읽어보자.

**인생**

"인생이란 제국의 건설이다. 죽음은 그 제국과 함께하는 함몰이다."
「세우지 않은 비명」· 13면

말기 암 환자가 죽음과 정면 대결하는 장면이다. 한 번은 비슷하게 겪게 될 죽음 장면이다. 우리 모두가 언젠가 직면한다. 건강할 때 죽음을 사유하라. 나림 선생의 권고이다. 나림 선생 문장을 읽어보자.

**죽음**

'죽음이란 뭐냐.'

'이 세상에서 없어지는 것이다.'

'언제 없어져도 없어질 운명이 아닌가.'

'그렇다.'

'그렇다면 조만무만早晩이 있을 뿐이지 본질적으론 다름이 없는 것이 아닌가.'

'그렇다.'

'그런데 왜 오래 살려고 발버둥치는 걸까.'

'오래 살면 죽음의 공포가 없어지는 걸까.'

'오래 살면 미련 없이 죽을 수 있는 걸까.'

'내가 가령 80세에 죽는다고 치자. 그 나이에 죽으면 지금 죽는 것보다 고통과 슬픔이 덜할까.' 「세우지 않은 비명」· 117-118면

나림 선생은 인생 말기에 폐암 판정을 받는다. 1980년 중편 「세우지 않은 비명」의 주인공 이李와 죽음 운명이 같다. 미래를 정확히 작품에 그린다. 죽음으로 나림 문학 제국은 함몰한다. 나림 이병주는 불세출의 작가이다. 김종회, 「문학의 매혹, 소설적 인간학」 이병주를 위한 변명, 바이북스, 2017).

한국 문단에서 다시 나오기 힘든 작가이다. 죽음을 비통悲痛하다고 표현한다. 나림 선생 문장을 읽어보자.

### 기도

얼굴을 가리고 손을 숨기고 전혀 예기치 않은 시간에 죽음이 들이닥친다는 것은 죽음이 지니고 있는 은총의 일부라고 할 수가 있다. 죽음은 그의 형제인 수면처럼 천천히 부드럽게 다가서든가, 또는 성애性愛 절정처럼 빨리, 급격하게 엄습하든가 해야 한다. 그런 까닭에 최후의 순간은 영혼과 육이 분리하는 고통대신 조용하고 성스럽기조차 할 것이었다.

이와 같은 죽음의 은총은 막연하나마 모든 사람들이 바라고 있는 바이며 그것을 위해 기도한다. 그런데 그 바람과 기도가 거절당했을 때 사람들의 비통은 심각하다…. 「세우지 않은 비명」 죽음 · 45-46면

나림 이병주 선생을 위한 변명서이다. 죽음의 법정에 바치는 변론 요지서이다. **이병주에게 돌을 던지지 마라.** 한국 문단은 이런 작가를 한 분 가져도 된다.

### 문단

한국 문단은 이병주 평가에 인색하다. 전두환 전前대통령을 도왔다는 이유이다. 그러나 이병주는 이승만 독재정권에서 비판했다. 박정희 독재정권에서 소급입법으로 형벌을 받았다. 전두환 군사독재정권에서 공직생활을 한 적이 없다.

많은 사람이 일제정권 · 독재정권 · 군사정권에서 부득이 공직생활을 했다. 우리는 그들을 비판하지 않는다. 단지 공직생활 또는 특정 정치인을 민간인 차원에서 도왔다는 이유로 문단평가에서 지워버린다면 공정하지 않다.

작가 비판은 '인간 존엄'이 기준이 되어야 한다. 인간 존엄을 파괴한 작가는 평가대상에서 제외해야 한다.

그러나 민간인이 정치인을 만나고 조언했다는 이유로 작가를 평론계에서 영구퇴출 대상자로 낙인烙印한다면, 가혹하다. 살아남을 평가대상자는 별로 없다. 정당한 평가기준이 아니다.

만약 이병주를 한국 문단에서 영원히 무덤가에 파묻으려면, 일제정권·독재정권·군사정권에서 봉사했던 모든 공직자·재판관·수사관들도 함께 공동묘지에 묻어야 한다. 동일한 기준으로 비판을 해야 한다. 공정한 잣대로 수사·재판·결제·기록·보직·업무·활동도 살펴야 한다. 그래야 인간 존엄 파괴자를 정확히 골라낼 수 있다.

사람을 평가할 때는 사안별로 정밀하게 검토해야 한다. 많은 시간이 필요하다. 역사 문제이기 때문이다.

강조하면 이병주는 인간 존엄을 파괴한 작가가 아니다. 구체적으로 밝혀진 사실도 없다. 이병주는 문학 작품에 현대사를 기록한 대형작가이다. 소설을 보면, 한국 문단 발전에 큰 획을 그었다. 학병문학·분단문학·법률문학·기업문학·역사문학은 이병주 공헌이다. 이 부분을 영원히 죽음의 공동묘지에 파묻을 수 없다. 한국 문단은 이병주 문학을 재평가해야 한다.

## 역사

모든 역사는 아픔이 있다. 기이한 역사에서 살아남는 사람은 각자 애환哀歡이 있다. 작품·인물·사회활동을 구분하여 평가해야 한다. 명백한 증거를 갖고 평가해야 한다.

과거사 정리에 중요한 기준점은 '인간 존엄 파괴행위'이다. 이병주 삶과 문학을 시대별·작품별·사회활동별로 구분하여 평가해야 한다.

이병주는 분단문학에서 통일문학으로 지평을 넓힌 큰 작가이다. 먼 훗날 남북통일 시대에 그가 제시한 많은 의견은 소중하게 활용될 것이다. 정치·경제·사회·문화·문학·법률·재판·남북 통합이다.

한국 현대사가 소용돌이 속에 휘말릴 때 이병주가 제시한 큰 통합의 잣대는 울림이 있을 것이다. 이병주 문학은 사회통합의 나침반이 될 수 있다.

## 평가

문학평론은 다양한 관점에서 쓸 수 있다. 문학평론가 마다 보는 눈이 다르다. 어떤 분은 가해자를 또 어떤 분은 피해자를 조명한다.

이병주는 4·19 혁명의 정신 주체세력이다. <국제신보> 주필 겸 편집국장이다.

이병주가 남긴 문학 작품은 한국 문단에서 소중한 자산이다. 저항문학·인간존엄문학·근대화문학을 대변하기 때문이다.

민간인이 전두환을 가깝게 만났다는 이유로 문단의 쓰레기통에 들어가야 한다면, 공산주의·사회주의 문단과 다른 것이 없다.

이병주는 한국 현대사를 기록한 선이 굵은 작가이다. 「이병주 문학평론」은 공功勞과 과過誤를 함께 평가해야 한다. 공정해야 이해한다.

이병주 문학을 지하창고에 가두는 문학평론도 존중한다. 그러나 이러한 문학평론도 자신의 평론 입지를 넓히는 하나의 연구방법일 뿐이다.

나림 이병주는 단순한 작가가 아니다. 한국 문단의 자산이다. 많은 평론가들이 지적하고 있다.

## 토론

이병주 문학은 종합토론이 필요하다. 다양한 전문가가 이병주 작품을 읽고 토론에 참여해야 한다.

이병주가 남긴 법률문학은 문화유산이다. 이병주 문학 작품 전체가 형사정책 연구 자료이다. 특히 피해자被害者 문학이다.

「소설·알렉산드리아」(세대, 1965)는 옥창문학·교도소문학·재판문학·사형폐지문학이다. 「법률과 알레르기」(신동아, 1967)는 근대 형사법 정신을 다룬 수필이다. 「패자의 관」(정경연구, 1971)은 공직선거법·선거문학이다. 「예낭풍물지」(세대, 1972)는 공권력 피해자·그 어머니 문학이다. 「내 마음은 돌이 아니다」(한국문학, 1975)는 사회안전법·보호관찰 문학이다. 「겨울밤-어느 황제의 회상」(문학사상, 1974)

는 옥창문학·사형폐지 문학의 완성품이다.「칸나·X·타나토스」(문학사상, 1974)는 사형폐지 문학이다.「철학적 살인」(한국문학, 1976)은 국가형벌의 정당성 문학·자연법과 실정법 충돌문학이다.「운명의 덫」(영남일보, 1979)은 형사소송법 문학·재심문학이다. 사법정의 문제를 다룬다.「그 테러리스트를 위한 만사」(한국문학, 1983)는 저항권 문학·역사문학·독립투사문학·반성문학이다.

이병주만큼 법에 정통한 소설가는 없다. 이병주는 사형폐지론자이다. 27년 동안 사형폐지운동을 문학 작품으로 실천했다. 인간 존엄 문제를 이토록 쉬지 않고 말한 작가는 없다. 1965년부터 1992년까지 작품을 통해 사형폐지운동을 널리 펼쳤다. 이병주는 베스트셀러 작가였다. 그 영향력은 이루 말할 수 없다.

좋은 작품은 생명력이 영원하다. 이병주가 남긴 근대법 정신은 헌법 제10조 인간 존엄이다. 이병주의 작가 정신은 오늘날에도 생명력이 있다. 이병주를 변명하는 이유이다. 인간 존엄을 27년 동안 신봉한 작가이기 때문이다.

「그해 5월」(신동아, 1982)에 이병주 공소장이 나온다. 공소장 전문이 실려 있다. 토씨하나 바꾸지 않았다. 이런 소설을 본 적이 없다. 저항이며 기록이다. "최후의 승리자는 기록자에게 있다. 이것이 나의 신앙이며 신념이다." 한국 형사법 학자에게 남긴 작가의 유언서이다. 내 사건 기록을 살펴보고, 근대법 정신을 연구해 달라는 호소이다. 이게 법률이고 그게 재판입니까?

이병주는 소급입법으로 10년을 선고받았다. 언론인이 신문사 편집국장실에서 끌려 나갔다. 신문사 주필 겸 편집국장이 짐승이 된 사건이다.

필화로 2년 7개월을 교도소에서 복역했다. 서대문교도소와 부산교도소이다. 사회적으로 암매장되었다. 옥창문학은 이병주를 제외하고 제대로 말할 수 없다.

새로운 작가는 용광로에서 나왔다. 따뜻한 차 한 잔 마셨다고 '이조 백자'를 복도 바닥에 던질 수 없다. 민간인이 대통령을 만났다고 강물에 떠 밀수는 없다. 이병주는 근대 사회를 꿈꾼 사회혁명가에 가깝다. 만년필 한 자루로 이룬 용기 있고 신념에 찬 작가이다.

이병주가 제안한 통행금지해제는 현재 자유롭게 향유하고 있다. 많은 사람은 이병주의 공헌을 모른다. 이병주가 제안하고 개선된 사회정책은 셀 수 없이 많다. 이병주를 위해 토론을 공개적으로 제안한다.

이병주에게 돌을 던지지 마라. 「내 마음은 돌이 아니다」(서당, 1992)

"그의 시체에 더 이상 매질을 하지 말자."고. 『꽃의 이름을 물었더니』· 「소설小說 이용구李容九」(바이북스, 2021)·426면

32년 전 쓴 책 「내 마음은 돌이 아니다」(서당, 1992) 표지를 만져보면서, 나림 이병주 선생의 마음을 깊이 헤아려 보았다. 작가 이병주는 평생 요주의 인물로 감시를 받았다. 죽어 문단에서도 요주의 인물로 감시를 받고 있다. 변론요지서를 죽음의 법정에 바친다.

# Ⅳ. 나림 이병주 선생의 인생관

이 책에 수록한 6편의 작품에서 나림 이병주 선생 어록을 정선한다. 문장을 통해 나림 선생의 인생관을 조명한다.

인생人生은 죄罪와 벌罰이다. 나림 선생의 표현이다. 7개의 중심어로 명문장을 찾아 해설한다. 존엄尊・정직正・성실誠・연민憐・용서恕・배려配・최선善이다. 사람이 일생동안 배우고 실천해야할 나침반이다. 이 모두를 합하면 나림 선생 인생관이 나온다. 「나림 이병주 선생의 법사상・교육사상」을 이해하는데 기초가 된다.

세상은 조용히 살아가기에 너무 험악하다. 정글 세상에서 사람이 사람답게 살려면, 평생 동안 교육을 받아야 하고, 법의 지배를 받아야 한다. 권력에 복종 없이는 살 수 없는 장소이다.

지금 우리가 살고 있는 2024년 대한민국을 보자. 서울・수도권・지방의 삶을 보시기 바란다. 어떻게 발전하고 있는가. 대한민국은 위계질서・종속관계를 추구하는 사회인지, 아니면 자유・행복을 추구하는 사회인지, 냉정하게 국가권력구조와 사회안전망체계를 살펴보시길 바란다.

앞에서 서술한 해설・줄거리・문장과 낭독 부분을 여기에 다시 약간 소개한다. 「나림 이병주의 법사상・교육사상」 해제만 읽는 독자를 위해 논문의 독자성을 유지한다. 독자 제현諸賢에게 양해를 구한다.

## 1. 존엄

인간을 인간답게 하는 것은 무엇인가? 우리는 어떤 방향으로 나아갈 것인가? 어떤 생각을 하고, 말하고, 행동할 것인가? 우리 뇌를 활성화하고 우리를 깨우고 움직이는 것은 무엇인가?

존엄尊嚴이다. 존엄은 숭고한 심정의 표현이다. 우아한 관념에서 실제 법적 효력을 갖기까지 시간이 좀 더 걸린다. 철학자보다 정치가들이 존엄을 더 생각한다.

나림 문학의 핵심이 인간 존엄이다. 나림 선생은 『운명의 덫』에서 미국인 템플러 씨에게 존엄을 말한다. "당신 부인 성정애가 진실을 알고 있습니다. 증언을 부탁합니다. 과거를 묻지 마세요. 존엄은 용기입니다." 나림 문장을 이렇게 해석한다. 인간의 내면에 운명보다 더 강한 무언가가 있다. 존엄이다. 나림 선생 문장을 읽어보자.

### 증언

"증거를 밝혀 억울한 사람을 도와야지요. 그게 시민의 의무이자 인간으로서의 모럴입니다."

"그 억울한 사람이 바로 저 남편입니다. 남편이 교사로 일할 때 여학생을 살해했다는 누명을 썼는데요. 당신 부인 성정애가 내 남편이 범인이 아니라는 사실을 확실히 아는 세 사람 가운데 하나예요. 그런데 부인은 그 문제에 대해서는 언급하지 않으려고 합니다. 그 이유는 당신을 사랑하고 있기 때문입니다. 증인이 되었다간 자기의 과거가 탄로 나고, 그 때문에 당신의 사랑을 잃을지 모른다는 불안감이 있답니다. 정의로운 템플러 씨, 당신은 과거 일 때문에 부인을 사랑할 수 없게 될 경우를 상상할 수 있습니까?"

"오, 노우! 나는 과거를 묻지 않습니다. 아내와 나는 길거리에서 만나 사랑을 맹세했습니다. 과거를 묻지 않지요."

"그러면 당신 부인이 내 남편을 위해 증언해도, 그 증언의 내용이 어떻든지 사랑이 파괴되는 경우는 없으리라고 확신합니까?"

"확신합니다. 뿐만 아니라 나는 그런 용기 있는 아내를 가졌다는 사실을 자랑으로 여기겠습니다."

"그럼 오늘 저녁, 귀가하시거든 부인께 용기내라고 말하세요. 부인은 당신의 사랑을 잃을까 입을 열지 않습니다."

"해보겠습니다. 미세스 남." 『운명의 덫』·310-311면

존엄이란 무질서 속에서 자신을 지켜주는 나침반이다. 자신의 존엄성을 인식한 인간은 결코 현혹되지 않는다. 정글 사회에서 존엄을 어

떻게 우리 삶에 되살릴 것인가?

선을 행하라. 불의에 눈 감지 말라. 약한 자를 도우라. 그것이 자신의 존엄을 지키는 길이다.

「대학大學」제1경 문장이 생각난다. 「大學之道 在明明德 在新民 在止於至善」. 「대학지도 재명명덕 재신민 재지어지선」. 사람의 길은 밝은 덕德을 쌓아 이웃을 사랑하고 공공선을 행함에 있다. 「知止而后有定 定而后能靜 靜而后能安 安而后能慮 慮而后能得」. 「지지이후유정 정이후능정 정이후능안 안이후능려 여이후능득」. 죽음을 알고 인생의 지향점을 정한다. 그러면 마음이 고요해 진다. 어떤 상황에서도 마음이 편안하다. 사색할 수 있다. 고뇌하면 도달한다.

코로나 이후 우리 사회와 전 세계가 불안하다. 삶의 방향을 잃고 의지할 곳을 찾아 헤매는 사람이 점점 늘어난다. 우리 사회와 전 세계가 만든 무질서이다.

우리 사회를 돌아보자. 정치·경제·사회·교육·의료 현장은 참담하다. 우리의 두뇌는 혼란이 가중된다. 이 길로 갈까? 저 길로 갈까? 길이 보이지 않는다. 자포자기 세대가 늘어가는 사회구조이다. 교육문제·주거문제·경제문제·법률문제… 종착점이 보이지 않는다.

해병대원 사건을 보자. 사람이 어떤 일에 도구나 목적으로 사용된다. 또 어떤 음주 운전 사건을 보자. 가해 운전자 대신 미래가 창창한 젊은 직원이 혐의를 안고 조사를 받는다. 강요된 행위이다. 참기 힘든 무리한 요구이다. 그들은 인간 존엄을 잃어 버렸다.

'나는 이러한 사람이 되고 싶다.'

인간은 내면에 목표와 희망을 품고 산다. 인간 존엄이다. 우리가 살아가면서 죽을 때까지 놓지 않는 자존심自尊心 화두話頭·價値이다.

'나는 존엄하다. 너도 존엄하다. 우리는 모두 존엄하다.' '우리를 부속품으로 취급하지 마라.' '기계가 아니다.' '당신의 노예가 아니다.' '우리는 감정 노동자이다.' '갑질甲質을 하지 마라.' 이런 종류의 호소가 너무 많다. 모두 인간 존엄에 관한 문제이다. 가해행위는 모두 법률로 금지된 범법행위이다. 헌법 제10조 인간 존엄과 행복추구권을 망각한다.

인간 존엄은 불가침이다. 대한민국 헌법 제10조는 인간 존엄을 선언한다. 이를 지키기 위한 모든 노력을 보호하고 존중한다. 다른 사람의 존엄을 해치는 일은 결국 자신의 존엄을 부수는 행위이다. 스스로 인간임을 포기한 사람의 행동이다. 인생은 죄와 벌이다. 나림 선생 표현이다. 결과는 사필귀정事必歸正이다.

나림 선생은 인간 존엄 문제를 27년 동안 작품신문·소설·수필에서 다룬다. 인간 존엄을 침해하는 사람을 경멸한다. 나림 선생의 자존심이다. 선생은 짐승 사회를 고발한다. 나림 선생의 문장을 읽어보자.

### 돼지
세상에 무엇이 가장 중요한 것인가는 알고 있어. 그런데 넌 형편없는 속물이야, 돼지야." 「거년去年의 곡曲 – 잃어버린 청춘의 노래」· 65-66면

존엄한 사람은 자살하지 않는다. 두더지로 한평생 산다. 그럼에도 한국은 자살공화국이다. 조선 말기보다 더 많이 자살한다. 생활고·갑질·분노·절망 때문이다. 나림 선생 문장을 읽어보자.

### 두더지 인생
"절대로 자살은 하지 않을 겁니다. 이것만은 확실합니다. 그리고 절대로 세상의 표면에 나타나진 않을 겁니다. 두더지로서 한평생을 살 겁니다. 이것도 확실합니다." 「망명의 늪」· 242면

존엄이란 숭고한 심정의 표현이다. 존엄은 인생의 나침반이다. 자기의 삶과 다른 사람의 삶이 공존하도록 알려주는 방향계이다.

어떤 광장에서, 어느 건물 앞에서, 어떤 도로에서, 어느 공장에서, 어떤 사업장에서, 어떤 공사판에서, 어느 바닷가에서, 어느 유치장에서 시위 장면을 목격한다. 절규하는 사람은 인간 존엄을 갈망하는 국

민이다. 정치권과 권력자는 국민의 신음 소리를 경청해야 한다. 잘못된 정책을 비판하는 애달픈 노래哀絕陽이다. 통탄痛歎 · 悲哀이다.

나림 문학은 인간 존엄을 파괴하는 주인공을 찢어버린다. 아주 질 나쁜 사람을 골라 낸다. 나림 문학의 힘이다.

### 문학
"문학은 사랑을 배우기 위한 인간의 노력이다."「악녀惡女를 위하여」· 서문

이 문장을 인용하는 이유가 있다. 존엄은 인산이 되는 관념이다. 존엄이 내면에 확신으로 뿌리를 내리면 올바른 인간이 된다. 행동으로 나타난다. 존엄이 이 행동을 실천한다. 짐승이 인간이 된다. 동물이 사람으로 변한다. 교육과 법률이 사람을 만든다. 교육과 법률의 목표는 인간 존엄의 실천이다. 나림 선생이 강조하는 말이다.

한국은 양극화가 너무 심하다. 서울 · 수도권과 지방은 기회가 불평등하다. 중앙중심 소용돌이 속의 사회구조가 더 고착한다. 인간 존엄을 보호하고 존중하기가 지방에서 참 어렵다. 서울 · 수도권으로 생존 경쟁은 심화한다.

평생 잔인한 투쟁이다. 치열한 생존 경쟁은 유치원 시절부터 시작한다. 3살부터 죽을 때까지 경쟁한다. 바둑 한수를 잘못 두면 한 판을 잃는다. 한국에서 한수를 잘못두면 인생을 잃는다고 생각한다. 대한민국 사회이다. 그래서 결혼을 하지 않는다. 자식도 낳을 생각을 못한다. 1억 축하금과 아파트 특별 공급으로 해결될 문제가 아니다. 모두 알고 있다. 양극화가 심한 결과이다.

인간 존엄을 잃어버린 사람이 너무 많다. 한국에서 인간이 존엄하면 생존할 수 없다. 바보라고 부른다. 나림 작품「망명의 늪」에서 하인립 유형의 사람이다. 바보라고 비판하는 사람은 자신의 모습을 돌아보아야 한다.

부하 직원의 삶과 존재를 존중하지 않는다. 자기와 조직의 부속품

으로 보는 부류가 있다.

최근의 사건이다. 음주 운전을 하고도 자신이 살기 위해 운전자를 교체한다. 지금 무엇을 해야 하는지? 또 무엇을 하지 말아야 하는지? 그 사람은 정확히 모른다. 자신은 지금 누구인지 자문해야 한다. 모두 교육이 잘못이다. 정직이 무너진 이유이다.

공연을 통해 대중의 사랑을 받고 큰돈을 벌기만 한다고 훌륭한 공연 자인가. 이 사건은 술·처벌·돈·공연·지지자<sup>팬층</sup> 문제가 아니다. 주최자의 사고에 인간 존엄이 없기 때문이다. 그래서 공연보조자<sup>스태프</sup>는 사람 대접 받기 어렵다. 나림 소설 「목격자」와 「망명의 늪」을 기억한다면, 틀림없이 다르게 판단하고 실천한다. 독서와 교육의 교훈이다.

'대신<sup>代理</sup> 처벌' 문제는 「망명의 늪」에도 등장한다. 기업대표 범죄를 직원이 덮어쓰고 수사를 받는다. 나림 선생은 짐승의 행동으로 표현한다. 작품은 존엄을 잊은 사람을 다룬다. 선생은 인간 존엄이 두뇌에 각인되지 않은 사람을 혐오한다. 무뇌자<sup>無腦者</sup>이다. 존엄 개념이 없는 사람의 비속어이다.

나림 선생 작품에 인간 존엄 사상이 흐른다. 한강·낙동강·섬진강·영산강처럼 도도하다. 인간의 피가 통하지 않는 곳에 나림 선생 작품이 등장한다. 사회 혈맥을 뚫는 선생의 사회소설이다.

나림 문학은 '존엄'이야기이다. 인간 존엄은 화살로 뚫을 수 없다. 권력과 돈으로 안 된다. 인간 존엄은 바위처럼 단단하다. 거짓말과 형벌로 인간 존엄을 파괴할 수 없다. 왕권사회·영웅주의·조직 위계질서·인적 종속관계를 청산하고, 대체한 이념이 존엄이다. 링컨을 생각한다.

노예·복종·종속·왕의 자리에 인간·존엄·자유·평등이 들어온다. 헌법 이념이다. 인간 존엄 사상은 사회를 지배하는 이념이다. 모두에게 적용한다.

왕조시대·전체주의 시대의 사고에 머물러 있는 사람이 있다. 떠나

고 나면 그를 조롱한다. 나림 소설을 읽으면 알 수 있다. 나림 선생
문장을 읽어보자.

관槓

'구덩이 파여 거기 관을 묻고 몇 줌의 흙이 떨어지곤 영원히 지나간
다.'

'영원히 지난다.' 「허상虛像과 장미 2」· 291면

다시 헌법으로 돌아가자. 헌법 제10조는 선언한다.

"인간은 존엄하다. 모든 국가권력과 국가기관은 인간 존엄을 보호하
고 존중해야 한다. 입법·사법·행정기관 종사자들의 법적 의무이다."

모든 법률은 헌법 제10조에서 규범 통제를 받는다. 이 과정을 넘어
야 법률이 탄생한다. 아직도 많은 입법과제가 있다. 인간 존엄을 보호
하는 입법이다.

인간 존엄을 외치는 현장을 다시 가보자. 사회적 약자·피의자·피
고인·재소자·성소수자·피해자·희생자 가족·운동선수와 그 가족
은 오늘도 절규한다. 헌법 제10조 인간 존엄과 행복추구권을 더 넓게
더 선명하게 그리고 더 신속하게 요구한다. 지금 우리 사회 모습이다.

정치권에서 상식 사회와 정의 사회구현의 구호를 많이 쏟아 낸다. 그
러나 내가 보기에 상식이 통하는 대한민국 사회가 아니고, 정의가 통하
는 대한민국 사회도 아니다. 대한민국의 미래는 인간이 존중 받는 사회
이어야 한다. 안세영은 2024년 8월 5일 파리에서 인간 존엄을 말했다.
헌법 제10조 때문에 울었다.

인공지능AI 사회도 마찬가지다. 인간은 과학기술의 도구가 될 수 없
다. 인간 존엄은 불가침이다. 비교 형량도 할 수 없다. 불가양不可讓이
다. 인간 존엄은 누구에게도 양보할 수 없다. 인간의 자존감·자존심
이다. 나림 선생이 27년 동안 신앙으로 삼은 이념이다. 나림 문학은
헌법 문학이다. 인간 존엄성 문학이다.

## 2. 정직

정직은 사회의 시작점이다. 정의는 사회의 종착점이다. 정직 없는 정의는 없다. 정직은 정의의 원천이며 뿌리이다.

정직과 정의는 일심동체一心同體이다. 정직正直은 정의正義의 어머니母이다. 정직 없는 사회는 모래 위에 집이다. 바람불면 해체된다.

정직은 개인과 사회에 모두 적용되는 기본원칙이다. 개인이 정직하면, 사회는 정의 사회가 된다. 명덕과 친민과 공공선이다.

나림 선생은 「목격자目擊者?」에서 윤군수의 정직 문제를 다룬다. 정직한 인간이 정직한 사회를 만든다. 그래서 정직 문제를 소설로 다룬다.

인생 제국은 정직해야 건축물이 된다. 일제 강점기를 거치면서 정직 교육이 붕괴한다. 독립獨立과 밀고密告·몰래 고자질의 시대이다. 거짓말로 살아온 시대이다. 학교에서는 제국을 찬양하고 집에서는 제국을 비난한다. 이렇게 생존한다. 윤군수의 변명에 그 장면이 나온다. 나림 선생 문장을 읽어보자.

### 정직·가정·사회

"참, 우리 집 아이놈 어떻습니까."

유정은 가슴이 철석 하는 걸 느꼈다. 윤기수가 말을 이었다.

"어떤 일이 있어도 정직해야 한다고 나는 가정교육을 그렇게 시키고 있지요. 만일 잘못하는 일이 있거든 사정없이 두들겨주시오. 교육엔 매질이 제일입니다. 선생님이 못 하시겠거든 내게 일러주시오. 다리뼈를 분질러 놓든지 대가리를 묵사발로 만들든지 할 테니까." 「목격자目擊者?」· 367면

### 도벽

"도벽을 고치느라고 무척 애를 썼습니다. 미국에 가서 책을 읽어 보니 소년의 도벽은 보통 사람이 생각하는 것보다 훨씬 많습니다. 장자크 루소도 도벽을 가졌더군요. 그 밖의 위인들도 소년 시절에 도둑질을 한 예가 많았습니다." 「목격자目擊者?」· 371면

### 버릇

"나쁜 버릇이 문제가 아니고 그걸 고치느냐 못 고치느냐가 문제겠지. 그런 점에 있어서도 윤교수는 훌륭해. 어린 날의 과오가 윤군의 수련장이 된 거고 그 수양을 통해서 훌륭하게 되었다고도 말할 수 있으니까."
「목격자目擊者?」·371면

### 극복

"그렇습니다. 저라는 인간을 단련시킨, 비길 데 없는 시련이었으니까요. 만일 그 버릇과 그것을 극복하려는 노력이 없었더라면 아마 오늘의 윤군수는 없었을는지 모르니까요."「목격자目擊者?」·371면

### 변명

윤군수는 어렸을 적의 자기 도벽을 다음과 같이 심리적으로 분석했다.
"저의 도벽은 비뚤어진 정의감 같은 것과 연결시켜 있었던 것이 아닌가 합니다. 남은 헌 필통도 갖지 못하는데 새 필통을 가지고 와서 자랑을 한다든가, 남은 백노지를 잘라 만든 공책을 가졌을까 말까 한데 흰 종이의 공책을 갖고 와서 뽐낸다든가…… 말하자면 학급 전체가 느끼는 반발심을 대표해서 응징해야겠다는 그런 정의감, 그런 영웅심리 같은 것, 물론 비뚤어진 것이긴 했지만 그런 심리가 작용한 것이었구나 하는 반성을 해본 적이 있습니다."
"타당한 해석일는지 모르지."
하고 유정씨는 일단 동의하면서도 그 해석을 그냥 받아들일 수는 없는 심정이었다. 「목격자目擊者?」·371면

### 일본인 노예

1990년 사망 2년 전 「「그」를 버린 女人」에서 이런 문장을 남긴다.
"이 나라의 성인 남자들이 당한 고통을 아십니까? 우린 나면서부터 거짓말을 배웠소. 일제하에 살던 우리 부모는 그들의 아들, 딸이 혹시나 일본에 대해 반항심을 품을까봐 겁을 냈습니다. 일본에 반항하는 것은 죽음이 아니면 감옥이라는 생각을 가졌던 것이지요. 학교에 가는 것은 곧 일본인의 노예가 되기 위한 훈련이었소."
"내 경우를 말씀드리면 착한 아이는 선생님의 말씀을 잘 이행하는 아

이여야 하는데 그건 바로 일본에 순종하라는 뜻이었소. 제게 독립운동을 해야 한다고 가르친 사람은 하나도 없었습니다. 중학생쯤 되어선 독립운동을 하는 사람이 있다는 얘기를 듣긴 했죠. 그러나 그 사람들은 부모를 슬프게 하고 자신들을 망치려고 환장한 사람들이다, 이렇게 들었어요."

"그렇게 자라고 보니 만주군관학교로 가게도 되고 일본의 사관학교에도 가게 된 겁니다. 그렇지 않은 사람은 나름대로의 능력과 기술로 일본의 기구에 끼어들어 살 궁리를 한 겁니다. 생각하면 불쌍한 존재들이지요. 말하자면 나나 그 사람이나 그렇게 크고 그렇게 살아온 사람들입니다. 그런 존재들을 누가 보아줍니까? 이 나라 여자들 아니겠습니까?"

"우리 남자에 비하면 여자는 바람을 맞는 강도가 덜 했다고 할 수 있죠. 수정 씨가 만일 남자였더라면 어떻게 되었겠어요. 아무튼 여자들이 남자를 봐줘야 하는 겁니다. 어려운 환경에서 부모님을 보살피고 가족을 거느려야 할 남자들의 고초를 알아줘야 합니다. 남편이라고 대하기에 앞서 모성애로 대해야지요……"

"최남근의 말은 너무나 진지했다. 한수정은 눈물을 흘릴 뻔했다."

「「그」를 버린 女人」中 · 24면

우리는 정의를 어디서나 찾을 수 있다. 그러나 정의正義의 질質이 문제이다. 교육敎育이 정당한 정의를 결정된다. 옛 어른들은 아이들에게 먼서 정직을 교육한다. 어른은 반드시 약속을 실천한다.

그렇지 않으면 부모와 선생은 허위거짓말를 가르쳐 준 것이다. 교육이 아니다. 범죄이다. 죄악은 너무 크다. 가정 · 직장 · 사회 · 행정 · 재판 · 국가기능이 부패한다. 허위 교육 때문이다. 우리가 역사에서 경험한 일이다.

국민은 정직을 요구한다.

국회 청문회를 보자. 사회가 시끄러운 이유는 정직하지 않은 자의 행위 때문이다. 사기죄에서 기망, 문서위조죄에서 위조, 문서변조죄에서 변조, 위증죄에서 위증, 무고죄에서 무고, 증거인멸죄에서 인멸, 범인은닉죄에서 은닉, 범인도피죄에서 도피를 생각한다. 많은 범죄가 부<sup>不</sup>정직한 행위 때문에 발생한다.

정직은 양심<sup>良心</sup>이다. 정직은 자신의 부패를 차단하는 길<sup>正道</sup>이다. 사회부패를 청산할 지름길이다. 정직한 사회가 아니면, 신뢰 사회가 될 수 없다. 나림 선생이 「망명의 늪」에서 지적한 불량식품범죄도 부<sup>不</sup>정직에서 나온다. 식품에 유독 물질을 섞는 놈, 아동들의 급식용 빵에 돌가루를 섞는 놈이라고 나림 선생은 표현한다. 『운명의 덫』에서 수사기관의 증거조작도 부<sup>不</sup>정직에서 나온 범죄행위이다. 나림 선생은 근대 사회의 핵심을 정직으로 본다. 인간 존엄도 정직이 기본이다. 위증·증거조작은 다른 사람의 존엄을 파괴하는 범죄행위이다. 나림 선생 문장을 읽어보자.

### 불량 식품 범죄

불량 식품이 범람하고 있다는 것은 돈벌이에 혈안이 된 악덕 상인의 흉측한 범죄행위이기에 앞서, 뭐건 배만 채우면 된다고 해서 초근목피도 사양하지 않았던 이조 이래의 사고방식 탓이란 점을 문제 삼아볼 만한 일이 아닐까. 그러나저러나 식품에 유독 물질을 섞는 놈, 아동들의 급식용 빵에 돌가루를 섞는 놈 따위는 모조리 사형에 처해야 마땅하다. 권총을 마구 쏘아 한둘을 죽이는 살인범에겐 가혹한 법률이 돈을 벌 목적으로 수십만의 생명을 죽이려고 드는 놈들에게 관대한 것은 이해할 수가 없다⋯⋯. 신문을 읽으며 그 정도로 흥분해보는 것도 오랜만의 일이다. 「망명의 늪」·208-209면

### 일기장 조작

"정애야! 남상두가 범인이 되어야 우리가 사는 기라. 이 바보야!"

"눈 딱 감고 잠자코 있는 거야."

"그럴 수는 없어요."

"그럴 수 없다면 네가 사형장으로 갈 테야?" 네 아버지, 네 어머니와 동생은 어떻게 될 거고?"

"......."

"이 일기장만 갖고 온 남상두가 약간 불리하다는 것뿐이지 결정적으로 남상두를 범인으로 만들 수가 없어."

"......."

"조그마한 노력만 하면 된다. 이 일기 중간에 비어 있는 곳이 많아. 여기에다 윤신애 글씨를 닮게 몇 마디만 써넣으면 되는 거다."

성정애는 괴로워하며 고개를 벽 쪽으로 돌렸다. 체육 선생은 정애의 어깨를 잡고 자기에게 돌렸다.

"남상두와 윤신애 사이에 육체관계가 있다는 것을 암시하는 글 몇 줄이면 돼. 그렇게 하면 너와 나는 안전지대에서 살 수 있어. 어때? 내가 시키는 대로 할 테야?"

"나는 못 해요. 절대로 그렇겐 못 해요!"

체육 선생은 얼른 손바닥으로 성정애의 입을 막았다. 이윽고 후닥닥 나갔다. 「운명의 덫」· 320-321면

한편 청렴결백의 문제도 정직 문제이다. 오늘은 청렴결백이 칭찬받는 사회이다. 역설하면 오염된 사회이다. 모두가 정직하면, 청렴결백이 칭찬 받을 이유가 없다.

정직은 생존生存을 위한 최후의 수단手段이다. 민주사회에서 중요한 깨달음覺醒이다. 정직正直하면 당당堂堂하다. 아이들 앞에서 정직하지 않은 행동을 하면 안 된다. 평생 후회한다. 정직이 인생에서 가장 중요한 철학哲學이다. 정직을 알면, 인생을 아는知 사람이다.

정직한 사회는 정직한 사람을 원한다. 왜냐하면 민주주의 사회에서 사회 발전 속도가 빨라지기 때문이다. 나림 문학에서 정직은 혈관이다. 소설 속 불륜 문제·이혼 문제·소송 문제·재판 문제·공청회 문제도 모두 정직 문제이다. 나림 문학에서 정직을 배운다. 실천하기 위해 소설을 읽는다. 「목격자目擊者?」(신동아, 1972)는 정직을 소재로 한 탁월한 단편소설이다.

## 3. 성실

성실$^{誠實}$은 성심성의$^{誠心誠意}$이다. 참된 마음으로 정성을 다한다. 나림 선생은 성실한 사람을 존경하고 사랑한다. 선생은 성심성의를 갖춘 사람을 민주 인격자・지도자라 표현한다. 나림 선생은 중편「여사록」(현대문학, 1976)에서 성실한 사람을 지적한다. 변형섭 교감이다. 변노섭 선생은 교도소 생활을 같이 한 분이다(정범준,「작가의 탄생」, 실크캐슬, 2009, 295-200면). 이후 인생 여정은 소설에 잘 소개되어 있다.「패자의 관」(정경연구, 1971)에서 노신호이다. 나림 선생 문장을 읽어보자.

### 민주 인격

나는 언제나 민주적 인격을 문제로 할 땐 변형섭 씨를 생각하고 변형섭 씨를 생각하면, 민주적 인격이란 말을 상기한다. 그리고 한때 변형섭 씨를 통해 지도자상이란 것을 구상해 본적이 있다. 농민에 끼이면 농민이 되고 노동자 속에 끼이면 노동자가 되는데, 어떠한 주장도 하지 않고 그저 평범하게 살아가는데도 그 생활 태도 자체가 모범이 되고 그 커뮤니티의 힘이 되는 사람, 그리고 자기에겐 엄격하면서도 남에게 대해선 관대한 사람…….「여사록」・37면

### 변형섭

이런 일이 있었다.

학년 말 학생들의 채점표를 교감에게 제출했다. 교감의 결재를 받아야 하기 때문이다. 변형섭 씨는 그것을 자기의 책상 위에 둬두고 가라고 했다. 그리고 그 이튿날 그 채점표를 손수전부 검산해본 모양으로 두어 군데 틀린 것을 고쳐가지고 내게 가지고 왔다.

"그런 실수는 흔하게 있는 겁니다. 우연히 계산을 한번 해봤더니……."

그는 내 잘못을 발견한 것이 대단히 죄스러운 양 말했다.

교사들에게 시킬 일이 있으면 그 자리에 앉아 아무개 선생, 하고 불러도 될 것을 변 교감은 바쁜 일손을 멈추고 그 교사의 자리 앞에까지 가서 정중히 부탁을 한다. 시킨 일이 마음에 들지 않으면 그것을 그냥

지적하지 않고 '이따가 같이 한번 해봅시다' 하는 식으로 처리한다. 「여사록」·37-38면

### 지도자상

이런 사례들을 들어 나는 언젠가

"변형섭 씨야말로 이상적인 지도자상에 가까운 사람이다."라고 했더니 이정두 씨는

"지도자라고 하면 어쩐지 나치스 같은 전체주의적인 색채가 있는 말인데 민주적 인격이라는 게 좋지 않을까."

하는 의견을 단 적이 있다. 「여사록」·38면

### 노신호

노신호는 어느 모로 보아도 공산주의자가 아니었다. 인간을 존중하고 민주주의적인 인격을 갖춘 사람을 진실한 반공인<sup>反共人</sup>이라고 볼 때 노신호는 훌륭한 반공인이라고 할 수가 있다. 「패자의 관」·240면

나림 선생은 성실한 사람의 인생사를 설명한다. 사회에서 실패한 모습을 애잔하게 묘사한다. 「여사록」에서 변형섭 교감은 격동기에 선거에서 낙선한다. 상처를 하고 대<sup>大</sup>수술을 받는다. 지압사로 생계를 이어간다. 격동기의 인생사이다. 「패자의 관」에서 노신호는 선거에 2번 실패하고 서울 어떤 공사장에서 날품팔이를 하다 금호동 판자촌에서 쓸쓸히 사망한다. 나림 선생 문장을 읽어보자.

### 인생

그러한 인물이 실의의 그늘 길만을 걸었다.

제2대 국회의원 선거에 출마해서 낙선한 뒤로 잉크 공장을 하다가, 모 단체의 일을 보나 했는데 상처하는 비운에 부딪히고 얼마 안 가 대수술을 하는 등 시련도 겪었다. 자기의 병을 고칠 겸 지압을 배워 지금은 지압사 노릇을 하며 생계를 유지해가고 있는 형편이다.

변형섭 씨 얘기가 나오기만 하면 모두들 아쉬운 기분이 되는 건 당연한 일이다. 그러니 그분이 참석하지 않는다면 모임의 의미는 그만큼 빛깔을 잃게 되는 것이다. 「여사록」·38면

### 한국 토양

이런 인물을 매몰시켜버리는 이 한국이란 토양이 한없이 원망스럽다.
「패자의 관」· 242면

### 패자<sup>敗者</sup>의 길

천부의 재능과 성질과 의욕을 갖고도 패자의 길을 끝내 걷지 않을
수 없었던 노신호. 지금도 거의 이름을 들먹이면 가슴이 쓰리다. 「패자의
관」· 243면

## 4. 연민

연민은 사랑과 사랑의 결합이다. 연민<sup>憐憫</sup>은 인간을 인간 이상으로 높
여 준다. 연민의 향기는 깊고 우아하다. 외로운 세상을 살면서 서로 위
안이 되고 격려를 해 주는 친구가 있으면 우리는 덜 외롭다. 연민이다.
나림 선생은 가수 조영남과 친분이 있다. 1990년 4월 부산 하얏트
호텔에서 나림 선생 고희연이 열린다. 안경환 교수는 『이병주 평
전』(한길사, 2022)에서 이 장면을 생생하게 설명한다.

### 추풍령

좌중의 요청으로 이병주가 애창곡 <추풍령>을 특유의 그렁그렁한
목소리로 뽑았다. 안경환, 「이병주 평전」· 748면

그때 조영남·최지희·이병주는 어깨를 감싸 안고 춤을 추면서 여
러 곡을 합창한다.

### 우정

사회 마이크를 잡고 있던 자니윤이 하객을 모두 무대로 이끌어냈다.
일대 아수라장 축제가 되었다. 안경환, 「이병주 평전」· 748면

### 행복

행사가 끝나자 이병주는 소년처럼 만족해하면서 최지희를 포옹했다.

이어서 조영남과 자니윤의 어깨를 두들겨주었다. 안경환, 「이병주 평전」·
748면

나림 선생은 각박한 세상에서도 격려하며 풍요롭게 삶을 경영한다.

### 어른
이 세상에 어찌 이런 어른이 있는가 싶어. 이 어른에 비하면 어떤 사
람도 모조리 거짓투성이야. 「허상虛像과 장미 2」·147면

### 인물
이 어른이 이 나라에 태어나지 않고 영국이나 불란서 같은 나라에 태
어났더라면 참으로 기막힌 인물로서 업적을 남겼을 텐데 말야. 「허상虛像
과 장미 2」·147면

이 문장을 읽으면서 나림 선생을 생각한다. 공상空想을 하면, 지금
프랑스 어느 시골에서 고등학교 선생님으로 근무한다. 담당 과목은 라
틴어·불어·역사·철학·일본어·한국어·중국어 이다.

어느 프랑스 남성과 부부夫婦의 인연을 맺고 살고 있을 줄도 모른다.
결혼과 자유연애이다. 나림 선생은 프랑스와 자유를 사랑한다. 선생은
진정한 자유인이다.

「망명의 늪」에 아름다운 대화가 있다. 성유정과 이李가 나누는 장면
이다. 모두 연민憐憫으로 무장된 인격자이다. 하인립도 마찬가지다. 김
장립 변호사는 하인립 접견을 사양한다. 하인립에 대한 깊은 배려다.
그날을 기다린다. 석방되어 만나는 기쁨을 나눈다. 인격자의 사려있는
행동이다. 나림 선생 문장을 읽어보자.

### 충고
두세 잔 오가고 나니 갑자기 술기가 올랐다. 성유정 씨의 말이 시작
되었다.
"사업이건 인생이건 한 번쯤의 좌절을 자네처럼 받아들여서야 어디
이 세계가 지탱하겠나."

"선생님답지도 않은 말씀 마세요."

"내가 기상천외한 사상을 가진 줄 아나? 상식 이외의 무슨 사상이 내게 있겠나."

"그러니까 그만두시란 것 아닙니까."

"죽음에 대해서 생물적인 공포밖엔 지니고 있지 못한 놈이 자살을 결행할 수 있는 사람에게 무슨 충고를 한다는 건 비겁자가 용사에게 하는 충고처럼 쑥스러운 것이지만 진짜로 용기 있는 사람은 비겁자의 충고도 들어야 하는 거다." 「망명의 늪」·240면

### 사업 실패

"나는 용기가 있는 사람이 아닙니다. 용기가 있으면 이런 꼴로 선생님 앞에 나타나 있겠어요? 마누라와 아이들 다 죽여놓고 이렇게 뻔뻔스럽게 앉아 있겠어요? 그러니까, 외람됩니다만 부탁입니다. 제게 관한 얘기는 그만둡시다. 하 선생 얘기나 합시다. 전 하 선생에게 천만 원 빚을 진 놈입니다. 그런데 하 선생은 돈 40만 원 때문에 지금 감옥에 있습니다. 성 선생님에게도 삼백만 원 빚을 진 나 아닙니까. 선산이 있는 산판을 판 돈을 내가 몽땅 날려버린 것 아닙니까."

"이 사람, 그 얘긴 왜 꺼내는 거야. 모두 지난 일 아닌가?"

"아닙니다. 나는 가끔 이런 생각을 합니다. 하 선생에게 빌린 돈, 성 선생에게 빌린 돈 그걸 갚지 않고 배겨내기 위해 계집, 자식을 몽땅 죽이구, 죽는 척 해놓구 나는 살아나구……그런 연극을 꾸민 것 아닐까 하구요." 「망명의 늪」·240-241면

### 면회

"하 선생 일은 잘 되겠죠?"

"김 변호사는 안심해도 좋다고 하더라. 돈만 갚아주면 잘하면 무죄, 최악의 경우라도 집행 유예로 나올 수 있다니까 안심해도 된다는 얘기였어."

"하 선생 면회하시렵니까."

"안 하겠어."

"공판할 땐 나가시렵니까."

"공판에도 안 나가겠어."

"저두 안 나갈랍니다."

"그러는 게 좋을 거다." 「망명의 늪」· 241면

**두더지**

다시 묵묵한 술잔의 응수가 한동안 계속되었다. 이번엔 성유정 씨가
말을 꺼냈다.

"앞으로 어떻게 할 텐가."

"절대로 자살은 하지 않을 겁니다. 이것만은 확실합니다. 그리고 절
대로 세상의 표면에 나타나진 않을 겁니다. 두더지로서 한평생을 살 겁
니다. 이것도 확실합니다." 「망명의 늪」· 242면

이*는 다짐한다. 두더지로서 한평생 산다. 고난을 겪은 사람은 반
성한다. 나림 선생은 짧은 문장에 생활철학을 심는다. 주변에 고통을
주고 반성하지 않는 사람이 많다. 당당하게 세상을 활보한다. 연민을
모르는 사람이다. 연민은 배려와 염치이다. 선생은 작품에서 이러한
인물을 혐오한다. 연민을 잃어버린 사람은 죽음 앞에서 혼자 길을 걷
는다.


## 5. 용서

용서는 훌륭하고 거룩하다. 큰 사랑의 일부이다. 신의 광선이며 사
랑의 불꽃이다. 용서는 인생을 옳은 일로 인도하고 고귀한 길로 안내
한다.

사람은 운명의 장난감이다. 자신을 창조물로 생각하고, 창조주의 마
음이 내 몸에 들어와 있음을 느낄 때, 진정한 마음의 평화를 얻는다.
스스로 할 수 있는 최대의 결단은 용서뿐이다.

「운명의 덫」에서 남상두는 20년을 복역한다. 어느 날 진실은 밝혀
진다. 남상두는 용서를 중얼거린다. 나림 선생 문장을 읽어보자.

### 용서

이런 광경이 감격스럽지 않을 수 없었다. 나는 중얼거렸다.

"이와 같은 행복을 마련하는데 원인이 되었다 싶으니 선창수니, 변동식이니 하는 자들을 용서하고 싶네요."「운명의 덫」·356면

### 어머니 눈물

김순애가 발끈했다.

"남 군은 그게 탈이에요. 놈들은 절대로 용서할 수 없어요. 놈들을 용서할 수 없나는 뱃만은 가져야 해요. 어머니 그렇죠?"

어머니는 고개를 끄덕끄덕했다. 그 눈엔 이슬처럼 맺힌 눈물이 있었다.「운명의 덫」·356-357면

나림 선생 유언은 용서이다. 수필집「용서합시다」에 주옥같은 글이 있다. 장편「허상虛像과 장미」(경향신문, 1970)에서 뽑은 문장이다. 선생 유언으로 읽는다.

### 『논어論語』

"나는 공자를 별로 좋아하지 않는 사람이지만 꼭 마음에 드는 논어論語의 한 구절이 있어."「허상虛像과 장미 2」·288면

### 기서호其恕乎

"자공子貢이가 공자를 보고 종평생終平生 지켜야 할 것을 한마디로 하자면 어떤 것이 있겠습니까 하고 물었거든. 그랬더니 공자가 기서호其恕乎라고 했지."「허상虛像과 장미 2」·288면

### 세상世上

"기서호란 용서하라는 뜻 아니겠나. 나는 이 말이 제일이라고 생각하네. 용서하라. 그렇지. 이 세상에 살아가면서 용서하지 않고, 용서받지 않고 배겨 낼 도리가 있겠나."「허상虛像과 장미 2」·288면

### 사람人物

"어떤 사람이건 용서해야 하네."「허상虛像과 장미 2」·288면

### 사건<sup>事件</sup>

"어떤 일이건 용서해야 하네." 「허상<sup>虛像</sup>과 장미 2」, 288면

인생은 만남의 드라마이다. 누구와 언제, 무엇으로 만나는가. 그 사람의 인생사이다. 나림 선생 유언처럼, 사람과 사건을 용서하면, 슬픈 내 드라마는 끝난다.

용서하는 사람이 바로 인간<sup>人間</sup>이다. 동물은 용서를 모른다. 용서도 사랑의 기술이다. 세상·사람·사건을 용서하는 일은 어렵다. 매일 공부하고 연마해야 한다.

사랑의 기술이 발현하는 시간이 예술가<sup>藝術家</sup>가 되는 순간이다. 독일 자연과학 철학자 노발리스는 이런 말을 남겼다. 나림 선생이 강조하는 '화<sup>和</sup>의 철학'과 같다.

### 화<sup>和</sup>의 의지

인간이 된다는 것, 그것이 예술이다. 노발리스·이병주

나림 선생이 여러 작품에서 인용하는 문장이다. 소설 「허상<sup>虛像</sup>과 장미」에서 남자 주인공 형산은 임종 전 마지막 대화에서 '모든 것을 용서하라'고 말한다. 형산의 말은 '인간 예술가'가 되라는 말이다.

### 완성<sup>完成</sup>

"형산은 모든 것을 용서하신다더라." 「허상<sup>虛像</sup>과 장미 2」·291면

인간 예술가만이 자기가 새겨진 예술품을 만든다. 나는 '인간은 예술품이다'라고 읽는다. "독자들은 어떤 예술품을 지금 만들고 있습니까?" 나림 선생이 남긴 질문이다.

## 6. 배려

배려<sup>配慮</sup>는 어려운 사람에게 마음을 여는 일<sup>事</sup>이다. 빵 한 조각 주는

선善이다. 일상으로 돌려보내는 마음心이다. 자유를 찾아주는 공덕功德이다. 사람을 살리는 자비慈悲이다. 나림 선생은 배려를 「거년去年의 곡曲 – 잃어버린 청춘의 노래」에서 절묘하게 설명한다.

### 귀가歸家

"돌아가시오. 마지막으로 후배에게 선배로서 한마디 하겠소. 형벌은 꼭 감옥에서만 받아야 하는 것이 아니오. 양심의 감옥이란 것도 있소. 이 사건엔 반드시 당신이 책임져야 할 죄罪의 부분이 있소. 다만 그걸 법률로썬 다루지 않겠다는 것뿐이오. 그건 미스 진의 양심에 맡기겠소."
검찰청의 뜰엔 벌써 가을의 빛이 있었다. 여학생을 썩어 5, 6명의 친구 학생들이 저편 벤치에 앉았다가 일어서서 달려오는 것이 보였다. 「거년去年의 곡曲 – 잃어버린 청춘의 노래」·70-71면

나림 선생 유언은 배려이다. 수필집 「용서합시다」를 나는 「배려합시다」로 읽는다. 사후事後가 아니고 사전事前이다. 공자의 서恕로 보아도 좋고, 서양의 에티켓etiquette으로 읽어도 좋다. 상대방을 생각하자는 의미이다. 나림 선생 유언은 한 문장이다.

### 여자

나는 이 여자를 위해서 죽을 수밖에 없다. 「허상虛像과 장미 2」. 290면

### 아들

하여간 너 죽는 날 나도 죽는다. 「예낭풍물지」·110면

### 어머니

어미를 오래 살릴 생각이 있거든 빨리 병을 고치고 그럴 생각이 없거든 알아서 해라. 「예낭풍물지」·110면

나림 문학에서 연애戀愛·애정愛情이란 배려配慮이다. 배려란 사랑하는 사람에게 미리 하는 양심의 표현이다. 「예낭풍물지」의 문장이다. "어머니의 이 말, 수백 번을 되풀이하는 바람에 명우名優의 대사처럼 다듬어진 말이다." 이 살벌한 세상에서 나림 선생 문장은 귀貴하다.

사랑이란 주는 일이다. 먼저 주는 일이다. 조건 없이 주는 일이다. 배려라 말한다. 나림 선생은 이렇게 한평생 살다 간다. 모두 베풀고 떠난다. 술酒·돈金·사랑愛·문장文·책冊이다. 선생의 배려이다. 선생은 '예술품'이다. 남재희 선생은 '잡놈'·'큰사람'으로 표현한다.

## 7. 최선

인생에서 최선은 지적 생활이다. 인간 존엄은 지적 생활을 통해 탄생한다.

뇌가 인간의 의지를 관장한다. 전두엽前頭葉은 사고방식과 태도를 결정한다. 특정한 상황에서 일관된 행동을 한다. 유년기에 형성된다. 자아상自我像이다. 일관성을 유지하며 내적 질서를 정립한다. 행동지표와 방향성을 제시한다. 「존엄하게 산다는 것」·117-132면

인간의 뇌는 개방 성향이 있다. 인지하고 생각하고, 상상하고 다양성을 갖는다. 행동 능력·창조 능력·관계 능력을 향상한다. 우리의 뇌는 평생 학습한다. 새로운 신경망을 형성한다. 경험은 자아상을 견고하게 만든다. 인격이 형성된다. 인생관과 최대로 조화한다.

뇌는 고통을 최소화한다. 인간 사회에서 관계를 맺기를 한다. 우리 뇌는 여기서 특별한 표상을 형성한다. 신념信念이다. 인간 존엄에 대한 관념도 신념의 하나이다. 나림 선생은 책읽기를 추천한다.

### 지적 생활

지적인 생활이란 언제나 최고를 선택하는 생활이다. 사상의 최고, 행동의 최고, 취미의 최고. 불행의 시궁창 속에 빠져 있어도 인간의 위신을 지킬 줄 알고 보다 아름다운 것, 보다 착한 것을 지향할 줄 아는 생활을 뜻한다. 비록 철인이 될 수는 없어도 철학의 은총 속에 살고, 비록 예술가가 될 수는 없어도 예술의 향기 속에 살 수 있는 비리秘理가 지적 생활에 있는 것이다. 「지적 생활의 즐거움」·19면

### 책 읽기

그 핵심이 곧 책 읽기에 있다는 결론인데 다음에 조르다노 브루노의
말을 인용해 둔다. 「지적 생활의 즐거움」·19면

### 조르다노 브루노

무슨 까닭으로 나는 노동, 고뇌, 추방된 신세를 한탄하지 않는가. 그
까닭은 노동을 통해 세상에 보탬이 되고, 유형流刑을 당하고 있는 동안
에 많은 것을 배웠기 때문이다. 뿐만 아니라 짧은 노동 가운데 영원한
휴식을, 가벼운 슬픔 대신 커다란 기쁨을, 좁은 감옥에 광대한 조국을
발견한 것이니라. 「지적 생활의 즐거움」·19면

### 코페르니쿠스 세계상

조르다노 브루노는 코페르니쿠스의 세계상을 인정했다고 해서 이단
으로 몰려 7년간의 감옥 생활 끝에 서기 1600년 화형을 받은 철학자이
다. 7년간의 유예를 주었는데도 끝끝내 주장을 굽히지 않자 극형의 보
복을 받은 것이다. 「지적 생활의 즐거움」·19면

나림 선생은 독서권학문讀書勸學文을 말한다. 인생에서 최선이다. 시간
만들어라. 책을 펴라. 읽으라고 권할 뿐이다. 인생이 즐겁다.

### 독서권학문讀書勸學文

그러나 나는 이런 엄청난 인물을 모범으로 하라고 하진 않는다. 시간
이 있으면, 아니 시간을 애써 만들어 책을 펴라. 그리고 읽으라고 권할
뿐이다. 「지적 생활의 즐거움」·20면

최선은 정성을 다한다는 말이다. 나림 선생은 「비창悲愴」(매일신문,
1983)에서 최선을 설명한다. 나림 선생 문장을 읽어보자.

### 최선最善

인간으로서 자기 최선을 다하진 않으면서 제도만을 고쳐 제도의 덕
을 보려고 해보았자 소용없는 일입니다. 기생으로서 최선을 다하는 사
람은 기생 신분에서 벗어날 수 있을뿐더러 기생제도를 없애는 힘을 가
꿀 수 있지만, 기생 팔자를 한탄만 하고 최선을 다하지 않은 사람은 기

생 신분을 벗어나지 못하고 끝이 비참하게만 되데요. 「비창悲愴」·183-
184면

### 연꽃蓮花

저는 다릅니다. 저는 남의 소실은 절대 않기로 맹세하고 기생을 천직
으로 알고 살아왔으니까요. 기생은 천업賤業이고 슬프기도 한 직업입니
다만 그런 속에서도 깨끗하게 살려고 애쓰는 가운데 보람을 느끼기도
합니다. 저애들에게 나는 항상 이렇게 가르치지요. 기생이 된 것도 서
러운데 더욱더 자신을 욕되게 할 순 없는 것이 아닌가. 진흙에서 연꽃
이 피어난다. 너희들은 연꽃이 되라고. 「비창悲愴」·185면

태어난 운명은 바꿀 수 없다. 그러나 지금 여건이 좋지 않다고 삶
을 포기할 수 없다. 나림 선생은 실천을 강조한다. 나림 선생 문장을
통해 힘을 얻을 수 있는 인생철학이다. 나림 선생 문장을 읽어보자.

### 낭중지추囊中之錐

제도의 힘만을 들먹이는 사람은 큰 실수를 하는 거예요. 제도야 어떻
건 주어진 환경 속에서 최선을 다하는 사람들은 결국 악한 제도이면 그
것을 고치기 마련입니다. 「비창悲愴」·184면

# Ⅴ. 나림 이병주 선생의 법사상

이 책에 수록한 6편의 작품에서 나림 이병주 선생 어록을 정선한다. 문장을 통해 나림 선생의 법사상을 조명한다.

7개의 중심어로 명문장을 찾아 해설한다. 인간존엄<sup>人間尊嚴</sup> · 사형폐지<sup>死刑廢止</sup> · 무죄추정<sup>無罪推定</sup> · 고문금지<sup>拷問禁止</sup> · 적법절차<sup>適法節次</sup> · 민주주의<sup>民主主義</sup> · 공정거래<sup>公正去來</sup>이다. 「나림 이병주 선생의 법사상」 핵심이다.

나림 선생은 헌법주의자이다. 인간 존엄 · 생명 존중 · 자유주의 · 인도주의 · 평등주의 · 경제민주화의 헌법관을 갖고 있다. 사형제도 · 불법 수사 · 고문 · 자백 강요를 신랄하게 비판한다. 그리고 사형폐지 · 불구속수사 · 고문금지 · 증거재판주의 · 인간적 형벌 · 인도적 감옥 · 경제민주화를 주장한다. 한국 사법제도의 근대화를 성찰한다. 이러한 근대 사상의 뿌리는 헌법 정신과 유럽 정신이다. 권력에서 독립<sup>獨立</sup> · 독재 국가에서 자유<sup>自由</sup> · 경제 착취구조에서 공정<sup>公正</sup> · 사회에서 가정 · 가족 보호<sup>保護</sup>이다. 하태영, 「밤이 깔렸다」 · 389면

나림 선생은 1965년부터 사형폐지를 주장한다. 재소자와 재소자 가족의 삶을 교도소<sup>矯導所</sup>문학 · 옥창<sup>獄窓</sup>문학으로 표현한다. 100전 전 1920년대 출생 일본 유학 세대가 체험한 근대성<sup>近代性</sup>에 촛불을 켠 작가이다. 우리나라 제1의 정통 법률소설가라고 본다. 「밤이 깔렸다」 · 369면

나림 선생은 소년<sup>少年</sup> 인권<sup>人權</sup>과 어머니<sup>母</sup> 사랑<sup>家族愛</sup>에 관심이 깊다. 사회 약자이기 때문이다. 소년과 어머니는 근대 사회의 근간<sup>根幹</sup>이다. 나림 문학의 핵심이다. 여성과 가족을 특별히 보호하는 정책은 근대 법률의 정신이며, 헌법이 추구하는 근본 가치이다.

나림 선생은 헌법 정신이 무너진 시대에 헌법 정신을 일으켜 세우려고 각성<sup>覺醒</sup>한 작가이다. 이념과 실제의 균열을 직시<sup>直視</sup>한 작가이다. 법률 이념과 법률 집행 현실을 냉철하게 기록<sup>記錄</sup>한 작가이다. 법과 현실의 부조화를 정확하게 지적한다.

나림 선생은 법사상을 악력握力으로 장악하고 소설을 쓴다. '법法과 인간人間'을 아는知 정통 법률소설가이다. 인문학자·철학자·역사학자·문헌학자이다. 다른 소설가와 질적質的으로 다르다. 「밤이 깔렸다」·389면

앞에서 서술한 해설·줄거리·문장과 낭독 부분을 여기에 다시 약간 소개한다. 「나림 이병주의 법사상·교육사상」 해제만 읽는 독자를 위해 논단의 독자성을 유지한다. 독자 제현諸賢의 양해를 구한다.

## 1. 인간존엄

나림 선생은 법의 정신을 정확히 꿰뚫고 있다. 인간이 존엄하다고 선언한다면, 인간은 자유로운 존재이다. 법률이 없으면 처벌되지 않는다. 행위 시에 제정된 법률만이 자유로운 인간을 구속한다. 의심이 든다면, 처벌하지 않는다. 근대 형법·형사소송법 정신이다. 계몽사상이 담겨있다. 나림 선생 문장을 읽어보자.

### 정당한 법률
해방이 되고 민족주의의 사회가 되고 우리의 독립을 맞이했음에도 법률은 아직 내게 있어서 그 초대면의 현상을 씻지 못했다. 권력의 시녀로서 의상을 벗어 본 적이 없었고 거미줄처럼 그 묘한 조작을 그대로 지니고 있었으며 악법을 또한 법이라고 고집하는 그 태도를 고치려 들지 않았다. 「법률과 알레르기」·32면

### 죄형법정주의
헌법의 본문에 행위 시의 법률이 아니고서는 이를 벌할 수 없다는 규정을 삽입한 줄 안다. 그래 놓곤 부칙에 가시는 이것을 뒤집어 버리는 조문을 단다. 이처럼 이러한 부칙을 위정자는 필요로 했는지 모른다. 「법률과 알레르기」·33면

### 자유주의
또 하나 경계해야 할 사상에 일벌백계주의一罰百戒主義라는 것이 있다.

한 사람을 엄하게 처벌함으로써 앞으로 발생할지도 모르는 범죄를 미연에 방지해야 한다는 뜻으로서 일견 타당한 것 같이 보이지만 이것처럼 또한 위험한 사고방식은 없다. 이것은 전체를 위해 개인을 희생시켜도 무관하다는 사고방식과 통하는 것인데 우리는 전체가 개인, 개인의 집합으로 이루어졌다는 사실을 주목할 필요가 있다. 우선 전체는 막연하고 개인은 구체적이기 때문이다. 「법률과 알레르기」 · 34면

나림 선생은 응보주의자應報主義者이다. 형벌은 책임주의責任主義이다. 나림 선생 작품을 읽으면서 선생을 신칸트학파로 이해한다. 인간존엄 · 개인 자유 · 책임주의 · 법률주의가 뼈에 새겨져 있다. 나림 선생 문장을 읽어보자.

### 책임주의

막연한 전체를 위하여 구체적인 개인을 희생시킬 수 없다. 또 개인을 무시한다는 건 전체 속에 있는 개인을 다음 다음으로 무시할 수 있다는 전조가 되는 것이니 전체와 개인을 대비하는 사고방식은 인신공격적 미개인의 사고방식과 통하는 것이다. 그러니 죄와 벌을 다룰 땐 일벌백계주의一罰百戒主義니 전체를 위한 경각이니 하는 생각을 버리고 공정한 판단을 하도록 해야만 된다. 그런데 유감스럽게도 이러한 과오를 우리 주변에서 너무나 흔하게 본다. 「법률과 알레르기」 · 35면

### 소급효금지 원칙

형법 어느 페이지를 찾아보아도 나의 죄는 없다는 얘기였고 그 밖에 어떤 법률에도 나의 죄는 목록에조차 오르지 않고 있다는 변호사의 얘기였으니까 그런데도 나는 십 년의 징역을 선고받았다. 법률이 아마 뒤쫓아 온 모양이었다. 그러니까 대형백과사전도 스티븐도 홉스도 나를 납득시키지 못했다. 나는 스스로 나를 납득시키는 말을 만들어야 했다. "죄인이란 권력자가 '너는 죄인이다' 하면 그렇게 되어 버리는 사람이다." 「예냥풍물지」 · 135면

### 무죄추정 원칙

의심스러운 것은 벌하지 않는다. 그때만 해도 나는 이런 법의 정신을

알았고 법관들의 양식을 믿었다. 「운명의 덧」 · 20면

나림 선생은 제자 조용수<sup>언론인 · 1930~1961</sup> 사형집행 소식을 듣고 절규한다. 나림 선생 문장을 읽어보자.

### 사형집행

어제<sup>1961년 12월 21일</sup> 조용수가 사형 집행을 당했다는 소식이 흘러들었다. 시간을 알아보니 내가 한창 식사를 하고 있던 무렵이었다. 불과 일백 미터도 떨어져 있지 않은 곳에서 옛날의 내 제자를 도살하는 작업이 진행되고 있었는데 나는 보리밥덩이를 분주히 입 속에 집어넣어 내 속의 돼지를 먹이고 있었던 것이다. 「겨울밤 – 어느 황제의 회상」 · 272면

### 생명박탈

사회의 질서를 위해서 사람이 사람을 율律하지 않을 수 없으되 인간의 생명을 빼앗는 정도까지 율한다는 건 인간의 권능을 넘는 월권행위가 아닐까. 사형폐지의 문제는 이론의 문제가 아니고 신념의 문제라고 하는 이유가 여기에 있다. 「겨울밤 – 어느 황제의 회상」 · 273면

### 속죄형벌

두고두고 죄인이 스스로 범한 죄를 속죄할 수 있도록 생명을 허용해주는 것이 옳지 않을까. 꼭 그렇게 안 되겠다면 죄인에게 부모가 생존해 있을 경우엔 그 죄인의 사형집행을 부모님이 돌아가시고 난 이후로 연기하는 배려라도 있을 수 없을까. 「겨울밤 – 어느 황제의 회상」 · 273면

### 사형폐지운동

나는 이 감옥에서 나가는 날부터 사형폐지운동을 해야 하겠다. 꽃피는 아침에 눈을 비비며 일어나 엄마를 부르던 아이가 커서 옥중에 앉아 사형을 기다리다가 드디어 저 문 속으로 사라졌다. 「겨울밤 – 어느 황제의 회상」 · 273면

### 죽음

죽음엔 조금 빠르고 조금 늦는다는 것이 있을 뿐이다. 그런데 그 조금 빠르고 조금 늦는다는 건 시간에 대해서 보면 순간에 불과하다. 「겨

나림 선생은 강제수사의 폐해를 실감나게 묘사한다. 가정이 해체되고, 가족이 사망한다. 구금은 최후 수단으로 사용해야 한다. 옥중에서 남편·아들이 20년 징역살이를 하면, 부인·어머니도 밖에서 20년 징역살이를 한다. 나림 선생은 인도적 사법복지정책을 작품에서 강조한다. 나림 선생 문장을 읽어보자.

### 체포

그날 오후 나는 회사에서 체포됐다. 그로서 하나의 가정은 수라장이 되었다. 십 년 걸려 이루어놓은 나의 가정은 튼튼한 성이기는커녕 작은 유리그릇에 불과했다. ……하늘보다도 높게 생각하던 아버지가 죄인으로 묶였을 때 그 딸은 그때 죽어야 하는 법이다.「예낭풍물지」· 130면

### 가정해체

"다신 유치원에 안 가겠다고 하잖아. 그래 무슨 까닭이냐고 물었더니 동무들이 느그 아버지 죄인이 되어 푸른 옷 입고 감옥살이한다더라고 놀려대더라는 건데, 그후 며칠 안 가서 애가 자리에 눕더니 하룻밤 사이에 그만……."「예낭풍물지」· 130면

### 인간존엄

"내게 닥친 고난을 착하게 고귀하게 극복함으로써 인간의 존귀함을 내 스스로 증거해야겠다."「예낭풍물지」· 118면

## 2. 사형폐지

나림 선생은 사형폐지론자이다. 사형폐지운동은 1965년부터 시작한다. 엄중한 시기이다. 「소설·알렉산드리아」(세대, 1965)·「운명의 덫」(영남일보, 1979)·「거년去年의 곡曲 – 잃어버린 청춘의 노래」(월간조선, 1981)에서 아주 심도 깊게 다룬다. 그 외 많은 작품에서 사형폐지운동을 펼친다.「겨울밤 – 어느 황제의 회상」(문학사상, 1974)·「칸

나·X·타나토스」(문학사상, 1974)이다. 조용수 사형집행과 조봉암 사형집행이다.

나는 이 문장을 주목한다. "법률은 그 존엄성을 위해서라도 회복불능의 과오를 범해서는 안 됩니다." 「운명의 덫」에 나오는 나림 선생 문장이다.

최근 헌법 개정 논의가 있다. 헌법 개정은 필요하다고 생각한다. 새헌법에 "사형을 폐지한다"는 문장을 명문화해야 한다. 헌법 제10조 인간존엄을 구체화한 헌법 조문이다. 헌법 제110조 제4항 단서 문장도 사형을 무기형으로 개정해야 한다.

인간 존엄은 불가침이다. 1949년 독일 기본법은 제1조에서 인간 존엄 규정을 명문화한다. 헌법 제102조에서 사형폐지를 다시 명문화하였다. 기본법 제1조를 구체화한 입법이다. 독일은 제1조와 제102조를 갖고 사회를 운영한다. 독일은 사형제도가 없는 나라이다. 유럽연합은 사형제도가 없다. 유럽연합은 사형제도가 있는 나라에 범죄인을 인도하지 않는다. 나림 선생 문장을 읽어보자.

### 사형폐지운동

"저는 앞으로 사형폐지운동을 벌일 작정입니다. 저는 1심에서 사형선고를 받았습니다. 2심에서도 마찬가지로 사형선고였습니다. 그러다가 대법원 3심에서 무기징역으로 바뀌었고 그 후 20년으로 감형된 것입니다. 많이 1, 2심 판결대로 사형당했다면 오늘처럼 여기에서 있지도 못했을 것 아닙니까? 저는 속절없이 살인범으로서 시신에 낙인이 찍힌 채 영원히 고혼孤魂이 되는 것입니다. 그럴 경우 어머니는 어떻게 되겠습니까? 사형은 어떤 조건에서도 회복 불능이라는 이유만으로도 폐지돼야할 것입니다. 법률은 그 존엄성을 위해서라도 회복 불능의 과오를 범해서는 안 됩니다. 흉악범 가운데 만에 하나라도 억울한 자가 있을지 모른다는 배려가 있어야 합니다. 이 모든 이유를 차치하고서라도 여기에 서서 발언하는 제 자신이 사형폐지를 정당화하는 증거가 되지 않겠습니까?" 「운명의 덫」·355면 나림 선생은 소설에서 사형제도와 관련하여 형사정책을 제안한다. 두 가지이다. 우리나라 실정상 사형폐지가 어렵다면, 사형집행 시기를 일단 미룬다. 사형선고는 신중해야 한다. 나림 선생의 인도적 형벌사상이다. 인간 존엄은 법률에서 나침반이다. 사형 조항은 헌법 제10조에 반한다. 나림 선생 문장을 읽어보자.

### 사형폐지
사회 일반이 윤리적으로 진보하고 개인의 도의의식이 높아진 연후에 사형은 폐지되어야 한다. 그런 뜻에서 사형제도의 완전폐지는 논리적으로 시간의 문제라고 할 밖에 없지만 실제적으론 요원한 문제인 것이다. 「거년去年의 곡曲 – 잃어버린 청춘의 노래」·25면

### 사형집행 시기
그러나 흉행兇行을 동반하지 않은 사상범·정치범에 대해서만은 사형이 집행되지 않았으면 하는 마음 간절하다. 우리나라의 어느 소설가이병주가 쓰고 있듯이 정 사형을 폐지하지 못할 경우라면 집행의 시일을 그 범죄인의 어머니가 죽은 뒤로 미룰 수 있었으면 좋겠다. 아들이 극악범이라고 해도 그 이유로써 모성母性에 결정적인 충격을 주어선 안 되기 때문이다. 「거년去年의 곡曲 – 잃어버린 청춘의 노래」·26면

### 사형선고 신중론
경계해야 할 것은 집권자執權者가 법法을 편리주의적으로 운영하는 태도이다. 이런 폐단을 막는 요새가 바로 법관法官의 양심이다. 법의 정의를 체현體現할 수 있는 용기 있고 투철한 견식을 가진 법관의 존재는 제도의 폐지에 선행해서 사형을 실질적으로 없게 하는 보람을 갖게 할 것이다. 「거년去年의 곡曲 – 잃어버린 청춘의 노래」·26면

2024년 현재 사형선고 신중론은 대법원의 확고한 입장이다. 「거년去年의 곡曲 – 잃어버린 청춘의 노래」(월간조선, 1981) 소설은 1981년 작품이다. 대법원 판결 선고는 2006년·2013년·2016년이다.

사형폐지론은 법률학이 가지고 있는 가장 중요한 문제에 관한 논의

이다. 나림 선생 표현이다. 나림 선생 문장과 대법원 판결문을 비교하면 많은 공부가 된다. 대법원 판결문은 중요하다. 읽기 쉽게 시詩처럼 끊는다. 대법원 판결문을 소리 내어 낭독해 보자.

사형은
인간의 생명을 박탈하는
냉엄한 궁극의 형벌로서
사법제도가 상정할 수 있는
극히 예외적인 형벌이라는 점을 감안할 때,

**사형의 선고는**
범행에 대한 책임의 정도와 형벌의 목적에 비추어
누구라도 그것이 정당하다고 인정할 수 있는
특별한 사정이 있는 경우에만 허용되어야 한다.
따라서 사형의 선고 여부를 결정함에 있어서는
형법 제51조가 규정한 사항을 중심으로
범인의 연령, 직업과 경력, 성행,
지능, 교육정도, 성장과정, 가족관계,
전과의 유무, 피해자와의 관계, 범행의 동기,
사전계획의 유무, 준비의 정도, 수단과 방법,
잔인하고 포악한 정도, 결과의 중대성,
피해자의 수와 피해감정, 범행 후의 심정과 태도,
반성과 가책의 유무, 피해회복의 정도, 재범의 우려 등
양형의 조건이 되는 모든 사항을
철저히 심리하여야 하고,
그러한 심리를 거쳐
사형의 선고가
정당화될 수 있는 사정이 있음이 밝혀진 경우에 한하여

비로소 사형을 선고할 수 있다.

(대법원 2006. 3. 24. 선고 2006도354 판결, 대법원 2013. 1. 24. 선고 2012도8980 판결 등 참조).

우리 헌법은 제110조 제4항에서

법률에 의하여

사형이 형벌로서 선고될 수 있음을 전제로 하여

사형제도를 인정하고 있고

현행 법제상 다수의 범죄에 관하여

사형이 법정형으로 규정되어 있기는 하지만,

법관이 사형을 선고함에 있어서는

앞서 든 사항 등 고려할 수 있는

모든 양형의 조건들을

엄격하고도 철저히 심리하여

의문의 여지가 없을 정도로

사형의 선고가 정당화될 수 있을 때에만

비로소 그 사형의 선고가 허용된다는 것이

대법원의 확고한 입장임은

누차 확인된 바 있다.

【출처】 대법원 2016. 2. 19. 선고 2015도12980 전원합의체 판결 [상관살해·상관살
해미수·살인·살인미수·군용물절도·군용물손괴·군무이탈] <고성 군부대
총기난사 사건>

나림 선생이 주장한 사형폐지론이 확산되기를 기원한다. 나림 선생 사형폐지론을 요약한다.

## 사형폐지운동

나림 이병주 선생 사형폐지론은 「소설·알렉산드리아」(세대, 196
5)·「겨울밤－어느 황제의 회상」(문학사상, 1974)·「칸나·X·타나토

스」(문학사상, 1974)·「운명의 덫」(영남일보, 1979)·「거년<sup>去年</sup>의 곡<sup>曲</sup> — 잃어버린 청춘의 노래」(월간조선, 1981)에서 대주제이다.

정치범·오판·사형폐지 찬반론을 심도 있게 다룬다. 사형선고 신중론·사형집행 유예론·사형폐지론이다. 사형제도 단계적 실효화이다.

나림 이병주 선생의 공헌은 지대하다. 한 작가가 1965년부터 1981년까지 16년 동안 집요하게 주장한다. 공지영 작가도 나림 선생에게 영향을 받은 소설가이다.

대한민국 국민과 제22대 국회의원은 나림 소설 5편을 정독하셨으면 한다. 나림 선생의 사형폐지 주장은 올해<sup>1965~2024</sup> 60년이 된다. 소설 5편에 사형존폐론의 모든 쟁점이 명쾌하게 요약되어 있다.

### 우리들의 행복한 시간

공지영 작가의 「우리들의 행복한 시간」(푸른숲, 2005)은 사형제도 소설이다. 공지영 작가는 젊은 시절 나림 이병주 선생 작품을 열심히 읽었다고 한다. 나림 이병주 선생 사형제도 작품과 공지영 작가의 사형제도 작품은 접근방법이 다르다. 철학과 내공에서 차이점이 있다.

나림 선생은 우리나라 제1의 법률소설가이다. 안경환 교수 「이병주 평전」(한길사, 2022)에서 받은 전문가 평가이다. 나림 선생은 법률이론과 사회현실에 정통한 작가이다. 작품에서 사형폐지를 주장하는 논거로 네 가지를 제시한다. 인간존엄·헌법이념·오판·피해자 보상이다.

나림 선생은 사형폐지 논거 네 유형을 모두 작품에서 심도 깊게 다룬다. 나림 작품을 모두 묶으면 「사형폐지론 입문서」가 된다. 나림 선생은 인간 존엄과 헌법이념이 사형폐지론 핵심으로 본다. 이 주장에 공감한다. 나림 선생 작품을 읽고 내 형사정책을 밝힌다. 오래된 생각이다. 나는 1998년부터 2024년까지 사형폐지론자이다(하태영, 「사형제도는 폐지되어야 한다」, 「형사철학과 형사정책」 — 형법학의 새로운 길 — , 법문사, 2007, 131-184면; 경남법학 제13집, 1998, 121-172면).

## 공권력의 살인행위

인간 존엄은 불가침이다.

인간 존엄은 누구도 어떤 국가권력도 국가기관도 침해할 수 없다.

법원은 사형을 선고할 수 없다.

사형법률은 위헌이기 때문이다.

헌법 세10조에 근거하면

어떤 형벌로 사람을 죽일 수 없다.

사형은 사람을 도살하는 범죄행위이다.

사형은 형벌이 아니다.

사형은 국가가 사주한 범죄행위이다.

교수대에서 밧줄로 인간의 목숨을 끊는 행위는

국가가 고용한 공권력이 자행하는 살인행위이다.

대한민국 헌법 제110조 제4항은 헌법 제10조와 충돌한다. 헌법 제10조는 헌법 제110조 제4항에 우선한다. 헌법 제110조 제4항 단서 문장이다. "다만, 사형을 선고한 경우에는 그러하지 아니하다." 즉시 개정해야 한다. "다만, 무기형을 선고한 경우 그러하지 아니하다."

헌법 조문을 비교해 보시길 바란다. 인간 존엄은 불가침이라고 선언하면서 '왜' 사형을 선고할 수 있다고 헌법 문장을 만드는지 의문이다. 헌법이 헌법을 위반한 규정이다. 법원은 헌법 제10조 법조문을 철저하게 준수해야 한다. 헌법 제110조 제4항은 비상계엄하의 군사재판인 경우이다. 헌법 제10조를 엄격하게 해석한다. 헌법 제10조와 제110조를 함께 낭독해 보자. 규범 충돌의 모순이 보인다.

> ### 헌법 제10조
> 모든 국민은 인간으로서의 존엄과 가치를 가지며, 행복을 추구할 권리를 가진다. 국가는 개인이 가지는 불가침의 기본적 인권을 확인하고 이를 보장할

**헌법 제110조**

④ 비상계엄하의 군사재판은 군인·군무원의 범죄나 군사에 관한 간첩죄의 경우와 초병·초소·유독음식물공급·포로에 관한 죄 중 법률이 정한 경우에 한하여 단심으로 할 수 있다. 다만, 사형을 선고한 경우에는 그러하지 아니하다.

[출처: 大韓民國憲法 전부개정 1987. 10. 29. [헌법 제10호, 시행 1988. 2. 25.] 국회사무처.

## 3. 무죄추정

나림 선생은 법의 정신을 정확히 꿰뚫고 있다. 인간이 존엄하다고 선언을 한다면, 인간은 자유로운 존재이다. 법이 없으면 처벌되지 않는다. 행위 시에 제정된 법률만이 자유로운 인간을 구속한다. 의심이 든다면 처벌하지 않는다. 근대 형법·형사소송법 정신이다. 계몽사상이 담겨있다. 나림 선생은 무죄추정 원칙도 정확히 꿰뚫고 있다. 사법기관의 유죄추정 신념을 신랄하게 비판한다. 인간 존엄은 나침반이다. 다시 방향을 정확히 맞추어 보라고 질타한다. 확정 판결 전에 유죄를 추정하는 행위가 인간 존엄에 맞는지 성찰해 보라는 의미다. 나림 선생 문장을 읽어보자.

**법의 정신·무죄추정원칙**

'의심스러운 것은 벌하지 않는다.'

그때만 해도 나는 이런 법의 정신을 알았고 법관들의 양식을 믿었다.

「운명의 덫」·20면

우리나라 수사기관의 유죄추정 신념은 문제가 많다. 나림 선생 문장을 읽어보자.

**유죄추정**

"객관적인 증거가 네 유죄를 증명하고 있어. 아무리 부인해도 소용없어. 그러니 순순히 뉘우치면 그만큼 정상 참작의 폭이 넓어질 것 아닌가!"

"나는 사실 규명을 바랄 뿐 정상 참작을 원하지 않습니다."

검사의 눈이 얼음장처럼 빛났다. 그러나 감정을 억누른 투로 말했다.

"아무리 흉악한 짓을 해도 뉘우치며 용서를 받을 수 있어. 하물며 전도양양한 청년이 아닌가. 법률은 죄를 미워하게 사람을 미워하지는 않아. 개과천선改過遷善할 의사만 뚜렷하면, 그것이 증명되기만 하면 우리도 죄인을 구하는 방도를 연구하는 거야, 알았어?"

"추호도 반성하지 않는다 할 땐 네가 저지른 죄는 극형에까지 가고 만다. 나는 그런 불행을 피하고 싶어. 전도양양한 청년을 죽이고 싶진 않아. 어때? 피차 불행을 피해 보지 않겠는가? 사람이면 뉘우칠 줄 알아야 해!" 「운명의 덫」·50면

### 검사

검사는 유죄를 단정적으로 믿는 듯했다. 검사의 말은 계속됐다.

"순간의 잘못으로 죄를 지을 수 있어 누구에게나 있을 수 있는 일이야. 그러나 사람이 짐승과 다른 점은 뉘우칠 줄 안다는 거야. 물론 너도 마음속으로 뉘우치고 있겠지. 하지만 마음속으로 뉘우치는 것만으론 어떻게 할 수 없어. 자백하지 못하는 것은 용기가 없는 탓이겠지? 용기를 내봐요. 용기를!"

"……."

"검사 입장을 떠나서 하는 말인데, 자네 자백 없이 없이도 이 증거만 갖고도 얼마든지 법정에 내놓을 수 있어. 그게 되레 수월해. 그런데도 자네 자백을 요구하는 것은 내 인생이 가련해서다. 반성의 흔적 없이 법정에 가면 결과는 뻔하다. 극형이야 극형! 그걸 뻔히 알면서 나는 그럴 수 없다. 나는 검사 이전에 인간이니까." 「운명의 덫」·50-51면

헌법 제27조 제4항은 무죄추정 원칙을 규정하고 있다. 형사피고인은 유죄의 판결이 확정될 때까지는 무죄로 추정된다. [출처] 大韓民國憲法 전부개정 1987. 10. 29. [헌법 제10호, 시행 1988. 2. 25.] 국회사무처.

헌법은 피고인에게 무죄추정을 보장한다. 수사단계에서 피의자에게

도 당연히 보장한다. 모든 일반인도 마찬가지다. 나림 선생 문장을 읽어보자.

### 무죄추정

"그렇다면 왜 내가 무죄라는 상상은 못 하고 유죄라는 전제만 이야기하고 있소?"

"이 녀석이 감히 누구 앞에서 말대꾸야?"

"네가 범인이라는 증거는 조리정연한데 범인이 아니라는 증거는 하나도 없어. 그런데도 무죄를 추정하란 말인가?"

"어쨌건 나는 그 사건과 아무런 관계가 없으니까요." 「운명의 덫」·51면

### 추궁 고통

변 형사처럼 혹독한 고문은 하지 않았지만, 논리적, 귀납적으로 몰아세우는 지 검사의 추궁도 육체적 고문 못지않은 고통이었다.

"남상두! 너는 철저한 비인간이다. 냉혈동물이다. 너는 사람을 살해한 죄, 그러고도 뉘우칠 줄을 모르는 죄, 이중의 죄를 지은 놈이다. 너 같은 놈은 도저히 용서할 수 없다." 「운명의 덫」·53면

피의자<sup>수사</sup>와 피고인<sup>재판</sup>은 유죄판결이 확정될 때까지 무죄로 추정한다. 무죄추정<sup>無罪推定</sup> 원칙은 인신구속을 제한하는 원리이다. 수사절차는 임의수가가 원칙이다. 불구속수사가 원칙이다. 피의자·피고인이 구속된 경우 접견교통권이 보장된다. 무죄추정 법리이다.

강제수사는 법률주의와 영장주의가 엄격하게 적용된다. 비례성원칙이다. 의심스러울 때는 피고인의 이익으로(in dubio pro reo)는 증명의 원칙이다. 검사가 범죄사실을 입증해야 한다. 재판부는 확신이 없으면 피고인에게 유죄 의심이 간다 하더라도 무죄판결을 선고해야 한다. 무죄추정 법리이다.

피의자·피고인은 형사절차에서 일반시민보다 불이익한 처우를 받아서는 안 된다. 피의자·피고인에게 불리한 진술의 강요·고문·모욕적 신문은 금지된다. 임의성<sup>任意性·自意性</sup> 없는 자백은 증거능력이 없

다(형사소송법 제309조·제317조). 무죄추정 법리이다.

나림 선생은 무죄추정 법리를 누구보다 절실히 체감한다. 스스로 수사를 받고 재판을 받고 교도소에서 생활한 분이다. 이론과 현실의 차이점을 몸소 확인한 분이다. 나림 선생 주장은 틀린 말이 하나도 없다. 나림 선생 작품을 하나로 묶으면, 「형사소송법 입문서」이다.

## 4. 고문금지·위법수집증거배제법칙·자백증거능력

고문은 전<sup>前</sup>근대 수사방법이다. 고문은 야만이다. 고문은 인간 존엄을 파괴하는 행위이다. 나림 선생은 고문장면을 정확히 묘사한다. 너무나 생생하다. 고문을 직접 당하거나 유치장·교도소에서 듣지 않으면 설명하기 어렵다. 나림 선생 문장을 읽어보자.

> **고문**
> 내가 고문을 받은 취조실은? 피투성이의 광경….
> 변 형사는 자백하라고 윽박지르는데도 내가 버티자 독기가 바짝 오른 모양이었다. 그는 나를 의자에서 떠밀어 내렸다. 내가 마룻바닥에 뒹굴자 오금 사이에 박달나무 몽둥이를 끼우곤 다리를 묶어 앉혀 무릎을 짓밟았다. 다리뼈가 산산이 부서지는 고통과 영혼이 분쇄되는 절망이 엄습했다. 나는 하지 않은 짓을 했다고 자백할 수 없었다. 그 고문이 삼십 분쯤 계속되었을까, 누군가가 변 형사를 타일렀다. 「운명의 덫」·40면

헌법 제10조가 인간은 존엄하다고 선언한다면, 모든 국가권력·국가기관은 인간을 고문해서는 안 된다. 다리뼈가 산산이 부서지는 고통과 영혼이 분쇄되는 절망이 엄습한다. 짐승이 동물을 물어뜯는 행위와 같다. 야만 행위이다. 치유가 불가능하다. 나림 선생 문장을 읽어보자.

> **묵비권**<sup>黙秘權</sup>
> 나는 입을 다물었다. 묵비권<sup>黙秘權</sup> 행사 외에는 달리 방도가 없었다.

변 형사는 다시 몽둥이를 휘둘렀다. 이번엔 왼쪽 어깨를 때렸다. 이어 등을 치고 정강이를 걷어찼다. 나는 눈을 감았다. 고문이란 어느 단계를 넘어 쓰면 일종의 관성이 붙는가 보았다. 고통은 가중되지만 이에 비례해서 견딜 힘도 보태진다. 「운명의 덫」· 45면

근대 형법은 고문행위를 처벌한다. 근대 형사소송법은 고문을 통하여 수집한 증거사용을 금지한다. 고문은 진술을 강요하는 수사과정에서 주로 사용한다. 고문의 역사는 인류 역사와 함께 시작한다. 고문은 다른 사람의 영혼을 말살한다. 고문은 승진하기 위한 저급한 행위로밖에 볼 수 없다. 1954년 대한민국 형사소송법은 증거재판주의를 채택한다. 헌법 제10조는 수사절차에서 자유의사·임의성을 천명한다. 나림 선생 문장을 읽어보자.

### 자백

"마지막 기회다. 순순히 자백해!"

나는 이미 말라버린 눈물을 가슴속에서 흘렸다. 어떤 고문이 새로 시작될까. 공포에 가슴이 떨렸다.

"자백하기만 하면 정상 참작이 돼 줄잡아 사형은 면한다. 이 자식아, 나는 내 손으로 잡은 네놈을 사형장으로까진 보내기가 싫어서 이렇게 마음을 쓰는 거야." 「운명의 덫」· 45면

나림 선생은 「운명의 덫」에서 고문拷問소설의 진수眞髓를 보여준다. 이 작품은 형사소송법 수사와 재심을 다룬 법률소설이다. 고문 장면을 자세히 인용한다. 인간 존엄을 부수는 순간이다. 밀폐 공간에서 자행한다. 나림 선생 문장을 읽어보자.

### 몽둥이

변 형사는 몽둥이로 마룻바닥을 쿵, 울렸다. 묵비권을 쓰기로 한 나는 눈을 감은 채 몸을 떨고만 있었다.

"이 녀석, 눈 떠!"

벼락같은 고함과 함께 두개골이 터질 듯 아팠다. 몽둥이로 내 머리를

내리친 것이다. 나는 의자로부터 떨어져 마룻바닥에 나뒹굴었다. 변 형사는 내 머리칼을 덥석 쥐고 나를 일으켜 앉혔다.

"안 되겠어. 이놈의 손톱을 죄다 빼버리겠다. 그리고 교사 주제에 제자와 놀아난 이놈의 물건을 잘라 버려야겠다." 「운명의 덫」· 45면

### 대바늘

중얼거리는 변 형사의 말을 들으며 나는 드디어 마지막 순간이 다가왔다고 느꼈다. 그는 나를 일으켜 세워 취조실 가운데 돌출된 기둥으로 끌고 갔다. 나를 의자에 앉힌 채 그 기둥에 의자째 밧줄로 묶었다.

"이놈 발톱부터 뽑아야겠다."

그는 내 오른쪽 다리를 벤치에 고정시켜 묶었다. 나는 눈을 감았다. 공포의 현장을 보기가 끔찍했기 때문이다. 그때 대뜸 주먹이 내 뺨으로 날아왔다.

"자식아, 눈 떠! 과학적 수사를 어떻게 하는지 똑똑히 봐둬야지."

변 형사는 자기 책상에 가서 서랍을 열고 온갖 기구 가운데 한 줌의 대바늘 꺼냈다. 끝을 날카롭게 깎아 놓은 대바늘은 뜨개질용보다는 작고 이쑤시개보다는 큰 것이었다.

'아아, 저것이 내 발톱 밑으로 들어갈 대바늘이로구나.' 「운명의 덫」· 45-46면

### 허위자백

내 심장이 송곳으로 찔린 듯 아프기 시작했다. 숨이 멎을 정도로 가슴이 뒤틀렸다. 변 형사가 다음에 집어든 것은 망치였다.

"순순히 자백만 하면 이런 절차가 필요 없다. 어때, 내 말 알아듣겠나?"

나는 일순 허위자백이라도 할까 하는 유혹을 느꼈다.

'검찰청이나 법정에서 부인할 수 있겠지? 그러나….'

안 될 일이었다. 비록 거짓말이라 하나 나는 내 입으로 윤신애를 죽였다고 말하지는 못한다. 자백하면 윤신애가 밴 아이의 애비라는 사실도 받아들여야 한다.

'나는 죽어도 그런 거짓을 꾸밀 수는 없다.' 「운명의 덫」· 46면

### 동통疼痛

변 형사는 내 엄지발톱 위에 대바늘을 갖다 대더니 망치로 쾅, 쳤다. 바위덩어리 같은 격심한 동통疼痛이 뇌천腦天을 부수는 듯했다. 뇌 속이 폭발 직전으로 팽창했다. 그런데도 기절은 면했다. 변 형사는 숨을 몰아쉬며 고함을 쳤다.

"이놈아! 내가 잔인하다 싶으냐? 사람을 죽인 네놈의 잔인에 비하면 새 발의 피鳥足之血야." 「운명의 덫」 · 46-47면

### 비명

변 형사는 다시 망치를 들더니 다른 대바늘을 갖다 놓곤 내리쳤다. 검은 피가 발가락에서 퐁퐁 솟아 내렸다. 세 번째 대바늘이 꽂혔을 때 나는 비명을 질렀다. 아마 생명체가 내지를 수 있는 극한적 비명이었으리라.

"이 자식아! 이건 아직 시작에 불과해!"

'애라, 자백을 꾸밀까?'

유혹이 뭉클한 눈물로 솟았다. 그러나 곧 아니라는 결심이 잇따랐다. 나는 죽기로 결심하고 굴복하지 않기로 했다. 변 형사는 다시 벼락같은 고함을 질렀다.

"눈을 떠!" 「운명의 덫」 · 47면

### 유치장

"누구야? 누가 이놈에게 머큐로크롬을 발라 주었어?"

아무 대답이 없었다. 그러나 더 이상 추궁하지 않고 내 결박을 풀었다. 짐작으로 알았지만 변 형사의 고문은 경찰서 내부에서도 문제가 된 모양이다.

그 후 나는 1주일 동안 아무 일 없이 유치장에서 지냈다. 「운명의 덫」 · 48면

헌법 제12조 제2항은 고문금지를 규정하고 있다. 모든 국민은 고문을 받지 아니하며, 형사상 자기에게 불리한 진술을 강요당하지 아니한다. [출처] 大韓民國憲法 전부개정 1987. 10. 29. [헌법 제10호, 시행 1988. 2. 25.] 국회사무처.

형사소송법 제309조는 강제 등 자백의 증거능력을 규정한다. 주요

내용을 보면, 피고인의 자백이 고문, 폭행, 협박, 신체구속의 부당한 장기화 또는 기망 기타의 방법으로 임의로 진술한 것이 아니라고 의심할 만한 이유가 있는 때에는 이를 유죄의 증거로 하지 못한다. [제목개정 1963.12.13.]

[출처] 형사소송법 일부개정 2024. 2. 13. [법률 제20265호, 시행 2024. 2. 13.] 법무부.

나림 선생은 헌법과 형사소송법이 무너진 현실을 통렬하게 비판하였다. 나림 선생은 헌법 정신이 무너진 시대에 헌법 정신을 일으켜 세우려고 각성<sup>覺醒</sup>한 작가이다.

고문 시대에서 적법절차 시대로 큰 강을 건너기까지 많은 시간이 소요된다. 1978년 1월 31일 대법원 판결은 다시 획을 긋는다.

"피고인이 직접 고문을 당하지 않더라도 가족이나 다른 피고인이 고문당하는 것을 보고 자백한 경우에도 고문에 해당한다." 고문·폭행·협박은 제한이 없다. 위법하게 수집한 증거는 증거능력이 없다. 국가는 고문하는 사람을 형사 처벌한다. 공소시효를 폐지한다.

## 5. 적법절차

나림 선생은 법률소설에 정통한 작가이다. 법률소설은 공권력 남용과 피해자 인권 문제를 다룬다. 적법절차가 법률소설 전체에 흐른다. 적법절차는 형사소송법의 이념 중 첫 번째이다. 실체의 진실 발견도 적법절차에게 순서를 양보해야 한다. 인간 존엄은 불가침이다. 양보할 수 없는 불가양이다. 피해자 인권도 물론 보호해야 한다. 사안에 따라 강제수사가 불가피하다. 그럼에도 적법절차를 준수해야 한다. 나림 선생은 적법절차가 왜 중요한지 법률소설에 밝힌다. 수사절차와 재판절차를 구체적으로 설명한다. 나림 선생 문장을 읽어보자.

### 공소유지
"변 형사는 이만저만한 수사관이 아니네요. 변 형이 대공<sup>對共</sup>수사관으로 나섰다면 거물 간첩들도 꼼짝 못 했겠지요?"

"수사관으로서는 자신이 있지. 있고말고! 나는 진범으로 만들겠다고 마음만 먹으면 실수 없이 공소유지를 했을 뿐만 아니라 유죄판결로까지 끌고 갔으니까."

"경찰관이 검거한 사건 가운데 60%를 공소유지를 할 수 있으면 성적이 좋은 편이라고 하던데요."

"웬걸, 작년도 통계를 보니 경찰관 검거 건수 가운데 유죄판결은 30%밖에 안 되더라고."「운명의 덫」· 235-236면

### 증거 날조

"내 가끔 생각하지만, 윤신애 살해사건 말입니다. 그것도 변 형이 아니었더라면 아마 공소유지를 할 수 없었을 겁니다."

"그야 그렇지. 사실 남상두라는 놈은… 본인으로서는 억울할 거요."

"수사는 이런저런 증거를 모아, 제기랄, 증거가 모자라면 날조라도 해갖고 공소유지할 수 있지만……"

"유능한 수사관 치고 증거 날조 안 해본 사람 없을걸요."「운명의 덫」· 236-237면

### 일기장 조작

"조그마한 노력만 하면 된다. 이 일기 중간에 비어 있는 곳이 많아. 여기에다 윤신애 글씨를 닮게 몇 마디만 써넣으면 되는 거다."

"남상두와 윤신애 사이에 육체관계가 있었다는 것을 암시하는 글 몇 줄이면 돼. 그렇게 하면 너와 나는 안전지대에서 살 수 있어. 어때? 내가 시키는 대로 할 테야?"

"나는 못 해요. 절대로 그렇겐 못 해요!"

체육 선생은 얼른 손바닥으로 성정애의 입을 막았다. 이윽고 후닥닥 나갔다.「운명의 덫」· 321면

### 협박

그 형사는 자기 신발을 들고 정애 방으로 들어왔다.

"울긴 왜 울어? 내가 있는데….."

"정애는 집으로 돌아가 있어. 졸업장은 내가 대신 받아줄 거야. 명심

할 것은 평생 침묵을 지켜야 한다는 점이야. 네가 일기장에 글을 썼다는 사실이 밝혀지면 너는 그야말로 마지막이다. 증거날조죄, 위증죄에 걸릴 뿐 아니라 윤신애 살해죄를 몽땅 뒤집어써야 한다. 알겠나?" 「운명의 덫」·321-323면

형사절차에서 적법절차를 준수하지 않은 폐해는 심각하다. 한 사람의 인생과 가족의 삶까지 집어 삼킨다. 고문 후유증은 전쟁 후유증과 동일하다. 악몽에 시달린다. 평생 동안 고문 현장이 나타난다. 나림 선생 문장을 읽어보자.

### 판결
"재판 판결이란 무서운 거데요. 판결 전에는 선생님의 무죄를 믿던 친구들이 판결 후에는 대부분이 유죄를 믿더군요." 「운명의 덫」·56면

### 완전범죄
세상에 완전범죄가 있게 해서는 안 된다. 그런 완전범죄가 수사 실수 때문에 빚어졌다면, 또 전혀 엉뚱한 사람에게 누명을 씌워 벌을 준다면 도저히 용서할 수 없는 일이 아닌가. 「운명의 덫」·95면

나림 선생은 영국 재판과 우리나라 재판을 비교한다. 적법절차이다. 형사소송 전반에 흐르는 혈관이다.

### 영국 재판
"하여간 심증心證만으로 처벌하지 않는다는 원칙이 관철되지 않는 이상 우리나라 재판을 건전하다고 할 수 없지요."
그리고 나는 영국의 사례를 들었다. 영국의 재판에서는 진범이 아닐 가능성이 조금이라도 있으면 벌하지 않는다는 원칙이 철두철미하다. 「운명의 덫」·99면

### 우리나라 재판
"우리나라 재판에서도 그런 원칙은 서 있지요."
김영욱은 최근 몇 가지 판결을 예로 들었다.

"그 정도 갖고는 안 됩니다. 영국에선 범죄 전모에 관한 확실한 진상을 파악하지 않는 한 유죄판결을 내리지 않습니다. 100명의 진범을 놓치더라도 1명의 억울한 피고인을 만들어서는 안 된다는 원칙이 철저하지요." 「운명의 덫」 · 99면

### 흉악범

"그건 이상론이지요. 범죄의 전모를 어떻게 파악할 수 있습니까? 10개의 증거가 있어야 확실한데 9개만 나타났을 경우 어떻게 피의자를 석방하겠습니까? 100명의 진범을 놓쳐도 좋다고 하지만 현실로선 불가능합니다. 극소수 억울한 피의자를 내는 한이 있더라도 진범을 놓쳐서는 안 된다는 게 수사관의 입장입니다. 흉악범이 증거 불충분으로 석방되면 피해자의 억울함을 어떻게 풀어줍니까? 이게 정의입니까? 그 흉악범이 활개 치며 또 다른 범죄를 저지르면 누가 책임집니까?" 「운명의 덫」 · 99-100면

편의주의 수사방식이 한 사람을 어떻게 파멸로 몰고 갈까. 나림 선생은 우리에게 소설을 읽고 생각해 보라고 묻는다. 법원에서 확정판결이 나면, 그 사건은 종료된다. 무너진 정의를 다시 세우는 사법절차는 재심再審밖에 없다. 그러나 재심절차는 험난하다. 재력과 열정이 없으면 사실상 불가능하다. 사방이 모두 장벽이기 때문이다. 기존 판결을 번복하는 일은 산을 옮기는 일만큼 어렵다. 장애물이 한두 곳이 아니다. 국가는 명예회복을 신중하게 결정한다. 억울한 피해자는 대부분 포기한다. 나림 선생 문장을 읽어보자.

### 누명 · 사형

김영욱의 주장은 일리가 있지만 나는 불만이었다.

"그런 사고방식이야말로 위험천만입니다. 수사관이나 재판관의 편의주의를 따름입니다. 9개 증거를 찾았다면 나머지 1개를 찾도록 노력해야 하지요. 아무 죄도 없는 사람이 누명을 쓰고 사형당하는 경우를 생각해 보세요." 「운명의 덫」 · 100면

### 관점

"남 선생님과 제 의견이 평행선을 이루네요. 나는 수사기관에 몸을 담았던 사람이고, 남 선생님은 그 기관 때문에 손해를 입은 분이니 자연히 관점이 다르지 않겠습니까?" 「운명의 덫」· 100면

### 밧줄

그 밧줄의 출처만 철저히 추궁해도 진범을 잡을 수 있지 않았을까. 나는 경찰에게도 검찰에게도 윤신애를 교살할 때 쓴 밧줄에 관해서는 일언반구 질문도 받지 않았다. 「운명의 덫」· 103면

### 확정판결

"형을 받은 것이 억울하다고 생각하시는 모양이죠?"

"그렇소."

하 형사는 억지웃음을 지으며 물었다.

"선생님의 문제는 법원에서 판결이 난 것 아닙니까?"

"……"

나는 귀찮아 답을 하지 않을 심산이었다. 「운명의 덫」· 105면

## 6. 민주주의

민주주의는 헌법 기본원리이다. 나림 선생은 여러 작품에서 민주주의 문제를 다룬다. 권력은 독재와 민주로 구별된다. 독재 권력과 민주 권력이라 말한다. 여러 작품에서 권력 탄생·독재·1979년 독재자 몰락·1980년 민주주의 봄·민주주의 과제를 자세히 소개한다. 나림 선생 문장을 읽어보자.

### 권력

모세의 오서를 읽어보면 권력에 관해서 뭣인가를 배울 수 있다.

왜 권력이 필요했느냐?

어떻게 해서 권력이 필요했느냐?

어떻게 해서 권력이 발생했느냐?

권력은 무엇으로 지탱했느냐?

권력이 어떤 형태로 변해갔느냐? 「소설 · 알렉산드리아」 · 60면

### 책략

권력이 스스로 지탱하기 위해서 꾸며진 구구한 계교, 그 계교를 위해서 또 꾸며진 계교의 가지가지. 그런 개교로 꾸몄을 당시엔 대견한 일. 그러나 지금은 생각해보면 보잘것없는 책략. 「소설 · 알렉산드리아」 · 60면

### 권력과 인성

'권력과 인성'이란 표제가 보인다. 나는 싸늘하게 웃어 본다. 어떤 철학자가 뭐라고 해도 권력에 관한 한 나의 인식이 보다 절실할 것으로 믿는다.

권력은 이것을 가지고 있는 사람에겐 빛이 되지만 갖지 못하는 사람에겐 저주일 뿐이다. 권력은 사람을 죽인다. 비력자$^{非力者}$는 죽는다. 권력은 호화롭지만 비권력자는 비참하다. 권력자의 정의와 비권력자의 정의는 다르다. 권력자는 역사를 무시해도 역사는 그를 무시하지 않는다. 비력자는 역사에 구원을 요청한다. 그러나 역사는 비력자를 돌보지 않는다. 역사의 눈은 불사의 눈이다. 죽어야 하는 인간과는 아무런 관계가 없는 눈이다. 그 점 결핵균은 위대하다. 「예낭풍물지」 · 176면

### 독재

"내가 국가다."

"내가 곧 법률이다."

"우간다에선 정치는 나만 하면 된다."

그러나 아민이 그의 존재 이유를 증명하기 위해서라고 해도 8년의 권좌는 너무나 길었다. 「세우지 않은 비명」 · 19-22면

### 1979년

이렇게 되니 10월 10일 현재, 1979년 한 해에 여섯 명의 독재자가 권좌에서 밀려난 것으로 된다……. 「세우지 않은 비명」 · 22면

### 1980년

'1979년은 곧 다가올 1980년대를 보다 평화롭고 청량한 시대로 만들

기 위해 신의가 대청소를 감행한 해인지 모른다…….' 「세우지 않은 비명」·23면

### 민주주의

민주주의가 정치적으로 작용할 수 있으려면 나라를 구성하는 성원의 반쯤은, 반이 지나치면 3분의 1 정도라도 민주적인 인격과 의식을 지니고 있어야 한다.

민주적인 인격의 결정적 조건은 관용이며, 양보이며, 타협이며, 이 이상의 타협은 생명에 지장이 있다고 생각할 때엔 어떠한 위협에도 굴하지 않는 정신이다. 「세우지 않은 비명」·63면

### 공산주의

"공산주의를 이기는 수단은 민주주의밖에 없어. 그러니까 민주주의의 기틀을 잡는 게 안보의 선결 문제라고 생각한다." 「세우지 않은 비명」· 65면

독재獨裁의 반대말이 민주民主이다. 공산주의를 이기는 수단을 강력한 국방력에서 찾는다. 그러나 사실 국방력은 민주주의이다. 민주주의는 국가를 보호하는 정신적 이념이다. 국가안보에서 제1순위가 민주주의이다. 국민이 국가의 주인이 되면, 국가는 체제경쟁에서 승리한다.

공산주의共産主義 반대말이 자본주의資本主義이다. 국가체제와 사회체제는 국민 신뢰를 잃으면 무너진다. 만약 혼돈 시기에 전쟁이 발발하면, 국론 분열로 필패한다. 민주주의가 안 되면, 그 체제는 언젠가 붕괴한다. 공산주의와 자본주의 모두에 해당한다. 사회 혼돈은 민주주의 혼돈이다. 그러므로 국가는 국민 의사를 선거를 통해 수시로 점검한다. 정권이 교체될 수 있는 체제가 민주주의체제이다. 역동성이 있다.

국민과 국가와 사회가 선거를 통해 국력을 정비한다. 국민의사가 결집하면, 이것이 바로 현재 국방력이다. 군인이 국방력이 핵심이다. 이 말도 옳다. 그러나 모든 국민은 국방의무가 있다. 현역 군인으로 국방력을 제한할 필요는 없다.

나림 선생은 여러 작품에서 민주주의를 강조한다. 공자도 「논어<sup>論語</sup>」에서 믿을 신<sup>信</sup>을 덕목으로 삼는다. 나림 선생은 지도자를 민주적 인격자로 표현한다. 모든 분야가 같다. 독재자는 반민주적 인격자이다. 1979년에 붕괴한 많은 독재자가 이런 인물이다. 바이마르 헌법은 무너진 원인이 있다. 나림 선생 문장을 읽어보자.

### 바이마르헌법

알아둬야 할 것은 법률이 민주주의를 만들어내지 못한다는 사실이다.
「세우지 않은 비명」·62면

나림 선생은 1971년 한국 민주주의를 말한다. 사회안전법으로 해외에 갈 수 없는 상황에서 로마여행을 다녀온다. 3선 개선 이야기가 나온다. 나림 선생은 로마 언덕에 앉아 선생의 지난 50년<sup>1921~1971</sup>을 회고한다. "왜 내가 유럽화가 되었을까?" 나림 선생은 고백서를 1988년 ≪문학정신≫에 발표한다. 「잃어버린 시간을 위한 문학 기행」(바이북스, 2012)은 문고판으로 출판된다. 아주 재미있고 귀중한 수필집이다.

### 민주주의

그런데도 아직 유럽인으로서 자처할 수 없는 것은 유럽을 오늘의 유럽으로 만든 근본적인 작용력, 즉 발레리가 말한 '유럽정신'을 배우지 못한 탓이다.

정신을 배우지 못하고 민주주의가 가능하겠는가? 자유에 대한 갈망과 평등에 대한 도덕적 요청이 신념으로 되지 못한 곳에 민주주의의 의욕이 자랄 수 있겠는가? 냉철한 이성과 불타는 열정과 그 정열로서도 시행착오를 범하지 않을 수 없었는데 그 시행착오를 철저하게 반성할 줄 아는 심성이 민주주의를 만들었다는 사실의 과정이 유럽의 역사이다. 유럽의 역사는 그런 까닭에 민주주의가 얼마나 어려운 것인가를 밝혀주는 교훈이기도 하다. 한마디로 말해 우리는 유럽인이 되지 못하고선 유럽의 민주주의를 배울 수 없다.

우리는 아직 어설픈 유럽인이다. 「잃어버린 시간을 위한 문학 기행」·22-23면

### 3선 개헌

나는 그때 진행 중에 있는 한국의 선거를 생각하게 되었다. 재선<sup>再選</sup> 이상은 할 수 없게 규정된 헌법을 박정희 대통령은 국회에 압력을 주어 3선 할 수 있도록 변경했다. 그리고 3선하기 위해 출마했다. 한국에서는 그 선거가 진행 중이었다. 「잃어버린 시간을 위한 문학 기행」·23면

우리나라 소설가 중 이런 지적 소유자는 보기 힘들다. "정치 토론을 펼칠 수 있는 작가이다." 김종회 교수의 표현이다.


## 7. 공정거래

공정거래는 자본주의 핵심이다. "자본주의에서도 훌륭하게 살 수 있다." 나림 선생 표현이다. "이웃과 함께 하며 정당한 수단으로 행복을 추구할 수 있다." 봉건주의는 안 된다. 자본주의는 용인한다. 나림 선생 경제철학이다.

헌법 제10조는 선언한다. "모든 국민은 인간으로서의 존엄과 가치를 가지며, 행복을 추구할 권리를 가진다. 국가는 개인이 가지는 불가침의 기본적 인권을 확인하고 이를 보장할 의무를 진다." 나림 선생은 자유와 평등을 행복추구의 핵심으로 본다. 나림 선생 문장을 읽어보자.

### 자본주의

"자본주의 사회에서도 얼마든지 훌륭하게 살 수가 있어. 자기 자신만을 위하지 않고 대중과 더불어 잘사는 길이 얼마든지 있어. 정당한 수단으로 행복을 구축할 방법도 있어." 「거년<sup>去年</sup>의 곡<sup>曲</sup> – 잃어버린 청춘의 노래」·51-52면

### 복지주의

"사람의 힘으로써 시정할 수 있는 불행이 이 세상에 존재하는 것을 그는 견딜 수가 없다고 했어. 그는 빈곤도, 감옥도, 겁내질 않아. 그는 자기의 이상을 위해 순절할 각오도 돼 있어." 「거년<sup>去年</sup>의 곡<sup>曲</sup> – 잃어버린 청춘의 노래」·53면

「망명의 늪」에 자본주의 폐해가 나온다. 과도한 자유가 필요한 자유를 무너뜨리는 장면이다. 재벌이 중소기업을 사냥한다. 공정거래는 붕괴한다. 중소기업은 도산한다. 그 가족은 파산으로 여파로 신음한다. 공정거래가 무너지면 관련자는 죽음밖에 없다. 나림 선생은 절묘하게 이 문제를 다룬다. 나림 선생 문장을 읽어보자.

### 지옥

"인간에게 있어서 가장 소중한 것을 짓밟지 않는 한, 돈을 벌지 못한다는 걸 알았어요. 자기의 천국을 만들기 위해 무수한 지옥을 만들어야 한다는 것도 알았어요. 그렇게 해서 돈을 벌어 뭣하겠습니까. 나는 히피처럼 살아가렵니다." 「망명의 늪」· 259면

### 산업 간첩<sup>스파이</sup>

재벌들의 부는 무서울 정도로 불어간다. 그 불어가는 돈을 은행 금리를 받을 정도로 해서 사장할 순 없다. 새로운 투자 방도를 찾아 돈이 돈을 몰아오도록 하자면 이득이 있고, 경쟁이 덜한 물건을 만들어야 한다. 그 때문에 대사업체는 수많은 산업 스파이를 중소기업을 비롯한 각 업체에 침투시켜 제조 품목 또는 제조 과정의 정보를 입수하려고 서둔다. 「망명의 늪」· 267면

### 가격 할인<sup>덤핑</sup>

중소기업이 수지가 맞을 만할 때 넘어지는 것은 이 때문이다. 대재벌이, 그것이 이득이 있다고 판단했을 때는 중소기업이 생각도 못 할 정도의 규모로 생산을 해선 덤핑을 해치운다. 덤핑은 경쟁 상대인 중소기업이 넘어질 때까지 계속된다. 「망명의 늪」· 267면

### 재벌

내가 계획하고 있는 전열기 같은 것은 스파이들이 호시탐탐 노리는 부류에 속한다.

내 실수의 원인은 그 기계의 발주를 어느 재벌에 속한 무역 회사에 맡긴 데 있었다.

그 무역 회사에선 어느 원자재, 어느 기계의 발주 의뢰가 있으면 그

목록을 일단 재벌의 총본부로 올리게 되어 있었다. 재벌의 본부에 있는 분석실에선 원자재, 또는 기계의 용도를 분석해낸다. 모르는 것이 있으면 외국에 파견된 지사원을 시켜 조사케 한다. 거기에 내 기계가 걸려든 것이다. 「망명의 늪」·267-268면

나림 선생은 경제민주화 문제를 꿰뚫고 있다. 자본주의가 제대로 성장하려면, 중소기업이 튼튼해야 한다. 그러나 재벌은 중소기업을 먹어야 재벌이 된다. 약육강식의 구조가 생길 수밖에 없다.

정부는 공정거래를 보호하고 지원한다. 공정거래 관련 각종 법률이 있다. 헌법 제10조 정신에서 발전한다. 정부는 영세사업자를 보호한다. 헌법 제10조 정신이다. 정부는 2017년 7월 26일 중소벤처기업부<sup>중소기업부·혁신기술부</sup>를 신설한다. 공정거래의 맥락에서 이해한다. 정부는 부처 이름을 훈민정음으로 표기하지 않는다. 혁신기술<sup>벤처</sup> 지원 부처로 이해한다. 미국인도 잘 모르는 명칭이다. 정부가 국어정책을 이렇게 펴서는 안 된다. 매우 아쉽다. 언제부터 영어 시대가 되었는지 돌아볼 필요가 있다.

어쨌든 공정거래는 작은 가계·가맹점의 영업구조도 마찬가지다. 갑<sup>甲</sup>과 을<sup>乙</sup>의 종속구조가 여전하다. 공정거래는 경제주체에게 사활이 달린 문제이다.

「망명의 늪」은 1976년 기업소설이다. 나림 선생은 한국 경제의 현실을 처절하게 고발한다. 이 소설은 오늘날에도 시사점이 있다. 기업윤리경영과 사회 기업이 시대 화두이기 때문이다. 기업가에게 이 소설을 적극 추천한다. 많은 교훈은 준다. 1977년 한국창작문학상을 수상한 작품이다.

# Ⅵ. 나림 이병주 선생의 교육사상

이 책 「밤은 깊었다」에 수록한 6편의 작품에서 나림 이병주 선생 어록을 정선한다. 문장을 통해 나림 선생의 교육사상을 조명한다.

7개의 중심어로 명문장을 찾아 해설한다. 죽음교육<sup>尊嚴敎育</sup> · 천명교육<sup>天命敎育</sup> · 독서교육<sup>讀書敎育</sup> · 정직교육<sup>正直敎育</sup> · 소통교육<sup>疏通敎育</sup> · 문학교육<sup>文學敎育</sup> · 법학교육<sup>法學敎育</sup>이다. 이 모두를 통합하면 인간학이다. 유년부터 죽을 때까지 공부한다. 「나림 이병주 선생의 교육사상」이다.

**게오르그 짐멜**독일 사회학자 · 1858~1918

교육은 불가능하다.

교육은 속박을 가르치면서 해방을 가르쳐야 한다. 이 양립되는 과업이 동시에 성공할 수 없기 때문이다. 「지아콘다의 미소<sup>微笑</sup>」 · 3면


나림 선생은 1921년 3월 16일 경남 하동군 북천면 옥정리 안암골에서 출생한다. 식민지 · 일본 유학 · 근대화 견학 · 학병 참전 · 패전 · 해방 · 이념 대립 · 6·25 전쟁 · 대한민국 건국 · 교사 · 교수 · 지리산 · 편집국장 · 3·15 부정선거 · 4·19 혁명 · 5·16 군사 쿠데타 · 체포 · 구속 · 고문 · 수사 · 재판 · 수감생활(필화사건 · 1961~1963년 2년 7개월)을 체험한 분이다. 교도소에서 사마천<sup>司馬遷</sup>의 「사기<sup>史記</sup>」를 정독한다. 박정희 정권은 1963년 12월 16일 특별사면<sup>민정이양</sup>한다. 나림 선생은 교도소를 '국립호텔'로 생각한다. 여기서 엄청난 메모를 한다(정범준, 「작가의 탄생」, 295 – 300면).

**좌우명**座右銘

역사의 올바른 기록자<sup>記錄者</sup>가 될 것이다.

국가의 녹<sup>祿</sup>을 먹지 않을 것이다. 이권기 교수 회고

### 기록문학

기록이 문학으로서 가능하자면 시심 또는 시정이 기록의 밑바닥에 지하수처럼 스며 있어야 한다는 것이 나의 문학이론이었다. 「겨울밤 – 어느 황제의 회상」·272면

나림 선생은 수많은 고난을 통해 교육관을 정립한다. 앞에서 서술한 해설·줄거리·문장과 낭독 부분을 여기에 다시 약간 소개한다. 「나림 이병주의 법사상·교육사상」 해제만 읽는 독자를 위해 논단의 독자성을 유지한다. 독자 제현諸賢의 양해를 구한다.

## 1. 죽음교육

인생은 짧고 예술은 길다. 평소 이 문장의 의미를 깊이 사색해 본 적이 없다. 나림 선생 작품을 읽으면서 '인생은 짧다'를 정확하게 이해한다.

### 육체

육체의 세계는 협소하기 짝이 없다. 육체의 시간은 허무하리만큼 짧다. 「세우지 않은 비명」·44면

나림 선생이 여러 작품에서 설명한 말씀이 "인간이 된다는 것, 그것이 예술이다"이다. 인생사에서 스스로 빛낸 자기 삶이 곧 예술품藝術品이다. 나는 그 예술품은 세월이 흘러도 영원하다고 믿는다.

### 죽음

나는 아무 말 않고 서재로 들어가 한 권의 책을 찾았다. 두 달 전엔가 읽은 모리스 웨스트의 책이다. 암의 선고를 받은 메레디스란 신부神父를 주인공으로 한 그 소설의 서두를 보고 싶었던 것이다.
첫 페이지를 폈다. 「세우지 않은 비명」·44-45면

신부의 죽음학도 작품으로 남은 예술품이다. 나림 선생은 죽음 교

육이 필요하다고 역설한다. 죽음 교육은 인생을 역산하는 마음의 노력이라고 설명한다. 죽음학<sup>尊嚴學</sup>은 안심하고 죽을 수 있는 교육이다. 부모를 공경하고, 친구에게 신뢰를 주는 삶이 바로 안심하고 죽은 삶이다. 나림 선생은 늘 반성하면서 생활하면, 비교적 평온하게 죽을 수 있다고 조언한다.

### 회한

"나는 내가 한 일에 대해 회한만 없으면 비교적 안심하고 죽을 수 있을 것 같애." 「세우지 않은 비명」·71면

나림 선생이 회한과 죽음을 연결한 것은 보통 일이 아니다. 굉장히 중요하다는 말이다. 죽음을 알고 삶을 경영하라는 의미이다.

우리나라는 젊은이에게 죽음 공부를 진지하게 지도하지 않는다. 죽음 공부란 죽음학<sup>尊嚴學</sup>이다. 존엄하게 삶을 마치는 학문이다. 죽음학은 인생학<sup>人生學</sup>이다. 인생 전반을 설계하는 계획이다. 이 계획에 따라 한 번 뿐인 삶을 경영한다.

그러나 우리는 오로지 교육에서 승자의 영광만 교육한다. 1등 문화이다. 어떤 인간·작품이 나오겠는가. 좋은 인간·작품들이 많은 세상이 인간·문화가 흐르는 세상이다. 이것이 진정한 인간국가·문화국가이다.

나는 60년을 살아오면서 많은 지도자들이 문화국가를 설파하는 것을 읽고 듣는다. 김구 선생부터 이어령 선생 그리고 나림 이병주 선생까지이다.

생각하여 보면, 진정한 문화국가는 훌륭한 인간이 많은 국가이다. 인간이 작품이기 때문이다. 나림 선생이 강조한 죽음 교육은 훌륭한 인간이 되는 교육이다. 죽어가는 시간을 인식할 수 있다면, 시간을 함부로 쓸 수 없다. 나림 선생 문장을 읽어보자.

### 종교

"죽음이란 문제에 압도된 사람들이 종교에 향하는 것 아닐까."

"죽음으로부터 인생을 역산하는 마음의 노력이 종교라고 할 수 있는데 과연 종교가 우리들의 죽음을 보람 있는 것으로 해 줄 수 있는 건지 없는 건지."

"죽음에 있어서의 최대의 문제는 죽음에 대한 공포 아니겠나. 그 공포심을 경감해 주는 효력은 있는 모양이야, 종교가." 「세우지 않은 비명」 · 70면

"정리를 해야 할 재산이 있을 까닭이 없다." 나림 선생 표현이다. 선생은 생전에 주변에 베풀고 떠난다. 구입한 만 권의 장서는 경상대학교에 기증된다.

### 재산

"내가 한 유일한 선행은 후손들이 그것으로 인해 싸움질을 하게 될지 모르는 재산을 남기지 않은 데 있다." 「세우지 않은 비명」 · 57면

### 책

가지고 있는 것은 얼마간의 책이다. 약간의 호학심好學心에 허영심이 거들어 만 권의 장서가 된 것인데, 모아놓고 보니 장하다는 생각이 없지 않다. 언어별로 하면 그리스어, 라틴어, 영어, 프랑스어, 일어, 독일어, 한문, 우리말, 갖가지 고전을 비롯해서 현대의 사상가에 이르기까지. 「세우지 않은 비명」 · 57면

구입하여 읽지 않은 책은 미래의 이병주가 읽을 책이다. 나림 선생의 표현이다. 그러니 슬퍼할 이유가 없다. 다만 일찍 떠나니 슬픈 일이다고 말한다. 독서 대가大家의 책에 대한 비련悲戀이다.

### 재산

어느 한 권 내 손으로 만져보지 않은 것은 없지만 아직도 읽지 못한 책이 적잖이 있다. 언젠가는 읽을 것이라고 모아둔 것이지만 시간이 없다. 읽지 못한 책을 쌓아두고 세상을 떠난다는 것도 슬픈 일이다. 「세우

## 2. 천명교육

천명 교육은 사람을 만나는 교육이다. 너무도 어렵기 때문에 종교에 귀의한다. 나림 선생은 자주 박희영 교수를 생각한다. 박희영 교수는 단편 「중량교」의 주인공 이다. 뛰어난 불문학자이다. 충실한 천주교 신자이다. 여러 작품에 나온다.

나림 선생이 1950년 말 부산 동아대에서 잠시 시간강사로 교편생활을 한다. 그때 만난 분이다. 나림 선생은 동아대가 종합대학으로 승격할 때, <국제신보사>에서 근무하면서 몇 학기 대학원 강의를 한다. 나림 선생과 박희영 교수는 이후 꾸준히 우정을 쌓는다. 두 분의 만남은 예술품이다. 선생은 이 만남을 작품에 남긴다.

> **박희영**
> "나도 가끔 생각하지. 기막힌 인간이었으니까."
> "나는 박 군의 재능, 또는 인간성에 중점을 두고 생각하는 건 아냐. 암에 걸렸다는 선고를 받고, 기적적으로 살아나선 그 후 박 군은 초상이 난 친구들 집을 찾아다니며 시체의 염을 도맡아 하다시피 했다는 얘기가 아닌가. 나는 이제사 그 까닭을 알 것 같아. 박 군은 죽음과 친하려고 한 거야. 죽음을 일상생활 속에 집어넣어 평범한 작업의 대상으로 만들어버리려고 했던 거다. 그의 독실한 가톨릭의 신앙으로서도 넘어설 수 없었던 죽음이란 사실을 그런 작업으로 마스터하려고 하는 의지가 없고서야 무슨 까닭으로 초상을 찾아다니며 염하는 일을 도왔겠는가 말이다. 뒤에사 들은 얘기지만 친구의 집이 아니라도 자기가 살고 있는 동네에 초상난 집이 있기만 하면 찾아다녔다는 얘기더라. 그런데 우리는 박 군이 기를 쓰며 죽음의 공포를 넘어서려고 애쓰고 있을 때 그의 심중을 조금이라도 이해해주었느냐 말이다." 「세우지 않은 비명」· 70-71면

天命之謂性, 率性之謂道, 修道之謂敎. 『中庸』 第一章

『중용中庸』제1장 천명天命은 성性이고, 성性은 만남이다. 성질性質은 성격性格이 되고 우정이 된다. 나림 선생과 박희영 교수와 만남은 품격品格을 갖추고, 작품에서 보석이 된다. 『중용中庸』의 제1장이 실천된다. 이 과정을 모두 배움敎이라고 말한다. 나림 선생 단편 「중랑교」에 이런 문장이 있다.

**만남**
중랑천에도 인생이 있고 중랑교에도 인생이 있다. 「중랑교」·101면

우리나라는 젊은이에게 만나는 공부를 진지하게 지도하지 않는다. 만나는 공부란 천명학天命學이다. 천명학은 사람관계학이다. 천명은 다른 사람과 인생 전반을 설계하는 계획이다.

그러나 우리는 오로지 승자를 위한 교육, 자기 존재만 부각하는 교육을 실시한다. 어떤 인간·작품이 나오겠는가. 이기적 인간이 만든 사회·가공한 정책 작품들은 대부분 야만이 흐르는 세상을 촉진한다. 서울 강남 출발 SRT 승차권 예매는 주말에 어렵다. 이유는 독자도 안다. 우리가 자주 목격하는 비인간 국가·비문화 국가·수도권 중심 국가운영이다.

천명이 무너진 장소는 한두 곳이 아니다. 국가기관·기업체·기획사·산업현장·교육현장·운동장·체육관 등이다.

우리는 2024년 2월 7일 0시 카타르 아흐마드 빈 알리 축구장에서 벌어진 참담한 사태를 경험한다. 천명을 잊어버린 축구단을 보면서 교육 문제를 근본적으로 생각한다. 위계질서를 좋아하지 않지만, 상호존중 문화가 없다. 나중에 언론보도를 보니 축구 4강 전날 선수단에서 심각한 충돌·갈등이 있었다고 한다.

여론이 분노한다. 후배가 선배를 찾아가 좋은 선수가 되겠다고 반성한다. 만남天命 소식이 언론에 보도된다. 뒤늦게 천명의 의미를 인식한 것이다. 천명의 사례이다.

교육$^{教育}$은 천명$^命$·만남$^教$·우정$^情$이 핵심이다. 인간은 혼자서 살 수 없다. 누군가의 도움으로 태어난다.$^{出生}$ 누군가의 사랑으로 성장한다.$^成$ $^長$ 누군가를 만나 가정과 가족을 이룬다.$^{發展}$ 모두 교육을 받은 대로 실천한다.$^{實踐}$ 교육은 인간이 되는 성업이다.$^{聖業}$ 어떤 사람을 만나서 배우고, 정을 나누고, 소통하고, 사랑을 배우는 인생 사업이다. 나림 선생이 말하는 제국의 건설이다.

그럼에도 코로나 이후 고독한 젊은이가 늘어나고, 고독사가 증가하고, 외롭게 생존 경쟁을 하는 사회문화가 심화한다. 제국을 건설하지 못하고 인생 공사판을 서성이다가 함몰하는 사회구조이다.

그럼에도 대한민국 교육은 잘못된 방향으로 간다. 대한민국 교육에 사랑이 없다. 대한민국 교육은 삶$^生$과 죽음$^死$뿐이다. 기회의 장소를 더 넓히고, 짧은 시일에 꼭대기로 올라가는 길을 줄이며, 조금 더 느리게 더 많은 사람이 행복하게, 모든 국토가 활기차게 만들어야 교육이 성과를 이룬 것이다. 지역 균형 발전이다. 나림 선생의 충언은 오늘날에도 경청할 만하다.

교육의 목표는 만남이다. 만남은 기회 제공이다. 만나는 교육을 제대로 못하면, 대가를 지불해야 한다. 형벌이다. 개인과 사회에 적용된다. 증오범죄$^{스토킹}$·이혼·보복·범죄로 나타난다. 지금 우리가 겪고 있는 사회이다. 중앙에 교육기관을 집중시키고, 서열화하는 사회구조는 왕조시대·식민지시대 교육정책과 다른 점이 없다. 모두 교육의 부재로 나타난 부작용이다. 교육은 '사다리 타는 시합'이 아니다. 나림 선생 문장을 읽어보자.

### 죄$^罪$와 벌$^罰$
인간$^{人間}$은 죄$^罪$와 벌$^罰$이다. 「용서합시다」·12면

## 3. 독서교육

나림 선생은 대<sup>*</sup>독서가이다. 수필집 「지적 생활의 즐거움」에서 필립 길버트 헤머튼 「지적 생활의 즐거움」과 지적 대결을 한다. 아마도 헤머튼이 나림 수필을 읽는다면 틀림없이 감탄할 것이다.

대한민국 헌법 개정 논의에 동서양 철학자를 모두 불러 토론하는 장면은 압권이다. 선생 특유의 필법이다. 에머튼이 선생의 토론 속기록을 본다면, 선생을 세계적인 대작가로 평가할 것이다.

나림 선생 수필과 해머튼 원작(김욱 편역, 「지적 생활의 즐거움」, 리수, 2015)을 함께 읽는다. 두 수필은 한 사람이 쓴 것 같은 느낌이다. 두 대가의 통찰력이 비슷하다.

나림 선생이 쓴 수필 「지적 생활의 즐거움」에서 몇 문장을 인용한다. 선생은 독서 교육의 중요성을 설파한다.

### 생활 보람
인간다운 생활의 보람은 지적 생활에서만이 가능한 것이다. 「지적 생활의 즐거움」·4면

### 독서 기쁨
책을 읽는 것이 지적 생활의 근본이라고 일단 전제해두기로 한다. 사실 내가 지적 생활의 기쁨에 관해 무언가를 쓸 수 있다고 하면 그건 독서의 기쁨밖에 없는 것이다. 「지적 생활의 즐거움」·5면

나림 선생은 외국어에 능통하다. 영어·일본어·불어 원서를 자유자재로 읽는다. 수필에 외국어 독서 시작 동기를 소개한다.

### 펄 벅 「어머니<sup>The Mother</sup>」
다음에 나의 지적 생활, 즉 독서의 기쁨을 적어 본다.
중학교 4학년 때가 아니었던가 한다.
서점에 들어가 영어책이 눈에 뜨이기에 그것을 집어 들었다. 펄 벅이

쓴 「어머니<sup>The Mother</sup>」라는 책이었다. 첫 장을 읽어 보니 수월하게 이해가 되었다. 그 책을 사 가지고 집으로 돌아와선 밤을 새워 다 읽어 버렸다. 몇 번인가 사전을 찾는 정도로 원서를 하룻밤 사이에 독파했다는 것은 한없는 기쁨이었다. 어둠 속에서 터널을 팠는데 어느 순간 그 터널이 관통되어 돌연 눈앞에 광활한 천지가 전개된 것 같은 느낌이었다.
「지적 생활의 즐거움」· 6면

나림 선생은 문학을 통해 인생을 통찰한다. 나림 문학은 인간학이며 인생학이다. 책을 통해 새로운 발견을 하며, 놀라고 감동한다고 고백한다. 독서의 이유를 아시는 분이다.

### 새로운 발견
문학에 대한 개안<sup>開眼</sup>이 인생에 대한 개안이 된 것이다. 아무튼 책을 읽을 때마다 새로운 발견이 있다는 것은 신선한 놀람이며 감격이 아닐 수 없었다. 「지적 생활의 즐거움」· 7면

이병주 수필선집(지식을만드는지식, 2017)에 「문학이란 무엇인가」(『문학을 위한 변명』, 바이북스, 2010, 95－106면)가 실려 있다. 11면으로 구성된 짧은 글인데 아주 훌륭한 수필이다. 나림 선생 문학관을 정통으로 일견<sup>一見</sup>할 수 있다. 글을 쓸 때 인용하고 암송하는 문장이다.

### 문학
"문학은 사상의 예술이다. 문학적 인식은 기록과 묘사를 통한 인식이다. 역사가는 성공자와 승리자에 중점을 두지만 문학은 좌절한 자, 패배한 자를 중시하는 것을 잊지 않는다. 역사가는 나폴레옹을 기록하지만 문학인은 장발장을 등장시키는 것이다. 최후의 승리자는 기록자에게 있다. 이것이 나의 신앙이며 신념이다." 「문학이란 무엇인가」· 95-106면

나림 선생의 독서 범위는 광대<sup>廣大</sup>하다. 「세우지 않은 비명」에서 소장서가 만권이라고 알려준다. 국립 경상대학교에 현재 기증되어 나림 문학 연구자를 애타게 기다리고 있다. 어떤 문학 단서를 찾게 될지 모

르지만, 한번 견학하여 책에 경의를 표할 생각이다. 혹시 책에서 귀한 메모를 발견하면, 진주$^{晉州 \cdot 眞珠}$로 이사할 생각도 있다. 진주는 나림 선생 영혼이 성장한 곳이다. 다산 정약용 선생 부친 정재원도 진주에서 목사$^{牧使 \cdot 정3품}$로 근무한다. 나림 선생은 다산 선생을 존경한다.

### 사상 원류

독서 범위는 경제학을 비롯하여 정치학, 사회학 등 사회 과학의 방향으로 확대됐다. 사상의 원류를 캐기 위해 한때 그리스 철학에 몰두하기도 했다. 「지적 생활의 즐거움」·8면

### 최량$^{最良}$ 유산

말하자면 책을 읽는 기쁨이란 한량이 없다. 책을 읽을 줄만 알면 우리는 인류가 5,000년 동안 만들어 놓은 유산 가운데의 최량$^{最良}$의 부분을 차지할 수가 있다. 지적 생활의 기쁨이란 최량의 유산을 차지한 자의 기쁨이다. 「지적 생활의 즐거움」·16면

나림 선생은 대학생에게 독서를 권장한다. 돌아보니 대학시절은 후회뿐이다. 선생 충고를 깊이 새겨 실천하지 못했기 때문이다. 나는 18살부터 대학에서 헌법을 배웠다. 어떻게 하겠는가? 살다보면 결국 독서로 돌아온다. 대학시절에 독서 습관을 확실히 가지면, 인생 전반이 즐겁고 유익하고 건강하다. 공짜·가짜·사기 유혹에 쉽게 넘어가지 않는다. 의도를 파악하기 때문이다. 선생의 충고에 공감한다.

### 내 충고에 귀를 기울이는 대학생이 있다면…

만일 내 충고에 귀를 기울이는 대학생이 있다면 나는 다음과 같이 말하고 싶다.

"대학 시절에 할 일도 많겠지만 만사 제쳐 놓고 책 읽는 버릇과 책 읽는 재미를 익혀 두도록 하라. 그렇게만 되면 이 세상에 태어난 최저한도의 보람은 찾은 셈이 된다. 잘만 하면 최대한의 보람이 될지도 모른다. 책을 읽는 재미만 익혀 두면 어떤 궁지에 빠지더라도 결정적으로 불행하게는 안 된다. 최악의 인간이 될 까닭도 없다. 동해로 고래 잡으

러 갈 때도 허먼 멜빌의 「모비 딕」을 읽고 있으면 고래 잡는 흥미와 재미는 세 배, 아니 서른 배나 더 될지 모른다.”「지적 생활의 즐거움」 · 16-17면

### 인생 경험

책을 통하기만 하면 나폴레옹의 일생을 겪을 수도 있고, 근엄한 철인哲人의 일생을 추체험할 수가 있고, 비련의 주인공이 될 수도 있으며, 승리한 인간으로서 화려할 수도 있다. 말하자면 갖가지의 인생을 복수적으로 살 수가 있다는 얘기다. 「지적 생활의 즐거움」 · 17-18면

### 지적 생활

지적인 생활이란 언제나 최고를 선택하는 생활이다. 사상의 최고, 행동의 최고, 취미의 최고. 불행의 시궁창 속에 빠져 있어도 인간의 위신을 지킬 줄 알고 보다 아름다운 것, 보다 착한 것을 지향할 줄 아는 생활을 뜻한다. 비록 철인이 될 수는 없어도 철학의 은총 속에 살고, 비록 예술가가 될 수는 없어도 예술의 향기 속에 살 수 있는 비리秘理가 지적 생활엔 있는 것이다. 「지적 생활의 즐거움」 · 19면

### 독서권학문讀書勸學文

시간이 있으면, 아니 시간을 애써 만들어 책을 펴라. 그리고 읽으라고 권할 뿐이다. 「지적 생활의 즐거움」 · 20면

나림 선생은 외국어를 평생 공부한다. 해머턴은 2개의 외국어를 권장한다. 나림 선생은 5개 외국어를 능통하게 구사한다. 영어 · 불어 · 일본어 · 중국어 · 한학 · 국어 · 훈민정음이다. 식민지 약소국가의 비애로 볼 수 있다. 외국어 공부에 평생을 소비하였으니까.

그러나 외국어는 사유의 폭을 넓히는데 두움이 된다. 완전히 다른 문화가 내 삶에 들어오기 때문이다. 언어 습득은 시간이 많이 걸린다. 외국어 공부 방법을 정확히 배우면, 매일 재미있게 공부할 수 있다. 전 세계 강의를 쉽게 들을 수 있다.

나림 선생은 언어에 특별한 재능이 있다. 대문호의 특징이다. 나림

선생 문장을 읽어보자.

**외국어**

"나의 59년은 철이 들고 이날까지 외국어를 배우고 익히는 데 소모되었다는 아쉬움이다." 「세우지 않은 비명」·58면

## 4. 정직교육

교육에서 핵심은 정직이다. 정직은 개인과 사회의 심장$^{心臟}$이다. 나림 선생은 「목격자$^{目擊者}$?」에서 절묘하게 이 문제를 다룬다. 초등학교 도난 사건이지만, 확장하면 사회·정치·재판 문제로 이어진다. 사회가 복잡하고 이해가 충돌할 때, 인간은 본능으로 거짓말을 한다. 그러나 허위$^{虛僞}$가 사람에게 쌓이면, 그 사람은 예술품이 될 수가 없다. 깨어진 그릇이다. 그만큼 정직교육이 중요하다.

한 사회를 거대한 예술품으로 보면, 그 예술품은 정직한 노력의 완성품이다. 정의를 향한 시민의 결정체이다. 시민 한 사람 한 사람이 함께 쌓아 올린 거대한 탑이다. 나림 선생 문장을 읽어보자.

**도벽**$^{盜癖}$

"교장선생님 도벽$^{盜癖}$이 있는 아이는 어떻게 하면 좋겠습니까."

"도벽?"

"그건 참으로 어려운 문젠데."

"그런 버릇은 철저하게 고쳐야죠. 그러나 아이들의 개성을 보아가면서 해야 합니다. 성격이 활달한 아이, 음울한 아이, 집이 부유한 아이, 가난한 아이, 각각 다를 테죠. 하여간 어려운 문젭니다." 「목격자$^{目擊者}$?」·365면

**어린이**

"누군진 모르는데 학급 안에 도벽이 있는 아이가 있다는 짐작이 들었을 땐 어떻게 합니까."

"섣불리 찾아내고 해선 안 됩니다. 다신 그런 일이 없도록 최선은 다 해야죠. 간접적으로 훈시도 해야겠지만 신경을 써야 합니다. 어린이를 다룬다는 건 인생의 가장 소중한 부분을 다루는 거니까요. 그러나 성선생은 그런 일에까지 마음을 쓸 필요는 없을 거요. 곧 동경으로 건너가야 할 테니까."「목격자目擊者?」· 365-366면

이제 누구나 잘 아는 사례를 하나 들어 보자. 2024년 5월 중순 사회 문제가 된 음주운전자 바꿔치기 사건이다.

A씨는 음주 상태에서 운전을 하다가 교통사고를 내고 아무런 조치 없이 현장을 벗어난다. 사건 열흘 만에 음주 사실을 인정한다. 누구나 순간 실수를 할 수 있다. 그러나 이후 사건 처리 결과는 참담하다.

경찰수사가 본격 진행된다. 개인으로 범위를 좁혀보자. 유명인이 대리운전을 하지 않은 이유가 의문이다. 운전 실수를 현장에서 시인하고, 사후 조치를 하지 않은 이유가 의문하다. A씨 사례는 우리 사회에서 정직 교육이 얼마나 중요한지 깊은 교훈을 준다. A씨는 돈으로 또 인맥으로 그리고 법으로 정직을 구입하려고 하였을까?

나림 선생은 「목격자目擊者?」(신동아, 1972)에서 정직正直문제를 깊이 다룬다. 50년 전 소설이다. 나림 선생은 정직한 한국인이 활기차게 움직이는 사회를 염원한다.

지금은 완전범죄가 없다. 잠시 상황을 속여도 진실을 영원히 속일 수 없다. 우리가 잘 아는 말이다. 장엄한 밤夜과 CCTV·목격자는 모든 사실을 기억한다. 시간은 정확한 기억이다. 인생은 정직正直에서 출발한다. A씨가 부르는 소리聲도 마찬가지다. 정직이 없으면 아무런 감동이 없다.

### 정직교육 · 가정교육 · 체벌교육
"참, 우리 집 아이놈 어떻습니까."
유정은 가슴이 철석 하는 걸 느꼈다. 윤기수가 말을 이었다.
"어떤 일이 있어도 정직해야 한다고 나는 가정교육을 그렇게 시키고

있지요. 만일 잘못하는 일이 있거든 사정없이 두들겨주시오. 교육엔 매
질이 제일입니다. 선생님이 못 하시겠거든 내게 일러주시오. 다리뼈를
분질러 놓든지 대가리를 묵사발로 만들든지 할 테니까.”「목격자目擊者?」·
367면

가정에서 체벌교육도 문제가 많다. 사랑으로 이해할 수 있지만, 감
정이 들면 짐승의 공격과 같다. 피해자는 그렇게 느낀다. 가정체벌과
학교체벌은 좋은 교육방법이 아니다. 나림 선생은 이 문제를 이렇게
표현한다. 체벌교육의 상처로 읽는다.

**아버지**
“헌데 자네 아버지는 지금도 건재하신가?”
“벌써 죽었습니다. 빨리 죽어버린 덕분에 겨우 면목을 세운 그런 인
간이었죠.”
“아버지에 대해 그런 말을 하면 쓰나!”
“하여간 선생님의 깊은 배려를 고맙게 생각합니다.”
“이제 그런 말은 그만하지. 설혹 그런 일이 있었다손 치더라도 지나
간 일이고, 지금 자네는 이처럼 훌륭하게 돼 있지 않나.”「목격자目擊
者?」·371면

나림 선생은 「목격자目擊者?」에서 일인 교사의 교육방법을 소개한다.
공포교육 장면이다. 우리는 학창시절 동료학생이 학교체벌을 받는 장
면을 기억한다. 얼굴을 맞으면서 교실 앞에서 뒤까지 밀려간다. 목격
한 장면이다. 체벌 원인은 뚜렷하게 기억이 없다. 그날 교사폭력이 교
육으로 위장한다. 나림 선생은 공개된 체벌에서 비공개 체벌로 소설을
쓴다. 나림 선생 문장을 읽어보자.

**낫**
교장은 낫을 윤군수의 목에 걸었다.
윤군수는 겁에 질려 “교장선생님 살려주십시오. 다신 그런 짓을 안
하겠습니다” 하고 빌었다. 교장은 “어떻게 네 말을 믿겠느냐”고 따졌다.

"무어든 시키는 대로 하겠습니다." 했더니, "새끼손가락을 입으로 깨물어 피를 내라, 그걸 가지고 이 손수건 위에 다시는 그런 짓 안 하겠다고 쓰라"고 명령했다. 「목격자<sup>目擊者</sup>?」·372면

### 혈서

차가운 칼날이 목덜미를 걸고 있었다. 교장은 손수건을 군수 앞에 놓고 왼손으로 회중전등을 켰다. 군수가 망설이자 낮의 칼날이 목덜미의 피부에 파고들었다. 군수는 저도 모르게 새끼손가락을 깨물었다. 그리고 그 피로써 혈서를 썼다. "다시는 안 하겠습니다"하고 교장이 부르는 대로 썼다. 교장은 창고 문을 열어 젖혀놓곤 주머니 속에 준비해 놓았던 약을 군수의 손가락에 바르고 붕대로 감았다. 그리고는 전학서류를 주며 나직이 "가거라" 하더라는 것이다.

"그래서 선생님이 알고 계셨고 교장에게 보고했다는 사실을 안겁니다." 「목격자<sup>目擊者</sup>?」·372면

### 정직

"그런데 말입니다. 선생님이 만년필을 도난당하신 일이 있었죠?"

"선생님은 잊으셨는지 모르지만 전 생생하게 기억하고 있습니다. 헌데 딴짓은 모두 제가 한 것입니다만 선생님의 만년필만은 제가 훔치질 않았습니다."

"그까짓 별로 문제 할 건 없지 않냐. 그런 버릇을 극복하고 오늘처럼 자네가"

했지만 '훌륭한 사람으로'란 말을 이어댈 수 없었다. 「목격자<sup>目擊者</sup>?」·373면

윤군수는 노력을 통해 도벽을 끊는다. 그러나 스스로 정직을 매일 교육하지 않는다. 정직은 일회성 학습이 아니다. 정직은 습득하여 생활에서 실천해야 한다. 인간 존엄의 초서이기 때문이다.

나림 선생 문장이다. 정직한 사람이 훌륭한 사람이다. 훌륭한 사람은 정직하다. 자신<sup>明德</sup>·일<sup>業</sup>·사람 관계<sup>新民·親民</sup>에서 언제나 정직<sup>正直</sup>하다. 그 정직은 사회에서 공공선<sup>公共善</sup>을 이룬다. 「대학<sup>大學</sup>」경 제1장 제1절 첫 문장이다. 나림 선생은 동양 고전에 해박하신 분이다.

"선생님이야말로 저의 은사입니다. 선생님처럼 제 일생에 큰 영향을 주신 분은 없습니다."

하며 아까 성유정씨에게 내놓은 명함을 다시 한 장 꺼내 부인 앞에 놓았다.

"미국에 오시면 꼭 찾아주셔야 합니다."

그동안 그는 미국에서 사는 자랑, 자기의 지위 자랑, 마누라 자랑, 아이들 자랑을 유정씨의 부인을 상대로 실컷 늘어놓았던 것이나.

윤군수가 떠난 뒤 성유정씨는 벌렁 소파 위에 드러누워 버렸다.

피로가 전신을 덮쳤다. 「목격자目擊者?」·373-374면

나림 선생 문장을 읽으면서 나를 돌아본다. 나림 문학을 읽는 이유이다. 귀국 후 젊은 시절 내 모습을 보며 괴로운 밤 시간을 보낸다. "태양에 바래면 역사가 되고 월광에 물들면 신화가 된다." 나림 선생 문장을 회상하며 깍두기 학자를 추모한다.

### 학자

고국故國의 학회가 초빙할 정도로 학문을 닦은 학자가 기껏 그런 꼬락서니라면 그 학문이란 도대체 뭣일까 생각을 하니 기분이 씁쓸했다. 성유정씨는 문득 윤군수의 이지러진 새끼손가락 끝을 눈앞에 그렸다. 「목격자目擊者?」·374면

## 5. 소통교육

나림 선생 교육철학이다. 귀여움貴·사랑愛·침묵回·존중尊·소통疏通이다. 평생 배우고 실천해야 할 덕목德目이다. 한자 덕德이란 지智와 신信이다. 상대방을 정확히 알고智 믿고 기다린다信는 뜻이다. 이것이 소통교육이다.

소통교육은 지금 우리나라 학교 현장과 교육 현장에서 필요하다.

지도자와 선생님이 갖추어야 할 기본자세이다. 모든 분야에 해당한다. 소통 교육이 안 되면, 교육을 받았다고 말할 수 없다. 나림 선생 문장을 읽어보자.

### 귀여움

"가르치기에 앞서 먼저 귀엽게 만들어야 한다"고 말은 하지 않았지만, 이것이 세끼교장의 신념인 것 같았다. 「목격자目擊者?」·358면

### 사랑

"아이들은 잘 가르치기 위한 요령 같은 것은 없을까요."

하고 물었을 때 세끼교장의 답은 다음과 같았다.

"아이들을 사랑하면 됩니다. 무조건 사랑해야 합니다. 선생님에게 정이 들면 선생님 말씀을 잘 듣게 되니까요. 학과의 진도 같은덴 마음을 쓰지 말고 아이들과 친해지도록 하시오." 「목격자目擊者?」·358면

### 침묵

"변명의 여지가 없을 정도로 결정적인 나쁜 짓을 한 아이는 당분간 가만두어야 합니다. 변명의 여지가 없으니까 그 아이는 면목을 잃게 되어 선생님을 멀리하려고 합니다."

착한 사람으로 크느냐 나쁜 사람으로 크느냐가 문젭니다.

나쁜 아이도 계속 교육을 받을 기회를 가지면 착한 어른이 됩니다. 「목격자目擊者?」·361면

### 존중

"가정방문이란 게 교육상 꼭 필요한 겁니까."

"누구에게나 필요한 건 아니겠죠."

"부모가 없거나 편친片親이거나, 가난하거나 병이 있는 아이, 대강 그런 아이에겐 필요하다고 봐요."

"자기를 소중히 생각해주는 사람이 이 세상에 있다는 걸 아는 것만 해도 좋은 일이 아닐까 해서죠."

"지금 찾아가는 아이는 할머니와 형과 셋이서 살고 있는데 그 형은 이웃 마을에서 머슴살일 하고 있다는 얘깁니다."

쓰러질 듯한 초가집이 산비탈에 엉겨 붙어 있었다.

여월대로 여윈, 앙상하게 뼈가 드러나고 듬성듬성 긴 털이 볼품이 없는 돼지였다. 「목격자目擊者?」 · 362면

### 달과 별

"달은 신비합니다."

"신비하다? 어려운 말을 아는구나. 그렇지, 달은 신비하다. 달뿐이 아니라 하늘도 땅도 산도 들도 우리 사람도 모두 신비하지."

"사, 서 하늘의 별을 봐. 깜박거리고 있지." 「목격자目擊者?」 · 365면

2024년 2월 7일 아시안컵 축구 4강전을 돌아보자. 한국은 졸전을 하다 요르단에 0대 2로 패한다. 소통 교육이 무너진 후 겪은 전형적인 사례이다.

그날 저녁 선수단은 귀여움貴 · 사랑愛 · 침묵回 · 존중尊 · 소통疏通을 잊는다.

국민 환호 · 선수단 기쁨 · 개인 업적 · 청소년 성공 사례 배움……. 수많은 기회가 그날 저녁 사건으로 사라진다. 선수단은 모든 것을 잃는다. 후폭풍은 거칠다. 개인 · 조직 · 사회가 홍역을 앓는다. 우리의 체험이다.

「대학大學」 경 제1장 제1절은 신민新民 · 친민親民이라고 말한다.

## 6. 문학교육

나림 문학은 소설 88권 · 수필 40권 작품 전체가 '인간학 전집人間學全集'이다. 나림 작품을 읽으면 인간학과 인생철학을 알 수 있다. 나림 선생 문장을 읽어보자.

### 인생人生

일장춘몽一場春夢이라더니. 그 말이 옳은 것 같아요. 인생은 꿈이지요. 꿈. 「비창悲愴」 · 184면

### 영원<sup>永遠</sup>

사람은 간 곳 없고 길만 남았다. 「비창<sup>悲愴</sup>」·56면

### 문학<sup>文學</sup>과 인간학<sup>人間學</sup>

문학은 사랑을 배우기 위한 인간의 노력이다. 「악녀<sup>惡女</sup>를 위하여」·서문

### 문학의 성<sup>城</sup>

"이 사람아, 슬픔을 어떻게 졸업하노, 잊고 있을 뿐이지."

"자네가 할 일은 아직 태산같이 남았어. 이때까지도 좋은 작품을 안 쓴 건 아니지만 자네의 라이프 워크는 장래가 있어. 아직 나타나지 않았어. 그리고 나는 자네가 가슴속에 소장하고 있는 그 많은 문제를 알고 있거든. 그게 하나하나의 작품이 되어 나오면 빛나는 문학의 성城이 될 거야." 「세우지 않은 비명」·68면

김종회 교수는 「문학의 매혹, 소설적 인간학」 이병주를 위한 변명(바이북스, 2017)에서 "이병주 문학은 인생에 대한 지혜와 경륜이 잠복해 있다"고 표현한다.

### 한국문학에서 흙 속에 숨은 옥석

이병주는 우리 인생사에서 문학이 어떻게 '매혹'이 될 수 있는가를 깊이 깨달은 작가다. 정치·경제·사회·문화의 여러 절목 가운데서 문학은 언제나 소수자의 자리를 지킨다. 이병주는 인간사 인생사의 문맥을 기민하게 인식했고, 시대적 삶의 진실은 오직 문학적 담론을 통해 구명할 수 있다고 믿었다. <중략> "역사는 산맥을 기록하고 나의 문학은 골짜기를 기록한다." 그는 문<sup>文</sup>·사<sup>史</sup>·철<sup>哲</sup>에 두루 능숙했다. 현역 시절에 가장 많이 읽힌 작가였다. 그의 문학에는 인생에 대한 지혜와 경륜이 잠복해 있다. 그처럼 소중한 작가 이병주를, 한국문학은 오랫동안 잊고 지내왔다. 작가의식의 심층을 도출할 수 있는 휴머니즘의 세계관은 한국문학에서 흙 속에 숨은 옥석 같은 것이다. 김종회, 「문학의 매혹, 소설적 인간학」·4면

나림 작품은 '역사·인간·사랑'을 관통한다. '시대정신·죄와 벌·

배려·용서'를 통찰한다. 조용히 눈물 흘리게 만들고, 행복하게 만들고, 배려하게 만들고, 용서하게 만들고, 가슴에 파묻히게 만든다. 독자가 원하는 장면이다.

나림 선생은 문학과 인간학을 정확히 알고 있다. 인간학이란 죄와 벌·슬픔·행복·의지·천명을 배우는 학문이다. 나림 문학은 동서양을 횡단한다. 작품 무대가 세계이다. 문장에 힘이 있고 인생철학이 있고 간결하다. 그리고 사랑이 있다. 김종회 교수의 표현이다.

### 나림那林

나림은 우리 시대의 정신적 대부이다. 김종회, 「문학의 매혹, 소설적 인간학」·125면

김종회 교수는 「서사성의 복원과 이병주 문학의 재발견」 '왜 지금 여기서 다시 이병주인가'라는 논단에서 이렇게 설명한다.

### 나림 이병주 문학

이병주는 우리 인생사에 있어서 문학이 어떻게 '매혹'이 될 수 있는가를 깊이 깨달았던 작가다. 정치·경제·사회·문화의 여러 절목 가운데서 언제나 약자요 소수자의 자리를 지키고 있는 것이 문학이다. 그러나 문학은 외형적인 한정성을 넘어서 인간의 정신과 영혼의 문제를 다룬다. 유다른 소득이나 풍요로운 내일을 약속하지 않는데도 많은 사람이 문학의 편에 손을 드는 이유다. 이병주는 이 인간사 인생사의 문맥을 기민하게 인식했고, 시대적 삶의 진실은 오직 문학적 담화를 통해 구명할 수 있다고 믿었다. 김종회, 「문학의 매혹, 소설적 인간학」·4면

나림 선생은 수필 「문학이란 무엇인가」(「이병주 수필선집」, 지식을만드는지식, 2017)에서 문학관을 밝힌다. 문학은 예술이고, 철학과 다르며, 역사와 차이가 있다. 문학적 인식은 여섯 가지가 있다. 나림 선생 문장을 읽어보자.

### 예술과 문학

언어를 수단으로 하는 문학은 필경 사상의 예술일 수밖에 없다. 그런데 사상의 예술이라고 할 때, 그 사상이란 작품 속에 담긴 사상의 내용만을 가리키는 것이 아니고, 그 전달의 방식까지 포함해서 말하는 것이다. <중략>

언어의 징표로써 제시되는 문학은 선명하진 못하지만 읽는 사람의 협동을 얻어 무궁무진한 이미지로 전개되기도 하여 갖가지 사상의 파도를 일게 한다. <중략>

문학에 있어서의 사상은 그보다 넓고 깊고 절실해야만 한다. 문학은 필요하다면 경화된 이데올로기의 경화된 소이所以 · 까닭를 밝혀내어야 한다. 「문학이란 무엇인가」 · 95-96면

### 문학적 인식

문학적 인식이란 무엇인가?

첫째 사랑에 대한 인식이다.

둘째 심성의 징서에 의한 인식이다. 바꿔 말해 심성의 논리에 대한 인식이다.

셋째 진리의 탐구만을 유일 지상의 목적으로 하는 인식이다.

넷째 필연적으로 인간의 행복을 주축으로 한 비판적인 인식일 수밖에 없다. 정치 비판 · 경제 비판 · 과학 비판 · 일반 문화 비판 · 도덕 비판 · 풍속 비판 등, 무릇 인간에 관계되는 제반사로서 문학의 비판에 면책권을 가진 것이라곤 없다. 그리고 이 비판은 이론적일 뿐만 아니라 감상적이어야 하고, 본직적일 뿐만 아니라 묘사적이어야 하고, 전문적일 뿐만 아니라 통상적이어야 한다. 문학의 사명이 설득력이 있기 때문이다.

다섯째 극적인 인식이다.

마지막으로 기록과 묘사를 통한 인식이다. 문학인은 만인이 느끼고 있으면서도 정착시키지 못한 것을 기록과 묘사로써 정착시키는 기능으로서 성립하는 것이다. 수발秀拔한 감각적 발견, 탁월한 이론적 발상이 있어도 적절한 표현을 얻지 못하면 그것은 문학일 수 없다. 보다도 문학일 수 없는 수발한 감각적 발견, 탁월한 이론적 발상은 아예 존재하지 않는 것으로 치는 것이 문학인의 신념이라고 할 수 있다. 「문학이란

### 철학과 문학

철학은 문학이어야 하고, 문학은 철학이어야 한다는 당위적인 발언이 성립되지 못할 바는 아니지만, 그 외연과 내포가 완전 일치를 볼 수는 없다.

철학의 목적은 진리의 정립, 가치의 정립, 권위의 정립에 있다. 문학은 이와 같은 철학의 지향에 일단 경의를 표하기도 하고, 그 성과를 섭취하기도 한다. 그러면서도 문학은 이와 같은 지향에 회의를 표명한다. <중략>

세계관으로서의 철학은 파산했다는 것이 현대 철학자들의 통념이다. 철학은 지금도 군웅할거群雄割據의 상황에 있다. 철학이 각각 어떤 지도 원리를 내세우긴 하지만 그것이 현실을 감당하지 못하고 있는 실정이다. <중략>

어떤 작가는 큰 그물로, 어느 작가는 작은 그물을 쳐서 진실의 편편을 건져 올리려는 것이다. 인류의 슬픔을 말하는 대신 어버이를 잃은 소녀의 눈물에 착목着目하고, 여성 일반을 논하기에 앞서 미망인의 고독을 드라마틱하게 묘사하는 등의 작업으로 된다. 「문학이란 무엇인가」· 102-103면

### 역사적 인식과 문학적 인식

역사는 결과에 중점을 두는데 반하여 문학은 과정에 중점을 둔다는 점이다.

역사가는 정치가를 그 치적으로써 평가하고 기록한다. 문학인은 그 동기로써 정치가를 평가하는 것을 잊지 못한다. 역사가는 성공자와 승리자에게 중점을 두지만 문학은 좌절한 자, 패배한 자를 중시하는 것을 잊지 않는다. 역사가는 나폴레옹을 기록하지만 문학인은 장발장을 등장시키는 것이다.

이와 같이 나는 믿기 때문에 내 자신을 문학인으로서 자처할 수 있는 사실에 커다란 자랑을 느낀다. 동시에 이 자랑이 자랑일 수 있자면 이상과 같은 문학적 인식을 보다 철저하게 해야 한다는 자각 또한 잊지 않는다. 최후의 승리자는 기록자에게 있다. 이것이 나의 신앙이며 신념

이다.

이 신앙과 신념이야 말로, 그로 인해 결연·순절殉節·충절죽음 할 만한
신앙이고 신념이 아닌가. 「문학이란 무엇인가」·105-106면

나림 선생은 장편 「비창悲愴」(매일신문, 1983)에서 역사철학을 정확하
게 정의한다. 문·사·철이 통합된 통찰력이다. 나림 선생 문장을 읽
어보자.

**섭리攝理**

역사란 신뢰할 수 있는가 없는가? ＜중략＞

현실에선 패배했지만 역사의 마당에선 승리자가 될 것이라고 믿고
혹은 생명을 버리기도 하고 옥고를 감수하기도 했을 것인데 그런 기대
대로 역사가 움직이는가, 아니면 우연의 연속으로 끝장이 나는가, 그것
을 알고자 하는 게 역사철학입니다. 「비창悲愴」·175면

**희구希求**

착하고 가난하게 살아 보겠다고 맹세했다.

명국희는 구로공단의 공장의 직공을 선택했다. ＜중략＞

회장은 국희에게 자기의 베개 밑을 살피라고 했다. 거기서 봉투가 나
왔다.

"미스 명, 그걸 가져."

"이게 뭡니까?"

"열어 보면 알거다. 그러나 나중에 열어 보도록 해라. 빨리 호주머니
에 넣어."

시키는 대로 국희는 그 봉투를 품속에 넣었다. 그때 회장의 말이 있
었다.

"내 마음만 갖아선 내 재산 전부를 너에게 주고 싶지만 세상이 시끄
러울 테니 그럴 수도 없구나. 돈만으론 행복할 수 없다는 걸 이제야 알
았다만, 너는 그 돈으로 행복하게 살아라."

이것이 회장으로부터 국희가 들은 마지막 말이었다. 회장은 입을 다
문 채 하룻밤을 지내고 그 이튿날 아침 숨을 거두었다. 「비창悲愴」·128면

나림 소설은 대중음악에 상당한 영향을 미친다. 나림 문장이 노래 가사 중에 많이 나온다. 여기에 관한 깊은 연구는 아직 없다. 재미있게 몇 개만 소개한다.

**나훈아 〈울긴 왜 울어 · 1982〉· 울긴 왜 울어**

"철 안든 아이도 아니고 울긴 왜 울어? 「운명의 덫」(별과 꽃들의 향연, 영남일보, 1979) · 260면

**김수희 〈애모 · 1990〉· 얼굴을 가슴에 묻고**

국희가 속삭였다. 구인상이 잠자코 얼굴을 국희의 가슴팍에 묻었다. 명국희는 구인상의 헝클러진 머리를 쓰다듬었다. 「비창悲愴」(매일신문, 1983) · 99면

**최백호 〈낭만에 대하여 · 1995〉· 청춘에 미련이야 있겠냐마는**

그러나 이 모든 생각보다도 양 사장은 윤숙의 환심을 사고 싶었다. 사업을 하느라고 소비해 버린 청춘의 아쉬움 같은 것을 윤숙을 통해 느꼈다. 「허상虛像과 장미 1」(경향신문, 1970) · 105면

**장윤정 〈콩깍지 · 2005〉· 이러쿵저러쿵 간섭하지마**

나는 당신관 타인이에요. 남의 일에 이러쿵저러쿵 간섭하지 말아요. 「허상虛像과 장미 2」(경향신문, 1970) · 283면

## 7. 법학교육

나림 선생은 법학교육에 관해 명쾌하게 답변한다. 선생은 철학·문학·역사·사회학·경제학 등 기초학문을 공부하지 않고, 법률 책을 읽어서는 안 된다고 역설한다. 이 분야는 모두 법률과 밀접하게 연결되어 있다.

예를 들면 건축을 모르는 사람이 건축법을 제정할 수 없다. 또한 생명공학·생명윤리를 모르는 사람이 생명윤리법을 정확히 해석할 수 없다. 의료를 모르는 사람이 의료법을 제정하거나 또는 법률해석을 할

수가 없다.

나림 선생은 1981년에 이미 우리나라 법과대학 교과과정을 신랄하
게 비판한다. 그 여파가 지금 우리 사회에 다양하게 나타난다. 하나는
정치권이고, 다른 하나는 로스쿨이다. 정치권은 법조인 시대이고, 로
스쿨은 기초과목 수강생이 거의 없다(법률신문, 2023년 5월).

우리 법학교육은 야심가野心家와 기술자技術者를 양성한다. 법학교육을
잘못하면 사회정의를 잃는다. 법학도가 만드는 세상을 보고 많은 시민
이 한탄한다. 각종 여론조사가 대변한다. 나림 선생 문장을 읽어보자.

### 학문

"궤변? 천만의 말씀. 법률을 학문적으로 연구하려면 먼저 철학을 해
야 해. 문학을 해야 하고, 경제학도 해야 하고, 역사를 철학적으로 연구
해야 하고……." 「거년去年의 곡曲 – 잃어버린 청춘의 노래」·35면

### 한국 법학 공부

"전기電氣, 전신電信에 관한 깊은 원리를 몰라도 전선을 가설하고 전화
기를 고칠 수 있지? 우리는 그런 전기 수리공처럼 법률을 배우고 있는
거야. 겨우 문자를 해독할 수 있을까 말까 한 브레인으로 법률을 다루
고 있는 거야." 「거년去年의 곡曲 – 잃어버린 청춘의 노래」·35면

### 영국 법학 공부

"영국의 옥스퍼드나 케임브리지에선 법과대학생 시절엔 법률에 관한
강의를 받지 못할 뿐 아니라 절대로 법률에 관한 책도 읽히지 않는데."

"그럼 그동안엔 뭣을 공부해?"

"철학, 문학, 역사, 사회학, 경제학……"

"법률은 언제 공부하나?"

"대학원에 가서, 또는 전문적인 연수원에 가서, 요컨대 인생과 사회
와 역사에 관한 깊은 견식 없이 법률의 조문부터 배운다는 건, 전기 수
리공이 전선을 가설하고, 전기 기계를 고치는 것을 배우는 거나 마찬가
지다 이 말이야." 「거년去年의 곡曲 – 잃어버린 청춘의 노래」·36면

### 출세주의

"그래도 나는 학문으로서 법률을 공부하고 있는걸."

"판사, 검사가 되려고 하는 건 아니구?"

"판사나 검사가 되면 또 어때?"

"그러니까 그 출세주의, 더욱이 여자의 출세주의를 견딜 수 없단 말이다." 「거년<sup>去年</sup>의 곡<sup>曲</sup> – 잃어버린 청춘의 노래」· 36면

### 악취

"당신은 남의 출세주의는 그처럼 혐오하면서 당신의 출세주의는 어떻게 처리하고 있죠?"

"남자에겐 능력에 알맞은 직업이 있어야 해. 이왕에 택하려면 출세길이 환한 직업이 좋지 않겠어?"

"뭣 때문에 여자가 하필이면 법관이라고 하는 생산성이란 조금도 없는 불모의 직업을 택하려고 하느냐 이 말야. 그러니까 더욱 그 출세주의가 악취를 풍긴다. 이 말야." 「거년<sup>去年</sup>의 곡<sup>曲</sup> – 잃어버린 청춘의 노래」· 37면

### 남자독선금지법男子獨善禁止法

"당신과는 더 얘기 않겠어. 그런 독선은 절대로 용납하지 못해. 당신 같은 남자가 있으니까 나는 기어이 판사나 검사를 해야 하겠어. 국회의원이라도 되어 갖고 남자독선금지법<sup>男子獨善禁止法</sup>을 만들어야 하겠어. 당신은 저 길로 가요." 「거년<sup>去年</sup>의 곡<sup>曲</sup> – 잃어버린 청춘의 노래」· 37면

### 혁명가와 입신출세자

이상형이 이런 말을 했다.

"사실을 말하면 난 혁명가가 되고 싶은 거라. 그런데 어머니의 소원이 내가 판사나 검사가 되었으면 하는 거야. 우리 아버지는 내가 여섯 살 때 죽었어. 어머닌 나를 키우면서 무척 고생했지. 어머니의 소원을 무시할 수가 없잖아. 부득이 나는 입신 출세주의자가 된 거야." 「거년<sup>去年</sup>의 곡<sup>曲</sup> – 잃어버린 청춘의 노래」· 38면

2009년 3월부터 법학전문대학원<sup>로스쿨</sup> 교육체계로 재편된다. 대한민국 법학교육에 혁명이 일어난다. 사법시험<sup>考試</sup> 대학교에서 법조인 양성

*法學敎育* 전문대학원으로 이름이 바뀌었다. 그러나 교육방식과 시험문제는 옛날과 비슷하다. 선택형 40문제·사례형 2문·기록형 1문이다.

중앙중심 사고에 몰입된 학생들은 매년 학업을 중단하고 지방에서 수도권으로 이동한다.

법무부는 합격률 발표를 응시자 대비 합격률로 발표한다. 언론은 합격률 순위로 법조인 양성 전문대학원을 평가한다. 전국 순위를 정한다.

합격률이 저조한 로스쿨을 더 지원하는 일이 상식이다. 지역 법학전문대학원에 법원·검찰·변호사협회가 있다. 기초가 부족하면 기초교육을 강화하고, 실무가 부족하면 실무교육을 강화한다. 이들 기관이 조금만 지원하면 가능하다. 그런데 관심이 없다.

대형 법률회사<sup>로펌</sup>도 법학교육 정상화를 위해 노력해야 한다. 신입사원<sup>초임변호사</sup>을 균형 있게 선발한다. 특성화 교육이 된 미래 법조인을 양성한다. 학교는 법조인 기본 소양과 기본법률 지식을 제공한다. 3년을 배워 법학 전반을 알 수가 없다. 대형 법률회사의 역할이 분명히 있다.

나림 선생은 법학교육 방향을 출세 지향에서 분리를 시도한다.

전기·전신에 관한 깊은 원리를 모르면, 전기수리공이다. 법학전문대학원과 법과대학 교수에게 주는 말씀이다.

나림 선생은 「거년<sup>去年</sup>의 곡<sup>曲</sup> – 잃어버린 청춘의 노래」에서 법률가 양성 문제를 정면으로 다룬다. 올바른 법학교육을 위한 교육혁명 소설이다.

# Ⅶ. 결론 - 인간학

『밤은 깊었다』를 마무리 할 시점이다. 필사문학은 시간과 집중을 요구한다. 소설을 정확히 읽고 내가 감동한 문장을 찾는다. 소제목을 붙여가면서 소설을 완상玩賞한다. 내가 찾은 문장을 3분 연설용으로 더 줄인다. 법학 분야 전문성을 살려 해설한다. 이 독서방법은 단순 서평 차원을 넘는다.

나림 선생은 말한다. 세계는 무서운 것이다. 사는 곳도 사람도 무섭다. 젊은이는 이 세계를 정확히 인식해야 한다. 그렇지 않으면 비참한 희생자가 된다. 항상 조심하여 하루를 살아야 한다.

인간은 더러운 강물이다. 좋은 사람도 있다. 그러나 극소수다. 이해관계가 있으면 잔인하다. 주변을 보면 안다. 젊은이는 인간의 본성을 정확히 알아야 한다. 그렇지 않으면 항상 비참한 노예가 된다. 좋은 사람은 인격·인품·자유·의지를 갖춘다. 생명과 죽음을 존엄하게 받아들인다.

인생관은 100년의 삶을 경영하는 인생설계도이다. 인생관이 없으면 언젠가 함몰한다. 젊은 시절이 되든 중년이 되든 노년이 되든 한번은 어려움에 직면한다. 젊은이는 인생설계를 잘 해야 성공한다. 책을 읽고, 좋은 강연을 듣고, 전문성을 높여야 한다. 인간이 되는 일이 기본이다. 내가 새긴 나림 선생 「인간학」이다. 9가지를 조언한다. 사람을 존중한다. 정직하게 산다. 성실하게 산다. 연민을 갖는다. 용서한다. 배려한다. 최선을 다한다. 적을 만들지 않는다. 공존한다.

인생人生은 지知와 무지無知 사이의 방황彷徨이다. 나림 문학에서 「인간학人間學」을 조망해 보라. 나림 선생이 제시한 인생철학을 탐구해 보라. 인생길에 큰 도움이 된다.

나림 문학은 소설 88권·수필 40권 작품 전체가 '인간학 전집'<sup>人間學</sup>全集이다. 나림 선생은 인간학을 통찰한 작가이다. 인간학을 집대성한 '불세출'의 작가이다. 나림 선생은 젊은이에게 이런 질문을 한다. 어떻게 죽을 것인가. 죽음의 문제가 인간학의 출발점이다. 「대학<sup>大學</sup>」에서 지지<sup>知止</sup>이다. 소설 「허상<sup>虛像</sup>과 장미」(경향신문, 1970)에 조언이 있다. 죽음을 각오하고 사람과 목표에 헌신하라. 나는 간절함으로 읽는다. 나림 선생 문장을 읽어보자.

**헌신**<sup>獻身</sup>
나는 이 여자를 위해 죽을 수밖에 없다. 「허상<sup>虛像</sup>과 장미 2」·231면

나림 선생은 죽음<sup>尊嚴</sup>에서 생명<sup>尊嚴</sup>까지 희로애락<sup>喜怒哀樂</sup> 인생설계도를 제시한다. 작품을 읽으면서 내가 정리한 내용이다. 8개의 중심어로 명문장을 찾아 현재성을 해설한다.

죽음과 죽음학<sup>尊</sup>·철학과 지혜학<sup>哲</sup>·슬픔과 반성학<sup>哀</sup>·사랑과 행복학<sup>愛</sup>·시련과 성장학<sup>痛</sup>·용서과 소통학<sup>恕</sup>·문학과 갈등학<sup>生</sup>·예술과 인간학<sup>人</sup>이다. 각박한 세상을 살아가는 지혜이다.

인간학이란 사람마다 답변이 다르다. 세계관·인간관·인생관이 다르기 때문이다. 내가 정리한 인간학이다. 죄와 벌·슬픔·사랑·행복·시련·의지·용서·천명을 배우는 학문이다.

나림 문학은 동서양을 횡단한다. 작품 무대가 세계이다. 문장에 힘이 있고 철학이 있고 간결하다. 사랑이 있다. 김종회 교수의 표현이다. "나림은 우리 시대의 정신적 대부이다." 「나림 이병주의 법사상·교육사상」을 종합하면 인간학이다.


## 1. 죽음과 죽음학

죽음은 인간학의 출발점이다. 삶과 죽음은 하나이다. 촛불이 꺼져도

초와 주변은 그대로 있다. 죽음은 영혼과 육신의 분리이다. 내 영혼은 다음 생을 위해 이동한다. 누군가 다시 내 초에 불을 켠다. 나림 선생 문장을 읽어보자.

### 죽음
언제부터인가 죽음은 신비의 베일을 벗고 일상사가 되었다. 드디어 우리는 죽음과 동거하고 있다. 살아간다는 것은 죽어간다는 의미의 표현일 뿐이다. 「세우지 않은 비명」·12-13면

### 영혼의 비상
흐린 하늘을 향해 날아오른 비행기 속에 내가 있었다. 문득 영혼의 비상이란 관념을 얻었다. 사람이 죽으면 영혼은 허공 위로 날아가고 육체는 흙 속에 묻힌다는……. 「세우지 않은 비명」·80면

## 2. 철학과 지혜학

철학은 인간학의 도약점이다. 철학은 지혜를 배우는 학문이다. 책을 통해 지혜를 얻고 자기와 대화한다. 자기 삶과 자기 일을 한번이라도 고민한 사람은 철학자이다. 독서가 철학이다. 독서가는 철학자이다. 작품 속 좋은 사례로 길을 찾기 때문이다. 자기를 찾고 다른 사람을 이해한다. 나림 선생은 대<sup>大</sup>독서가이다. 사색한 내용이 나림 작품에 있다. 나림 작품을 읽으면서 여러분의 인생을 이해하라. 책을 읽는 이유다. 준비 없이 세상에 나서지 마라. 죽거나 조롱당하거나 노예가 된다.

철학자는 상대의 영혼을 읽고 대화한다. 나림 선생 문장을 읽어보자.

### 책
지적 생활이란 제일의적<sup>第一義的</sup>으로 책을 읽을 줄 알고, 책을 읽는 데서 깊은 의미와 기쁨을 느낄 수 있는 생활이 아닌가 한다. 「지적 생활의 즐거움」·5면

### 도스토옙스키의 「죄와 벌」

그다음의 놀람을 곁들인 기쁨은 도스토옙스키의 「죄와 벌」에 있었다. 이 책을 읽고 나니 세상이 달리 보이게 되었다. 전엔 주정꾼이 주정꾼으로밖엔 보이지 않았던 것이 주정꾼에게도 나름대로의 애환이 있다는 것을 알았고, 매춘부 가운데 소녀가 있다는 것을 발견했다. 라스콜리니코프의 산술적 논리가 좌절하는 것을 보자 나는 어느덧 라스콜리니코프의 공범이 되어 있었는데 공범으로서 그를 동정하고 그의 우유부단에 분격을 느끼기까지 하며 나는 비로소 인생의 대문제를 안 것 같은 환각에 사로잡히기도 했다. 「지적 생활의 즐거움」 · 7면

### 새로운 발견

문학에 대한 개안開眼이 인생에 대한 개안이 된 것이다. 아무튼 책을 읽을 때마다 새로운 발견이 있다는 것은 신선한 놀람이며 감격이 아닐 수 없었다. 「지적 생활의 즐거움」 · 7면

나림 선생은 철학책을 읽으면서 인생을 깊이 사색한다.

### 지멜 「생의 철학」

나의 철학에 대한 심취는 엉뚱하게도 게오르크 지멜을 읽음으로써 비롯되었다. 지멜의 「생의 철학」에서 다음과 같은 뜻의 문장을 접하게 된 것이다. 「지적 생활의 즐거움」 · 7면

### 인생은 지와 무지의 방황이다

인생이라는 것은 장기를 두는 행위와 비슷하다. 이렇게 두면 저렇게 될 것이란 대강의 짐작이 있어야만 장기라는 유희는 성립된다. 그러나 이렇게 두면 꼭 저렇게 된다고 짐작한 대로 되어서는 장기란 유희는 성립될 수가 없다. 인생이란 것은 이처럼 지와 무지 사이의 방황이다. 「지적 생활의 즐거움」 · 8면

### 칸트 · 헤겔 · 쇼펜하우어 · 니체

일단 불이 붙으면 끝 간 데를 모른다. 나는 이어 그의 「쇼펜하우어와 니체」를 읽게 되어 이윽고 니체를 만나게 되었다. 칸트도 헤겔도 지멜의 촉발을 받고 방황하는 여로에서 만난 인물들이다. 「지적 생활의 즐거

움」· 8면

### 그리스 철학

이렇게 방황하다가 보니 저절로 정리 작업이 필요하다는 것을 느꼈다. 여태껏 내가 심취한 사람들과 반대편에 서 있는 사람들의 책을 의식적으로 선택해서 읽게 되었다. 독서 범위는 경제학을 비롯하여 정치학, 사회학 등 사회 과학의 방향으로 확대됐다. 사상의 원류를 캐기 위해 한때 그리스 철학에 몰두하기도 했다. 「지적 생활의 즐거움」· 8면

나림 선생은 독서를 통해 날마다 발전한다. 지적인 삶은 철학자의 삶이다. 모든 사람은 철학자이다. 고민하는 사람은 지혜자이다.

### 발자크 · 글뤽스만 · 뮈세

인간은 절대적인 모순율 속에 살고 있다. 즉 오늘 이 시간에 서울의 어느 집에 있으면, 같은 시각 프랑스의 파리에 있을 순 없다는 얘기다. 그런데 지적인 생활, 아니 독서라고 하는 행위를 통해서 그 절대적인 모순율을 넘어설 수가 있다. 발자크와 더불어 19세기의 파리를 산책할 수가 있고, 글뤽스만과 더불어 바스티유의 광장에서 서성거릴 수가 있고, 뮈세와 더불어 센 강의 관광선을 타고 랭보의 시를 읊을 수도 있는 것이다. 「지적 생활의 즐거움」· 17면

### 독서 · 철학 · 지혜 · 인생

공간적으론 전 세계를 차지하고, 시간적으론 수천 년에 걸쳐서 살 수가 있다면 인생 50년 내지 100년도 그다지 허무한 것이 아니다. 「지적 생활의 즐거움」· 17면

### 곤충처럼 산다면

좋은 직장을 얻는다는 것, 입신출세한다는 것, 물론 중요한 일이다. 그러나 모처럼 좋은 직장을 얻고, 입신출세를 해선 곤충처럼 산다면 말이 아니지 않는가. 직장인으로서 보다 충실하기 위해서도, 입신출세를 보다 빛나는 것으로 하기 위해서도 책을 읽는 흥미를 익힐 필요가 있는 것이다. 「지적 생활의 즐거움」· 18면

## 3. 슬픔과 반성학

슬픔은 인간학의 성장점<sup>成長點</sup>이다. 인생의 반은 슬픔이다. 욕심·욕망·경쟁·허물·질타·좌절 때문이다. 제3자가 느끼는 슬픔도 있다. 슬픔은 사무아<sup>思無我</sup>이다.

### 사무아<sup>思無我</sup>

전호는 결코 형산의 지성과 고결하다고도 할 수 있는 생활에 보람이 없었다고는 생각하지 않지만 그 의지와 이상이 한 번도 꽃피지 않고 시들었다는 절박한 슬픔을 느꼈다. 「허상<sup>虛像</sup>과 장미 2」·290면

운명이라 생각하라. "인생은 슬픔이다." 나림 선생 표현이다. 슬픔은 성장을 위한 최고 선물이다. 신이 준다.

패배는 슬픔과 다르다. 패배는 죽음이다.

털고 일어서라. 슬픈 시간은 교육 시간이다. 슬픔과 졸업을 연결한 나림 문장은 문자로 된 예술품이다. 문장을 읽어보자.

### 슬픔

이 사람아, 슬픔을 어떻게 졸업하노, 잊고 있을 뿐이지. 「세우지 않은 비명」·68면

슬픔을 어떻게 극복하느냐가 삶의 방향을 바꾼다. 동양과 서양에서 슬픔학<sup>哀學</sup>은 다르다. 나림 선생 문장을 읽어보자.

### 인생

마르셀 프루스트처럼 인생을 치밀하게 슬퍼하는 것도 좋지만 한시<sup>漢詩</sup>처럼 풍월<sup>風月</sup>적으로 인생을 슬퍼하는 것도 나쁘질 않다. 요컨대 인생은 슬퍼하면 되는 것이니까. 「세우지 않은 비명」·10면

나림 선생은 문학을 통해 반성문을 쓴다. 내가 알지 못하는 부분도 있다. 어쨌든 나림 선생은 삶과 죽음 순간에서 기적으로 생환한다. 여

러 번 있다.

물론 전부 밝힐 수 없는 과거도 있을 것이다. 독자가 '그' 행간을 읽는다면, 흥미진진興味津津할 것이다. 나림 선생 문장을 읽어보자.

### 용서

부모에게 불효한 그대로, 친구들에게 폐를 끼친 그대로, 여자를 농락해서 불행하게 한 일을 그대로 두고는 안심하고 죽을 수 있을 것 같지 않다는 관념이 솟아난 것이다. 내가 잘못을 저지른 사람들에게 사과를 하고 그 용서를 빌고 용서를 받은 연후가 아니면 죽어도 눈을 감을 수가 없는 것이 아닌가. 「세우지 않은 비명」· 71면

### 죽음 준비

"기껏 10년을 더 살지, 20년을 더 살지, 어쩌면 내일모레 어떻게 될지도 모르는 판이니 기왕에 잘못한 일이나 반성해서 가능하다면 그 죄를 보상하는 일을 하나 둘 해나갈 수밖에 없는 게 아닌가 해. 한 달에 하나씩 마음으로부터 사과하고 행동으로 뭔가 표시해 나가면 앞으로 십 년을 사는 기간이 허용될 때 안심하고 죽을 수 있는 준비는 갖추어지는 것으로 되지 않을까?" 「세우지 않은 비명」· 72면

### 반성

"치밀하게 반성하면 꽤 많을 거야. 그러나 자네나 나나 사람을 죽인 일이 없고, 남을 밀고한 적이 없고, 사기를 한 적이 없으니까 웬만한 노력만 하면 혹시 홀가분한 기분이 될지 모르지."

"내겐 엄청난 잘못이 너무나 많아."

"지나친 과잉 의식도 좋지 못한 거야."

"과잉 의식으로서 그러는 건 아니다." 「세우지 않은 비명」· 72면

나림 선생은 문학으로 자신을 치유하다 세상을 떠난다. 용서문학容恕文學이다. 김윤식 교수는 '나림의 마지막 정직성'이라고 말한다. 김윤식, 「노비 출신 학병 박달세의 청춘과 야망 – 1940대 상해」, 「별이 차가운 밤이면」, 문학의숲, 2009, 해제 669면

### 각성覺醒

죄짓지 않고 살 수 없는 존재! 너무나 엄청난 죄인이란 걸 자각할 때 나는 벌에 대한 공포에 앞서 어쩔 수 없는 부끄러움을 느낍니다.

내게 있어서 인생이란 아직도 부끄러움의 나날입니다.

아아, 언제 이 부끄러움을 씻고 떳떳이 살아볼 수가 있을까. 「용서합시다」·「生이란 무엇인가 ― 부끄러운 삶을 돌아보며」·19면

나림 선생은 「소설 이용구小說 李容九」에서 마지막 문장을 남긴다. 의미심장意味深長하다. 선생은 한국 현대사와 인간사를 통찰한 작가이다. 나림 문학을 관통하는 이념은 각성覺醒이다. 반성은 속은 이유를 복기復棋하는 일이다.

### 이용구李容九

과연 이용구는 누구에게 속은 것일까. 나로 하여금 말하게 한다면, "이용구는 이용구 자신에게 속은 것이다. 이용구에게 있어서 결정적인 적은 바로 용구 자신이었다"고 말할 수밖에 없다. 그러나 이렇겐 덧붙이고 싶다.

"그의 시체에 더 이상 매질은 하지 말자."고. 「소설 이용구小說 李容九」·426면

나림 선생은 괴로움을 위로한다. 인생사이다. 줄이면 '운명'이다.


## 4. 사랑과 행복학

사랑은 인간학의 정점頂點이다. 사랑은 존중尊重이다. 사랑은 애타愛他이다. 사랑은 행복幸福이다. 나림 선생 문장이다.

### 애타愛他

"당신에겐 죄가 없어요." 하고 성애는 울었다.

"모든 것이 운명이 아니겠소. 윤숙의 앞날이 어떻게 될진 알 수가 없지만 나는 당신을 이 세상이 끝나는 날까지 지킬 작정이오."하고 전호

는 혼수상태에 빠졌다.

　성애는 스스로의 당황함을 달랠 여유도 없이 물을 갈아가며 전호의 이마에 손수건을 올려놓았다. 잠든 전호의 얼굴. 성애는 전호의 얼굴을 보며 생각했다.

　'이 사람만 있으면 그만이다.' 「허상虛像과 장미 2」·271면

### 심혼心魂
성애의 얼굴에 한줄기의 눈물이 흘러내리고 있었다.
"슬퍼요?"
"너무나 행복해서"
　성애는 가느다랗게 말하고 다시 얼굴을 전호의 가슴에 묻었다. 「허상虛像과 장미 2」·291면

　나림 선생에게 '사랑 애愛'란 '락樂과 불음不淫'이다. 즐겁지만 음란하지 않다. 이 중후한 '불음' 철학은 나림 작품 전체를 관통한다. 그래서 나림 대중소설은 품격이 다르다.

　나림 선생은 여성에 대한 존경심을 갖고 있다. 훌륭한 여성을 멋지게 묘사한다. 괴롭히는 남성을 처참하게 응징한다. 나림 선생의 '건강한' 문학관이다. 많은 독자가 나림 문학에 열광하는 이유이다.

### 애정愛情
여성에게 대한 불성실은 스스로의 인생을 파괴하는 노릇 이상도 이하도 아니다. 「악녀惡女를 위하여」·서문

　나림 선생은 여성을 인생과 동격으로 본다. 여성이 그만큼 중요하다. 어머니·아내·연인이다. 인생 파멸은 여성에 대한 불성실이 원인이다. 여성 존중 사상이 뼈에 새겨져 있다.

### 자성自省
이 책에 모은 글들은 나의 참회를 곁들인 여성에 대한 찬가이면서 러브레터 그것이다. 이 책을 통해 여성은 더욱 자각하고 남성은 여성을

존중할 줄을 익혔으면 하는 것이 나의 간절한 뜻이다. 「악녀<sup>惡女</sup>를 위하여」·서문

「악녀<sup>惡女</sup>를 위하여」는 참회록이다. 이 수필집은 나림 선생의 반성 문학과 각성 문학의 이론서이다. 여성과 남성을 위한 상담서이다.

### 신념<sup>信念</sup>

사랑은 기술이다. 「용서합시다」·「사랑은 기술이다」·74-82면

나림 선생의 애정관은 배려이다. 사랑은 기술이 필요하다. 배려하고 노력하고 인내한다. 이 즐거움이 사랑이다.

### 문학과 인간학

문학은 사랑을 배우기 위한 인간의 노력이다. 「악녀<sup>惡女</sup>를 위하여」·서문

나림 선생의 문학 신념이다. 문학의 의미를 간단명료<sup>簡單明瞭</sup>하게 표현한 작가는 없다.

### 시련<sup>試鍊</sup>

사랑은 다이아몬드를 찾는 것이 아니고, 흙으로 옥을 굽는 일이다. 「용서합시다」·「사랑은 기술이다」·77-78면

나는 이 문장을 이렇게 읽는다. "시련 속에서 꽃은 자란다. 그 기다림의 완성이 장미꽃이다. 흙이 옥이 되는 과정과 같다. 사랑은 찾는 것이 아니고, 관리 대상이다. 아직도 우리는 '사랑의 개념을 잘 모른다.' '사랑은 허상이 아니고 노력이다.' 사랑은 허영이 아니고 인내다." 선생은 '사랑의 기술'로 표현한다.

나림 문학의 애정관은 대중소설에서 선명하게 드러난다. 시대 흐름을 타고, 남녀가 만나, 예를 갖추어 기다리다, 죽거나(「쥘부채」) 다시 만나는 과정(「돌아보지 말라」)이 생생하게 나타난다. 일반 생각을 넘어 애독자를 부끄럽게 한다. 독자가 열광하는 이유이다. 나림 문장과 소

설 속 주인공은 예술품이다.

대표 작품으로 「돌아보지 마라」(경남매일신문, 1969), 「허상虛像과 장미」(경향신문, 1970), 「행복어사전」(문학사상, 1976~1982. 1986 완간), 「운명의 덫」(별과 꽃과의 향연, 영남일보, 1979), 「비창悲愴」(「和의 의미」, 매일신문, 1983)이 있다. 애정관이 잘 묘사되어 있다.

나림 선생 수필집 「악녀惡女를 위하여」는 대중소설에 등장한 작품 인물을 작가가 직접 종합한 수필집이다. 나는 이 수필집을 작품 인물상에 대한 평론집 또는 작품 구상록으로 읽는다. 나림 선생은 인간학의 관점에서 작품 속 인물을 기획하고 창작한다. 인간 이병주의 모습이다.

### 「관부연락선」 서경애

「관부연락선」 서경애는 지금 대구에 살고 있다. 청춘 시절의 그 방황과 고민과 좌절이 지금 초로가 되어 있을 그 여인의 두뇌와 가슴속에 어떠한 슬기로서 결정되어 있을 것인지 궁금하기 짝이 없다. 그렇지만 서경애의 지금의 평온을 깨뜨리지 않기 위해서 찾지도 말고 묻지도 말아야 할 것이다. 이병주. 「내 작품 속의 여인상」. 「여성론을 끼운 이병주 에세이: 미와 진실의 그림자」. 명문당. 1988. 129-132면

그래서 '권선징악'과 '용서합시다'라는 구도는 일관성이 있다. 나림 수필집을 정독하면서 '이병주 대중소설에 자신의 교과서·이론서가 있었구나' 생각한다.

나림 문학의 애정관에서 보면, 나림 선생이 가장 혐오하는 사람은 호색가 장난질이다. 작품에서 선생은 호색형 인물을 철저히 응징한다. 단편 「철학적 살인」(한국문학, 1976)에서 불륜남 고광식을 들 수 있다. 고광식은 가정을 파멸하고, 친구 부인 김향숙을 강간한 인물이다. 선생은 작품에서 고광식을 타살한다. 주인공 민태기는 중국집 식당에서 고광식의 얼굴을 화분으로 찍는다. 현장에서 향숙이 지켜본다. 고광식은 즉사한다. 허무한 죽음이다. 작품 결론은 권선징악이다.

### 응보應報

> 장난으로 사랑을 유린하는 놈은 용서할 수 없다. 나는 감정적으로 그 놈을 죽인 것이 아니라 나의 철학에 의해 그놈을 죽였다. 그러나 나는 정상의 재량을 바라지도 않고 관대한 처분을 바라지도 않는다…. 「철학적 살인」·189면

나림은 이 작품에서 사법 정의司法正義를 설명한다. 재판과정에서 자연법自然法 정의와 실정법實定法 정의 사이 논쟁이 있다. 국가형벌 정당성 논쟁이다. 나림 선생의 인간학과 법사상이다. 나림 작품을 관통하는 인간 철학이다.

### 선악善惡

> 인생은 죄와 벌이다. 「용서합시다」·「生이란 무엇인가 — 부끄러운 삶을 돌아보며」18면

나림은 여성에 대해 존경심을 갖고 있다. 그럼에도 수필집 제목은 「악녀惡女를 위하여」이다. 나림 선생은 여성학의 대가大家이다. 수필집 「악녀惡女를 위하여」에서 여성관을 밝혔다. 「악녀惡女를 위하여」·「好色과 好女」·60-62면

여성이 행복하면 천하가 행복하다. 남성보다 여성이 더 강하다. 나림 선생은 어머니에 대한 사랑이 깊었다. 경기도 고양에 이점휘1924~2016 여사와 함께 누워 계신다. "네 어미에게 죄를 많이 지었다." 장남 이권기 교수가 들려주신 말씀이다.

수필집 「惡女를 위하여」는 전체 4장으로 구성되어 있다. 제1장은 사랑의 기술이다. 16편 수필이 있다. 제2장은 결혼이다. 수필 5편이 실려 있다. 제3장은 여자는 한 편의 詩이다. 12편 글이 있다. 제4장은 영원한 여성이다. 수필 14편이 담겨있다.

나림 선생이 인생 황혼기 65세에 쓴 「인생학」 수필집이다. 40편의 글을 읽으면, 인생학 논문 40편을 읽는 셈이다. 이 수필집에 나림 작

품에 등장하는 여자 주인공의 여성상을 만날 수 있다. 「사랑받을 수 있는 여성」・「남자를 파괴하는 여자」・「여자와 권력」・「여자의 허영심」・「여자의 칠거지악七去之惡」・「화장의 의미」・「여성의 어디를 보는가」・「나의 여성론」・「위대한 아내」・「악녀」가 있다. 제목만 보아도 흥미진진하다. 나는 이 수필집을 이병주 대중소설을 해석하는 기본서로 생각한다. 나림 선생 문장을 읽어보자. 「나의 여성론」이다.

### 진실真實

내게 있어서의 여성은 어머니이고, 딸들이고, 애인이다.

여인은 밝고 명랑하고 활달해야 하는 것이다.

여성들이 아름다울 때 산하山河는 아름답고 여성들이 슬기로울 때 세계는 파라다이스로 된다.

나의 여성론은 곧 행복론으로 이어지는 것이다. 「나의 여성론」・205-206면

소설 「운명의 덫」에 아름다운 부부 대화 장면이 있다. 나는 이 대화를 「행복학개론」으로 읽는다. 주인공 남상두는 46세 중년 남자이다. 주인공 부인 김순애는 25세 여성이다. 21살 차이를 극복하고 부부의 연을 맺는다. 부부 대화 제1호는 부부 호칭 문제이다. 나림 선생은 부부夫婦 민주주의民主主義를 절묘하게 설명한다. 젊은 청춘남녀와 신혼부부에게 주는 조언이다. 문장에 맛이 있다. 나림 선생 문장을 읽어보자.

### 남군

샤워를 끝내고 몸을 닦고 있을 때 순애가 물었다.

"앞으로 뭐라고 부를까요?"

"마음대로"

"뭐라고 부를지가 고민이에요. 여보는 싫고, 당신이란 말도 어색하고, 서방님, 아아 징그러워. 선생님은 서먹서먹하고."

"박식한 천사가 그 정도 문제로 고민이야?"

"정말 뭐라고 불러야 하죠?"

"남상두, 아니 남상두 씨라고 불러요."

"나이가 마흔여섯이나 되는 분에게 이름을?"

"마흔여섯이 아니라 예순여섯이라도 나는 순애의 것이니까."

"아무래도 남상두 씨는 뭣해요."

"그럼, 남군이라 부르면?"

"남군? 그것 참 좋네요!"

"그럼 남군이라 불러요."

"됐어요, 남군!"

"응." 「운명의 덫」 · 299면

### 순애

"그럼 남 군은 저를 어떻게 부를 참이에요?"

"순애, 순애라고 부르지. 시골 처녀 냄새가 나는 좋은 이름이야. 순애!" 「운명의 덫」 · 299면

나림 선생은 소설을 통해 부부 호칭 문제를 민주적으로 정리한다. 남군은 '임금君'이다. 순애는 '영원한 사랑順愛'이다. 20년 전을 회상한다. '내 사랑 순애'이다. 어느 선생의 18번이다. 순애順愛의 순수와 선생님의 애절함을 오늘에야 깊이 느낀다. 독서의 힘이다. 나림 선생은 부부 의식을 절묘하게 설명한다. 부부 철학이 없으면 이런 묘사가 힘들다.

### 의식儀式

의식은 동물적인 욕정마저도 숭고하게 한다. 김순애가 스스로의 나신을 부끄럼 없이 내 눈앞에 나타낸 것은 신성한 의식을 행한다는 의식 때문이라는 걸 나는 알았다.

나는 무엇보다도 김순애의 활달함이 마음에 들었다. 김순애를 사랑할 수 있으리란 자신을 얻었다.

김순애는 육체적으로 하나의 몸이 되려고 하기 직전 약간의 부끄럼을 보였으나 그런 의식의 의미가 보람을 충분히 다할 수 있게 하기 위한 준비를 잊지 않았다. 그 치밀할 만큼 세밀한 태도가 자기로서도 어색했던지 순애는 내 목을 안으며 속삭였다.

"소꿉장난이 아니잖아요." 「운명의 덫」 · 300면

### 완성<sup>完成</sup>

**완성**<sup>完成</sup>

나는 조심스럽게 순애의 깊은 곳에 접근했다. 이 아름다운 여성이 내 반신이 된다는 의식은 나를 한량없이 기쁘게 했다. 컨슈메이션<sup>consummation</sup>의 그 순간, 나의 행복감은 절정에 있었다.

성애를 사랑의 컨슈메이션(완성)이라고 하는 표현은 함축성이 깊다. 그것은 동시에 컨퍼메이션<sup>confirmation·확인</sup>이기도 했다. 이처럼 완성과 확인을 지니고 순애는 어린아이처럼 내 품에 안겨 눈을 감았다. 잠든 것처럼 그녀의 숨소리는 부드러웠다. 「운명의 덫」·299-300면

사랑과 행복학<sup>愛</sup>의 핵심은 완성과 확인이다. 부부 갈등을 정확히 진단한 문장이다. 미완성과 미확인은 남남이다. 각자 새로운 인생을 고민한다. 이혼율이 높다. 증오로 괴롭힘<sup>스토킹</sup>이 증가한다. 젊은 시절에 완성과 확인을 배우지 않는다. 오늘의 사회 현상이다.

완성은 최선이다. 확인은 고마움이다. 사랑과 행복학<sup>愛</sup>을 정감<sup>情感</sup>으로 해석한다. 우리는 애인<sup>愛人·夫婦·子女</sup>에게 최선을 다하는가. 고마움을 자주 전하는가. 연락·애교·상담·걱정·염려·준비이다. 교감<sup>交感</sup>이다. 사랑학<sup>愛學</sup>은 다정학<sup>多情學</sup>이다. 가정을 이루면 행복학<sup>幸福學</sup>이다. 대한민국 헌법이 최우선으로 보호하는 가치이다. 여성가족부의 존재 이유를 잘 모른다. 인구<sup>人口</sup>가 국력<sup>國力</sup>이다. 「묵자<sup>墨子</sup>」

나림 선생 문장을 읽어보자.

**정책**<sup>情策</sup>

아내는 사랑으로써가 아니라 기분으로써 남자를 사귀는 것 같아요. 그리곤 곧 싫증이 나는 모양입니다.… 「비창<sup>悲愴</sup>」·132면

다르게 읽을 수 있다.

**정책**<sup>政策</sup>

정부는 사랑으로써가 아니라 기분으로써 국민을 사귀는 것 같아요. 그리곤 곧 싫증이 나는 모양입니다.… 「비창<sup>悲愴</sup>」·132면

나림 선생 문장을 읽어보자.

**인생**人生

제 인생에서나 선생님의 인생에서 꼭 한번 있는 밤으로 하고 싶어요.
「비창悲愴」·259면

나림 선생의 희망이다. 우리가 원하는 사랑이다. 정치인과 시민의 만남이다.

**인생**寅生

제 인생에서나 여러분의 인생에서 꼭 한번 있는 역사로 하고 싶어요.
「비창悲愴」·259면

## 5. 시련과 성장학

시련은 인간학의 동력動力이다. 사람은 양념이 되어야 한다. 시련은 성장판成長板이다. 나림 선생은 수많은 고초를 겪은 분이다. 시련을 극복하고 작가로 탄생한다. 「운명의 덫」에 시련과 성장학成長學이 나온다. 주인공 남상두는 살인죄로 20년을 복역한다. 우여곡절을 거쳐 재심청구에 성공한다. 남상두는 김순애와 결혼식을 올린다. 시련이 준 하늘의 선물이다. 시련과 성장을 곱하면 결혼이 된다. 결혼은 3주 동안 서로 연구하고, 3개월 동안 서로 사랑하고, 3년 동안 싸우고, 30년 동안 서로 참는 성장과정이다. 톨스토이 「결혼」

시련·성장·결혼·인내이다. 나림 선생 문장을 읽어보자.

**진실**

이런 대화가 오갈 때 서종희로부터 전화가 왔다.

"선창수는 순순히 자수하겠다고 제게 맹세했습니다. 그 점은 걱정 마시고 일을 추진하십시오."

진실이 보람을 다하기 위해서는 아픔을 필요로 하는 경우가 있다는

감회가 솟았다. 「운명의 덫」·348면

### 자술서

나는 변호사가 선창수와 변동식의 자술서를 갖추어 재심청구서를 법원에 제출했다는 소식을 들었을 때 안도의 숨을 내쉬는 한편 깊은 허탈감에 사로잡혔다. 모든 것이 헛되다는 허무감이 다시금 내 마음을 사로잡았다. 「운명의 덫」·348-349면

### 대구교도소

"어디로 모실까요?"

"대구교도소 주위를 한 바퀴 돌아봅시다."

벌써 어둠이 짙은 교도소 담장 위에 불빛이 선명하게 윤곽을 그려낼 뿐 보이는 것은 없었다. 그러나 나는 교도소의 덩치를 알고 그 내부를 안다. 그 속엔 나처럼 억울하게 징역살이를 한 사람들도 있으리라. 「운명의 덫」·349면

나림 선생은 「소설·알렉산드리아」(세대, 1965)로 한국 문단에 혜성같이 등장한다. 「소설·알렉산드리아」는 옥창문학<sup>교도소문학</sup>의 대명사이다. 시련과 성장학<sup>癎</sup>을 그린다. 이 소설은 대형 작가의 탄생을 알리는 역작<sup>力作</sup>이다. 「소설·알렉산드리아」는 세상을 야만 시대와 자유시대로 비교한 수작<sup>秀作</sup>이다. 주제·구조·문장·감동·역사·시사점에서 웅대하다.

형은 서대문형무소에서 '나'에게 14통의 편지를 보낸다. 형과 '나'는 시련을 극복하고 성장한다. 「운명의 덫」에서 시련과 성장학은 완성된다. 출소 이후 사법정의가 성공한다. 재심 성공은 정의 복원을 의미한다. 사회사와 개인사에 모두 동일한 이론이 적용된다. 시련이 있고, 극복하고, 집념하고, 성공하고, 정의가 다시 찾아온다.

학생의 날 11월 3일에 S읍 S여고 강당에서 행복한 결혼식이 열린다. 남상두 어머니의 지혜이다. 세월은 20년 전으로 원상회복한다. 제자·동료·지인이 장엄한 현장에 함께 한다. 감탄사가 저절로 나온다.

구성이 기발하고 문장이 탁월하기 때문이다. 「운명의 덫」 마지막 부분이다. 나림 선생 문장을 읽어보자.

### 결혼식

나의 재심청구가 성공할 것이라는 확신이 섰을 때 김순애와 나는 결혼을 서둘렀다. 어머니가 제안했다.

"결혼식은 그곳에서 해라. 네가 누명을 쓴 곳에서. 누명을 벗었다는 증거를 보일 겸 새 인생을 그곳에서 시작해라."

S읍의 결혼식, 어머니의 배려와 아이디어에 탄복했다. 「운명의 덫」·349-350면

### 11월 3일 S읍 S여고 강당

날짜는 11월 3일, 장소는 S여고 강당을 빌리기로 했다.

"남상두 선생에게 누명을 씌운 건 다름 아닌 우리 읍입니다."

한편에서는 축사가 진행되고 있었다. 사회생활과를 맡은 분이었다. 「운명의 덫」·350-351면

### 사필귀정事必歸正

다음 축사자는 박우형이었다.

"사필귀정이라는 게 저절로 이뤄지는 게 아니라는 점을 강조하렵니다. 자칫 잘못하면 뱀이 우물로 들어가는 꼴인 사필귀정蛇必歸井이 될 수도 있습니다. 정의가 실현되려면 치열한 노력이 있어야 합니다." 「운명의 덫」·352면

### 별

제자들은 서로 권하고 사양하더니 마이크를 잡은 사람은 하경자였다.

"선생님은 우리들의 별이었습니다. 우리들의 손이 닿을 수 없는 아득히 높은 곳에서 빛나는 별…. 한때 그 별은 먹구름 속에 가려 우리는 볼 수 없었습니다. 그러나 이제 그 먹구름을 헤치고 다시 찬란히 우리 앞에서 빛나고 있습니다. 동반자인 김순애라는 또 하나의 별을 동반하고…. 신의 섭리는 과연 심오합니다. 우리는 두 분이 엮어 내는 행복을 부러워할 뿐입니다. 축복할 뿐입니다." 「운명의 덫」·352-353면

**장학재단**

"남상두 신랑의 모당母堂이신 채 여사님께서 S읍의 발전을 위해 10억원을 기금으로 하는 장학재단을 설립하시겠다고 하십니다."

"S여고 합창단이 <어머니의 노래>를 합창하기 시작했다. 「운명의 덫」·353-354면

근대近代는 시련과 성장을 요구한다. 사회와 개인에게 청구한다. 대가는 기회이다. 나림 선생은 따뜻하고 정신력이 강한 분이다. 맑은 심성을 가진 작가이다.

한 언론인은 입사시기를 회상한다. 매일 <어머니의 노래>를 부른다. <어머니의 노래> 악보는 눈물로 반주한다. 눈물로 합창한다. 흐느끼지 않는다. 가슴으로 부른다. 이 언론인은 시련을 어머니와 함께 극복한다. 존경받는 언론인으로 활동한다.

「운명의 덫」은 시련과 성장학을 어머니와 연결한 작품이다. 어머니 없이 성장은 힘들다. 밤은 깊었다. <어머니의 별>은 오늘밤에 그 자리에 있다. 밤 고양이를 비춘다. 오줌을 누고 땅을 파서 덮고 있다. 내 자신을 보는 듯하다. 깊은 밤·어머니 별·고양이 같은 내 모습·오줌 누며 다니는 우리·하루를 땅 속에 묻는 저 장엄한 행위! 시련과 성장을 인식하며 살아야 한다. 이 책을 쓰면서 휴식 시간에 공상空想을 한다. 시련을 두려워하지 마라. 성공을 알리는 신호이다.

## 6. 용서와 소통학

용서는 인간학의 완성完成이다. 용서는 기서호其恕乎이다. 용서는 제일第一이다. 용서는 화和의 의지意志이다. 용서는 예술藝術이다. 용서는 준비準備다.

**박학博學 · 유비무환有備無患**
사람은 준비가 있어야 되는 기라. 「여사록」·34면

나림 선생 인생관이 담긴 문장이다. 나림 선생은 노자<sup>老子</sup>·장자<sup>長子</sup>·묵자<sup>墨子</sup>·다산<sup>茶山</sup> 사상을 흠모한다. 이 사상을 모으면 정직<sup>正直</sup>과 성실<sup>誠實</sup>이다. 소설 「허상<sup>虛像</sup>과 장미」(경향신문, 1970)에서 나형산·전호·옥동윤과 「그 테러리스트를 위한 만사」(한국문학, 1973)에서 동정람·하경산 같은 인물이다.

### 신의<sup>信義</sup>

가깝게 있는 우리들끼리만이라도 술책없이 기탄없이 속임수없이 청풍처럼 맑은 공기를 통하며 지내자는 얘기다. 「허상<sup>虛像</sup>과 장미 2」·161면

나림 선생은 항상 맡은 일에 최선을 다한다. 모든 직종에 종사하는 사람들에게 연민<sup>連帶意識</sup>을 느낀다. 그리고 성실을 강조한다. 허상<sup>虛像</sup>보다 실질<sup>實質</sup>을 말한다.

나림 선생은 1960년대(1958~1961) 국제신보에 근무한다. 정부의 탄압이 심하다. 대출 중단으로 신문 종이를 구매할 돈이 없다. 나림 선생은 마산을 방문한다. 마산 기업인 학초 최재형 선생을 만난다. 학초 선생은 나림 선생에게 차용증도 없이 운영자금을 빌려준다. 이병주, 「학초평전 서문」·18-21면

나림 선생은 술 광고 모델을 한다. 저명작가가 술 오가피주 광고 모델이 된다. 많은 사람이 실망한다. 장남 이권기 교수는 나림 선생에게 술 광고 모델을 만류한다. "야! 니는 어려울 때 도움 받고 힘들 때 찾아오면 모르는 척 할 끼가!" 술 광고는 당시 <국제신보>를 도와준 유원사업 회장 학초 최재형 선생에 대한 보답이다. 학초 선생은 예술을 사랑하며 베풀며 살다간 분이다. 학초 선생 자제분이 부탁한 광고이다. 기업 회생의 마지막 승부수라며 나림 선생을 찾아온다. 이 이야기는 읽고 듣고 한 내용의 종합이다. 나림 선생의 인간관계이다.

나림 선생은 정치판을 기웃거리는 학자에게 조언을 한다.

### 꽃과 열매

학자는 지위보다 연구 실적이 소중한 것 아닙니까. 「여사록」·55면

나림 선생은 선거에 2번 출마하고 낙선한다. 정치에 뜻을 접는다. "본업에 충실하라." 나림 선생 지적은 오늘날에도 생명력이 있다. 선생은 외양보다 본질을 강조한다. 선생의 인생관이다.

나림 선생의 유언은 용서<sup>容恕</sup>이다. 수필집 「용서합시다」에 주옥같은 글이 있다. 나림 선생 문장을 읽어보자.

### 「논어<sup>論語</sup>」

나는 공자를 별로 좋아하지 않는 사람이지만 꼭 마음에 드는 논어<sup>論語</sup>의 한 구절이 있어. 「허상<sup>虛像</sup>과 장미 2」·288면

### 기서호<sup>其恕乎</sup>

자공<sup>子貢</sup>이가 공자를 보고 종평생<sup>終平生</sup> 지켜야 할 것을 한마디로 하자면 어떤 것이 있겠습니까 하고 물었거든. 그랬더니 공자가 기서호<sup>其恕乎</sup>라고 했지. 「허상<sup>虛像</sup>과 장미 2」·288면

### 세상<sup>世上</sup>

기서호란 용서하라는 뜻 아니겠나. 나는 이 말이 제일이라고 생각하네. 용서하라. 그렇지. 이 세상에 살아가면서 용서하지 않고, 용서받지 않고 배겨 낼 도리가 있겠나. 「허상<sup>虛像</sup>과 장미 2」·288면

### 사람<sup>人物</sup>

어떤 사람이건 용서해야 하네. 「허상<sup>虛像</sup>과 장미 2」·288면

### 사건<sup>事件</sup>

어떤 일이건 용서해야 하네. 「허상<sup>虛像</sup>과 장미 2」·288면

인생은 만남의 이야기<sup>드라마</sup>다. 누구와 언제, 무엇으로 만나는가. 그 사람의 인생사이다. 나림 선생의 유언처럼, 사람과 사건을 용서하면,

그 슬픈 내 이야기<sup>드라마</sup>는 끝난다.

용서하는 사람이 바로 인간<sup>人間</sup>이다. 동물은 용서를 모른다. 용서는 사랑의 기술이다. 세상·사람·사건을 용서하는 일은 너무 어렵다. 그래서 매일 공부하고 연마해야 한다. 사랑의 기술이 발현되는 그 시간이 바로 예술가<sup>藝術家</sup>가 되는 순간이다. 독일 자연과학 철학자 노발리스<sup>Novalis · 1772~1801</sup>는 명언을 남긴다. 나림 선생이 강조하는 '화<sup>和</sup>의 철학'이다.

### 화<sup>和</sup>의 의지
인간이 된다는 것, 그것이 예술이다. 노발리스·「마술사」·107면·「별이 차가운 밤이면」·9면

나림 선생이 작품에서 인용하는 문장이다. 소설 「허상<sup>虛像</sup>과 장미」에서 남자 주인공 형산은 임종 전 마지막 대화에서 '모든 것을 용서하라'고 말한다. 형산의 말은 '인간 예술가'가 되라는 유언이다. 인간 예술가만이 자기가 새겨진 예술품을 만든다. 인간은 예술품이다. 독자들은 지금 어떤 예술품을 지금 제작하고 있습니까? 나림 선생의 질문이다.


## 7. 문학과 갈등학

문학은 인간학의 심화<sup>深化</sup>이다. 문학은 슬픔 기록물·필패 역사이다. 문학<sup>文學</sup>은 예술<sup>藝術</sup>이다. 문학은 실천<sup>實踐</sup>이다. 문학은 일기<sup>日記</sup>이다. 일기는 1인칭 소설이다. 일기는 갈등을 기록한다. 매일 스스로 겪은 장면이다. 문학은 공개된 일기장이다. 나림 선생 문장을 읽어보자.

### 문학
"문학은 인생의 슬픔을 기록하면 되는 것이니까. 문학이란 원래 필패의 역사일 따름이다….." 「세우지 않은 비명」·10면

나림 선생은 문학인<sup>文學人</sup>의 삶을 회고한다. 문학인에게 주는 위로이

다. 작품 생활을 하는 사람이 많다. 자신을 치유한다. 얼굴이 맑고 음성이 차분하다. 달관한 사람이다. 작가는 치유자이다. 환자는 자기 자신이다.

나림 선생이 문학인에게 주는 격려이다. 태산 같은 과제를 생각하라. 장래성이 있다. 가슴속에 소장하고 있는 그 많은 문제가 문학 작품이다. 빛나는 문학의 성城을 건축하라.

나림 선생은 발자크에게 많은 자극을 받는다. 발자크의 말이다. "나폴레옹이 검으로 시작한 일을 나는 펜으로 완성한다." 송기정, 「발자크와 이병주: 역사를 보는 시선」·1면

나림 선생이 작가 이병주를 위로하는 말이다. 자신을 위한 격려문이다. "좌절挫折하지 마라." 좌절은 마음이나 기운이 꺾이는 일이다. "모든 일에는 때가 있다." 나림 선생 문장을 읽어보자.

### 문학의 성城

"자네가 할 일은 아직 태산같이 남았어. 이때까지도 좋은 작품을 안 쓴 건 아니지만 자네의 라이프 워크는 장래가 있어. 아직 나타나지 않았어. 그리고 나는 자네가 가슴속에 소장하고 있는 그 많은 문제를 알고 있거든. 그게 하나 하나의 작품이 되어 나오면 빛나는 문학의 성城이될 거야." 「세우지 않은 비명」·68면

수필 「긴 밤을 어떻게 새울까」에서 각박한 세상에서 문학의 힘을 설파한다. 먼저 청춘을 잃어버린 학도병 시절·비굴함에 대하여 용서할 수 없는 심정·용병 생활의 부끄러움을 회고한다. 그리고 새로운 청춘 창조·희망·노년 모습·문학·사랑과 이해를 설명한다. 나림 선생 문장을 읽어보자.

### 청춘靑春

"아침에 나갔던 청춘이 저녁에 청춘을 잃고 돌아올 줄 몰랐다.……"
일제 말기에 암담한 의식 상황을 김광섭 시인은 이렇게 노래했다. 우

리 세대는 이 시 속에 자기의 감상을 읽으며, 이른바 학도병이라는 곤욕을 겪었다. 그러나 생각하면 당시 우리는 청춘이 뭣인지도 몰랐던 것 같다. 「긴 밤을 어떻게 새울까」· 168-169면

### 회한悔恨

나는 내 개인의 인간적 실패를 청춘의 부재에서 그 원인을 찾고 끝없는 회한에 사로잡힌다. 자기주장에 앞서 타협을 배워 버린 스스로의 비굴함을 일제의 그 가혹한 체제를 감안하더라도 나는 아직껏 용서할 수 없다. 「긴 밤을 어떻게 새울까」· 169면

### 용병傭兵

우리 세대가 얼마나 어려웠던가를 생각하고, 자기 연민에 빠지는 경우도 있다. 우리는 역사의 고비마다에서 거센 바람을 맞았다. 3·1 운동의 소용돌이를 전후해서 이 세상에 태어나선 일제의 대륙 침략의 회오리 속에서 소년기를 지나 황국 신민皇國臣民의 서사誓詞를 외면서 청년시절을 보냈다. 체제내적體制內的인 노력에 있어서도 위선을 배웠고, 반체제적인 의욕을 가꾸면서도 위선을 배워야 했던 바로 그 사실에 우리 청춘의 불모성이 있었고, 누구를 위하고 누구를 적으로 할지도 모르고 용병傭兵이 될 수밖에 없었던 바탕이 있었던 것이다. 「긴 밤을 어떻게 새울까」· 169-170면

### 새로운 청춘 창조新青春

우리는 오늘날부터 다시 청춘을 시작해야 한다. 이미 잃어버린 청춘을 되찾는 것이 아니라, 새로운 청춘을 창조해야 한다. 청춘에 연령의 구애는 없다. 20세의 노인이 있고 60세의 청춘이 가능한 것이다. 「긴 밤을 어떻게 새울까」· 170면

### 희망希望

청춘이란, 곧 희망을 잃지 말라는 이야기이다. 앞으로 시간이 얼마 남지 않았다는 핑계로 체관諦觀하지 말라는 이야기이다. 청년의 광휘로서 충실한 1년은 산송장으로 지내는 80년을 능가할 수 있다. 「긴 밤을 어떻게 새울까」· 171면

### 노년老年

우리의 노년은 단풍처럼 아름다워야 하는데, 가장 곱게 단풍이 들려며 잎葉의 시절에 싱싱해야 한다고 어느 식물학자로부터 들었다. 우리의 노년이 단풍처럼 곱게 물들려면 불불불 우리의 청춘을 지금부터라도 시작해야 하는 것이다. 「긴 밤을 어떻게 새울까」·173면

### 문학文學

나의 경우에 있어서는 문학으로써 이 모든 모순을 극복하고 조절할 염원念願을 세우고 있다. 문학에는 구원이 있다. 문학에 있어서 구원은 종교의 그것과 다르다. 인식과 감동으로써 엮어 내는 자기 조명이 비참한 그대로, 추악한 그대로, 그러나 끊임없는 생명감으로써 구원의 구실을 다하는 것이다.

도스토옙스키를 통해 우리는 인간의 악과 약함을 눈물겹도록 느낀다.
「긴 밤을 어떻게 새울까」·175면

### 사랑愛과 이해理解

이 세계에서 악과 불행을 없앨 순 없을망정 그 악과 불행을 이해해야 한다고 가르치는 데 문학의 참된 면목이 있는 것이다.

문학을 통해 배운 눈으로써 보면 산하山河의 의미를 알고 사랑할 사람을 사랑할 줄을 안다.

누항陋巷의 추잡을 견디고, 가면극의 진의를 알아차릴 수 있고, 낮은 곳으로만 흐르게 마련인 물의 이치로서 역사를 볼 줄 알고, 꽃 속의 독을, 독 속의 약을 가려내며 서로 죄인끼리 어깨를 치며 웃을 줄도 알게 된다.

우리는 악인의 악도 고쳐야 하겠지만, 선인이 악을 범하지 않도록 하는 데 최대의 노력을 경주해야 할 줄 안다. 미덕이 악의 수단이 되지 않도록 경각도 해야겠고, 동시에 죄와 불평에 대한 폭넓은 이해도 가져야 한다. 쇼펜하우어의 ≪동일성의 논리≫는 이런 의미에 있어서 깊은 함축을 가지고 있다. 「긴 밤을 어떻게 새울까」·177면

문학인의 삶이 수필 「긴 밤을 어떻게 새울까」에 자세히 소개 되어 있다. 나림 선생의 문학 자세이다. 나림 선생 문장을 읽어보자.

### 문학인의 삶

남의 불행을 자기의 불행처럼 느낄 때 인간애人間愛는 비로소 개화할 수 있는 것이다.

문학은 성공에 이르는 길도 아니고, 부와 명예에 통하는 길도 아니다. 인간애의 성실한 길일뿐이다.

나는 가끔 다음과 같이 중얼거린다. "문학인의 불행은 정치인의 행복보다 낫다. 나는 문학인으로서의 불행을 정치인의 행복과 바꾸지 않겠다."「긴 밤을 어떻게 새울까」· 177-178면

### 인간의 승리

승리勝利란 말이 있고, 패배敗北란 말이 있다. 그렇다면 인생에 있어서, 무엇이 승리이며 무엇이 패배인가를 생각해 보자. 나는 인간으로서의 품위와 인간으로서의 정애情愛로서 그 일생을 관철한 인생이면 승리를 거둔 인생이라고 생각한다. 「긴 밤을 어떻게 새울까」· 178면

나림 선생은 수필 「긴 밤을 어떻게 새울까」에서 민주적 인격자를 설명한다. 민주 사회가 되려면, 그 구성원 한 사람 한 사람이 민주적 인격을 갖춰야 한다. 나림 문학은 사회 갈등과 개인 갈등을 민주적 인격자의 민주주주의 방법에서 답을 찾는다. 정부와 의료계의 갈등도 마찬가지이다. 나림 선생 문장을 읽어보자.

### 민주적 인격자

나는 민주주의를 생각하면 곧 링컨을 생각한다. 그를 민주적 인격民主的人格의 표본이라고 믿고 있기 때문이다.

링컨의 말은 거개가 주옥과 같지만, 더욱 광채가 있는 말 가운데 다음과 같은 것이 있다.

"나는 노예가 되길 싫어하는 그만큼 지배자가 되길 원하지 않는다. 이것이 나의 민주주의에 대한 의견이다." 「긴 밤을 어떻게 새울까」· 181면

### 민주주의民主主義

독선獨善과 자중自重이 다른 것은 사회에 있어서 자기의 위상位相을 파악하고 있느냐 없느냐, 말하자면 보람 있는 자중이냐, 망신을 살 수밖

에 없는 자중이냐가 다른 것과 같은 것이다.

민주적 인격은 또 훈훈한 인간성으로 따뜻한 인격이다. 간단하게 말해 우정友情이 돈독한 인격이다. 우정이 없는 싸늘한 인격은 그것이 아무리 고귀해도 민주적 인격은 될 수가 없다.

항간의 민주주의 논의가 거의 불모不毛한 것은 이러한 사정을 등한히 하고 있기 때문이라고 해도 과언은 아니다.

제도로서의 민주주의를 말하기 전에 인격으로서의 민주주의를 우선시켜야 할 까닭이 여기에 있는 것이다. 「긴 밤을 어떻게 새울까」 · 182면

### 인간으로서의 승리勝利

다시 벽두劈頭 · 첫머리의 문제로 돌아간다.

인간으로서의 승리는 민주적 인격을 획득하는 데 있다. 그런데 이것은 어떤 벼슬이나 지위처럼 관건이 운명이나 우연에 있지 않고, 우리의 의사에 전적으로 의존되어 있다는 사실을 잊어서는 안 된다. 그런 까닭에 사람은 혹시 불운해서 사회의 한 낙오자가 될 위험성은 있지만, 패배자가 될 수는 없는 것이다.

노발리스는 이렇게 말했다.

"인간이 된다는 것, 이것이 예술이다." 「긴 밤을 어떻게 새울까」 · 182-183면

나림 선생이 소설에서 주목한 사람은 생활고를 이기지 못해 자살한 가장이다. 지금 우리 사회에 위기의 아빠 · 엄마 · 소년가장 · 소녀가장이 너무 많다. 나림 선생 문장을 읽어보자.

### 신神

그러나 신은 무엇일까? 이렇게 묻기에 앞서 신이 꼭 있어야 한다는 마음의 요구에 부딪친다. 오곡이 무르익은 풍년의 가을 속에 생활고를 이기지 못해 자살한 가장을 위해서도 신은 있어야 하는 것이다. 「긴 밤을 어떻게 새울까」 · 184면

### 어머니 통곡痛哭

이역의 땅에서 어머니를 부르며 숨진 정려征旅 · 징벌하러 가는 군대의 용사

를 위해서도 신은 있어야 하는 것이다. 억울하게 죽은 아들을 그리며 통곡하는 어머니를 위해서도 신은 있어야 하는 것이다. 이러한 발상으로 갈구된 신을 어떤 철학자는 '거꾸로 반영된 세계 인식'이라고 말했다. 명쾌한 말이다. 하지만 거꾸로 반영되었건, 빗나가게 반영되었건 간에 있어야 할 것은 있어야 한다. 「긴 밤을 어떻게 새울까」 · 184-185면

### 주기도문主祈禱文

머핼리아 잭슨의 <주기도문>의 노래는 오랜 학대의 역사 속에서 다짐됨이 있어야 할 것은 꼭 있어야 한다는 신앙으로서 신성하다. 결국 신은 기원 속에만 있다.

그런데 주기도문은 구원을 바라는 기도의 일방통행이 아니라는 데 두려움을 지니고 있다. '우리가 우리에게 죄지은 자를 용서해 준 것처럼 우리의 죄를 용서해 주옵소서'라고 되어 있는 것은 남을 용서하지 않는 사람이 이 주기도문을 들먹일 수 없다는 금지 규정이다. 말하자면 기도할 수 있는 자격을 얻자면 우리가 우리에게 죄지은 자를 용서해 주어야 하는 것이다. 「긴 밤을 어떻게 새울까」 · 185면

### 10월의 밤

죄짓지 않고는 하루도 지낼 수 없는 상황 속에서 용서한다는 마음과 행동은 우리가 살기 위해서 공기처럼 필요하다.

탕아蕩兒의 음락淫樂과 면죄免罪로 인한 억울한 고통과 무수한 탄생을 짙은 어둠 속에 안고 10월의 밤은 깊어만 간다. 우주에의 인식이 허무의 바람 속에 등화燈火와 같은데, 머핼리아 잭슨의 신성을 닮은 음성에 나는 신의 존재를 알았다. 「긴 밤을 어떻게 새울까」 · 185-186면

나림 선생이 현역 작가로 계신다면, 「세월호」 · 「이태원」 · 「해병대원」은 장편소설이 되어 우리 곁에 있을 것이다. 최후의 승리자는 기록자에게 있다. 나림 선생 문장을 읽어보자.

### 문학인文學人의 사명使命

역사는 결과에 중점을 두는데 반하여 문학은 과정에 중점을 둔다는 점이다.

역사가는 정치가를 그 치적으로써 평가하고 기록한다. 문학인은 그 동기로써 정치가를 평가하는 것을 잊지 못한다. 역사가는 성공자와 승리자에게 중점을 두지만 문학은 좌절한 자, 패배한 자를 중시하는 것을 잊지 않는다. 역사가는 나폴레옹을 기록하지만 문학인은 장발장을 등장시키는 것이다. 「문학이란 무엇인가」· 105면

### 나림 이병주 선생의 신념信念과 신앙信仰

이와 같이 나는 믿기 때문에 내 자신을 문학인으로서 자처할 수 있는 사실에 커다란 자랑을 느낀다. 동시에 이 자랑이 자랑일 수 있자면 이상과 같은 문학적 인식을 보다 철저하게 해야 한다는 자각 또한 잊지 않는다. 최후의 승리자는 기록자에게 있다. 이것이 나의 신앙이며 신념이다.

이 신앙과 신념이야 말로, 그로 인해 결연·순절殉節·충절죽음 할 만한 신앙이고 신념이 아닌가. 「문학이란 무엇인가」· 105-106면

## 8. 예술과 인간학

예술은 인간학의 영혼靈魂이다. 예술藝術은 인간학의 심장心臟이다. 예술은 인간학의 향기香氣이다. 예술은 인간학의 전부全部이다. 예술은 인간학의 종합綜合이다. 인간人間은 예술품藝術品이다. 나림 선생은 인간·문학·예술을 종합하여 아름다운 미美로 표현한다. 미美란 인간 승리이다. 우리나라 이름에 아름다운 미美가 많다. 미정·미애·미희·미영·미숙·미조·미리·미옥·미아…. 나림 선생 문장을 읽어보자.

### 미학美學

인간의 승리는 그가 창조한 미美로써만 비로소 완성되는 것이다. 「거년去年의 곡曲 – 잃어버린 청춘의 노래」· 8-9면

### 비극悲劇

"《구니코》를 읽은 사람은, 아니 이걸 읽고 그 뜻을 잘 이해한 사람은 그런 비극에 사로잡히지 않겠죠?" 「세우지 않은 비명」· 95면

독서는 자신을 만나는 시간이다. 독서의 의미이다. 책을 읽는 구석 방은 마음$^{心}$·두뇌$^{頭腦}$ 훈련장이다. 이성$^{理性}$을 깨우고 내면$^{內面}$을 단단하게 만든다. 영혼과 행동을 바꾼다. 표정과 언어가 다르다. 문학평론가 김윤식 교수는 말년에 나림 이병주 작품을 읽는다. 안경환 교수와 김종회 교수가 강연에서 알려준 말씀이다. 나림 선생 문장을 읽어보자.

### 인생

"그럴 테죠. 그렇게 되어야 하는 거죠. 그런데 사람이란 것은 좀처럼 독서와 체험에서 얻은 교훈을 활용하지 못하는 겁니다. 그래서 꼭 같은 비극을 되풀이하기도 하는 겁니다. 라 비 에 미제라블! 인생이란 그러니 비참한 겁니다. 그래서 문학이 소중하기도 한 거죠." 「세우지 않은 비명」· 95면

### 감동

"전 문학이란 얘기를 꾸며놓은 거로만 알았어요. 특히 소설은요."

"얘기를 꾸며놓은 것이라고 할밖에 없는 소설도 많지요. 그러나 문학으로서의 소설은 왜 그런 얘기를 꾸미지 않을 수 없었던가 하는 정념$^{情念}$과 사상$^{思想}$이 표현되어 있는 얘기라야만 하는 겁니다."

"아가씨는 읽고 가장 감동한 소설은 뭡니까?" 「세우지 않은 비명」· 95-96면

### 작가

정도와 내용은 물론 다르지만 신부와 작가라는 것은 약간 비슷한 직업이다. 신부의 역할이 사람들에게 편안한 죽음을 준비해주는 것이라면 작가의 역할은 죽음에 대처하는 인간의 위신을 생각하게 하는 데 있다. 그는 죽음에 관해 어떤 글을 쓰건, 안 쓰건 죽음에 임하는 각오만은 마음속에 간직해 있어야 하는 것이 아닐까. 각오까지 되지 못하더라도 좋다. 그러면 어떤 기분이라도. 「세우지 않은 비명」· 46면

이제 「밤은 깊었다」. 이 책을 마쳐야 할 시간이다. 나림 선생의 교육철학은 '한 문장'에 모두 담겨 있다.

**예술**

"인간이 된다는 것, 그것이 예술이다." 「별이 차가운 밤이면」·9면

여기서 '된다는 것'이 바로 교육<sup>敎育</sup>이다.

인간<sup>人間</sup>·인성<sup>人性</sup>·인격<sup>人格</sup>·인품<sup>人品</sup>을 말한다.

죽음<sup>死</sup>·천명<sup>天命</sup>·소통<sup>疏通</sup>·예술<sup>藝術</sup>을 공부<sup>工夫</sup>해야 도달한다.

나림 선생이 남긴 법사상·교육사상이다.

나림 선생은 문학으로 법철학과 교육철학을 말한다.

정직<sup>正直</sup>과 정의<sup>正義</sup>를 세상에 문자<sup>文字</sup>로 뿌려 놓는다.

나림 선생은 문학<sup>文學</sup>을 인간학<sup>人間學</sup>으로 본다.

나림 문학을 관통하는 이념<sup>理念</sup>은 반성<sup>反省</sup>과 각성<sup>覺醒</sup>이다.

법<sup>法</sup>·문학<sup>文學</sup>·교육<sup>敎育</sup>은 반성과 각성으로 항상 변한다.

우리는 지적 생활의 즐거움으로 도달할 수 있다.

문학을 사랑하는 사람이 많으면, 사회는 발전한다.

깨어 있는 사람이 많으면, 문학이 발전한다.

정직한 사람이 많으면, 사회공동체는 발전한다.

정의로운 사람이 많으면, 법학이 발전한다.

민주적 인격자가 많으면, 민주주의가 꽃이 핀다.

민주주의란 국민이 주인이다.

민주주의를 실천하는 사람이 많으면, 국가는 발전한다.

인간 존엄을 실천하는 사람이 많으면, 자유와 평등이 숨 쉰다.

민심은 아무도 거역할 수 없다.

나림 문학은 이 문제를 정면으로 다룬다.

「우아한 집념<sup>執念</sup>」(바이북스, 2023, 8-74면)에 시대 목소리가 있다.

청평호는 인조호<sup>人造湖</sup>이다.

현실제와 진옥희가 술을 마시고 보트를 탄다.

현실제가 균형을 잡지 못하고 익사한다.

### 청평호

하나의 젊은 생명을 삼키고도 청평호는 가을의 태양을 그 거창한 규모 가득히 안고, 초가을의 정취에 물들어 그날도 수려수발秀麗秀拔하기만 했다.

청평호는 웅대한 사상이었다.

청평호는 웅대한 예술이었다.

웅대하면서도 치밀한 풍광.

이 풍광 속에서라면 죽어 아까울 것이란 없을 것이 아닌가. 진옥희의 죄의식이 그 풍광을 배경으로 선명하게 나타났지만 고통으로까진 번지지 않았다.

내가 만일 살인자면 이 청평호는 나의 공범共犯이 아닌가, 하는 짓궂은 상념이 떠오르기조차 했다. 「거년去年의 곡曲 – 잃어버린 청춘의 노래」·73면

### 문학

문학은 사랑을 배우기 위한 인간의 노력이다. 「악녀惡女를 위하여」·서문

### 인간

인간人間은 죄罪와 벌罰이다. 「용서합시다」·12면

### 만남

天命之謂性, 率性之謂道, 修道之謂敎. 『中庸』第一章

천명은 만남性이다. 만남의 자세가 도道이다. 도를 닦는 일이 배움敎이다.

배움敎의 육성育成이 교육敎育이다. 교육의 완성完成이 성인成仁이다.

만남性의 성인成仁이 지도자指導者다. 지도자는 성인군자聖人君子이다.

성인군자는 민주적 인격자이다. 존경받는 사람이다.

내가 2024년 독서여행에서 만나性(=心+生) 깊이 새긴 문장이다.

## 『밤은 깊었다』를 마치면서

『밤은 깊었다』를 집필하면서 많은 생각을 한다.
작품 6편을 읽으면서 우리 사회를 돌아본다.
대한민국 교육은 혁명革命이 필요하다.
교육은 정직한 사람을 양성하는 성업聖業이다.
사회는 거짓말 하는 사람에게 더 많은 기회機會를 준다.
망亡하는 나라는 역사歷史를 반복反復한다.

정의는 모두 함께 잘사는 복지사회福祉社會이다.
정직한 사람이 정의正義 사회를 구현具現한다.
정치는 정의로운 세상을 만들기 위한 인간의 노력努力이다.
강물은 흘러서 바다로 간다.
나림 문학은 잃어버린 사람과 역사를 지적指摘 기록記錄한다.


## 나림 이병주 선생 문학의 현재성

나림 이병주 문학은 대한민국 국가운명을 위한 공동 기도서이다.
나림 이병주 문학은 대한민국 국가개혁을 위한 국가 개조서이다.
나림 이병주 문학은 대한민국 근대사회를 위한 사회 성찰서이다.
나림 이병주 문학은 대한민국 근대시민을 위한 도덕 교과서이다.
나림 이병주 문학은 대한민국 현대시민을 위한 교양 필독서이다.

나림 이병주 문학은 인간존엄과 행복추구를 위한 변론 요지서이다.
나림 이병주 문학은 민주주의와 민주사회를 위한 개혁 희망서이다.
나림 이병주 문학은 깨어있는 시민사회를 위한 정치 토론서이다.
나림 이병주 문학은 정직한 사람을 양성하기 위한 교육 혁명서이다.

나림 이병주 문학은 정의로운 사회를 만들기 위한 시민 명령서이다.

나림 이병주 문학은 민주적 인격자를 위한 생활 잠언서이다.
나림 이병주 문학은 대한민국 국민을 위한 인간학 개론서이다.
나림 이병주 문학은 지혜로운 대학생을 위한 독서 방법서이다.
나림 이병주 문학은 공정한 기업경영을 위한 기업 윤리서이다.
나림 이병주 문학은 지역균형발전을 위한 지방정책 보고서이다.

나림 이병주 문학은 다산 문학과 인권 맥脈을 연결하는 철학서이다.
나림 이병주 문학은 분단 문학을 연구하기 위한 역사 기록서이다.
나림 이병주 문학은 통일 문학을 준비하기 위한 민족 통합서이다.
나림 이병주 문학은 장엄한 밤을 위로하는 대국민 조문서이다.
나림 이병주 문학은 헌법 정신이 무너진 시대에 헌법 정신을 일으
켜 세우려는 지식인에게 각성을 촉구하는 유언서 염원서이다.


## 나림 이병주 선생 「역사를 위한 변명」

"내가 생각하기에 역사가 슬픈 것이 아니라
오늘날의 우리의 자세가 슬프다."

# 나림 이병주
## 1921-1992-2024

나림 이병주 선생 탄생 103주년 1921~2024
나림 이병주 선생 타계  32주년 1992~2024

## 1. 나림 이병주 선생 · 삶 · 문학

나림 문학은 아무나 할 수 없다. 동양고전에 해박해야 한다. 서양철학에 일가<sup>一家</sup>를 이루어야 한다. 재벌 회장<sup>신격호</sup>을 친구로 두어야 한다. 정보수장<sup>이후락</sup>과 20년 우정을 나누어야 한다.

여기에 역사와 법학 · 사회학과 문학 · 음악과 예술 · 철학과 외국어에 달통해야 한다. 신문사에서 주필 겸 편집국장으로 일해야 한다. 교도소에서 수감 생활을 해야 한다. 재판을 받아 보아야 한다. 경찰서에서 조사를 받아 보아야 한다. 호송<sup>護送</sup> 줄에 묶여 가족과 이별해 보아야 한다. 열악한 수형 시설에서 겨울을 견뎌보아야 한다. 국회의원에 출마해서 2번이나 낙선해 보아야 한다.

식민지 소년이어야 한다. 분단 갈등 시대 청년이어야 한다. 독재 정권을 붓<sup>펜 · pen</sup>으로 무너뜨려 보아야 한다. 외국어에 능통하고 일본어 · 한문 · 영어 · 불어로 된 글자를 말하고 쓰고 들을 수 있어야 한다. 이러한 재능<sup>才能</sup>은 하늘<sup>天</sup>이 준다. 그래서 천재<sup>天才</sup>이다. 시운<sup>時運</sup>을 읽은<sup>認</sup> 문성<sup>文成</sup>이다.

나림 이병주 선생은 천재작가이다. 경남 하동이 낳고 한국이 키운 대문호<sup>大文豪</sup>이다. 작품 수가 소설 88권·산문 40권이다. 한국 근대사 100년을 관통하고 있다. 결코 잊어서는 안 될 작가이다.

조선 말기부터 근현대사를 탐사하면서 무거운 주제를 소설·수필·산문으로 표현하고 있다. 인문의 향연이다. 사색과 독서가 없다면 불가능한 작업이다. 교도소 수감도 작품에 승화되어 있다. 읽기만 하면 감탄사가 저절로 나온다. 소설의 고전이다.

> 인본주의가 그의 작품에 흐른다. 김종회, 『문학의 매혹, 소설적 인간학』 이병주를 위한 변명, 바이북스, 2017, 106-115면

나림 이병주 문학 연구는 단체로 해야 한다. 워낙 방대하기 때문이다. 그래서 나림이다. 나림<sup>那林</sup>은 '어떤 숲'이다. '문학의 숲'이다. 스스로 지은 호<sup>號</sup>이다. 병주<sup>炳柱</sup>는 '빛나는 기둥·빛나는 가야금'이다. 하늘<sup>天</sup>이 준 재능<sup>才能</sup>을 노력<sup>努力</sup>으로 완성<sup>完成</sup>한 분이다. 시대<sup>時代</sup>와 신문<sup>新聞</sup>·인간<sup>人間</sup>과 문자<sup>文字</sup>가 융합<sup>融合</sup>한다. 나림 이병주 문학은 백과사전을 펼쳐놓고 읽어야 한다. 수많은 작가<sup>作家</sup>와 작품<sup>作品</sup>과 시대<sup>時代</sup>가 연결되어 있기 때문이다. 근대<sup>近代</sup>와 인간<sup>人間</sup>을 말한다.

이런 작가는 한국 문단에서 다시 나올 수가 없다. 나림 이병주 문학은 역사<sup>歷史</sup> 체험기<sup>體驗記</sup>이기 때문이다. 기록문학<sup>記錄文學</sup>은 아무나 하는 게 아니다. 나림 이병주만이 할 수 있는 문학이다. 내가 깨달은 내용이다.

## 2. 나림 이병주 선생·예술혼

인간은 '예술품<sup>藝術品</sup>'이다. 나림 선생의 생각이다. 현재 모습이 자신의 예술품이다. 예술품의 가치를 자신은 정확하게 안다.

### 선행善行 · 예술藝術

인간이 된다는 것, 이것이 예술이다. 노발리스 · 『별이 차가운 밤이면』 · 9면

예술가란 인생 전체를 하나의 작품으로 완성한 사람이다. 나림 선생은 인생 전반을 관조하고 경영하며 예술가藝術家로서 삶을 마친다. 문학文學 · 사람人間 · 만남天命 · 사랑聖愛의 기술藝術 · 배려配慮 · 용서容恕 · 선행善行 · 박애博愛를 지각知覺하고 산다. 인간人間 존엄尊嚴이 뼈에 새겨진 분이다. 나림 선생 문장이다.

### 고목古木 교훈教訓

큰 나무가 있다는 건 좋지 않습니까. 백 년을 못다 사는 인간이 오백 년, 천 년을 지낸 나무를 바라볼 수 있다는 것은 좋은 일이 아닙니까? 『비창悲愴』 · 83면

나림 선생은 71년 삶을 예술藝術한다. 아무나 할 수 없는 예술이다. 예술가藝術家의 삶이다.

### 화和

화和의 의지란 사랑하는 것을 위해선 어느 때 어느 곳에서 죽어도 좋다는 결의다. 『비창悲愴』 · 422면

### 운명運命

운명이 내리는 최후의 결정은 죽음이니까. 『비창悲愴』 · 422면

### 공부工夫

자네들은 젊다. 화의 의지를 가꾸고 그 의미를 탐색하기 위해 충분한 시간을 가지고 있다. 『비창悲愴』 · 422면

『대학大學』에 「물유본말物有本末 사유종시事有終始 지소선후知所先後 즉근도의則近道矣」라는 문장이 있다. 모든 예술품은 근본根本과 완성完成이 있다. 모든 일은 시작始作과 끝終末이 있다. 그 선후先後를 아는知 것이 도道이다.

공부工夫란 하늘天과 땅地을 연결하고工, 하늘의 뜻을 뚫고夫 아는知 일

이다.$^{智慧}$ 예술품은 공부한 사람이 깨달은 후 완성한 작품이다. 나림 선생은 문학으로 인간학을 통찰한 작가이다. 문학으로 역사학·정치학·사회학·법학·철학을 관통한 당대 최고의 소설가. 한국 문학평론가의 평가이다. 문학평론가 김인환 교수는 표현한다. "나림은 우리 문단의 최후의 거인이다. 작은 붓대 하나로 천재의 꿈을 지켜온 그에게 모자를 벗지 않을 수 없다." 나림 선생 문장을 읽어보자.

**자찬**$^{自讚}$

머리칼에 홈을 파는 그런 얘기는 안 하는 게 좋을 듯한데요. 『「그」를 버린 女人 중』·356면

나림 이병주 선생에 대해 공과$^{功過}$를 정확히 평가할 시간이 오기를 바란다. 선생이 유품으로 남긴 '몽블랑'은 '인간학'의 '상징'이다. 우뚝한 설산에서 흐리는 사람 눈물을 검은 피로 기록한다. 이런 느낌으로 읽는다. '그' 만년필은 하동 이병주문학관 전시실 1층 입구에 서 있다. 나림 이병주 선생은 매력$^{魅力}$작가이다. 장점$^{長點}$이 많은 작가이다.

## 3. 나림 이병주 선생·문학평론가 평가

우리나라 문인·문학평론가들은 나림 이병주 선생을 어떻게 평가할까. 일목요연$^{一目瞭然}$하게 정리한 논문이 있다. 「후배 문인들이 본 작가 이병주와 소설 「지리산」」이다. 문학평론가 김남호 시인이 분석한 글이다. 2020년 4월 이병주문학제에서 발표한 내용이다. 김남호 관장은 현재 ≪박경리 문학관≫ 관장으로 봉직한다. ≪이병주문학관≫ 관장으로 일한 경력도 있다. 논문 주요 내용을 인용한다. 나림 문학은 문학의 저수지이다. 내 결론이다.

· 나는 공부하고 싶을 때 이병주 선생의 소설을 읽는다. 신봉승 극작가
· 나림 이병주 선생이 남긴 소중한 문학적 유산을 지켜나가려는 모

든 시도에 갈채를 보낸다. 이문열 소설가

　　· 작중의 '나'의 문학관이 작가 이병주의 문학임은 두말할 것도 없다. 조남현 문학평론가

　　· 역사에 대한 통찰력, 웅대한 스케일은 국민작가로 손꼽히는 중국의 루쉰이나 일본의 나쓰메 소세키에 비교해도 손색이 없다. 장석주 시인· 문학평론가

　　· 소설이 인간과 세계에 대한 탐구라고 한다면, 이병주 소설은 그 탐구의 거대한 봉우리다. 김치수 교수·문학평론가

　　· 이병주라는 작가를 집중 조명하는 일은 우리 세대가 해야 하는데, 후배들이 이 일을 맡아주어 기쁘고, 짐을 내려놓는 기분이다. 이어령 교수·문학평론가

　　· 그의 소설은 수많은 실존 인물명과 책명을 제시함으로써 소설 담론의 가능성을 활짝 열어 보인 효과를 갖는다. 조남현 교수·문학평론가

　　· 나는 그가 창조해낸 가장 소중한 것을 나의 것으로 가질 수 있는 것이다. 소설 『지리산』이 그것이다. 김윤식 교수·문학평론가

　　· 나림 이병주는 소설을 통해 심도 있는 정치토론을 유발한 거의 유일한 작가이다. 김종회 교수·문학평론가

　　· 『지리산』의 열매를 『남부군』과 『태백산맥』이 따먹었듯이 『행복어사전』의 열매를 우리 시대의 젊은 이야기꾼들이 은밀히 따먹고 있는 중이라는 사실을 어찌 우리 잊을 수 있겠는가. 최혜실 교수·문학평론가

　　· 나림은 우리 문단의 최후의 거인이다. 작은 붓대 하나로 천재의 꿈을 지켜온 그에게 모자를 벗지 않을 수 없다. 김인환 교수·문학평론가

　[출전] 김남호, 후배 문인들이 본 작가 이병주와 소설 「지리산」, 2020.


## 4. 나림 이병주 선생·만남

"나에게 만나고 싶은 사람이 있느냐"고 묻는다면,
"나림 이병주 선생을 만나보고 싶다"고 말하겠다.

　　**격려**<sup>激勵</sup>

　　· 하 교수님 같은 열렬한 독자가 있는 것을 아시면 선친은 무척 기

뻐하셨을 겁니다. 선친의 작품을 좋아해 주셔서 감사합니다. 이권기 교수
20220209

· 나림 선생도 늘 부지런하신 찐 팬이 생겨 기뻐하실 것 같습니다.
이권기 교수 20240607

이권기 교수님은 나림 선생님 장남이시다. 교수님을 2021년 4월 10일 하동 이병주문학제에서 처음 만났다. 이후 1년에 두 번 하동에서 뵈었다. 정년퇴임 후 명예교수로 계신다. 바다가 좋아 해운대에 사신다. 이 교수님과의 서신은 나림 선생과 나만의 대화로 생각하며 간직한다.

2022년 4월 『밤이 깔렸다』(함향, 2022)를 출판하고 해운대에서 다시 만났다. 생애 세 번째 만남이었다. 사실 그때 많은 걱정을 했다. 비문학도가 대문호大文豪의 책을 몇 권 읽고 독후감을 출판까지 했으니 말이다. 그러나 따뜻하게 격려해 주셨다.

2023년에도 교수님을 세 번 만났다. 두 번은 하동, 한 번은 부산 서면 영광도서 강당이다. 2022년부터 국제신문사는 「이병주문학 좌담회북콘서트」를 열고 있다. 2022년·2023년·2024년(12월 첫 주 금요일). 행사가 점점 재미있고 커지고 있다.

내 꿈이 나림 선생님을 만나는 일이다. 대신 이권기 교수님을 만나 내 꿈을 이루었다. 교수님은 소탈하고 다정다감多情多感하신 분이다. 나림 선생님 성품이다. 교수님은 행사장에서 인사말 이외 말씀이 없다. 개인적으로 만나면 은사님을 만난 듯 푸근하다.

교수님의 문자는 간단명료하다. 특징이 있다. "반가움과 정성"으로 읽는다. 이름과 마침표를 붙여 쓰고 점(·)을 찍는다. 온점(·)은 나림 이병주 선생이 부활한 훈민정음訓民正音이다. 지금은 헌법 조문에도 온점(·)을 쓰고 있다. 여러 법률에서 명사를 나열할 때 즐겨 쓴다. 나는 「소설·알렉산드리아」(「세대」, 1965)에서 온점(·)을 신기하게 생각했다. 나중에 그 이유를 알았다. 야만의 시대에 혹시 필화筆禍로

또 권력에 다치실까[1961-1963] 잡지 「세대」 이광훈 편집장이 「소설」을 넣고 「‧」찍었다고 한다. 안경환. 『이병주 평전』‧450-456면‧『황용주 그와 박정희 시대』‧433-434면

　나는 『밤이 깔렸다』 필사문학 수필집에서 온점(‧)을 분노‧복수‧자유로 해석했다. 나림 선생 법사상과 온점(‧) 미학에 매료되었다.

　　"그때 나는 마포아파트에서 『소설‧알렉산드리아』를 썼다. 통분을 진정시키기 위한 작업이었다. 나는 이것을 쓰고 통분의 반쯤은 풀었다. 인간으로서의 정의감과 정감을 갖고 살자고 하면 모조리 감옥으로 가야 하는 한때 이 나라의 풍토를 그렸다는 자부를 나는 가진다." 이병주. 『작가의 말: 회상과 회한』‧10-11면‧안경환‧『이병주 평전』‧451면

　이권기 교수님께 항상 감사드린다. 건강을 위하여 기도드린다.

### 희망
　‧나림 선생은 민주적 인격자를 한국인 상으로 제안한다. 배워야 할 인물과 버려야 할 인물을 정확히 설명한다. 정직한 사람이다. 올바른 한국인 모습과 불쾌한 한국인 모습을 절묘하게 구분한다. 仁德
　‧나림 이병주 선생 작품은 백과사전처럼 다양하다. 문장은 눈썹처럼 간결하고 명확하다. 河淡
　‧눈물 방울방울로 엮은 염주는 시리고 아름답다. 문자文字 미학美學은 예술품藝術品이다. 慧眼成

### 꿈
　그런데 요즈음은 매일 밤처럼 선생님의 꿈을 꿉니다.
　그 비결은 선생님의 어느 때의 모습을 눈 감은 채 망막에 새겨 두는 겁니다.
　그러고 나면 그것이 잠을 들어도 사라지질 않아요.
　그러니 전 언제나 선생님의 모습을 안고 자는 셈이지요.
　이병주. 『꽃의 이름을 물었더니』. 바이북스. 2021. 145면
　‧마산에 나림 이병주 문학비 하나 세워 드렸으면 합니다. 河林

# 비문 / 마산馬山. 드디어 나는 마산으로 돌아왔다.
## 나림那林 이병주李炳柱

## 마산

마산馬山. 드디어 나는 마산으로 돌아왔다.

17년 동안이나 꿈속에서 외우고 가꾸어 온 마산의 산과 바다는 초여름 오후, 태양이 내리쬐는 황홀한 시간 속에 고요히 펼쳐져 있다.

격동하는 시류 속에 잊혀진 도시마냥 예나 다름없는 마산의 차림이다. 나는 정지된 시간 속을 방황하다가 돌연 7년 전의 그 자리에 되돌아와 서 있는 착각에 사로잡혔다.

우랄 알타이에서 비롯한 유라시아의 한 줄기 산세山勢가 동쪽의 반도를 세로로 꿰뚫고 뻗어 내려오다 바다에 부딪쳐 멈칫 서버린 것 같은 가파른 산들도 예나 다름없는 모습이었고, 이러한 산들이 힘껏 활개를 펴 안아 고인 것 같은 바다라고 하기보다는 호수에 가까운 바다도 예나 다름없다는 느낌이다.

땅의 세勢에 인간의 이利가 얽혀 집들이 비탈을 차곡차곡 기어오르기도 하고, 해안선을 따라 나지막하게 기어 퍼지기도 하고 한산하기도 하다가 밀집해 보기도 한 맥락이 없어 보이는 시가가 그런 대로 독특한 조화를 이루었다는 느낌도 예나 다를 바가 없다.

소음騷音 마저도 고요하게 들리는 이 시가의 까닭을 나는 안다. 산들의 침묵이 거리의 소음보다 크고, 바다의 고요가 기선의 기적소리보다 묵직한 까닭이다.

마산은 이를 도시라고 하기엔 등지고 있는 산들이 너무나 웅장하다. 마산은 이를 항구라고 하기엔 앞으로 한 바다가 너무나 정숙하다. 마산의 자연은 아직도 인간들에게 송두리째 점령당하지는 않았다. 사람들에게 점령당하지 않은 무구無垢에 가까운 자연이 그대로의 위엄과 정숙함을 지키고 남아 있다는 것은 마산의 행복이긴 해도 불행은 아니다.

그러면서도 이 마산은 도시로서의 생리와 도시로서의 병리를 골고루 갖추고 있다는 사실을 나는 안다. 항구로서의 기쁨과 슬픔을 지녔다는 사실도 나는 알고 있다.

이 고요하기만 한 시가는 한때, 이 나라의 역사를 뒤바꿔 놓을 정도로 성낼 줄 아는 시가이며, 웃기를 잘 하고 유순하기만 한 것 같은 가슴마다에 분격의 불씨를 간직한 시민들이 살고 있는 시가라는 것도 나는 잘 알고 있다.

나에게 마산은 슬픈 추억으로 아로새겨진 곳이다. 행복을 마련하기도 하다가 그것을 앗아간 곳이기도 했다.

내가 다시 마산으로 돌아온 것은 슬픈 추억의 바탕이기는 하나 그 위에 새겨지기도 한 행복의 흔적을 더듬어 보기 위해서다. 그 흔적을 통해서 다시 한 번 삶의 의욕을 되찾아 볼 수 있지 않을까 하는 막연한 기대 때문이다. 기대의 비율은 가냘프고 절망의 공산은 컸다. 어떤 의미로는 스스로 절망을 확인하기 위해서 나는 이곳으로 되돌아온 지도 모를 일이다. 이병주, 『돌아보지 마라』(나남, 2014)·에필로그

### 응원

· 도저한 법학 연찬의 길목에서 운명적으로 해후한 한 문인의 작품 세계를 발견하고 그곳에서 한껏 사유의 유영을 즐기며 남다른 혜안과 필력으로 새로운 지평을 펼쳐 보인 놀라운 성취와 이에 대한 보답을 진심으로 경하하여 마지않습니다. 가히 생의 빛나는 한순간입니다. 시간의 흙 속에 묻혀 잊혀져 가는 모국어의 보석을 찾아낸 경사라고 할 것입니다. 법학과 문학의 가교를 통한 이토록 즐겁고 아름다운 대화의 장을 마련한 노력에 감사의 말씀을 전합니다. 고종주 변호사(전 부산지방법원 부장판사)

· 신심이 없는 자에게는 훌륭한 스님의 독경보다, 거리의 노래가

더 재미있을지도 모르지요. 천재의 공덕을 알기 위해서는 그에 걸 맞는 자격이 필요합니다! – 아쿠타카와 류노스케 구주모 경남도민일보 사장

・문학과 법의 만남은 사회 변혁을 이끄는 교양 혁명의 첫 걸음이다. 이 법학자가 시도했다. 그래서 반가운 것이다. 조봉권 국제신문 부국장・『밤이 깔렸다』 서평・2022년 5월 6일

## 5. 『밤은 깊었다』・감사 인사

책冊은 집亩이다. 책 집필은 집 건축과 같다. 배움・도움・가르침・인연이 만든다. 『밤은 깊었다』 집필에서 절감한다.

스무 살 대학시절 여러 은사님을 만났다. 헌법 교육을 담당하신 김효전 교수님과 정만희 교수님께 깊이 감사드린다. 형사법을 전공하면서 허일태 교수님과 김상호 교수님께 배웠다. 1980년대 암울한 시기였다. 헌법 시간에 인간의 존엄을 배웠다. 형사법의 인권도 마찬가지이다. 이번 작품에 뿌리가 되었다. 나림 선생 작품에 깔린 법사상이다. 환갑이 되어 나림 이병주 선생을 다시 공부하며 매번 깨닫는다.

### 감사 인사

이번 작품을 쓰면서 몇 분에게 감사 말씀을 올리고 싶다. 친구이자 나림 이병주 선생의 애독자인 인덕忍德・忍之爲德 김진기 선생에게 감사드린다. 우리는 많은 시간 이병주 선생님 작품을 읽고 토론했다. 선생이 던진 수많은 질문은 이 책에 깊이 반영되었다.

또 한 분은 법문사 노윤정 차장님이다. 근대성과 전통을 모두 지닌 분으로 유능한 편집자이다. 노윤정 차장님은 아버지가 젊은 시절에 쓴, 출판되지 못한 원고를 다시 편집하여 「한국영화사」(노만, 법문사, 2023)라는 책을 출판하였다. 구순九旬이 되신 아버지 원고로 딸이 만든 책이다. '2023 세종우수도서'로 추천되었다. 그래서 나림 이병주 문학연구서 제2권은 꼭 노윤정 차장님과 함께 만들고 싶었다. 이 과정에 법문

사 권혁기 차장님도 도와주었다. 두 분께 깊이 감사드린다. 나는 이 만남<sup>天命 · 性</sup>을 깊은 인연<sup>因緣</sup>으로 생각한다.

법문사 배효선 사장님께 진심으로 감사드린다. 사장님은 『형사철학과 형사정책』(법문사, 2007) 출판을 지원해 주신 분이다. 김효전 교수님께서 여러 논문을 보시고 저서 발간을 조언해 주셨다. 법문사와 인연을 맺어주셨다.

당시 배효선 사장님과 최복현 전무이사님이 법문사를 이끌고 가셨다. 전문학술서를 저명한 출판사에서 출판하는 일은 큰 영광이다. 첫 작품은 법문사에서 시작되었다. 벌써 17년이 되었다.

법문사는 법과 인문학이 결합<sup>法文</sup>된 출판사이다. 이번 책 『밤은 깊었다』는 법문사의 성격에 어울린다. 마침 올해 배효선 사장님께서 다시 일선으로 돌아오셨다고 한다. 이 책 출판이 더 의미가 있다.

나림 이병주 선생 연구에 큰 자극을 주시는 국제신문 조봉권 편집부국장님께 깊이 감사드린다. 인문학 향기가 몸에 베이신 분이다. 나림의 천재성과 예술성을 간파하신 분이다. 내가 집필하는 책은 부국장님께 한 번씩 보내드린다. 특유의 감각으로 서평을 써주셨다. 지역학자의 글을 지역신문에서 소개하지 않으면 어떻게 합니까? 이 분의 지면<sup>紙面</sup> 철학이다. 항상 선<sup>善</sup>하게 평가해 주신다. 고마운 분이다.

김종회 교수님(이병주기념사업회 공동대표)께 깊이 감사드린다. 김종회 교수님은 2021년 4월 10일(토) 나림 이병주 선생 탄생 100주년 기념행사장에서 처음 뵈었다. 이후 교수님 덕분에 나림 선생을 본격적으로 공부하게 되었다. 연구할 수 있는 여러 저서와 작품을 보내주셨다. 이후 인연은 깊어갔다. 독후감 수준의 책을 보시고 더 깊이 한 번 연구하라며 연구상을 주셨다. 여러 심사위원님께도 깊이 감사드린다.

존경하는 이기수 총장님(전 고려대 총장 · 이병주기념사업회 공동대표)께 깊이 감사드린다. 총장님의 격려와 사랑이 크다. 다음 기회에 깊은 인연을 말씀 드리겠다. 이 외에도 말씀을 드리지 못한 귀한 분들이 많이 있다. 깊이 감사드린다.

18세 학생이 처음 법을 배우고, 60을 넘은 노년이 문학을 배운다. 이 기막힌 현실이 내 인생이다. 젊은 시절 숨어 있던 문학 감수성이 만년의 월광月光에 물들고 싶다 하니 어쩔 수가 없다. 『밤은 깊었다』는 운명이라 생각한다.

'운명이라고. 운명! 『관부연락선 2』・유태림・365면

<법과 문학>이라는 길을 열어 오신 안경환 교수님께 깊이 감사드린다. 1995년에 출간(도서출판 까치, 1995)한 『법과 문학 사이』에서 이미 나림 선생의 「소설・알렉산드리아」를 소개하였다. 교수님은 2023년 9월 12일(화) 밀양문학회에서 고향 분들을 모시고 문학 강연을 하셨다. 강재현 변호사님과 최병각 교수님이 같이 참석하였다. 마지막 강연이 고향 밀양이라니…. 어쩔 수 없다. 우리는! 우리나라 최고 법・인문학자인 안경환 교수님 뒷모습을 보면서 위대함을 느낀다. 두 영역을 뛰어넘어 세계에 이야기할 수 있는 분이다.

2023년 12월 3일(일) 문자가 왔다. "상해에서. 1945년 청년 이병주를 생각하며." 중국 제자들과 토론하는 사진・상하이 타워 사진・대한민국 상해 임시정부유적지 사진・북경이공대 고별강연 사진을 선물받았다. 나림 선생님도 좋은 시절을 만났다면, 세계적인 대문호 평가를 받았을 것이다.


## 6. 나림 이병주 선생 문학관

경남 하동군 북천면에 있다.
나림 선생 유품을 볼 수 있다.
1년에 두 번 방문한다.
만년필・어머니・집필실에서 묵념을 올린다.

**방문**

경남 하동군 북천면 이명골길 14-38

KTX 하동 북천역 – 북천초등학교

09:00-17:00    055-882-2354

4월 초 이병주문학제

10월 초 이병주국제문학제

# 참고문헌

## 1. 『밤은 깊었다』 작품 출전자료

이병주, 「지적생활의 즐거움」, 이병주 지음/김종회 엮음, 『이병주 수필선집』, 지식을만드는지식, 2017, 3-20면; 「지적 생활의 즐거움」, 시사영어사, 1981; 「지적 생활의 즐거움」, 『문학을 위한 변명』, 바이북스, 2010.

이병주, 「目擊者<sup>목격자</sup>?」, 신동아 1972년 6월호, 동아일보사, 356-374면.

이병주, 『운명의 덫』, 나남창작선 146, 나남, 2018.

이병주, 「거년<sup>去年</sup>의 곡<sup>曲</sup>」, 『우아한 집념<sup>執念</sup>』, 바이북스, 2023, 7-74면; 「去年의 曲 - 잃어버린 청춘의 노래」, 월간조선 1981년 11월호, 조선일보사, 384-413면.

이병주, 「망명의 늪」, 『마술사』, 한길사, 2006, 207-286면; 「망명의 늪」, 한국문학 1976년 9월호.

이병주, 「세우지 않은 비명」, 김윤식·김종회 엮음, 『세우지 않은 비명』, 바이북스, 2016, 8-113면; 「세우지 않은 비명 - 역성<sup>歷城</sup>의 풍風, 화산<sup>華山</sup>의 월<sup>月</sup>」, 신기원사, 1980.

P.G. 해머튼 지음/김욱 편역, 『지적 생활의 즐거움』, 리수, 2015.

게랄트 휘터 지음/박여명 옮김, 『존엄하게 산다는 것』, 인플루엔셜, 2022; Hüter, Gerald, Würde, Was uns stark macht - als Einzelne und als Gesellschaft, 1. Auflage, Albrecht Knaus Verlag, Müchen, 2018.

## 2. 이병주 소설 기본자료

이병주, 『용서합시다』 행복한 아침을 위한 열가지의 명상, 집현전, 1983.

이병주, 『악녀<sup>惡女</sup>를 위하여』, 창작예술사, 1985.

이병주, 『백지의 유혹』 이병주산문집, 연려실, 1985.

이병주, 『지아콘다의 微笑』, 신기원사, 1985.

이병주, 『여성론을 끼운 이병주 에세이: 미와 진실의 그림자』, 명문당, 1988.

이병주, 「소설·알렉산드리아」, 『소설·알렉산드리아』, 한길사, 2006, 7-127
면.

이병주, 「예낭 풍물지」, 『마술사』, 한길사, 2006, 107-186면.

이병주, 「패자의 관」, 『소설·알렉산드리아』, 한길사, 2006, 225-244면.

이병주, 「겨울밤-어느 황제의 회상」, 『소설·알렉산드리아』, 한길사, 2006,
245-293면.

이병주, 「철학적 살인」, 『그 테러리스트를 위한 만사』, 한길사, 2006, 171-
195면.

이병주, 「그 테러리스트를 위한 만사」, 『그 테러리스트를 위한 만사』, 한길
사, 2006, 7-170면.

이병주, 「쥘부채」, 『소설·알렉산드리아』, 한길사, 2006, 155-223면; 『쥘부
채』, 바이북스, 2009.

이병주, 『별이 차가운 밤이면』, 문학의숲, 2009.

이병주, 김윤식·김종회 엮음, 『문학을 위한 변명』, 바이북스, 2010.

이병주, 김윤식·김종회 엮음, 『잃어버린 시간을 위한 문학 기행』, 이병주
에세이, 바이북스, 2012.

이병주, 「여사록」, 『여사록』, 바이북스, 2014, 8-62면.

이병주, 「중랑교」, 『여사록』, 바이북스, 2014, 88-102면.

이병주, 「칸나·X·타나토스」, 『여사록』, 바이북스, 2014, 64-86면.

이병주, 『돌아보지 말라』, 나남, 2014.

이병주, 『비창悲愴』, 나남, 2017.

이병주, 『이병주 수필선집』, 김종회 엮음, 지식을만드는지식, 2017.

이병주, 『허상虛像과 장미 1·2』, 바이북스, 2021.

이병주, 『꽃의 이름을 물었더니』, 바이북스, 2021.

이병주, 「소설 이용구小說 李容九」, 『꽃의 이름을 물었더니』, 바이북스, 2021,
335-427면.

이병주, 「삐에로와 국화」, 『삐에로와 국화』, 바이북스, 2021, 51-124면.

이병주, 「내 마음은 돌이 아니다」, 『삐에로와 국화』, 이병주 중·단편 선집,
바이북스, 2021, 14-49면.

## 3. 이병주 논단·수필 자료

이병주, 「조국의 부재」, 『새벽』, 1960년 12월.

이병주, 「통일에 민족역량을 총집결하자」, 『국제신보』 年頭辭, 1961년 1월 1일.

이병주, 「生이란 무엇인가 - 부끄러운 삶을 돌아보며」, 『용서합시다』, 집현전, 1983, 12-19면.

이병주, 「生의 다섯가지 혜택」, 『용서합시다』, 집현전, 1983, 20-22면.

이병주, 「사랑은 기술이다. 행복한 아침을 위한 열가지의 명상」, 『용서합시다』, 집현전, 1983, 73-119면.

이병주, 「인생관·인간관」, 『백지의 유혹』 이병주산문집, 연려실, 1985, 27-29면.

이병주, 「好色과 好女」, 『악녀惡女를 위하여』, 창작예술사, 1985, 60-62면.

이병주, 「남자를 파괴하는 여자」, 『악녀惡女를 위하여』, 창작예술사, 1985, 80-90면.

이병주, 「영원한 아폴리아」, 『악녀惡女를 위하여』, 창작예술사, 1985, 152-158면.

이병주, 「내 작품 속의 여인상」, 『여성론을 끼운 이병주 에세이: 미와 진실의 그림자』, 명문당, 1988.

이병주, 「학초평전 서문」, 김호영 저, 『학초평전』 마산의 거인, 도서출판 경남, 1990, 18-21면.

이병주, 「백장미와 2월 22일」, 『이병주 수필선집』, 김종회 엮음, 지식을만드는지식, 2017, 21-24면.

이병주, 「법률과 알레르기」, 『이병주 수필선집』, 김종회 엮음, 지식을만드는지식, 2017, 29-39면.

이병주, 「이데올로기와 문학」, 『이병주 수필선집』, 김종회 엮음, 지식을만드는지식, 2017, 69-94면.

이병주, 「문학이란 무엇인가」, 『이병주 수필선집』, 김종회 엮음, 지식을만드는지식, 2017, 95-106면.

이병주, 「긴 밤을 어떻게 새울까」, 이병주 지음/김종회 엮음, 『이병주 수필선집』, 지식을만드는지식, 2017, 161-186면.

## 4. 이병주 연구자 단행본

강은모, 『이병주 소설의 대중미학』, 보고사, 2019.

김동춘, 『대한민국은 왜?』 1945-2020, 사계절, 2020.

김윤식, 『일제말기 한국인 학병세대의 체험적 글쓰기론』, 서울대학교출판부, 2007.

김윤식, 『이병주 연구』, 국학未來학술총서, 국학자료원, 2015.

김윤식·임헌영·김종회, 『이병주 문학연구 역사의 그늘 문학의 길』, 한길사, 2008.

김윤식·김종회, 『문학과 역사의 경계에 서다』 낭만적 휴머니스트 이병주의 삶과 문학, 바이북스, 2010.

김윤식·김종회, 『이병주 문학의 역사와 사회 인식』, 바이북스, 2017.

김종회, 『월광에 물든 신화』 작품으로 읽는 이병주 평전, 바이북스, 2022.

김종회 외, 『하동이 사랑한 문인들』, 미디어줌, 2021.

김종회 엮음, 『이병주』 새미 작가론 총서 22, 새미, 2017.

김종회, 『문학의 매혹』, 소설적 인간학 이병주를 위한 변명, 바이북스, 2017.

김종회 외, 『하동이 사랑한 문인들』, 미디어줌, 2021.

소망수필반, 이병주 소설 재미있게 읽기 월광에 물든 신화, 행복한 글쓰기 05, 바이북스, 2020.

손혜숙, 『이병주 소설과 역사 횡단하기』, 지식과 교양, 2012.

안경환, 『황용주 그와 박정희의 시대』, 까치, 2013.

안경환, 『이병주 평전』, 태양에 바래면 역사가 되고 월광에 물들면 신화가 된다, 한길사, 2022.

이병주기념사업회, 『역사와 신화의 행적』, 이병주 작가·작품론, 이병주 선생 타계 30주년 추모 특별기획 연구서, 바이북스, 2022.

임헌영, 『한국소설, 정치를 통매하다』 임헌영 평론집, 소명출판, 2020.

조광수, 『나는 자유』 나림 이병주 문학과 아니키즘, 함향, 2023.

정범준, 『작가의 탄생』 나림 이병주 거인의 산하를 찾아서, 실크캐슬, 2009.

정미진, 『이병주의 현실 인식과 소설적 재현』, 역락, 2018.

하태영, 『밤이 깔렸다』, 함향, 2022.

## 5. 이병주 연구 논문

고승철, 「타계 30주년에 다시 보는 이병주」 - 열혈 독자의 관점에서, 2022 이병주 하동국제문학제, 사단법인 이병주기념사업회, 27-42면.

김경민, 「이병주 소설의 법의식 연구」, 김종회 엮음, 『이병주』 새미 작가론 총서 22, 새미, 2017, 528-550면.

김경수, 「이병주 소설의 문학법리학적 연구」, 김종회 엮음, 『이병주』 새미 작가론 총서 22, 새미, 2017, 551-576면.

김남오, 「후배 문인들이 본 작가 이병주의 소설 『지리산』」, 이병주기념사업회, 2020.

김영화, 「이병주의 세계 「소설·알렉산드리아」를 중심으로」, 김종회 엮음, 『이병주』 새미 작가론 총서 22, 새미, 2017, 385-406면.

김윤식, 「한 자유주의 지식인의 사상적 흐름」, 김종회 엮음, 『이병주』 새미 작가론 총서 22, 새미, 2017, 13-32면.

김종회, 「역사를 읽고 신화를 쓴 작가」 - 1980년대 이후의 이병주 소설, 2022 이병주 하동국제문학제, 사단법인 이병주기념사업회, 15-25면.

김종회, 「전통문화의 시각에서 본 이병주의 역사소설」, 이병주기념사업회, 『역사와 신화의 행적』, 이병주 작가·작품론, 이병주 선생 타계 30주년 추모 특별기획 연구서, 바이북스, 2022, 57-61면.

김종회, 「이병주 문학의 역사성 고찰」, 김종회 엮음, 『이병주』 새미 작가론 총서 22, 새미, 2017, 33-52면.

김종회, 「반성과 성찰, 이병주 문학의 역사의식」 - 「소설·알렉산드리아」와 「관부연락선」을 중심으로, 이병주기념사업회, 『역사와 신화의 행적』, 이병주 작가·작품론, 이병주 선생 타계 30주년 추모 특별기획 연구서, 바이북스, 2022, 29-56면.

남송우, 「이병주의 애정관과 인간관계」, 2023 이병주 하동국제문학제, 사단법인 이병주기념사업회, 25-51면.

노현주, 「Force / Justice로서의 법, '법 앞에서' 분열하는 서사. 이병주 소설의 법의식과 서사성」, 김종회 엮음, 『이병주』 새미 작가론 총서 22, 새미, 2017, 577-611면; 『한국현대문학연구』 43, 한국현대문학회, 2014.

손혜숙, 「이병주 소설의 '역사인식' 연구」, 중앙대학교 박사학위논문, 2011.

손혜숙, 「이병주의 『허상과 장미』에 나타난 4·19의 문학적 전유 양상」, 『한국문학이론과비평』 79, 한국문학이론과비평학회, 2018.

송기정, 「발자크와 이병주: 역사를 보는 시선」, 2023 이병주 하동국제문학제, 사단법인 이병주기념사업회, 123-130면.

송희복, 「문제적 개인과 터무니없는 자유」 - 『별이 차가운 밤이면』을 중심으로, 2023 이병주 하동국제문학제, 사단법인 이병주기념사업회, 105-122면.

안경환, 「니체, 도스토옙스키, 사마천 - 나림 이병주의 지적 스승들」, 이병주기념사업회, 『역사와 신화의 행적』, 이병주 작가·작품론, 이병주 선생 타계 30주년 추모 특별기획 연구서, 바이북스, 2022, 62-112면.

이광호, 「李炳注 小說에 나타난 테러리즘의 問題」, 김종회 엮음, 『이병주』 새미 작가론 총서 22, 새미, 2017, 492-508면.

임정연, 「이병주 문학의 낭만적 아이러니: 『운명의 덫』小考」, 이병주기념사업회, 『역사와 신화의 행적』, 이병주 작가·작품론, 이병주 선생 타계 30주년 추모 특별기획 연구서, 바이북스, 2022, 412-422면.

임헌영, 「이병주 문학과 역사·사회의식」, 이병주기념사업회, 『역사와 신화의 행적』, 이병주 작가·작품론, 이병주 선생 타계 30주년 추모 특별기획 연구서, 바이북스, 2022, 12-28면.

은미희, 「『소설·알렉산드리아』속의 상징 읽기」, 이병주 선생 탄생 100주년 기념 2021 이병주 문학 영호남 학술세미나, 이병주기념사업회, 2021, 35-48면.

정미진, 「이병주 대중소설에 재현된 여성 이미지 연구」, 어문연구 92, 2017, 299-326면.

정영훈, 「이종문을 위한 변명」 - 『산화』의 애정관과 인간관계, 2023 이병주 하동국제문학제, 사단법인 이병주기념사업회, 53-60면.

정주아, 「학병세대의 역사 다시 쓰기와 『지리산』」, 2022 이병주 하동국제문학제, 사단법인 이병주기념사업회, 2022, 65-75면.

정호웅, 「이병주 문학과 학병 체험」, 김종회 엮음, 『이병주』 새미 작가론 총서 22, 새미, 2017, 53-75면.

하태영, 「이병주 문학의 애정관과 인간관계」, 2023 이병주 하동국제문학제, 사단법인 이병주기념사업회, 2023, 62-103면.

한수영, 「소설·역사·인간 이병주의 초기 중·단편에 대하여」, 김종회 엮음, 『이병주』 새미 작가론 총서 22, 새미, 2017, 407-436면.

## 6. 이병주 작품 해설·해제·논단·그 밖의 자료

고승철, 「운명運命 vs 인간 의지 … 치열한 길항拮抗 관계」, 『운명의 덫』, 나남창작선 146, 나남, 2018, 359-363면.

고인환, 「'기록이자 문학' 혹은 '문학이자 기록'에 이르는 길」, 『여사록』, 바이북스, 2014, 180-197면.

김윤식, 「노비출신 학병 박달세의 청춘과 야망 – 1940년대 상해」, 『별이 차가운 밤이면』 작품해설, 문학의숲, 2009, 629-669면.

김인환, 「천재들의 합창」, 『그 테러리스트를 위한 만사』, 한길사, 2006, 333-342면.

김종회, 「사랑을 말하는 세 가지 소설적 방식. 1980년대 초반의 이병주 소설」, 「거년去年의 곡曲」, 『우아한 집념執念』, 바이북스, 2023, 175-192면.

김종회, 「월광에 물든 신화 – 작품으로 읽는 이병주 평전」, 하동이 사랑한 문인들, 미디어줌, 2021, 13-39면.

김종회, 「한 운명론의 두 얼굴」, 이병주의 『소설·알렉산드리아』, 이병주기념사업회, 바이북스, 2020, 188-205면.

김종회, 「산문으로 쓴 인생론」, 이병주 지음/김종회 엮음, 『이병주 수필선집』, 지식을만드는지식, 2017, 219-227면.

김종회, 「이병주 소설의 공간 환경」, 김윤식·김종회 엮음, 『세우지 않은 비명』, 바이북스, 2016, 204-215면.

손정란, 「다정과 다감이 흠이 되었노라」, 소망수필반, 이병주 소설 재미있게 읽기 월광에 물든 신화, 행복한 글쓰기, 바이북스, 2020, 40-52면.

송희복, 「소설가 이병주, 혹은 1971년 로마의 휴일」, 이병주, 김윤식·김종회 엮음, 『잃어버린 시간을 위한 문학 기행』, 이병주 에세이, 바이북스, 2012, 117-128면.

조남현, 「이데올로그 비판과 담론확대 그리고 주체성」, 『소설・알렉산드리 아』, 한길사, 2006, 295-307면.

조봉권, 「이병주 선생께서 일하신 직장에서 일하며 - 언론이 바라본 언론인 이병주」, 2020 지역민과 함께하는 문학큰잔치, 이병주기념사업회, 2020, 5-10면.

정미진, 「진실의 인간적 기록으로서의 소설」, 『삐에로와 국화』, 이병주 중 ・단편 선집, 바이북스, 2021, 473-487면.

정호웅, 「망명의 사상」, 『마술사』, 한길사, 2006, 287-294면.

하태영, 「법과 권력 비판하는 법정소설로 데뷔 … 시대의 증언자이자 천재 작가」, 이병주 탄생 100주년 그를 회고한다<8>, 국제신문, 2021 년 10월 25일, 16면.

하태영, 「'패자의 관' 불법선거와 낙선자. 조작과 탄압의 선거 … 패자의 삶 짓밟은 공권력 죄목 다섯 개」, 이병주 타계 30주년 작품 속 시대정 신과 법<1>, 국제신문, 2022년 3월 20일, 12면.

하태영, 「국제신보 신년사로 통일 염원한 나림, 용공분자 몰려 고초…그 시 절 옥창문학은 절규이자 간절함」, 「그의 글로 본 인생」, 이병주 타 계 30주년 작품 속 시대정신과 법<3>, 국제신문, 2022년 4월 3 일, 15면.

하태영, 「칸나・X・타나토스」 - 신문의 날에 나림을 생각한다. 「국가권력 에 조봉암 살해당한 날 "얼음장같은 말로 신문에 기록하라"」, 이병 주 타계 30주년 작품 속 시대정신과 법, 국제신문, 2022년 4월 11 일, 14면.

하태영, 「언론 탄압에 자금난 겪자 … 지프에 10억 현찰 실어준 기업인」, 국 제신보 물심양면 도운 유원산업 창업주 최재형 선생, 이병주 타계 30주년 작품 속 시대정신과 법, 국제신문, 2022년 4월 11일, 14면.

하태영, 「법률과 알레르기」・『운명의 덫』 - 나림의 법사상을 생각한다, 이 병주 타계 30주년 작품 속 시대정신과 법<5>, 국제신문, 2022년 4월 18일, 15면.

하태영, 「옥창 기록자이자 시대 통찰자 … 그의 문학 재평가 절실」, 한국 문 단의 평가, 이병주 타계 30주년 작품 속 시대정신과 법<5>, 국제 신문, 2022년 4월 18일, 15면.

## 7. 법학 · 철학 자료(저서 · 논문 · 논단)

구스타브 라드브루흐/최종고 역, 『법철학』, 제2판, 삼영출판사, 2002.

구스타프 라드브루흐/김효전 역, 바이마르 헌법체계에서의 정당, 동아법학 제39호, 동아대학교 법학연구소, 2007, 273-288면.

권형기, 민주주의관과 민주주의 붕괴: 바이마르 공화국의 붕괴에 대한 재고찰, 국제지역연구 제31권 제2호, 서울대학교 국제학연구소, 2022, 211-249면.

김남준, 사르트르의 실존주의와 윤리의 문제, 윤리연구 제142권, 한국윤리학회, 2023, 241-262면.

김재중, [빛과 소금] 학생인권조례 폐지가 답일까, 국민일보, 2024년 5월 18일자.

김휘택, 롤랑 바르트의 수사학 관점에서 본 텍스트와 글쓰기에 관한 연구, 프랑스학연구 제100호, 프랑스학회, 2022, 105-123면.

남희근 강술/연성건 엮음/송찬문 번역, 『역사와 인생을 말하다』, 마하연, 2014.

박민미, 법 · 권력 담론 안에서 이성-비이성 공*작동 연관에 대한 푸코의 계보학적 고찰: 푸코 권력론에서 '법'의 위상과 역할을 중심으로, 동국대학교 대학원 박사학위논문, 2016.

백승영, 니체의 법공동체론의 의미와 한계, 니체연구 제18호, 2010, 33-65면.

신동운, 형법총론, 제15판, 법문사, 2023.

신동운, 간추린 신형사소송법, 제16판, 법문사, 2024.

안드레아스 풍케 저 · 이계일 옮김, 라드브루흐의 법개념들, 그 신칸트주의적 배경과 국가법적 맥락, 법철학연구 제20권 제2호, 한국법철학회, 2017, 403-442면.

안정빈, 동가치성기준설을 중심으로 한 부작위 공범구조론 - 상응성과 동가치성 개념을 중심으로 -, 서울법학 제30권 제3호, 서울시립대학교 법학연구소, 2022, 117-156면.

오향미, 기본권의 조건으로서의 주권: 바이마르헌법의 기본권과 권력 규정 관계 논쟁, 의정논총 제12권 제2호, 한국의정연구회, 2017, 243-275면.

이주원, 형사소송법, 제5판, 박영사, 2022.

이재상·장영민·강동범, 형법총론, 제11판, 박영사, 2022.

이철우, 칸트 요청론의 정의론적 독해, 철학논총 제113집, 새한철학회, 2023
217-247면.

임석순, 부작위에 의한 종범의 보증인지위 발생근거 - 혐오표현물을 방치
한 정보통신서비스 제공자의 형사책임을 중심으로 -, 형사법연구
제30권 제4호, 한국형사법학회, 2018, 111-133면.

정낙림, 반反헤겔주의자로서 니체 - 들뢰즈의 니체 해석, 니체연구 제36호,
한국니체학회, 2019, 39-83면.

정만희, 우리에게 헌법이란 무엇인가, 제2판, 피엔씨미디어, 2022.

정만희, 헌법개정논의에 대한 재검토, 공법학연구 제19권 제1호, 한국비교공
법학회, 2018, 45-82면.

조극훈, 응보주의 형벌론과 교정 정의, 교정담론 제15권 제1호, 2021, 69-
91면.

하재홍, 법의 목적과 공동선, 서울법학 제31권 제2호, 서울시립대학교 법학
연구소, 2023, 39-79면.

하태영, 낭독 형법판례, 법문사, 2024.

하태영, 낭독 형사소송법판례, 법문사, 2024.

하태영, 형사철학과 형사정책, 법문사, 2007.

하태영, 사형제도는 폐지되어야 한다, 형사철학과 형사정책 - 형법학의 새
로운 길 -, 법문사, 2007, 131-184면; 경남법학 제13집, 경남대학
교 법학연구소, 1998, 121-172면.

한수웅, 헌법학입문, 제4판, 법문사, 2020.

Matthew J. Kisner, Spinoza on Human Freedom-Reason, Autonomy
and the Good Life-, Cambridge University Press, 2011.

# 저자 소개

1962년 부산에서 태어났다. 독일 할레대학교(Halle Universität) 법과대학에서 법학박사학위(Dr. jur)를 받았다. 현재 모교인 동아대학교 법학전문대학원(로스쿨) 교수로 근무하며 형법·형사소송법·특별형법·생명윤리와 의료형법을 강의하고 있다.

대표 저서는 ≪형사철학과 형사정책≫, ≪하마의 下品 1권·2권≫, ≪의료법≫, ≪생명윤리법≫, ≪사회상규≫, ≪형법조문강화≫, ≪공수처법≫, ≪낭독 형법 판례≫, ≪낭독 형사소송법 판례≫ 등이 있다.

법학자로서 학술 활동 외에 많은 시사칼럼과 독일 통일 관련 글을 쓰며 인문·사회 분야도 끊임없이 탐구하는 연구자로서의 삶을 살고 있다. 2022년 이병주 문학연구서 ≪밤이 깔렸다≫로 제8회 이병주국제문학상 연구상을 수상하였다.

# 밤은 깊었다

2024년  8월  8일  초판 인쇄
2024년  8월 15일  초판 1쇄 발행

저 자 하 태 영
발행인 배 효 선

발행처 도서출판 法文社

주 소  10881 경기도 파주시 회동길 37-29
등 록  1957년 12월 12일/제2-76호(윤)
전 화  (031)955-6500~6 FAX (031)955-6525
E-mail (영업) bms@bobmunsa.co.kr
       (편집) edit66@bobmunsa.co.kr
홈페이지 http://www.bobmunsa.co.kr
조 판  법 문 사 전 산 실

정가 35,000원          ISBN 978-89-18-91543-2